Σ BEST
シグマベスト

理解しやすい
地理B

内田忠賢 監修

文英堂

はじめに

地域や環境のこと，日本のこと，世界のことを，現代的な視点で深く学ぶ

🔴 現代生活を送る上で，地理の学習は，とても大切です。地理は，高校での諸科目の中で，もっとも重要な科目のひとつと言えます。なぜなら，私たちは，自分が属する地域を生き，周囲の環境と折り合いを付け暮らしているからです。もちろん，より広い地域，そして日本という国家の広がりの中にいます。また，グローバル化した現代社会では，私たちの暮らしは，世界各地の動きと無関係では成り立ちません。この現代社会を生きるためには，地域のこと，環境のこと，日本のこと，世界のことを，個々の知識を関連付けながら，総合的に学ぶことが必要です。

🔴 Think Globally, Act Locally という言葉があります。地球規模で考え，身近な場所から行動を始める。現代社会，現代世界を考える際によく使う言葉です。地理の学習は，この言葉にぴったりです。個々の地理的な知識は，地球上のほんの1か所の些細な出来事かもしれません。しかし，それは，地球規模で考えれば，必ずほかの場所にも似た事例があり，また，それらは相互に関連する場合が少なくありません。ローカルな自然環境や人文環境は，必ずグローバルな問題につながるのです。たとえば，個々の民族文化や民族問題を取り上げても，地球規模での比較ができ，また，相互の関連性を指摘できます。しかも，その前提は，諸民族の姿を正しく理解し，尊重しあうことなのです。

🔴 こう考えれば，地理の学習は，あなたが生きていく上で，とても大切なことだとお分かりいただけたと思います。本書は，高校「地理B」の学習に役立ち，大学入試にも十分対応する内容となっていますが，大学生や社会人になった後も，世界の動きを考える時などに，読み直しても十分値打ちがあると考えています。

監修者　内田忠賢

本書の特色

1 日常学習から受験準備まで使える内容

本書は，高校での「地理B」の教科書にピッタリあうように，教科書の学習内容を多くの小項目に細分して編集しています。したがって，学校での授業の進行に合わせて，**予習や復習，定期テストの準備**に使うことができます。さらに，**大学入試の受験勉強**にも十分活用できる，充実した内容となっています。

2 学習内容の要点がハッキリわかる編集

本書では，まずはじめに，**その章の全体的なまとめ**を示したうえで，解説に入っています。解説は，本文のほかに，右らんに，**理解を助ける副文**をつけていますが，**重要なのはあくまで本文**です。副文にはあまりこだわらず，まず学習内容の大筋をつかんでください。本文中にある，「**ポイント**」は，必ず覚えるようにしましょう。

3 豊富な図版や写真，見やすいカラー版

地理を学習するうえで，図版，とくに地図や統計は不可欠なものです。本書では，随所に**カラフルな地図**や，**統計表**を掲載しています。地図は，視覚的に理解できるように工夫しています。また，統計表は新しい数値をもりこんでいます。**カラー写真**も，「百聞は一見にしかず」という意味で，理解を助けてくれます。

4 納得しながら勉強できる多角的な要素

本書の中には，26項目の「**テーマゼミ**」があります。これは，特定のテーマについて，ほり下げた解説を加えることによって，地理の理解をいっそう深めるためのコーナーです。また，「**補説**」や「**Q&A**」，「**バージョンUP**」などで，本文の理解を助けることがらを取りあげています。章末では，「**テスト直前要点チェック**」で**重要用語のチェック**を行うことができます。

本書の活用法

1 学習内容を整理するために…

この章のポイント&コーチ
「**この章のポイント&コーチ**」は，各章のはじめにあって，**その章で学ぶすべての学習項目**をまとめています。その章の全体像をつかむことができます。

ポイント
「**ポイント**」は，どうしても理解し，**覚えなければならない重要ポイント**を示しています。テストでも，よく取りあげられる点ばかりです。

テスト直前要点チェック
「**テスト直前要点チェック**」は，各章の最後で，その章に出てきた**重要用語のチェック**をします。テストの直前には，必ずおさえておきます。

2 理解を深めるために…

❷ ノルウェー
① 自然　フィヨルド
　（→p.62）

本文は，重要な用語や文章を**太字**で示しています。タイトルの太字にも注意します。また，**参照ページ**の指示があるときは，必ずそちらも目を通してください。

補説
「**補説**」は，おもに，より詳しい解説が必要な**重要事項**を取りあげています。用語の説明のまとめ方の勉強にも役立ちます。

Q&A
「**Q&A**」は，多くの高校生が**疑問**に思うようなことがらを取りあげ，その疑問に対し，**先生が答える**形式で解説しています。

テーマゼミ
「**テーマゼミ**」は，本文をいっそう深く理解するために，**ほり下げた解説**をしています。本文とは別の角度で見ているので，参考になるはずです。

バージョンUP
「**バージョンUP**」は，新しい社会の動きに対応して追加した重要な用語です。合計21ページ分の最新情報をまとめています。

もくじ

第1編 さまざまな地図と地理的技能

1章 地理情報と地図 —— 10

1 地理的視野の拡大 —— 11
1. 世界観の変遷 —— 11
2. 時刻と時差 —— 13

2 地球と地図 —— 16
1. 地球儀と地図 —— 16
2. 地図の発達 —— 16
3. さまざまな地図投影法 —— 19

3 新しい地図と地理情報システム —— 24
1. 新しい地図 —— 24
2. 地理情報システム —— 25

4 地理情報の地図化 —— 28
1. 地図化の意義や注意点 —— 28
2. 地図化の実例 —— 28

● テスト直前要点チェック —— 31

2章 地図の活用と地域調査 – 32

1 さまざまな地図とその利用 —— 33
1. さまざまな地図 —— 33
2. 統計地図の作成と利用 —— 33

2 地形図とその利用 —— 35
1. 地形図の特色 —— 35
2. 地形図の利用と地域調査 —— 37

3 地域調査 —— 43
1. 身近な地域の調査 —— 43
2. 離れた地域の調査 —— 45

● テスト直前要点チェック —— 46

第2編 現代世界の系統地理的考察

3章 自然環境 —— 48

1 世界の地形 —— 50
1. 水陸分布 —— 50
2. 大地形の分類 —— 51
3. 地形を形成する要因 —— 54
4. 山地の地形 —— 55
5. 平野の地形 —— 58
6. 海岸の地形 —— 62
7. その他の地形 —— 65

2 世界の気候,土壌,植生 —— 68
1. 大気と海水の流れ —— 68
2. 水の分布と循環 —— 70

3	気候要素	73
4	気候区分	76
5	土壌帯と植物帯	86

3 自然環境と人々の生活 —— 90
1 低地の生活と高地の生活 …… 90
2 寒冷地域の生活と乾燥地域の生活 91
● バージョンUP　自然環境 …… 94
● テスト直前要点チェック —— 96

4章 環境問題 —— 98

1 環境と開発 —— 99
1 環境と人間 …… 99
2 世界の地域開発 …… 99

2 環境問題とその推移 —— 104
1 工業開発と公害 …… 104
2 人間活動による環境破壊 …… 106

3 地球規模の環境問題 —— 108
1 地球環境問題の相互関連 …… 108
2 工業生産による環境問題 …… 109
3 農牧業や林業による環境問題 …… 111
4 環境保全の動き …… 113
● バージョンUP　環境問題 …… 116
● テスト直前要点チェック —— 118

5章 農林水産業と食料問題 119

1 農牧業 —— 120
1 農牧業の立地条件 …… 120
2 世界の農牧業地域 …… 122
3 自給的農牧業 …… 123
4 ヨーロッパから発達した商業的
　農業 …… 126
5 新大陸や熱帯の企業的農牧業 …… 130
6 集団的農牧業とその変化 …… 135
7 農産物と流通 …… 138

2 林業と水産業 —— 139
1 林業の立地 …… 139
2 水産業の立地 …… 140

3 食料需給と食料問題 —— 142
1 世界の食料自給と食料問題 …… 142
● バージョンUP　農業，食料問題 —— 144
● テスト直前要点チェック —— 146

6章 鉱工業とエネルギー問題 147

1 鉱工業 —— 148
1 エネルギー資源の分布 …… 148
2 原料資源の分布と鉱業 …… 154
3 工業の立地 …… 157
4 世界の工業地域 …… 159

2 経済発展と現代の工業 —— 168
1 経済発展と産業 …… 168
2 現代の工業生産 …… 169

3 エネルギー問題 —— 171
1 世界のエネルギー問題 …… 171
● バージョンUP　鉱工業，エネルギー —— 172
● テスト直前要点チェック —— 174

7章 世界をつなぐ貿易，交通，通信 176

1 産業の国際化と世界の貿易 —— 178
1 国際分業体制 …… 178
2 企業の国際化 …… 179
3 国際貿易の発達と変容 …… 181

2 世界の交通 —— 185
1 交通の発達 …… 185
2 陸上交通 …… 185
3 水上交通 …… 187
4 航空交通とその他の交通 …… 189
5 日本の交通 …… 190

3 世界の通信とマスコミ —— 191
1 通信とマスコミュニケーション …… 191

2　情報社会 ·················· 192
　3　インターネットと世界の変化 ······ 193
　4　産業の情報化 ·················· 194
　　1　情報産業の発達と情報の利用 ······ 194
● バージョンUP　貿易，交通，通信 ····· 195
● テスト直前要点チェック ·············· 196

8章　生活と産業 ············· 198
1　消費生活とその変化 ············ 199
　1　生活意識の変化と消費行動の変化 ··· 199
　2　アメリカのおける消費生活 ········ 201
2　観光・保養産業 ··············· 202
　1　余暇活動の拡大 ················ 202
　2　リゾート開発の進行 ············· 203
● バージョンUP　生活と産業 ·········· 206
● テスト直前要点チェック ·············· 208

9章　人口と人口問題 ········· 209
1　世界の人口分布と増減 ··········· 210
　1　世界の人口分布 ················ 210
　2　世界の人口増加 ················ 211
2　世界の人口構成と人口問題 ······· 214
　1　世界の人口構成 ················ 214
　2　発展途上国の人口問題 ··········· 216
　3　先進国の人口問題と国際的な取り組み 218
● テスト直前要点チェック ·············· 220

10章　村落と都市 ·············· 221
1　村落の発達と機能 ·············· 222
　1　村落の立地 ···················· 222
　2　日本の村落の発達 ··············· 223
　3　村落の形態と機能 ··············· 227
2　都市の発達と機能 ·············· 229
　1　都市の立地 ···················· 229

　2　都市の発達 ···················· 229
　3　都市の形態と機能 ··············· 233
　4　都市地域の構造 ················ 236
● テスト直前要点チェック ·············· 238

11章　都市，居住問題 ·········· 239
1　産業と人口の都市集中 ·········· 240
　1　産業の都市集中 ················ 240
　2　先進国の人口の都市集中 ········· 241
　3　発展途上国の人口の都市集中 ····· 243
2　都市問題と都市計画 ············ 245
　1　先進国の都市，居住問題 ········· 245
　2　発展途上国の都市，居住問題 ····· 246
　3　都市計画 ····················· 248
● バージョンUP　都市，居住問題 ······· 252
● テスト直前要点チェック ·············· 254

12章　生活文化と民族 ·········· 255
1　世界の人々の衣食住 ············ 256
　1　世界の人々の衣服 ··············· 256
　2　世界の人々の食事 ··············· 258
　3　世界の人々の住居 ··············· 261
2　人種と民族 ··················· 262
　1　人種と民族の違い ··············· 262
　2　民族と文化 ···················· 263
　3　民族問題と国家 ················ 266
3　諸民族の生活と文化 ············ 272
　1　東南アジアの華人社会 ··········· 272
　2　ラテンアメリカの人々の生活と文化 273
　3　アラブ民族とユダヤ民族 ········· 274
　4　インドのヒンドゥー教徒の生活
　　 と文化 ······················· 275
● バージョンUP　生活文化と民族 ······· 276
　5　日本の民族と文化 ··············· 278
● テスト直前要点チェック ·············· 279

第3編 現代世界の地誌的考察

13章 地域区分と国家, 国家群 282

1 地域区分の目的と方法 ——— 283
1. 地理的視点と地域のとらえ方 ……… 283
2. 世界の地域区分 ……………………… 284

2 現代の国家 ——————————— 285
1. 国家の成立 …………………………… 285
2. 国家の領域と国境 …………………… 286

3 現代の国家群 ——————————— 289
1. さまざまな国家群 …………………… 289
2. 国家間の結合 ………………………… 289
3. ヨーロッパの結合 …………………… 291
4. その他の結合 ………………………… 295
5. 国際連合(国連)と国際協力 ……… 298

● テスト直前要点チェック ——————— 301

14章 アジアとアフリカ ——— 302

1 東アジア ——————————— 304
1. あらまし ……………………………… 304
2. 中国(中華人民共和国) …………… 304
3. 韓国と北朝鮮 ………………………… 308

2 東南アジアと南アジア ——— 310
1. あらまし ……………………………… 310
2. 東南アジア …………………………… 312
3. 南アジア ……………………………… 317

● バージョンUP 東～東南～南アジア — 320

3 西アジアと中央アジア ——— 322
1. 自然と住民 …………………………… 322
2. 資源と産業 …………………………… 323
3. 西アジアと中央アジアの国々 ……… 325

4 北アフリカとサハラ以南のアフリカ 328
1. 自然と住民, 産業と経済 …………… 328
2. 北アフリカの国々 …………………… 331
3. サハラ以南のアフリカの国々 ……… 332

● テスト直前要点チェック ——————— 336

15章 ヨーロッパとロシア — 338

1 ヨーロッパ ——————————— 340
1. あらまし ……………………………… 340
2. 西ヨーロッパ ………………………… 342
3. 南ヨーロッパ ………………………… 348
4. 北ヨーロッパ ………………………… 350
5. 中央ヨーロッパ, バルカン半島
   (南東ヨーロッパ) ………………… 351

2 ロシアと周辺諸国 ——————— 354
1. ロシア ………………………………… 354
2. ロシアの周辺諸国 …………………… 358

● テスト直前要点チェック ——————— 360

16章 南北アメリカ ——————— 361

1 アメリカとカナダ ——————— 362
1. アメリカのあらまし ………………… 362
2. アメリカの産業と諸地域 …………… 364
3. カナダ ………………………………… 369

2 ラテンアメリカ ———————— 370
1. 自然と住民 …………………………… 370
2. 産業と経済 …………………………… 371
3. ラテンアメリカの国々 ……………… 373

● テスト直前要点チェック ——————— 377

17章 オセアニアと両極 —— 378

1 オセアニア ——————————— 379

1	自然と住民	379
2	オーストラリア	380
3	ニュージーランド	384
4	太平洋諸国	385
2	両極地方	386
1	北極	386
2	南極	386
●	バージョンUP　欧州，米国，豪州	387
●	テスト直前要点チェック	389

18章　日本の特色と課題 —— 390

1	国土と自然，開発と環境	391
1	日本の位置と領域	391
2	日本の自然環境と自然災害	392
3	日本の地域開発と環境	395
2	資源，産業，貿易	397
1	日本の農牧業や水産業の動向	397
2	日本の資源や鉱工業の動向	400
3	日本の貿易の特色	406
3	その他の諸問題	408
1	日本の人口と人口問題	408
2	日本の食料需給と食料問題	410
3	日本の都市，居住問題	412
●	バージョンUP　日本	413
●	テスト直前要点チェック	415

さくいん —— 416

テーマゼミ

時差の問題をとく	14
インターネットの利用	45
プレートテクトニクス	53
デービスの侵食（河食）輪廻説	56
エルニーニョ現象	68
水害とその防止	72
アスワンハイダムの功罪	102
チェルノブイリと福島の原子力発電所事故	107
エコラベルとリサイクル	115
緑の革命	126
森林の役割と利用	140
クリーンエネルギー	148
アジアの工業化	166
遊園地とテーマパーク	204
企業城下町	233
メガロポリス	242
筑波研究学園都市	251
先住民（先住民族）と先住権	270
EUの共通農業政策（CAP）	292
朝鮮と日本	309
モノカルチャー経済	311
変わるベトナム…ドイモイ政策	316
イスラム復興運動	323
ユーロ圏の拡大	342
旧ユーゴスラビアの民族問題	352
イヌイット	389

■本書における国名表記について
　国名は，ほとんどの場合略称を用いている。おもな略称は以下のとおり。
　中国…中華人民共和国　　韓国…大韓民国　　北朝鮮…朝鮮民主主義人民共和国
　南アフリカ…南アフリカ共和国　　ロシア…ロシア連邦　　アメリカ…アメリカ合衆国
　ソ連…ソビエト社会主義共和国連邦

第1編

さまざまな地図と地理的技能

復元された伊能忠敬の日本地図

1章 地理情報と地図

この章のポイント&コーチ

1 地理的視野の拡大 ▷p.11

◆ **世界観の推移**
古代や中世 古代に円盤説と球体説。中世ヨーロッパは円盤説が一般的。
近世以後 ヨーロッパ人が世界に進出,地理的知識が拡大。近代地理学の成立。

◆ **時刻と時差**
緯度と経度 球面上での地点を特定するための角度。赤道と本初子午線が基準。
時差と標準時 経度15度で1時間の時差。日本の標準時子午線は東経135度。

2 地球と地図 ▷p.16

◆ **さまざまな地図投影法**

		正積図法	正角図法	正距図法	その他
円筒図法[*1]		サンソン図法 モルワイデ図法 グード図法 エケルト図法	メルカトル図法 横メルカトル図法 [ユニバーサル横メルカトル(UTM)図法[*2]]		ヴィンケル図法 ミラー図法
円錐図法[*1]		ランベルト正積円錐図法 ボンヌ図法 多円錐図法(多面体図法)	ランベルト正角円錐図法	正距円錐図法	
平面図法[*1]		ランベルト正積方位図法	平射(ステレオ)図法	正距方位図法	心射図法 正射図法

(*1は任意図法を含む。 *2は地形図の図法→p.35)

3 新しい地図と地理情報システム ▷p.24

◆ **地理情報システム(GIS)**
GISとは デジタル地図と種々の地理的情報とを有機的に統合させたシステム。
GISの利用 カーナビをはじめ,企業の市場調査や自治体の都市計画などに利用。

4 地理情報の地図化 ▷p.28

◆ **地図化の意義** 地表の様子を記載する地理学では,地図は必須の道具。
◆ **地図化の実例**
地球温暖化や砂漠化 気温の上昇や,ヒートアイランド現象。アラル海の縮小。
民族問題や南北問題 上置国境と民族分布,国内総生産のデータを地図化。

1 地理的視野の拡大

1 世界観の変遷

1 古代ヨーロッパの世界観

❶ 地球円盤説★1　古代では限られた範囲の情報しか得られなかったので，世界は平らな円盤状であるという考え方が一般的だった。

❷ ギリシャ時代　古代ギリシャでは異民族との交流が増し，地理的知識は，地中海を中心に大きく拡大した。一般には地球円盤説が信じられていたが，ピタゴラスが提唱した地球球体説は，アリストテレスが証明し★2，エジプトのエラトステネスが誤差およそ16%で子午線の全周を算定★3するなど，自然科学が大きく発達した。

❸ ローマ時代　ローマが地中海世界を統一する（紀元前2世紀ごろ）と，地理的知識はますます拡大し，ストラボンは『地理学』（1世紀ごろ）で古代地理学を集大成した。また，プトレマイオス（トレミー）は，当時知られていた範囲の世界地図★4を作成した。

▶エラトステネスの測定

2 中世の世界観

❶ キリスト教的世界観　ローマ＝カトリックの権威が強まると，キリスト教の教義に合致するように，エルサレムを世界の中心とする円盤説が主流★5になり，地理的知識も後退した。しかし後期には，十字軍の遠征や，マルコ＝ポーロ★6の『世界の記述（東方見聞録）』（13世紀末）などにより，東方への関心が高まった。

❷ イスラム世界　地球球体説を含め，ギリシャ，ローマの文化が継承され，天文学や数学も独自に発達した。イブン＝バットゥータは，12万kmに及ぶ旅行を『三大陸周遊記』（14世紀中頃）に著した。

3 近世以後の世界観

❶ 大航海時代　ヨーロッパでは15世紀末から16世紀にかけて★7，多くの航海者や探検者が活躍し，その地理的知識は急速に拡大した。

> 補説　ヨーロッパ人のおもな航海者や探検者
> ①バルトロメウ＝ディアス　1488年にアフリカの喜望峰に達する。
> ②コロンブス　1492年に西インド諸島のサンサルバドル島に達する。
> ③ヴァスコ＝ダ＝ガマ　1498年に喜望峰をへてインドに達する。
> ④マゼラン　1519～22年にかけて世界周航を達成（本人はフィリピンで死亡）。地球は丸いことが実証された。
> ⑤クック　1768～79年にかけて太平洋を3回周航。

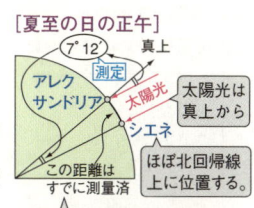

★1　p.17の古代バビロニアの地図，ヘカタイオスの世界地図など。

★2　アリストテレスは紀元前4世紀ごろの人で，月食によって地球が球体であることを証明した。

★3　紀元前3世紀ごろにエジプトのアレクサンドリアとシエネ（現在のアスワン）の2地点で，太陽の入射角の差を測定して子午線（北極と南極を結ぶ大円）の長さを計算した（上図を参照）。

★4　p.17の地図。彼の地図の範囲は，地球全体の約30％にあたる。

★5　p.17のTOマップにみられる。

★6　ヴェネツィアの人。元時代の中国へ渡った。"黄金の国ジパング"として日本の存在にも触れた。

★7　ヨーロッパでは「地理上の発見の時代」ともいわれる。これ以後，ヨーロッパ人の世界進出がすすみ，各地に植民地が拡大された。

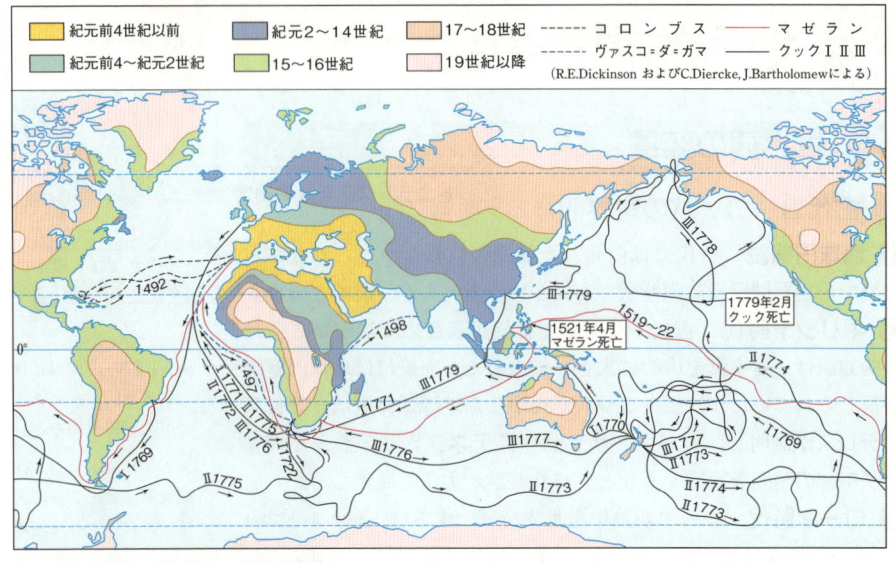

▲ヨーロッパ人の地理的知識の拡大

❷ **産業革命後の世界観** 自然科学や交通，通信機関の発達により，正確な地理的知識が迅速に得られるようになった。また，19世紀に入って近代地理学が成立し，それまでの異国紹介としての地理学は，近代科学としての地理学に大きく変化した。

> 補説 **近代地理学の成立に貢献した人々**
> ①フンボルト（ドイツ，1769～1859年） 近代地理学の祖とよばれる。南アメリカをはじめ，世界各地を旅行して，自然現象と人類の関係を論じた。『コスモス』を著して，自然地理学を体系化した。
> ②リッター（ドイツ，1779～1859年） 人文地理学の祖とよばれる。地域の概念を明確化し，人文事象との関係を論じた。『一般比較地理学』を著す。
> ③ラッツェル（ドイツ，1844～1904年） 『人類地理学』『政治地理学』を著し，人間と自然との相互関係（因果関係）を論じた。自然環境の影響を重視したため，環境決定論者という誤解を生んだ。
> ④ブラーシュ（フランス，1845～1918年） 『人文地理学原理』を著し，環境決定論を批判しつつ，人間のつくった社会環境を重視して，自然環境は人間活動に可能性を与えるものと論じた（環境可能論）。

❸ **現代の世界観** 科学技術の進歩は，われわれにいっそう精密な地図をあたえた。また，情報化社会の到来で，大量かつ多様な情報の入手が容易になったが，同時に世界はさまざまな事象が複雑に絡み合った総合的な空間であることをわれわれはあらためて認識させられた。地理的な知識をいかに入手するかの段階から，世界を捉えるためにそれをいかに利用するかの段階を迎えているといえよう。

★8 大気，水，岩石，生物，また地球上の位置といった要素からなる。自然環境は，人間生活を大きく規定している。

★9 人口，民族や経済，文化の発達段階，歴史的伝統，社会組織，宗教といった要素からなる。社会環境は，人間生活にさまざまな影響をあたえている。

2 時刻と時差

1 緯度と経度

❶ 地球の大きさ　地球は太陽系の第3惑星で，太陽のまわりを公転している。形状はほぼ完全な球体だが，赤道の全周（約40,075km）に比べて，子午線★1の全周（約40,008km）のほうがやや短く，正確には回転楕円体である。

❷ 緯線　赤道に平行な面と地表面とが交わる円周を緯線という。また，緯線上の1点と地球の中心を結ぶ線が，赤道面となす角を緯度という。緯度は赤道を0度として南北に分けており，北を北緯，南を南緯★2という。

❸ 経線　両極を通る面と地表面とが交わる大円を経線という。経度は，イギリス（ロンドン）の旧グリニッジ天文台を通る子午線を0度の経線（本初子午線）★3として東西に分けており，東を東経，西を西経という。なお，東経180度と西経180度は一致する。★4

▼緯度と経度の表し方

（図：本初子午線，北極，180°の経線，東経135°線（日本の標準時子午線），ロンドン，西経（W），北緯35°線，北緯（N），南緯（S），東経（E），135°，35°，赤道，北回帰線（23°26′N），南回帰線（23°26′S），南極）

　補説　**南北回帰線**　地球は，地軸が公転軌道面に対し，垂直な方向から約23度26分（ただし，この角度は4万年周期で，22度から24.5度まで変化する。2011年では23度26分21秒）傾いたまま公転しているため，季節によって太陽高度が変化する。これを太陽の回帰現象といい，日本の夏至の時には北回帰線（北緯23度26分）上で，冬至の時には南回帰線（南緯23度26分）上で，太陽が天頂（真上）にくる。
　また，北緯66度34分以北は北極圏，南緯66度34分以南を南極圏といい，ともに太陽の沈まない白夜の夏と，太陽の昇らない極夜の冬がある（→p.350）。

2 時差と標準時

❶ 自転と時差　地球は西から東へ自転しており，約24時間かかって1回転している。自転によって地球上の各地点は昼や夜を迎えるが，ある瞬間に地球上では地点によって昼夜の別が生じている。このように各地点では時間の差（時差）があるが，地球は24時間で1回転（360度回転）するので，経度15度ごとに1時間の時差が生じることになる。★5

❷ 標準時　時差による混乱を防ぐために，国や地域ごとに，一定の経線を基準にした共通の時刻を定めており，これを標準時といい★6，共通の標準時で帯状に区分された地帯が等時帯（→p.15）である。

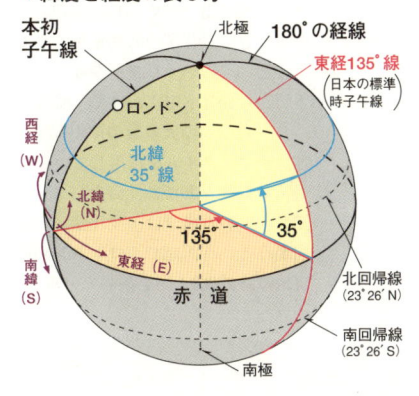

★1 地球の両極を最短距離で結んだ線でできる円。子午線にそって地球を切ると，その切り口の面は，地球の中心を通る大円となる。

★2 北極点は北緯90度，南極点は南緯90度となる。

★3 かつて基準経線は不統一だったが，1884年の万国子午線会議で，本初子午線が現在のように決定された。

★4 経度180度にほぼそって日付変更線が設定されている（p.15）。

★5 「360度÷24時間＝15度/時間」と計算する。

★6 ロンドンの旧グリニッジ天文台を通る本初子午線を基準とする時刻をグリニッジ標準時（GMT）という。

❸ **日本の標準時** 兵庫県明石市などを通る**東経135度**の経線を**標準時子午線**にしており，グリニッジ標準時ではプラス9時間である(イギリスとの時差は9時間)。

★7 経度の差が135度なので，135÷15＝9 で9時間の時差となる。日本は，イギリスからみて東方(東経の地点)にあるので，イギリスよりも時刻は早い。そのため，プラスの時間の時差となる。

【補説】**サマータイム** 高緯度や中緯度の地域では，夏季は日中の時間が長いため，日出が早く，日没が遅い。そこで，夏季に限り，時間を1時間早くして，仕事の時間を早め，夕方を余暇時間として有効に利用しようというのが，**サマータイム**(夏時間)。北半球の場合，およそ3月下旬から10月下旬にかけて，時計を実際の時刻より1時間進める。

ヨーロッパの大多数の国々，アメリカ，カナダ，オーストラリアなど，サマータイムを採用している国は多い。

入試問題などでは，時差についてサマータイム実施という条件が明記されている場合は，要注意。例えば，東京からロンドンへ飛行機で向かうという問題で，ロンドン到着時刻が，計算上8：00であっても，現地の時計は9：00を指している。

★8 日本では1948年から実施されたが，不評をかい，4年間続いただけで廃止された。

テーマゼミ 時差の問題をとく

◯ **時差の問題をとく3つの法則**

①**経度差と時差の法則**…経度15度の差で，1時間の時差が生じる。

②**時間が早いか，遅いかの法則**…地球上の2点間では，東側の方がつねに時間が早い。西へ行くほど時刻をもどし，東へ行くほど時刻を進めることになる。ロンドンから見ると，東半球は時刻が早く，西半球は遅い。

③**日付変更線の法則**…日付変更線を西から東へこえたときは，日付を1日へらす。東から西へこえたときは，日付を1日加える。

◯ **例題をとく**→東京が1月1日午前10時のとき，西経120度を標準時子午線とするロサンゼルスでは，何月何日の何時か？

◯ **とき方＝その1→日付変更線をまたがないで考える方法**

「経度差と時差の法則」で，東京とロンドン，ロンドンとロサンゼルスの時差を求める。次に「時間が早いか，遅いかの法則」で，東京→ロンドン→ロサンゼルスと，時間を遅らせていけばよい。右上図を参照のこと。このとき方の場合，「日付変更線の法則」は使わなくてよい。

◯ **とき方＝その2→日付変更線をまたいで考える方法**

「経度差と時差の法則」で，東京とロサンゼルスの経度差を，直接計算すると105度で，時差は7時間となる。次に「時間が早いか，遅いかの法則」で，東にあるロサンゼルスのほうが時間が早いので，東京から時間を進めていく。次に「日付変更線の法則」で西から東へこえる場合なので，日付を1日へらす。右下図を参照のこと。

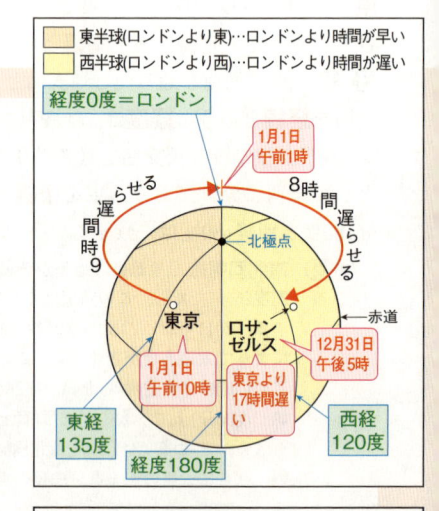

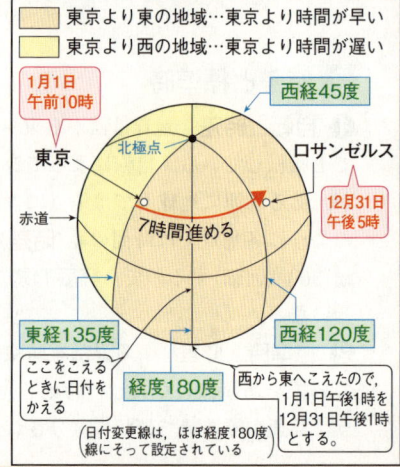

1 地理的視野の拡大 **15**

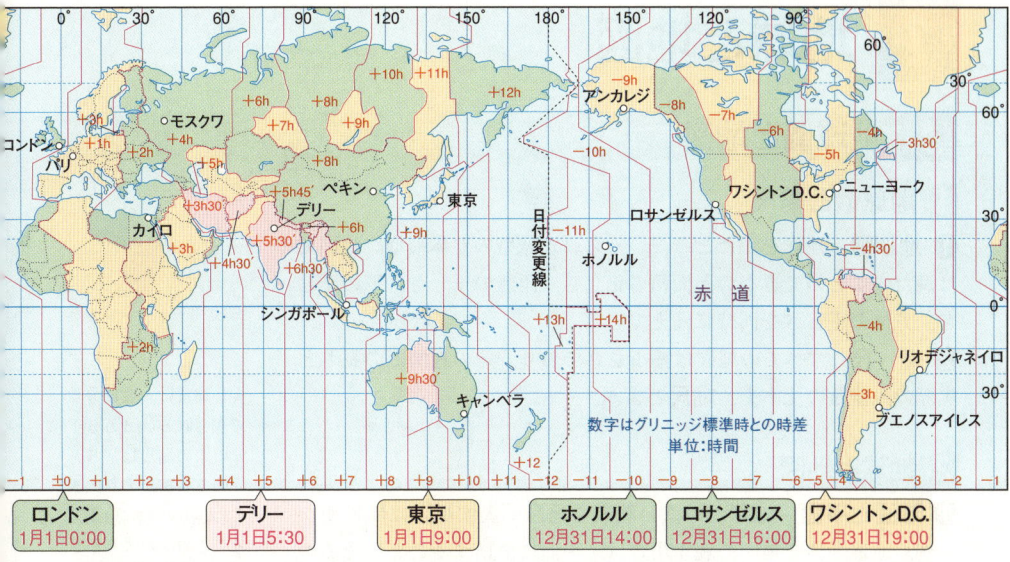

▲等時帯　太平洋のキリバスなどでは，日付変更線が国土の東端になる（→p.380）。

❹ **日付変更線**　各標準時は，本初子午線のグリニッジ標準時を基準にして，東はプラス，西はマイナスの時差で表す。東経180度はプラス12時間，西経180度はマイナス12時間となるので，経度180度の経線にほぼそって**日付変更線**が引かれている。

　日付変更線を西から東へ通過するときは，日付を1日遅らせる。
　　　　　　　（西半球へ移るとき）
東から西へ通過するときは，日付を1日進める。
（東半球へ移るとき）

ポイント		
時　差	経度15度のちがいで，1時間の時差がある	
	日本（東経135度）は，ロンドンより9時間早い	
日付変更線	西から東へこえる→日付を1日遅らせる	
	東から西へこえる→日付を1日進める	

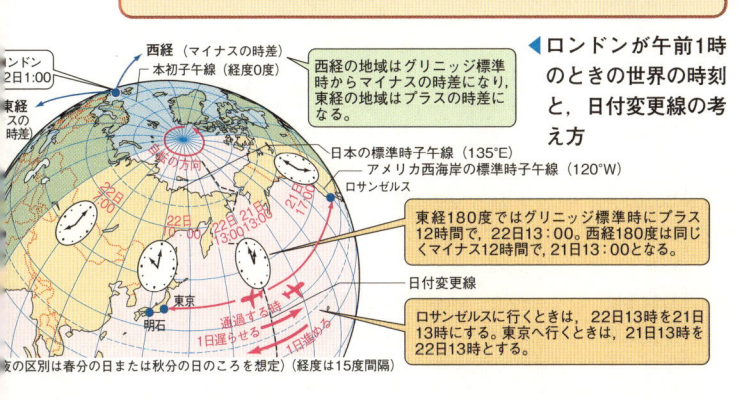

◀ロンドンが午前1時のときの世界の時刻と，日付変更線の考え方

★9　マゼラン一行が，初めて世界周航に成功したとき，西まわりに一周していたので，彼らの航海日誌は1日不足していた。当時は，日付変更線の考え方がなかったので，日付を進めることをしなかったためである。現在なら，日付変更線を東から西へ通過するときに（西半球から東半球に移るときに）1日，日付を進める（東半球の方が時間が早いので）。

　時間は，24時間を数えて，また元にもどって数えていく。つまり，単純にくり返すだけであるが，日付は，24時間たったら，1日進めていくことになっているので，その地球上の基準線として，日付変更線が必要となる。

2 地球と地図

1 地球儀と地図

1 地球儀と縮尺

❶ **地球儀** 地球をかたどってつくられた球型の立体模型。地図では満たすことのできない，面積の正しさ，距離の正しさ，形の正しさ，方位の正しさを同時に備えている。

❷ **縮尺** すべての地図は縮小されており，その地図上の長さと実際の距離との比率を，**縮尺**★1とよぶ。★2

2 地球と地図

❶ **球面と平面** 地球上の狭い範囲を地図で表す場合は問題がないが，地球全体を地図で表す場合は，平面に変換することになるので，必ず歪みが生じる。

❷ **地図の必要条件** 縮尺の小さい世界地図で重要になる。
  ①距離が正しく表されている＝**正距**。★3
  ②面積が正しく表されている＝**正積** → 分布図などに利用。
  ③方位が正しく表されている＝**正方位** → 航空図などに利用。
  ④角(舵角)が正しく表されている＝**正角** → 海図などに利用。

❸ **地図投影法** 球体である地球のようすを平面に描く方法。さまざまな投影法が考案されているが，投影方法によって正しく表される条件が異なるので，目的に応じて選択することが必要。

★1 縮尺は一般に分数で表される。2万5千分の1の縮尺は，5万分の1の縮尺より大きく(大縮尺である)1万分の1の縮尺より小さい(小縮尺である)などという。

★2 縮尺とは，本来，地図を作成するもとになった地球儀と地球との半径の比率のことである。

★3 特定の方向，あるいは特定の地点からの距離が正しい図しか，描くことができない。

2 地図の発達

1 古代や中世の地図

＊エラトステネスは子午線の全周を計測した。(→p.11)

古代バビロニアの地図	BC700～500年頃	メソポタミア	世界最古。バビロン中心の地球円盤説
ヘカタイオスの世界地図	BC400年頃	ギリシャ世界	ギリシャ中心の円盤説
エラトステネス＊の世界地図	BC200年頃	ギリシャ世界	地球球体説。直線の経緯線を使用
プトレマイオスの世界地図	2世紀頃	ローマ世界	球体説。赤道，南半球も示し，曲線の経緯線
TOマップ	中世	ヨーロッパ	キリスト教世界観。エルサレム中心の円盤説に後退
イドリーシーの世界地図	1154年頃	イスラーム世界	球体説を継承。地図の上が南を示す
ポルトラノ海図	中世末期	ヨーロッパ	羅針盤を利用した航海用の地図

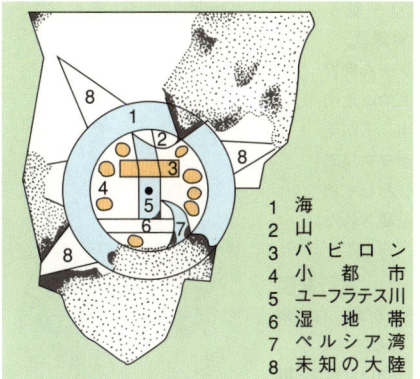

2 地球と地図

◀**古代バビロニアの地図** 世界最古の地図といわれ，日干しれんが(アドベ)の粘土板に表現。紀元前700〜500年頃のものと推定される。

1 海
2 山
3 バビロン
4 小都市
5 ユーフラテス川
6 湿地帯
7 ペルシア湾
8 未知の大陸

▶**ヘカタイオスの世界地図** ギリシャ人の円盤状の世界観を示す。周囲のオケアノスがOcean＝海の語源。インダス川まで認知されている。

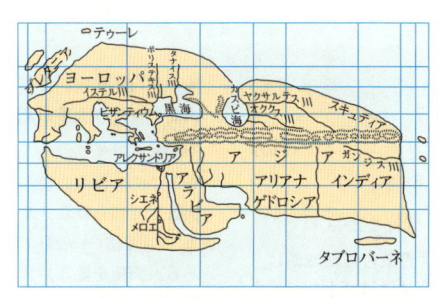

▲**エラトステネスの世界地図** 地中海地方がほぼ正しいギリシャ時代の地図。はじめて経緯線が使われているが，いずれも直線。

▲**プトレマイオス(トレミー)の世界地図** エラトステネスの考えを継承したもので，地表を球面として扱い，経緯線がはじめて曲線で描かれている。

▲**TOマップ** キリスト教的世界観に基づく。OT図とも。オケアノスに囲まれた円形の大地はタナイス川(ドン川)，地中海，紅海でアジア，ヨーロッパ，アフリカに分割。上端(東方)にエデンの園(パラダイス)が想定された。

▲**ポルトラノ海図** 中世末期に発達した航海用地図。地中海における海上交通の発達と，羅針盤の利用が始まったことにより作成された。地図上に放射線状の方位線が多数描かれている。沿岸の地形や島なども，当時としては正確に表現されている。のちに，メルカトル図法による海図にかわっていった。

1章 地理情報と地図

◀ イドリーシーの世界地図
イスラーム世界の代表的な地図。上が南，下が北。日本がワクワク（倭国）として初めて記載された。

▶ 行基図
上が東，右が南になっている。室町時代に重用された百科辞書の『拾芥抄』にある。

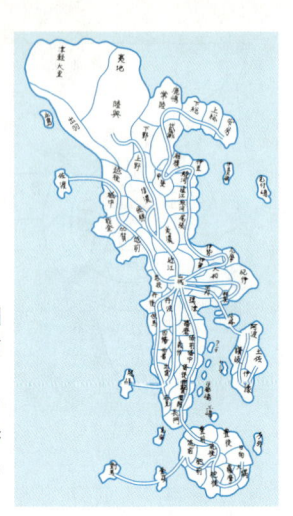

2 近世以後の地図

❶ 大航海時代の地図

① **トスカネリの世界地図**★1　地球球体説に基づきヨーロッパの西方にアジア（インド）を配置。コロンブスの西航に影響。

② **メルカトルの世界地図**★2　正角円筒図法による世界全図。

　補説　**マルティン＝ベハイムの地球儀**　現存する世界最古の地球儀は，1492年作成のマルティン＝ベハイムの作品。内容はほぼプトレマイオスの地図に基づくが，「大航海時代」を先導した。ヨーロッパとアジアの間の大洋の西にジパング島が見える。

❷ 産業革命後の地図
スネリウス（1615年）以後の測量技術の進歩にともない，ヨーロッパ諸国で正確な地図が作成された。★3

3 日本の地図の発達

❶ 行基図
奈良時代の僧，行基が作成したとされ，京を中心に道路と諸国の位置を記す。江戸時代まで，庶民の間で普及した。★4

❷ 長久保赤水の地図
18世紀の中ごろ，オランダを通じてヨーロッパのすすんだ地図作成法が伝わり，1779年には，長久保赤水が初めて経緯線を用いた日本地図（『改正日本輿地路程全図』）を作成。★5

❸ 伊能忠敬の地図
19世紀に，**伊能忠敬**が初めて実測による精密な日本地図の作成を始めた。この地図は，伊能忠敬の死後，高橋景保によって1821年に『大日本沿海輿地全図』として完成した。★6

❹ 近代以後の地図
明治以後は国家事業として，全国の測量と地形図の作成が行われた。戦前は，陸軍の陸地測量部が担当し，地形図は軍事目的の色合いが強かった。現在は国土交通省**国土地理院**が，公的な地図の発行機関として地形図などの作成を行っている。

★1　1474年作成。まだ南北アメリカ大陸の記入がなかった。

★2　1569年作成。航海図として知られるメルカトル図法（→p.22）である。両極を除き，世界の陸地の形がかなり正確に描かれている。

★3　19世紀初めに，カッシーニ一族が100年以上かけ，フランス全土の地形図を完成。

★4　17世紀初頭にマテオ＝リッチ（中国に来ていた宣教師）が作成した正確な世界地図（『坤輿万国全図』）が，日本に伝えられた。

★5　輿地とは輿車（こしぐるま）のように万物を乗せている大地といった意味。江戸時代，地理や地学の研究を輿地学といった。

★6　沿海部の正確性に対し，内陸部は空白が多く記述がとぼしい。

3 さまざまな地図投影法

1 地図投影法の分類

❶ 地図の必要条件による分類 距離，面積，方位，角度のうち，どの条件が正しくなるかによって，正距図法，正積図法，正方位図法，正角図法にわけられる。2つの条件を正しく表現できる図法も存在するが，面積と角度を同時に正しく表すことはできない。

❷ 投影の原理による分類

1. 平面図法 地球に接する1平面に投影する図法。方位図法ともいう。接点(図の中心)からの方位が正しく表現できるほか，図の中心と任意の地点とを結ぶ直線が大圏コース(→p.22)になる。
2. 円錐図法 地球に円錐をかぶせて投影し，その円錐を展開する図法。
3. 円筒図法 赤道または任意の大円で接する円筒に投影して，その円筒を展開する図法。
4. 便宜図法 上記3図法などをもとに，数学的計算により，条件が正しくなるように変更を加えた図法。任意図法ともいう。

❸ 投影面の位置による分類

どの位置に投影面を置くかによって，正軸投影，横軸投影，斜軸投影に分けられる。

2 正積図法

❶ サンソン図法 中央経線以外の経線は，正弦(サイン)曲線。緯線は等間隔の直線で，長さの比はすべて正しい。中央経線と赤道の長さの比は1：2。低緯度地域の歪みは比較的小さい。

❷ モルワイデ図法 中央経線以外の経線は楕円曲線(ホモログラフ)。緯線は高緯度ほど間隔がせまい。中央経線と赤道の長さの比は1：2。緯度40度付近の歪みは比較的小さい。

❸ グード図法 ホモロサイン図法ともいう。緯度40度44分より低緯度側をサンソン図法，高緯度側をモルワイデ図法で描き，両者を接合して海洋の部分で断裂した図法。

★1 任意の2地点に対して，距離が正しい図法は存在しない。

★2 任意の地点からの方位が正しい図法は存在せず，図の中心からの方位のみ正しくなる。

▼投影の原理と投影面の位置

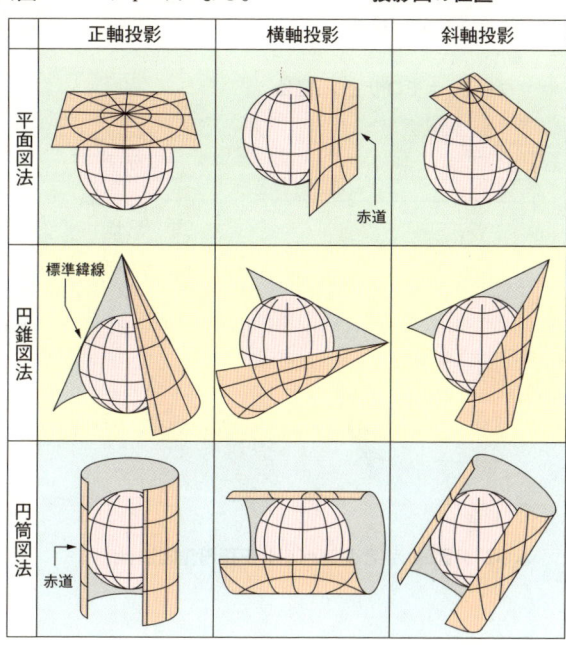

	正軸投影	横軸投影	斜軸投影
平面図法			
円錐図法	標準緯線		
円筒図法	赤道		

★3 円筒の切り口の方向は歪みが大きく，中心は描けない。

★4 伊能忠敬の日本地図も，同じ原理で作成された。

★5 海洋の部分が連続していないので，海流や航路などを示すのには適さない。

❹ **ボンヌ図法** 円錐図法を改良して，正積図としたもの。緯線は等間隔の同心円。世界全体を描くとハート型になり，周辺部の歪みが大きいので，中緯度の大陸図(地方図)に利用。[★6]

  補説 **その他の正積図法**
  ①ハンメル図法 モルワイデ図法に似ているが，緯線が曲線となっている点が異なる。ランベルト正積方位図法(→p.21)を改良してつくられた。
  ②エケルト図法 両極を直線で表現し，中央経線と極と赤道の長さの比は1：1：2。なお，経線は図式により楕円のもの(第4図式)と正弦(サイン)曲線のもの(第6図式)がある。

▼**グード(ホモロサイン)図法**

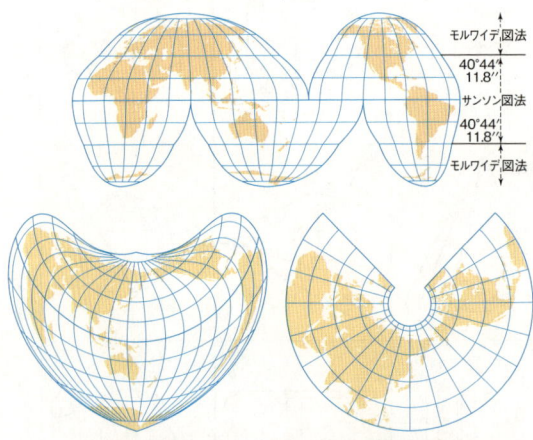

▲ボンヌ図法(左)とランベルト正積円錐図法(右)

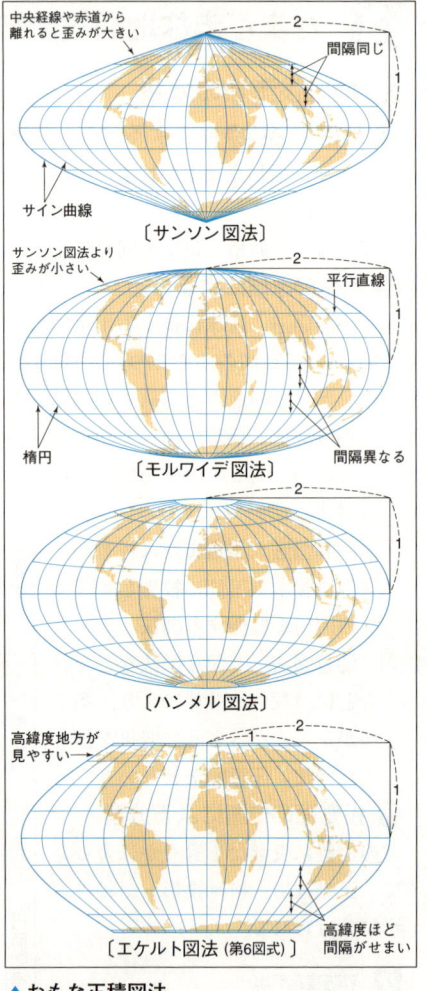

〔サンソン図法〕
中央経線や赤道から離れると歪みが大きい
間隔同じ
サイン曲線

〔モルワイデ図法〕
サンソン図法より歪みが小さい
平行直線
楕円
間隔異なる

〔ハンメル図法〕

〔エケルト図法(第6図式)〕
高緯度地方が見やすい
高緯度ほど間隔がせまい

▲おもな正積図法

3 正方位図法

❶ **正射図法** 視点を無限の遠方において投影。正積でも正角でもないが，斜軸投影では立体感がある。[★7]
❷ **平射図法** ステレオ図法ともいう。視点を接点の反対側(対蹠点)において投影。正方位であると同時に，正角でもある。極地方の国際航空図や国際天気図に利用。
❸ **心射図法** 視点を地球の中心において投影。周辺が極端に拡大し，半球図すら描けない。図中の任意の2点を結ぶ直線は，その2点間の最短経路(大圏コース)を示すが，距離の測定はできない。[★8]

★6 かつてヨーロッパ各国の地形図の図法として利用された(現在の地形図はUTM図法→p.35)。

★7 天体図，装飾図として使われる。

★8 半球図で，等角コース(→p.22)は曲線となるので，海図には適さない。

❹ 正距方位図法
図の中心からの距離と方位が正しい。図の中心からの大圏コースが直線で示され，距離も読みとれるので，航空図に利用される。全球図の場合，図の外周円が**対蹠点**(→p.50)を示す。面積と形は正しくない。また，極を中心にした図では緯線が等間隔の同心円となる。[★9]

❺ ランベルト正積方位図法
正距方位図法に似るが，図の周辺部における緯線間隔の縮小がより顕著で，面積が正しい。図の中心からの大圏コースは直線で示され方位も正しいが，距離の測定は専用の距離尺を用いないと測定できない。半球図でよく利用(→p.50)。

正射図法／平射図法／心射図法

正軸投影　斜軸投影　横軸投影

大航海時代，この半球図と反対側のもう一枚の半球図を並べて地球全体を表した　　立体感がある

視点

正射図法でもあるステレオ図法ともいう　　60度以上の高緯度の国際天気図／80度以上の高緯度の国際航空図

視点

▲正方位図法　いずれも図の中心からの方位が正しい。

4 正角図法

❶ 角と方位
①正角とは…角度関係が正しいので，地球上での形が地図上でも**相似形で正しく表現できる**。②方位とは…地球上の2点の関係で，A地点からB地点に向かう大圏コースの方向にあたる。[★10] 真北を0度とし，90度＝東，180度＝南，270度＝西とする。**方位角**ともいう。

★9 国連旗は，北極中心で描いて，南緯60度でカットし(したがって南極大陸は描かれていない)，オリーブの葉で囲んでいる。

★10 A点を通る経線の大円と，A点とB点を含む大円の，2つの大円がなす角度である。

▼東京中心の正距方位図法
正距離かつ正方位。距離の赤点線は，東京より各5000km。

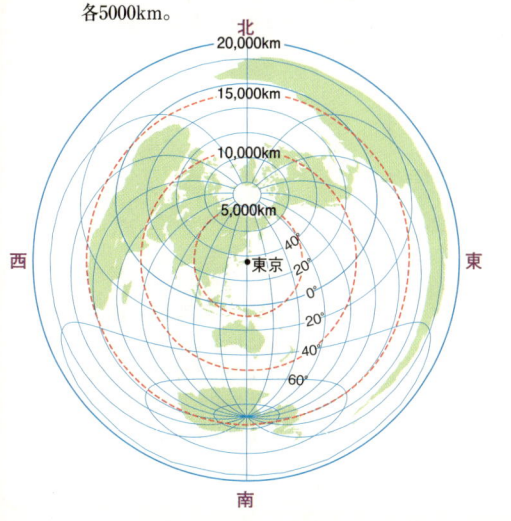

▶東京中心のランベルト正積方位図法　周辺部の緯線間隔がちぢむ。正積かつ正方位。

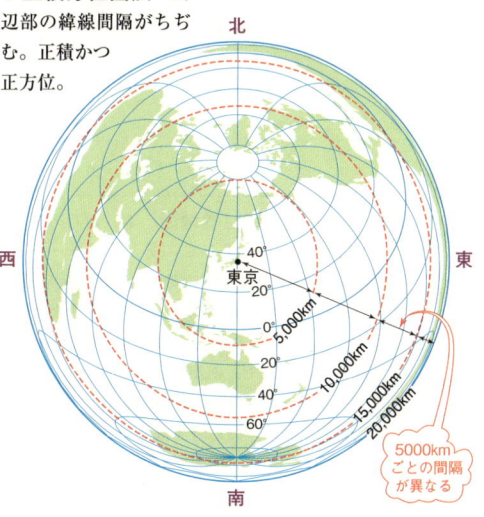

5000kmごとの間隔が異なる

❷ **メルカトル図法**　経緯線をすべて平行直線で描き，緯線間隔は経線間隔の拡大率と等しくなるように調整した図法で，各緯線上での形が正しく示される。拡大率が無限大になる両極は描くことができない。高緯度ほど距離と面積が拡大し，赤道上と経線方向以外の大圏（たいけん）コースはすべて曲線となる。しかし，図中の任意の2点を結ぶ直線は等角（とうかく）コースを示すので，古くから航海用の海図として利用されてきた。また，低緯度の地方図や航空図にも用いられる。

★11 距離の拡大率は，緯度30度で約1.15倍，緯度60度で2倍（面積は4倍）となる。

▼メルカトル図法の等角コースと大圏コース

補説　大圏コースと等角コース
①**大圏コース（大圏航路）**　任意の2地点（A地点・B地点）と地球の中心を含む平面が切った断面の円周を大円（大圏）とよび，この大円上が両地点間の最短経路（大圏コース）となる。ただし，A地点からB地点をみたときの方位と，大圏コース上の別のC地点からB地点をみたときの方位は合致せず★12★13，この経路を進む場合は，舵角（だかく）がどんどん変化していく。

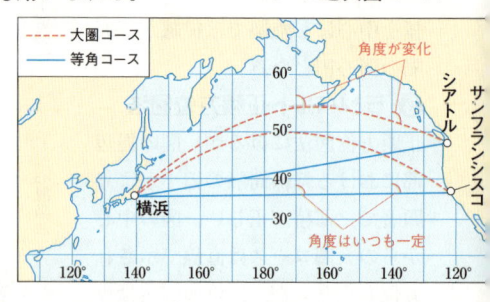

②**等角コース（等角航路）**　A地点からB地点に向かうときの舵角が常に一定に保たれる経路をいう。この舵角は，A地点からB地点をみたときの方位（大圏コースの方向）とは異なる。本来，等角コースは経線が平行でないために曲線となるが，メルカトル図法では直線として描かれる。大圏コースよりも遠回りになるが，等角コースを進むと確実に目的地に到達できる。

★12 赤道上および経線上を進む場合を除く。

★13 進行方向と経線との角度。

❸ **ランベルト正角円錐（えんすい）図法**　円錐図法を改良して正角図法としたもの。中緯度の航空図や天気図，100万分の1国際図などに利用。

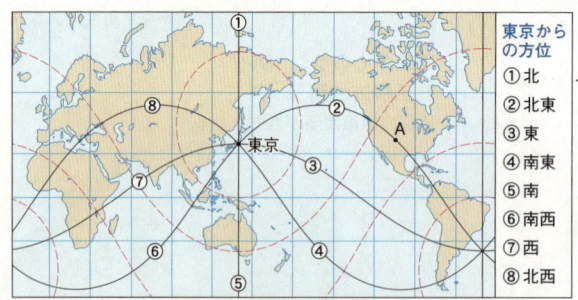

▲メルカトル図法の世界地図　東京からの方位は，①〜⑧で示した線のようになる。この線が大圏コース（最短経路）にもあたる。中緯度や高緯度の地点では方位が読みとれないことがわかる。ただし，低緯度，とくに赤道上からみる場合は，上が北，下が南，右が東，左が西の方位が正しく示され，すぐに読みとれるので，航空用にも利用されている。
　なお，図中の赤点線は等距離線を示す。対蹠点（たいせきてん）までの2万km（地球の周囲は4万km）を5等分→各々は4000kmである。

東京からの方位
①北
②北東
③東
④南東
⑤南
⑥南西
⑦西
⑧北西

左図のA点が東京と同緯度とすると，東京から見たA点の方位は北東となり，A点から見た東京の方位は北西となる。

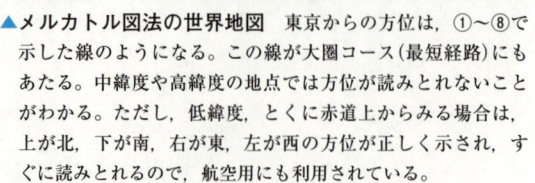

▲ランベルト正角円錐図法　ある緯線で地球に接する円錐をかぶせ，正角になるように円錐面に投影した図法。とくに接線＝標準緯線にそった地域は，歪み（ひずみ）が小さい。

> **ポイント　地図投影法のおもな利用**
> ─正積図法→分布図。サンソン，モルワイデ，グード図法など
> ─正方位図法→図の中心からの方位が正しく，大圏コースが直線となる性質が重要。図の中心からの距離も正しい正距方位図法は航空図などに広く利用。平射図法も航空図に利用
> ─正角図法→等角コースが直線のメルカトル図法は，海図に利用

5 その他の図法

❶ **ミラー図法**　メルカトル図法に似ているが，正角図でも正積図でもない。高緯度の歪みが小さく，両極も表現できる（→p.12）（→p.28）。GIS（→p.26）の図化に多用。

❷ **ヴィンケル図法**　エケルト図法に似て，極が直線で表されるが，緯線が曲線となる。正積図ではないが，歪みは小さい。

❸ **正距円錐図法**　トレミー図法ともいう。標準緯線と経線方向の距離が正しい。中緯度の地方図に適する。

❹ **多円錐図法**　各緯度ごとに多くの円錐をかぶせて平面に展開。同一経度部分を接合すると，舟底型の地図となる。地球儀の作成に利用する。多面体図法ともいう。

> **Q** 東京から東の方位に向かうと，どの大陸に着くのですか。
>
> **A** メルカトル図法やミラー図法を見なれていると，方位を誤りやすいね。アメリカのサンフランシスコあたりが東にあるように見えてしまうけれど，サンフランシスコは実際には東京から北東の方位になる。東京中心の正距方位図法を見てみよう。北極に対して右に90度の方角が東だから，実際には，南アメリカのチリが東京の東にあたるんだよ。

▼ヴィンケル図法

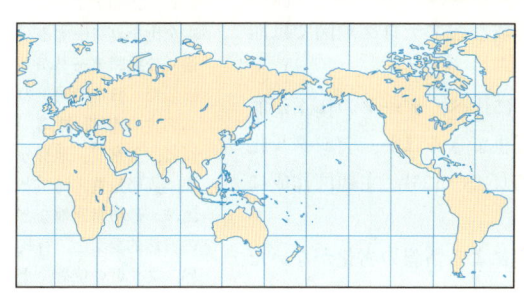

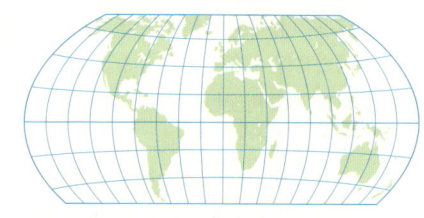

◀ミラー図法　グリーンランドや高緯度地方の形をメルカトル図法とくらべてみよう。

正距円錐（トレミー）図法

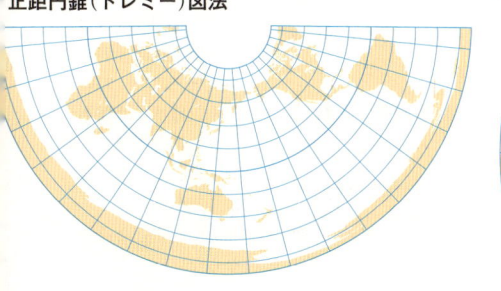

▼多円錐図法を応用した舟底型地図

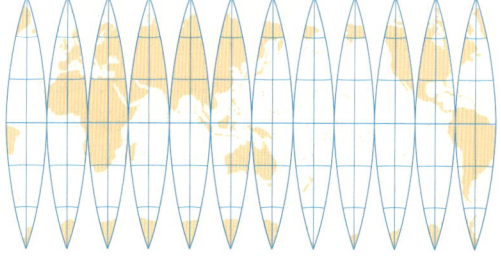

3 新しい地図と地理情報システム

1 新しい地図

1 コンピューターの発達と地図

❶ **アナログ地図** 従来から存在する"紙の上に描かれた絵，図"としての地図。古代バビロニアの粘土板地図，トスカネリや伊能忠敬が作成した地図，国土地理院が発行する地形図のいずれもが，アナログ地図である。

❷ **デジタル地図**[★1] 様々な情報を数値データ（0と1の集合）として処理し，画像化される地図で，コンピューターを介して利用する。一般に専用のソフトウェアで作成したり，ウェブサイトを通じて提供されている。

[★1] 電子地図，空間データ，数値地図などともよばれる。

❸ **デジタル地図の利点**

① **輸送の利便性** パソコンなどの表示装置さえあれば，膨大な枚数の地図を，CDやDVDなど軽量で小型の媒体で運搬できる。また，通信による伝送も容易である。

② **作業の利便性** 住所や施設名，電話番号などから目的地周辺の地図を検索したり，移動距離・時間を知ることが簡単になり，経緯度の計測，面積の計算，断面図の作成などアナログ地図では面倒な作業も容易に行える。

③ **加工の利便性** "絵，図"の描き直しに比べ，データの修正が簡単であるため，常時，最新の地図を提供できるほか，デジタル化された他の情報との統合が容易である（GIS→p.26）。主題図作成に大きな広がりをもたらした。

④ **複製の利便性** デジタル情報は複製による情報の劣化がないため，地図の精度を落とすことなく大量に作成できる。

❹ **さまざまなデジタル地図** Google Earthや国土地理院が提供する数値地図（地図画像），電子国土基本図は，デジタル地図の好例であり，住宅地図や道路地図などもデジタル化が進んでいる。

国土地理院から刊行されている数値地図25000（地図画像）や数値地図50000（地図画像）は，国土地理情報[★2]から取り出した標高や道路，公共施設などの数値データに，描画プログラム（国土数値情報利用プログラム）を添付して，一般のパソコン環境で利用できるようにしたデジタル地図である。

[★2] 国土庁（現在は国土交通省）と国土地理院が1974年から整備を始め，1980年までに日本全土をカバーする一通りの地図データが完成した。日本の国土のあらゆる情報（標高，傾斜，谷密度，地形分類，表層地質，河川と流域，砂防指定地などの自然的要素と，行政界，文化財の位置，土地利用，道路や鉄道，地価表示地点，公共施設などの社会的要素）が数値化され，デジタルデータになっている。国土数値情報は数値データの集合体であるので，これを利用するには，描画プログラムを介して図化しなければならない。

2 情報通信技術(IT)の発達と地図

❶ 人工衛星の利用　目的に応じて次のように大別できる。

地球観測衛星	各種センサーを搭載し，大気や海洋，地表面などの詳細な観測を行う。気象衛星ひまわり★3やNOAA(アメリカ)もその一種
科学衛星	宇宙空間の観測を行う。ハッブル宇宙望遠鏡や惑星探査機など
実用衛星	通信衛星(CS)や放送衛星(BS)，測位衛星(GPS衛星)など
軍事衛星	偵察衛星など。軍事上の目的に利用される

❷ リモートセンシング(遠隔探査)★4
地球観測衛星は，地表面から反射・放射される電磁波を受信して地球を観測する。物質により電磁波の波長が異なることを利用して，植生，土壌，海洋の調査や地球環境の監視，資源探査などに役立てられている。

❸ GPS★5
地球を周回する約30基のうち4基のGPS衛星からの電波を利用して，受信者(船舶，航空機，自動車など)の位置(経度・緯度・高度)を求めるシステム。ミサイルの誘導など軍事用に開発されたが，現在ではカーナビゲーションシステム(カーナビ)にも活用されている。国土地理院は，GPS衛星からの電波を受信する電子基準点( )を全国に設置して精度の高い測量網を構築するとともに，地殻変動の監視を行っている。

> **補説**　アメダス　気象庁が1974年から展開している自動気象観測システムのこと。観測点は全国に約1300か所あり，そのうち約840か所は，降水量，風向，風速，気温，日照時間を観測し，その他は降水量のみを観測している。観測データは気象庁の大型コンピューターで管理，分析され，天気予報などに活用される。また観測データを，より視覚的な地図などの画像に変換することも可能である。なお，AMeDASとは，Automated Meteorological Data Acquisition Systemの略。

★3 1977年以来使用された日本の気象衛星「ひまわり」は，航空管制機能をあわせもつ運輸多目的衛星となったが，名称は「ひまわり」として運用されている。

★4 世界初の地球観測衛星は1972年にアメリカが打ち上げたERTSで，1975年にランドサットに改称された。

★5 GPSは，Global Positioning Systemの略。全地球測位システム。アメリカが多くの人工衛星を打ち上げて構築。

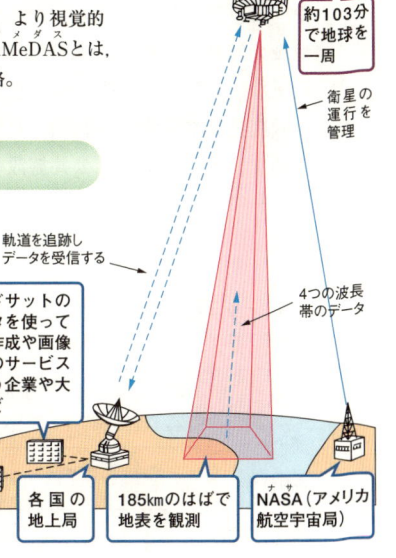

2 地理情報システム

▼地理情報システム(GIS)の概念

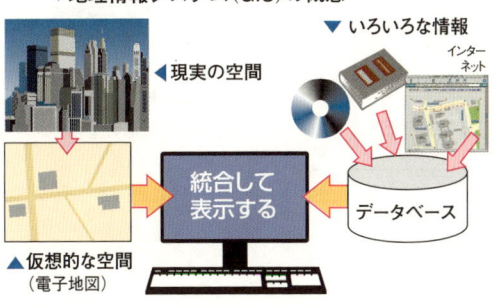

▼ランドサットによるリモートセンシング

1 地理情報システム(GIS*6)とは

❶ その定義 空間に関するデータ(地図データ)とさまざまな情報(データベース*7)を統合させ，地理情報を収集，検索，加工，管理，分析，表示する情報処理体系で，コンピューター上のデジタル地図に出力される。基本データとなる数値地図データは国土地理院からCD-ROMで刊行されており，さまざまなGISソフトも市販されている。また，無償提供のフリーソフト*8も利用できる。

❷ 地理情報システムの利点 地理情報システムでは，さまざまな空間データを層(レイヤー*9)に分けて管理しており，必要な情報を基盤とする地図の上に重ねて表示するため，新しいレイヤーの追加や修正などでさまざまな主題図の作成や更新が容易に行える。これは，手作業で新しい地図を描き直す単純で膨大な労力から解放されることを意味する。また，スケールの異なるさまざまなデータを地図上で統合できることも大きな利点である。

❸ 地理情報システムの活用

① **個人の利用** DVDやハードディスクに格納された地図データに，GPS受信装置からの位置情報を統合させるカーナビゲーションシステム(カーナビ)や，携帯電話のGPS機能は，もっとも身近なGISの活用例といえる。

② **私企業の利用** 国勢調査や商業統計などの統計情報，企業が保有する顧客情報，POSシステム(→p.194)による販売情報などを統合させる。そうして，商圏分析(ある商業施設の勢力範囲の分析)や，エリア・マーケティング(消費者の意識や生活習慣を把握し，地域の特性に対応した販売促進の仕組みをつくること)を行い，適正な店舗配置や販売計画に役立てている。

③ **公益企業や自治体の利用** 電気・ガス*10・上下水道・通信などのライフラインや道路，公共施設の整備・管理，都市計画の策定などに利用されている。また，GISを活用したハザードマップ*11(防災地図)の作成も各地で進んでいる。

★6 Geographic Information Systemのこと。

★7 あらゆる分野のあらゆる事象をデジタル化し，検索しやすいように構成されたデータファイル。

★8 例えば，地形の立体表示や鳥瞰図・断面図などの作成に適したカシミール3D(DAN杉本氏が開発)や，階級区分図，図形表現図など統計地図の作成が容易なMANDARA(谷謙二氏が開発)が有名。

★9 透明なプラスチック板のようなもので，それぞれの板に道路，鉄道，地形など特定の情報のみが描かれている(下図参照)。

★10 東京ガスでは1984年以降，ガスの配管や利用者の情報を地図と結合させた施設管理システムを導入し，ガス漏れなどの事故に迅速に対応できる態勢を整えてきた。

★11 地震，火山活動，洪水，高潮，津波など各種の災害による被害を予測し，危険箇所を表現した地図。災害時の避難経路や避難所などを示したものも多い。

▼レイヤー構造

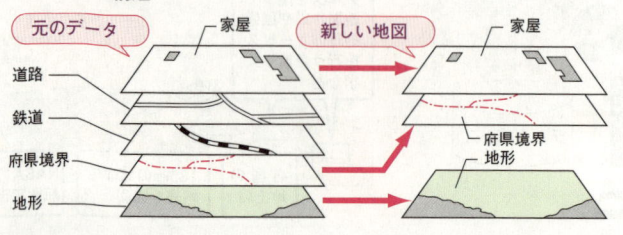

3 新しい地図と地理情報システム

▼**MANDARAで作成した統計地図**　表計算ソフト（Excel）に入力した都道府県別の人口データ（左図）をコピーした上で，MANDARAの起動画面で「クリップボードのデータを読み込む」を選択すると設定画面（中図）が現れる。ここで統計地図の種類の選択や凡例値の調整などが行えるが，都道府県別人口を表現する場合には絶対分布図である図形表現図（「記号」と表現されている）を選び，「描画開始」をクリックする（右図）。

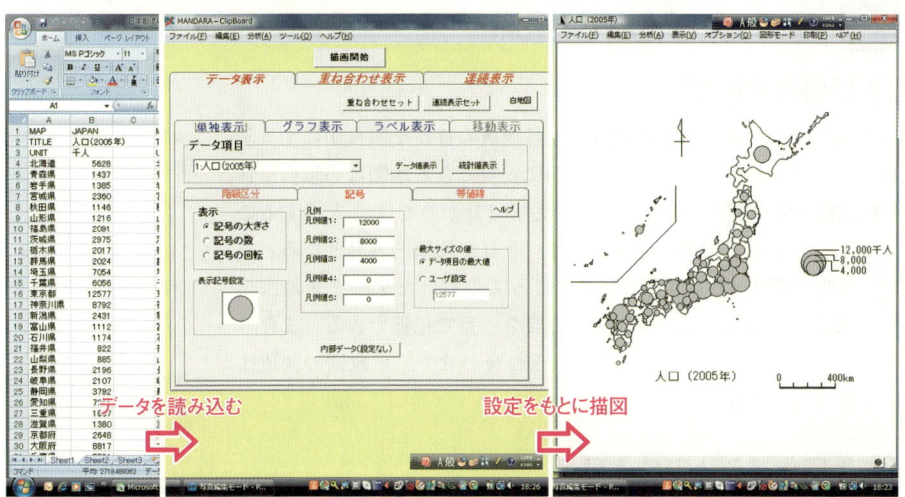

▼**カシミール3Dで描く断面図**　カシミール3Dで断面図を作成するためには，数値地図25000やウォッちず（電子国土）などの地図画像に，基盤地図情報や数値地図50mメッシュなどの標高データを重ねて，MAT形式の地図を予め準備する。ウォッちずや基盤地図情報は国土地理院のホームページを通じて無料で利用・ダウンロードできる。地図に標高データが重ね合わせてあるMAT図上では，複数地点間の断面図のほか，3次元表示による鳥かん図なども作成できる。ここでは，新潟県津南町の河岸段丘の断面図を作成。

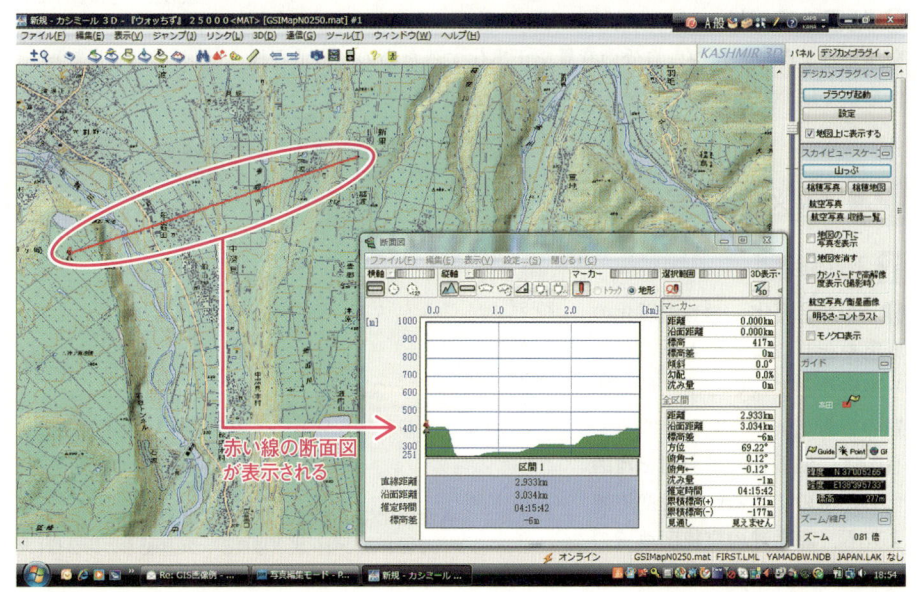

4 地理情報の地図化

1 地図化の意義や注意点

1 地図化の意義
　地理学が，地表の様子を記載し，各地域の特性を明らかにする学問である以上，地表の様子を視覚的に表現できる地図は必須の道具。
❶ **記載上の利点**　地表の様子を文章で分かりやすく表現することは，ひじょうに困難。地図ならば，それが比較的容易となる。[★1]
❷ **分析上の利点**　調査や観測によって得られたデータを地図化することで，ある事象の分布上の特質を一目で把握できる。また，2〜3の事象のデータを1枚の地図に重ね合わせて，事象間の関連性を考察することができる。

★1 自宅〜学校間の経路を文章のみで説明することだけでも，煩雑である。ましてや世界の山地，河川，平野，砂漠などの分布を，多くの人に分かりやすいように文章のみで表現することの煩雑さと困難さを想像してみよう。

2 地図化する上での注意点
❶ **データの信頼度**　データを地図化する場合，できるだけ定評のある機関の出す統計書を用いること。
❷ **見やすい地図にする**　内容に応じて適切な表現方法(→p.34)を選択し，縮尺などに留意して，提示内容が明確に伝わるように工夫する。
❸ **地図の客観性**　見やすくするための誇張は許されるが，誤解を与えるような表現や，自分の意見を正当化するための恣意的な操作をしてはいけない。[★2]

★2 たとえば，階級区分図(→p.34)では，階級のとり方によって異なった印象を与える地図になってしまう。

2 地図化の実例

1 環境問題
❶ **地球温暖化**　地球温暖化の原因やそれによってもたらされる被害などについては，環境問題の分野(→p.110)で学習する。右図は，温暖化の予測値を地図化したものである。低緯度地域よりも，北半球の高緯度地域の顕著な温暖化が予測されている。

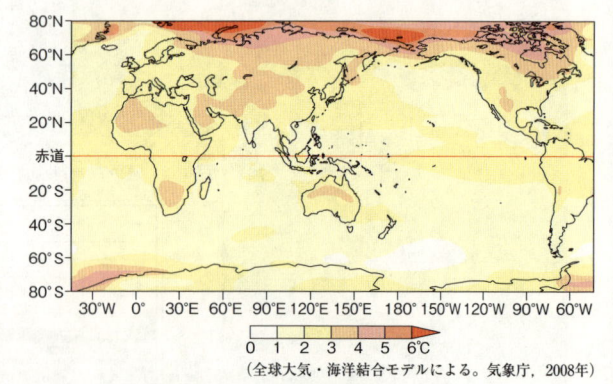

(全球大気・海洋結合モデルによる。気象庁，2008年)

▲**温暖化による地上の気温の上昇**
　大気中の二酸化炭素濃度が，20世紀末の約2倍になる21世紀末頃の上昇温度を示す。

(補説) **温暖化による地球環境の変化** 多くの地域で生態系の変化や猛暑，大雨など極端な気象現象が予想され，台風など熱帯低気圧の勢力増強も懸念されている。また，高緯度地域や赤道付近に位置する東アフリカ，太平洋地域などでの降水量が増加する一方，高圧帯の支配下にある中緯度地域はさらに乾燥し，水資源の格差が一層拡大すると考えられている。すでに北極海などの海氷や氷河の融解，海水面の上昇が報告されているが，大西洋北部海域の塩分濃度の低下にともなう海水の深層循環および北大西洋海流の鈍化も予測されている。

★3 水分が蒸発する際には周囲の熱が吸収される（気化熱）。ヒートアイランド対策の一環で行う打ち水は，この効果を期待している。

❷ ヒートアイランド現象

都市化の進んだ地域での最低気温の上昇をいうが，一般的に市街地での温暖化をさすことが多い。

コンクリート構造物が多く熱の受容量が大きいこと，自動車や工場，エアコンの室外機などからの排熱が多いこと，水面や森林が乏しく蒸発散による温度低下が鈍いことなどが原因と考えられている。

▼東京周辺の気温変化

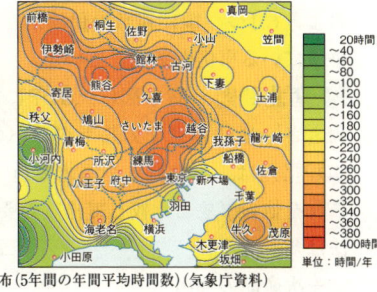

東京周辺における30℃以上の合計時間数分布（5年間の年平均時間数）（気象庁資料）

❸ 砂漠化

乾燥地域や半乾燥地域で植生が失われ，土壌が劣化することをいう。砂漠化進行地域（→p.111）と気候区分図（→p.84〜85）を比較すると，ステップ気候区の大部分と砂漠化進行地域が重なっていることがわかる。また，砂漠化が顕著なアフリカのサヘル地域には，人口爆発を迎えている国が多く位置する。砂漠化には，気候変動にともなう降水量の減少に加え，人口爆発にともなう過耕作や過放牧など人為的な要因も大きく関わっている。

さらに，砂漠化は先進国でも問題になっている。アメリカやオーストラリアにおける砂漠化の原因としては，過剰な灌漑農業の進展も指摘できる（センターピボット農法 →p.366）。

▼サヘル地域の砂漠化

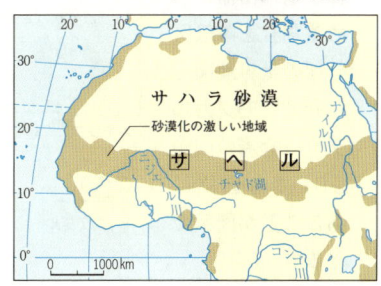

★4 乾燥（半乾燥）地域での灌漑農業は，地表面への塩類集積（塩害）をともないやすい。

▼縮小したアラル海

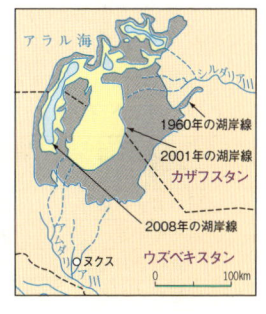

(補説) **アラル海の縮小** 中央アジアのアムダリア川から分水して建設されたカラクーム運河と，アムダリア川，シルダリア川流域の灌漑地造成（綿花の栽培）による引水で，アラル海に注ぐ両川の水量は著しく減少した。アラル海は年々干上がり，現在水面面積が約20分の1にまで減少している。湖水の塩分濃度上昇により，漁業は壊滅。湖の干上がった跡は，一面塩の大地が広がる。灌漑地域でも塩害は発生し，農薬まじりの塩が，砂嵐とともに周辺の町をおそうため，住民に呼吸器系の疾患や肝炎などの病気が多くなっている。

2 社会問題や経済問題

❶ 民族問題 人種，民族の違いによる紛争の分布を見ると，異なる人種，民族の境界や，それらが混在している地域に多いことが分かる。右図は，ソマリアの国境と民族分布を示したものであるが，アフリカではヨーロッパ列強の植民地政策で，民族の分布と無関係に引かれた境界線がそのまま国境となっている(上置国境)(→p.287)ことが多いため，このように1つの国に複数の民族が存在して主導権を争っている事例が多発している。

❷ 南北問題 右中図は，GDPにしたがって国の大きさを変化させたカルトグラム(→p.34)である。GDP格差は，それ自体が南北問題(→p.291)であるが，これを他の事象と比較して格差の要因を考察する手法は多々ある。

一次産品の輸出額が全輸出額にしめる割合を階級区分図の世界地図で示せば，モノカルチャー経済の国が，GDPでも低位にあることが図示できる。

右下図はいわゆるハンガーマップで，GDPの低い国は国民の栄養も不足していることが分かる。

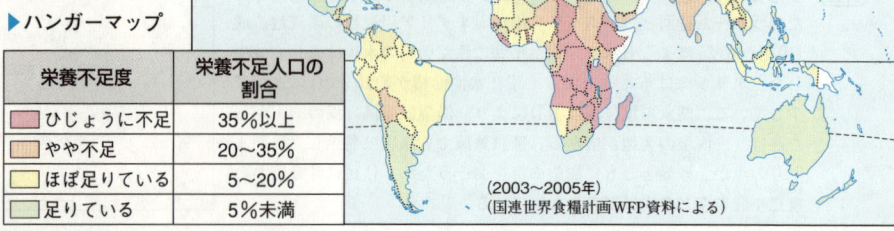

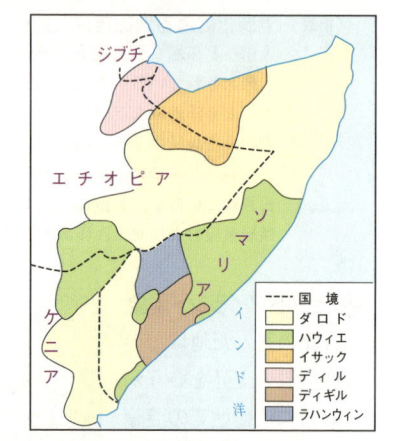

▲ソマリアのおもな民族の分布

▼国内総生産(GDP)の規模を面積で表した世界地図

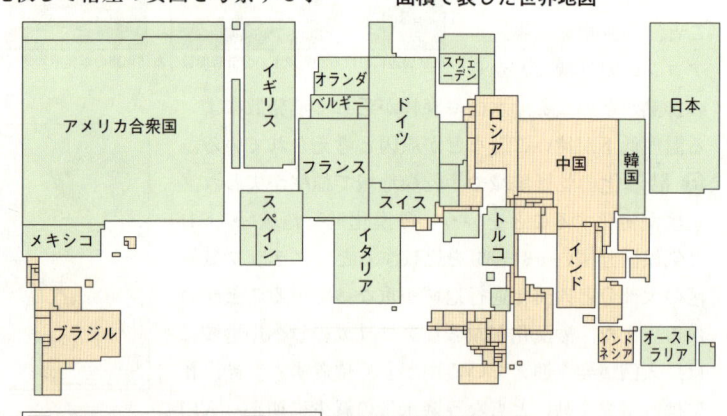

▶ハンガーマップ

栄養不足度	栄養不足人口の割合
ひじょうに不足	35％以上
やや不足	20～35％
ほぼ足りている	5～20％
足りている	5％未満

(2003～2005年)
(国連世界食糧計画WFP資料による)

テスト直前要点チェック

1章 地理情報と地図

	問	答
☐	❶ 地球球体説により初めて子午線の長さを測ったのはだれか。	❶ エラトステネス
☐	❷ 中世ヨーロッパでは，地球はどんな形と考えられていたか。	❷ 円盤状
☐	❸ 1492年に西インド諸島に達したイタリア人は，だれか。	❸ コロンブス
☐	❹ 子午線の全周は，およそ何万kmか。	❹ 4万km
☐	❺ 1時間の時差は，経度何度分で生じるか。	❺ 15度
☐	❻ 旧グリニッジ天文台を通過する0度の経線を何とよぶか。	❻ 本初子午線
☐	❼ 日本の標準時子午線は，何度か。	❼ 東経135度
☐	❽ 日付変更線を西から東へこえるとき，日付はどうするか。	❽ 1日遅らせる
☐	❾ 世界最古の地図は，ふつう何とよばれるか。	❾ 古代バビロニアの地図
☐	❿ 中世ヨーロッパのTO図の中心に描かれた都市はどこか。	❿ エルサレム
☐	⓫ 日本で初めて測量によって地図をつくったのは，だれか。	⓫ 伊能忠敬
☐	⓬ メルカトル図法の作成に利用されている投影法は何か。	⓬ 円筒図法
☐	⓭ グード図法では，低緯度地方は何図法になっているか。	⓭ サンソン図法
☐	⓮ 地球上の2点間を最短経路で結ぶ航路を，何というか。	⓮ 大圏コース（大圏航路）
☐	⓯ 地球上のある地点からみて，正反対の点を何というか。	⓯ 対蹠点
☐	⓰ 国連旗の世界地図は，何図法を用いたものか。	⓰ 正距方位図法
☐	⓱ メルカトル図法で直線が示す航路は，何コースか。	⓱ 等角コース
☐	⓲ 東京から真東の方位に進むと，最初に到達する国はどこか。	⓲ チリ
☐	⓳ コンピューターを利用して画像化した地図を何というか。	⓳ デジタル地図
☐	⓴ 電磁波を受信する人工衛星による地球観測を何というか。	⓴ リモートセンシング
☐	㉑ GPS衛星を利用して地殻変動を監視している設備は何か。	㉑ 電子基準点
☐	㉒ 地図とデータベースを統合した情報処理システムは，何か。	㉒ 地理情報システム(GIS)
☐	㉓ GISの利用例を，1つあげよ。	㉓ ライフラインの管理(→p.26)
☐	㉔ 現在の状況が続くと，温暖化が最も進行するのは，どこか。	㉔ 北半球の高緯度地域
☐	㉕ 都市化の進んだ地域で気温が高くなる現象は，何か。	㉕ ヒートアイランド現象
☐	㉖ 砂漠化が著しいサハラ砂漠南縁の地域を，何とよぶか。	㉖ サヘル
☐	㉗ 民族分布に関係なく人為的に設定された国境線は，何か。	㉗ 上置国境
☐	㉘ 先進国の中で，GDPの上位3か国をあげよ。	㉘ アメリカ，日本，ドイツ
☐	㉙ 先進国と発展途上国との間の経済格差を，何というか。	㉙ 南北問題

2章 地図の活用と地域調査

　　　　　この章のポイント&コーチ

1 さまざまな地図とその利用 ▷p.33

◆ さまざまな地図
作成方法から　実測図（2万5千分の1地形図など）と，編集図。
縮尺から　大縮尺，中縮尺，小縮尺と区分することがある。
内容から　一般図（地形図，地勢図など）と，主題図（土地利用図など）。

◆ 統計地図の作成と利用
統計地図　絶対分布図と相対分布図がある。
いろいろな統計地図　ドットマップ，等値線図，流線図，階級区分図など。

2 地形図とその利用 ▷p.35

◆ 地形図の特色
地形図とは　国土地理院発行の一般図で，ユニバーサル横メルカトル図法。
等高線 ─┬─ 2万5千分の1地形図…計曲線が50mおき，主曲線が10mおき。
　　　　└─ 5万分の1地形図………計曲線が100mおき，主曲線が20mおき。
高さの表示　水準点で土地の高度を測量する。

◆ 地形図の利用
距離の測定　「実際の距離×縮尺＝地図上の長さ」の関係を覚えておく。

◆ 地形図から地形や気候を読む
地形を読む
　{ 等高線の間隔が密→傾斜が急，間隔が広い→傾斜がゆるやか。
　　等高線が低い方へ凸→尾根線，高い方へ凸→谷線。
地形断面図　地形のようすを視覚的に表す。

3 地域調査 ▷p.43

◆ 身近な地域の調査
準備　課題の設定→調査地域の選定。予備調査を行う。
実施　現地調査の計画を立て，ルートマップなどを用意し，調査を行う。
整理　分析と考察，報告書の作成と発表，礼状の送付。

◆ 離れた地域の調査
文献・資料調査　図書館などでの資料集めや，インターネットによる情報収集。

1 さまざまな地図とその利用

1 さまざまな地図

1 地図の分類

❶ 作成方法による分類

① **実測図** 現地での測量や調査などをもとに作成した地図。日本では、国土地理院が発行する**国土基本図**(2500分の1や5000分の1)と**2万5千分の1地形図**のほか、**海図**、**地籍図**など、縮尺の大きい地図にみられる。

② **編集図** 実測図をもとに編集して作成した地図。日本では、国土地理院が発行する**5万分の1地形図**や**地勢図**(20万分の1)、地方図(50万分の1)のほか、都市部の1万分の1地形図、民間で発行される大半の地図も編集図である。

❷ 縮尺による分類
この分類は明確な定義がなく、一般に1万分の1以上であれば**大縮尺**、1万～10万分の1であれば**中縮尺**、10万分の1未満(世界地図も含む)であれば**小縮尺**とされる。

❸ 内容による分類

① **一般図** 多目的に利用できるよう、地形や道路などさまざまな事象を網羅的に表現した地図。国土地理院が発行する地形図、地勢図などが好例。

② **主題図**(特殊図) 特定の事象をとり上げて表現した地図。土地利用図、地質図、観光地図、道路地図、各種統計地図、海図、地籍図など。地図帳にも多くの主題図が掲載されている。

★1 平野とその周辺部で作成。家屋が1軒ずつ描かれ、都市計画などの基礎資料に利用。

★2 船舶の航行や停泊に利用。海上保安庁の水路部が作成。

★3 土地の所有関係を示す地図。課税や登記の基礎資料とされる。

★4 地図上に同一の地形を描くとき、その地形が大きく描かれる地図ほど縮尺が大きいといい、逆に、小さく描かれる地図ほど縮尺が小さいという。

★5 土地利用のようすを、記号や色わけによって区分した地図。国土地理院が発行。

★6 岩石の種類、地質の構造などを記号や色分けで区分した地図。

2 統計地図の作成と利用

1 統計地図

❶ **特色** 気温や降水量などの測地データのほか、さまざまな事象の分布や変動などの統計的数値を、さまざまな方法で表現した主題図。その事象の地域的な特色を視覚的にとらえることができる。

❷ **種類**

① **絶対分布図** 統計的な数値の絶対量の分布を、点の数や図形の大きさなどで直接表現した地図。分布の密度を正しく表現するためには、基図に**正積図を用いる**必要がある。

★1 統計地図を作成する時に用いる地図。ベースマップともいう。

2 **相対分布図** 統計的な数値の相対量の分布を，いくつかの階級に区分して表示した地図。

2 さまざまな統計地図

❶ 絶対分布図

1 **ドットマップ** 点(ドット)を用いて数量の分布を表現。
2 **図形表現図** 円，球など図形の大きさで数量の分布を表現。
3 **等値線図** 等しい数値の地点を線で結び，分布の範囲を表現。
4 **流線図** 人やモノの移動方向を矢印の向きで，移動量を矢印の太さで表現。
5 **変形地図** 数量に応じて，基図の国や地域の大きさなどを変形させたもので，**カルトグラム**ともいう。

❷ 相対分布図

1 **階級区分図** 数値をいくつかの階級にわけ，地域ごとに模様や色彩を用いて表示。面積の影響を受けない数値の表現に用いる。
2 **メッシュマップ** 区画(メッシュ)ごとに数値を階級区分し，模様や色彩で表現。各メッシュの面積は同一になるので，ある事象の分布は必然的に密度(相対量)で示される。

★2 人口密度(面積あたりの人口)や老年人口率(総人口に占める65歳以上の人口割合)など，2つの事象の数量の比や割合。したがって単位地区の面積の影響を受けない。

★3 階級区分の設定では，恣意的にならないようにするなど注意する(→p.28)。また，数値の大きな階級ほど濃い模様や色彩を，小さな階級ほど薄い模様や色彩を用いると見やすくなる。

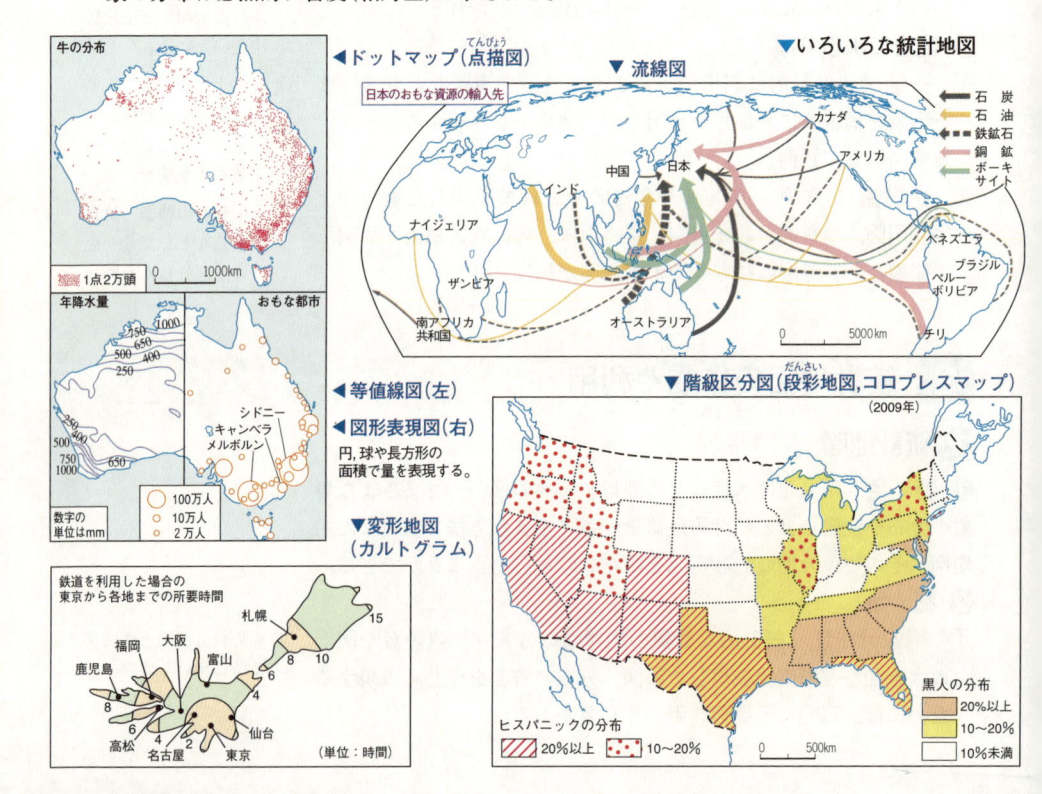

▼ いろいろな統計地図

◀ ドットマップ(点描図)
牛の分布 1点1万頭

年降水量 おもな都市 シドニー キャンベラ メルボルン
100万人 10万人 2万人
数字の単位はmm

▼ 流線図
日本のおもな資源の輸入先
石炭／石油／鉄鉱石／銅鉱／ボーキサイト

◀ 等値線図(左)
◀ 図形表現図(右)
円，球や長方形の面積で量を表現する。

▼ 変形地図(カルトグラム)
鉄道を利用した場合の東京から各地までの所要時間
札幌 福岡 大阪 富山 鹿児島 高松 名古屋 仙台 東京
(単位：時間)

▼ 階級区分図(段彩地図，コロプレスマップ)
(2009年)
ヒスパニックの分布 20%以上／10～20%
黒人の分布 20%以上／10～20%／10%未満

2 地形図とその利用

1 地形図の特色

1 地形図とその図法

❶ 地形図とは 地形，植生，土地利用，地名など，地表面のさまざまな事象を示した一般図。国土交通省の<u>国土地理院</u>★1が作成し発行している。1万分の1，<u>2万5千分の1</u>★2，5万分の1 の3種類の縮尺で作成。2万5千分の1地形図のみ，実測図。その他の地形図は，2万5千分の1地形図をもとに作成した編集図。

> (補説) **地形図1枚(1図幅)の範囲** 5万分の1地形図では，経度差15分(1度の4分の1)，緯度差10分(1度の6分の1)，2万5千分の1地形図では，経度差7.5分，緯度差5分の範囲が描かれている。したがって，1枚の5万分の1地形図には，2万5千分の1地形図の4枚分の範囲が描かれている。なお，図式改正により，2003年以降に発行された2万5千分の1地形図では，図郭が約42×51cmに統一されて，それまでの緯度に応じた大きさの違いが消え，隣接図との重複部分も設けられた。

> (補説) **縮尺の表し方** 縮尺とは，もともと地球儀と実際の地球との大きさの比率を表すものであった。地図において縮尺を表す場合には，比や分数のほか，梯尺(スケール)というものさしを使う。

❷ 地形図の図法 せまい範囲を表現するため，どの図法を用いても，大きな歪みは生じない。1960年頃までは<u>多面体図法</u>によっていたが，現在は，<u>ユニバーサル横メルカトル図法</u>が使われる。

> (補説) **多面体図法** 地球の表面を多数の平面の集まり(多面体)と考えて，その1面に投影する。1枚の地形図は等脚台形となる。となりの地形図と1つの辺で貼り合わせていくと，すき間ができる。平面上でつないでいくことはできず，4枚の地形図をつなげば，まん中がもり上がってしまう。

> (補説) **ユニバーサル横メルカトル図法** 国際横メルカトル図法，UTM図法ともいう。地球の直径よりやや小さい直径の円筒を，横向きにして地表面にくい込んだ状態にして緯度80度以下の地域を投影する。経度6度の範囲では同じ円筒に投影するので，すき間なくはり合わせることができる。1枚の地形図は，不等辺四辺形となる。

2 地形図の表現方法

❶ 起伏の表現 ボカシ★3(光の陰影による)，ケバ(細い短い線による)，段彩(高度別に色分け)，鳥かん★4(斜め上から見おろしたように描く)，等高線などの表現方法がある。地形図では等高線を用いる。(→p.37)

★1 戦前は陸軍の陸地測量部が作成。

★2 1984年より，都市域に限って作成されている。

比……1:25000
分数 {2万5千分の1 / 1/25000}
梯尺 0km 50 100

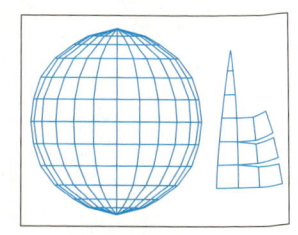

▲多面体図法の原理

▼ユニバーサル横メルカトル図法

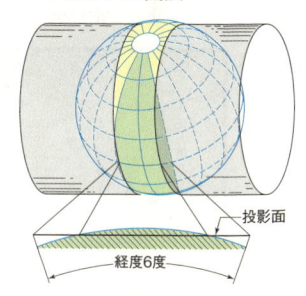

投影面
経度6度

★3 20万分の1地勢図は，ボカシと等高線を併用して起伏を表現。

★4 景観図ともいい，観光地図などに適用。

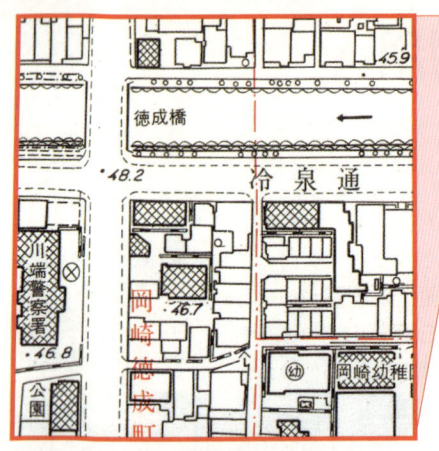

36　2章　地図の活用と地域調査

▲ 2500分の1 国土基本図 [岡崎]

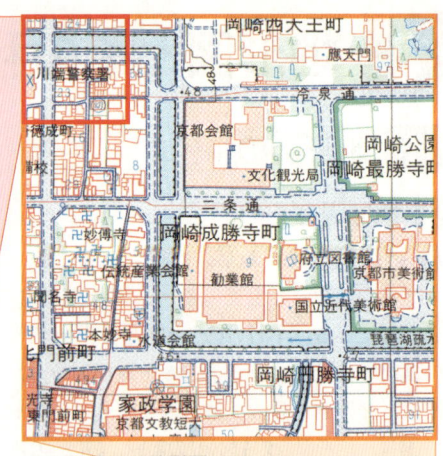

▲ 1万分の1 地形図 [京都御所]

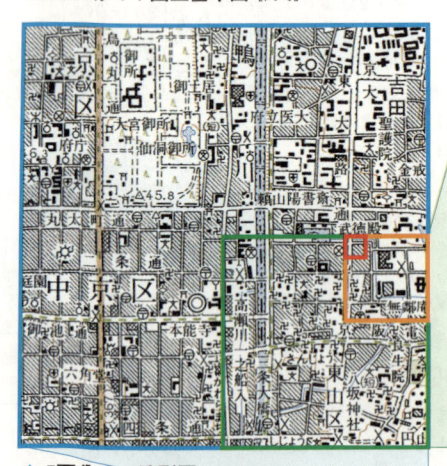

▲ 5万分の1 地形図 [京都東北部]

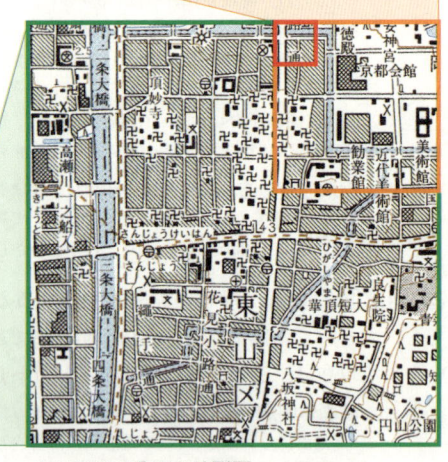

▲ 2万5000分の1 地形図 [京都東北部]

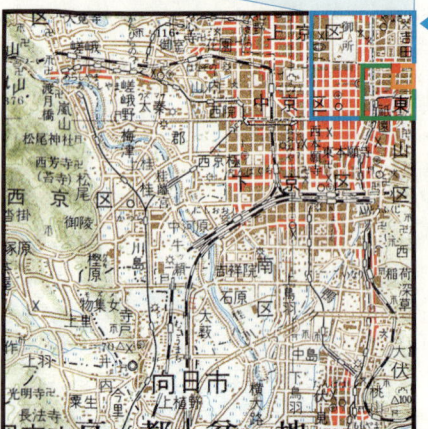

◀ 20万分の1 地勢図 [京都及大阪]
5万分の1地形図1枚の中に，2万5千分の1地形図4枚が入る。
20万分の1地勢図1枚の中に，5万分の1地形図16枚が入る。

▼ 土地利用図（2万5千分の1）[山梨県石和]

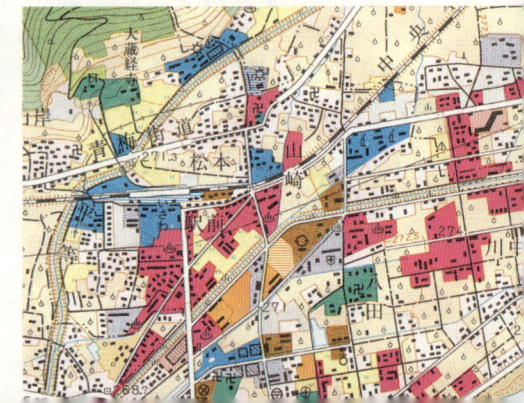

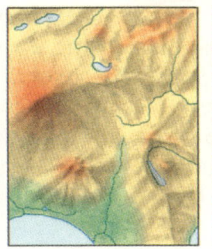

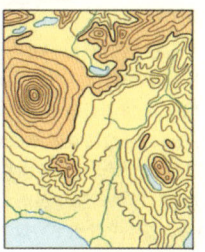

▲土地の高低を表す方法　左から順に，鳥かん図，ケバによる図，ボカシによる図，等高線による図(等高段彩図)を示す。

❷ **等高線**　同一高度を結んだ閉曲線。等高線は水平面で土地を切った切り口にあたり，他の等高線とは交わらない。ただし，小さな起伏(微地形)は等高線に表れないこともあるので，土地利用や植生などで標高を推測する。[★5]

★5 田が分布する場所は低湿地，畑や果樹園が分布する場所は微高地というように考える。

◀等高線の種類
計曲線と主曲線は，崖や凹地などの変地形を除き，省略されない。補助曲線は傾斜のゆるやかな所に随時，描かれるので，急傾斜では省略される。

縮尺 等高線	5万分の1	2万5千分の1	1万分の1		記号
			山地	平地，丘陵	
計曲線	100mごと	50mごと	20mごと	10mごと	———
主曲線	20mごと	10mごと	4mごと	2mごと	———
補助曲線	10mごと	5mごと 2.5mごと	2mごと	1mごと	− − −
補助曲線	5mごと				-----

(2.5mの補助曲線には必ず数値が記入される)

❸ **基準点の表示**　水準点(□)は土地の高度を測定する水準測量の基準点で，主要道路沿いに約2kmごとに設置。日本では，東京湾の平均海面を基準にしている。[★6] 三角点(△)は地点の位置を測定する三角測量の基準点で，見通しの良い地点に設置。

★6 地形図においては水準点のほかに，適宜，標高点「・」が描かれて，高さを表示する。1990年代からは電子基準点も設置(→p.25)。

2 地形図の利用と地域調査

1 距離，傾斜，面積の測定

❶ **距離の測定**　地形図から測定できる距離は，水平距離であり，起伏がある場合の正確な距離は，断面図で見る必要がある。
直線距離の場合は，地図上の長さに縮尺の逆数を乗ずる。
「**実際の距離×縮尺＝地図上の長さ**」の関係を覚えておく。
曲線距離の場合は，短い直線に分割するか，糸などで長さを測る。[★1]

★1 正確な曲線距離を求める時は，キルビメーターを用いる。

(補説)　**直線距離の求め方**　5万分の1地形図で3cmの長さは，実際には，3cm×50000＝150000cm＝1500mとなる。また，実際の距離2km，2万5千分の1地形図上では，$2\text{km} \times \dfrac{1}{25000} = 8\text{cm}$ となる。

▶傾斜と面積の測定

傾斜の測定…右上図では，ACの傾斜を求める場合，まず，ACの水平距離であるABを求める。次にACの比高であるBCを求める。最後に，tan θの値から三角関数表を用いて傾斜を求める。右図の場合，tan θ＝0.63となり，三角関数表でθの値を求めると，θは約32度である。
面積の測定…都合のよい単位面積の方眼をかけて，方眼の目の数を数える。方眼の目が一部しかかからない部分は，どれとどれで方眼の目の1つになるかを考えて，数えていく。

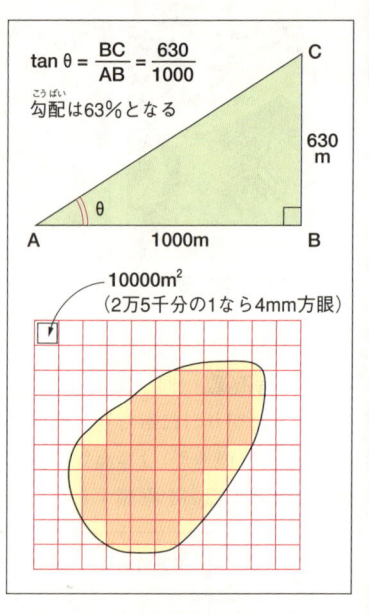

$\tan\theta = \dfrac{BC}{AB} = \dfrac{630}{1000}$
勾配は63％となる

❷ **傾斜の測定** 　直線距離と高度差とを求めてから，三角関数表で角度を調べる。

❸ **面積の測定**[*2]　多くの小三角形に区分してその1つ1つの三角形の面積の総和から求める方法もあるが，都合のよい単位面積の方眼をかけて数える方眼法が簡便。

10000m²
（2万5千分の1なら4mm方眼）

2 地形や気候を読む

❶ **地形を読む**　等高線や土地利用の記号などによって，地形を判読する。地形断面図を作成すると，いっそうわかりやすい。

★2 正確な面積を求めるときは，プラニメーターを用いる。

[1] **傾斜**　等高線の間隔が密なところは傾斜が急で，間隔が広いところは傾斜がゆるやか。

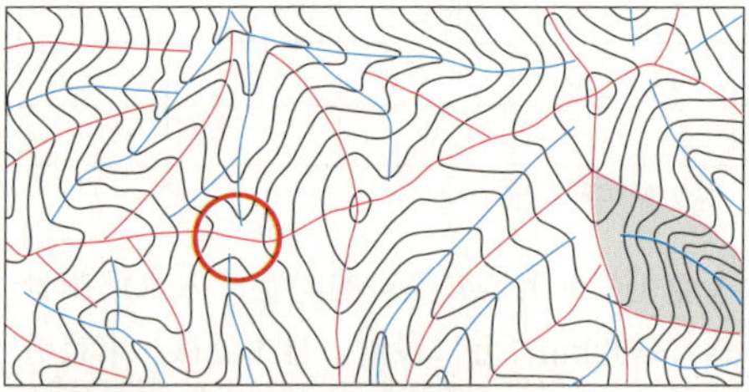

[2] **尾根線と谷線**
尾根線は，標高が低い方へ等高線が突き出す。
谷線は，高い方へ等高線が突き出す。尾根線は分水界と一致し，谷線は水系と一致する。

▲尾根線(赤)と谷線(青)　尾根は周囲より高いので，分水嶺となる。谷は周囲より低いので，川(谷川)が流れることが多い。○で示した尾根線の鞍部を，峠という。

←この川の集水域は，尾根と尾根の間で，　の地域である。

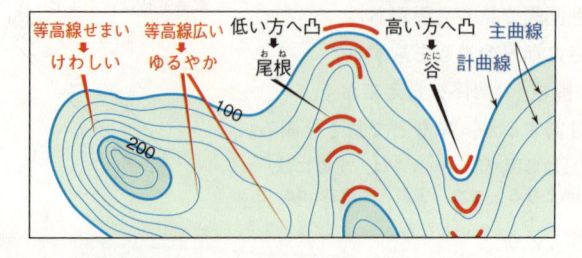

Q 地形図は，古くなったら役に立たなくなるのでしょうか。

A ふつうは，地図は新しいほど役に立つのだけれど，古い地形図を見ることで，歴史的な変化がわかるんだ。たとえば，埋め立てられた人工海岸の元の姿や，山を削ってつくられた住宅地の元の地形を知りたいときには，古い地形図が重要になるよ。それから道路や鉄道などの交通路の変化，条里制などの古い土地区画制度などを研究するときも古い地形図がよく使われるよ。

▼等高線とその読み方

等高線せまい　等高線広い　低い方へ凸　高い方へ凸　主曲線
けわしい　ゆるやか　尾根　谷　計曲線

2 地形図とその利用

3 **地形断面図** 断面図をつくりたいところに直線を引き、それと平行に方眼紙をおいて、高度の目盛り★3を決める。各地点から垂直に線を引き、方眼紙上でその地点の高度にあたる点を定める。最後にそれらの点をなだらかな曲線で結ぶ。

❷ **気候を読む** ヤシ科樹林の記号があれば、温暖な気候の可能性が高く、ため池が多ければ、降水量が少ないと考えられる。

❸ **土地利用を読む** 田が広がる氾濫原(→p.42)や海岸沿いの低湿地では、集落や畑は自然堤防(→p.42)や海岸砂丘などに立地することが多い★4。高燥地では主に畑や樹林が広がるものの、水の得やすい場所には集落や田が分布する。また、水はけの良い傾斜地では桑畑や果樹園が立地することが多い。ただし、近年は人工的な水利施設が整備されており、土地利用にも変化が生じている。

★3 高度の目盛りは、水平距離の数倍に目盛りをとったほうが、わかりやすい。

★4 自然堤防などの微地形を判読するときに、土地利用が目安となる。

> **ポイント**
> 実際の距離×縮尺＝地図上の長さ
> 等高線
> 計曲線が50mごとなら→2万5千分の1
> 間隔が密→傾斜が急、広い→ゆるやか
> 低い方へ凸→尾根、高い方へ凸→谷

▼**地形断面図の例**
　XとYの間の断面図をつくるには、XY線と各等高線の交点から、下へ垂直の線を引き、グラフの高さ目盛りに合致する点を求めていく。それらの点をなめらかに結ぶと断面図ができる。下図の荒戸山は、隆起準平原上に形成された残丘である。

▶高さの目もりは1cm＝100m(水平距離の5倍)にしている
▶地形図は5万分の1『新見』(岡山県)

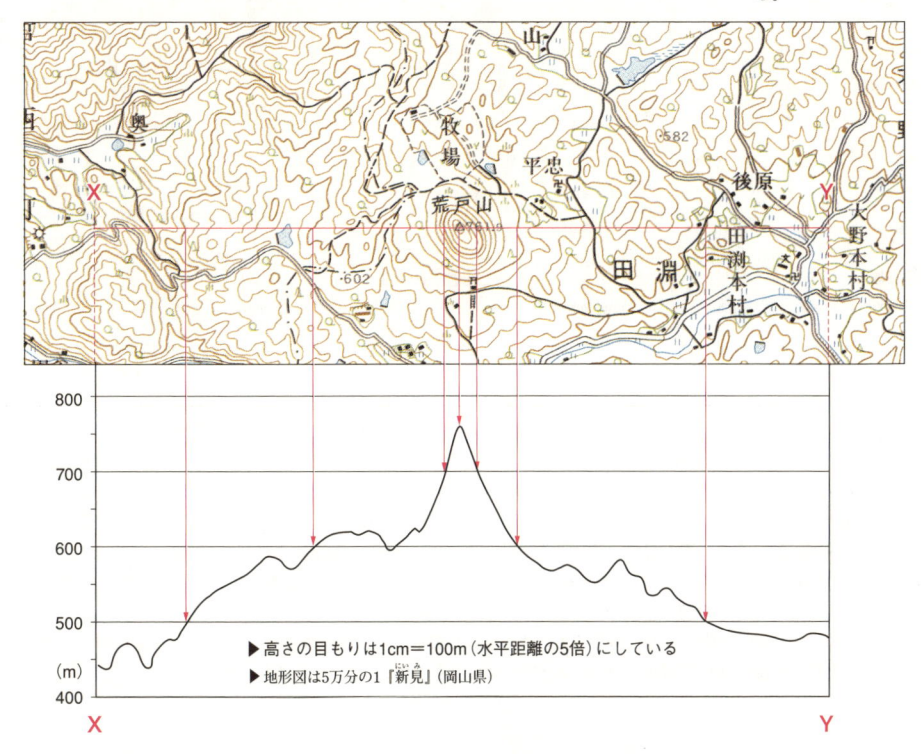

2章 地図の活用と地域調査

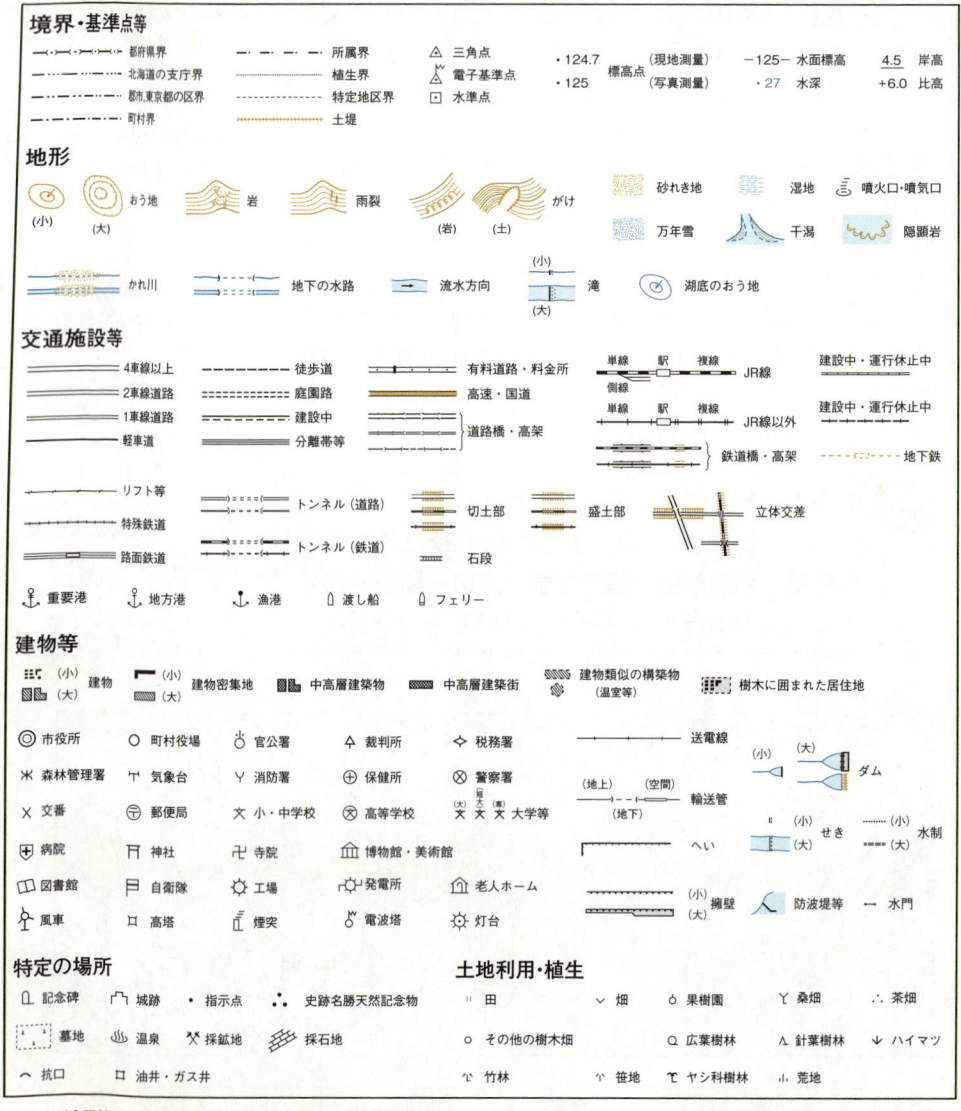

境界・基準点等

都府県界	所属界	△ 三角点	・124.7 標高点 (現地測量)	−125− 水面標高 4.5 岸高
北海道の支庁界	植生界	⊡ 電子基準点	・125 (写真測量)	・27 水深 +6.0 比高
都市,東京都の区界	特定地区界	⊡ 水準点		
町村界	土堤			

地形

おう地（小）, おう地（大）, 岩, 雨裂, 岩(岩), 岩(土), がけ, 砂れき地, 湿地, 噴火口・噴気口, 万年雪, 干潟, 隠顕岩, かれ川, 地下の水路, 流水方向, 滝（小）（大）, 湖底のおう地

交通施設等

4車線以上, 徒歩道, 有料道路・料金所, 単線 駅 複線 側線 JR線, 建設中・運行休止中
2車線道路, 庭園路, 高速・国道
1車線道路, 建設中, 単線 駅 複線 JR線以外, 建設中・運行休止中
軽車道, 分離帯等, 道路橋・高架, 鉄道橋・高架, 地下鉄
リフト等, トンネル(道路), 切土部, 盛土部, 立体交差
特殊鉄道, トンネル(鉄道), 石段
路面鉄道

⚓ 重要港　⚓ 地方港　⚓ 漁港　渡し船　フェリー

建物等

建物（小）, 建物（大）, 建物密集地, 中高層建築物, 中高層建築街, 建物類似の構築物(温室等), 樹木に囲まれた居住地

◎ 市役所　○ 町村役場　官公署　⚖ 裁判所　税務署　送電線　ダム(小)(大)
森林管理署　気象台　Y 消防署　⊕ 保健所　警察署　輸送管 (地上)(空間)(地下)
× 交番　⊕ 郵便局　文 小・中学校　⊗ 高等学校　大学等　へい(小)(大)　せき(小)(大)　水制
⊕ 病院　⛩ 神社　卍 寺院　博物館・美術館
図書館　自衛隊　工場　⚡ 発電所　老人ホーム　擁壁(小)(大)　防波堤等　→ 水門
風車　高塔　煙突　電波塔　灯台

特定の場所

記念碑　城跡　・指示点　∴ 史跡名勝天然記念物
墓地　♨ 温泉　採鉱地　採石地
坑口　油井・ガス井

土地利用・植生

‖ 田　∨ 畑　○ 果樹園　∵ 桑畑　∴ 茶畑
○ その他の樹木畑　Q 広葉樹林　∧ 針葉樹林　ハイマツ
竹林　笹地　ヤシ科樹林　荒地

▲**地形図の記号**　地形的特徴や土地利用，建物・施設などを図案化して示すのが地図記号である。直感的に捉えられる記号や日常的に用いる地図で目にする記号も少なくないが，個々人の感覚は微妙に異なるのでよく似た地図記号は意識的に覚え，読図問題で頻出の地形図特有の記号にも注意する必要がある。
　形が似た記号としては，電子基準点と電波塔，切土部と盛土部，建物密集地と樹木に囲まれた居住地，噴火口・噴気口と温泉，滝とせき，小・中学校と高等学校，交番と警察署，病院と保健所，工場と発電所，桑畑と竹林などが挙げられる。読図問題で注意すべき記号としては，おう地，鉄道の単線と複線，護岸や高架橋にも用いられる擁壁や水制など。なお，上記の記号は2万5千分の1地図（平成14年図式）で採用されているが，5万分の1地形図（平成元年図式）では異なった表示がなされる植生界（点線ではなく緑実線で表示），温室などを示す建物類似の構築物（輪郭線を破線ではなく茶色実線で表示）にも注意。

2 地形図とその利用 **41**

▼**扇状地の地形** 2万5000分の1『海津』(滋賀県)

2章 地図の活用と地域調査

地図中の注記:
- キノ町森西
- マキノ町沢
- 道路が百瀬川の下をトンネルでくぐっている
- →天井川
- 遊水帯なので荒地になっている
- 河川水が伏流しているため水無川となっている
- 百瀬川
- 2.5m間隔の補助曲線
- 砂防用のせき*
- 堤防上の三角点と等高線から堤防の比高が約5mとわかる
- 複線のJR線→ JR湖西線は盛土や高架などにより,道路とすべて立体交差している
- 扇状地の扇頂部
- 集落を避けて建設されたバイパス道路 →等高線に沿って緩やかにカーブ**
- マキノ町新保
- 三角点
- 扇央部は水が得にくいため,果樹園などに利用された
- 工場
- マキノ町中庄
- おうみなかしょう
- 今津町深清水
- 湧水帯(扇端)であることを思わせる地名。集落や水田が立地
- 集落を通過する主要道路。かつての国道
- 貴川内
- 水準点

X-Yの断面図

(m)
160
140
120
100
80
X / おうみなかしょう駅 / Y

*せきは,通常水をせき止めるための構造物だが,ここでは土石流など土砂災害を防ぐための砂防ダムである。
**上り坂・下り坂を生じさせないようにして,自動車交通の安全を図っている。

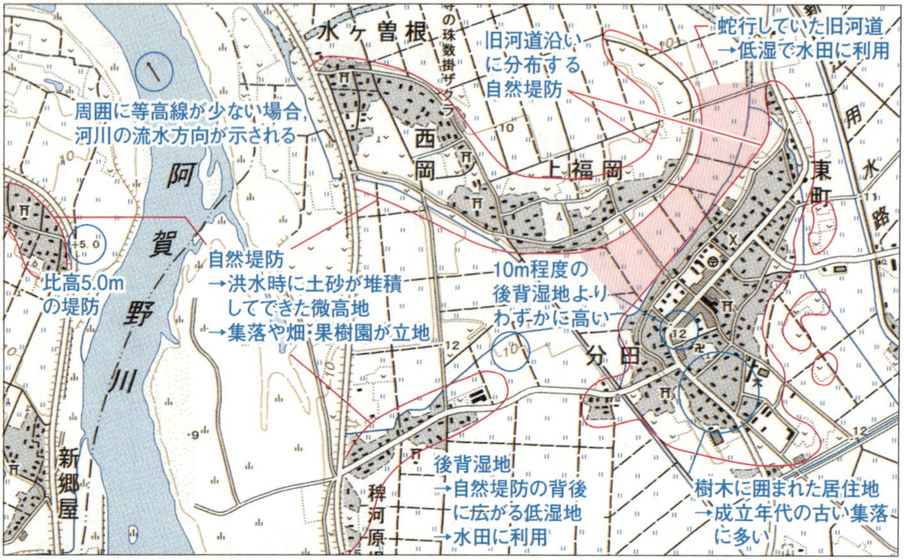
旧河道沿いに分布する自然堤防
蛇行していた旧河道
→低湿で水田に利用
周囲に等高線が少ない場合,
河川の流水方向が示される
自然堤防
→洪水時に土砂が堆積
してできた微高地
→集落や畑・果樹園が立地
比高5.0m
の堤防
10m程度の
後背湿地より
わずかに高い
後背湿地
→自然堤防の背後
に広がる低湿地
→水田に利用
樹木に囲まれた居住地
→成立年代の古い集落
に多い
水ヶ曽根
西
岡
上福岡
東
町
分田
阿
賀
野
川
新
郷
屋
用
水
路

▲氾濫原の自然堤防と後背湿地の地形　2万5000分の1『新津』(新潟県)

▼海岸平野，海岸砂丘の地形　2万5000分の1『後免』(高知県)(原寸を87％縮小)

高知龍馬空港の
滑走路の一部
後川は砂丘が障害となり,東西方向に流れる
→①砂丘を掘削した放水路
②地下の放水路
が見られる
集落名の一部が共通している
→浜改田は近世に里改田から
分かれて成立*
海岸砂丘の内陸側に集落
→水害や潮風を避ける位置に立地
海岸砂丘に畑や
温室・ビニールハウス
→野菜の促成栽培
沿岸に海岸砂丘が広がる
(標高A,Bの違いで読み取れる)
海岸に沿った水制
→海岸侵食を防ぐ
ための離岸堤
里改田
浜改田
室
屋
馬
橋
小
田
村
前
浜
A
B
①
②

*純農業集落であった「里改田」に対し，「浜改田」に移った当時の住民は，地曳き網による漁業や，揚浜式の製塩業に従事した。

3 地域調査

1 身近な地域の調査

1 地域調査の意義と手順

❶ 地域調査の意義 地域調査とは，地理的な技能を活用して地域的な特色をとらえようとする研究手法をいう。生活圏など身近な地域を対象とした地域調査を実施することで，さまざまな地理的技能を身につけることができる。

❷ 地域調査の手順 地域調査の手順は，準備→実施→整理の3つの段階に分けられる。

2 地域調査の具体的な進め方

❶ 地域調査の準備

① **課題の設定** 地域調査の目的を明確にし，その目的にあったテーマや課題を設定する。

② **調査地域の選定** 調査のテーマや課題にかなった調査対象地域や範囲を選定する。直接調査ができる生活圏など調査地域を決めてから，調査のテーマや課題を設定してもよい。

③ **予備調査** 現地に出かける前に文献，統計資料，地形図，空中写真などによって，調査地域の概要を把握する。

> 補説 予備調査に必要な資料 地域の概要を知るには，さまざまな地図，空中写真，市勢（町勢，村勢）要覧，国勢調査，市町村のホームページなどが有効である。地図に関しては，新旧の地形図を用意すると，変化の様子がよくわかり効果的である。また，地域の産業を知るためには，農林業センサス，工業統計，商業統計，経済センサスなどの統計資料，商工会議所や農業協同組合の各種資料が利用できる。インターネットから入手できる統計資料も多い。さらに地域の歴史や文化を知るためには，郷土史誌，郷土資料館・博物館や観光協会の資料，調査地域のホームページなどが活用できる。

❷ 地域調査の実施

① **現地調査の計画** 現地を訪問する際には，調査日数と調査方法をあらかじめ検討する。また，訪問先へ依頼状を送付し，聞き取りやアンケート調査を実施する場合には，質問事項を整理しておく。効率よく観察や聞き取りを行うためには，**ルートマップ**を用意しておくとよい。

★1 国勢調査はおもに人口静態調査からなり，人口とその属性などを調査する。日本では1920年以来，5年ごとに行われている。

★2 地形図は明治時代中頃からつくられ，測量や修正を重ねてきた。新旧の地形図を比較すると，地形改変の跡や，土地利用の変化，住宅地の拡大の様子などが見えてくる。

▼ルートマップ
地形図などの地図上に，実際に歩くコースや順序などを書き込んだ地図。

2 **現地調査**　資料の収集，観察，測定，聞き取り，アンケート調査などを行い，現地でしか知りえない情報の入手につとめる。とくに観察や聞き取りでは，その場で地図やフィールドノートに記録することが重要である。

❸ 地域調査の整理

1 **調査結果の分析・考察**　すみやかに調査結果を項目ごとに整理し，情報をグラフや地図などに加工しながら分析や考察を進める。予備調査で準備した各種統計や文献資料とも照合・比較を行い，現地調査が不十分であることが判明した場合には，再調査を行う必要がある。

2 **調査結果のまとめと発表**　収集した資料を図表化，地図化し，文章で考察を加えて調査結果をまとめた**報告書**を作成することが一般的である。報告書の最後には，参考にした文献・資料の一覧や，調査でお世話になった人々や諸機関の一覧を記す。

　報告書の作成後には**発表会**を開き，その内容について他者の意見や考えを聞くことも重要である。

　なお，グラフを作成する際には，その内容によって以下のようにグラフを使い分けるとよい。

①**折れ線グラフ**　1つの事象（系列データ）について，時間経過などにともなう数値の連続的な変化を示すのに適している。

②**棒グラフ**　数値の大きさを表すのに適しており，複数の項目を比較する際に使われる。数値の変化を示す場合にも使われる。

③**円グラフ・帯グラフ**　1つの事象について，各項目の構成比を示すのに適している。複数の円グラフ（帯グラフ）を並べると，構成比の変化がわかりやすい。

④**散布図**　2つの事象の相関関係を示すのに適している。

3 **関係者への礼状の送付**　報告書の作成後，調査でお世話になった人々や諸機関に，報告書とともに礼状を送付するのがマナーである。

★3　野外調査（フィールドワーク）ともいう。現地調査での持ち物として，フィールドノート，地形図・ルートマップ，磁石，カメラ，ICレコーダーなどを用意する。

★4　調査者自らが獲得した資料や情報を一次資料という。

★5　報告書を配布する形式のほか，模造紙などに調査結果をまとめてグループごとに発表しあうポスターセッションでは，質疑応答を通じて理解を深めることができる。パソコンでまとめた調査結果は，プレゼンテーション用ソフト（パワーポイントなど）を活用して発表すると効果的である。

★6　棒グラフと形状が似た柱状グラフは，度数分布表をグラフ化したものであり，横軸に階級，縦軸に度数をとる。

> **ポイント　身近な地域の調査**
> ①**準備**…課題の設定，地域の設定，予備調査
> ②**実施**…調査の計画，現地調査（観察，聞き取り，アンケート調査など）
> ③**整理**…調査内容の分析・考察，報告書，発表，礼状の送付

2 離れた地域の調査

1 文献や資料による調査

❶ 文献・資料調査の意義 遠隔地や外国のように現地調査の実施が難しい場合は，文献や資料によって調査を行う。

❷ 文献・資料調査の手順 まず調査の目的と課題，調査方法を明確にする。身近な地域と比較できる対象地域を選ぶと，目的，課題，方法などを設定しやすい。次に，文献や資料を具体的に収集し，その後，分析と検討を重ねて報告書にまとめる。★2

❸ 文献・資料の収集 地図帳や新聞記事のほか，旅行会社のパンフレットや市販の旅行ガイドブック，図書館などにある百科事典，年鑑類，専門書などを利用する。また，外国の調査の場合は，大使館や観光局への問い合わせも有効である。さらに，近年，急速に普及しているインターネットを利用することで，さまざまな情報を入手できる。

★1 調査地域の居住者や訪問者が近くにいる場合は，聞き取り調査も可能である。

★2 引用した文献(出典)は明記する。

★3 必要に応じて専門的な研究を行っている大学へ問い合わせるのもよい。

テーマゼミ インターネットの利用

○ 世界中のコンピューターを通信回線で接続したインターネットでは，特定の相手と電子メールでやりとりしたり，ホームページからさまざまな情報を得ることが可能である(→p.193)。

○ ホームページを閲覧するには，検索エンジンとよばれる検索専門のホームページを利用すると便利である。検索したいキーワードを入力するだけで，関連するホームページの一覧が表示され，目的のホームページを探し出すことができる。

○ しかし，ホームページの情報は信頼できないものや，公正でないものなどがふくまれているので，数多くの情報から目的に応じたもの，信頼できるものを選択して利用することが必要である。

▶**インターネットでの検索**
ここでは『YAHOO! JAPAN』を利用している。

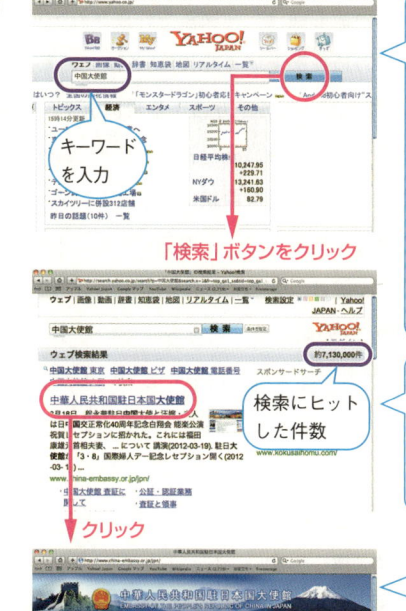

- 検索エンジンでキーワードを入力する。複数のキーワードで情報をしぼりこむことができる。ここでは，「中国大使館」を検索。
- キーワードをふくむホームページの一覧が表示される。
- 中国大使館のホームページが開いた。

テスト直前要点チェック

答

- ❶ 現地での測量や調査をもとに作成した地図を，何というか。 　❶ 実測図
- ❷ ❶の図をもとに編集して作成した地図を，何というか。 　❷ 編集図
- ❸ 5千分の1と50万分の1の地図で，大縮尺なのはどちらか。 　❸ 5千分の1
- ❹ 様々な事象を網羅的に表現した地図を，何というか。 　❹ 一般図
- ❺ 特定の事象を取り上げて表現した地図を，何というか。 　❺ 主題図
- ❻ 数値の絶対量を点の数で表現した統計地図は，何か。 　❻ ドットマップ
- ❼ 気温の分布を示すのに適した統計地図は，何か。 　❼ 等値線図
- ❽ 原油の貿易(移動)状況を示すのに適した統計地図は，何か。 　❽ 流線図
- ❾ 市町村別の人口を示すのに適した統計地図は，何か。 　❾ 図形表現図
- ❿ 市町村別の人口増加率を示すのに適した統計地図は，何か。 　❿ 階級区分図
- ⓫ 日本の地形図を作成している機関は，どこか。 　⓫ 国土地理院
- ⓬ 実測図に該当する日本の地形図の縮尺を答えよ。 　⓬ 2万5千分の1
- ⓭ 現在の日本の地形図は，何図法で作成されているか。 　⓭ ユニバーサル横メルカトル図法
- ⓮ 5万分の1の地形図上で4cmの長さは，実際には何kmか。 　⓮ 2km
- ⓯ 3kmの距離は，2万5千分の1地形図上で何cmになるか。 　⓯ 12cm
- ⓰ 起伏を表現できる同一高度を結んだ閉曲線を，何というか。 　⓰ 等高線
- ⓱ 5万分の1地形図で，計曲線は何mごとに描かれるか。 　⓱ 100m
- ⓲ 2万5千分の1地形図で，主曲線は何mごとに描かれるか。 　⓲ 10m
- ⓳ 尾根では等高線は，どのような形状になるか。 　⓳ 低い方に凸
- ⓴ 地形図中の△の記号は，何を表しているか。 　⓴ 電子基準点
- ㉑ 地形図中の⊗の記号は，何を表しているか。 　㉑ 高等学校
- ㉒ 地形図中の記号は，何を表しているか。 　㉒ 図書館
- ㉓ 地形図中のYの記号は，何を表しているか。 　㉓ 桑畑
- ㉔ 地形図中の記号は，何を表しているか。 　㉔ ヤシ科樹林
- ㉕ 地域調査で現地に出かける前に行う文献による調査は，何か。 　㉕ 予備調査
- ㉖ 効率よく観察や聞き取りを行うために準備する地図は，何か。 　㉖ ルートマップ
- ㉗ 現地調査の内容を記録するためのノートを，何というか。 　㉗ フィールドノート
- ㉘ 数値の連続的な変化を示すのに適したグラフは，何か。 　㉘ 折れ線グラフ
- ㉙ 調査結果を模造紙などにまとめて発表する形式は，何か。 　㉙ ポスターセッション

第2編

現代世界の系統地理的考察

アルゼンチンのペリト・モレノ氷河

3章 自然環境

> **この章のポイント＆コーチ**

1 世界の地形 ▷p.50　＊日本の地形はp.391。

◆ 水陸分布
- **陸地の分布**　六大陸と島。ただし，陸地：海洋の面積比は３：７。
- **海洋の分布**　三大洋(太平洋，大西洋，インド洋)と，付属海(地中海，沿海)。

◆ 大地形の分類
- **安定陸塊**　地球上の最古の地塊。長年の侵食で，平原や高原になっている。
- **古期造山帯**　古生代の造山運動で生じたが，その後の侵食で，ゆるやかな起伏。
- **新期造山帯**　高くけわしい。**アルプス＝ヒマラヤ造山帯**と**環太平洋造山帯**。

◆ 山地の地形
- **造山運動による地形**　褶曲山地，断層山地。
- **火山活動による地形**　成層火山，溶岩円頂丘，溶岩台地などの火山。カルデラ。
- **プレートテクトニクス**　地球表面のプレートの移動が，地震や火山活動を発生させ，弧状列島や大山脈を形成するという考え方。

> 準平原…長い間侵食され，ほぼ平坦になっているという意味。
> 構造平野…地層の構造から平坦になっているという意味。

◆ 平地の地形
- **大規模な侵食平野**　準平原や構造平野。
- **小規模な堆積平野**　沖積平野(扇状地など)や洪積台地。

◆ 海岸の地形
- **沈水海岸**　**リアス海岸**，エスチュアリ(三角江)，**フィヨルド**(峡湾)など。
- **離水海岸**　海岸平野や海岸段丘。
- **サンゴ礁海岸**　裾礁→堡礁→環礁と発達。

◆ その他の地形
- **氷河地形**　氷河の侵食や堆積作用による。カール，Ｕ字谷，モレーンなど。
- **カルスト地形**　石灰岩の溶食地形。ドリーネの凹地や鍾乳洞など。
- **乾燥地形**　岩石砂漠，ワジ，外来河川など。
- **海底地形**　**大陸棚**は資源が豊か。大洋底に海底火山，海嶺，海溝など。

2 世界の気候，土壌，植生 ▷p.68　＊日本の気候はp.393。

◆ 気候要素と気候区分
- **気候の三大要素**　気温，風，降水量。

熱帯気候A
- 熱帯雨林気候Af …………年中高温で多雨。熱帯雨林(セルバ, ジャングル)。
- 弱い乾季のある熱帯雨林気候Am…多雨だが, 弱い乾季がある。季節風が強い。
- サバナ気候Aw ……………雨季と乾季。疎林と丈の高い長草草原(サバナ)。

乾燥気候B
- ステップ気候BS …………少量の降雨で, 丈の短い短草草原(ステップ)。
- 砂漠気候BW ………………砂漠が広がる。オアシスに植生, 集落。

温帯気候C
- 地中海性気候Cs …………夏は高温乾燥で, 冬に湿潤。
- 温暖冬季少雨気候Cw ……夏は高温多雨で, 冬は少雨。
- 温暖湿潤気候Cfa …………夏は高温湿潤で, 冬は寒冷乾燥。
- 西岸海洋性気候Cfb ………暖流と偏西風の影響で, 夏も冬も温和。

Cs …夏は砂漠。
Cw…亜熱帯。
Cfa…夏は熱帯。
Cfb…夏は涼しい。

亜寒帯(冷帯)気候D
- 亜寒帯湿潤気候Df …………大陸性の気候で, 年間, 平均した降水。
- 亜寒帯冬季少雨気候Dw …典型的な大陸性気候。北半球の寒極がある。

寒帯気候E
- ツンドラ気候ET ……………短い夏に地表の氷がとける。地衣類, 蘚苔類の草原。
- 氷雪気候EF ………………年中, 氷雪にとざされる。
- 高山気候H …………………気温の日較差が大きい。高山都市が発達。

◆ **土壌帯と植物帯**
- 土壌帯　植生の影響をうけた**成帯土壌**(ラトソル, 黒土など)と, 母岩の影響が大きい**間帯土壌**(テラローシャ, レグール土など)。
- 植物帯　森林(セルバ, タイガなど)や, 草原(サバナ, ステップ, ツンドラ)。

3 自然環境と人々の生活 ▷p.90

◆ **地形や気候に応じた人々の生活**
- モンスーンアジアの低地　季節風の降水を利用して稲作。タイの浮稲。
- アンデス高地　先住民のインディオの農牧業。高山都市も多い。
- 寒冷地シベリア　先住民は定住化。住居は永久凍土をとかさない工夫。
- 西アジアの乾燥地域　ステップで遊牧。オアシスで小麦などの栽培。

1 世界の地形

1 水陸分布

1 陸半球と水半球

❶ 地球 地球は完全な球ではなく，赤道方向に少しふくれた回転楕円体である。**全周は約4万km**，面積は約5.1億km²である。

| 赤道半径………6,378km |
| 極半径…………6,357km |
| 赤道全周………40,075km |
| 子午線全周……40,008km |

| 面　　積…5.0995×10⁸km² |
| 陸地面積…1.4889×10⁸km²(29％) |
| 海洋面積…3.6106×10⁸km²(71％) |
| 体　　積…1.0832×10¹²km³ |

❷ 陸半球 地球表面の海陸の面積比は，**海：陸＝7：3**である。海陸の分布には偏りがあり，パリ南西部(48°N 0.5°E)を中心とした半球には，全陸地の84％が含まれ，**陸半球**とよばれる。

❸ 水半球 陸半球の中心の対蹠点であるニュージーランド南東のアンティポデス諸島付近 (48°S 179.5°W)を中心とする半球は，その90％あまりが海洋なので，**水半球**とよばれる。

▼陸半球(左)と水半球(右)，六大陸

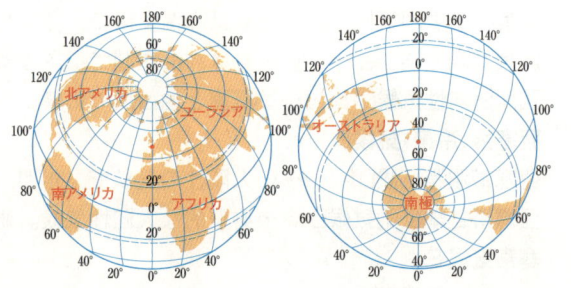

〔ランベルト正積方位図法(→p.21)〕

補説　**対蹠点**　地球上のある1地点に対し，その反対側に位置する点をいう。両点の緯度は絶対値が等しく〔48°N→48°S〕，経度は180°隔たっている〔0.5°E→179.5°W〕。水半球の中心のアンティポデス諸島(ニュージーランド)の「アンティポデス」は，対蹠点という意味。

2 陸地の分布

❶ 六大陸 地球上には，①ユーラシア，②アフリカ，③北アメリカ，④南アメリカ，⑤南極，⑥オーストラリアの六大陸がある。

❷ 島 島には，大陸から分離した比較的大きな島(**陸島**)のほか，火山，サンゴ礁による小さな島(**洋島**)などがある。ちなみに，世界最大の島は⑦**グリーンランド**，2位は⑧**ニューギニア島**，3位は⑨**カリマンタン(ボルネオ)島**，4位は⑩**マダガスカル島**，5位は⑪**バッフィン島**，6位は⑫**スマトラ島**，7位は⑬**本州**。

★1 赤道や子午線の全周はおよそ4万kmである。もともと地球の全周を4万kmと定義した上でメートル原器が製作され，1メートルの長さが決められた。
　赤道上で経度1度分の距離は，40000÷360≒111km。

★2 六大陸の①〜⑥，島の⑦〜⑬の番号は，右ページの地図中の番号に対応している。なお，①〜⑬は面積の順位を示す。

★3 デンマークの自治領になっている。イヌイット(→p.389)が住む。

★4 東半分はパプアニューギニア，西半分はインドネシアの一部。

3 海洋の分布

❶ 三大洋 地球上の海洋は，Ⓐ**太平洋**，Ⓑ**大西洋**，Ⓒ**インド洋**の三大洋と，それ以外の付属海に分かれる。

❷ 付属海 付属海は，大陸に囲まれた地中海と，大陸のまわりにあって，島や半島に囲まれている沿海（縁海）に分けられる。

① 地中海　ⓐヨーロッパ地中海★5，ⓑアメリカ地中海（メキシコ湾とカリブ海），ⓒ豪亜地中海（南シナ海やアラフラ海など），ⓓ北極海，ⓔ紅海，ⓕバルト海などがある。

② 沿海　ⓖベーリング海，ⓗオホーツク海，ⓘ日本海，ⓙ東シナ海，ⓚ北海などがある。

	面積 （千km²）	最大深度（m）
太平洋	166,241	10,920
大西洋	86,557	8,605
インド洋	73,427	7,125

▲三大洋の比較
（「理科年表」2012年版による）

★5 ヨーロッパ地中海は，ふつう，単に地中海とよばれている。

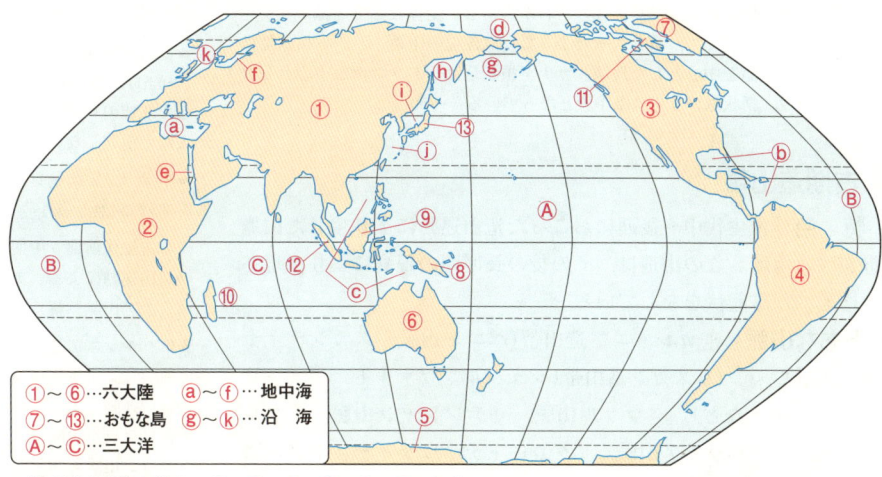

①～⑥…六大陸　ⓐ～ⓕ…地中海
⑦～⑬…おもな島　ⓖ～ⓚ…沿海
Ⓐ～Ⓒ…三大洋

▲陸地と海洋の分布　①～⑬，Ⓐ～Ⓒ，ⓐ～ⓚの名称は，本文50～51ページの番号や記号と対応。

2 大地形の分類

1 安定陸塊

❶ 特色 安定陸塊は，先カンブリア代に激しい造山運動があったが，古生代以降は激しい運動をうけていない安定した地塊。長年にわたる侵食をうけ，平坦な地形（侵食平野→p.59）を示す。

▶古生代中ごろの大陸

古生代（→p.54）中ごろの地球には，単一の大陸パンゲアがあったという。古生代後半にテチス海が広がり，南側はゴンドワナ大陸，北側はローラシア大陸となり，以後，さらに分裂し移動した（→p.53）。

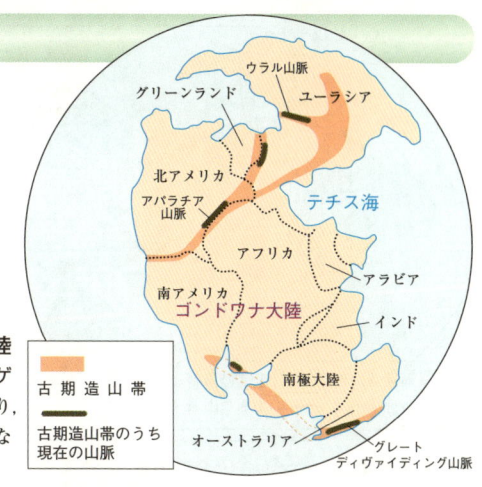

❷ おもな安定陸塊とその分布地域[*1]

- Ⓐ **ゴンドワナランド** アフリカ大陸の大部分，アラビア半島，インド半島（デカン高原），ブラジル高原，オーストラリア大陸西部。テーブル状の**卓状地**が多い。
- Ⓑ **アンガラランド** シベリア卓状地（中央シベリア高原）。
- Ⓒ **フェノサルマチア** バルト楯状地，ロシア卓状地。
- Ⓓ **ローレンシア**[*2] 北アメリカ北東部からグリーンランドの楯状地。[*3]

補説　卓状地と楯状地　卓状地は，周辺が侵食されてテーブル状になった安定陸塊の土地。先カンブリア代の岩石の上に，古生代や中生代の地層がほぼ水平に堆積している。高原状で広大な規模をもつ台地で，大陸台地ともよばれ，構造平野となっているところが多い(→p.59)。
　楯状地は先カンブリア代の岩石が露出し，全体として周縁が低く，中央部が高くて，楯を伏せたような安定陸塊の土地。バルト楯状地はバルト海を中心とした地域。カナダ楯状地はハドソン湾を中心とした地域。楯状地の多くは準平原となっている(→p.59)。

2 古期造山帯

❶ 特色
古生代中〜後期におこった造山運動により生じた山地の分布する地域。この山地は，その後の長期間の侵食により，現在では**ゆるやかな起伏**をなしている。

❷ おもな山脈
ⓐ **カレドニア造山帯**[*4]（ペニン山脈，スカンディナヴィア山脈），ⓑ **バリスカン造山帯**[*5]（シュバルツヴァルト，チューリンゲンヴァルトなど），ⓒ ウラル山脈，ⓓ テンシャン山脈，ⓔ アルタイ山脈，ⓕ アパラチア山脈，ⓖ グレートディヴァイディング山脈，ⓗ ドラケンスバーグ山脈など。

▼卓状地と楯状地

⬇ **卓状地**
　先カンブリア代の基盤（火成岩体など）

⬇ **楯状地**
　なだらか

★1　本文中のⒶ〜Ⓓ，ⓐ〜ⓢなどは，下の地図中の記号に対応。

★2　古大陸塊パンゲア（→p.51）が南北に二分した北側のローラシア大陸と混同しないこと。

★3　カナダ（ローレンシア）楯状地という。

★4　古生代前期〜中期の造山運動による。アパラチア山脈へ続く。

★5　ヘルシニア造山帯ともいう。古生代後期の造山運動による。この他にウラル山脈やテンシャン山脈も同じ時代に形成された。

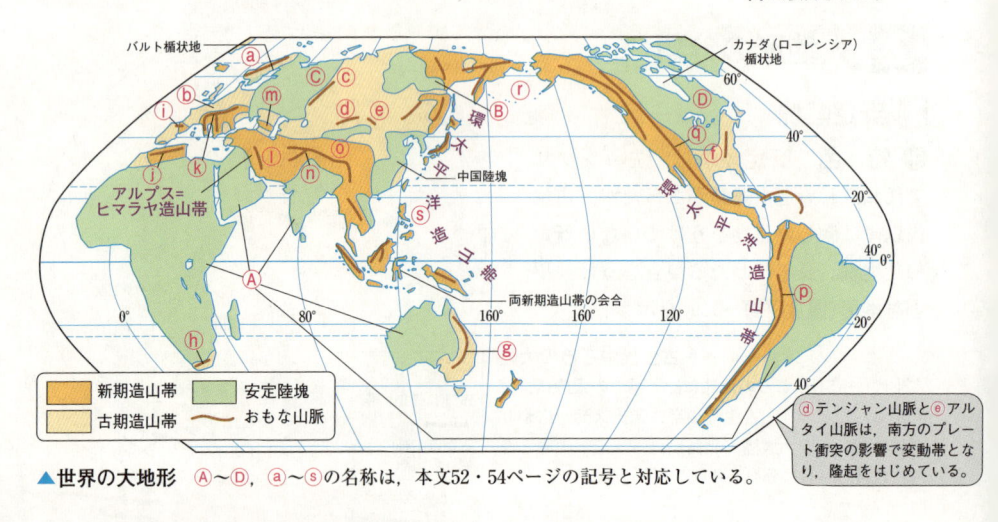

▲世界の大地形　Ⓐ〜Ⓓ，ⓐ〜ⓢの名称は，本文52・54ページの記号と対応している。

ⓓテンシャン山脈とⓔアルタイ山脈は，南方のプレート衝突の影響で変動帯となり，隆起をはじめている。

1 世界の地形

テーマゼミ プレートテクトニクス

●**プレートテクトニクス**とは，地球表面を覆っている何枚もの剛体の板（**プレート**）が互いに水平移動することで，地球表面に種々の地質現象が発生するという考えである。現在では大地形の形成要因をもっとも合理的に説明できる理論と考えられている。プレートを動かす原動力としては，岩流圏（岩石が溶融している部分）でのマントル対流と考えられている。

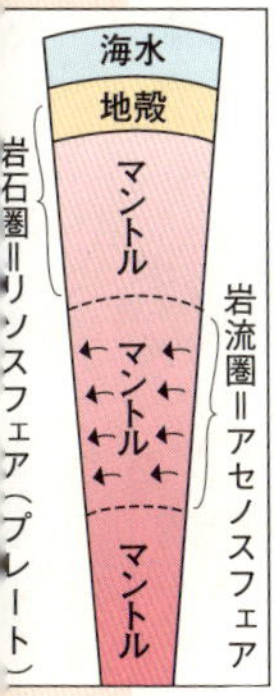

◀**地球上層部の構造**

プレートテクトニクスの原点は，今から100年ほど前にさかのぼる。ドイツ人ウェゲナー（1880〜1930年）は，大洋をはさんで向かい合う大陸の海岸線の類似性に着目し，かつて1つにまとまっていた古大陸塊（パンゲア）（→p.51）が3億年程前から分散移動し，現在の大陸の分布になったという**大陸移動説**を1912年に発表した。彼の説は評価される点もあったが，巨大な大陸を動かす原動力を合理的に説明できず否定された。その後，マントル対流説の提唱および海底地形や古地磁気の調査結果が大陸移動説を支持するものであったことから，ウェゲナーの説は復活し，地震，火山，大山脈の形成といった諸現象をプレートの運動によるものとするプレートテクトニクスの考えへと発展していった。

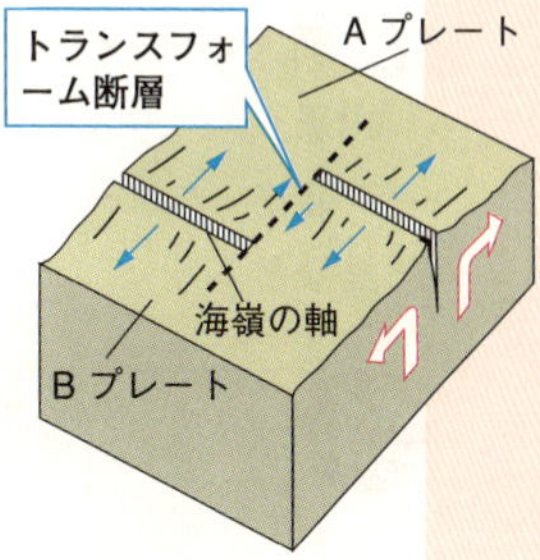

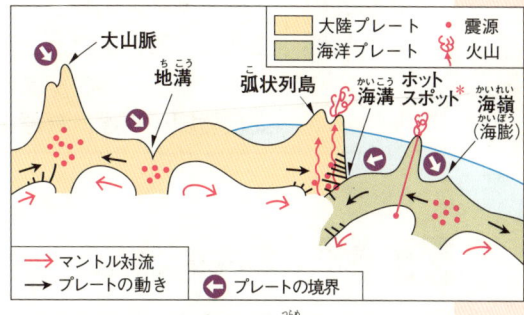

▶**マントル対流とプレートの動き**

●**プレートの境界**には，3つのタイプがある。

(1) **広がる境界** 岩流圏の熱対流が上昇し，プレートが両側へ拡大する部分。三大洋の**海嶺**（海底大山脈）がこれに相当。

(2) **狭まる境界** ①岩流圏の熱対流が下降し，密度大の**海洋プレート**が密度小の**大陸プレート**の下にもぐりこむ部分。海溝，海淵がこれに相当。
②大陸プレート同士の衝突では，一方のプレートが他のプレートにはりつく（付加衝突）。ユーラシアプレートとインド・オーストラリアプレートの衝突が好例。

(3) **ずれる境界** トランスフォーム断層が形成される。アメリカのサンアンドレアス断層が好例。
(1)(3)では地震帯を伴い，(2)では地震帯や火山帯を伴い，弧状列島や大山脈を形成する。

＊ホットスポットは，プレートを貫いてマントルが湧き上がる場所。

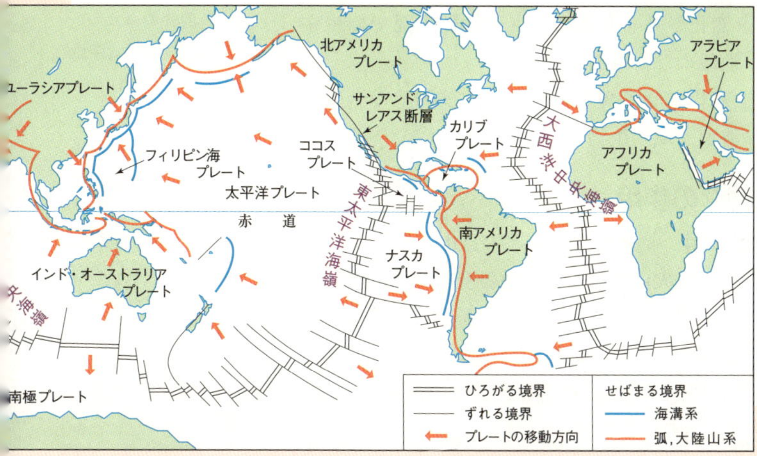

◀**現在考えられているプレート**

広がるプレート境界が陸上に現れているのは，アイスランドのみ。割れ目が火山となり，線状噴火がみられる。日本列島周辺には4つのプレートがある（→p.391）。

3 新期造山帯

❶ 特色 中生代以降、現在に至るまで激しい造山運動を行っている地域で、けわしく長大な山脈が続く。地震帯や火山帯をともなう。

❷ 2つの造山帯
1 **アルプス＝ヒマラヤ造山帯** ⓘピレネー山脈★6、ⓙアトラス山脈、ⓚアルプス山脈、アナトリア高原、ⓛザグロス山脈、ⓜカフカス山脈、ⓝパミール高原、カラコルム山脈、ⓞヒマラヤ山脈、マレー半島、ジャワ島など。
2 **環太平洋造山帯** ⓟアンデス山脈、西インド諸島、ⓠロッキー山脈、ⓡアリューシャン列島、千島列島、日本列島、ⓢフィリピン諸島、ニューギニア島、ニュージーランド、南極大陸、フエゴ島など。

	先カンブリア代	安定陸塊
5億7500万年前		
	古 生 代	古期造山帯
2億4700万年前		
	中 生 代	新期造山帯
6500万年前	新生代 第三紀	
400万年前 ↓ 170万年前 人類の進化	第四紀 洪積世(更新世)	……(洪積台地)
1万年前	沖積世(完新世)	……(沖積平野)

▲地質時代の区分とおもな地形
地球が誕生したのは、今から約46億年前。

★6 本文中のⓘ～ⓢは52ページの地図中の記号に対応。

ポイント

世界の大地形
- **新期造山帯**…けわしい山地。地震帯、火山帯をともなう
  - **アルプス＝ヒマラヤ造山帯**…アルプス山脈、ヒマラヤ山脈など
  - **環太平洋造山帯**…アンデス山脈、ロッキー山脈、日本列島など
- **古期造山帯**…なだらかな山地になっている
  →アパラチア山脈、ウラル山脈など
- **安定陸塊**…平原、高原になっている

3 地形を形成する要因

1 地形をつくる2つの要因

❶ 内的営力 地形を変化させる現象のうち、地球内部で発生するもの。重力や地熱、地殻のひずみなど。

❷ 外的営力 地形を変化させる現象のうち、地球外部★1で発生するもの。流水、氷河、波浪、風、生物の営みなど。

2 地形をつくる諸々の作用

❶ 内的営力による諸作用 褶曲や断層などの造山運動(→p.55)、大陸規模の造陸運動、そして火山運動などを地殻変動(地殻運動)★2といい、地表の起伏を大きくする方向にはたらく。新期造山帯は、この作用が活発。断層が変位するとき、地震が発生する。(→p.94)
地殻変動…造山運動(褶曲、断層)、造陸運動、火山運動。

★1 外的営力のエネルギーの起源は、太陽放射エネルギーがほとんどである。

★2 圧力により、地層がしわをなし波状になるのが褶曲。ある線に沿ってずれるのが断層。造陸運動は、広い範囲にわたってゆっくりと隆起する運動。このような土地の変形・変位を、地殻変動という。

❷ 外的営力による諸作用

流水，氷河，波浪，風などの外的営力によって地表にはたらく諸作用には，**侵食**や**堆積**といった作用がある。いずれも地表の起伏を小さくする方向にはたらく。

- 侵食作用…削りとって(侵食)，運んだり(運搬)，風化させる作用。
- 堆積作用…うずたかく積もらせる作用。

> 補説　**風化作用**　温度変化や水，空気の影響で，岩石などの性質が変化することをいう。岩石中の水分の凍結，融解や，温度変化による岩石自体の膨張，収縮，植物の根の侵入などによる岩石の力学的強度の低下を，物理的風化作用という。また，おもに水，酸素などとの化学反応によって，岩石の化学的性質が変化することを，化学的風化作用という。いずれも岩石自体の性質の変化をさす用語であり，削りとられて地形が変わるという意味ではない。物理的風化作用と化学的風化作用は，相互に関連しながら進行するのが一般的である。

★3 浸食と表記することもあるが，水によるとは限らないので，学術的には侵食。

★4 かたい岩石のかたまりが，その場でぼろぼろに砕けていくこと。

★5 例えば石灰岩の主成分の炭酸カルシウムは水に溶けにくいが，これが炭酸水に触れると，炭酸水素カルシウムに変質し，水に溶けやすくなる(→カルスト地形，→p.66)。

4 山地の地形

1 山の地形

❶ 造山運動による地形

1. **褶曲山地**　褶曲構造をもった山地。アルプス，ヒマラヤ，アンデス，ロッキーなどの山脈があてはまる。
2. **断層山地**　断層運動によって形成された山地。地塊山地ともいう。傾動地塊(傾動山地)と地塁山地に分けることもある。断層運動による変位によって形成された急斜面を，断層崖という。
   - ①傾動地塊　一方が急な断層崖，他方がゆるやかな斜面である地形。四国山地，飛騨山脈，養老山地，六甲山地，生駒山地，シエラネヴァダ山脈など。
   - ②地塁山地　山地の両側を断層によって限られた山地。木曽山脈，赤石山脈，鈴鹿山脈，金剛山地，比良山地，テンシャン山脈など。

▼**褶曲と断層**　褶曲とは，下図のような地層のたわみのことである。褶曲構造をもった土地が，何らかの地殻変動で隆起したり，褶曲作用そのものによって隆起したものが，褶曲山地である。

★1 世界最高峰は，ヒマラヤ山脈のエヴェレスト山[中国＝チベット名はチョモランマ，ネパール名はサガルマータ]で標高8848m→1999年のGPS(→p.25)による調査で8850m。この高さは，直径1mの地球儀でも，わずか0.7ミリの高さにしかならない。

★2 地殻変動のうち，広範囲にわたってゆっくりと隆起するものを造陸運動，狭い範囲で急速に隆起するものを造山運動とよんでいる。

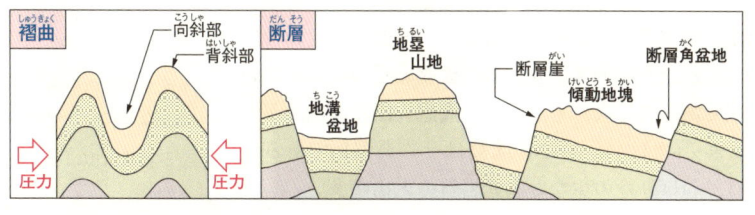

テーマゼミ　デービスの侵食(河食)輪廻説

○ **19世紀の地形学**　「谷はどのようにしてできるか」という質問に対してみなさんは，「川が地面を削ってできる」という答えをごく自然のように出すだろう。しかし，このような考えは遠い昔からあったのではない。今から200年程前までは，聖書に出てくるノアの洪水のような天変地異が地形をつくると考えられていた。谷は天変地異による地面の裂け目というのである。19世紀に入ってアメリカやイギリスの研究者の間で谷の河食説が出され，これが定着したのは，19世紀も半ばになってからであった。

○ **デービスの侵食輪廻説**　谷の河食説を背景に，アメリカの地理学者W＝M＝デービスは，河川が地形を変化(発達)させていく様子を分かりやすく説明した侵食輪廻説を発表した(1884年)。
　その概略は，次の通り。
(1) **原地形**　海底もしくは海水面に近い高さの平坦面が急速に隆起する。
(2) **次地形**　隆起が停止し，河食が始まる。侵食の度合いに応じて以下の段階に分けられる。
①**幼年期**　河食は進むが原地形の平坦面が残存。
②**壮年期**　さらに河食が進んで平坦面はなくなり，深いV字谷と急峻な山稜ができる。
③**老年期**　山稜が崩れていき，尾根と谷の比高が小さくなって，なだらかな山地となる。
(3) **終地形**　河食からとり残された高まり(**残丘**)を残してほぼ海水面に近い高さの平坦な地形になる。デービスは河食によってできたこの平坦な地形を**準平原**とよんだ。準平原が再隆起して原地形になったものを，**隆起準平原**と名づけ，ここから2回目の輪廻が始まると考えた。

○ **侵食輪廻説の評価**　名前を覚えることで，多くの級友の顔をはっきり識別できるようになった経験はないだろうか。デービスの侵食輪廻説は，世界中の種々雑多な地形を"幼年期"や"老年期"と名付けることで，地形の認識を容易にしたという点に，最大の功績がある。しかし，最初に急速な隆起，以降は隆起停止というような都合のよい地殻変動があり得るのか，火山が噴火して地形が変わればも輪廻はどうなるか，といった批判や疑問が続出し，デービスもこれに対し合理的な説明は行えなかった。現在では，デービスが唱えた理想的な輪廻は起こらないと考えられているが，それでも地形の特徴を示す語句として，幼年期，壮年期，老年期，準平原といった言葉は生き続けている。

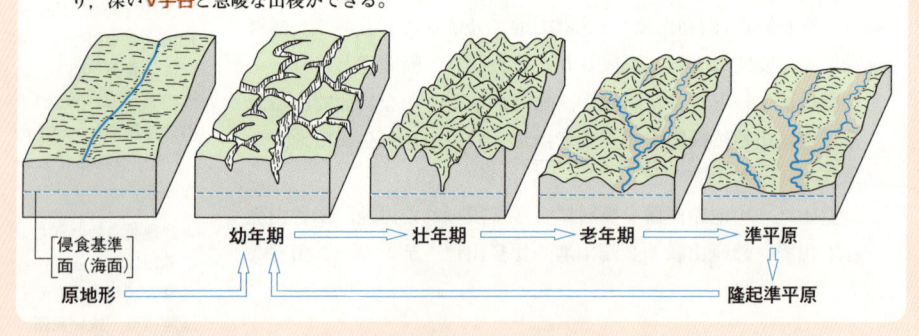

[侵食基準面(海面)]　原地形 → 幼年期 → 壮年期 → 老年期 → 準平原　隆起準平原

❷ 火山活動による地形

1　**火山の分布**　プレート境界部のいわゆる変動帯[★3]に多く分布し，とくに新期造山帯やアフリカ大地溝帯に多い。一般的に変動帯に分布する火山は，ねばりけの多い安山岩や流紋岩質[★4]の火山が多い。また，安定地域である大洋底にも，所々，海底火山や火山島が分布する(ホットスポットという)。ハワイ諸島はその典型例である。こうした火山は，ねばりけの少ない玄武岩質[★5]の火山が多い。

★3　プレート運動によって激しい地殻変動が起こる地帯。
★4　成層火山や溶岩円頂丘などになりやすい。
★5　楯状火山になりやすい。

2 各種の火山地形

成層火山	円錐火山 / コニーデ	溶岩と軽石や火山灰などを交互に噴出。美しい形	富士山，男体山，鳥海山，羊蹄山，岩手山，開聞岳，キリマンジャロ山
溶岩円頂丘	鐘状火山 / トロイデ	ねばりけの強い溶岩からなるドーム状の火山	大山，焼岳，箱根山，雲仙岳，吾妻山，三瓶山
溶岩台地	台状火山 / ペジオニーテ	流動性のある溶岩が広く台地状に広がった火山	耶馬渓，デカン高原，ケーマ高原，コロンビア高原
楯状火山	盾状火山 / アスピーテ	流動性の強い溶岩が，偏平に広がった火山	月山，霧ヶ峰，八幡平，ハワイ島のマウナロア山やマウナケア山
砕屑丘	臼状火山 / ホマーテ	火口周辺に火山砕屑物（火山灰など）が堆積	桜島の鍋山，神津島の天上山，新島の向山
火山岩尖	塔状火山 / ベロニーテ	凝固した溶岩が突出。例は少ない	昭和新山
マール（爆裂火口）		山体がなく，凹形の火口のみ。湖になる例が多い	男鹿半島の目潟（一ノ目潟，二ノ目潟など），鰻池
カルデラ火山（カルデラとは陥没や爆発による凹地）		カルデラ内に新たな小火山（中央火口丘）ができる	箱根山，阿蘇山（←陥没）三原山，磐梯山（←爆発）

火口原湖	火口原の一部にできた湖	芦ノ湖，榛名湖，赤城山の大沼
カルデラ湖	カルデラ床の大部分をしめる湖	田沢湖，摩周湖，支笏湖，洞爺湖，屈斜路湖，阿寒湖
火口湖	噴火口に水がたまってできた湖。円形が多く，深い	蔵王山の御釜，霧島山の大浪池，吾妻山の五色沼
岩石堰止湖	溶岩や土石流などが川をせき止めた堰止湖（火山堰止湖）	桧原湖，富士五湖，中禅寺湖，大正池（上高地），磐梯山の五色沼

補説　複式火山　カルデラのように，大きな山体の中に小さな山体をもつ火山をいう。これに対し，富士山のように，山体が単一のものを，単式火山という。

ポイント

山地の地形
- 造山運動 ─ 褶曲山地／断層山地 ─ 傾動地塊／地塁山地
- 火山活動 ─ 成層火山，溶岩円頂丘…／カルデラ火山

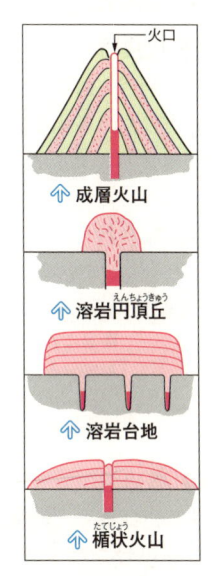

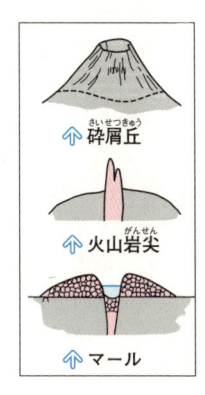

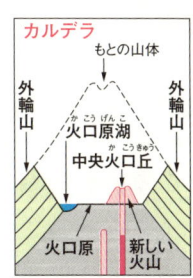

↑成層火山

↑溶岩円頂丘

↑溶岩台地

↑楯状火山

↑砕屑丘

↑火山岩尖

↑マール

カルデラ：もとの山体／外輪山／火口原湖／中央火口丘／火口原／新しい火山

3章　自然環境

2 谷の地形

❶ 侵食谷

① **河谷** 河川の侵食によって形成される谷。谷底を低下させる下方侵食，谷幅を広げる側方侵食，上流側へ谷を伸ばしていく谷頭侵食の3タイプの侵食がある。下方侵食をうけて，断面がVの形になった谷をV字谷という。

② **氷食谷** 氷河の侵食によって生じた谷。断面がUの形になったものをU字谷，沈水した場合を**フィヨルド**（→p.62）という。

> 補説　**先行谷**　河川の侵食の速さが土地の隆起の速さより大きいと，河川は，隆起によって形成された山地を，もとの流路のままで横切って，谷を形成する。こうした河川を先行河川といい，谷を先行谷という。ラインシーファー山地を横切るライン川や，生駒山地を横切る大和川などがこの例である。

▲V字谷（長野県）

❷ 構造谷
断層運動によって形成された谷。両側を，断層崖に囲まれた低地で，地溝ともいう。**アフリカ大地溝帯**やライン地溝帯，**フォッサマグナ**などが大規模。

★6 アフリカ大陸東部を南北に走る，総延長6000kmにおよぶ世界最大の大地溝帯。

★7 日本列島を西南日本と東北日本に分ける。(→p.391, 393)

> 補説　**構造湖**　断層運動によって形成された谷に水がたまってできた湖を，構造湖または断層湖という。断層の方向に細長くのびる形が多い。アフリカ大地溝帯のマラウイ(ニアサ)湖，タンガニーカ湖のほか，バイカル湖，死海など。日本では，フォッサマグナの諏訪湖，青木湖，木崎湖のほか，琵琶湖，猪苗代湖，邑知潟など。

❸ 埋積谷
河川流域で，地殻変動による河川勾配の減少や，気候変動による降水量の減少などが起こると，河川の運搬作用が低下し，堆積がすすむ。その結果，従来の谷が堆積物で埋まって，形成される。谷底は平坦で，山麓と谷底の傾斜変換が明瞭である。

▼埋積谷の構造

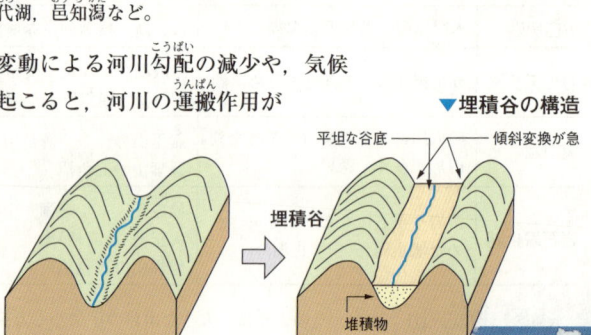

5 平野の地形

1 平野の種類

世界的にみると，平野は，安定陸塊（→p.51）からなる規模の大きな**侵食平野**と，比較的小規模な**堆積平野**に分けられる。

- 侵食平野…準平原や構造平野。**日本にはみられない。**
- 堆積平野…沖積平野，洪積台地，海岸平野など。

▶侵食平野のコロラド高原（アメリカ）

2 侵食平野

❶ 準平原 種々の侵食により，起伏の小さくなった地形をいう。リヤオトン半島，シャントン半島や黄海(ホワンハイ)をとりまく朝鮮半島西部などが，この例である。

楯状地(→p.52)は，先カンブリア代の岩石が露出した準平原が多い。なお，侵食からとり残された山体を，**残丘(モナドノック)**[★1]という。

> **補説　準平原とは**　もともと，デービスの唱えた河食による侵食輪廻の最終段階の地形である(→p.56)。デービスは，準平原を"どの方向へも自動車ならハイギアで走行できるほど"の起伏であると表現した。しかし，彼の理想的な侵食輪廻が疑問視されている現在では，河食のみならず，風食などさまざまな要因で，起伏のごく少ない地形が形成されると考えられている。

❷ 構造平野 先カンブリア代の岩石の上に，ほぼ水平に堆積した古生代や中生代の地層があって[★2]，そのまま表面が侵食されて形成された平地。東ヨーロッパ平原，西シベリア低地，北アメリカの中央平原，オーストラリアの大鑽井盆地(グレートアーテジアン盆地)など，規模が大きい。

また，構造"平野"と命名されているが，高原や台地の中でも，同様な地質構造のみられるものであれば，構造平野に含まれる。コロラド高原，ブラジル高原，中央シベリア高原，オーストラリア西部やアフリカの高原などがこの例である。

卓状地(→p.52)は，ほぼ構造平野になっている。

① **メサとビュート** 水平な地層の硬岩層の部分が侵食からとり残されて形成された，テーブル状の地形を**メサ**という。頂部の面積が小さいものは，**ビュート**という。

② **ケスタ** やや傾斜した地層で，硬岩と軟岩[★3]の互層になっている場合に形成される階段状の地形を，**ケスタ**という。パリ盆地やロンドン盆地，ウクライナ地方，五大湖周辺[★4]でみられる。

★1 インセルバーグともいう。オーストラリア大陸のウルル(エアーズロック)やカタ・ジュタ(オルガ山)が典型的。モナドノックはアメリカのニューハンプシャー州にあるモナドノック山にちなんだもの。

★2 古生代や中生代の地層(→p.52)は，ともに固結して岩石化している。地層の構造がそのまま平野の地形をつくっていることから，構造平野といわれる。

★3 硬岩，軟岩とは，侵食に対する抵抗の大小をいう。かたいとか，やわらかいといった意味ではない。

★4 雄大なことで有名なナイアガラ滝は，ケスタの急崖にかかる滝である。

▲**ケスタ，メサ，ビュート**　硬軟の互層があれば，軟層の侵食が早くすすみ，ケスタになる。地層が水平の場合は，テーブル状のメサや，メサから孤立したビュートが形成される。

Q 準平原と構造平野は，同じ平野であるのに，どう区別できるのですか。

A 地表面だけをみれば，準平原も構造平野も平坦な土地だね。しかし，準平原は，山地のなれのはてだから，地質構造が複雑だよ。これに対し，構造平野は，だいたい水平に堆積した地層からなり，地形からみても，地質構造からみても，平野である点がポイントだね。

3 堆積平野

❶沖積平野　河川の堆積作用によって形成された平野。上流から扇状地帯→氾濫原→三角州帯の順に配列するのが基本パターンとされているが，流域の地形や地質によって異なる場合もある。

[1] **扇状地帯**　山麓で谷の出口に形成され，一般的には扇形をした地形区域。扇状地では，上流から扇頂，扇央，扇端に区分する。扇央は，礫質の堆積物のため透水性が大きく（水利が悪い，乏水地），河川は伏流する。扇端は，伏流水が再び地表面に出る湧水帯となっている。(→p.41)

[2] **氾濫原（自然堤防帯）**　扇状地帯と三角州帯の間に位置する区域で，河床の勾配がひじょうに緩やかなため，河川の流速はかなり遅く，蛇行や著しい堆積作用による地形がみられる。

①自然堤防と後背湿地　洪水のときあふれ出た流水は，川の外側の堤防上で急に流速を減じるため，川ぞいに運んできた土砂を堆積する。こうしてできた微高地を自然堤防という。そのうしろには，水はけが悪い後背湿地（バックマーシュ）が広がる。

②蛇行と三日月湖　川が屈曲して流れることを蛇行という。蛇行がはなはだしくなると，河道の一部が本流と切りはなされ，三日月湖（河跡湖，牛角湖）として，後背湿地に残る。

③天井川　河床が，周辺の平野面より高くなっている川。自然堤防がしだいに高くなったり，人工堤防によることもある。

[3] **三角州帯**　河川の運搬する土砂が河口付近で堆積することによって形成される低平な地形区域。氾濫原と同様に河川の分流や蛇行がみられる。三角州は，その形態のちがいから，鳥趾状三角州，カスプ状（尖状）三角州，円弧状三角州に分類されている。

★5 河川の堆積作用を沖積作用という。

★6 このような基本パターンは，大きな内湾に注ぐ大河川（日本では多摩川や木曽川など）にみられる。

★7 埋積谷(→p.58)の谷底が平坦となり，山あいに細長くのびることがある。これを谷底平野といい，山地の多い地域では貴重な平地として利用される。

★8 石狩川，ミシシッピ川河口などに多い。

★9 黄河や，琵琶湖東岸の野洲川や草津川，島根県の斐伊川などが有名。なお，草津川は新幹線や国道1号線の上を流れていたが，洪水防止のために，新しい放水路が建設された(2002年)。

★10 鳥の足あとのような形を，鳥趾状という。

▼三角州の種類　三角州はデルタともいう。

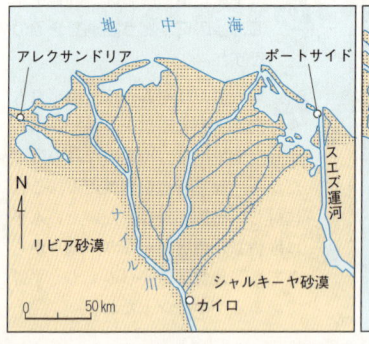

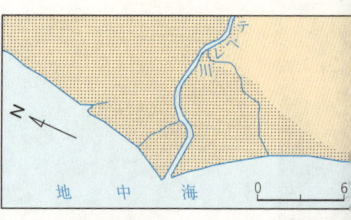

（左）円弧状三角州（エジプト，ナイル川）
（中）鳥趾状三角州（アメリカ，ミシシッピ川）
（右）カスプ状三角州（イタリア，テヴェレ川）

▶沖積平野の構造
A…扇状地帯
B…氾濫原
C…三角州帯

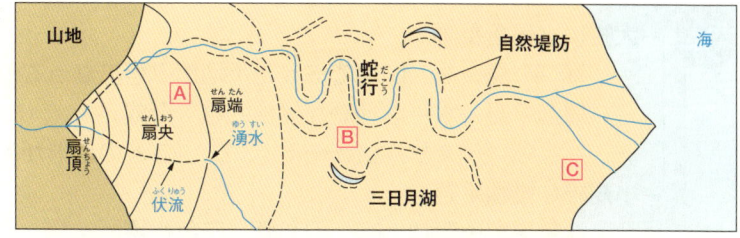

（図：山地—扇頂・扇央・扇端（A）・湧水・伏流、蛇行・自然堤防・三日月湖（B）、三角州帯（C）・海）

❷ **洪積台地** おもに更新世（洪積世）後期に形成された平野が，土地の隆起や海水面の低下によって台地となった地形。

① **隆起扇状地と隆起三角州** もとの扇状地や三角州が隆起してできたもので，武蔵野，牧ノ原，磐田原，三方原などが代表的。

② **河岸段丘** 主として，流域の土地が隆起したり傾斜が増すことによって，河床がさらに掘り下げられ，今までの谷底が台地になった地形。★11

（図：河岸段丘と海岸段丘　段丘面のうち，古い谷底の面（上方の面）から順に，第Ⅰ面，第Ⅱ面…とよぶ。）

③ **海岸段丘** 海底の平坦面が断続的に離水することによって形成された階段状の地形。北海道の野寒布岬，襟裳岬や，四国の室戸岬，足摺岬などでみられる。

❸ **海岸平野** 堆積物がたまった浅い砂浜の海底が隆起（離水）して，陸になった地形のこと。わが国の九十九里平野，宮崎平野，越後平野，根釧台地の沿岸部や，アメリカ合衆国の大西洋岸（→p.230）にみられる。

補説 **盆地** 盆地は，周囲を山に囲まれた平地のこと。主として地殻変動によって形成される。
①**断層盆地** 地溝盆地（諏訪盆地，奈良盆地，タリム盆地など）と，一方だけを断層崖で区切られた断層角盆地（亀岡盆地など）とがある（→p.55）。
②**曲降盆地** 地層が中心に向かって四方からたわみ下がってできた盆地。パリ盆地，コンゴ盆地，グレートアーテジアン盆地（大鑽井盆地，オーストラリア）などがある。曲降盆地では，自噴井（鑽井）ができやすい（→p.71）。

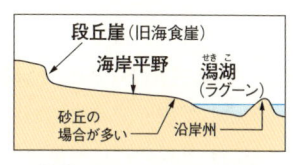

Q 沖積平野は，地質時代の沖積世に形成されたのでしょうか。

A 沖積平野を「沖積世に形成された平野」と定義する意見もある。しかし，沖積の本来の意味は，「河川による堆積作用」ということであり，それは，沖積世より以前から行われていたことが，最近になって分かったんだ。だから，沖積平野の定義も，沖積世に限らないほうがいいね。最近は，沖積世という言葉も，かわりに完新世というよ。

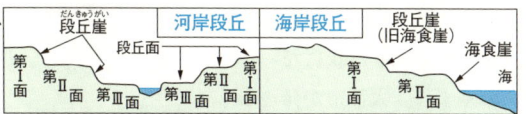

★11 桂川（山梨県）や，天竜川（長野県），利根川支流の片品川（群馬県）などにみられる。

（図：海岸平野）
▲海岸平野　▼盆地の形成
（図：地溝盆地／断層角盆地／曲降盆地）

3章　自然環境

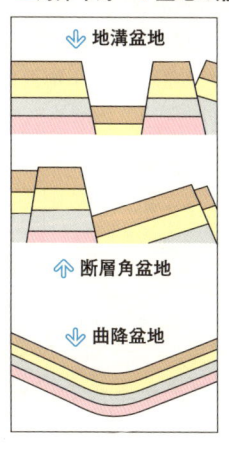

> **ポイント**
> ─ 大規模な**侵食平野**
>   ├ **準平原**…もと山地であった土地が平坦になって形成
>   └ **構造平野**…水平な地層が侵食されて形成。
>   　　　　　メサ，ビュート，ケスタなどの地形がある
> ─ 小規模な**堆積平野**
>   ├ **沖積平野**…扇状地帯，氾濫原，三角州帯
>   └ **洪積台地**…隆起した扇状地や三角州，河岸段丘や海岸段丘

6 海岸の地形

1 沈水海岸

❶ **沈水海岸とは** 海岸の沈降，もしくは海水面の上昇で形成。

❷ **いろいろな沈水海岸**

1 **リアス海岸**※1 谷が沈水してできた入り江(溺れ谷)が連続し，海岸の出入りが鋸のような海岸。三陸海岸，豊後水道沿岸，志摩半島，若狭湾沿岸など。天然の良港が多い。

2 **エスチュアリ(三角江)** 河口が沈水して，ラッパ状になった海岸。平野の中にあるため，後背地にめぐまれ，大都市が発達しやすい。ヨーロッパでは北海の周辺などに多くのエスチュアリがあり，ロンドン(テムズ川)，ハンブルク(エルベ川)，ルアーヴル(セーヌ川)，ボルドー(ガロンヌ川)などの港湾都市が発達。

3 **フィヨルド(峡湾)**※3 氷河の侵食をうけた氷食谷(→p.58, 65)が沈水して成立。せまくて深く，奥行きが長い。かつて大陸氷河におおわれていた高緯度地方に多い。とくに，ノルウェーの大西洋岸のものが有名。※4

4 **多島海** 丘陵地やリアス海岸の沈水がすすみ，山頂部が島となった地形。バルト海西部，エーゲ海，瀬戸内海など。

★1 スペイン北西部の入り江(リア)の多い地方の名称から，リアスの名が使われる。

★2 海岸線に平行な細長い島が形成されると，ダルマチア式海岸という。クロアチアのダルマチア地方で典型的。

★3 氷期におおわれていた地域は，現在，隆起しているところが多いが，当時の海水面より深くU字谷を刻んでいたところが多く，沈水によって成立したといえる。

★4 ソグネフィヨルドは，奥行き204km，最大深度1,308mの世界最大級のフィヨルド。

▼沈水海岸の種類

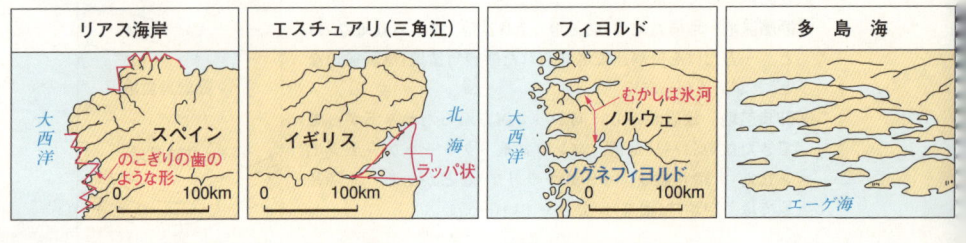

2 離水海岸

海岸の隆起もしくは海水面の低下によって形成される地形。海岸平野(→p.61)や、海岸段丘(→p.61)がみられる。

補説 岩石海岸(磯浜)と砂浜海岸　岩石海岸は沈水海岸によくみられ、とくに岬になっている部分に多い。また、離水海岸でも、足摺岬や室戸岬のような海岸段丘が発達している海岸にみられる。砂浜海岸は、流入河川や隣接する海食崖などから運搬された砂礫が堆積して形成され、湾奥や沖積平野の前面でみられる。また、海底堆積物が離水した海岸平野も砂浜になっているし、サンゴ礁海岸でも、サンゴの破片や有孔虫の遺骸(星砂)などが堆積した砂浜海岸がみられる。

3 海岸の小地形

1 砂浜海岸の小地形

1. **砂嘴**　海岸から海へ突出した砂礫の長い州。★5
2. **砂州**　砂嘴が成長し、湾口を閉じてしまいそうになったもの。★6
3. **陸繋島**　砂州が成長して、対岸に連結された島。★7 陸繋島をつくる砂州を、トンボロ(陸繋砂州)という。
4. **潟湖(ラグーン)**　沿岸州や砂州が発達して、海岸との間に、海の一部をとじこめたもの。★8
5. **干潟**　干潮時に海面から姿をあらわす平らな低地。干満の差が大きな地域に発達する。貝類など独特の生態系があり、野鳥なども飛来する。干拓や埋め立てがすすむ中、保護運動もおきている。★9

2 岩石海岸の小地形

1. **海食崖**　海に面した山地や台地が、波食作用によって削られて形成された崖。海面に接する所に、海食洞ができることもある。★10
2. **波食棚**　主として潮間帯に分布する平らな岩石の面。ベンチともいう。硬軟の互層であれば、波状岩(鬼の洗濯板)がみられる。★11 ★12
3. **海食台**　波食棚より一段低く、海面下にある平坦面で、海食作用によって形成された。海食台地、海食棚ともいう。ただし、波食棚と区別しないという説もある。★13

▼海岸の小地形(左)と岩石海岸の断面図(右)

★5 「嘴」は鳥のくちばしのこと。コッド岬(アメリカ)、アゾフ海西部(ウクライナ)、三保松原(静岡県)、野付半島(北海道)、戸田(伊豆半島)など。

★6 天橋立(京都府)、弓ケ浜(鳥取県)など。

★7 潮岬、江の島、男鹿半島、函館山、志賀島、ジブラルタル、マカオなど。

★8 サロマ湖、小川原湖、八郎潟、河北潟、松川浦など。

★9 有明海は干潟が広い。長崎県の諫早湾では干拓のため、1997年に潮受け堤防を閉めきったが、その後、有明海産の海苔の色落ち、漁獲量の減少などが発生し、干拓の影響が問題視されている。

★10 ドーヴァー海峡に面するチョーク層(白色の石灰粒が堆積)の海食崖がとくに有名。

★11 満潮のときには水をかぶるが、干潮のときには水がひくところ。

★12 宮崎県の青島のものが有名。

★13 紀伊半島西岸や土佐湾東岸などが好例。

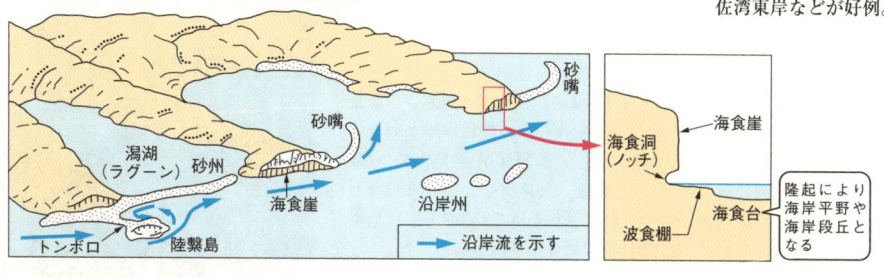

64　3章　自然環境

ポイント

- 沈水海岸
  - リアス海岸
  - エスチュアリ
  - フィヨルド
  - 多島海
- 離水海岸
  - 海岸段丘
  - 海岸平野

▲ソグネフィヨルド（ノルウェ…）

4 サンゴ礁海岸

　造礁生物（サンゴ，有孔虫などの動植物）が集積，分泌物や遺骸が固結することによって形成される炭酸塩物質（$CaCO_3$など＝石灰岩の主成分）の岩礁。熱帯から亜熱帯にかけての浅くきれいな海底に形成され，その形態から主として裾礁★15，堡礁★16（バリアリーフ），環礁★17（アトール）に分けられる。

　また，サンゴ礁にふちどられた水域を礁湖★18（ラグーン）という。

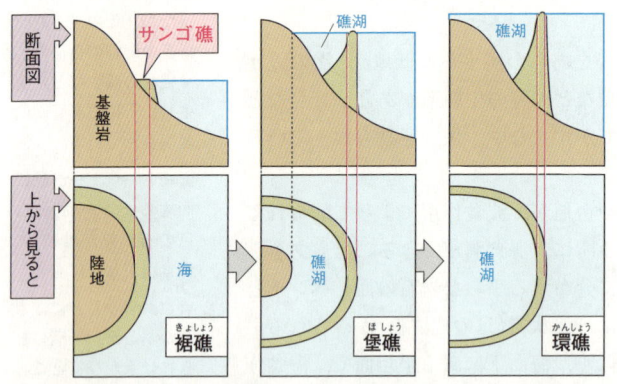

★14 水温18℃以上で，太陽の光が十分に届く浅い（約20mより浅い）海底から，海面すれすれまで成長する。

★15 奄美群島や沖縄諸島などの南西諸島や，小笠原諸島に多い。

★16 オーストラリア北東岸のグレートバリアリーフ（大堡礁）が大規模。太平洋のフィジー諸島やタヒチ島でもみられる。

★17 マーシャル諸島，カロリン諸島，モルディブ諸島など，赤道付近に多い。

★18 砂浜海岸にできる潟湖（ラグーン）と区別せずに，礁湖を潟湖とすることもある。

▲サンゴ礁海岸のおもな形態　サンゴ礁海岸は，海水面の上昇や海洋底の沈降によって，裾礁→堡礁→環礁の順に進化していくと考えられている。

▶サンゴ礁［マレーシア（シパダン島）］
生物によって形成された地形。

補説　中性海岸　サンゴ礁海岸のように，沈水や離水が，直接地形の形成に関わっていない海岸を，中性海岸ということがある。断層崖が海に面した断層海岸（淡路島の南岸，敦賀湾の東岸など），扇状地，三角州や火山の末端など新しい堆積物によって形成された海岸（黒部川扇状地や桜島火山など）は，中性海岸に分類されている。

1 世界の地形

7 その他の地形

1 氷河地形

❶ 氷 河★1　ほぼ大陸をおおう規模の厚く広大な**大陸氷河（氷床）**★2と，山岳に発達する山岳氷河に大別されている。全世界の氷河の約90％を，南極氷床がしめている。氷河はもとは雪である。

❷ 氷食地形

1　**カール（圏谷）**　氷食作用で山頂部にできる巨大な椀状の凹地。日本では，日本アルプスや日高山脈に見られる（氷河は消失）。

2　**氷食谷（U字谷）**　山腹にできるU字型の谷。谷底が広い。谷底には，氷河湖ができやすい。U字谷に海水が入ると，**フィヨルド（峡湾）**★4となる（→p.62）。

3　**ホーン（尖峰）**★4　複数のカールによる削り合いで生じたピラミッド型のとがった峰。

> **補説 氷食作用**　氷河による侵食作用のこと。氷河によって運搬される岩くずなどが基盤の岩石を削る削磨作用，氷河自体が基盤岩石を削るプラッキング，氷河が融けてできた水流による侵食の3通りがある。★5

❸ 氷河の残した堆積地形

1　**モレーン（氷堆石）**　氷河によって運搬された粘土や砂礫が堆積した地形。
　グランドモレーン…氷河の底にあたる位置に堆積されたもの。
　ラテラルモレーン…氷河の側壁に堆積されたもの。
　ターミナルモレーン…氷河の末端（終端）に堆積されたもの。エンドモレーン（終堆石）ともいう。

2　**エスカー**　氷河が融けてできた水が，氷河と地面の間を流れることによって，古い堆積物を運搬し，流路にそって再堆積させた結果できる細長い堤防状の地形。

▼氷河の地形

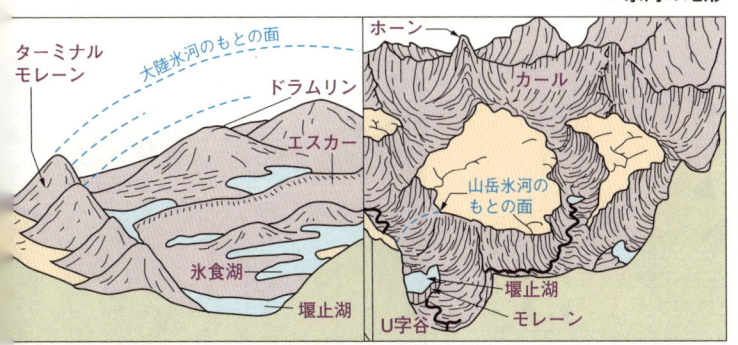

（図：ターミナルモレーン、大陸氷河のもとの面、ドラムリン、ホーン、カール、エスカー、山岳氷河のもとの面、氷食湖、堰止湖、U字谷、モレーン）

★1　新生代第四紀の洪積世（更新世）（→p.54）は氷河時代で，氷期と間氷期をくり返した。約2万年前の最終氷期のあと，現在は後氷期とされる。約6000年前には，世界的規模で氷床がとけ，海面が上昇した（日本では縄文海進という）。このときの氷河性海面移動で，関東平野は多くが海面下になっていた。

★2　現在では底面積が5万km²以上のものに対して用い，南極氷床とグリーンランド氷床のみ。これ以下のものは，氷帽とよぶ。

★3　深く削られてできる氷河湖（アメリカの五大湖やロシアのラドガ湖など），モレーンによる堰止湖（アルプス山中のレマン湖，コモ湖など）。

★4　アルプス山脈のマッターホルン山は，典型的な形を示す。

★5　氷河と地面の間を，氷河の融けた水（融氷水）が流れるとき，その水流を融氷水流といい，そのトンネル状の流路を氷底流路という。エスカーやアウトウォッシュプレーン（→p.66）は，融氷水による地形である。

3 **ドラムリン** 氷河の流れる方向と平行に形成される長円形(ラグビーボール状)の小さな丘。新しい氷河が，古いグランドモレーンなどを乗りこえるときに，それらを変形させて形成。

4 **アウトウォッシュプレーン** 氷河の融けた水は，氷河の末端から流れ出て川になるが，その川によって運ばれた砂礫でできた平野。氷河のとぎれた先に，扇状地のように広がる。耕作にはあまり適さない。北ドイツ平原で，広くみられる。

5 **氷礫土平野** 氷河が後退して現れた平野。グランドモレーン，エスカー，ドラムリンや，その他の堆積物におおわれている。大小の浅い湖沼をともなう。北ドイツ平原～ポーランド低地が，おもな分布地。やせ地で，耕作に適さない。

2 カルスト地形

❶ **カルスト地形** 石灰岩地域で，石灰岩が溶食されて形成される地形。スロベニア(旧ユーゴスラビアから独立)の石灰岩地域を示す語として用いられていたのが，広く石灰岩地域での溶食地形を示すようになった。日本では秋吉台(山口県)や平尾台(福岡県)が有名。

❷ **地上の地形**
1 **ドリーネ** 主として溶食によって形成されるすりばち状の凹地。直径数m～数百m。
2 **ウバーレ** ドリーネがつながりあった凹地。
3 **ポリエ** さらに大規模な溶食盆地(底面積数km²～数百km²)。底部に石灰岩の風化したテラロッサの土壌(→p.88)。
4 **カレンフェルト** 石灰岩が地表に筍状に無数に露出した地形。

❸ **地下の地形**
1 **鍾乳洞** 地下に流入した雨水で石灰岩が溶けてできた洞窟。
2 **鍾乳石，石筍** 鍾乳洞の中に形成される。

★6 岩くず(礫)などの堆積物におおわれず，氷河が直接，基盤の岩石を削って形成された平坦面を，とくに氷食平原とよぶ。

★7 雨水は大気中のCO₂(二酸化炭素，炭酸ガス)がわずかに溶けた弱い炭酸水になっている。これが石灰岩の主成分である炭酸塩物質($CaCO_3$=炭酸カルシウムや$MgCO_3$=炭酸マグネシウムなど)を徐々に溶かす。

★8 ドリーネなどの底には，鍾乳洞へ続く穴があいている場合が多い。雨水の吸いこみ口になっている。

★9 鍾乳石や石筍は，沈殿した炭酸塩物質が堆積して形成される。天井からつり下がる形のものを鍾乳石，床から上へのびる形のものを石筍，それらがつながって柱状になったものを石柱という。

▼カルスト地形

▼秋吉台(山口県) ドリーネとカレンフェルトが見える。地下の秋芳洞などの大規模な鍾乳洞が有名。

3 乾燥地形

❶ 砂漠　極度に乾燥した土地のこと。
基盤岩の露出した岩石砂漠が，もっとも広く分布する。

- 岩石砂漠(ハマダ)…基盤岩が露出している。
- 礫砂漠(レグ)…岩屑(礫)におおわれている。
- 砂砂漠(エルグ)…砂地や砂丘の起伏がある。

❷ 砂漠の河川と湖

1 **砂漠の河川**　ごくまれに雨が降るとき以外は水のないワジ(涸谷，涸川)，海に流入しない内陸河川[★10]，湿潤地域から流れて，乾燥地を貫流し，海まで流れる外来河川[★11]がある。

2 **砂漠の湖**　湖は塩湖で，内陸河川の終点となっている場合が多い。雨水はほとんど伏流し，再び地表にわき出て泉ができている場所が，オアシスである。

❸ 砂漠の地形　山麓に広がる基盤岩からなるゆるやかな斜面をペディメント，主として礫からなる扇状地をバハダ，粘土からなる盆地底部の平坦面をプラヤ(粘土平野)[★12]という。砂砂漠では，砂丘がみられる。

◀ 砂砂漠の砂丘

▲砂漠の地形

Q 砂漠というのは，砂が多くて，砂丘の広がる土地ではないのですか。

A その定義はまちがいだね。砂漠というのは，水が少なく乾燥した土地のことをいう。砂漠の「砂」の字が誤解を与えているようだが，本来は「沙漠」と書くのがよいのかもしれない。「沙」は「水が少ない」という意味だし，「漠」は「水がない」という意味だからね。世界的にみても，砂砂漠はせまく，大半は岩石砂漠や礫砂漠だよ。

4 海底の地形

❶ 大洋底　水深が4000～6000mの広大な平坦部。ところどころに海底火山[★13]や海嶺(海底大山脈)，海溝やさらに深い海淵がある(→p.53)。

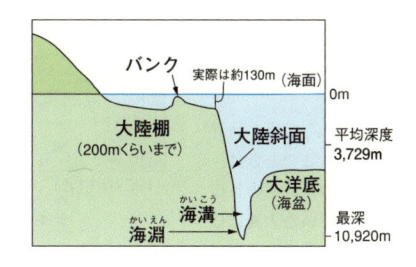

❷ 大陸棚　大陸周辺の水深200m[★14]くらいまでのゆるやかな斜面。とくに浅い部分をバンク(浅堆)とよぶ。大陸棚から大洋底に至る急な斜面を，大陸斜面という。

補説　大陸棚の資源と開発　大陸棚の面積は，全海洋の7.5%をしめ，陸地面積の18%にもあたる。大陸棚には，陸地から栄養分が流れこみ，日光もよく通り，プランクトンが成育するので，よい漁場になっている。近年は，天然ガスや石油などの資源開発もすすんでいる。大陸棚条約により，その権益は沿岸国にあるとされている(→p.286)。

★10 アムダリア川，シルダリア川，タリム川など。

★11 ナイル川，ティグリス川，ユーフラテス川など。乾燥地域内で消滅して末無川になる場合もある。

★12 こうした地形は，ときおり発生する豪雨によって形成されると考えられている。プラヤにはしばしば塩分が堆積し岩塩を産出する。

★13 活動を行っていない海底火山は，海山とよばれる。

★14 大陸棚外縁の水深は，ほぼ130m内外で世界的にも一定。

2 世界の気候, 土壌, 植生

1 大気と海水の流れ

1 大気の大循環

❶ **熱帯収束帯**[★1]　赤道付近では, 強い日射や, **北東および南東貿易風**の収束が, 強い上昇気流を発生させ, **激しい降水**をもたらす。上昇した気流は, 上空で南北にわかれ, 中緯度地方へ向かう。

❷ **亜熱帯高圧帯**[★2]　緯度30度付近では, 赤道付近で上昇した気流が再び下降する。下降気流の下では天気が安定し, 降水量も少ないので, **砂漠形成**の要因となる。下降した気流は再び南北にわかれ, 低緯度方向で東風の貿易風, 高緯度方向で西風の**偏西風**になる。

❸ **亜寒帯低圧帯**[★3]　偏西風と, 極高圧帯からの**極偏東風**が収束する緯度60度付近の低圧帯。付近には, 寒帯前線が形成されている。

❹ **極高圧帯**　両極付近では, 低温のため上昇気流が発生せず, 年中安定した高圧帯となっている。

★1 赤道低圧帯ともいう。低圧帯は雨が多い。2種類の風や海流が接触することを収束といい, その境界を収束線という。

★2 中緯度高圧帯ともいう。高圧帯では雨はほとんど降らない。

★3 高緯度低圧帯ともいう。

★4 極東風, 周極風ともいう。

テーマゼミ エルニーニョ現象

○ 南アメリカ大陸の太平洋側では**貿易風**が海水を西へ移動させるので, **ペルー海流**(フンボルト海流)は, 低温の湧昇流をともない, 海水温は低い。沿岸は降水量が少なく, アタカマ砂漠(チリ北部)などの海岸砂漠が形成されている。

○ ただ, 毎年クリスマスのころに, 寒流, 湧昇流ともに弱まり, 水温が高くなる。このときは, **アンチョビ**(かたくちいわし)などの寒流系の魚は姿を消し, 暖流系の魚がとれて, 乾いた大地には恵みの雨が降る。祝福されるこの時期は, **エルニーニョ**(エル=ニーニョ)という。スペイン語で「神の子, イエス=キリスト」を意味する。

○ こうした水温の上昇は, **貿易風**の弱まりにより数年に一度, ペルー沖から東太平洋一帯で顕著になり, 長期間におよぶことがある。これを, **エルニーニョ現象**とよんでいる(→p.70)。海面の温度が2～5℃も高くなり, 地球全体の大気の大循環が影響をうけ, 世界中に異常気象を発生させる。

(ラニーニャ現象→p.95)

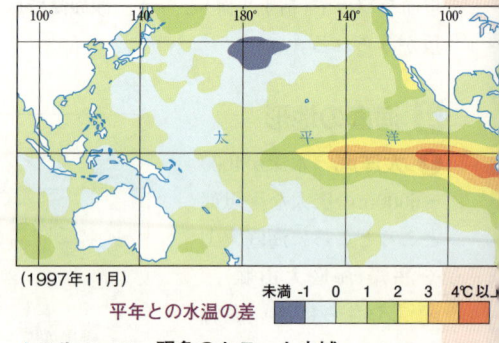

(1997年11月)
平年との水温の差　未満 -1　0　1　2　3　4℃以上

▲エルニーニョ現象のおこった水域

▼エルニーニョ現象による異常気象(1997～98年)
(気象庁資料による)

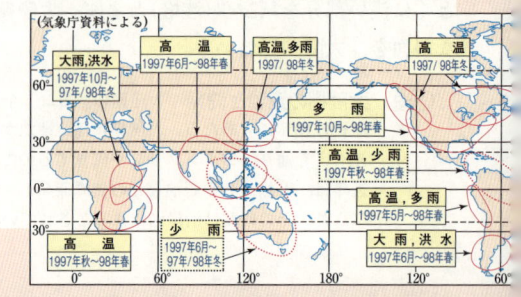

大雨,洪水　1997年10月～98年冬
高温,多雨　1997年6月～98年春
高温,多雨　1997/98年冬
高温　1997/98年冬
多雨　1997年10月～98年春
高温,少雨　1997年秋～98年春
高温,多雨　1997年5月～98年春
少雨　1997年6月～97/98年冬
高温　1997年秋～98年春
大雨,洪水　1997年6月～98年春

2 世界の気候, 土壌, 植生　69

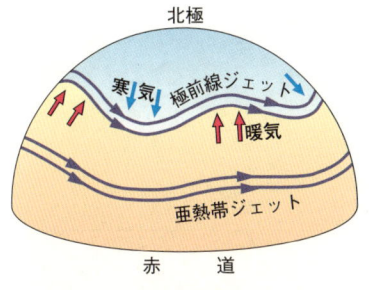

▲偏西風の流れと熱の移動　おもなジェット気流は2本ある。極前線ジェット気流は寒帯前線にそっている。緯度30度あたりの上空には, 亜熱帯ジェット気流がある。

(補説)　**大気の大循環による熱輸送**　従来は, 低緯度地方で上昇した暖気流が, 高緯度地方へ流れて下降するという対流の考えが一般的であった。しかし, 観測技術の進歩とともに, 対流の考えがあてはまるのは, 低緯度地方(熱帯収束帯から亜熱帯高圧帯の間)だけとされるようになった。中・高緯度地方では, ジェット気流の南北への蛇行(偏西風波動)が, 熱輸送を果たしていると考えられている。上図のように, 波動の部分で南からの暖気が北へ, 北からの寒気が南へせり出して, 熱の均衡が保たれているという。すなわち, 大気の大循環による熱輸送は, 低緯度地方では対流により, 中・高緯度地方では偏西風波動によっている。

★5 偏西風の中でとくに強い帯状の気流のこと。その風速は, 対流圏上部でもっとも強く, ふつう60m/秒くらいで, ときには100m/秒をこえることもある。

2 海水の大循環(海流)

❶ **海流の分類**　海流の表層の流れは, 北半球で時計回り, 南半球で反時計回りである。

① **暖流**　周辺海域の水温より高く, 低緯度地方から高緯度地方へ流れる。
② **寒流**　周辺海域の水温より低く, 高緯度地方から低緯度地方へ流れる。

❷ **海流の要因**
① **吹送流**　一定方向に吹く風によって生じる。海面から200mほどの表層流。
② **密度流**　密度の大きい(塩分の濃い)海水が, 密度の小さい海水の下にもぐりこむことで生じる。

▼海流の分布と大気の大循環　両図を対照してみると, 海流と風の深い関係がわかる。

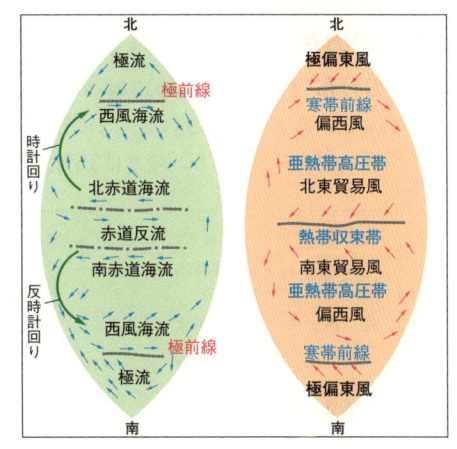

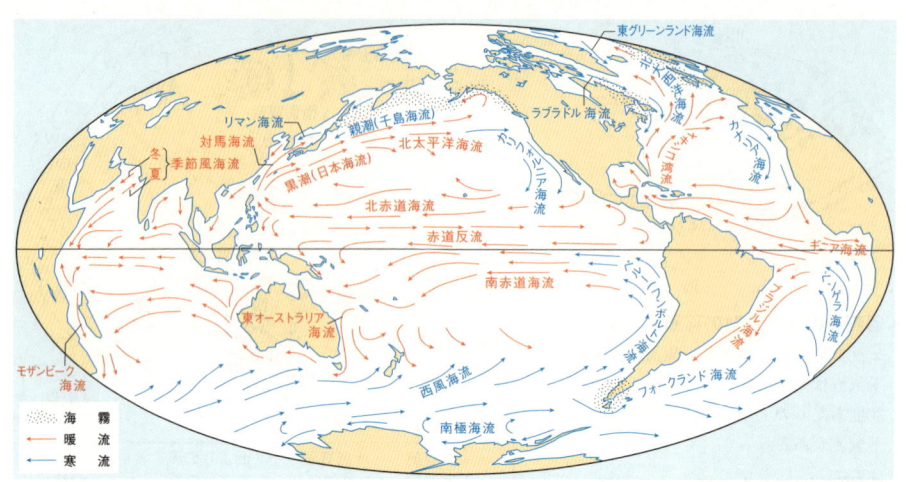

▲世界の海流

③ **傾斜流** 気圧変化などによる海面の昇降など，海面の傾斜をなくす形で生じる。
④ **補流** ある場所の海水が移動したとき，それを補う形で生じる。
⑤ **湧昇流** 水深200〜300m付近の寒冷な海水が，種々の原因で上昇する海流。大陸の西岸で多くみられる。★6

（補説）**潮流** 潮汐（月などの引力による海面の上下）によって，約6時間ごとに流れの向きが逆になる海水の流れ。大洋ではひじょうに弱いが，海峡や湾口ではよくみられる。潮流を利用し，潮汐発電（→p.148）が行われているところもある。

★6 南アメリカ大陸西岸のペルー，エクアドル沖では，貿易風が海水を西へ移動させるので，深海からの湧昇流を伴うペルー海流（寒流）が流れる。貿易風が弱まると，暖かい海水が西へ移動せず，ペルー沖の水温は2〜5℃上昇する。この現象がエルニーニョ現象（→p.68）。

2 水の分布と循環

1 水の分布

❶ **水の分布** 地球上には約13.9億km³の水があり，それらは海水，陸水および水蒸気に大別される。このうち，もっとも多いのは海水で，全体の96.5％をしめる。陸水は3.5％で，水蒸気はごく少量。

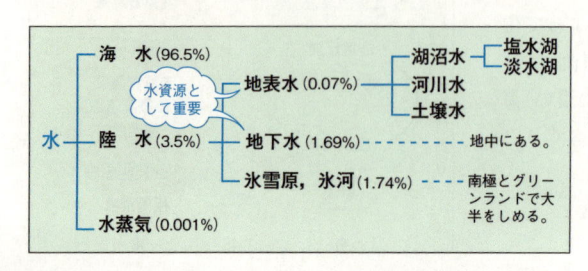

```
         ┌ 海  水 (96.5%)
         │                    ┌ 湖沼水 ┬ 塩水湖
         │          ┌ 地表水 ─┤        └ 淡水湖
         │ 水資源と │ (0.07%) ├ 河川水
水 ─────┤ して重要 │         └ 土壌水
         │ 陸  水 ─┤
         │ (3.5%)  ├ 地下水 (1.69%) ───── 地中にある。
         │         │
         │         └ 氷雪原，氷河 (1.74%) ── 南極とグリーンランドで大半をしめる。
         └ 水蒸気 (0.001%)
```

◀ **水の分布** 水資源として重要なのは，地表水と地下水。なお，沖積平野の地下水は，軟弱な地層をささえる役目もあるため，地下水のくみ上げすぎは，地盤沈下につながることもある。

❷ おもな陸水

1 湖沼水

①塩分濃度による分類

淡水湖…塩分含有量が500mg/L以下の湖。流出河川をもつ。
塩　湖…塩分含有量が500mg/Lを超える湖。乾燥地域に多く、強い蒸発のため流出河川をもたず、成分が徐々に濃縮されていくため、高濃度になる。[★1]
汽水湖…塩湖のうち、塩分の主要因が海水にあるもの。潟湖のように海水が直接流入してくる湖が典型。[★2]

②生産力による分類

富栄養湖…水中の栄養分が多く、魚介類の成育に適する。[★3]
　　　　　霞ヶ浦、河口湖、諏訪湖、宍道湖、サロマ湖など。
中栄養湖…山中湖、浜名湖、琵琶湖、芦ノ湖、厚岸湖など。
貧栄養湖…水中の栄養分が少ない。
　　　　　田沢湖、摩周湖、支笏湖、十和田湖、野尻湖など。

> **補説**　**酸栄養湖**　湖水中に特定の成分が多く、生産が調和的に行われないタイプの湖がある。湖水が、火山や温泉のために強い酸性になっていて、特別な生物以外、ほとんど生物がみられない湖を、**酸栄養湖**という。下北半島の宇曽利山湖、志賀高原の大沼池、吾妻山の五色沼、北海道の屈斜路湖など。また、酸性雨(→p.109)の長年の蓄積によって、湖水が強度の酸性になり、生物が住めなくなった湖が、北ヨーロッパを中心に出現している(スウェーデンのヴェーネルン湖など)。

2 河川水

①**水位と流量**　河川流域の総降水量のうち、河川に流出する割合を**流出率**[★4]、河川流域の一地点における1年間の最大流量と最小流量の比を**河況係数**[★4]という。どちらの値も大きな川ほど、河川災害を起こしやすい暴れ川となる。

②**水質**　ふつうは中性。火山地域では酸性、石灰岩地域では硬水[★5]になることが多い。

3 地下水
　地下水は、飲料水や工業用水として、多く利用されている。自由地下水と被圧地下水がある。地下水は、ゆっくりと流れている。

◀**地下水の構造**
地層が傾斜したところや、曲降盆地(→p.61)などでは、被圧地下水の層まで到達する掘り抜き井戸(鑽井)を掘れば、自噴井となることが多い。オーストラリアのグレートアーテジアン(大鑽井)盆地では、多くの掘り抜き井戸がある。

★1 外洋へつながる河川をもたない湖を、内陸湖という。アラル海、カスピ海、死海、グレートソルト湖など。

★2 海水1kg中の塩分は約35gである。

★3 栄養塩類(リン酸塩、硝酸塩など)は、プランクトンを繁殖させ、湖水の生産力の基礎となる。栄養塩類がとくに多い霞ヶ浦、手賀沼、印旛沼は、過栄養湖ともいう。

★4 日本の河川は、外国の河川に比べ、これらの値が大きい。

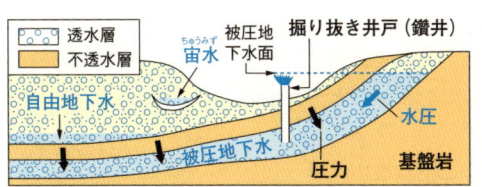

★5 炭酸塩物質($CaCO_3$=炭酸カルシウム、$MgCO_3$=炭酸マグネシウムなど)が多くとけこんだ水のこと。雨水のように、そのような塩類の少ない水を軟水という。飲料水、洗濯用水や工業用水としては、軟水のほうがよい。適度の硬水は、醸造用に利用。

テーマゼミ　水害とその防止

● 地球上の水のうち，河川，湖沼，地下水などの陸水は，わずか3.5％ほどにすぎないが，人間の生活に必要な水は，ほぼすべて陸水に依存している。水を有効に利用し，洪水などの水害から逃れるために，人間はさまざまな働きかけをしてきた。

● 日本の河川は，短く流量が少ないが，水位の変動がはげしい。上流域の降雨や融雪がただちに水量を増加させるため，多くの支流の集まる中流以下では急激に水位が高まり，氾濫することがしばしばある。このため，古くから洪水防止に工夫がこらされてきた。

● 木曽川，長良川，揖斐川下流の三角州地帯には輪中（→p.222）とよばれる堤防をめぐらした集落が形成されている。また，渡良瀬川，恩川の合流点にあたる赤麻沼は，洪水防止と足尾銅山の鉱毒

霞堤　不連続の堤防を雁行させ，堤防の間の空地を一時的に遊水池とする工法。山梨県釜無川の信玄堤などが残る。

防止のための遊水池であった。遊水池とは，川の増水期に湖面を拡大してその水を受け入れ，減水期には水をゆっくりもどすことによって自然に流量や水位を調整する湖沼である。他には淀川中流（宇治川）の巨椋池も遊水池として知られたが，干拓により消失してしまった。戦国時代に起源をもつ霞堤は，川の両岸の堤防が不連続で，上流に向けて間隔が広がっている。このため，増水時には堤防の間からゆるやかに逆流させ遊水させることによって，洪水の被害を最小にくいとめようとするものである。

● 近代的な水害防止策としては，ダムによる貯水池，放水路などの建設や，河道を広げ堤防で固定することが行われている。しかし，土砂の堆積の多い河川では天井川となることが多く，予想を越えた豪雨の際には大災害をおこすこともある。

① 自由地下水　第1番目の不透水層の上にたまった地下水。不圧地下水ともいう。主たる地下水の本体と分かれて，これより上部にたまるレンズ状の地下水を，宙水という。

② 被圧地下水　上下を不透水層ではさまれた透水層（帯水層）にたまった地下水。上側の地層の圧力と側方からの強い水圧が加わるため，掘り抜き井戸（鑽井）を掘ると自噴することが多い。[★6]

★6　自由地下水をくみ上げる浅井戸では，自噴することはない。

ポイント

陸水
- 湖沼水…淡水湖と塩湖。魚介類の生育に適する富栄養湖
- 河川水…流出率，河況係数が大なら，暴れ川
- 地下水…自由地下水，宙水，被圧地下水

2 水循環

地球上の水は，大気圏内で循環している。大局的には，降水と蒸発の形で行われるといってよい。降水と蒸発は，地域的には多い所と少ない所があるが，地球全体としてみれば，流入と流出はプラスマイナスゼロとなる。気候が温暖化し陸水（氷河）が減ると，海水の量が増加し，海水面が上昇する。

なお，蒸発した水分が大気圏外へ出ていくことはない。

3 気候要素

1 気候要素と気候因子

❶ **気候要素** ある気候の特性を示す指標。気温, 風, 降水量★1の三大要素のほかにも, 湿度, 日照, 雲量, 蒸発量など, 種々の要素がある。

❷ **気候因子** 気候要素に影響を与える要因。緯度, 隔海度★2, 海抜高度, 地形, 海流など。

2 気温

❶ **緯度による変化** 太陽からのエネルギーを多く受ける低緯度ほど高温。反対に, 少ない高緯度ほど低温★3。

❷ **高度による変化** 気温は, 高度100mにつき約0.55℃ずつ低下★4する。これを気温の逓減率(減率)★5という。

❸ **日較差と年較差**★6

① **日較差** 1日のうちの最低気温と最高気温の差。一般に海洋性気候の地域で小さく, 大陸性気候の地域で大きい。

② **年較差** 1年のうちの, 最暖月平均気温と, 最寒月平均気温との差。一般に, 高緯度地方や大陸性気候下の地域や大陸東岸は, それぞれ低緯度地方や海洋性気候下の地域や大陸西岸に比べて年較差が大きい。

> **補説 海洋性気候** 気温の年較差が小さく, 太陽の回帰が直ちに気温変化に結びつかないことが特徴。岩石より水の方が比熱が大きい(暖まりにくくさめにくい)ことに影響され, 海岸地方でこのような気候がみられる。水分の輸送が行われにくい大陸内部では, 気温の年較差の大きい大陸性気候となる。

3 風★7

❶ **貿易風**★8 亜熱帯高圧帯から熱帯収束帯へ, 恒常的に吹く東よりの風(東風)。赤道偏東風ともいう。北半球では北東貿易風, 南半球では南東貿易風。エルニーニョ現象に関係する(→p.68, 70)。

❷ **偏西風**★9 中緯度高圧帯から高緯度低圧帯へ, 恒常的に吹く西よりの風(西風)。北半球の大陸の西岸や, 陸地の少ない南半球で, とくに発達。偏西風の中でもとくに強い帯状の気流であるジェット気流(→p.69)は冬に発達。西岸海洋性気候と関係が深い(→p.82)。

❸ **極偏東風** 極高圧帯から高緯度低圧帯に向けて吹き出す東よりの風。極東風, 周極風ともいう。貿易風や偏西風に比べて弱い風系である。

★1 「気温」は温度では不可, 「降水量」は雨量では不可。「風」は風向と風速からなる。

★2 海から隔たっている度合い。

★3 極圏内(66.6度より高緯度の地域)はとくに太陽高度が低く, 低温。夏は, 太陽が沈まない白夜がみられる。冬は, 昼も太陽が上がらない長い極夜がみられる。

★4 低緯度の高山帯では, 海抜高度が高まるにつれ, 気候帯が熱帯から寒帯へと移行する「気候帯の垂直分布」がみられる。(→p.84)

★5 等温線は, 一般に観測した気温を, 逓減率にしたがって, 高度ゼロ(海面)になおして描かれる。このことを, 海面更正という。

★6 「較差」は「こうさ」とも読む。

★7 風は, 気圧の高い方から低い方に向かって吹く。(→p.69)

★8 trade windsの訳。貿易風は誤訳で, 恒常風の意味とされる。

★9 オランダの風車は偏西風を利用するため, 西を向いている。また, まわりに障害物のない海岸ぞいなどでは, 樹木がそろって東側に傾く。こうした木を偏向樹という。

❹ **季節風(モンスーン)**　夏と冬で風向が反対になる風。★10夏は海洋から大陸へ，冬は大陸から海洋へ吹く。東アジア，東南アジア，南アジアにかけての地域で，もっともよく発達。(→p.90)

❺ **地方風(局地風)**　地球的規模ではなく，特定の気圧配置や地形などの条件下で，限られた地域に吹くその地方特有の風。★11

① おもな地方風

① **フェーン**　山地から吹きおろす高温で乾燥した風。もとは，春〜夏にヨーロッパアルプスから吹く南よりの乾燥した暖風。★12 ドイツなどでみられる。現在では，山越えの暖乾風の意味。

(補説)　**フェーン現象**　フェーンにより，山の風下側の気温が高まり乾燥すること。温暖湿潤な空気塊は山地傾斜をのぼるとき，100mで約0.55℃低くなるが，雨を降らせ，乾燥した空気塊となって吹きおりるときは，100mで約1℃高温になることによる。

② 地中海地方の冬の寒風

・ボラ…クロアチアなどのアドリア海沿岸で，陸からアドリア海に向かって，おもに冬に吹く寒冷な北東風。

・ミストラル…フランスのローヌ河谷で，主として冬から春にかけて，地中海方面に向かって吹く北よりの寒乾風。★13

③ 砂塵などをともなう強風

・シロッコ…地中海沿岸地方で，おもに春に吹く南または南東の湿った熱風。アフリカの砂漠から吹き出す。★14

・ハルマッタン…11〜1月に西アフリカで強く吹く乾燥した北東風。西アフリカに乾季をもたらす。砂嵐，黄砂をともなう。

・スホベイ…ロシア南部，ウクライナ，カザフスタンなどで，夏に吹く東よりの熱乾風。

・ブリザード(地吹雪)…暴風雪。もとは，北アメリカで冬に，低気圧の通過にともなって吹く北西の強い寒冷風。

Q フェーンは日本でも吹くのですか。具体的には，どの季節に，どんな地域でみられるのでしょうか。

A 日本では，春に日本海で低気圧が発達したときや，夏に東南季節風が強まったとき，太平洋側から日本海側に向かって強い風が吹く。この風がフェーンで，日本の中央部の山地を越えるとき，風上側の太平洋側に雨を降らせてから，日本海側に乾燥・高温の風として吹きおりる。新潟県から東北地方の日本海側では，この風を「だし」とよんでいる。山形の40.8℃(1933年，当時の日本の最高気温)，酒田の40.1℃などは，フェーン現象による高温記録だよ。(現在の日本の最高気温→p.394)

★10 夏は大陸が急速に熱せられて低圧に，逆に，冬は大陸が急速に冷えて高圧になる。

★11 アメリカ中部では5月をピークに大規模なトルネード(竜巻)が発生する。直径1〜5kmの猛烈な回転風で，ときには巨大な雹をともない，農作物や家屋に被害をもたらす。また，強風が土壌をまきあげ大規模なダストストーム(砂嵐)が発生することもあり，土壌侵食をすすめる。

★12 アルプスの雪解けを早め，ローヌ川やライン川河谷の気温を高くする。

★13 年間のべ100日も吹く年が多く，この地域の伝統的民家は，南東側にしか窓をつくらない。

★14 エジプトではカムシン，リビアではギブリなどという。アフリカでは乾燥した熱風である。

▼**地中海方面の地方風**　シロッコは，春に中緯度高圧帯の北上にともなって吹く。

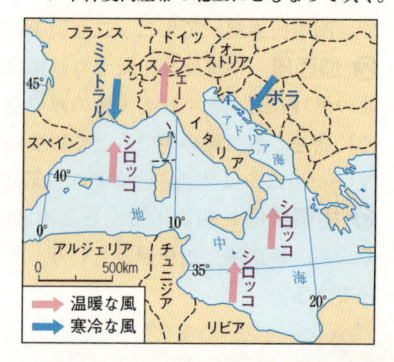

④ 日本の地方風

やませ 梅雨期～初夏に東日本から北日本の太平洋岸で，オホーツク海から吹く冷湿な北東風。稲作に冷害をもたらす。

おろし 冬の季節風が強いとき，山地から吹きおろす北から北西の寒冷で乾燥した風。日本全国（とくに太平洋側）にみられる。

★15 関東平野のからっ風が代表的。山地の名をつけて，赤城颪，筑波颪，月山颪，伊吹颪，比叡颪，六甲颪などともいわれる。低温で乾燥した風のため，体感気温は低くなる。

2 その他の地方風

① **海陸風** 昼間，熱せられて低圧部となった陸地へ，海から吹く風を海風という。夜間，あまり温度が下がらず相対的に低圧部となった海へ，陸から吹く風を陸風という。両者が入れ替わる朝夕の無風状態を，凪という。瀬戸内海地方で有名。

② **山谷風** 昼間に熱せられた空気が山の斜面をのぼる風が谷風。夜に冷却されて密度が大きくなり，山から吹きおりる風が山風。

4 降水量 ★16

❶ **緯度との関係** 気圧帯との関係で，多少の変動はあるが，降水量は，大局的には，高緯度地方に向かって少なくなる。

❷ **気圧帯との関係** 低圧部では降水量が多く，高圧部で少ない。

❸ **地形との関係** 山脈の風上側の斜面では降水量が多く，風下側で少ない。

❹ **隔海度との関係** 内陸部ほど乾燥する。とくに海との間をさえぎる大山脈がある場合は乾燥が顕著となる。中央アジアからモンゴルにかけての乾燥地域が好例。

❺ **海流との関係** 寒流が沿岸を流れる地域は，降水量が少なく，海岸砂漠もできる。ペルー海流によるアタカマ砂漠（チリ），ベンゲラ海流によるナミブ砂漠（ナミビア）が典型的。

補説 世界の多雨地域 世界的にみて，もっとも降水量の多いところは，インドのアッサム地方や南西部のマラバル海岸，アフリカのカメルーン山，ハワイのカウアイ島北東部などで，年に10,000mmをこえる。インドのアッサム地方のチェラプンジでは，年降水量26,461mmを観測したこともある。これが，世界の年降水量の極値記録となっている。東京の年平均降水量1,528mmとくらべると，その多さがわかる。★17

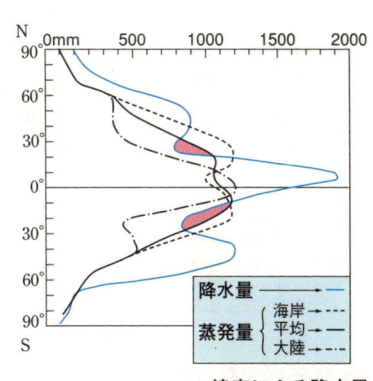

★16 世界の年降水量の平均は約920mm。なお，農牧業の限界降水量は，250mmとされる。

▲緯度による降水量と蒸発量の変化

降水量よりも蒸発量のほうが多い赤色部の緯度帯では，乾燥気候が発達している。

★17 日本では，屋久島（鹿児島県）で8,692mmを記録した（1980年）のが最高。尾鷲（三重県）で約3,800mmほどである。

ポイント 気候の三大要素
- 気温……緯度，高度などで変化
- 風………貿易風，偏西風，季節風など
- 降水量…緯度，気圧帯などで変化

4 気候区分

1 ケッペンの気候区分

❶ ケッペンの気候区分
ドイツの気候学者**ケッペン**(1846〜1940)による気候分類。植生が気候に強く影響されるという観点から，**植生分布を基礎に気候分類を行った**。このため，農牧業を中心とした人間活動を調べるのには，便利である。反面，気候型の成因を無視しているという批判もある。[*1]

成因を重視したものとしては，フローン(ドイツ)の風系による分類[*2]やアリソフ(旧ソ連)の気団による分類[*3]などがある。

❷ 気候区分の記号
ケッペンは，各気候区を以下の記号で表すようにした。

熱帯 A	Af	熱帯雨林気候
	Am	弱い乾季のある熱帯雨林気候
	Aw	サバナ気候
乾燥帯 B	BS	ステップ気候
	BW	砂漠気候
温帯 C	Cs	地中海性気候
	Cw	温暖冬季少雨気候
	Cfa	温暖湿潤気候
	Cfb	西岸海洋性気候
亜寒帯(冷帯) D	Df	亜寒帯湿潤気候
	Dw	亜寒帯冬季少雨気候
寒帯 E	ET	ツンドラ気候
	EF	氷雪気候

▲代表的な気候区分と記号
A〜Eなどの各記号の意味は，78ページを参照。なお，大文字，小文字の区別に注意。BW, BS, ET, EFは大文字。

▶気候帯の面積別割合

温帯 16／乾燥帯 26%／亜寒帯 21／熱帯 20／寒帯 17／計 1.5億 km²

❸ さまざまなグラフ

① **クライモグラフ** 体感気候の特徴を示すために，湿球温度と相対湿度で表した折れ線グラフ。[*4]

② **ハイサーグラフ** クライモグラフの代用として，縦軸に気温，横軸に降水量をとったものであるが，これをクライモグラフということもある。気温と降水量の関係や，それらの変化を，一目で読みとることができる。

(補説) ハイサーグラフの読み方
①熱帯の気候　気温の高い位置で，横長の針状になる。AmやAwは左右にぐっと長い。
②乾燥帯の気候　グラフが縦軸に接近し，縦に長い。BSは少し右へふくらむ。
③温帯の気候　気温の温暖な位置にある。いろいろな形があるので，右図を参照。
④亜寒帯(冷帯)の気候　気温のやや高いところから，かなり低い位置まで，縦に細長くのびる。
⑤寒帯の気候　気温はぐっと低く，左下すみにまとまる。

★1 成因の異なる気候が同じ気候区になってしまう。例えば，極地方とアンデス山地が両方とも氷雪気候に分類される。気候因子が，一方は緯度であるのに，他方は海抜高度であり，低温の原因は異なっている。

★2 大気の大循環にもとづく成因的な気候区分で，恒常風系の季節的移動で区分する。

★3 前線帯の季節移動に注目し，夏と冬に卓越する気団の組み合わせで気候地域を設定。

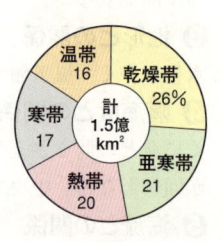

★4 風が強く，湿度が低ければ，気温を低く感じる。湿度が高ければ，気温を高く感じる。

▼温帯気候のハイサーグラフの位置と形

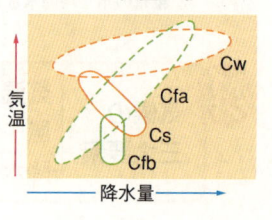

2　世界の気候, 土壌, 植生

3　**雨温図**　直交座標の縦軸に降水量と気温を別々に目盛り, 横軸に12か月を目盛って, 降水量を棒グラフで, 気温を折れ線グラフで表したもの。

★5　ハイサーグラフのことを雨温図とよぶこともある。

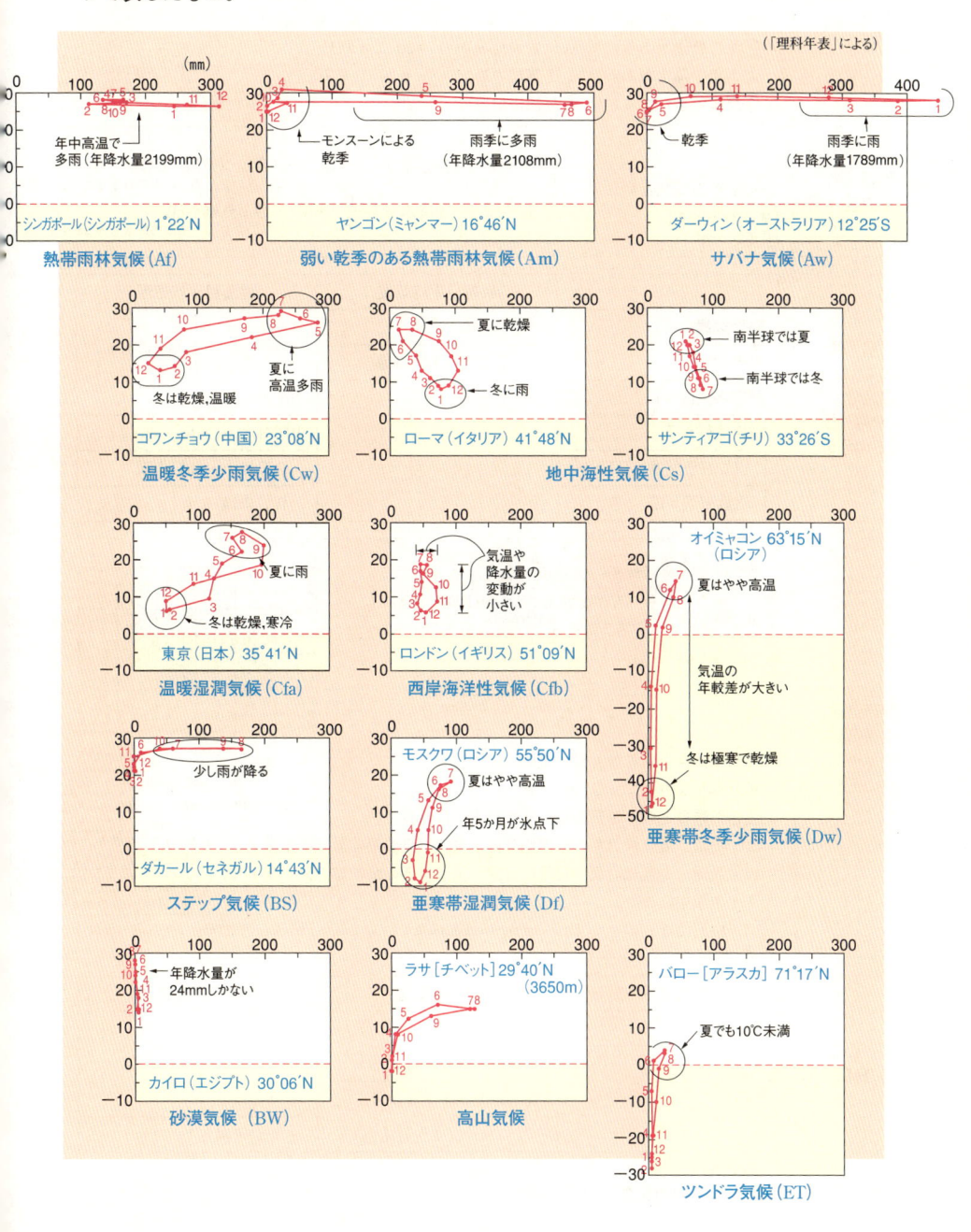

(「理科年表」による)

熱帯雨林気候(Af) — シンガポール(シンガポール) 1°22′N — 年中高温で多雨(年降水量2199mm)

弱い乾季のある熱帯雨林気候(Am) — ヤンゴン(ミャンマー) 16°46′N — モンスーンによる乾季 / 雨季に多雨(年降水量2108mm)

サバナ気候(Aw) — ダーウィン(オーストラリア) 12°25′S — 乾季 / 雨季に雨(年降水量1789mm)

温暖冬季少雨気候(Cw) — コワンチョウ(中国) 23°08′N — 冬は乾燥, 温暖 / 夏に高温多雨

地中海性気候(Cs) — ローマ(イタリア) 41°48′N — 夏に乾燥 / 冬に雨

— サンティアゴ(チリ) 33°26′S — 南半球では夏 / 南半球では冬

温暖湿潤気候(Cfa) — 東京(日本) 35°41′N — 冬は乾燥, 寒冷 / 夏に雨

西岸海洋性気候(Cfb) — ロンドン(イギリス) 51°09′N — 気温や降水量の変動が小さい

亜寒帯冬季少雨気候(Dw) — オイミャコン 63°15′N (ロシア) — 夏はやや高温 / 気温の年較差が大きい / 冬は極寒で乾燥

ステップ気候(BS) — ダカール(セネガル) 14°43′N — 少し雨が降る

亜寒帯湿潤気候(Df) — モスクワ(ロシア) 55°50′N — 夏はやや高温 / 年5か月が氷点下

砂漠気候(BW) — カイロ(エジプト) 30°06′N — 年降水量が24mmしかない

高山気候 — ラサ[チベット] 29°40′N (3650m)

ツンドラ気候(ET) — バロー[アラスカ] 71°17′N — 夏でも10℃未満

乾燥気候と湿潤気候の区分	年降水量R(mm)と，乾燥限界値r(mm)の比較で，乾燥気候と湿潤気候を区分する。 　　$R \geqq r$ なら湿潤気候，$R < r$ なら乾燥気候＝B 乾燥限界値r(mm)は，気温のわりに降水量がどうかをみる数値として，次の式で算出するが，地域によって異なる式になっている点に注意。t＝年平均気温(℃) 　①冬に乾季がある地域（w気候の地域）… $r = 20(t+14)$ 　②1年中降水がある地域（f気候の地域）… $r = 20(t+7)$ 　③夏に乾季がある地域（s気候の地域）… $r = 20t$　　［rの単位がcmなら左式の20→2とする］
乾燥気候Bの区分	$R < r$ なら乾燥気候B $\begin{cases} \frac{1}{2}r \leqq R < r \text{（年降水量が}\frac{1}{2}r\text{以上）…ステップ気候＝BS} \\ \quad\quad [\text{乾燥限界の2分の1以上の降水がある}] \\ R < \frac{1}{2}r \text{（年降水量が}\frac{1}{2}r\text{未満）…砂漠気候＝BW} \\ \quad\quad [\text{乾燥限界の2分の1未満の降水しかない}] \end{cases}$ ［降水量が乾燥限界未満しかない］

湿潤気候＝A, C, D, E の区分
［寒帯気候Eの区分］

	最寒月平均気温	最暖月平均気温
熱帯気候＝A	18℃以上	樹林のある気候
温帯気候＝C	－3℃以上～18℃未満	
亜寒帯気候＝D	－3℃未満	10℃以上
寒帯気候＝E		10℃未満（低温のため樹林がない）
ツンドラ気候＝ET		0℃以上～10℃未満
氷雪気候＝EF		0℃未満（年中，氷点下）

熱帯気候A, 温帯気候C, 亜寒帯気候Dの区分

①熱帯気候A…最乾月降水量60mmと，年降水量をもとに，3つに区分
②温帯気候Cと亜寒帯気候D…まず降水量に着目
　s…冬雨，夏乾燥。（冬の最湿潤月降水量）＞（夏の最乾燥月降水量×3）　［冬は夏の3倍をこえる　夏は冬の3分の1より少ない］
　w…夏雨，冬乾燥。（夏の最湿潤月降水量）＞（冬の最乾燥月降水量×10）　［夏は冬の10倍をこえる　冬は夏の10分の1より少ない］
　f…1年中乾季なし。
　m…中間的なもの。　【s：sommer trocken（夏乾燥），w：winter trocken（冬乾燥），f：feucht（湿潤）】

a〜dの記号の基準

	最暖月平均気温	（月平均気温）	最寒月平均気温
a	22℃以上		
b	22℃未満	10℃以上が4か月以上	
c		10℃以上が1～3か月	－38℃以上
d		（4か月未満）	－38℃未満

▲気候区分に用いられている気候記号の基準

2 熱帯の気候A

熱帯気候は，最寒月でも平均気温が18℃以上。降水量の違いで，以下の3つに分ける。

▼関連事項
サンゴ礁→p.64
マングローブ→p.112
熱帯林の破壊→p.112

❶ 熱帯雨林気候 Af

1 気温　年中高温で，年較差より日較差の方が大きい。

2 降水量　つねに熱帯収束帯におおわれているので，年中多雨。年降水量は2,000mm以上。午後にはスコールとよばれる激しい夕立ちが発生する。また，しばしば熱帯低気圧におそわれる。★6

3 土壌　やせて保水力の小さいラトソルや赤色土。

4 植生　多種類の常緑広葉樹からなる熱帯雨林。灌木や喬木が★7 いくつかの層をなし，高木層の高さは平均40mにも達する。場所によっては下草類が繁る。アマゾン川流域ではセルバ，東南アジアやアフリカにはジャングルとよばれているところもある。

5 分布　アマゾン川流域，コンゴ盆地（コンゴ川流域）からギニア湾岸，東南アジアの島々，ニューギニア島。

(補説) セルバとジャングル　セルバは，樹冠が日光をほとんどさえぎるため，下草類はあまり生育しない。ジャングルは，多少，落葉樹が混在するため，日光が地面に届いて下草類が繁茂する密林を形成する。

❷ 弱い乾季のある熱帯雨林気候 Am ★8

1 気温　Afに同じ。

2 降水量　季節風（モンスーン）の影響で弱い乾季がある。

3 土壌　Afに同じ。

4 植生　乾季に喬木層が落葉するため，下草類が繁茂。★9

5 分布　インド南西岸，インドシナ半島沿岸部，フィリピン北部，ギニア湾沿岸，アマゾン川河口付近，西インド諸島の一部など。

❸ サバナ気候 Aw

1 気温　Afに同じ。

2 降水量　太陽の回帰にともない，熱帯収束帯におおわれる雨季と，亜熱帯高圧帯におおわれる乾季にはっきり分かれる。★10

3 土壌　基本的にはAfと同じであるが，一部に肥沃な土壌の分布する地域もある。★11

4 植生　丈の高い草原（長草草原）の中に，乾燥に強い5～10mの樹木がまばらにはえる熱帯草原。バオバブ，アカシアなどのま★12 ばらな樹木の疎林は乾季に落葉する。一般的にサバナとよぶ。リャノ（オリノコ川流域），グランチャコ（パラグアイ），カンポ（ブラジル高原）など地域によって特有のよび方もある（→p.370）。

★6 日本では台風，ベンガル湾ではサイクロン，オーストラリア北部ではウィリーウィリー，メキシコ湾やカリブ海ではハリケーンとよぶ。

★7 一般に人間の背丈以下の樹木を灌木，背丈以上の樹木を喬木という。

★8 熱帯モンスーン気候ともいう。

★9 半落葉樹林という。こうした樹木でできた森林を雨緑林ともいう。

★10 乾季の生じる原因が，Amでは季節風であることが多いのに対して，Awでは亜熱帯高圧帯である。

★11 デカン高原のレグール土や，ブラジル高原のテラローシャなど（→p.88）。

★12 サバナの草原には大型草食動物や，それを捕食する肉食動物が多い。熱帯雨林では，サルのような樹上生活をする動物が多い。

5 分布　Afより高緯度側の地域。

> ポイント
> A ｛ Af …年中，高温多雨。熱帯雨林の密林
>   Am…弱い乾季がある。季節風の影響
>   Aw…雨季と乾季。サバナ(長草草原と疎林)

▲雨季のサバナ(ケニア)

3 乾燥帯の気候B

❶ ステップ気候 BS

1 気温　地域によって多様。中緯度の地域では，年較差より日較差の方が大きい。★13
2 降水量　年間250〜500mmの地域が多く，短い雨季に集中する。★14
3 土壌　肥沃な栗色土や黒土(チェルノーゼム)の分布が多い。
4 植生　ステップとよばれる丈の短い草の草原(短草草原)が広がる。南アフリカの高原ではベルトとよばれる。
5 分布　砂漠の周辺。アジアでは中央アジア，イラン高原，アナトリア高原，アフリカではサハラ砂漠の南北の地域，北アメリカのグレートプレーンズ(大平原)，南アメリカの乾燥パンパ，オーストラリアのマリーダーリング盆地など。

(補説)　ステップ　もとは中央アジアの草原の呼称。北アメリカのプレーリーや，南アメリカの湿潤パンパは，温帯草原と考える(→p.81)。

❷ 砂漠気候 BW

1 気温　BSに同じ。
2 降水量　きわめて少ないが，ごくまれに豪雨がある。そのときワジ(涸川)に水が流れる。年降水量250mm以下の地域が多い。
3 土壌　アルカリ性の強い砂漠土。蒸発がさかん→塩性土壌。
4 植生　外来河川の流域や，オアシスに植物が生育。
5 分布　①亜熱帯高圧帯下，②大山脈の風下側，③大陸内部，④沿岸に寒流が流れる中緯度の大陸西岸などに分布。★15

> ポイント
> B ｛ BS…ステップの短草草原。肥沃な栗色土,黒土
>   BW…砂漠。オアシスに植生，集落

4 温帯の気候C

温帯気候は，最寒月の平均気温が−3℃以上18℃未満である。気温と降水量の季節的相違から，4つに区分されている。

★13 昼は真夏，夜は真冬といわれるほど，気温の日較差が大きい。

★14 砂漠気候の高緯度側の地域では冬に亜寒帯低圧帯の影響→冬雨，低緯度側の地域では夏に熱帯収束帯の影響→夏雨となる。

★15[①〜④の番号は本文と同じ]
①亜熱帯高圧帯下…サハラ砂漠(北アフリカ)，ルブアルハリ砂漠(アラビア半島)，大インド砂漠(インド〜パキスタン)，グレートサンディー砂漠(オーストラリア)，カラハリ砂漠(南アフリカ)。
②大山脈の風下側…パタゴニア(アルゼンチン)。
③大陸内部…タクラマカン砂漠(中国)，ゴビ砂漠(モンゴル〜中国)。
④沿岸に寒流が流れる中緯度の大陸西岸…アタカマ砂漠(チリ)，ナミブ砂漠(ナミビア)。

❶ 地中海性気候 Cs[★16]

1. **気温と降水量** 夏は亜熱帯高圧帯の影響で高温乾燥となるが，冬は亜寒帯低圧帯や海を渡る偏西風[★17]の影響で湿潤になる。
2. **土壌** 比較的やせた赤色土～黄色土。石灰岩地域には，石灰岩が風化したテラロッサ（果樹栽培に適す）が分布する。
3. **植生** 常緑広葉樹の中でも夏の乾燥に耐えられる硬葉樹（オレンジやレモンなどの柑橘類，オリーブ，コルクがし，月桂樹など）や，いちじく，ぶどうなどの果樹が多い。夏は草が枯れ褐色の野原になるが，冬は緑色をとりもどす。[★18]
4. **分布** 中緯度の大陸西岸に分布。地中海沿岸のほか，カリフォルニア（アメリカ）や，南半球のチリ中部，南アフリカ南端，オーストラリア南部など。

❷ 温暖冬季少雨気候 Cw[★19]

1. **気温と降水量** 夏は海洋からの季節風（モンスーン）や熱帯低気圧の影響で高温多雨。冬は一般に温暖で，大陸からの季節風の影響で少雨になる。年降水量は1,000～2,000mmと多い。
2. **土壌** 赤色土～黄色土が中心。
3. **植生** 常緑広葉樹の中でもシイ類，カシ類，クス類やツバキ，サザンカなどのいわゆる照葉樹[★20]が分布→照葉樹林（暖帯林）。
4. **分布** Aw気候に接して分布。華南やスーチョワン盆地，インド北部，ブラジル南西部，オーストラリア北東岸，アフリカのザンベジ川上流の高原など。

❸ 温暖湿潤気候 Cfa

1. **気温** 最暖月の平均気温が22℃以上。Cfb気候より年較差が大。
2. **降水量** 年降水量は，ほぼ1,000mmをこえる。年間を通して降水がみられるが，季節風（モンスーン）や熱帯低気圧の影響をうける東アジアでは，夏に多雨，冬に少雨の傾向となる。
3. **土壌** 比較的肥沃な褐色森林土が多い。温帯草原には肥沃なプレーリー土，パンパ土が分布する。
4. **植生** 広葉樹林，針葉樹林，双方の混在する混合林（混交林）[★21]が分布。また，年降水量1,000mm以下の少雨地域には，丈の長い草の茂る温帯草原（→p.89）が広がる→湿潤パンパ[★22]（アルゼンチン），プレーリー（アメリカ），プスタ（ハンガリー）など。
5. **分布** 中緯度の大陸東岸に分布。東アジア（華中，日本，朝鮮），アメリカ東部，南アメリカの湿潤パンパ，オーストラリア東部，黒海沿岸（とくに西岸）など。

★16 温暖冬季少雨気候，温帯冬雨気候ともいう。

★17 午後の酷暑の時間は，スペインやイタリアなどではシエスタ（13～16時ごろの昼寝）。

★18 これと反対に，日本などCfaの地域では，野原は夏に緑になり，冬は褐色になる。なお，温帯の各気候区の特色を一口で示すと，次のとおり。
- Cs …夏は砂漠。
- Cw …亜熱帯。
- Cfa …夏は熱帯。
- Cfb …夏は涼しい。

★19 温帯夏雨気候，亜熱帯モンスーン気候ともいう。

★20 これらの樹種は葉の表面が光沢をもっているため，この名がつけられた。

★21 トウヒ，モミなどの常緑針葉樹や，ブナ，ニレ，カエデ，シラカバなどの落葉広葉樹がみられる。

★22 パンパの西側は，ステップ気候の乾燥パンパで，温帯草原の湿潤パンパとは，年降水量550mm線で区分される（→p.129）。湿潤パンパの土地は，根を深くはった草類が地中の養分を吸収して地表にもどすので，ひじょうに肥沃。乾燥パンパは礫質で塩分の多いやせ地である。

❹ 西岸海洋性気候 Cfb

1. **気温** 最暖月の平均気温が22℃未満と涼しい。高緯度の地域に分布するが、そのわりに冬季でも比較的温暖で、年較差は小さい。西ヨーロッパの場合では、北大西洋海流(暖流)や、その上を渡ってくる偏西風の影響による。
2. **降水量** 亜寒帯低圧帯や海を渡る偏西風の影響で、年中平均した降水。年間500〜800mm程度で、やや少なめ。
3. **土壌** 褐色森林土が分布する。
4. **植生** ブナ、ニレ、オーク、ナラ、カシワなどの落葉広葉樹林のほか、針葉樹林、混合林が分布。別名ブナ気候ともいわれる。
5. **分布** 緯度40〜60度の、かなり高緯度の大陸西岸に分布。西ヨーロッパのほか、カナダ西岸や、南半球のチリ南部、オーストラリア南東部、ニュージーランドなど。

[補説]東岸気候と西岸気候 大陸の東岸では夏と冬の気候差が大きいが、西岸では小さい。これは、東岸では季節風の影響が大きいのに対し、西岸では海上を渡る偏西風の影響が強いことなどが、原因として考えられる。また、東岸では気温の南北差が大きいが、西岸では小さいことも特徴である。これは、東岸の方が西岸に比べ、熱輸送が不活発であることなどが原因として考えられている。

▲偏西風を利用した風車（オランダ）

★23 高緯度ほどより低温、低緯度ほどより高温ということ。

★24 例えば、東岸では低緯度を暖流、高緯度を寒流が流れるが、西岸では低緯度で寒流、高緯度で暖流が流れる、といったことによる。

ポイント

C
- **Cs** …夏に高温乾燥、冬に湿潤。硬葉樹
- **Cw** …夏に高温多雨、冬は温暖少雨。季節風の影響。照葉樹
- **Cfa** …夏に高温湿潤、冬は寒冷乾燥。季節風の影響
- **Cfb** …暖流と偏西風の影響により、夏、冬とも温和

5 亜寒帯(冷帯)の気候 D

最暖月平均気温は10℃以上になるが、最寒月平均気温は-3℃未満と低くなる。夏と冬の気温の差(年較差)が大きい。南半球にはみられない。

[補説]亜寒帯の気候区分 亜寒帯の気候は、亜寒帯湿潤気候(Df)と亜寒帯冬季少雨気候(Dw)に区分される。これは、降水量の季節配分からみた区分である。これに対して、湿潤大陸性気候(Da, Db)と亜寒帯気候(Dc, Dd)に区分することもある。こちらは、平均気温の高低や植生によって区分したもので、南部が、比較的高温で、褐色森林土に混合林(広葉樹＋針葉樹)の発達した湿潤大陸性気候となる。北部が、低温で、ポドゾル土壌に針葉樹の純林(タイガ)の発達した亜寒帯気候となる。なお、湿潤大陸性気候は大陸性混合林気候、亜寒帯気候は大陸性針葉樹林(タイガ)気候ともいう。

▲気温による亜寒帯の気候区分
降水量によった区分(→p.84〜85)と比較してみよう。

❶ 亜寒帯湿潤気候 Df [★25]

1. **気温** 南部は，夏は比較的高温になる。冬は長く，低温[★26]。気温の年較差が大きく，大陸性気候。
2. **降水量** 亜寒帯低圧帯の影響で，年中，平均した降水がある。冬は積雪が多い。
3. **土壌と植生** 南部は，褐色森林土で混合林。北部は，酸性で灰白色の**ポドゾル**のやせ地で，**タイガ**[★27]が分布。
4. **分布** ヨーロッパロシア，シベリア西部，アラスカ，カナダ。

❷ 亜寒帯冬季少雨気候 Dw [★28]

1. **気温** Df気候よりも夏は高温，冬は寒冷の典型的な**大陸性気候**。北半球の**寒極**が存在する。
2. **降水量** 夏季には，亜寒帯低圧帯などの影響で降水がある。冬季は優勢な大陸高気圧(シベリア高気圧)の圏内に入り，降水量(積雪)はきわめて少なく乾燥する。
3. **土壌と植生** Dfに同じ。
4. **分布** 中国の東北地域から，ロシアのシベリア東部(レナ川以東)に特有の気候。別名「バイカル気候」。

> (補説) **寒極** 寒極とは，地球上でもっとも低温の地点のこと。南極大陸のヴォストーク基地(旧ソ連)で−89.2℃(1983年7月)を記録し，ここが，世界の寒極。北半球の寒極は，シベリアのレナ川とインジギルカ川の間のあたりで，1月の平均気温は−50℃以下となる。オイミャコンで−71.2℃(1933年2月)，ヴェルホヤンスクで−67.8℃(1892年2月)[★29]などの記録がある。

★25 冷帯湿潤気候，冷帯多雨気候ともいう。

★26 大地が0℃以下になると，地中の水分がすい上げられて凍結し，地表面を押し上げる(凍上→p.95)。シベリアでは，住居やパイプラインなどを高床式にして，凍上の被害を防いでいる。

★27 モミ，エゾマツ，トドマツなど針葉樹の純林。純林とは，単一の樹種のみで構成された森林。

★28 冷帯冬季少雨気候，冷帯夏雨気候ともいう。

★29 地球上でもっとも高温の記録は，イラクのバスラ[砂漠気候＝BW]の58.8℃である(1921年)。

> ポイント
> D ┃ Df …平均した降水。シベリア西部，アラスカ，カナダ
> ┃ Dw …北半球の寒極。中国東北部からシベリア東部
> ┃ 植生…南部に混合林，北部にタイガ

6 寒帯の気候 E

寒帯気候は，最暖月平均気温でも10℃未満という低温である。2つの気候区に区分。

❶ ツンドラ気候 ET

1. **気温** 最暖月平均気温が0℃以上10℃未満。短いが，0℃をこえる夏があり，表面の土はとけるので，植物の生育が可能となる。下層は**永久凍土**。
2. **降水量** 極高圧帯の影響で降水量(積雪)は少ないが，春と秋には若干の降水がある。

▼夏のツンドラ(カナダ)

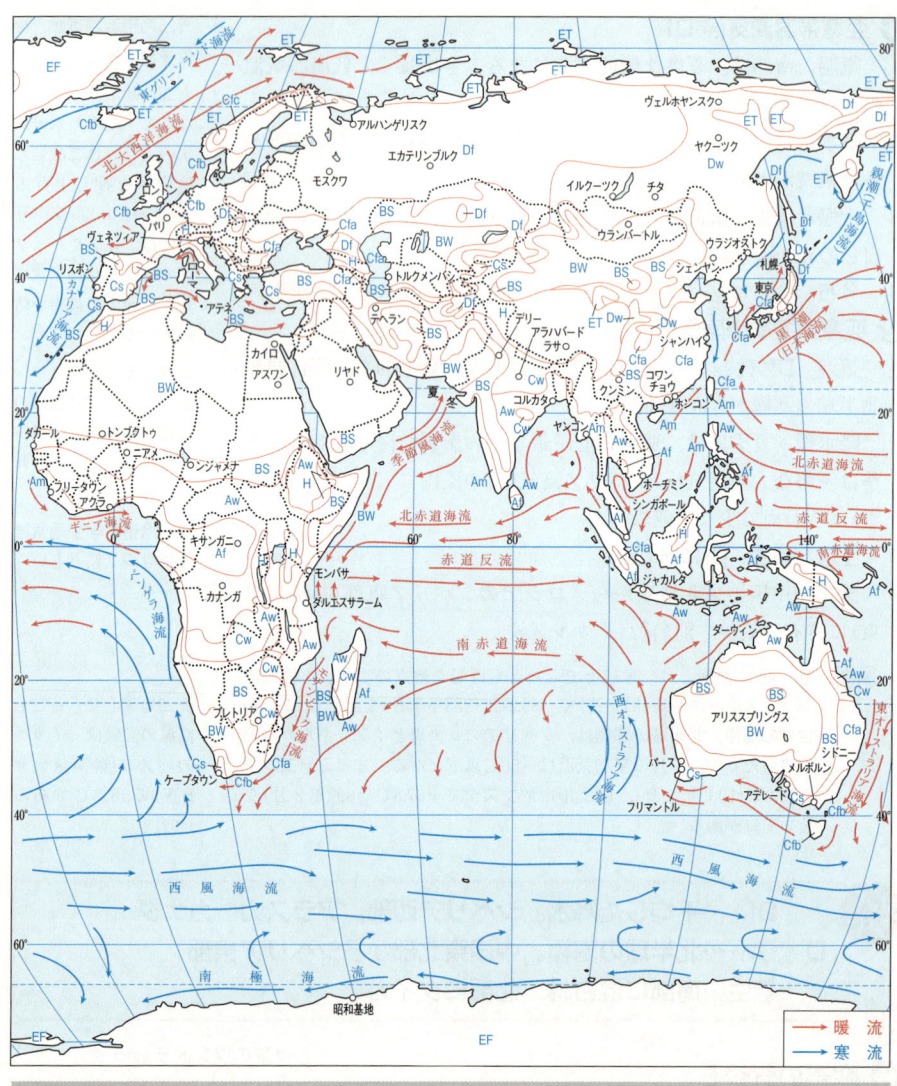

3章　自然環境

【色をぬり気候区分図をつくろう！】

- Af　熱帯雨林気候
- Am　弱い乾季のある熱帯雨林気候
- Aw　サバナ気候
- BS　ステップ気候
- BW　砂漠気候
- Cs　地中海性気候
- Cw　温暖冬季少雨気候
- Cfa　温暖湿潤気候
- Cfb　西岸海洋性気候（Cfc）
- Df　亜寒帯湿潤気候
- Dw　亜寒帯冬季少雨気候
- ET　ツンドラ気候
- EF　氷雪気候
- H　高山気候

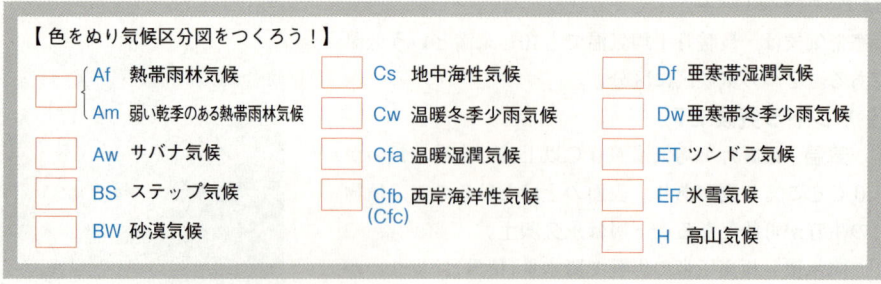

凡例：暖流（赤）／寒流（青）

2 世界の気候, 土壌, 植生

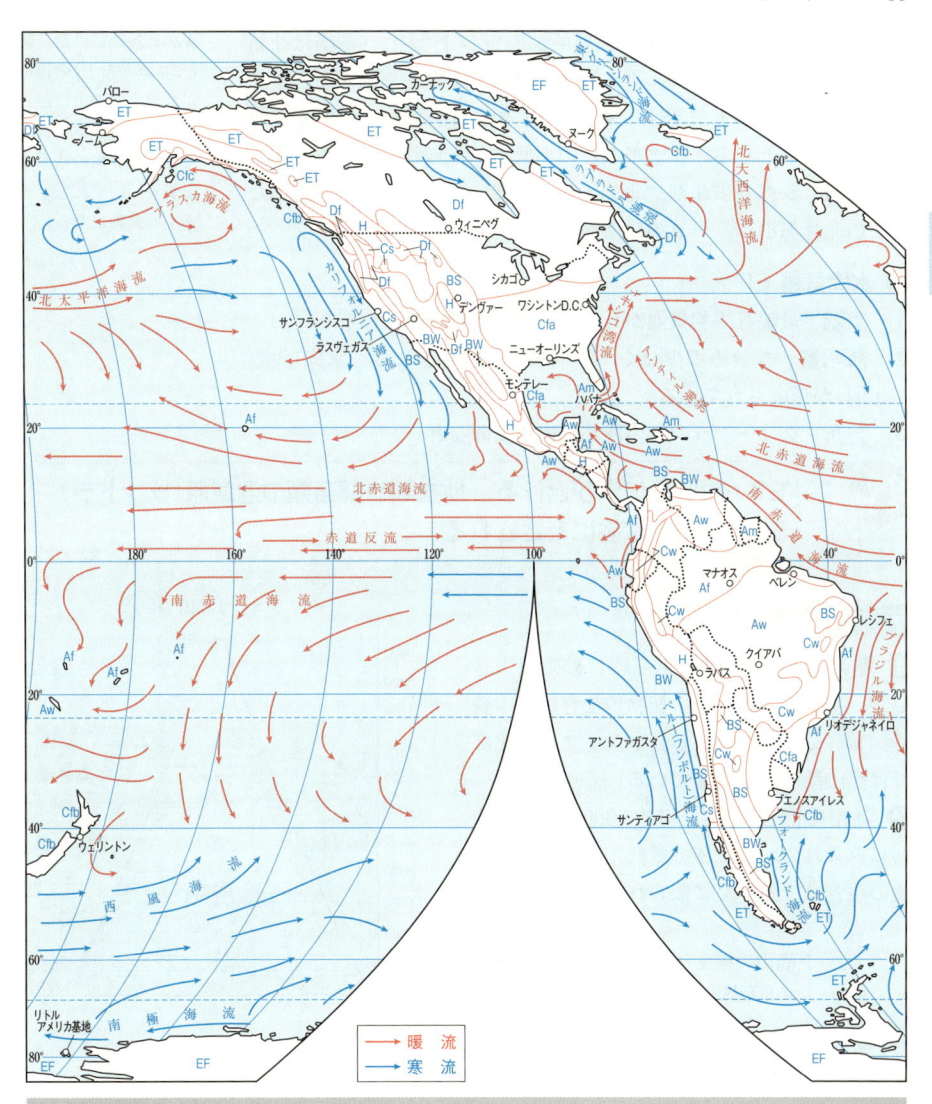

3章 自然環境

→ 暖流
→ 寒流

【 各気候区の代表的都市を, 地図上で確認しよう！】

- Af → キサンガニ, ジャカルタ, シンガポール, ベレン, マナオス,
- Am → フリータウン, ヤンゴン
- Aw → アクラ, カナンガ, クイアバ, コルカタ, ダーウィン, ダルエスサラーム, ハバナ, ホーチミン, モンバサ, リオデジャネイロ, レシフェ
- BS → ウランバートル, ダカール, テヘラン, デリー, デンヴァー, ニアメ, モンテレー, ンジャメナ
- BW → アスワン, アリススプリングス, アントファガスタ, カイロ, トルクメンバシ, トンブクトゥ, ラスヴェガス, リヤド
- Cs → アテネ, アデレード, ケープタウン, サンティアゴ, サンフランシスコ, パース, フリマントル, リスボン, ローマ
- Cw → アラハバード, クンミン, コワンチョウ, ホンコン, プレトリア
- Cfa → ヴェネツィア, シドニー, シャンハイ, 東京, ニューオーリンズ, ブエノスアイレス, ワシントンD.C.
- Cfb → ウェリントン, パリ, メルボルン, ロンドン
- Df → アルハンゲリスク, ウィニペグ, エカテリンブルク, 札幌, シカゴ, モスクワ
- Dw → イルクーツク, ヴェルホヤンスク, ウラジオストク, シェンヤン, チタ, ヤクーツク
- ET → カーナック, ヌーク, バロー
- EF → 昭和基地, リトルアメリカ基地
- H → ラサ, ラパス

③ **土壌** 永久凍土層の上に強い酸性の**ツンドラ土**。冬季は凍結する。夏季はとけるが，排水不良のため多くの池や沼ができる。
④ **植生** 地表の氷がとける夏に，地衣類や蘚苔類(コケ類)が生育し，湿草原となる。ヤナギなどの小低木がみられるところもある。
⑤ **分布** シベリア北部，北アメリカ北部，グリーンランド南部などの北極海沿岸，チリの最南部など。

★30 低湿地には蘚苔類(ミズゴケなど)の湿原が発達。丘の上にはハナゴケやトナカイゴケなどの地衣類の草原が広がる。いずれもトナカイの食物になる。

❷ **氷雪気候 EF**
① **気温** 最暖月平均気温が0℃以下の厳寒地。植生はなし。
② **降水量** きわめて少なく，年中氷雪にとざされる。**氷床(大陸氷河)** が形成されている。
③ **分布** グリーンランド内陸部，南極大陸など。

> **ポイント E**
> ET…短い夏に氷がとける→地衣類や蘚苔類の湿草原(ツンドラ)
> EF…年中，氷雪にとざされる

7 高山気候 H

❶ **熱帯の高山気候** 気温の日較差は大きいが，年較差は小さい。植物の生育は年中続く。**常春気候**といわれる。アンデス山脈北部では高山都市が発達している(→p.91)。
❷ **温帯の高山気候** 海抜2,000m以上の場所にみられる。夏と冬の気温差が大きく，植物の生育は，短い夏に限られる。

▶**高山の植生と農作物** 気候帯は低地の熱帯から高地の寒帯へ垂直に分布している。

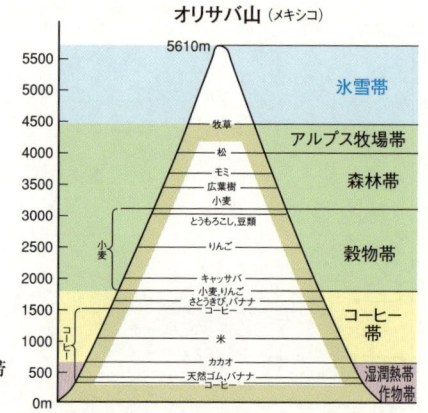

オリサバ山(メキシコ) 5610m
氷雪帯／アルプス牧場帯／森林帯／穀物帯／コーヒー帯／湿潤熱帯作物帯
牧草／松／モミ／広葉樹／小麦／とうもろこし，豆類／りんご／キャッサバ／小麦，りんご／さとうきび，バナナ／コーヒー／米／カカオ／天然ゴム，バナナ／コーヒー

5 土壌帯と植物帯

1 土壌帯

❶ **土壌** 土壌は，**母岩**★1が風化作用をうけて細かな粒子になり，それに動植物の分解した有機物(**腐植**など)★2が加わってできたもの。
❷ **土壌帯** 気候や植生の影響を強くうけた土壌は，低緯度地域から高緯度地域にむけて，また，湿潤地域から乾燥地域にむけて，気候帯とよく似た帯状分布＝**土壌帯**を形成している。
① **湿潤地域** 低緯度から高緯度にむかって，ラトソル→赤色土や黄色土→褐色森林土→ポドゾル→ツンドラ土と分布。

★1 土壌に材料を供給した岩石のこと。
★2 動植物の遺体が不完全な分解のまま集積した黒色の物質を腐植といい，これが砂や粘土と混合または結合した暗黒色の層を腐植層という。腐植は植物の肥料となるので，腐植の多い土は肥沃。

② **乾燥地域** 湿潤地域との移行帯にプレーリー土。以下，乾燥地域にむかって，黒土→栗色土→砂漠土と分布する。

❸ 土壌の分布　成因をもとに成帯土壌と間帯土壌に大別される。

① **湿潤地域の成帯土壌**　気候や植生の影響を強くうけた土壌を，成帯土壌という。帯状に分布する。

①**ラトソル（ラテライト）**　熱帯雨林に分布。腐植＝有機物はすぐ分解され流出するため，やせ地。酸化鉄やアルミナを多量に含むので赤色。[★3][★4][★5]

②**赤色土**や**黄色土**　亜熱帯の常緑広葉樹林の下に分布する。酸性のやせ地。

> 補説　**ラトソルとラテライト**　ラトソルは，湿潤な熱帯雨林の下にある赤色のやわらかい土をさす。ラトソルの表面が乾燥してその一部がかたい酸化鉄になった土を，ラテライトという。ただし，両者を区別せずに，ラテライトと総称することもある。カンボジアのアンコールワット遺跡は，固結したラテライトが使われている。なお，酸化鉄をたくさん含むものを褐鉄鉱，アルミナ（アルミニウム酸化物）をたくさん含むものをボーキサイトといい，資源として重要。

③**褐色森林土**　温帯の混合林や落葉広葉樹林の下に分布。表層に腐植層が多い肥沃な土壌。亜熱帯側では黄褐色，亜寒帯側では準褐色（淡褐色）を示すようになる。

④**ポドゾル**　亜寒帯のタイガに分布するやせた酸性土壌。灰白色の表層の下は，アルミナや酸化鉄，腐植などが集積して褐色。

⑤**ツンドラ土**　寒帯で，夏に生育した地衣類や蘚苔類が枯れて集積したものを母材とする土壌。[★6]下層は永久凍土層のため排水が悪く，強酸性のやせ地。

② **乾燥地域の成帯土壌**

①**プレーリー土**　アメリカのプレーリー，パンパ，北ヨーロッパなど，ステップ北部の温～亜寒帯に分布する黒色の肥沃土。

②**黒土**　ロシア～ウクライナ（**チェルノーゼム**＝黒土），グレートプレーンズなど，大陸内部のステップに分布する黒色の肥沃土。

★3　高温多湿で，昆虫や微生物の働きが活発なため，大量の有機物がすぐに分解されてしまう→腐植が乏しい。

★4　高温多湿な環境では，土壌中の成分が水分にとけて下方へ移動したり（溶脱→p.95），化学的に分解されて粘土になる作用が著しい。このため，熱帯の土には溶脱されにくい酸化鉄やアルミナが大量に含まれる。熱帯の川が茶褐色ににごるのは，粘土を多く含むことによる。河口に三角州を形成したり，マングローブ（→p.112）の生育環境なども粘土分に関係している。

★5　土壌は，酸化鉄やアルミナを多く含むと赤色になる。石英＝ケイ酸（SiO_2）が多いと灰白色になる（ポドゾルの表層）。腐植が多いと黒色になる（黒土や栗色土）。

★6　岩石の風化物（砂や粘土）や動植物の遺体など，広く土壌の材料となる物質のこと。

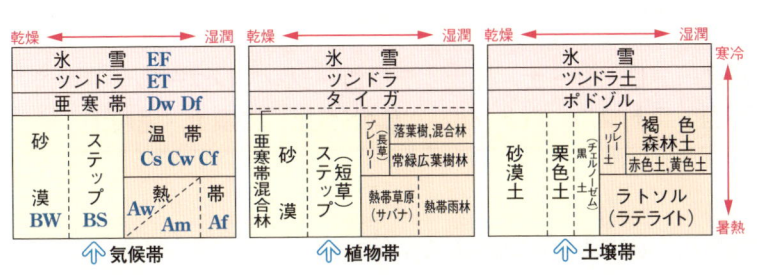

◀ **気候帯と植物帯，土壌帯**
気候帯との関係を示しているので，土壌は成帯土壌を示す。

乾燥←→湿潤				乾燥←→湿潤				乾燥←→湿潤			
氷雪 EF			寒冷 ↑	氷雪				氷雪			
ツンドラ ET				ツンドラ				ツンドラ			
亜寒帯 Dw Df				タイガ				ポドゾル			
砂漠 BW	ステップ BS	温帯 Cs Cw Cf	熱帯 Aw Am Af	砂漠	〈短草〉ステップ	亜寒帯混合林	落葉樹，混合林／常緑広葉樹林／熱帯草原（サバナ）／熱帯雨林	砂漠土	栗色土	プレーリー土（チェルノーゼム）	褐色森林土／赤色土，黄色土／ラトソル（ラテライト）
⇧ 気候帯				⇧ 植物帯				⇧ 土壌帯			署熱 ↓

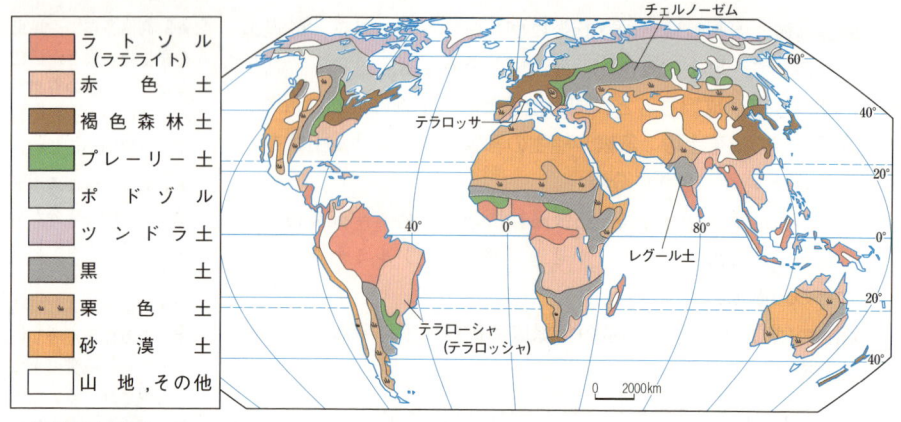

凡例:
- ラトソル（ラテライト）
- 赤色土
- 褐色森林土
- プレーリー土
- ポドゾル
- ツンドラ土
- 黒土
- 栗色土
- 砂漠土
- 山地，その他

▲世界の土壌帯

③**栗色土** 大陸内部のやや乾燥したステップに分布する栗色の肥沃土。灌漑で農耕可能。華北平原やアフリカ中南部に分布。

④**砂漠土** 冷帯や温帯に隣接する砂漠では灰色，熱帯や亜熱帯に隣接する砂漠では赤色。いずれも有機質の少ないやせ地で，塩類が集積して，アルカリ性が強い。農耕はできない。[★7]

③ **間帯土壌** 気候や植生よりも，母岩や地形などの影響を強くうけた土壌。帯状に分布せず，局所的に分布する。

①**テラロッサ**[★8] 石灰岩が風化した赤橙色の土壌。地中海沿岸に多く分布→オリーブなど果樹栽培に適する。

②**テラローシャ**[★9] ブラジル高原南部に分布する。輝緑岩や玄武岩が風化した赤紫色の土壌。肥沃でコーヒー栽培に適する。

③**レグール土** デカン高原に分布する玄武岩やカンラン岩などが風化した黒色の土壌。黒色綿花土とも。綿花栽培に適する。

④**泥炭土** 亜寒帯〜熱帯の湿地に分布。湿地の植物遺体が，植物組織を識別できる程度にしか分解されない泥炭となって形成。

補説 レス 細砂質で灰色〜淡黄色の堆積物。砂漠や氷河末端から風によって運搬された風積土。東ヨーロッパ平原南部やミシシッピ川流域ではレス，黄土高原では黄土とよぶ。[★10] レスは大陸氷河の縁辺から，黄土はゴビ砂漠から運ばれた。なお，チェルノーゼムの母材はレス。

★7 強い蒸発のため，地下水中の塩分が地表に析出し，集まることによって塩性土壌となる。

★8 ギリシャ語で「バラの土」という意味。カルスト地形のポリエ（→p.66）の底部にもみられる。

★9 ポルトガル語で「紫色の土」という意味。テラロッシャとも表記される。

★10 中国の黄土高原では，厚く堆積した黄土を掘った横穴式の穴居「ヤオトン」がみられる。夏は涼しく，冬は暖かい。

> **ポイント 農耕**
> 最適…プレーリー土，黒土，テラローシャ，レグール土
> 不適…ラトソル，ポドゾル，ツンドラ土，砂漠土，泥炭土

2 植物帯

❶ **植物帯** 植物帯も，気候帯と同様に帯状に分布している。

2 世界の気候, 土壌, 植生

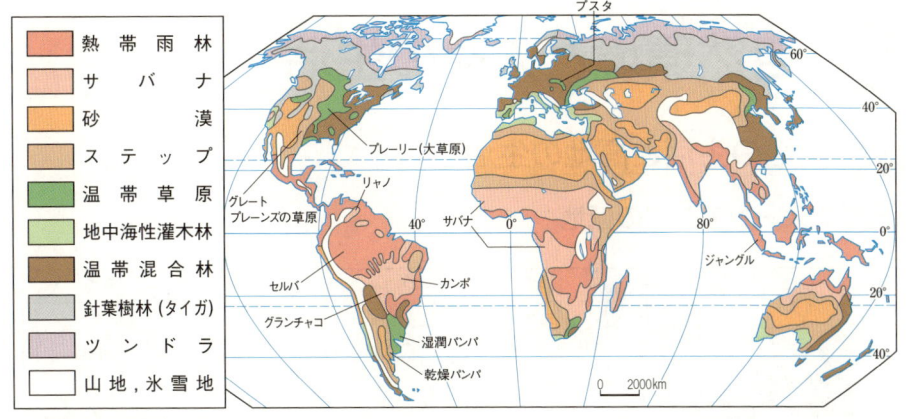

凡例:
- 熱帯雨林
- サバナ
- 砂漠
- ステップ
- 温帯草原
- 地中海性灌木林
- 温帯混合林
- 針葉樹林(タイガ)
- ツンドラ
- 山地, 氷雪地

▲世界の植物帯

❷ 植物帯の分類

1. **森林** 熱帯林として熱帯雨林, 温帯林として暖帯林, 地中海性灌木林, 温帯混合林, 亜寒帯として針葉樹林が分布。熱帯の高山では, 低地の熱帯雨林から高地へと, 垂直的に分布。

①**熱帯雨林** 熱帯の常緑広葉樹林。Am気候では乾季に落葉する広葉樹もあり, 下草(シダ, ツタ類やフジ類などのつる性植物)が繁茂。セルバ, ジャングル(→p.79)。[★11]

②**暖帯林** 熱帯に近い温帯の地域の常緑広葉樹林で, シイ類, カシ類, クス類やツバキなどの照葉樹林(→p.81)である。

③**地中海性灌木林** Cs気候に分布する常緑広葉樹林で, 柑橘類などの硬葉樹林(→p.81)である。

④**温帯混合林** 温帯から亜寒帯南部に分布する。常緑広葉樹, 落葉広葉樹と, 針葉樹の混合林。[★12]

⑤**針葉樹林(タイガ)** 亜寒帯北部に分布する針葉樹の純林。

2. **草原** 熱帯のサバナ, 乾燥帯のステップ, 温帯〜乾燥帯のプレーリーなどと, 寒帯のツンドラ。

①**熱帯草原(サバナ)** Aw気候に分布する疎林と長草の草原。サバナや南アメリカのリャノ, カンポ, グランチャコなど。[★13]

②**乾燥草原(ステップ)** BS気候に分布する短草の草原。[★14] 乾燥パンパ, グレートプレーンズ(大平原)の草原など。[★15]

③**温帯草原** 温帯気候の中で降水量がやや少なく, 冬季に低温となる地域に分布する長草の草原。おもにCfaからBSへの漸移地域にみられる。プレーリー, 湿潤パンパ, プスタなど。

④**ツンドラ** ET気候に分布。氷がとける夏に地衣類, 蘚苔類が生育する湿草原。まれにヤナギ類, ツツジ類の低木。

★11 熱帯のAm気候では, 乾季に落葉する森林があり, 雨緑林という。熱帯雨林より樹高が低く, 乾季に落葉する広葉樹もまじっている森林は, 熱帯季節林とよばれる。

★12 温帯の落葉広葉樹林(ブナ, ニレ, カエデ, シラカバ, オーク, ナラ, カシワなど)は, 低温の冬に落葉→夏緑林ともいう。

★13 熱帯草原を一般的にサバナとよぶが, アフリカの熱帯草原をとくにサバナ(サバンナ)とよぶ場合もある。

★14 もとは中央アジアの草原の呼称。現在は, BS気候下の短草草原をさす。

★15 高温できびしい乾季のあるステップ〜サバナの地域(ブラジル北東部など)には, サボテンやアカシアなどトゲの多い落葉性低木が密生する有刺灌木林がみられる。

3 自然環境と人々の生活

1 低地の生活と高地の生活

1 モンスーンアジアの低地

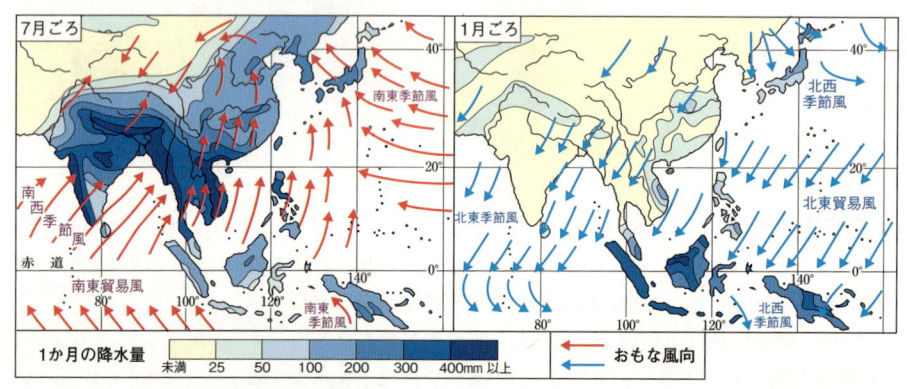

▲モンスーンアジアにおける風と降水量

❶ モンスーンアジア 季節風（モンスーン）の強く吹く東アジア，東南アジア，南アジアの地域のこと。夏のモンスーンは，多量の降水をもたらし，この地域の高温とあいまって，稲の栽培に適★1しているので，低地では，古くから稲作がさかん。

★1 年降水量がだいたい1,000mm以上の地域が稲作に適している。

★2 傾斜地を階段状にして，山腹につくられた水田。

> 補説　季節風（モンスーン）　季節により風向が逆になる風。夏は大陸の温度が上昇し低圧となり，海洋上が高圧となるので，海から陸へ湿った風が吹き，雨季となる。反対に，冬は大陸が高圧，海洋上が低圧なので，海へ向かって乾燥した風が吹き，乾季となる。

❷ タイの浮稲 タイではモンスーンの降水で稲作が行われ，輸出量は世界有数（→p.125）。チャオプラヤ川下流域では，雨季の水深の増加とともに，茎が3～4mくらいまでのびる浮稲が栽培されている。収量は少ないが，水を管理する必要がない。水田には，水路網と運河が広がる。刈り取るのは穂のみで，一般に舟で行う。人々は自然堤防上に，風通しのよい高床式の家屋をつくり，舟を交通手段として利用している。

❸ その他の稲作地域 メコン川，エーヤワディー川流域の沖積平野が稲作の中心。ジャワ島やルソン島では平野がせまいので，棚田で稲作が行われている。★2

▼浮稲

●水かさとともに成長する浮稲
浮稲は，チャオプラヤ川のデルタなどで栽培されている。雨季の自然増水の水を利用する。収量は，かなり少ない。

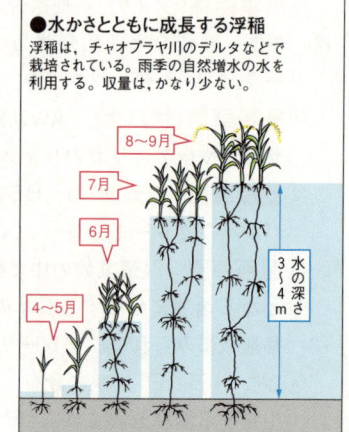

2 アンデスの高地

❶ アンデス山脈
南アメリカ大陸の太平洋岸に高度3000〜6000mの山々が約1万kmにわたってつらなる。

❷ 気候と植生
山麓部は熱帯でも，山頂は高山気候（H）。冷涼〜温和な気温で，適度の降水量がある。ペルー，ボリビア，チリあたりでは，東部と西部の気温差が激しい。西部の海岸ぞいには，世界でもっとも乾燥しているといわれるアタカマ砂漠が広がっている。

▲アンデス山脈の高度別の植生と作物

❸ 高地の生活
アンデス山脈では，先住民であるインディオがインカ文明を築いていたが，16世紀にスペイン人に滅ぼされその植民地となった。住民はインディオとヨーロッパ系白人のほか，両者の混血であるメスチーソも多い。インディオは，伝統的に高地で日干しれんがや石でつくった家に居住し，麦類やアンデス原産のじゃがいも，とうもろこしを栽培し，**リャマ**，**アルパカ**などアンデス特有の家畜とヨーロッパ人のもたらした羊，牛などを飼育している。ボリビアの首都ラパス（→p.210）など**高山都市**も多い。

（補説）**リャマとアルパカ** リャマは，粗食に耐え，高山での荷役用のラクダ科の動物。毛は褐色または黒色で，織物の原料となる。アルパカは，リャマを原種とし，良質の毛を得る目的で飼育される。（→p.123）

★3 最高峰はアルゼンチンのアコンカグア山（6960m）。

★4 年平均気温は10〜15℃。

★5 寒流のペルー海流と南西からの風によって，陸地付近の大気が冷え，安定するため，雨が降りにくくなる。アフリカ南西部のナミブ砂漠も同じ成因。

★6 メスチソ，メスティーソともいう

2 寒冷地域の生活と乾燥地域の生活

1 寒冷地域のシベリア

❶ 自然
シベリアは，ユーラシア大陸の北部から北東部に位置し，中央アジアを除くウラル山脈以東の地域をいう。エニセイ川以西の西シベリア低地は，大部分が**タイガ**におおわれ，亜寒帯湿潤気候である。中央シベリア高原から東へ行くにしたがって，西シベリア低地よりも，冬の低温と乾燥が著しくなる。レナ川以東は亜寒帯冬季少雨気候となり，著しい大陸性気候を示す。北半球の**寒極**（→p.83）もこの地域にあって，冬は厳寒となる。北極海沿岸は，永久凍土層のある**ツンドラ**地域で，夏季のみ表面がとけ，地衣類や蘚苔類がはえ，トナカイの遊牧が行われる。

★1 狭義には，ロシア連邦のウラル山脈の東側で，サハ共和国とアムール州より西側の地域をいう。（→p.356）

★2 タイガは針葉樹の純林。ロシア語で「北方の原始林」の意味。

★3 西シベリアと樹種が異なり，落葉針葉樹のカラマツ林が多くなる。

▲ベトナムの田植え　▲タイの稲刈り(穂のみ刈る)

▼インディオの農業(オカイモの収穫)　▼高山都市ラパス

▲シベリアのタイガ　▼寒波が訪れたバイカル湖

▼ベドウィンのテント　▼地下水路カナート(地表の様子)

3　自然環境と人々の生活

❷ 生活の変化　シベリアの先住民族はブリヤート，ヤクートな
ど27民族で，人口約300万人といわれる。彼らは，野生の毛皮獣の
狩猟や，馬，牛，トナカイなどの遊牧をしていたが，ロシア人の進
出とシベリア開発によって，定住化の政策がすすめられ，穀物や野
菜の栽培あるいは鉱工業に従事する者も多くなった。

❸ 住居　夏は，樹皮やトナカイの皮でつくったテントを使用す
るが，冬は，丸太小屋や，暖房効果を高めるために屋根や壁を家畜
のふんで塗りかためた家に住んだ。シベリアのほとんどの地域の地
下は，**永久凍土**のため，近年では，暖房の熱で凍土がとけないよ
うに，砂利やコンクリートで熱を遮断したり，高床式の高層アパー
トをつくっている。

★4 バイカル湖付近に住むモンゴル系民族。ブリヤート共和国を形成。

★5 レナ川流域のトルコ系民族。サハ共和国を形成。

★6 凍土の表層がとけると，家が傾いたりする。

2 乾燥地域の西アジア

❶ 自然　西アジアでは，砂漠気候とステップ気候の地域が広い。
砂漠では，オアシスを除いて定住生活ができない。

❷ 遊牧民の生活　西アジアの草原（**ステップ**）では，ベドウィン
が遊牧を行っている。一時的豪雨のときのみ流水のみられるワジ
（涸川）を交通路として利用しながら，ラクダ，牛，羊などの家畜と
ともに，草を求めて移動する。年間ルートは決まっており，最近で
はトラックを使うものもある。サウジアラビアでは，遊牧民の定着
化をはかっている。

❸ 農業　**オアシス**と外来河川の流域では，野菜，小麦が栽培
される。なつめやし（→p.314）はこの地域の特産品で，実を食用にす
るだけでなく，幹や葉も利用している。

❹ 地下水路　西アジアでは，耕地の灌漑に，**カナート**とよばれ
る地下水路を使ってきた。地表に直接水路をつくっても，蒸発して
しまったり，地中に浸透してしまうため，地下に，人間がくぐれる
くらいの水路を掘っている。カナートの水を使用するためには，そ
の水利権をもつ地主から，水利権を買わなければならない。

★7 北アフリカではフォガラ，アフガニスタンやパキスタンではカレーズ，中国ではカンアルチン（坎児井）という。

★8 最近では，井戸を掘りポンプで地下水をくみ上げるところもある。

▼カナートの断面模式図

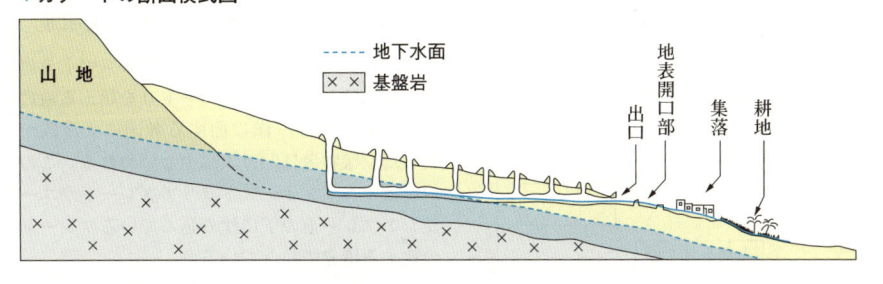

自然環境
…追加・新用語

活断層

地質時代のうち最近の第四紀以降の時代に，何度か動いた**断層**をいう。今後も活動が予想される。

1995年1月17日に発生した兵庫県南部地震は，淡路島の北部が震源であったが，ここで活断層の野島断層が大きく動いた。地震発生の際に約1m～2m右に横ずれした**横ずれ断層**で，同時に約50cm～1.2m隆起した**逆断層**でもある。

断層の種類

断層面を境にしてずり落ちるような状態の断層を**正断層**という。引き裂くような力が働くと起きやすい。また，押し合うような力が働くところでは，のし上がるような断層が見られる。これを**逆断層**という。

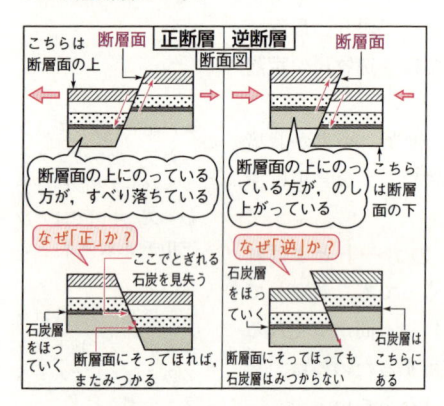

[図：正断層と逆断層の断面図，右横ずれ断層と左横ずれ断層の上から見た図]

また，水平的にずれる断層を**横ずれ断層**という。向こう側が右にずれる断層を**右横ずれ断層**，左にずれる断層を**左横ずれ断層**という。
（左右は，反対側から見ても変わらない）

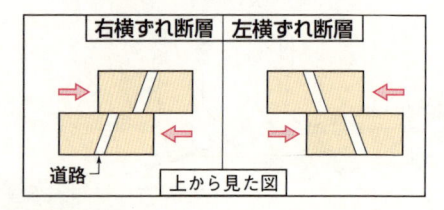

阪神・淡路大震災

1995年1月17日に発生した**兵庫県南部地震**による大きな災害。震源は兵庫県南部の淡路島北部で，マグニチュードは7.3であった。

神戸市南部と芦屋，西宮，淡路島北部を中心に被害が集中した。都市型の**直下型地震**であったため，震度7を記録したところもあり，住宅の倒壊やその後の火災で，6,434人の死亡者をはじめ多くの負傷者を出した。震度7はそれまでの地震計にはなかったが，倒壊住宅が3割を超えたため，この地震から採用された。

直下型地震

震源が浅く，震央付近の都市域に影響を与える地震。規模（マグニチュード）のわりに震央付近で震度が大きくなりやすい。近年発生した直下型地震としては，2004年10月の新潟県中越地震，2007年7月の新潟県中越沖地震，2008年6月の岩手・宮城内陸地震など。

東日本大震災

2011年3月11日に発生した**東北地方太平洋沖地震**による戦後最大の地震災害。震源は三陸沖のプレート境界で，日本観測史上最大のマグニチュード9.0を記録した。

地震発生後，青森〜茨城県にかけての太平洋沿岸に最大で9m以上の大津波が押し寄せた。死者・行方不明者は約2万人にのぼり，建造物やライフラインなどに甚大な被害が出た。また，**福島第一原子力発電所**で大量の放射性物質が漏洩する重大事故が発生。放射能汚染や住民の避難，電力不足，原発依存の見直しなど，福島県はもちろん，日本と国際社会全体に大きな影響が及んでいる。

スマトラ島沖地震とインド洋大津波

2004年12月26日，インドネシアのスマトラ島沖を震源にしてマグニチュード9を超える地震が発生し，インド洋に面する各国に大津波が襲った。犠牲者は20万人以上といわれる。この地震はインド・オーストラリアプレートがユーラシアプレートの下に沈み込んでいるプレートの狭まる境界で起きている。

ライフライン

生命線という意味。電気，水道，ガス，電話，道路，鉄道など日常生活を送る際の最低限のエネルギーや設備。災害時には最優先で復旧するようにしなければならない。

液状化現象

海岸に近い沖積平野や埋め立て地などの地下水の浅い地域において，地震による振動で水分を含む砂の地層が液体状になる現象。

建物が沈下したり倒壊する場合もある。地下の下水管やマンホールなどが浮き上がることもある。

溶　脱

溶脱とは，土壌中にある可溶性の物質が，水分によって運び去られること。溶脱されると養分が少なくなり，肥沃ではなくなる。ラトソルとポドゾルが好例である。

熱帯地方では，気温が高いため有機分の化学変化のスピードが速く，とくに降水量が多い熱帯雨林気候などでは栄養塩類が流れてしまいやすい。そのため溶脱されにくい鉄やアルミニウム分だけが残り，腐植層に乏しいラトソルという土壌ができる。

亜寒帯地方では，気温が低くタイガの葉などの分解がすすみにくいため，地表面の堆積層は強酸性となりやすい。気温が低いことで降水の蒸発作用がなく，水分のほとんどは上から下に移動するので，溶脱作用が激しく，腐植層の下の鉱物が酸性の水で溶脱されて，養分に乏しい灰白色のポドゾルができる。

凍上現象

凍上現象とは，寒冷な地域で，地中(地表近く)の水分が凍り体積が増すことによって，地表が押し上げられる現象。

建物や橋などが押し上げられる被害が出る。そのため建造物の基礎を深くしたり，高床式の建物にしている。

なお，ツンドラ地域で高床式の建物にするのは，この凍上現象の対策とは別に，暖房の熱が地表に伝わって永久凍土が融け，建物が傾くこ

とを防ぐという目的もある。

ハリケーン「カトリーナ」

2005年8月，アメリカのメキシコ湾岸地域に被害をもたらした大型のハリケーン。

とくにルイジアナ州では，ポンチャートレイン湖に面するニューオーリンズで，堤防が決壊し市域の約8割が水没した。このため，低地に住む貧しい黒人を中心に多くの犠牲者が出た。市内各地では廃墟のような街並みが広がり，遺体が水面を流れているという光景までが見られ，死者は1,700人を超えた。避難命令があったものの，移動手段をもたない低所得者が取り残され，市内の食料品店などで略奪行為が続発したほか，放火と見られる火災も発生した。

イラク戦争(2003年～2011年)で多大の戦費を使うなか，国内で大きな災害が発生したうえ，対応が遅れ，行政(大統領)に対する国民の不満が高まった。

ラニーニャ

ペルー沖など東太平洋赤道上で海水の温度が低下する現象。

赤道に近い低緯度地方では，いつも東から吹く恒常風である貿易風がある。太平洋の場合，この貿易風により，赤道上で暖められた海水は，ペルー沖など東太平洋から，インドネシア付近の西太平洋に吹き寄せられている。東太平洋では，かわって冷たい海水が湧き上がる形で，寒流のペルー海流が流れている。このため，ペルー沖では，もともと低温であるが，平年よりさらに低温で推移する場合，ラニーニャ現象とよばれる。

東太平洋赤道上で海水の温度が上昇するエルニーニョ現象(→p.68)と逆。エルニーニョが終息した反動で発生するケースもある。エルニーニョと同じく世界の異常気象発生の原因となる。ラニーニャが発生すると，日本では猛暑，厳冬などの異常気象の原因となる。これらの根本的な発生メカニズムは，よく分かっていない。

なお，ラニーニャはスペイン語で「女の子」，エルニーニョは「男の子」(イエス＝キリスト)を意味する。

テスト直前要点チェック

① 地球上の海陸の面積比は,どうなっているか。
② 世界最大の島は,何というか。
③ アフリカやインドなどを含む安定陸塊は,何というか。
④ ウラル山脈,アパラチア山脈は,何造山帯の山地か。
⑤ 新期造山帯のうち,日本列島を含むものをあげよ。
⑥ 地形をつくる要因は,内的営力と( )の2つに大別できる。
⑦ 造山運動によるおもな山地の地形を,2つあげよ。
⑧ 火山活動による火山の形態を,1つ答えよ。
⑨ 山地が侵食によって平坦化した地形を,何というか。
⑩ 水平な古い地層が侵食をうけ形成された平原は,何平野か。
⑪ 堆積平野を2つに大別すると,( )と洪積台地がある。
⑫ 河川が山地から平野に出る所に形成する堆積地形は,何か。
⑬ 河床が周辺の平野面より高くなっている川を,何というか。
⑭ 河口付近に土砂が堆積してできる地形は,何か。
⑮ 海岸平野の例を,1つあげよ。
⑯ のこぎりの歯のようになった海岸を,何というか。
⑰ 砂嘴の例をあげよ。
⑱ 氷河の侵食をうけた谷が沈水してできた地形は,何か。
⑲ 堡礁,裾礁,環礁などをまとめて,何海岸というか。
⑳ 氷河が運搬した砂礫などが堆積した地形を,何というか。
㉑ 河食谷はV字谷であるが,氷食谷は( )である。
㉒ カルスト地形に見られるすりばち状の凹地を,何というか。
㉓ 内陸河川の例を,1つあげよ。
㉔ 湿潤地域から流れ,乾燥地を貫流する川を,何というか。
㉕ 水深200mぐらいまでの緩傾斜の海底を,何というか。
㉖ ペルー沖の海水温が2〜5℃上昇する現象は,何か。
㉗ 生物の多い湖沼は,その栄養状態から,何というか。
㉘ 地下水は,自由地下水と( )に分けられる。
㉙ 気候の三大要素をあげよ。

答

① 海:陸=7:3
② グリーンランド
③ ゴンドワナランド
④ 古期造山帯
⑤ 環太平洋造山帯
⑥ 外的営力
⑦ 褶曲山地,断層山地
⑧ 成層火山など(→p.57)
⑨ 準平原
⑩ 構造平野
⑪ 沖積平野
⑫ 扇状地
⑬ 天井川
⑭ 三角州
⑮ 九十九里平野など(→p.61)
⑯ リアス海岸
⑰ コッド岬など(→p.63)
⑱ フィヨルド(峡湾)
⑲ サンゴ礁海岸
⑳ モレーン(氷堆石)
㉑ U字谷
㉒ ドリーネ
㉓ アムダリア川(→p.67)
㉔ 外来河川
㉕ 大陸棚
㉖ エルニーニョ現象
㉗ 富栄養湖
㉘ 被圧地下水
㉙ 気温,風,降水量

テスト直前要点チェック　97

答

㉚ 1年のうち最暖月と最寒月の平均気温の差を，何というか。 — ㉚ （気温の）年較差
㉛ 赤道に向かって吹く東よりの風を，何というか。 — ㉛ 貿易風
㉜ 偏西風の中でも，とくに強い帯状の気流を，何というか。 — ㉜ ジェット気流
㉝ 夏と冬で風向が反対になる風を，何というか。 — ㉝ 季節風（モンスーン）
㉞ 山地から吹きおろす高温乾燥の地方風を，何というか。 — ㉞ フェーン
㉟ ケッペンは，何の分布を基礎に気候区分を行ったか。 — ㉟ 植生
㊱ 縦軸に気温，横軸に降水量をとったグラフを，何というか。 — ㊱ ハイサーグラフ
㊲ 熱帯地方の降雨は，おもに何が原因か。 — ㊲ 熱帯収束帯
㊳ 熱帯地方にみられる激しい夕立を，何というか。 — ㊳ スコール
㊴ アマゾン川流域の熱帯雨林を，何というか。 — ㊴ セルバ
㊵ AwとBSの草原の特徴の違いは，何か。 — ㊵ Awは長草，BSは短草
㊶ 中緯度の大陸西岸に発達する砂漠の例をあげよ。 — ㊶ アタカマ砂漠（→p.80）
㊷ ウクライナなどに分布する黒色の肥沃土を，何というか。 — ㊷ 黒土（チェルノーゼム）
㊸ おもにCwに分布するカシ，クスなどを，何樹というか。 — ㊸ 照葉樹
㊹ CsやCfbでは，おもに偏西風や（　）が降水をもたらす。 — ㊹ 亜寒帯低圧帯
㊺ アメリカ中西部の温帯草原を，何というか。 — ㊺ プレーリー
㊻ D気候区に見られる針葉樹の樹林を，何というか。 — ㊻ タイガ
㊼ 赤色土，褐色森林土は，成帯土壌と間帯土壌のどちらか。 — ㊼ 成帯土壌
㊽ おもに寒帯地域にみられ，一年中凍っている土壌は，何か。 — ㊽ 永久凍土
㊾ レグール土，ラトソル，ポドゾルのうち肥沃土は，どれか。 — ㊾ レグール土
㊿ 稲作は，一般に年降水量（　）mm以上の地域に適している。 — ㊿ 1000
㉛ タイなどで増水とともに伸長する稲を，何というか。 — ㉛ 浮稲
㉜ タイの稲作地域の中心の河川を，何というか。 — ㉜ チャオプラヤ川
㉝ アンデスで，インディオによって建設された文明は，何か。 — ㉝ インカ文明
㉞ アンデスの高地に特有の家畜は，（　）やアルパカである。 — ㉞ リャマ
㉟ ツンドラ地域で遊牧される家畜は，何か。 — ㉟ トナカイ
㊱ アラビア半島の代表的な遊牧民は，何というか。 — ㊱ ベドウィン
㊲ 砂漠では，水のかれた（　）を交通路としている。 — ㊲ ワジ（涸川）
㊳ イランの乾燥地域でみられる地下水路を，何というか。 — ㊳ カナート

3章　自然環境

4章 環境問題

この章のポイント＆コーチ

1 環境と開発 ▷p.99　＊日本の地域開発はp.395。

◆ **環境と人間**
環境可能論　自然環境は人間生活に種々の可能性を与える。人間の対応で決定。

◆ **地域開発**
総合開発　アメリカのTVAに始まる。旧ソ連の自然改造，中国の黄河，長江流域の開発，ブラジルのアマゾン開発など。大規模な環境破壊をもたらす場合も。

2 環境問題とその推移 ▷p.104

◆ **工業開発と公害**
日本の公害　戦前に足尾鉱毒事件。環境基本法では，大気汚染，水質汚濁，土壌汚染，騒音，振動，悪臭，地盤沈下の7つをあげている。
公害病の発生　水俣病，新潟水俣病，イタイイタイ病，四日市ぜんそくなど。

◆ **人間活動による環境破壊**
原子力発電所の事故　チェルノブイリ(旧ソ連)，スリーマイル島(アメリカ)，福島(日本)など。

3 地球規模の環境問題 ▷p.108

◆ **工業生産による環境問題**
酸性雨　酸性度の強い雨(pH5.6以下)で，森林の枯死，湖の魚の死滅など。
オゾン層の破壊　フロンガスによる。南極大陸の上空にオゾンホール。
地球温暖化　二酸化炭素やフロンガスなどによる。海面の上昇が予測される。

◆ **農牧業や林業による環境問題**
砂漠化　人口急増のため，過放牧や過耕作，燃料用樹木の伐採で砂漠が拡大。
熱帯林の破壊　経済開発(木材輸出や道路の建設など)や，焼畑の拡大。

◆ **環境保全の動き**
国際的な動き　国連人間環境会議(1972年)→地球サミット(1992年)→地球温暖化防止京都会議(1997年)→環境開発サミット(2002年)。持続可能な開発によって，地球環境の保全をめざす。

1 環境と開発

1 環境と人間

1 環境と生活

❶ 自然環境 地形，気候，土壌，陸水，海洋，生物(動植物)という要素をもつ**自然環境**は，たがいに影響しあい，しかも組織的なしくみをつくっている。生物は，その中で，全体として均衡を保って，生命を維持している。このような全体のしくみを，**生態系(エコシステム)**★1という。単独の環境要素よりも，複合的な自然環境が人間生活に影響を与えることのほうが多い。

❷ 社会環境 政治や経済のしくみ，社会組織，伝統，技術，宗教，生活習慣，交通などの要素をもつ**社会環境**も，人間生活に大きな影響を与えている。

❸ 環境可能論 環境が類似していても，さまざまな適応の仕方があり，それによって生活の地域差が生まれ，文化のちがいとなる。さまざまな社会現象や人間生活を，自然環境によって規定されているように解釈するのを**環境論**，あるいは**環境決定論**★2という。現在では，自然環境は人間生活に種々の可能性を与え，主として人間の対応や意志によって，生活が規定されるという**環境可能論**★3が，一般に支持されている。

★1 自然の中で，諸生物が相互に関連しあいながら，全体として均衡を保っているしくみ。

★2 自然環境の役割を重視した地理学者としてはラッツェルが代表的(→p.12)。

★3 フランスの地理学者ブラーシュが提唱した(→p.12)。

2 世界の地域開発

1 総合開発

❶ 総合開発の意義 **総合開発**は，地域開発の新しい形態として，1930年代からはじまった。とくに，水資源の利用と統制を中心とした総合的な地域の開発が，各国で行われている。

❷ 総合開発のはじまり 1929年にはじまった**世界恐慌**によって，アメリカは深刻な不況にみまわれ，失業者が増大した。その時の大統領フランクリン＝ローズヴェルト★1は，**ニューディール政策**★2とよばれる景気回復策をたてた。その一環として，1933年，失業対策や資源開発を目的とした**テネシー河谷開発公社(TVA)**★3をつくり，南部の開発をはかり，農村の電化などもすすめた。これが，世界の総合開発のモデルとなった。

★1 アメリカ合衆国の第32代大統領。在職1933〜45年。

★2 New Dealとは，新しい種まき，新規まき直しという意味。

★3 Tennessee Valley Authorityの略。

2 各国の地域開発

❶ アメリカの総合開発

[1] **TVA** ミシシッピ川支流のテネシー川流域の総合開発をすすめた。30以上の多目的ダムの建設により，洪水や土壌侵食の防止と灌漑→農地の開発，発電や水運→化学肥料，アルミニウム工業，原子力工業の発達などが実現。オークリッジ(原子力)，ナシュビル(航空機)，ノックスヴィル，チャタヌーガ(化学)などの工業都市も生まれた。

[2] **コロラド川**の開発 洪水防止のほか，発電(フーヴァーダム)★4，コロラド川水道からロサンゼルスやサンディエゴへ給水(パーカーダム)，インペリアルヴァレーの灌漑や発電(インピリアルダム)。

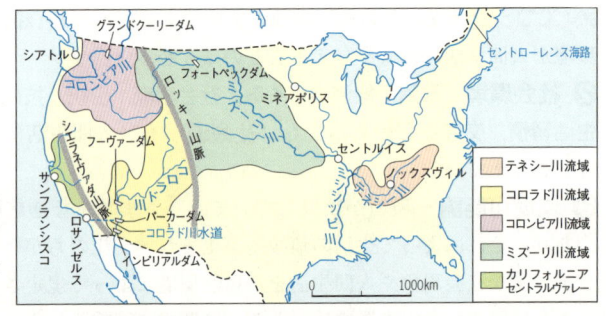

▶アメリカの地域開発
テネシー川，コロラド川，コロンビア川，ミズーリ川などの流域で，大規模な総合開発がすすんだ。

[3] **コロンビア川**の開発 コロンビア河谷開発公社(CVA)を設置し，雄大なグランドクーリーダム★5を建設。コロンビア盆地の灌漑(小麦栽培)のほか，シアトル，ポートランドへ電力が送られ，アルミ精錬，航空機などの工業化がすすんだ。

[4] **その他の開発** カリフォルニア州のセントラルヴァレーにおけるダムや灌漑施設の建設★6，カナダとの共同によるセントローレンス海路★7の整備，ミズーリ川流域の開発★8など。

❷ 旧ソ連の総合開発

旧ソ連では総合開発を**自然改造**とよび，5か年計画によってすすめられてきた。★9

[1] **ヴォルガ＝ドン運河**(ロシア) ヴォルガ川とドン川を結ぶ全長101kmの運河。1952年完成。13の閘門をもち，白海(北極海)，バルト海，カスピ海，黒海などが内陸水路でつながった。

▼ヴォルガ＝ドン運河とカラクーム運河

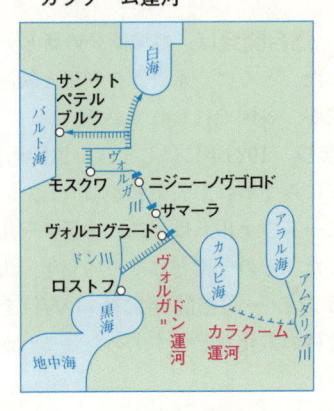

★4 アメリカ最大の人造湖(ミード湖)が生まれた(1936年完成)。なお，コロラド川の開発は，公社方式によらなかったので，TVA(テネシー川)，CVA(コロンビア川)，MVA(ミズーリ川)などの公社はない。

★5 グランドクーリーダムには巨大な発電所があり，世界有数の発電能力をもつ。

★6 サクラメント川上流の山岳地帯からサンワキン川流域の乾燥地域に水を引く。1958年完成。

★7 1959年完成。大西洋から五大湖への外洋船の航行を可能にした。

★8 ミズーリ河谷開発公社(MVA)が設置された(1944年)。

★9 かなり大規模なものが多く，経済的効果や気候改変に問題がでて，実現されなかったものも多い。

② カラクーム運河★10（トルクメニスタン）　アムダリア川の水をひいて中央アジア南部の乾燥地域を開発し、アラル海とカスピ海を結ぶ計画。ギジルアルバートまで完成したが、塩害や砂漠化、また、アラル海の縮小★11といった弊害が生じている。

③ その他の開発　ウラル山脈南端からカスピ海に至る地域での大植林計画★12、シベリアの開発★13、サハリンの開発など。

❸ ヨーロッパの地域開発

① イギリス　**大ロンドン計画**による都市の再開発、**ニュータウン**計画が有名（→p.249）。そのほか、工業再配置法、北部開発、テムズ川下流のウォーターフロント（→p.250）開発など。

② オランダ　国土の4分の1が海面下にあるオランダでは、中世から干拓をくり返し、**ポルダー**（干拓地）を造成してきた。1923〜32年にはゾイデル海の入口を締め、淡水のアイセル湖をつくった。また、1956年からポルダーの再開発★14をすすめた。

③ イタリア　北部との経済格差を解消するため、南部地域で土地改革や農地改良、南北を縦断する道路の建設★15などをすすめた。

❹ アジアの地域開発

① 中国　ホワイ川や黄河、長江流域の総合開発が有名★16。
　①ホワイ川（淮河）の流域　ダムの建設により、発電や灌漑を行い、地域開発がすすんだ。1959年にほぼ完成。
　②**黄河**（ホワンホー）の流域　黄河は有名な天井川★17で、昔から大洪水も多かった。1955年より、治水、乾燥地域の利水、水力発電、土壌保全を目的に実施。とくにサンメンシヤ（三門峡）ダム、リウチヤシヤ（劉家峡）ダムが、多目的ダムとして規模が大きい。
　③**長江**（チャンチヤン）の流域　世界最大規模の**サンシヤ（三峡）ダム**が2009年に完成。しかし、都市や遺跡が水没し、環境破壊なども問題となっている。

② その他　大部分の地域開発が、先進国の援助をうけている。
　①インド★18　TVAを模範に1948年から、ダモダル川流域開発公社（DVC）（Damodar Valley Corporation）が、ダモダル川流域に多目的ダムを建設。洪水防止、灌漑や発電などが目的。インダス川上流のサトレジ川（バークラ＝ナンガルダム）や、東部のマハナディ川（ヒラクドダム）、西部のナルマダ川の流域でも開発がすすむ。
　②東南アジア　ラオス、カンボジア、ベトナムを流れる**メコン川**の開発★19、インドネシア（スマトラ島）のアサハン川の開発（アルミニウム精錬）など。

★10 カラクームとは、「黒い砂」の意味。

★11 アラル海の水位の低下は、運河などへの過剰な取水のためで、今世紀中に消滅するともいわれるほど危機的な状況。（→p.29）

★12 中央アジアからヨーロッパロシアへ吹きつける熱風（スホベイ→p.74）を防ぎ、農地開発を図る。

★13 チュメニ油田の開発や、バイカル＝アムール鉄道沿線の天然ガス（ヤクート）、銅（ウドカン）、石炭、森林開発など。

★14 デルタプラン（デルタ計画）という。

★15 国内の南北問題を解消するためのこれらの計画は、立案者の名にちなんで、バノーニ計画（1955年）といわれる。（→p.348）

★16 現在中国では、内陸部のインフラ整備を中心とした西部大開発が進行中。（→p.320）

★17 川底が周辺の平野面より高い川。（→p.60）

★18 インドの総合開発は、1950年からはじめられたコロンボ計画（→p.300）による外資の導入と技術援助によってすすめられた。

★19 国連の地域経済委員会（→p.299）の1つであるアジア太平洋経済社会委員会（ESCAP）（エスキャップ）が担当している。

4章 環境問題

❺ アフリカの地域開発 先進国の援助によるものが多い。
① **エジプト** 1971年，ナイル川に旧ソ連の援助で**アスワンハイダム**が完成。洪水の防止，灌漑，発電が目的。
② **スーダン** 青ナイルと白ナイルの合流点付近のゲジラ灌漑計画。センナールダムによって72万haの農地が灌漑可能になった。
③ **ガーナ** ヴォルタ川に発電，灌漑，水運が目的のアコソンボダムが完成。発電によってアルミニウム工業が発達した。
④ **ザンビア** アフリカ南部最大のザンベジ川に，1959年，カリバダムが完成。ザンビアの銅の精錬のために送電。ダムはザンビアとジンバブエの国境地帯にある。

❻ ブラジルの地域開発 広大な未開発地をかかえ，地域開発がさかん。しかし，アマゾン川流域などでは開発の結果，生態系が変化したり環境が破壊されたりして，新たな問題がおこっている。
① **パラナ川流域**…ラプラタ川支流のパラナ川に，パラグアイと共同で**イタイプダム**を建設。イタイプ発電所は，水力発電所として世界最大規模の出力。[20]
② **セラード**…ブラジル高原のサバナ地帯で食料生産のための農業開発。セラードはサンフランシスコ川流域のサバナ型の疎林草原。[21]
③ **アマゾン川**流域…アマゾン横断道路，アマゾン縦断道路の建設。[22] アグロビラ（農業開発拠点村）の建設。
④ **大カラジャス計画**…カラジャス鉄山（→p.113）の開発，鉄道やダムの建設など。

❼ オーストラリアの地域開発
① **スノーウィーマウンテンズ計画**…スノーウィー川からトンネルによって内陸部のマリー川に転流し，灌漑，発電に利用。[23]

▲ブラジルの地域開発

★20 1982年に完成し，総出力1260万kW。

★21 1975年から日本のODAがきっかけで始まった。現在では国内の穀物の約3割を生産。

★22 アマゾン横断道路（トランスアマゾニアンハイウェイ）は，東部のパライバ州から西部のアクレ州の6000kmを結び1970年に開通。アマゾン縦断道路は，サンタレン～クイアバの2500kmを結び1976年に開通。

★23 マリーダーリング盆地の小麦栽培が拡大。しかし，塩害も拡大（→p.382）。

テーマゼミ アスワンハイダムの功罪

● 「エジプトはナイルの賜物」といわれるように，国土の97％が砂漠のエジプトでは，ナイル川がすべてである。とくに，ナイル川にそった地域は，川によって運ばれた肥沃な土壌が堆積し，豊かな農業地帯となり，人口が密集している。

● エジプト近代化のシンボルである**アスワンハイダム**は1971年に完成し，「現代のピラミッド」ともいわれた。このダムは，灌漑農地を広げ，農業生産を拡大させ，電源開発による工業発展など，地域開発として大きな成功をおさめたかにみえた。

● しかし，ダムが肥沃な土砂をせき止めるようになったため，下流の土壌はやせ，耕地に化学肥料を投入せざるをえなくなり，塩害の被害などが報告されている。また，海岸部はつねに波によって削られるため，海岸線は後退している。その上，地中海に流れこむ栄養分が以前の3分の1になり，プランクトンが少なくなり，漁業も大打撃をうけることになった。

● ダムの完成後は，生態系の変化によって風土病の拡大も報告され，総合開発に対する「自然の反抗」として，住民を苦しめる結果が生まれてきている。

1 環境と開発

| ポイント 世界の地域開発 | アメリカ…**テネシー川流域（TVA）**などの総合開発
旧ソ連……**ヴォルガ＝ドン運河**などの自然改造
発展途上国…TVA方式にならう。先進国の援助 |

▼世界のおもな地域開発

- ミズーリ川流域
- コロンビア川流域
- カリフォルニアセントラルヴァレー
- コロラド川流域
- テネシー川流域
- アマゾン川流域
- サンフランシスコ川流域
- パラナ川流域
- ヴォルガ＝ドン運河
- デルタプラン
- セントローレンス海路
- ナイル川流域
- ヴォルタ川流域
- ゲジラ灌漑計画
- 大カラジャス計画
- ザンベジ川流域
- カラクーム運河
- オビ川流域
- エニセイ川流域
- 黄河流域
- ホワイ川流域
- 長江流域
- ダモダル川流域
- マハナディ川流域
- ナルマダ川流域
- サトレジ川流域
- アサハン川流域
- メコン川流域
- マリー川流域

4章　環境問題

◀**アマゾンの熱帯林を貫く道路**
道路の建設によって，生態系が道路を境にして分断され，沿道の開発が進み熱帯林が破壊されている。

▼**サンシヤ（三峡）ダム**
長江中流域の三峡（西陵峡，巫峡，瞿塘峡）一帯に建設され，2009年に完成した。ダム建設により，電力供給や洪水抑制，水運などの面で効果をもたらした。その一方で，建設過程における100万人以上の住民の強制移住，三峡一帯の景観破壊や名所旧跡の水没，流域の水質悪化と生態系の破壊，大量の土砂の堆積などの問題が発生している。

2 環境問題とその推移

1 工業開発と公害

1 世界の公害

産業の発達により，健康や生活環境に被害が及ぶようになった。このうち，社会的な災害を**公害**という。

❶ **先進工業国** 資源の消費量が多く，工業化がすすんでいるため，早くから公害が発生。

❷ **発展途上国** 工業化や人口の都市集中がすすんでいる国で，公害が発生。また，先進国主導の資本進出と開発によって，公害を発生しやすい工業が移転され，公害を広めることが懸念されている。★1

> 補説　**各国の公害の例**　ドイツのルール工業地域におけるライン川の水質汚濁，アメリカのエリー湖の水質汚濁やロサンゼルスの大気汚染（光化学スモッグ），ロシアのヴォルガ川，カスピ海，バイカル湖などの水質汚濁，中国のシャンハイ，シェンヤンなどの鉄鋼コンビナートの大気汚染などが，大きな問題になっている。スウェーデンでは，パルプ工業による大気汚染や水質汚濁が著しい。

★1 先進国による「公害の輸出」が指摘されている（→p.106）。

▼現在の足尾山地
明治時代には，精錬による亜硫酸ガスで山林は枯死した。加えて，精錬用の燃料や坑木用として乱伐されたので，たびたび大洪水を発生させ，有毒重金属の鉱毒被害を拡大した。

2 日本の公害

❶ **第二次世界大戦前の公害**

① **足尾鉱毒事件**　1877年に本格的に開発がはじまった足尾銅山周辺の公害。精錬にともなう煙や廃棄物から，多量の鉱毒が渡良瀬川に流れこみ，沿岸の農地が汚染された。栃木県選出の代議士田中正造は，帝国議会などで鉱毒問題をとりあげたり，決死の覚悟で天皇へ直訴を行った。しかし政府は十分な対策をせず，鉱毒反対運動を強権的に封じこめた。

> Q 足尾銅山やその周辺は，今はどんな様子になっているのですか。
>
> A 足尾銅山は，1973年に，採算がとれなくなったため，閉山されたよ。銅山が閉山されても，土地にしみこんだ有毒物質がなくなるわけでなく，今もそれが流出している。有害な煙によって，周辺の山は赤裸になった。植林は行われているものの，今も一部の山では，樹木も見られない状態だね。

② **別子銅山の煙害問題**　別子銅山（愛媛県）の煙害で，新居浜の精錬所が沖合の四阪島に移されたが，公害は広がり，毎年，賠償金を出すことになった。★2

③ **日立銅山の煙害問題**　日立銅山（茨城県）周辺で発生した煙害★3（1909年ごろ～）。

★2 1885年ごろから煙害がひどくなったが，技術的に解決された（1926年）。

★3 156mという，当時世界一高い煙突（オバケ煙突とよばれた）を完成させ，煙害がほぼなくなった（1914年）。

❷ 戦後の公害　1955年以後の高度成長期の工業化に伴い深刻化。

1　公害の姿
環境基本法★4では，大気汚染，水質汚濁，土壌汚染，騒音，振動，地盤沈下，悪臭の7つを，典型的な**公害**としてあげている。このほかにも，いろいろな公害がある。★5

① **大気汚染**　工場の煙や自動車の排ガスなどで，大気中に硫黄酸化物，窒素酸化物などが排出されておこる公害。呼吸器に障害がおこり，ぜんそくなどの病気にかかりやすい。太陽光によって大気中で有害物質(オキシダント)が形成される光化学スモッグも発生している。★6

② **水質汚濁，土壌汚染**　ともに産業廃棄物(ヘドロ，鉱毒など)や工場廃水のたれ流しによっておこる。魚介類，農産物への被害★7のほか，人間も病気になる(水俣病，イタイイタイ病など)。

③ **騒音，振動，悪臭**　騒音や振動は，工場のほか交通機関(新幹線，飛行機)から発生。悪臭は，製紙工場や化学工場から発生。

④ **地盤沈下**　工業用水としての地下水(東京，大阪，尼崎など)や，天然ガス(新潟)の採取で，土地が沈む。

2　公害病
公害による病気では，死者も多く出ている。

① **水俣病**　工場から出た有機水銀(メチル水銀)が，魚などを通じて人間の体内にはいり，発生する悲惨な公害病。八代海沿岸(熊本県，鹿児島県)や，新潟県阿賀野川下流で発生(**新潟水俣病**)した。

② **イタイイタイ病**　鉱山から出たカドミウムが体内にはいり，骨がもろくなる公害病。富山県神通川下流で発生。

③ **慢性ヒ素中毒症**　鉱山から出たヒ素による慢性中毒。★8

④ **ぜんそくなど**　全国各地の工業都市では，硫黄酸化物などによる大気汚染で，ぜんそく，気管支炎などの公害病患者がふえた。**四日市ぜんそく**(三重県)など。★9

補説　四大公害裁判　新潟水俣病，四日市ぜんそく(以上1967年に提訴)，イタイイタイ病(1968年提訴)，水俣病(1969年提訴)の患者らが，公害を発生させた企業の責任を追及しておこした裁判。判決は1971〜73年に出て，いずれも，企業の責任を認め，患者側の勝訴となった。一定の賠償金は支払われたが，公害病患者の苦悩がなくなったわけではないし，公害そのものが根絶されたわけではない。

> **ポイント　日本の公害**
> 戦前…足尾鉱毒事件(田中正造らの運動)
> 戦後…重化学工業化で深刻となった
> **水俣病**などの公害病で，死者まで発生

★4 1967年に制定された公害対策基本法にかわって，1993年に制定(→p.106)。

★5 典型七公害といわれるが，このほかにも有害食品，有害医薬品，ダイオキシン類やアスベストなどの有害物質による被害，日照や通風の問題，廃棄物(ゴミ)の問題など。

★6 人間の呼吸器や神経に被害をもたらすほか，植物にも悪影響を与える。なお，スモッグは，スモーク(煙)とフォッグ(霧)の合成語。

★7 近年，ゴルフ場の農薬も問題視された。現在は改善している。

水俣病	578
新潟水俣病	220
イタイイタイ病	5
慢性ヒ素中毒症	54
ぜんそくなど	43,135
合計	43,992

▲認定された公害病患者の人数
(2009年末)
(「環境白書」による)

★8 宮崎県高千穂町土呂久や島根県津和野町笹ヶ谷で発生。

★9 1988年から，公害健康被害補償法にもとづく大気汚染地域の指定がすべて解除されたので，以後，新しいぜんそくなどの公害被害認定患者は出てこないことになった。

3 公害の原因

❶ 企業の責任
利潤の追求 ┐ ┌ 生産性向上のためだけの技術開発 ┐
生産の拡大 ┘→└ 生産上，排出される廃棄物の処理を放棄 ┘→公害

❷ 政治の責任 自然の生態系(→p.99)や，人間の生命，健康よりも，産業(重化学工業)の発展を優先させてきたこと。

(補説) **公害輸出** 先進国の企業は，自国内の工場から出た廃棄物の処理を発展途上国に求めたり，汚染物質を排出しやすい部門を発展途上国に移転し，自国内の厳しい企業規制を回避しようとすることがある。こうしたことを，公害輸出という。経済的な南北格差が大きい現状では，経済的に強い立場の先進国が，弱い立場の発展途上国へ公害を押しつけやすく，環境問題は，南北格差の象徴ともなってきた。★10

★10 経済的に苦しい立場の発展途上国が，安易に廃棄物を受け入れたり，先進国が安あがりに廃棄物処理をしないように，バーゼル条約(正式には「有害廃棄物の国境を越える移動及びその処分の規制に関するバーゼル条約」)が，1989年に採択されている。

2 人間活動による環境破壊

1 公害から環境破壊へ

❶ 公害の改善への努力 1955年以降の高度成長期に，公害病を代表とする深刻な公害問題が発生した。しかし，1967年に**公害対策基本法**の制定★1，1971年に**環境庁**の設置など，対策もすすんだ。

❷ 環境破壊 今日，汚染の範囲が広くなり，公害問題よりも，より包括的な環境破壊(環境問題)というとらえ方が，一般的になった。1972年の国連人間環境会議(→p.113)では，地球環境の危機が世界の共通課題として初めてとりあげられたが，地球規模でとらえてゆくことが，環境問題でも重要になっている。

❸ 環境基本法の制定 1993年，これまでの公害対策基本法を廃止し，自然環境保全法(1972年制定)を整備して，**環境基本法**が制定された。環境基本法では，環境への負荷の少ない持続的発展が可能な社会の構築や，地球環境保全のための国際協力などを定めた。また，2001年より環境庁も**環境省**に格上げされた。

★1 1967年にできた公害対策基本法では「公害対策は経済の発展と調和をはかるように」と定められていた。しかし，これでは少しぐらいの公害はしかたがないという考え方にもつながる。そこで1970年に改正され，経済発展との調和をはかるという考え方は削除された。

2 さまざまな環境破壊

❶ 日常的な環境破壊
① **地球規模の環境破壊** 地球温暖化，砂漠化，酸性雨，熱帯林の伐採，フロンガスによるオゾン層の破壊など。(→p.109)
② **特定地域の環境破壊**★2 湖沼や河川の水質汚濁，産業廃棄物によるダイオキシン汚染，道路やダム建設，干潟の埋め立てによる自然破壊など。

★2 特定地域の環境破壊が，大規模な自然破壊をもたらしているものもある。

①水質汚濁　生活排水や工場廃水に含まれる窒素やリンは、養分となって水中の藻やプランクトンを増殖させる。これを、河川や湖沼の**富栄養化**という。琵琶湖や霞ヶ浦の富栄養化が報告されている。

②**産業廃棄物（産廃）**　産廃の野焼き、一般家庭の焼却炉、自治体のゴミ焼却施設などから大量の**ダイオキシン**が発生し、大気や土壌を汚染し、人体や農作物に取り込まれている。ダイオキシンは、分解されにくく、体内に蓄積されるとがんや身体障害といった健康被害をもたらす可能性がある。体内でホルモンのような働きをして、生殖機能や免疫機能を狂わせてしまう化学物質があり、**環境ホルモン**とよばれている。また、不法投棄された産業廃棄物によって汚染される場合もある。

❷ **突発的な環境破壊**　原子力発電所の事故による放射能汚染。タンカー事故による海洋汚染（原油流出）。ベトナム戦争時の枯葉剤の使用、湾岸戦争（1991年）時の劣化ウラン弾の使用や油田爆破など、戦争によるもの。

★3 富栄養化が、赤潮やアオコの原因となっている。滋賀県では、琵琶湖富栄養化防止条例を制定し、リンを含む合成洗剤の使用を禁止している。

★4 日本は他国に比べ、ゴミ処理を焼却に依存する率が高い。

★5 塩化ビニルなどのプラスチック類が、800度以下の低温で燃焼されると、猛毒ダイオキシンが発生する。

★6 瀬戸内海の香川県豊島では、約50万tもの産業廃棄物が不法投棄され、ダイオキシンなどに汚染された。

テーマゼミ　チェルノブイリと福島の原子力発電所事故

○ 1986年、**チェルノブイリ原発事故**が起こった。外部電源の停電時に補助電源が作動するまでの10数秒間の原子炉からの電力供給を調べていた実験で、安全装置をはずしたままで、いったん下がりすぎた出力を上げようとしたとき、4秒で定格出力の約100倍に到達、原子炉が爆発してしまった。

○ 事故とともに、放射能は風にのってヨーロッパ全体に広がり、東西約950km、南北約400kmの地域、スウェーデンまでも放射能で汚染した。ウクライナの穀倉地帯の農作物や牛乳やきのこからも、高レベルの放射能が検出された。

○ 放射能汚染地域にすんでいた人々や、長期にわたり汚染された食物を摂取し続けた人々は、がんにかかりやすくなっている。中には、子どもの甲状腺がんの発生率が高くなっている地域もある。

○ また日本でも、2011年3月11日に発生した、**東北地方太平洋沖地震**とそれにともなう津波によって、**福島第一原子力発電所**が事故におちいった。

○ 発電所の原子炉6基のうち、稼働中の1〜3号機は地震で緊急停止したものの、およそ15mの津波に襲われ、点検中の4号機を含めた1〜4号機が非常用電源を失ってしまった。このため、核燃料の冷却が不可能になり、水素爆発などにともなって、大量の放射性物質が原子炉の外に放出されるという重大事故が発生した。

○ 2011年12月、政府は「発電所の事故そのものは収束に至った」としたものの、原子炉の廃炉までの道のりや、放射性物質の除染作業など、課題が山積している。

▲放射能に強く汚染された地域

3 地球規模の環境問題

1 地球環境問題の相互関連

1 相互関連の原因

　環境問題は，個々の問題がさまざまな形で関連しあっているが，その根本的な原因は人間の活動があらゆる分野で拡大してきたことにあり，それは主として先進国を中心に経済活動が高まってきた点にある。その一方で，発展途上国では，貧困，人口急増と都市集中があり，さらには国際的な相互依存関係の拡大が背景にある。

▲地球環境問題の相互関連（「環境白書」による）

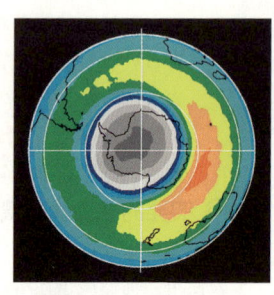

▲南極上空のオゾンホール　オゾン層にあいた穴のこと。白～灰色の部分がオゾンホール。NASAの分析（2011年10月）による。(→p.110)

▼世界のおもな環境問題

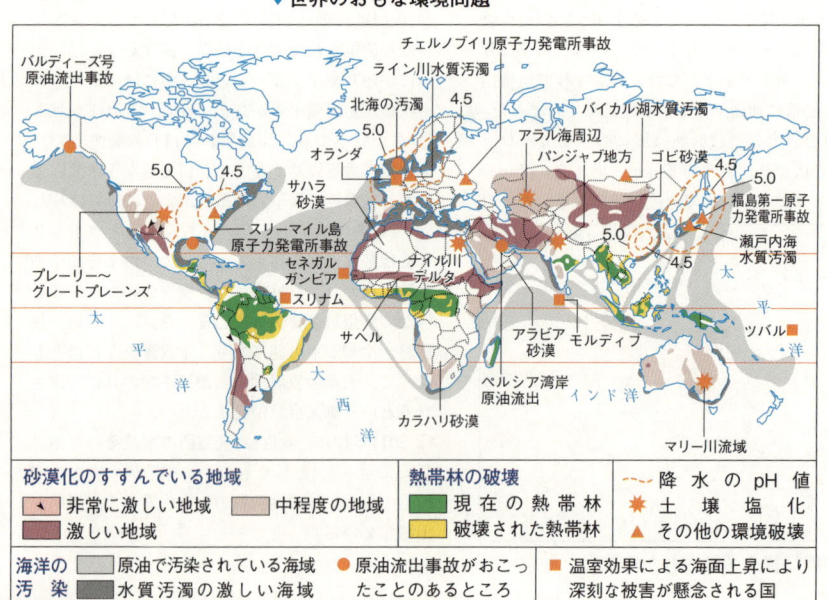

砂漠化のすすんでいる地域
- 非常に激しい地域
- 激しい地域
- 中程度の地域

熱帯林の破壊
- 現在の熱帯林
- 破壊された熱帯林

- 降水のpH値
- 土壌塩化
- その他の環境破壊

海洋の汚染
- 原油で汚染されている海域
- 水質汚濁の激しい海域
- 原油流出事故がおこったことのあるところ
- 温室効果による海面上昇により深刻な被害が懸念される国

2 工業生産による環境問題

1 酸性雨

❶ 酸性雨とその原因 石炭や石油などの化石燃料を燃やす火力発電所や工場，自動車などから排出される硫黄酸化物，窒素酸化物が，大気中の水蒸気にとけこみ，酸性度の強い雨＝酸性雨★1が降る。また，酸性霧もみられる。

❷ 被害の発生 ヨーロッパでは，工業地域から硫黄酸化物や窒素酸化物が多く排出され，それが偏西風にのり，広く拡散されて，酸性雨が発生。現在，ヨーロッパのほか，ロシア，カナダ，アメリカ，日本，中国でも，酸性雨の被害が報告されている。

1. **スウェーデン** 8万5000の湖沼のうち1万8000が酸性化して4000が魚の住めない死の湖★2となった。対策として，湖水や土壌を中和させるために，湖沼や森林に石灰を散布している。

2. **ドイツ** ドイツ人が「心のふるさと」とよぶシュヴァルツヴァルト（黒い森）は，モミやトウヒを中心とする人工林で，ドナウ川の源流になっている。しかし，酸性雨は，土壌を酸化させたり，葉に付着して，森を枯らせつつある。

3. **その他** アテネのパルテノン神殿などの大理石（石灰岩の一種）でできた建造物や，ウィーンやロンドンなどの青銅の像は，化学反応によって溶食（→p.66）や腐蝕が進行した。東ヨーロッパの旧社会主義国では，旧式の設備で汚染が著しい。★4

❸ おもな対策 1979年，ヨーロッパ諸国が中心となり，長距離越境大気汚染防止条約を締結し，汚染物質の削減をめざしている。

★1 酸性の度合いは，pH（ペーハーとも読む，水素イオン指数）で表す。中性はpHが7.0であるが，雨水はふつうでも，二酸化炭素などをとかしこむので，pH5.6ぐらいになる。そこでpHが5.6より低い雨を，酸性雨とする。酸性雨は，1872年にイギリスのマンチェスターで初めて観測された。

★2 酸性雨を「空中鬼（コンチョンクイ）」とよぶ。スーチョワン省オーメイ山などで森林枯死の被害。

★3 スウェーデンでは地下水からの井戸水にも被害が及んでいる。

★4 その後工場への排煙脱硫装置の設置が義務づけられたり，自動車の排ガス規制が厳しくなった。

▼アメリカの酸性雨 (2007年)

▼ヨーロッパの酸性雨 (2002年)
汚染地域の中心は，工業の中心地よりやや東にずれ，偏西風の風下になっている。

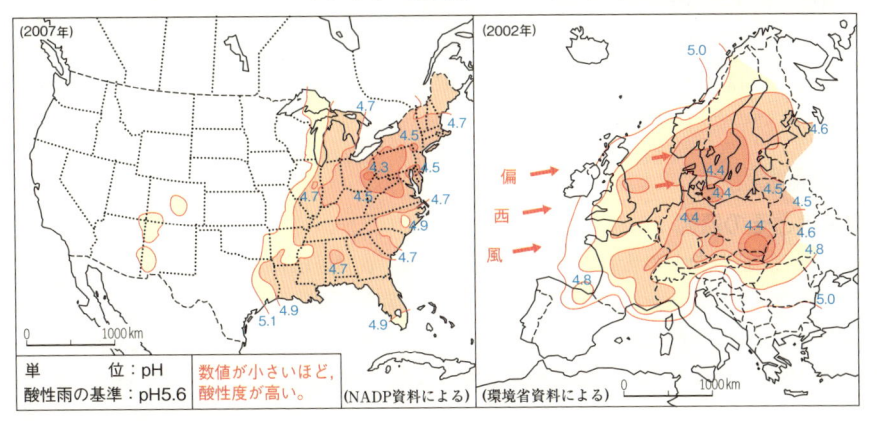

単位：pH　酸性雨の基準：pH5.6　数値が小さいほど，酸性度が高い。（NADP資料による）（環境省資料による）

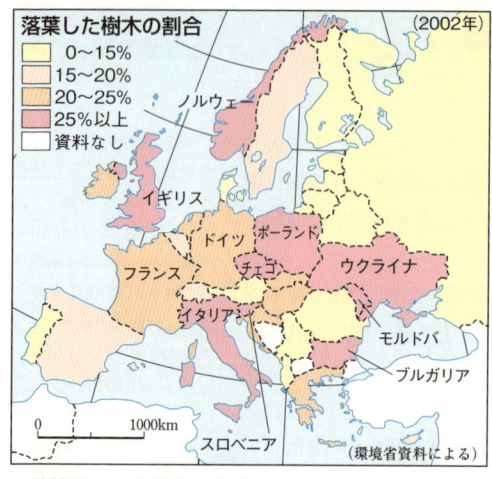

▲酸性雨による森林の被害

> **Q** ヨーロッパにおける酸性雨は，東ヨーロッパのほうでも酸性度が高い国がありますが，なぜでしょうか。
>
> **A** 東ヨーロッパでは，エネルギー消費を節約する省エネがすすんでいないこと，豊かな石炭（褐炭）がありその消費が多いこと，そして，公害対策が生産のあと回しにされてきたことなどがあるよ。たとえば，自動車の省エネや排ガス規制は，西ヨーロッパ諸国よりかなり遅れてきた。こうしたわけで，硫黄酸化物（SOx）や窒素酸化物（NOx）の排出量が多いからなんだ。また，西ヨーロッパの工業地域から偏西風にのって汚染物質が流れてきたことも大きいね。

2 フロンガスによるオゾン層の破壊

❶ **フロンガス**★5　人工的に合成された物質で，冷蔵庫やエアコンの冷媒用，電子部品などの洗浄，スプレーガスなどに利用。

❷ **オゾン層の破壊**　**フロンガス**は，直接人体に影響はないが，大気中では分解されにくく，20〜25km上空の成層圏の**オゾン（O_3）層**を破壊する。

そのため，地表に達する短い波長の有害な紫外線がふえ，皮膚がんの増加，地球の温度を上昇させるなど，地球規模での異常気象や生態系への影響がある。南極大陸上空では，季節によってオゾン層にあく穴（**オゾンホール**）が拡大してきた。

❸ **対策と課題**　2000年までにフロンガスを全廃する，という国際的とり決めがなされ★6，オゾン層破壊作用の大きい特定フロンの生産は，1995年に先進国で全廃された。

しかし，使用済みフロンの回収，発展途上国への規制強化，代替フロン（オゾン層破壊作用が小さい）の使用の問題（温暖化係数がひじょうに大きいこと）などの課題が残る。

3 地球温暖化

❶ **温暖化とその原因**　温暖化とは，地球の大気の温度が高くなること。石炭，石油などの化石燃料の燃焼の急増や，森林破壊による光合成量の減少で，大気中の**二酸化炭素（CO_2）**★7の量が増加している。また，大気中で分解されないフロンガスなども増加し，大気圏外への熱の放射がさえぎられ，**温室効果**をもたらす。（→p.28）

★5 フロンガスは1928年にアメリカで開発された。正式にはクロロフルオロカーボン類といい，塩素，フッ素，炭素などの化合物。いろいろな種類がある。

★6 オゾン層の保護に関するウィーン条約（1985年）に基づくオゾン層破壊物質に関するモントリオール議定書（1987年）の改定（1990年）による。

★7 オランダ，スウェーデンなどでは，二酸化炭素（CO_2）の排出抑制を目的に，二酸化炭素の排出量によって課税する**環境税（炭素税）**が導入された。

❷ **温暖化の影響** 温暖化による今後の気温の上昇には，いろいろな予測がある(→p.28)。しかし，いずれにしろ，極地方の氷がとけ，海水面が上昇するといわれ，沿岸部や高度の低い島は水没する可能性が高い。また，洪水の危険性が高くなったり，砂漠化や生態系の変化にも大きな影響をおよぼす。

★8 全世界の平均気温は，現在のままの状態が続けば，2100年頃に1.7～4.4℃上昇し，海面は約50cm上昇するという試算もある。

> **ポイント**
> 石炭や石油の大量消費　　酸性雨…………森林枯死，湖の魚の死滅
> 　　　　　　　　　　　　地球温暖化……海面上昇，生態系の変化
> フロンガスなどの使用　　オゾン層の破壊…生物への悪影響

3 農牧業や林業による環境問題

1 砂漠化

❶ **砂漠化** 気候の変動，人による過度の土地利用などによって，土地が砂漠に変わっていく現象。1968～73年の大干ばつで，サハラ砂漠が南方の**サヘル**地方へと拡大(→p.29)したときに，世界中で広く砂漠化が認識された。

❷ **砂漠化の進行** サヘル地方では，植物が枯れて多くの人々や家畜が餓死した。現在，砂漠と砂漠化の進行している地域は，全陸地の約40％，世界総人口の約6分の1が砂漠化の被害をうけている。

★1 サヘルはアラビア語で，縁，岸，境界の意味。セネガルからスーダンにかけて，北緯10～20度のサハラ砂漠の南側の地域をさす。露出した大地に，点々とアカシアなどの棘のある植物がはえる。

▼**世界の砂漠と砂漠化地域** 砂漠化は，サヘル地方のほか，パキスタンからインドに広がる大インド(タール)砂漠の周辺，アラル海の周辺，内モンゴルのほか，先進国では，アメリカのコロラド川流域，オーストラリア中央部でも進行している。

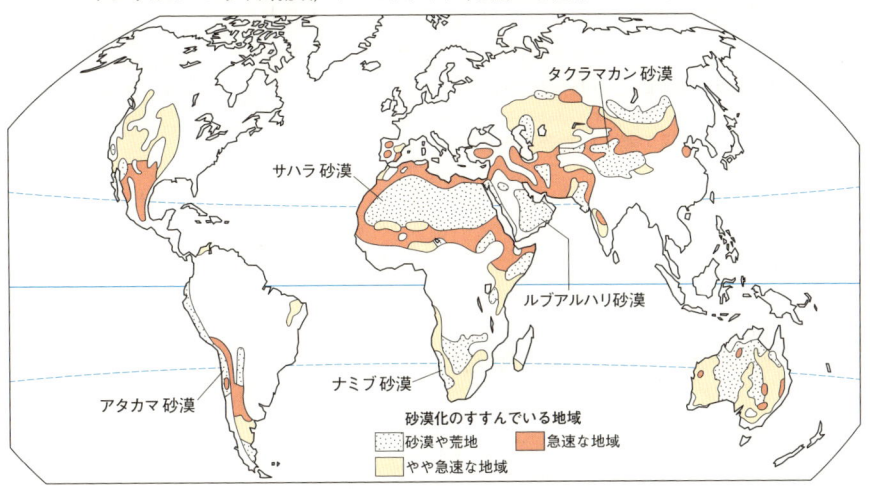

❸ **砂漠化の原因**　降水量の減少といったこと以外に，人為的要因として，①人口増加に対処するため，家畜の過放牧，無理な耕地利用（過耕作）による地力低下や表土流出，②燃料（薪）確保のための樹木の伐採などで，土壌中に水分が保持されなくなり，砂漠となる。また，③企業的農牧業地域では，粗放的な栽培による表土流出，塩害の発生による耕地の放棄などで，砂漠が広がっている。
❹ **おもな対策**　技術援助や灌漑，植林事業がすすめられているが★2，あまり効果をあげていない。

2 熱帯林の破壊

❶ **熱帯林**　東南アジア，アマゾン川流域，コンゴ川流域では，熱帯林の茂る熱帯雨林気候の地域が広い。熱帯林は，世界の全森林面積の半分近くをしめる。ラワンやチークなどの有用材（→p.139）があり，海岸には特有の**マングローブ林**がみられる。

> 補説　マングローブ　熱帯地域の海岸や河口で，海水と淡水がいりまじる潮間帯に生育する低木★3。密生するため，海岸を固定させたり，魚介類を養う働きがある。樹皮は染料，果実は酒の原料にもなる。インドネシア，タイの海岸部では，近年，日本向けのえびの養殖池をつくったりするために，マングローブ林が広く伐採されている。一度伐採された所は，強い日光や雨のため，土地が荒れて植物が育ちにくくなるので，マングローブ林の再生には，困難がともなう。

❷ **熱帯林の伐採の原因**

① **東南アジアの熱帯林**　日本の高度成長期の住宅ブーム以降，日本向け輸出のための乱伐採がふえた。日本の熱帯材輸入相手国は，フィリピン→インドネシア→マレーシアと移ってきたが★4，それらの国の熱帯林を食いつぶしてきた。また，マレーシアやインドネシアでは油やしのプランテーション，タイでは都市向けの野菜栽培のために，森林が耕地に変わっている。

★2　1977年の国連砂漠化防止会議，1992年の地球サミット（国連環境開発会議）をへて，1994年に砂漠化対処条約が調印された。国連環境計画（UNEP）や国連食糧農業機関（FAO）が，砂漠化防止行動計画をすすめている。

★3　紅樹林ともいう。日本の南西諸島にみられるガジュマルも，マングローブの一種。

★4　フィリピン（1970年ごろまで）→インドネシア（1970年代）→マレーシア（1980年代以降）。現在では，マレーシアのボルネオ島（カリマンタン島）のサバ州，サラワク州などの木を大量に伐採。丸太輸出は禁止されているが，製材して輸出。

▼**熱帯林の分布および伐採の著しい熱帯林の分布**

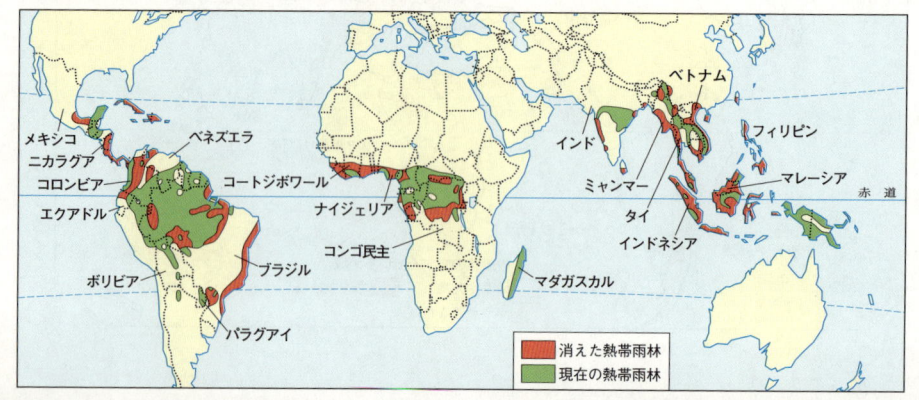

（地図：消えた熱帯雨林／現在の熱帯雨林）

2　**アマゾン川流域の熱帯林（セルバ）**　1970年代から開発がすすむにつれて，熱帯林は急速に減少している。
- 貧しい農民に土地を与え，自作農を育成→焼畑の拡大。
- アマゾン横断道路やアマゾン縦断道路（→p.102）の建設。
- ダムの建設→広範囲にわたる熱帯林の水没。
- カラジャス鉄山の鉄鋼生産の燃料確保（熱帯材を使用）。

（補説）**カラジャス鉄山**　ブラジル北東部パラ州の鉄山で，世界最大級の埋蔵量（170億t以上）。鉄分66％という高品位を誇る。大カラジャス計画という，鉱産資源や森林資源の開発，農業開発などの総合開発計画の中で，1986年，外国資本を導入して本格的に採掘が開始された。鉄鉱石をとかすのに，木炭による燃料を使うが，これは，開発計画に参画した日本の発案によるものである。

▲露天掘りのカラジャス鉄山

❸　**熱帯林の破壊の影響**　地球全体の生態系を狂わせる。酸素の供給が減り，二酸化炭素の吸収も減る。蒸散量の減少により，大気中の水蒸気量も減る。この結果，地球温暖化や降水量の減少に影響する。また，多くの生物種の絶滅★5も心配されている。

熱帯林の伐採後，強い日射や激しい降雨で，土壌の固結や流出が進む。栄養分の多くは樹木内で循環しているので，土壌はやせている（ラトソル）。植物の生育は困難となり，荒地になり，洪水などの災害も発生する。

★5　地球上の生物種の過半数が熱帯林に存在する。遺伝子資源として考えると，さまざまな生物の遺伝子の存在によって，安定した生態系を保つことができる。遺伝子は，人間がつくり出すことのできない自然の宝である。医薬品として期待される有用なものも多い。

ポイント
発展途上国
- 人口急増―過放牧，過耕作，燃料需要→砂漠化―温暖化
- 経済開発―｛木材輸出，燃料の確保／道路やダムなどの建設｝→熱帯林の破壊

4　環境保全の動き

1　国際的な動き

❶　**国連人間環境会議**★1　1972年，スウェーデンの首都ストックホルムで開催。「かけがえのない地球（Only One Earth）」「宇宙船地球号」をスローガンに，世界の国々が初めて，地球環境の危機を世界の共通課題として討議，「人間環境宣言」を採択した。また，**国連環境計画（UNEP）**が設立された。

❷　**OECD（経済協力開発機構）の政策**
1　**PPPの原則**★2　公害防止の国際ルールとして，採択（1972年）。公正な国際競争のために，公害防止費用は汚染者負担とする。
2　**環境アセスメント**　その立法化を勧告（1974年）。

★1　この後，1976年に国連人間居住会議（カナダ），1977年に国連水会議（アルゼンチン）や国連砂漠化防止会議（ケニア）が開催された。

★2　汚染者負担原則。Polluter Pays Principle（よごした人が費用を支払う原則）の略。

(補説) **環境アセスメント** 開発に際して，その開発が環境にどのような影響を与えるかを，事前に予測することによって，防止策もたてて，環境悪化を未然に防ごうとする制度のこと。環境影響調査ともいう。アセスメントは第三者がすること，それを公開すること，地域の住民も参加することなどの原則を取り入れなければならない。日本では，1997年に国の法律としても制度化された。

❸ **持続可能な開発** 国連の「環境と開発に関する世界委員会」★3が，1987年，『われら共有の未来』という報告書の中で，環境保全と開発とは相反するものではなく，不可分なものとする「持続可能な開発」(Sustainable Development) の考え方を提唱し，世界の支持を得た。

❹ **地球サミット**★4 1992年開催。正式には「**国連環境開発会議**」。地球規模の環境破壊に関する国際協力のあり方について討議。持続可能な開発をかかげた地球憲章としての「環境と開発に関するリオ宣言」，その行動計画「アジェンダ21」が採択された。また，地球温暖化防止のための「気候変動枠組条約」や，動植物の種を絶滅から守る「生物の多様性保全条約」も調印された。

❺ **地球温暖化防止京都会議**★5 1997年開催。2008年～2012年において平均して先進国全体で，1990年に比べ，温室効果ガスを5％削減する「**京都議定書**」★6を採択した。初めて，法的拘束力のある削減目標を定めた。なお，発展途上国には削減を求めていない。その後，2011年の南アフリカ共和国・ダーバン会議（COP17）では，2020年にアメリカや中国を含むすべての国が参加することとなった。

❻ **環境開発サミット**★7 2002年開催。正式には「持続可能な開発に関する世界首脳会議」といい，1992年の地球サミットをうけて，持続可能な開発への討議を深めた。
(World Summit on Sustainable Development)

❼ **自然保護や文化財保護**

① **ラムサール条約**★8（国際湿地条約） 正式名は「特に水鳥の生育地として国際的に重要な湿地に関する条約」。1971年採択。日本では釧路湿原などが登録され，保全がはかられている。（→p.207）

★3 1984年より，自由な立場で討議する「賢人会議」として，21人の世界的有識者で構成。7回にわたる会議を経て，1987年，東京で報告書（東京宣言）がまとめられた。

★4 1992年，ブラジルのリオデジャネイロで，175か国の政府や国際機関が参加した。さらに，世界中から約7600団体，1万8000人のNGO（非政府組織）の参加もあり，その連携も重視され，人類史上最大の会議となった。

★5 正式には，気候変動枠組条約第3回締約国会議（COP3）。

★6 EU 8％，アメリカ7％，日本6％など。第6回再開会議（2001年，ボン）においてアメリカぬきで運用ルールが合意された。

★7 南アフリカ共和国のヨハネスバーグで開催された。

★8 ラムサールは採択地（イラン）の地名。

▼地球環境をめぐる国際的な動き

1972	ローマクラブ	人口，環境，資源の地球的な危機の到来を警告した『成長の限界』を発表
1972	国際連合	国連人間環境会議で人間環境宣言。国連環境計画(UNEP)の設置（本部はナイロビ）
1982	国際連合	国連ナイロビ環境会議でナイロビ宣言
1987	国際連合	環境と開発に関する世界委員会（1984年発足，WCED）が，東京宣言『われら共有の未来(Our Common Future)』を発表。「持続可能な開発」を提唱。
1992	国際連合	地球サミット（国連環境開発会議，UNCED）で，「環境と開発に関するリオ宣言」
1997	国際連合	地球温暖化防止京都会議（温室効果ガスの削減目標を設定）
2002	国際連合	環境開発サミット（持続可能な開発に関する世界首脳会議，WSSD）

2　**ワシントン条約**　正式名は「絶滅のおそれのある野生動植物の種の国際取引に関する条約」。1973年採択。野生動植物の国際的な売買を規制し、種の保全を図ることが目的。

3　**世界遺産条約**　正式名は「世界の文化遺産及び自然遺産の保護に関する条約」。1972年採択。各国が国内の遺産を登録する。★9

★9 日本では、文化遺産として姫路城、法隆寺など、自然遺産として屋久島、白神山地、知床、小笠原諸島が登録。(→p.207)

> **ポイント**
> 地球規模の環境破壊　｛酸性雨、オゾン層の破壊、温暖化
> 　　　　　　　　　　砂漠化、熱帯林の破壊
> 　国連人間環境会議(1972)…人間環境宣言
> 　地球サミット(1992)…持続可能な開発 → 環境開発サミット(2002)

2 市民運動による環境保全

❶ **ナショナルトラスト**★10　無秩序な開発から、すぐれた自然環境や歴史的環境を保全するため、市民から寄金をつのり、土地や建物などを買いとって保存、管理する国民環境基金運動。
　わが国でも、「天神崎の自然を大切にする会」(和歌山県)や「日本野鳥の会」など多くの団体が運動をすすめている。

❷ **アースデイ**　1970年、アメリカの市民運動家の提唱で始まった地球と地球の環境を守る市民運動。

❸ **グリーンピース**★11　オランダに本部をおく環境保護団体。世界の140か国以上に約300万人の会員をもつ。

★10 1895年イギリスで3人の市民から生まれ、1907年、ナショナルトラスト法が制定された。現在は、世界各国で広く行われている。

★11 わが国には、アースデイ日本や、グリーンピース日本という支部がある。

テーマゼミ　エコラベルとリサイクル

● **エコラベル**　再利用の資源を使用した商品など、環境に配慮した商品をグリーン商品とよんでいる。このような商品には、中立的な機関が認定したエコラベルがつけられている。日本では日本環境協会のエコマークがよく知られている。また、古紙再生のグリーンマークのように、それぞれの分野で認定されるエコラベルもある。

● **資源リサイクル**　地球環境問題、エネルギー問題、ゴミ問題が深刻化するにつれて、製品、原材料の回収、資源の再利用が注目されてきた。わが国では、2000年に「循環型社会形成推進基本法」が施行された。これは、ゴミに関する新しい基本法で、今までの廃棄物処理法などの上位の法として制定された。日本もいよいよ、廃棄物の適正処理の時代から、資源管理や循環を考える時代に入ってきた。

● この循環型社会形成推進基本法の下で、個別のリサイクル法が次々と制定、改正されている。家電やOA機器は、家電リサイクル法によってメーカーに引き取り義務を課すようになった。また、飲料や食品などの容器や包装は、容器包装リサイクル法によって再商品化が求められている。(→p.116)

▼各国のエコラベル

[ドイツ]　[日本]　[カナダ]

バージョンUP 環境問題
…追加・新用語

リサイクルエネルギー
廃棄物から形を変えて生み出されたエネルギーの総称。ゴミを焼却するときの熱を利用して発電をしたりする。そのほか，プラスチックなどの石油製品を処理して，燃料にしている。

リサイクル社会
循環型社会。従来の大量生産，大量消費，大量廃棄の社会ではなく，積極的にゴミを分別したりして環境を守る循環型社会のこと。

循環型社会形成推進基本法
2000年，循環型社会の形成に関する施策を総合的かつ計画的に推進して，国民の健康で文化的な生活の確保に寄与することを目的として成立した法律。これに基づいて個別のリサイクル法ができている。

リサイクル法
資源，廃棄物などの分別回収，再資源化（リサイクル），再利用（リユース）について定めた法律。次のようなものがある。
(1) 容器包装リサイクル法：瓶，缶，包装紙，ペットボトルなどを対象にする。
(2) 家電リサイクル法：エアコン，テレビ，冷蔵庫・冷凍庫，洗濯機・衣類乾燥機。
(3) 建設リサイクル法：コンクリートや木材。
(4) 食品リサイクル法：食品に関する製造業者，加工業者，販売業者に食品のゴミの再資源化を求める。
(5) 自動車リサイクル法：使用済み自動車の解体時に部品などについて製造業者，輸入業者に回収処理を義務化。

3R
Reduce（リデュース：減らす），Reuse（リユース：再び使う），Recycle（リサイクル：再資源化）の頭文字をとった言葉。

①ごみの発生抑制，②再使用，③再生利用の優先順位によって，廃棄物の削減につとめ，④熱回収（サーマルリサイクル），⑤適正処分をはかる方向になっている。

ゼロ・エミッション
ある産業から出るすべての廃棄物を，新たに他の分野の原料として活用し，あらゆる廃棄物をゼロにすることをめざす構想。エミッションとは，ゴミのこと。

エコタウン事業
環境調和型のまちづくりの事業。1997年に創設された制度で，ゼロ・エミッション構想をもとに，各地域で環境調和型経済社会を形成しようとする構想。地方公共団体が作成したプランについて，環境省と経済産業省が共同承認し，総合的・多面的な支援をすることになっている。2011年現在で，26地域が承認されている。

たとえば，愛媛県エコタウンプランでは，製紙産業から発生する廃棄物の処理について，焼却と埋立処理にかわる発生抑制，焼却灰の資源化をめざして，取り組みをすすめている。

アグロフォレストリー
森林を伐採した後，いくつかの種類の樹木作物を植林し，その間で多種の農作物を育てたり，家畜を飼育する農法。おもにアフリカの熱帯地域で行われている。多彩な作物を組み合わせるよう工夫している。熱帯林を切りはらって，単一の商品作物を大量生産するプランテーション型の農業と対比される。

こうした複合的な経営は，土地の荒廃を防ぎ，環境を破壊しないで農業を行うことができるので，熱帯での「持続可能」な経営形態として注目されている。

熱帯の先住民が伝統的に行ってきた焼畑農業も，その多彩な生態系に学んで多種類の作物をたくみに組み合わせており，アグロフォレストリーの先例とみなされる。

サスティナビリティ
持続可能性のこと（sustainability）。農業分野，

資源の消費,都市の開発など,環境問題の基礎となっている共通理念。1992年の国連地球サミットで確認された「持続可能な開発(Sustainable Development)」という環境保全についての基本的な考え方にもとづく。

里山

里山は,集落や人里の近くにある山。人の活動による影響をうけた生態系をもっていて,人工的自然ともよばれる。

日本の里山は,近世(江戸時代)には水源涵養林として保護されたり,森林として整備され,多面的な利用が行われるようになった。単に木材の供給源としてだけでなく,落ち葉や下生えは田畑の肥料や飼料に利用され,山菜や果実は食料となった。薪や木炭などの燃料,きのこや山菜は販売することにより収入を得ることもできた。地域によっては鳥獣も捕獲された。このようにして,今日でいう持続可能な開発が実現していた。

第二次世界大戦後,高度経済成長の進行とともに,里山の経済的な価値が小さくなり,手入れをする人もいなくなった。宅地化がすすみ,放置され荒廃した里山もめずらしくなくなってしまった。

環境マイスター

1998年度から熊本県水俣市で,環境や健康に配慮したものづくりを続けているとして認定された人。「マイスター」は,ドイツ語で,職人の親方,名人,達人という意味。

水俣病を経験したことから,環境モデル都市づくりの一環に,市の制度として創設された。現在,お茶,パン,みかん,野菜,米作りなどで環境や健康にこだわったものづくりを行っている人,30数名が環境マイスターとして認定されている。

この環境マイスター制度は全国各地の自治体で広まっている。

動脈産業と静脈産業

動脈産業とは,モノの生産と流通に関わっている産業。静脈産業とは,消費されたあとのモノの回収,処理,リサイクルに関わっている産業。動脈は酸素や栄養源を運び活力や知力を生み出す機能を持ち,静脈はこれによって生じた老廃物を運ぶ機能を持っているという,動物の循環系になぞらえた表現。

これまではモノの生産こそが本来的目標とされたが,地球環境重視の視点に立つと,従来,関心の薄かった廃棄物処理などの静脈産業の役割が重視されるようになってきた。

気候変動に関する政府間パネル(IPCC)

地球温暖化についての科学的な研究の収集,整理のための政府間機構。

国際的な専門家で構成される学術的な機関で,地球温暖化に関する最新の知見の評価を行い,結果を公表している。国際政治および各国の政策に強い影響を与えるようになり,2007年にノーベル平和賞を受賞した。

ハイブリッド車

ガソリンエンジンと電動エンジンを併用した自動車。市街地などの低速走行には電動エンジンを利用し,高速走行にはガソリンエンジンを利用し同時に発電と蓄電を行う。燃費がよく,排気ガスの量も少ないので,環境にやさしいエンジンとされている。

1997年,トヨタ自動車がハイブリッド車の「プリウス」を発売したことが契機となって,一般への普及が始まった。2011年3月,トヨタ自動車はハイブリッド車の世界販売台数が300万台を超えたと発表した。

ポスト京都議定書

1997年に議決,2005年に発効した京都議定書は,2008年から2012年の「第1約束期間」内に先進国全体の温室効果ガスの合計排出量を,1990年に比べて5%以上削減することを全体的目標とし,先進国に対して国ごとに−8%〜−10%の削減目標を定めている。(日本は1990年比で6%削減)この京都議定書の削減期間が終わった後,2013年から2018年の「第2約束期間」における,京都議定書を引き継ぐ枠組みが,現在世界各国で議論されている。

4章 環境問題

テスト直前要点チェック

#	問	答
①	生物を含む自然環境が形成する総合的なしくみは，何か。	生態系（エコシステム）
②	自然環境は人間に可能性の場を与えるとする学説は，何か。	環境可能論
③	国土を総合的に利用，開発，保全することを，何というか。	総合開発
④	テネシー川の総合開発をすすめた公社の略称は，何か。	TVA
⑤	コロラド川からロサンゼルスへ給水しているダムは，何か。	フーヴァーダム
⑥	旧ソ連では，総合開発のことを，何とよんだか。	自然改造
⑦	ポルダーという干拓地を造成してきた国は，どこか。	オランダ
⑧	中国の長江で，2009年に完成した巨大ダムは，何か。	サンシヤ（三峡）ダム
⑨	1971年にナイル川にできた大ダムは，何か。	アスワンハイダム
⑩	灌漑と工業化を目的に総合開発されたインドの川は，何か。	ダモダル川
⑪	渡良瀬川流域の鉱毒事件を，何というか。	足尾鉱毒事件
⑫	工場廃水の有機水銀がもとになった公害病を，何というか。	水俣病（新潟水俣病）
⑬	富山県神通川下流で発生した公害病を，何というか。	イタイイタイ病
⑭	四大公害裁判のうち，大気汚染のおきた都市は，どこか。	四日市
⑮	1993年制定された環境保全に関するわが国の法律は，何か。	環境基本法
⑯	ゴミの低温焼却によって発生する汚染物質は，何か。	ダイオキシン
⑰	2011年3月に重大事故を起こした原子力発電所はどこか。	福島第一原子力発電所
⑱	酸性雨のために被害をうけたドイツの森林は，どこか。	シュヴァルツヴァルト
⑲	オゾン層を破壊する気体は，何か。	フロンガス
⑳	二酸化炭素などの増加で，地球環境はどう変化するか。	温暖化
㉑	肥沃な土地が砂漠に変わっていく現象を，何というか。	砂漠化
㉒	1972年，ストックホルムで開かれた国際会議は，何か。	国連人間環境会議
㉓	開発前に，自然環境への影響を調査することを，何というか。	環境アセスメント
㉔	環境保全と開発は相反しないという考え方を，何というか。	持続可能な開発
㉕	1992年リオデジャネイロで開催された会議を，何というか。	地球サミット（国連環境開発会議）
㉖	気候変動枠組条約第3回締約国会議はどこで開催されたか。	京都
㉗	1971年に結ばれた湿地保全に関する条約を，何というか。	ラムサール条約
㉘	2011年に日本で世界自然遺産に登録されたのは，どこか。	小笠原諸島
㉙	市民が開発前の土地を買って保存する運動を，何というか。	ナショナルトラスト

5章 農林水産業と食料問題

この章のポイント&コーチ

1 農牧業 ▷p.120 ＊日本の農牧業はp.397。

◆ 自給的農牧業
移動式農業 焼畑農業で、いも類、雑穀、とうもろこし、豆類などを栽培。
遊牧とオアシス農業 ステップやツンドラで遊牧。乾燥地域でオアシス農業。
アジアの集約的農業 降水量などにより集約的稲作農業や集約的畑作農業。

◆ ヨーロッパから発達した商業的農業
地中海式農業 オリーブやオレンジなどの果樹と、冬の小麦栽培。移牧。
混合農業 食用、飼料用作物の輪作と、肉牛や豚などの家畜飼育。
酪農 乳牛の飼育によって、牛乳や乳製品を生産。
園芸農業 近郊農業と遠郊農業。野菜や草花などの栽培。

◆ 新大陸や熱帯の企業的農牧業
新大陸の企業的農牧業 企業的穀物農業、企業的牧畜業。
プランテーション 熱帯における輸出向け商品作物の栽培。

> アメリカの農牧業
> 南から北へ…綿花→冬小麦やとうもろこし→酪農や春小麦
> 東岸…園芸農業
> 西岸…地中海式農業

◆ 集団的農牧業とその変化
ロシアと周辺の国々 旧ソ連はコルホーズ(集団農場)、ソフホーズ(国営農場)。
中国 人民公社による集団化から、生産責任制へ。北部は畑作、南部は稲作。

◆ 農業の国際化、情報化
アグリビジネス とくにアメリカで強大化。穀物メジャーなど。

2 林業と水産業 ▷p.139 ＊日本の水産業はp.399、林業はp.400。

◆ 林業の立地
林業地域 亜寒帯林で林業がさかん。近年、熱帯林の伐採が増加。

◆ 水産業の立地
漁業と漁場 200海里水域で沿岸国の権利が確立。世界の三大漁場…北西太平洋漁場、北東大西洋漁場、北西大西洋漁場。

3 食料需給と食料問題 ▷p.142 ＊日本の食料需給と食料問題はp.410。

◆ 食料問題
発展途上国 食料不足。嗜好品や飼料用穀物の生産で、食料生産が圧迫される。
先進国 農産物の過剰生産。自給率の低下←日本はとくに著しい。

1 農牧業

1 農牧業の立地条件

1 自然的条件

❶ 気 候　農牧業は，とくに気候条件の制約を強くうける。

① 気温　作物の成育には，それぞれ適温があるが，一般に，発芽には0～10℃以上，その後の成育には10℃以上の気温が必要。

② 降水量　一般に，農業には年降水量500mm以上，牧畜には250mm以上を必要とする。

> 補説　積算温度　作物の成育期間中の気温の総和。ふつう，日平均気温の総和で示す。稲の成育には2400℃以上，小麦は1900℃以上の積算温度が必要である。

作物	おもな栽培条件
稲	積算温度2400℃以上，十分な日照 年降水量1000mm以上がよい
小麦	4か月は平均気温14℃以上 積算温度1900℃以上 年降水量500～750mm
天然ゴム	年平均気温26℃以上 年降水量2000mm以上
コーヒー	年平均気温16～22℃，霜をきらう 年降水量1000～3000mm
綿花	生育期間18℃以上，収穫期に乾燥 無霜期間が年間で210日以上 年降水量500mm以上

▲おもな作物の栽培限界　各作物ごとに，固有の栽培限界がある。

❷ 地 形　平坦な土地か傾斜地か，低湿か高燥かなどの条件。一般的に，平坦な沖積平野では稲作が多く，台地では畑作が多い。

❸ 土 壌　肥沃さ，水はけ，水もち，化学的性質などの条件。レグール土は綿花に，テラローシャはコーヒーに適す。

❹ 自然的条件の克服　作物や家畜についての栽培や飼育の限界は，品種改良[*1]で前進した。また，土壌改良，灌漑や排水などの栽培技術の進歩などにより，自然的条件を克服している。

2 社会的条件

❶ 経済の発展による農牧業の変化

① 近代以前の農牧業　地域ごとに，自給的農牧業。

② 近代以降の農牧業　産業革命以降，大きな変化が生じた。

産業革命による工業化の進展で，

> 都市人口への食料供給➡新大陸で，大規模な企業的農牧業が発展➡ヨーロッパの農牧業の分化（混合農業，酪農，地中海式農業，園芸農業）。
>
> 工業原料や，茶，コーヒーなどの嗜好品の需要増大➡アジア，アフリカやラテンアメリカでのプランテーション[*2]（→p.133）。

❷ 文 化　同じような自然環境をもった地域でも，アジアでは米

★1　カナダでは，小麦の耐寒品種のガーネット種が栽培されている。

★2　旧ソ連のヤロビ農法は，冬小麦に春化処理＝バーナリゼーション（発芽しかけた種子を0～5℃の低温で40～50日保存すること）を行うものである。これにより，寒冷な極地方への栽培限界（寒冷限界）が前進したとされるが，実際はあまり普及していない。

なお栽培限界には，標高に注目した高距限界，降水量に注目した乾燥限界もある。

の食習慣のため稲が広く栽培されており、ヨーロッパや新大陸では、麦類の栽培と家畜の飼育が一般的である。★3

❸ **技　術**　機械化の程度、灌漑施設の普及の程度、品種改良★4などの農業研究の程度などにより、農牧業が変化する。

❹ **経　済**　労働力が豊富な地域は、集約的な傾向が強く、逆に労働力が不足する地域では、粗放的な経営となる。また、自給用か、換金用（商品作物）かによっても異なる。換金用の場合、市場への近接性が大きな問題である。★5

★3 ヨーロッパの農牧業は、有畜農業が基本となる。

★4 北海道で稲作が本格化したのは、明治時代以降である。

★5 チューネンが説いた。

▶**チューネンの農業立地論**

ドイツの農業経済学者チューネン（1783～1850年）は、その著書『孤立国』の中で、農業立地論を体系化した。均質な自然条件がある土地と仮定した場合、中心都市（消費地）における農産物の価格と、生産地からの輸送費とが、農業配置を決定するので、農家は利益率が最高となる作物を栽培する。そのため、農業地域は、中心から同心円状に分布するとした。また、可航河川などがある場合は、それによって輸送費が安くなるため、同心円が変化すると説いた。

孤立国の農業配置

粗放的牧畜
三圃式農業
穀草式農業

300　200　100　0　100　200　300 km

可航河川のある場合の農業配置

輪作式農業

200　100　0　100　200 km

● 都市　□ 自由式農業　▨ 林業式農業

❺ **政　治**　旧ソ連や中国など、社会主義国の多くは、計画経済に基づいて、農業を集団化してきた。また、資本主義の国では、特定の作物の生産調整が行われたり、補助金による生産奨励、あるいは土地の利用規制などがみられる。★6

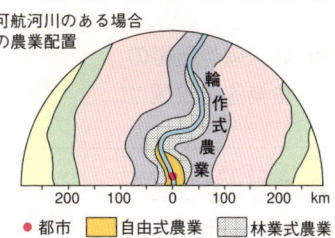

★6 日本の米の生産調整は、1969年より実施されてきたが、見直しの動きもでてきた。

▼アメリカのコーンベルト（とうもろこしの収穫）

> **ポイント　農業の立地を決める条件とは**
> 　自然的条件…**気温（10℃以上）**、**降水量（500mm以上）**や、地形、土壌など
> 　社会的条件…経済の発展、文化、技術など

3 立地条件の変化

農業の立地条件が変化すれば、それにともなって農牧業地域も移動する。

アメリカでは、綿花地帯が縮小し（→p.134）、コーンベルトの中に**大豆**の栽培地域がふえ、西部にも牛の**肥育場**（フィードロット）ができている（→p.131）。また、プランテーション地域でも、これまでの**単一耕作**（モノカルチャー）から多角化がすすんでいる（→p.133）。

5章　農林水産業と食料問題

1 農牧業　121

2 世界の農牧業地域

1 4つの類型

　世界の農牧業は，作物や家畜の種類，その生産形態などにより，4つの種類に分けることができる。しかし，日本の農牧業のように種類や形態がまざっている場合も多い。

❶ 自給的農牧業 (→p.123)	移動式農業 遊牧とオアシス農業 アジアの集約的農業	焼畑で移動 乾燥帯やツンドラ 稲作と畑作
❷ ヨーロッパから発達した商業的農業 (→p.126)	地中海式農業 混合農業 酪農 園芸農業	自給生産と，商品生産 完全な商品生産
❸ 新大陸や熱帯の企業的農牧業 (→p.130)	企業的穀物農業 企業的牧畜業 プランテーション	新大陸の企業的農牧業 熱帯，亜熱帯
❹ 集団的農牧業とその変化 (→p.135)	集団的農牧業	近年，大きく変化

★1 アメリカの地理学者ホイットルセイ(ホイットルセー)は，世界の農牧業地域を，集約度，商品化の程度，家畜の有無などから13の地域に区分したことで有名。

　下図では，移動耕作農業と初期定着農業とを1つにまとめて原始的農業地域としたので，12区分となっている。

　ホイットルセイの区分には，歴史的な条件が考慮されていないという批判もある。

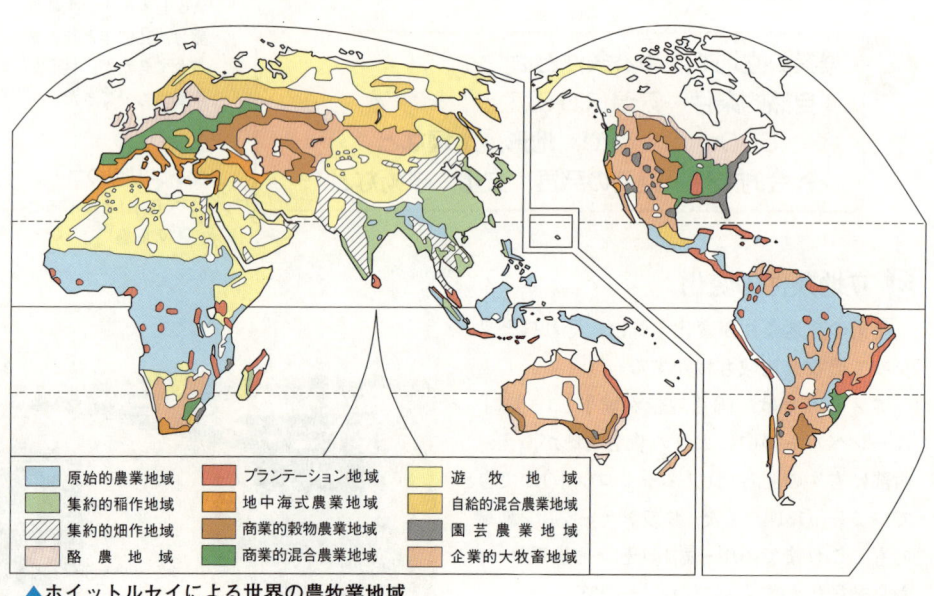

凡例：
- 原始的農業地域
- 集約的稲作地域
- 集約的畑作地域
- 酪農地域
- プランテーション地域
- 地中海式農業地域
- 商業的穀物農業地域
- 商業的混合農業地域
- 遊牧地域
- 自給的混合農業地域
- 園芸農業地域
- 企業的大牧畜地域

▲ホイットルセイによる世界の農牧業地域

3 自給的農牧業

1 移動式農業

❶ **特　色**　切りはらった森林を焼き草木灰を肥料とする**焼畑農業**。ハック（木の掘り棒）で穴をあけ，種をまく。2～3年で地力が衰えると，しばしば住居とともに移動する。

(補説)　原始的定着農業　広範な移動式農業の地域の内部や周辺には，焼畑農業を行って耕地を移動させながら，住居は固定している原始的定着農業がみられる。肥沃な土地や交易に便利な土地に定住し，一部でバナナ，カカオなどの商品作物を栽培している点に特色がある。

★1　人口増や森林の減少で，過度に焼畑が行われる傾向があり，土壌の流出や砂漠化をひきおこす（→p.131）。

★2　近年では，原始的定着農業の形態をとることが多くなってきている。

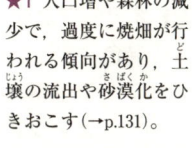

❷ **栽培作物**　穀物（あわ，ひえ，もろこし，きび，**陸稲**），いも類（キャッサバ，ヤムいも，タロいも，さつまいも）やとうもろこし，かぼちゃ，豆類などの自給用作物。

(補説)　**キャッサバ**　マニオクともいう。高さ2～3mの灌木で，根からでんぷんをとる。このでんぷんを粒状に固めたものを，タピオカといい，パンや菓子の原料となる。（→p.260）
タロいも　さといもに似た作物で，湿地に生育する。（→p.260）
ヤムいも　熱帯で広く栽培されるヤマイモ科のつる性の作物。日本のながいもと同じ仲間。

⇧キャッサバ　⇧タロいも　⇧ヤムいも

2 遊牧とオアシス農業

❶ **遊　牧**

① **特色**　乾燥地域やツンドラ地域では，牧草を求めて，家畜とともに移動する粗放的な牧畜が広くみられる。これが**遊牧**である。近年，遊牧も**定着する傾向**にある。

② **飼育する家畜**　羊，ヤギは，乾燥と粗食に耐えるので，各地で飼育される。その他，牛（東アフリカなどやや湿潤な地域），馬（モンゴル），ラクダ（西アジア），トナカイ（ツンドラ地域），**ヤク**（チベット高原），**リャマ**，**アルパカ**（アンデス高地，→p.91）など。

③ **遊牧民の生活**　遊牧民の生活は，**いっさいを家畜に依存**する。運搬や乗用のほか，家畜の乳（→チーズなど），肉，毛，皮，骨から排泄物（糞）にいたるまで，すべてを生活に利用している。

⇧ヤク　⇩リャマ　アルパカ⇩

★3　季節ごとに決まった場所に移動する。

★4　ヤクはチベット高原やネパールの家畜。牛の仲間。毛皮，ミルク，乳製品が得られ，乾燥した糞は燃料となる。チベット族の主食は，炒った大麦の粉と，ヤクや羊の乳製品。

★5　遊牧民は，ふだんは乳製品を食べる。肉は，特別なときにしか食べない。また，乳製品や肉類は農耕民の穀物と交換される。

★6　皮は衣類やテント，糞は燃料になる。

5章　農林水産業と食料問題

補説 **ゲル(パオ)** 中央アジアからモンゴルの遊牧民は，楊柳(ようりゅう)の枝の骨組みに，羊の毛でつくったフェルトを張った移動式のテントに住む。直径は5〜8m。組み立てが簡単で，遊牧に適している。モンゴルではゲル，中国ではパオという。(→p.261)

❷ オアシス農業

1 **特色** 乾燥地域では，人工的な灌漑(かんがい)によって古くから集約的(しゅうやく)な**オアシス農業**が行われた。

灌漑(がいらい) ┃ オアシスを利用…サハラ砂漠などの典型的なオアシス農業。
┃ 外来河川★7を利用…ナイル，ティグリス，ユーフラテス川流域。
┃ 地下水路を利用…カナート(イラン)，フォガラ(北アフリカ)，カレーズ(アフガニスタン，パキスタン)。(→p.93)

2 **分布地域と栽培作物**
①**エジプト** ナイル川流域のせまい河谷(かこく)やデルタ地帯では，アスワンハイダム，アスワンダムの水による灌漑によって，綿花★8，小麦，米などを栽培。
②**イラク** ティグリス川，ユーフラテス川の水による灌漑で，なつめやし(→p.314)，小麦，綿花などを栽培。

> **ポイント**
> **遊牧**…乾燥地域(羊など)や
>   ツンドラ地域(トナカイ)の粗放的(そほう)な牧畜
> **オアシス農業**…乾燥地域の集約的な農業

③ アジアの集約的農業

❶ アジア式農業の特色
①**零細**(れいさい) 家族労働中心の小規模経営。農家数も農業人口も多い。
②**労働集約的** 手労働中心で，せまい耕地に多くの労働力を投下。
　土地生産性(単位面積あたりの収量)は概(がい)して高くない。★9
　労働生産性(単位労働時間あたりの収量)はきわめて低い。
③**自給的** 米や小麦の穀物栽培が中心で，大部分が自給用。
④**共同体的** 水管理，家族労働中心などで，共同体意識が強い。

❷ アジア式農業地域
1 **集約的稲作農業**★10 降水量が多く，低湿な沖積(ちゅうせき)平野では，稲作がさかんである。しかし，生産性は低く，食料問題をかかえる国もある。
2 **集約的畑作農業**★11 水が不十分だったり，気温が低めで，稲作にむかない地域では，畑作が行われる。

▲パオ 総重量はおよそ300kg。共同で組み立てるのに2時間かかる。

★7 水源が湿潤地域にあり，乾燥地域を貫流(かんりゅう)する河川。

★8 良質な長繊維(ちょうせんい)で，エジプト綿として有名。

▼なつめやし

★9 一般に，労働集約的な農業は土地生産性が高くなるが，アジアでは機械化がおくれており，一部を除き土地生産性は高くない。

★10 アジア式稲作農業ともいう。

★11 アジア式畑作農業ともいう。

1 農牧業

❸ 米の生産 稲はアジアを原産地とする熱帯性作物で、夏の高温と日照、十分な降水量が必要。そこで、夏に海から**季節風(モンスーン)**がふいて降水量の多い東アジア、東南アジア、南アジア(モンスーンアジア)の沖積平野(デルタ)などが栽培に適していて、米の生産量のほとんどをしめる。

❹ 米の流通と消費 モンスーンアジアは、米の大生産地であるとともに大消費地でもある。中でもタイは、古くからの米の輸出国である。ただし、国際貿易上で取り引きされる米の総量は、小麦よりはかなり少ない。米の流通では、華人(→p.272)の勢力が強い。

補説
自給的農業 自家で消費することを目的に農作物をつくる農業。
商業的農業 販売して利益を得ることを目的に農作物をつくる農業。
集約的農業 単位面積あたりの資本(土地改良、肥料など)、労働力の投下の多い農業。労働力の投下の多い農業を労働集約的農業という。アジア式農業がその典型的な例である。
粗放的農業 単位面積あたりの資本、労働力の投下が少ない。
土地生産性 単位面積あたりの生産量。
労働生産性 単位労働時間あたりの生産量。

	労働生産性	
	高い	低い
土地生産性 高い	園芸農業	
土地生産性 低い	企業的農牧業	焼畑農業 アジア式農業

〔青字は集約的農業〕〔赤字は粗放的農業〕

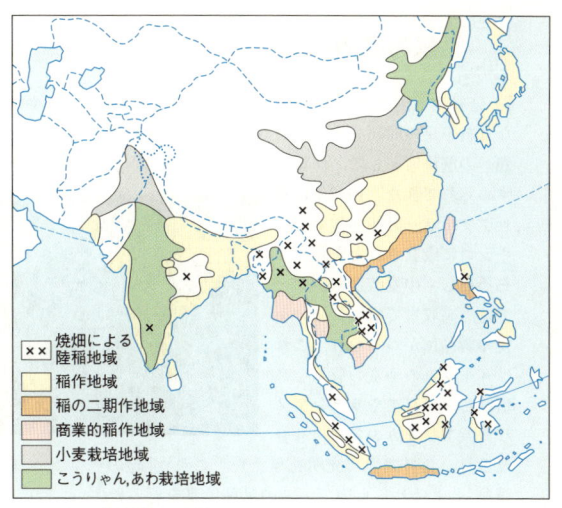

▲アジア式農業の地域
降水量により、稲作地域と畑作地域に区分される。

凡例:
- ××: 焼畑による陸稲地域
- 稲作地域
- 稲の二期作地域
- 商業的稲作地域
- 小麦栽培地域
- こうりゃん、あわ栽培地域

▼米の生産と貿易

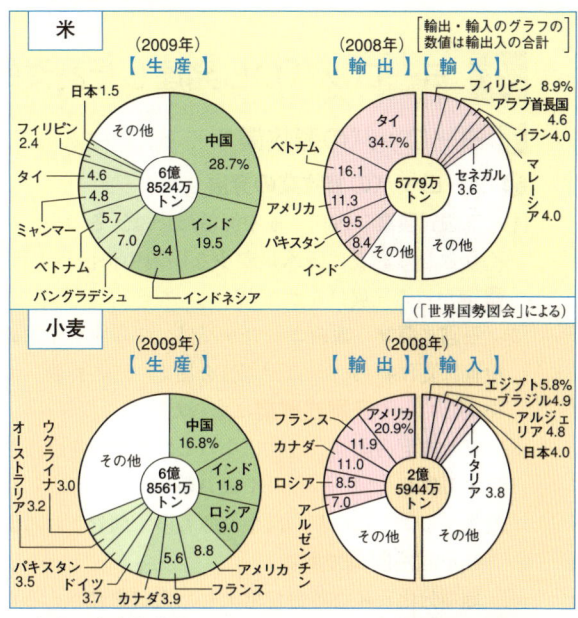

米

【生産】(2009年) 6億8524万トン
- 中国 28.7%
- インド 19.5
- インドネシア 9.4
- バングラデシュ 7.0
- ベトナム 5.7
- ミャンマー 4.8
- タイ 4.6
- フィリピン 2.4
- 日本 1.5
- その他

【輸出】【輸入】(2008年) 5779万トン
- タイ 34.7%
- ベトナム 16.1
- アメリカ 11.3
- パキスタン 9.5
- インド 8.4
- その他
- フィリピン 8.9%
- アラブ首長国 4.6
- イラン 4.0
- マレーシア 4.0
- セネガル 3.6
- その他

(「世界国勢図会」による)

小麦

【生産】(2009年) 6億8561万トン
- 中国 16.8%
- インド 11.8
- ロシア 9.0
- アメリカ 8.8
- フランス 5.6
- カナダ 3.9
- ドイツ 3.7
- パキスタン 3.5
- オーストラリア 3.2
- ウクライナ 3.0
- その他

【輸出】【輸入】(2008年) 2億5944万トン
- アメリカ 20.9%
- フランス 11.9
- カナダ 11.0
- ロシア 8.5
- アルゼンチン 7.0
- その他
- エジプト 5.8%
- ブラジル 4.8
- アルジェリア 4.8
- 日本 4.0
- イタリア 3.8
- その他

輸出・輸入のグラフの数値は輸出入の合計

▲小麦の生産と貿易 米はアジア中心の自給的な作物であるため、生産の多い上位の国は、アジアで人口の多い国の順となる。それに対して、小麦は世界中で栽培されており、面積の広い国が生産量の上位をしめる。貿易量では、小麦は米よりもかなり多い。

テーマゼミ 緑の革命

● 発展途上国を中心とした人口の急増は，深刻な食料不足の問題を生んでいる。こうした食料問題への解決策として，作物の品種改良の研究がすすめられてきた。1943年にロックフェラー財団の援助でメキシコに設立された<u>国際とうもろこし＝小麦改良センター</u>では，高収量で病気に強い小麦の新品種がつくられ，これはメキシコの小麦の収量を2倍にし，アジアやラテンアメリカ，アフリカの各地にも普及され，食料問題に光明を与えた。これが「<u>緑の革命</u>」とよばれるもので，この品種改良を行ったノーマン＝ボーログ博士は，その功績により1970年にノーベル平和賞を受賞した。

● 緑の革命は稲にもおこり，ロックフェラー財団やフォード財団の援助によりフィリピンに設立された<u>国際稲研究所</u>は，1966年から「<u>奇跡の米</u>」とよばれるIR8をはじめとする高収量品種を生み出した。これらの品種はフィリピン，インドをはじめ，アジアの稲作諸国に伝えられ，1970年代には単位面積あたりの収量を増加させた。また，稲の生育期間を短縮させたため，二期作，三期作なども可能にした。しかし，これら新品種は十分な水と，在来種に比べ4〜5倍の施肥を必要とするため，導入にはこれらの条件を満足させるだけの資本力を必要とした。このため，インドでは，この高収量品種の恩恵に浴したのは，大農地を所有する少数の特権層が主であり，零細農民層との格差を増大させた。

4 ヨーロッパから発達した商業的農業

1 ヨーロッパの農牧業

❶ ヨーロッパの農牧業の発展

1　**二圃式農業**　古代，地中海沿岸では，冬の小麦栽培と休閑とをくり返した。夏に降水量が少ない地中海沿岸では，この<u>二圃式農業</u>からの発展はなかった。

2　**三圃式農業**　北西ヨーロッパは，1年中降水にめぐまれるため，中世に夏作物（大麦，えん麦）を加えて，冬作物，夏作物，休閑と交代していく<u>三圃式農業</u>になった。

3　**輪栽式混合農業**　近世になると，休閑地を利用して家畜の飼料にする牧草（クローバー）や根菜類（かぶ，てんさい）をとり入れ，輪作するようになり，肉牛や豚も多く飼育されるようになった。これが<u>混合農業</u>である。

4　**地域分化**　産業革命で増大した人口をささえるために農産物の需要が増大したが，新大陸からは安い穀物が流入し，ヨーロッパの穀物栽培は衰えた。その結果，従来の混合農業は<u>商業的混合農業</u>に変わり，<u>酪農</u>，<u>園芸農業</u>が分化した。とくに，やせ地の多いイギリス，デンマークは，酪農に大きく転換した。

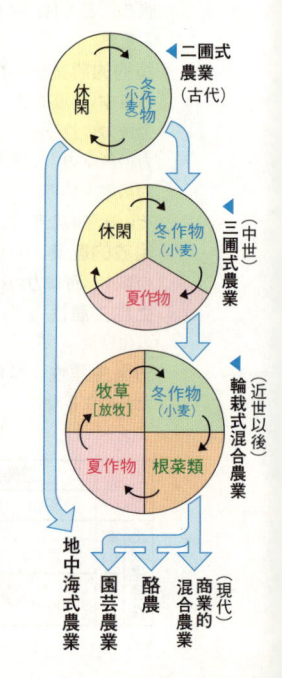

酪農…**乳牛の飼育と乳製品の生産**を中心とする農業。
園芸農業…**野菜，草花**などを都市向けに出荷する農業。

❷ ヨーロッパの農牧業の特色
①有畜農業　農作物の栽培と家畜飼育が一体化。
②麦作(畑作)中心の輪作[*1]　小麦，ライ麦の栽培が中心。
③高い生産性　土地生産性，労働生産性ともに高い。

2 地中海式農業

❶ 特　色
①夏乾燥，冬多雨の地中海性気候(Cs)[*2]にあった農業形態。
②**果樹と穀物**とを主作物とする。果樹は，夏の乾燥に耐えるオリーブ，オレンジ，ぶどう[*3]などが多い。穀物は，冬の雨を利用し，自給用の小麦や大麦が多い。地中海沿岸には，石灰岩が風化したテラロッサの土壌が広く，果樹栽培に適している。
③家畜は，やはり乾燥に強い羊，ヤギなどが多く飼育されている。夏は高地で，冬は低地で飼育する**移牧**(→p.129)が広く行われる。

❷ 地中海式農業地域　夏乾燥，冬多雨の特徴ある気候なので，世界中の地中海性気候の地域で，同様の農業形態がみられる。
① **イタリア中部や南部**　オリーブ，ぶどう，レモンなどを生産。
② **イベリア半島**　メセタ[*4]で，牧羊(メリノ種)[*5]がさかん。バレンシア地方では，柑橘類や米の生産が多い。各地でコルクがしの栽培。
③ **アメリカのカリフォルニア地方**　大規模な灌漑によって，ぶどう，柑橘類，米の生産が多い。
④ **その他**　南アメリカのチリ中部，オーストラリアの南西部などの地中海性気候の地域でもみられる。

3 混合農業

❶ 特　色
①**作物栽培と家畜飼育**とを組み合わせた，ヨーロッパの農牧業の基本型。
　作物栽培…食用は小麦，ライ麦。飼料用は大麦，えん麦，とうもろこし，てんさい，牧草。
　家畜飼育…肉牛，豚，家禽(鶏，アヒルなど)。
②機械の利用，輪作，肥料や飼料の利用，家畜飼育技術などがすぐれ，労働生産性，土地生産性とも高い。農民の所得[*6]も多い。

（補足）**ライ麦**　小麦の白パンに対し，黒パンの原料となる。寒冷で小麦栽培の困難な地方で栽培される。黒パンは，口あたりは悪いが，栄養価が高く，貯蔵もきく。北ヨーロッパ，東ヨーロッパ，ロシアで栽培。

★1 地力の維持のために，同一耕地に各種の作物を順番に作付する。

★2 地中海性気候の地域では，野原の草は，夏に枯れて茶色になり，冬にしげって緑になる。夏はかなり乾燥するので，農作物の栽培は困難。(→p.81)

★3 ぶどうは北緯50度以南。ほとんどがワイン(ぶどう酒)に加工され，産地ごとの名称がついている。フランスのボルドー，ブルゴーニュ，シャンパン，イタリアのキャンティ，ドイツのラインワイン，ポルトガルのポルトなどがとくに有名。

★4 スペイン中部の乾燥した台地。

★5 他にはコリデール種，ロムニー種など。(→p.129)

▲**オリーブの収穫**　成熟した果実からオリーブ油をとる。また，成熟前の果実は塩づけにして食用とする。

★6 一般に，畜産品による所得が中心である。

❷ ヨーロッパの混合農業

1 **フランス** 西ヨーロッパ最大の農業国で，食料自給率が高く，穀物輸出国。おもに家族労働にたよる自作農が多いが，パリ盆地一帯では大規模な企業的経営による小麦生産がみられる。

2 **ドイツ** 小規模な家族経営が多く，西ヨーロッパの中では生産性が低い。このため，EU体制の中で，構造改善政策がすすめられた。

補説 ドイツの自然と農業
①北部は寒冷で，氷河による氷堆石（モレーン）や湿地の多いやせ地（ハイデ）が広い。このため，土地改良や輪作によって，ライ麦，じゃがいもなどの自家用作物と，飼料作物を栽培している。
②丘陵地帯の北縁にあたる中部には，氷河がけずった微細土が風に運ばれて堆積したレス土壌（→p.88）があり，肥沃。ベルデ（穀倉地帯）とよばれ，小麦，てんさいを栽培。
③温暖なライン河谷は，ぶどう栽培に適する。ラインワインが有名。大麦，ホップはビール原料。

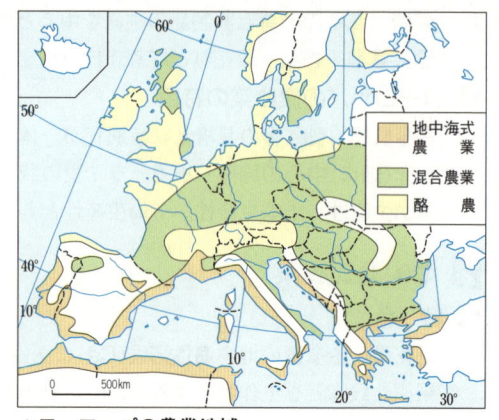

▲ヨーロッパの農業地域

★7 近年，栽培がふえてきた大豆は，地力の維持向上に役立つ。食用油脂の原料であり，しぼりかすはすぐれた飼料になる。

❸ アメリカの混合農業

1 **とうもろこし地帯（コーンベルト）** シカゴの南に広がる中部の平原では，大規模な混合農業がさかん。とくに，とうもろこし，大豆は重要な輸出品。

2 **かつての綿花地帯（コットンベルト）** 大豆，とうもろこし，落花生，たばこ栽培や，輪作による飼料作物の栽培で，肉牛を中心とした混合農業が広がっている。

❹ 酪農

❶ 特色

①乳牛を飼育して，乳製品を生産する農業。混合農業から発達した。
②飼料作物（牧草など）が育ちやすい気候，夏に冷涼で，年間を通じて雨の降る地域（冷涼湿潤）がよい。広い牧場も必要となる。

Q 乳製品とは，どんなものですか。具体的に教えてください。

A 牛乳の脂肪からつくるバターと，たんぱく質を発酵させたチーズが代表的だね。そのほか，練乳，粉ミルク，生クリーム，脱脂粉乳（スキムミルク）などいろいろある。コーヒーにとかす粉のクリームにも，乳製品のものがある。優良なアイスクリームにも，乳脂肪がたくさんふくまれている。牛乳は食品としての利用価値が高いよ。

▼大豆の生産

（2009年）	割合
アメリカ	41.0%
ブラジル	25.7
アルゼンチン	13.9
中　国	6.7
インド	4.5
世界計…2億2232万 t	

（「世界国勢図会」による）

▼とうもろこしの生産

（2009年）	割合
アメリカ	40.7%
中　国	20.0
ブラジル	6.2
メキシコ	2.5
インドネシア	2.1
世界計…8億1882万 t	

（「世界国勢図会」による）

③牛乳(生乳)を中心とする酪農は，消費地＝大都市の近郊で発達する。バター，チーズなど保存のきく乳製品を中心とする酪農は，都市からはなれた適地に発達する。

④機械化がすすみ，技術的にも改良が重ねられ，高度なものになっている。きわめて集約的な農業。

❷ ヨーロッパの酪農　北海の沿岸やスイスでさかん。

1 **デンマーク**　氷河による氷堆石(モレーン)のたまるやせた荒地の土地改良，農業技術の開発，農業教育の普及，農業協同組合の発達などによって，模範的酪農王国となる。

2 **スイス**　山岳地帯で移牧が行われる。乳製品を輸出。

   補説　**移牧**　夏は家畜を山地のアルプ(アルム，高山牧場)に放牧し，冬は平地の牧場で舎飼いを行う牧畜形態。つまり，季節によって家畜を垂直に移動させる牧畜。地中海地方などでひろくみられる。低地の夏は高温と乾燥で草が乏しくなるため，冷涼湿潤な山の牧場に移る。羊，ヤギが飼育されるが，スイス，オーストリアでは乳牛を飼育。

❸ 新大陸の酪農

1 **アメリカ**　冷涼湿潤な五大湖沿岸からニューイングランド地方でさかん。大都市に近い地域は，生乳を出荷。

2 **ニュージーランド**　19世紀後半に冷凍船が発明されてから，酪農など畜産が発達。現在は，酪農をはじめ，羊の飼育もさかんで，乳製品，羊毛，肉類の輸出で，国の経済をささえている。

5 園芸農業

❶ 特　色

①都市の需要にこたえて，野菜，草花(花卉)，果実を，きわめて集約的に栽培。資本，肥料，技術，労働力の投下は，最大。

②一般に，都市(市場)との距離によって，近郊農業と遠郊農業(輸送園芸，トラックファーミング)とに区分される。

③遠郊農業では収益をあげるため，促成栽培，抑制栽培を行う。

   補説　**オランダの園芸農業**　ポルダーとよばれる海面下の干拓地が，国土の4分の1をしめるオランダでは，酪農とともに，園芸農業がさかん。トマト，きゅうり，レタスの温室栽培や，草花のほか，チューリップ，ヒヤシンス，アネモネなどの球根，りんご，なしなどの果物を栽培。生花は飛行機で西ヨーロッパの大都市へ，球根は世界各国に輸出。

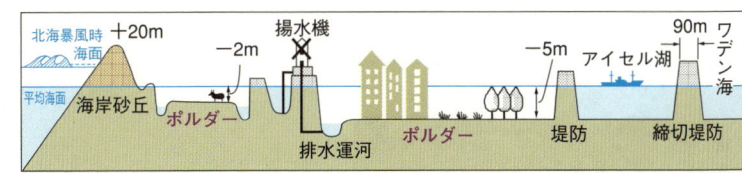

★8 チーズの名称(種類)は，それぞれの産地の地名によっている。チェダー(イギリス)，カマンベール(フランス)，エダムやゴーダ(オランダ)，グリュイエール(スイス)などが，とくに有名。

★9 乳をしぼる搾乳機，牛乳から脂肪分を分離させるクリームセパレーターなど。

★10 青刈りとうもろこしや緑草などの多汁質飼料を，冬まで変質させずに貯蔵するサイレージ法などの技術が有名。

★11 冬も温暖で畜舎を必要とせず，牧草もよく育つので，有利。

★12 ニュージーランドでは，毛肉兼用のコリデール種が中心。肉用種のロムニー種もかわれている。牧草地の大部分は，改良牧草地で野草牧草地は少ない。

★13 促成栽培は，暖房などによって夏野菜を冬～春に出荷する早づくり。抑制栽培は，高冷地などで，冬野菜を春～夏に出荷する遅づくり。

5 新大陸や熱帯の企業的農牧業

1 新大陸の企業的農牧業

アメリカ，カナダ，アルゼンチン，オーストラリアなどの「新大陸」では，ヨーロッパから白人が移住するとともに，大規模で企業的な農牧業が発展した。企業的というのは，初めから利潤を得る目的で，商品としての農産物を大量生産する形をさす。

❶ **特　色**　一口で，大農経営といわれる。
　①**大規模な経営**　経営面積が，きわめて広い。
　②**機械化農業**　少ない労働力を機械で補い，粗放的な土地利用。この結果，土地生産性は低いが，労働生産性はきわめて高い。
　③**商品作物の生産**　商品としての農産物を大量に生産して，輸出。
　④**適地適作**主義
　　{ 小麦栽培の企業的穀物農業…経営安定のため，多角化の傾向。
　　{ 羊，肉牛の飼育の企業的牧畜業……羊毛，肉類の生産。

❷ **小麦の生産**　小麦は，米とともに世界の二大穀物といわれる。原産地は西アジアとされるが，気候に対する適応力が広く，品種改良もすすんで，世界各地で栽培される。
　[1] **栽培条件**　最適生育条件は，平均気温14〜20℃，年降水量500〜750mm。肥沃なプレーリー土や黒土が望ましい。
　[2] **春小麦と冬小麦**
　　①**春小麦**　春に種をまいて秋に収穫する。低温の高緯度地方で栽培され，小麦の単作地帯を形成している場合が多い。
　　②**冬小麦**　秋に種をまいて初夏に収穫する。温暖な地域で栽培され，一般に春小麦より単位面積あたりの収量が多い。

★1 新大陸の農牧業の特徴は，「企業的」であるということ。

★2 アメリカでは，農家1戸あたり平均約169haにも達する。日本では約2haしかない。

★3 アメリカでは，近年，土地生産性も向上してきている。

★4 カナダでは，100日ほどで収穫できる耐寒品種のガーネット種などによって，収穫が安定し，栽培地域も北方へ拡大した。

★5 南半球でも広く栽培され，世界的にみれば端境期がない。

▼カントリーエレベーター(カナダ)
　生産地(カントリー)の小麦貯蔵施設(エレベーター)。穀物商社は，集散地や輸出港にも巨大な貯蔵施設(ポートエレベーター)をもっている。

▼小麦カレンダー
北半球と南半球では，収穫期が異なる。

	1月	2月	3月	4月	5月	6月	7月	8月	9月	10月	11月	12月
アルゼンチン	―											―
オーストラリア	―	―										―
チ　　リ		―	―									
イ　ン　ド			―	―								
ス ペ イ ン					―	―						
中　　国					―	―						
アメリカ						―	―					
日　　本						―						
ハンガリー							―					
ド　イ　ツ							―	―				
フランス							―	―				
カ ナ ダ								―	―			
ロ シ ア								―	―			
イギリス								―	―			
ペ ル ー										―		
ブラジル											―	
南アフリカ共和国											―	―

2 おもな国の企業的農牧業

❶ アメリカ

1 **小麦地域** プレーリー西部の冬小麦地帯、北部の春小麦地帯、コロンビア盆地(冬小麦と春小麦)で、企業的穀物農業。冬小麦地帯の東には、とうもろこし・冬小麦地帯がのびる。カンザスシティ(冬小麦)、ミネアポリス(春小麦)が代表的な集散地。

2 **牧畜地域** グレートプレーンズ西部のステップからロッキー山地にかけての地域で、肉牛★7、羊の企業的牧畜業がさかん。

▲フィードロット(肉牛の肥育場)
[カルフォルニア州]

❷ カナダ
アメリカから続くグレートプレーンズのステップで、春小麦★8を栽培。ウィニペグが小麦取り引きの中心。

❸ アルゼンチン
肥沃なパンパを中心に、企業的穀物農業(小麦栽培)と、企業的牧畜業(牛、羊の飼育)とがさかん。

1 **小麦地域** 湿潤パンパと乾燥パンパの漸移地帯で、小麦栽培がさかん。パンパは、もとは牧羊、牧牛が中心であったが、現在は、輸出向けの小麦が主要生産物になっている。小作農民が、大牧場エスタンシア(→p.372)から土地を借りる形態が多い。

★6 カンザス、ネブラスカ、オクラホマの各州が中心。西経100度線にそって小麦地帯が広がっている。

★7 グレートプレーンズで生まれた肉牛は、コーンベルトで肥育されることが多いが、近年、西部にも、フィードロットとよばれる大規模肥育場がつくられている。

★8 マニトバ、サスカチュワン、アルバータの各州で、耐寒性の強いガーネット種などが栽培される。

▼**アメリカの農牧業** 冬小麦と春小麦は、北緯43度あたり(7月の平均気温が20℃)で区分される。太平洋岸のワシントン州は、それより北になるが、西岸気候で暖かく冬小麦も栽培される。

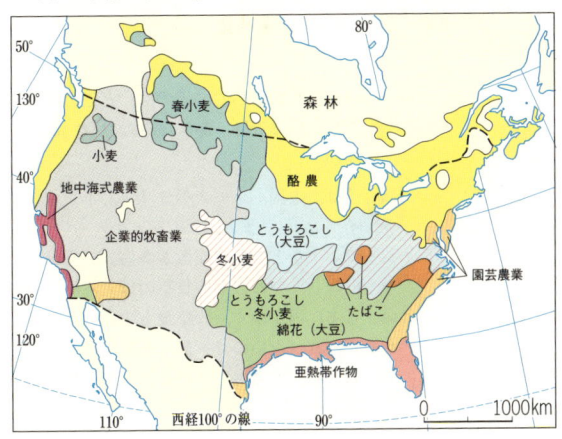

▼**パンパの農牧業** パンパは、一般に年降水量550mmの線によって、東部の湿潤パンパと西部の乾燥パンパにわけられる。

2 **牧畜地域** エスタンシアとよばれる大牧場で，企業的牧畜業。
①**湿潤パンパ** とうもろこしやアルファルファで，肉牛を飼育。肉類の輸出が多い。乳牛を飼育する酪農も行われる。
②**乾燥パンパ，パタゴニア** 牧羊も行われる。

(補説) **アルゼンチンで牧畜が発達したわけ** 1870年代に冷凍船が発明され，生肉の輸出が可能になったのをきっかけに，温暖湿潤で牧草がよく育ち，年中，戸外での放牧が可能な条件をいかして，牧牛が発達した。とくに，栄養価の高い牧草であるアルファルファによって，肉牛，乳牛，羊などの牧畜がすすんだ。

▲アルファルファ
自生のパンパグラスがアルファルファにおきかえられた。

❹ オーストラリア

1 **小麦地帯** 企業的穀物農業として，年降水量500mm内外のマリー川やダーリング川流域に集中。
2 **牧畜地域** 典型的な企業的牧畜業。国土の約半分が牧草地。
①**牧羊** 世界最大級の牧羊国で，**羊毛**の生産，輸出がきわめて多い。羊の分布は，年降水量250～500mmの地域に一致し，羊の飲み水を補うため，**グレートアーテジアン盆地（大鑽井盆地）**などで掘り抜き井戸（鑽井，→p.71）を利用。羊は，毛用種としてもっともすぐれたメリノ種が多い。
②**牧牛** 牧羊地域より雨の多い北部のサバナ地域(肉牛)や，東海岸の南部(乳牛→酪農)で行われる。

★9 イギリスの毛織物工業に対する原料供給地として，ニュージーランドとともに牧羊が発達した。

★10 オーストラリアではスペイン原産のメリノ種が多く飼育されている。

> **ポイント**
> アメリカ，カナダ，アルゼンチン，オーストラリア
> **企業的農牧業がさかん**
> 　企業的穀物農業…大規模な小麦の栽培
> 　企業的牧畜業……牧羊，牧牛→羊毛，肉類

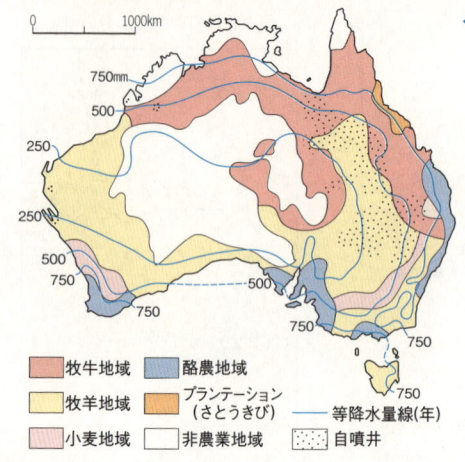

◀オーストラリアの農牧業

凡例：牧牛地域／酪農地域／牧羊地域／プランテーション(さとうきび)／小麦地域／非農業地域／等降水量線(年)／自噴井

Q 羊を多く飼育しているのは，どこの国ですか。日本では，あまりみかけないのですが…

A 羊は，中国，オーストラリア，インド，イラン，スーダン，ナイジェリア，ニュージーランドなどで飼育頭数が多い。いずれも，やや乾燥し，やわらかい牧草のはえる所がいい。日本は雨が多く，牧草地も少ない。羊肉もあまり食べないので，飼育頭数はごく少ない。しかし，毛織物生産はさかんで，世界有数の羊毛輸入国になっているよ。

3 プランテーション

① 特　色　ヨーロッパでは，産業革命後，近代工業の発達，都市人口の増加などで，工業原料や嗜好品となる熱帯農産物の需要が高まった。これがプランテーション形成の背景。

① 一般に，ヨーロッパ人が植民地を形成した熱帯，亜熱帯の地域で行われ，生産物は世界の市場へ輸出される。

② 1つか2つの特定の熱帯作物を，専門的に大規模に栽培する**単一耕作**＝**モノカルチャー**（→p.311）の形をとる。

③ ヨーロッパ人が，植民地体制のもとで，**大資本とすすんだ技術**とを投入し，現地住民，奴隷，移民などの**安い労働力**を使って生産してきた。作業は，手労働が中心。

④ 海上輸送に便利な海岸，あるいは，ヨーロッパ人も生活しやすい高原に立地する例が多い。

⑤ おもな作物（プランテーション作物）…**さとうきび**，**コーヒー**，**茶**，**カカオ**，**綿花**[★11]，**天然ゴム**，**バナナ**，**油やし**など，多年生作物が中心。

★11 現在，綿花の主要生産国は，中国，アメリカ，インド，パキスタン，ウズベキスタンなどであるが，アメリカやエジプトのように，以前はプランテーション作物として生産がふえてきた例が多い。

② 単一耕作（モノカルチャー）から多角的な栽培へ

①　**単一耕作の長所**　その土地の条件にあった作物を大量に生産でき，経済的に有利である。これは，近代工業における大量生産と同じ理論。

②　**単一耕作の短所**　第一に，市場の暴落や大変動が，すぐに経済的打撃となる。農民は，**収入が安定しない**。政府も計画的な経済運営ができない。第二に，工芸作物や嗜好品作物の栽培が中心となり，**食料生産が圧迫されやすい**。

Q 単一耕作で大きな経済上の問題のおきた例がありますか。

A ブラジルで，1930年代に世界恐慌の波をうけて，生産過剰におちいった深刻な例があるよ。政府は，余ったコーヒーの処分に困って，3年もの間，機関車の燃料にしたり，海中に投げすてたりした。しかも，収入の激減した農民の生活苦は，もっと大変だったね。

▼プランテーション地域の分布　年平均気温20℃以上の地域に分布している。

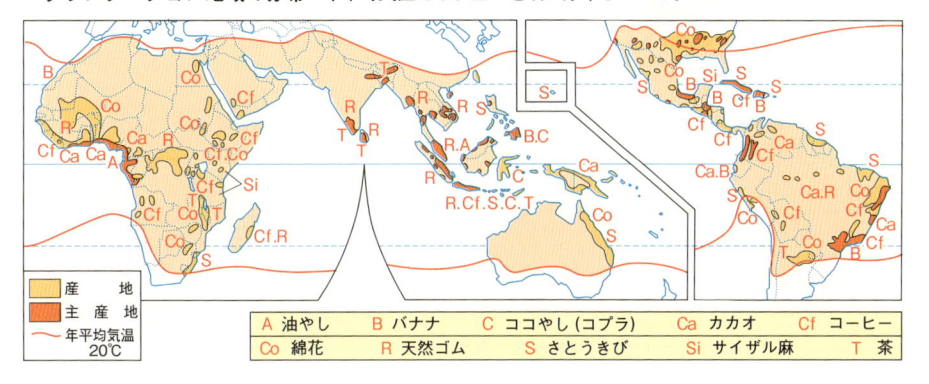

| A 油やし | B バナナ | C ココやし（コプラ） | Ca カカオ | Cf コーヒー |
| Co 綿花 | R 天然ゴム | S さとうきび | Si サイザル麻 | T 茶 |

4 おもな国のプランテーション

❶ ブラジル 典型的なモノカルチャー経済と大土地所有制がみられた。現在は，多角化，自作農化もすすめている。食料となる小麦は，輸入に依存している。

1 **コーヒー栽培** 18世紀からはじまり，パラナ州，サンパウロ州などブラジル高原南東部のテラローシャ(→p.88)土壌地帯で，世界的な生産がある。ファゼンダという大農園で，おもにコロノ(契約移民)が生産に従事しているが，自作小農園の生産もある。

2 **多角化** 最近は，とくにさとうきび，カカオの栽培が増加し，世界有数の生産国となった。ほかに，綿花，とうもろこし，たばこ，大豆なども栽培されている。

> **補説 ラテンアメリカの農牧業** ラテンアメリカ諸国では，モノカルチャー経済と大土地所有制が，農業の発展を阻害している。
> 　大土地所有者は大都市に住み，輸出向け作物の単一耕作で利益をあげようとするため，特定の農産物だけにたよるモノカルチャー経済が形成されやすい。大土地所有者の大農場は，アシエンダとよばれる(メキシコ，ペルー，チリ，パラグアイ)が，ブラジルではファゼンダ，アルゼンチン，ウルグアイの大牧場はエスタンシアという(→p.372)。

❷ アメリカの綿花地帯(コットンベルト)

1 **綿花地帯の成立** 黒人奴隷によるイギリス人のプランテーションとして，南部一帯に綿花地帯ができた。

2 **綿花地帯の移動** 第二次世界大戦後，綿つみ機の普及などで，生産性が高まり，栽培面積は減少したが，世界有数の生産量がある。栽培地域は，テキサス州，カリフォルニア州へ移動。

❸ マレーシア 世界有数の天然ゴムの生産国。合成ゴムとの競合などから，最近は，油やしの栽培などで多角化をめざし，パーム油の輸出が増加している。

> **補説 マレーシアのゴム園** マレーシアのゴム園は，イギリス人による大農園が中心になってきた(マレーシアやインドなどの旧イギリス植民地におけるプランテーションの大農園を一般にエステートという)。流通も華人(華僑)やイギリス系資本の企業が支配してきた。このため，マレー人経営のゴム園には，政府が援助している。
> 　かつてマレーシア経済をささえたゴム園であるが，現在は収益が低下してきたため，ゴム園は油やしなどの栽培に変わっている(→p.314)。

★12 請負契約をした移民(コロノ)が，4～6年契約でコーヒー栽培を行う。ヨーロッパからの移民が中心であるが，日本人移民もいる。

★13 大豆，とうもろこしなどを栽培し，肉牛を飼育する混合農業が広がっている。

★14 害虫，地力の衰え(地力回復によい大豆などの導入)，黒人労働者の北部への移動による労働力不足，農業経営の多角化(家畜，米，とうもろこし)などが，おもな理由。

★15 油やしは西アフリカの原産で，果実からパーム油をとる。パーム油は，マーガリンや石けんなどの原料となる。

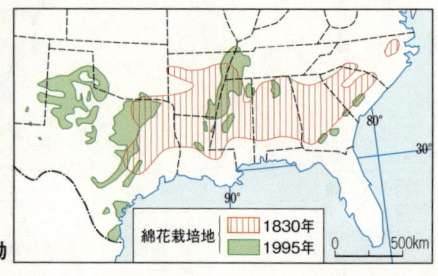

▶アメリカの綿花地帯とその移動

6 集団的農牧業とその変化

1 ロシアと周辺の国々の農牧業

❶ 旧ソ連の農牧業 1917年のロシア革命で，社会主義国の**ソビエト連邦**が成立すると，土地や工場などの公有化，計画経済などの政策がすすめられた。農業では，地主の土地をとりあげたうえ，農民の共同の所有にして集団化をしたり，国有化した農場をつくって，集団的農牧業がすすめられた。

① **コルホーズ（集団農場）**★1 農民による生産協同組合が土地をもち，共同で農作業を行った。収穫物を一定の割合で国家に納入し，残りを構成員で分配した。★2

② **ソフホーズ（国営農場）** 国有地において，政府の任命する農場長のもとで，農民が働く。ここの農民は，賃金をもらう労働者である。当初は実験農場としての役割が大きかったが，その後，拡大された。

❷ 集団的農牧業の変化 集団化によって，ロシア革命前よりは生産が向上した。しかし，農民の生産意欲が低下したり，需要にみあった作物生産ができず，1970年代からは，食料や飼料を多く輸入するようになった。そこで，1980年代後半から，農業の家族請負制，★3 自由市場の拡大などをはかってきたが，1991年のソ連解体によって，集団的農牧業は全面的に見直されることになった。★4

> **補説 集団的農牧業のゆきづまり** 集団化した農業では，農民の生産意欲が向上せず，単位面積あたりの収穫量が少なく，できた生産物も品質が悪いといった問題があった。一方，全耕地の3％ほどの**自留地**（農民の私有地）では，全国の野菜や畜産物の約3分の1が生産され（自留地農業），自由市場で販売されていた。
>
> 鉄道や道路がととのわず，流通のしくみも悪いため，豊作の年でも，都市では農産物が不足することもあった。
>
> 市場の需要にみあった作付が行われないため，家畜の飼料用の穀物を大量に輸入するようになり，食用の小麦の輸入も増加していた。
>
> 以上のような事態を，さらに悪化させたのは，夏に低温のため作物の成長が悪くなる冷害や，乾燥地域で日照りによる干ばつなど，自然災害が発生しやすいことであった。

❸ 農牧業地域

① **小麦**地域 ウクライナからロシアの西シベリアに至る肥沃な**黒土**地帯は，世界的な小麦の産地。★5
- ウクライナ，ロシア南部…冬小麦，てんさい，ひまわり。★6 ★7
- ロシアの西シベリア，カザフスタンの北部…春小麦。

★1 コルホーズの機械化は，当初，国のMTS（機械トラクターステーション），やがてそれぞれのRTS（修理技術ステーション）によってすすめられた。

★2 農家は，0.25〜0.5haのわずかな農地（自留地）や家畜をもち，そこでの生産物は，自由市場で自由に販売できた。

★3 個人または家族へ農地や農機具を貸す制度。

★4 土地の私有を認め，企業や組合，個人農による農業経営がすすめられている。

★5 チェルノーゼムとよばれる黒土が分布し，ひじょうに肥沃。

★6 小麦は減って，てんさいなどの飼料作物を栽培し，肉牛，豚を飼育する混合農業がさかんになっている。

★7 種子から油をとり，しぼりかすは飼料となる。種子を炒って食用にもする。

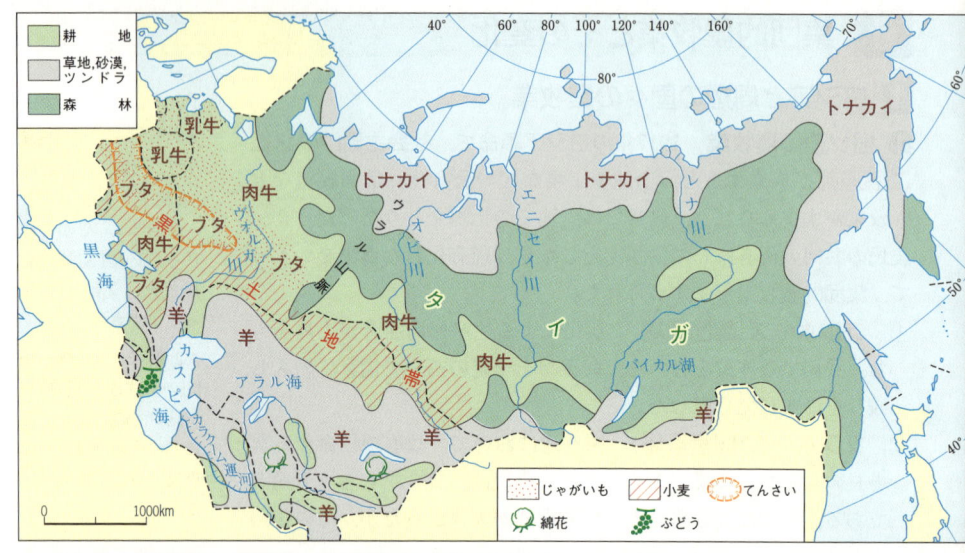

136　5章　農林水産業と食料問題

▲ロシアと周辺の国々の農牧業　農牧業地域が帯状に分布している点に注目しよう。

② **混合農業や酪農**　小麦地域の北側にあたるウクライナ北部、ベラルーシ、バルト3国などでさかん。

③ **牧羊と綿花栽培**　乾燥地域をしめる中央アジア諸国では、羊の放牧と、灌漑による綿花の栽培がさかん。★8

④ **その他**　カフカス地方ではぶどうなどの地中海式農業、ロシア北部のツンドラ地帯では、トナカイの牧畜。

★8 灌漑が過度にすすんでいるところでは、塩類集積作用による塩害が問題になっている。
　また、灌漑用水を大量に使用することによって、アラル海の水位が低くなり、湖面が小さくなってしまった。(→p.29)

ポイント
- **ロシア**｛南部の黒土地帯で、冬小麦、てんさい／シベリアで、春小麦、トナカイの牧畜
- **ウクライナ**…冬小麦栽培。混合農業や酪農
- **中央アジア諸国**…牧羊と、灌漑による綿花栽培

▼ロシアと周辺の国々(→p.359)

▼カフカス地方とバルト海沿岸の国々の農牧業

	国名	農牧業
カフカス地方	アルメニア………	ぶどう→ブランデー
	グルジア…………	みかん、茶
	アゼルバイジャン…	ぶどう、綿花
バルト海沿岸(バルト3国)	エストニア………	野菜、草花、酪農
	ラトビア…………	酪農
	リトアニア………	酪農

2 中国の農牧業

❶ 集団化から生産責任制へ

1　**集団的農牧業**　中国は1949年に社会主義国となり，互助組，合作社をへて，**人民公社**(1958年)で集団化。

　補説　**人民公社**　農業生産合作社の連合でできた農業集団化の基礎的な組織。農業関連の中小工場をもち，かつては行政単位でもあったが，1982年の憲法から行政機能はなくなった。
　　生産手段は，人民公社，生産大隊，生産隊の3段階で所有された(3級所有制)。

▼中国の農牧業　年降水量750mm線に注目しよう。

（地図：モンゴル・放牧地域・オアシス地帯・砂漠・年降水量300mm・1月の平均気温−6℃・海抜3000m・放牧地域・オアシス地帯（小麦・綿花）・春小麦地域・冬小麦・あわ・こうりゃん地域・大豆・春小麦・こうりゃん地域・冬小麦・こうりゃん地域・スーチョワン水稲地域・長江水稲・小麦地域・水稲・茶地域・南西水稲地域・海抜500m・水稲二期作地域・年降水量750mm・年降水量1000mm・1月の平均気温10℃）

2　**生産責任制**　1979年から，人民公社を解体して，生産責任制が導入された。これは，農家ごとに生産を請け負わせ，余分の生産物は各農家の所有とする制度。土地の集団所有はそのまま。

3　**生産の増大**　各農家は，一定量を供出すれば，残りは**自由市場**に出荷することができるようになったので，生産は増大している。ただし，人口増加にともなう需要増加に対応できていない。

❷ 農牧業地域

1　**畑作地域**　**チンリン山脈**と**ホワイ川**を結ぶ線が，ほぼ**年降水量750〜800mm**にあたり，その北側が畑作地域。
　①**華北**　肥沃な黄土地帯で，冬小麦，綿花，あわ，こうりゃん，とうもろこしなどが栽培される。
　②**東北〜内モンゴル**　春小麦，大豆，こうりゃん，とうもろこし。

2　**稲作地域**　米は二毛作や二期作で広く栽培。生産量は世界一。
　①**華中**　長江流域は，稲作の中心地。茶も栽培。
　②**華南**　米の二期作。さとうきびも栽培。

3　**西部内陸地域**　乾燥地帯なので，牧羊，オアシス農業。

★9　**自留地**(農民の私有地)で生産された農畜産物も取り引きされている。生産責任制の下で，自由市場は活気があふれている。

★10　農家の中には「**万元戸**」とよばれる富農も生まれた。ただし所得の上昇により，現在では百万元戸も珍しくなく，「**億元戸**」とよばれる大富農も存在する。

★11　黄河流域は，干害や洪水の被害が多く，生産が不安定なので，総合開発がすすめられた(→p.101)。

★12　もろこしの一種。中国の華北，東北，朝鮮などで栽培される。実を食用にする。アフリカやインドのもろこし(→p.318)，北アメリカのマイロも同種。

ポイント
中国の農牧業…人民公社→**生産責任制**で増産
　畑作｛東北で**春小麦**，大豆，こうりゃんなど
　　　　華北で**冬小麦**，綿花など
　稲作…華中と華南で，世界一の生産量

7 農産物と流通

1 農業の国際化，情報化

① アグリビジネス 農業関連産業のこと。アメリカの穀物商社，農産物加工，品種育成などの農業関連産業は，巨大化するとともに，農家との間に密接な経済関係をもち，農業を支配している。[*1]

② アグリビジネスの巨大化 現代のアメリカの**アグリビジネス**は，多方面の業種の企業を吸収，合併して事業を多角化し，総合食品会社に進化するケースが多い。[*2] **コングロマリット(複合企業)**化して，金融や工業分野に進出しているものもあり，政治，経済など多方面に強い影響力を及ぼすようになっている。

③ 小麦の流通

① **穀物商社** 農産物の商品化が定着していく中で，農産物を安価に大量生産する場所と，逆に，大量消費する場所が生まれてきた。小麦の場合，その間に立つ**穀物商社**が，生産，流通，販売を，国をこえて手がけるようになり，巨大化した。

② **穀物メジャー** アメリカで**穀物メジャー**とよばれる2つの巨大な穀物商社は，世界中の穀物情報を集めていることで，小麦の国際価格を決めるシカゴ取引所で大きな地位をしめ，価格の決定に強い影響力をもっている。

（補説）**穀物メジャーのカーギル社** カーギル社は，世界の穀物貿易で中心的地位をしめる巨大な穀物商社。本来，関係のない業種の企業を合併，吸収して(企業買収＝M＆A)，多方面にまたがる巨大なコングロマリット(複合企業)と化している。[*3] こういう企業では，ある部門が不振でも，ほかの部門でカバーし，総合的な視野にたって企業の戦略を考えることができるのが強みである。

③ **エレベーター** 小麦などの穀物の貯蔵施設のこと。

- カントリーエレベーター(→p.130)…カントリー(生産地)にある。
- ポートエレベーター…ポート(港)にある。各地の集散地から集められた穀物が，各国に積み出される。

2 農産物の国際的な移動

① 農業の変化 農産物の国際的移動が増加すると，商品作物の栽培が広がり，伝統的(＝自給的)な農業形態も変化する。

② 増大する日本の輸入 ブラジルのセラード(→p.102)で栽培される大豆，中国の野菜，タイの鶏肉，フィリピンのバナナなどは，いずれも日本へ輸出するために，生産が大きく増大した。

★1 ハイテク技術を農業に応用する動きがさかん。バイオテクノロジーを使った遺伝子組み換え作物(→p.144)の開発は，とくに有名。
　GPS(→p.25)を利用したトラクターロボットや，IT技術(→p.193)を装備した搾乳ロボットも登場しており，精密農業(プレシジョン＝ファーミング)とよばれる。

★2 巨大なアグリビジネスは，農業資材(肥料，種子，飼料，農業機械など)の供給から，農産物の加工，加工した食品の流通までを，一貫して経営している。農業にとどまらず，「食のシステム」全体を統合して支配する方向にすすんでいる。

★3 穀物メジャー，カーギル社の事業組織。
- 先物取引部門(穀物)
- 穀物油脂部門
- 種子部門
- 肥料部門
- コーヒー・カカオ・はちみつ部門
- フルーツジュース部門
- 食肉部門
- 飼料部門
- 塩部門
- ゴム部門
- 船舶営業部門
- 石油部門
- 鉄鋼部門

2 林業と水産業

1 林業の立地

1 林業地域

❶ 熱帯林 常緑広葉の硬木★1が多い。熱帯林は，もともと有用樹のみの採取が中心であったが，近年，建築材やパルプ材にも使用されるようになり伐採がすすんでいる。

❷ 温帯林 開発が古く，植林なども計画的で，人工林★2が多くなっている。(→p.89)

❸ 亜寒帯林 森林資源として，もっとも広く利用され，林業がさかん。広い針葉樹林（**タイガ**）があり，その特色は，①樹種のそろった純林をなす，②樹木の高さや太さが均一である，③伐採や輸送に便利，④軟木でパルプ，建築用材として利用価値が高いなどである。

★1 硬木，軟木は，材質の硬さによる区分。軟木のほうが加工しやすい。

▼熱帯有用樹の種類と産地や用途

樹木	おもな産地	おもな用途
紫檀，黒檀	中国(華南)，タイ，インド	家具
チーク	タイ，インド	船舶材，家具
ラワン	フィリピン，インドネシア	建築用材(合板)
マホガニー	カリブ海沿岸	家具
ケブラチョ	アルゼンチン，パラグアイ	タンニン(薬品)原料

★2 ヨーロッパでは，人工林が多い。とくにドイツは人工林の模範国として有名。シュヴァルツヴァルト(黒森)，チューリンゲンヴァルトなどが代表的。

補説 亜寒帯林の林業 カナダ南部やアメリカ北部では，機械化のすすんだ林業がさかん。スウェーデン，ノルウェー，フィンランドの北ヨーロッパ3国では，製材，パルプ工業がさかん。ロシアでも，大規模な林業がみられる。

木材集散地，製材都市としては，カナダのオタワ，ヴァンクーヴァー，アメリカのシアトル，ポートランド，タコマ，ロシアのアルハンゲリスク，サンクトペテルブルク，ラトビアのリガなど。

> **Q** 熱帯林では，亜寒帯林にくらべて林業が発達していないのは，なぜですか。
>
> **A** 単に森林があるだけでは，林業は発達しない点に注意しよう。樹種が混在し，選別しながら伐採していては，輸送にも不便。また，消費地，市場に遠いと，林業はあまり発達しないね。経済的価値の高い針葉樹の純林を相手にする大規模な亜寒帯林の林業と比較してみると，条件のちがいがよくわかるよ。

2 原木の生産

アメリカ，ロシア，カナダなどでは，針葉樹の用材の生産が多い。インド，中国，エチオピアなどでは，広葉樹の薪炭材(薪や炭)としての伐採が多い。ブラジルは用材と薪炭材の両方にわたる。

▼世界の国別木材伐採量 (2010年)
合計 33億6300万m³
- アメリカ 10.1%
- インド 9.9
- 中国 8.5
- ブラジル 7.9
- ロシア 5.1
- カナダ 3.9
- エチオピア 3.1
- その他

(「世界国勢図会」による)

テーマゼミ 森林の役割と利用

● **森林の役割** 水源を涵養し，土壌侵食を防止する。光合成によって太陽エネルギーを固定し，それによって酸素を放出し，二酸化炭素を吸収してくれる。熱帯林の減少は，大気中の二酸化炭素の増加をまねき，温暖化をひきおこすと考えられる。また，森林はさまざまな動物の生活の場でもある。人間にとっても，直接，間接に，きわめて重要な役割をはたしている。

● **森林資源の利用** もっとも大規模なのは，木材の利用である。わが国では，木材の多くは建築用や紙，パルプの原料など，用材としての利用が多いが，世界的には，薪炭材すなわち薪や木炭などの燃料としての利用のほうが多い。

● **亜寒帯林の利用** 亜寒帯では気候的制約から生育できる樹種が限られるので，純林が形成されやすい。そのため，伐採や搬出が容易であり，また，紙，パルプの原料に適した軟木が多いことか

ら，用材として経済的な利用がすすんでいる。カナダ，スウェーデン，アメリカなどでは，伐採される木材の88％以上が用材に向けられている。

● **熱帯林の利用** 熱帯林の茂る低緯度地方は，ほとんどが発展途上国であり，国内消費用の薪炭材の割合が高い。エチオピア，コンゴ民主，ナイジェリアなどでは，87％以上が薪炭材に向けられている。熱帯林は樹種が豊富で，ふぞろいのため，経済林としての利用は遅れていた。近年は，温帯林における資源の減少などにより，先進国が資本や技術を投与して開発する例もみられ，マレーシアのように用材を重要な輸出品としている発展途上国もある。マレーシアでは，熱帯林としては用材の割合が高く，おもに日本に輸出している。

● **熱帯林の破壊** 今日，東南アジアをはじめ，アフリカのコンゴ川流域，南アメリカのアマゾン川流域の熱帯林が，急速に減少している。こうした事態は，地球環境の保全という点から，見すごすことができない問題となっている。(→p.112)

ポイント
- 熱帯林…薪炭材の利用が多く，用材の生産は少ない
- 温帯林…開発が古い。現在，人工林も多くなっている
- 亜寒帯林…針葉樹の純林(タイガ)が広がっている。林業がさかん

---

2 水産業の立地

1 水産業の姿

① **漁業** 天然の水産資源(魚介類や藻)を採取する。
② **養殖業** 水産資源を人工的にふやす。育てる漁業。
　海面養殖(浅海養殖)　世界的には，かき★1，のりの養殖がさかん。
　　日本では真珠，はまち，くるまえび，ほたて貝なども養殖。
　内水面養殖(淡水養殖)　ます，こい，うなぎ，あゆなど。
③ **水産加工** 水産資源を原料として加工する。かん詰と，肥料や飼料にするフィッシュミール(魚粉)★2の製造が中心。

★1 かきはアメリカのチェサピーク湾，フランスのビスケー湾，日本の広島湾，松島湾の養殖が有名。

★2 ペルーでとくに生産が多い。アンチョビ(かたくちいわし)を加工している。

2 漁業と漁場

① **漁場** 大規模で効率的な漁業が発展してきたため，沿岸国が200海里水域で漁場の主権を主張するようになった。

補説 **200海里水域** 1945年，アメリカはトルーマン宣言で，自国沿岸の大陸棚の水産資源は，領海3海里の外でも沿岸国の管理下におかれるという立場を表明した。その結果，日本は，アメリカ，カナダ，旧ソ連，中国などと，漁業に関する条約（協定）を結ぶことになった。1970年代には，沿岸の資源を重視した発展途上国が，領海12海里と200海里の経済水域や漁業専管水域を主張したのにつれ，それらが国際的な合意となり，1977年以来，世界の主要国が200海里水域を設定した（→p.286）。こうして，沿岸国の主権がうちたてられた結果，それまでの自由な漁業は，大きく変化した。

❷ **漁場の成立条件** 漁場は，自然的条件がよいうえに，社会的条件にめぐまれた地域に発達。
1 **自然的条件** プランクトンの繁殖がさかんな水域。**潮目**（潮境，寒暖両流の接触）や，**大陸棚**上のバンク（浅堆）の存在が重要。
2 **社会的条件** 魚の消費量が多いこと，水産業を営むための資本，技術，労働力が豊富にあることなど。

❸ **世界の三大漁場**
1 **北西太平洋漁場（太平洋北西部漁場）** 日本列島の周辺。暖流の日本海流と対馬海流，寒流の千島海流とリマン海流が流れ，大陸棚が広い。世界最大の漁場。
2 **北東大西洋漁場（大西洋北東部漁場）** 北海を中心に大陸棚，バンクが広い。寒流の東グリーンランド海流と暖流の北大西洋海流。
3 **北西大西洋漁場（大西洋北西部漁場）** ニューファンドランド島が中心。暖流のメキシコ湾流と寒流のラブラドル海流。

❹ **その他の漁場** 北東太平洋漁場（太平洋北東部漁場）や，ペルーの近海など。南極海の商業捕鯨は，中止されている。

★3 経済水域では，水産資源，鉱産資源などすべての資源について沿岸国が権利を有する。日本は1977年以来，漁業専管水域を設定したが，1996年，国連海洋法条約の批准にともない，排他的経済水域を宣言した。

★4 上昇流（湧昇流）によって深層の栄養塩類が表層に運ばれてくると，魚のえさになるプランクトンが多く発生する。

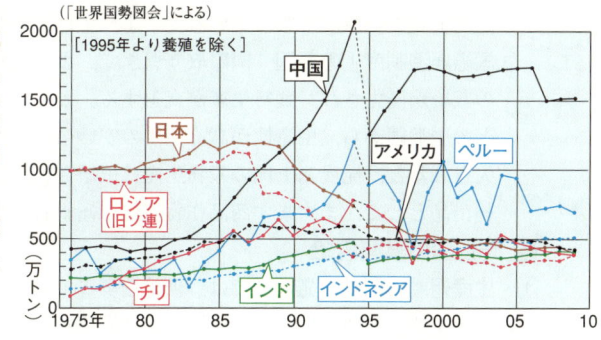

▲世界の国別漁獲量

★5 北海にドッガーバンク，グレートフィッシャーバンク。

★6 両海流の潮目あたりにグランドバンク，ジョージバンクが広がっている。

★7 ペルーは1963〜71年の間，日本をぬいて世界一の漁獲量があった。アンチョビ（かたくちいわし→フィッシュミールに加工）の漁獲が大半をしめる。

> **ポイント**
> **漁業**…200海里水域で沿岸国が権利を確立
> **漁場** 寒流と暖流の潮目，大陸棚やバンク
> 魚の消費量が多いことなどの社会的条件

補説 **製塩** 海水から塩をつくるのは，水産業の1つ。日本では，塩田による製塩（かつて瀬戸内海沿岸でさかんだった）から，イオン交換樹脂膜法による化学的製塩に切りかえられたので，化学工業になってしまった。なお，世界的には，地下の岩塩を掘り出すほうが一般的。この場合は，鉱業となる。

3 食料需給と食料問題

1 世界の食料需給と食料問題

1 世界の食料需給

❶ 発展途上国の食料不足

① **少ない食料生産** 発展途上国では，食料生産が，人口増加に追いつかず，主食の穀物などを輸入している例が多い。慢性的な食料不足による栄養不足，飢餓といった**食料問題**が深刻。

② **食料問題の要因**
①**歴史的な要因** プランテーションによる先進国向けの嗜好品，原料生産が中心で，自給用の食料生産が圧迫されてきた。
②**社会制度的な要因** 前近代的な**大土地所有制**があり，生産性が向上しない原因となっている。まず，土地改革が必要。
③**国際経済制度上の要因** 国際取り引きで，より有利な商品作物の栽培が優先され，食料生産が衰退する。とくに，アメリカなどの先進国から，生産性が高く値段の安い余剰穀物が大量に輸入されると，発展途上国の穀物生産は破壊され，輸入にみあう輸出品として，ますます商品作物栽培に傾斜しやすい。

❷ 先進国の食料需給

① **生産過剰の問題** 先進国では，供給過多による価格暴落を防ぐため，主要農産物について，政府が支持価格を決めている例が多い。しかし，価格が保障されると，**生産過剰**に陥りやすい。

② **食料自給率低下の問題** 農業の生産性の低い先進国では，輸入農産物によって国内農業が圧迫され，海外依存が強まり，**食料自給率**が低下しやすい。国際的な食料不足→食料危機には対応できない。

> **補説 小麦の輸出と生産過剰** 一般に，先進資本主義国では，農業生産力の発展によって，生産過剰→価格の低落がおこりやすい。穀物として重要な小麦には，各国で政府が価格を支持し，その支持価格を下まわった場合は，政府が財政支出を行って援助する（これを価格の支持という）。こうなると，農民にとっては安心なため，生産は，つねに増大しやすい。よほどの作付制限をしなければ，土地生産性のほうが向上して，生産量を減少させることはできない。
> 企業的な小麦栽培地域では，生産力が大きく，いつも生産過剰となっている。アメリカなど，そういう生産地をかかえる国の政府は，輸出によって在庫を減少させることに苦心している。

★1 インドでは，ザミンダール（徴税請負人）制（→p.317）とよばれる寄生地主による大土地所有制があり，農業生産による利益が地主に独占され，農業の発展が妨げられてきた。1950年代の第一次土地改革で，ザミンダール制は廃止され，その農地は在村地主や富農の手に渡された。1960年後半からのインドの緑の革命（→p.126）は，この階層によっておしすすめられ，米の増産が実現した。

★2 アメリカ，カナダの小麦，フランスの小麦，乳製品，日本の米などが典型的。

★3 イギリス，ドイツは，かつて穀物の自給率が低かったが，政府の政策により，自給率が高まっている。日本は，先進国の中では，最低の自給率になっている。

ポイント
食料需給…穀物，嗜好品作物が国際的に流通
　発展途上国…食料生産が少なく，食料不足
　先進国…　一部で生産過剰
　　　　　　他方で自給率が低下

2 おもな食料の需給

❶ 小麦と米
[1] **小麦** 世界的に栽培される。新大陸やフランスなどから，エジプト，ブラジル，日本，イタリアなどに輸出される。(→p.125)
[2] **米** 自給的な色彩が強く，アジアで90％が生産されている。タイ，ベトナム，アメリカ★4，インドなどからの輸出が多い。(→p.125)

❷ 嗜好品作物
茶，コーヒー，カカオ，さとうきびなどで，おもにプランテーション作物。熱帯の産地から先進国へ輸出される。

❸ 食料需給の問題点
発展途上国では，経済力がないため，穀物を輸入することができず，食料不足となっている国もある。そのような国では，嗜好品などの商品作物の栽培をやめ，自給的な作物を栽培すべきだという意見も強い。

　また，最近，先進国の畜産物需要がふえ，それに対応して，飼料用穀物の需要が激増している。しかし，1kcalのエネルギーになる肉類を生産するのには，2〜20倍のエネルギーの穀物が必要とされるように，畜産物の生産効率はひじょうに悪い★5。飼料用穀物の生産が食料用穀物の生産を圧迫し，穀物値段の高騰により発展途上国での食料不足をまねいている。

3 食料生産と環境問題

❶ 土壌侵食
アメリカなどでは，作物の連作，粗放的な栽培方法のため，風や降水により肥沃な表土が流出している。このため，傾斜の方向に垂直に畦をつくる**等高線耕作**★6が推奨されている。

❷ 水の枯渇
センターピボット農法(→p.366)で使う水や，カナート(→p.93)などの地下水路，掘り抜き井戸（鑚井）(→p.71)などで得られる水は，長い間にたまった地下水であるが，たまるよりはるかに速いスピードで消費している。そのため，すでに一部の地域で枯渇，耕作ができなくなっている。さらに，将来，灌漑ができなくなることも予想される。また，中央アジアなどでは，内陸湖の水位が低下している。

❸ 塩害
乾燥地域では，灌漑に使った水の蒸発により，地表に塩類が集積しやすい。

★4 アメリカは，生産量では上位でないが，輸出量は多い。つまり，自給用ではなく，商品作物として栽培している。

★5 肉1トンの生産に飼料用穀物が5〜7トン必要だといわれる。また，1kcalのエネルギーのある食物をつくるのに必要なエネルギーをみると，牧草のみで育てる牛肉では2〜5kcal，濃厚飼料で肥育する牛肉では10〜20kcalを投入しなければならない。

★6 手間のかかる等高線耕作は，守られないことも多い。

▼等高線耕作（アメリカ）小麦を刈り取った跡が見える。

5章 農林水産業と食料問題

バージョンUP 農業，食料問題
…追加・新用語

流水客土

流水を利用して耕地の土壌を入れ替えることを**流水客土**という。客土とは，土地改良の手段の一つで，人工的にそっくり土壌を入れ替えることである。

たとえば富山県の扇状地（砂礫が多く水はけはよいが，水田には適さない）では，山で赤土を溶かして泥水とし，それを従来の用水を利用して，耕地に流し入れる方式で，水もちの良い水田が開発された。

食料・農業・農村基本法

新農業基本法といわれ，1999（平成11）年，食料の安定供給の確保，多面的機能の発揮，農業の持続的な発展，農村の振興，水産業及び林業への配慮などを目的に制定，施行された基本法。国際競争力をもつ農業をめざす。国，地方，生産者，消費者などの努力を規定している。

ミニマムアクセス

最低輸入義務量。一年間に輸入しなければならない農産物の最低量のこと。高関税による事実上の輸入禁止政策を撤廃することが目的で，1994年に合意が成立した**GATT**（関税と貿易に関する一般協定）**ウルグアイ＝ラウンド**の農業分野で定められた。

日本は，**米**に関して，ミニマムアクセス以外の米の輸入を拒否する「関税化の例外措置」を選んだため，2000年まで毎年輸入量を増加させるこの方式が課せられた。しかし，1999年度より条件付で関税化したため，2000年度のミニマムアクセス（76.7万玄米トン）が，2001年度以後も継続されることになった。

セーフガード

WTO（世界貿易機関）で認められた**緊急輸入制限**。海外からの特定品目の輸入が増えすぎたとき，国内の産業を保護するために政府が緊急に輸入を制限すること。中国からの生しいたけ，ねぎ，いぐさについて，2001年暫定措置としてセーフガードが発動された。

ジャポニカ種とインディカ種

ともに稲の品種。**ジャポニカ種**は，日本，中国東北部，朝鮮半島で栽培。粘り気が強く，栽培地域は箸を使う文化とほぼ一致する。

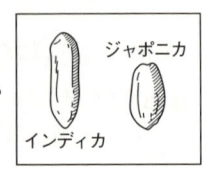

一方，**インディカ種**は，中国南部から東南アジア，南アジア地域まで広く栽培されており，世界的に見るとこちらの消費量の方が多い。細長い長粒米で，粘り気が少ない。焼き飯やカレーに向いている。

有機農業

人工の化学肥料や農薬を控え，堆肥や糞尿などの有機肥料などを使って，農作物や土の能力を生かす**有機栽培**で行う農業。安全で味のよい農産物の生産をめざす。

一般的な農業では，栽培時に農薬を大量に使用するが，収穫後に輸送や保存のためにも使われる（**ポストハーベスト**）。大量に使用された農薬が家庭で洗ってもとれずに，残留農薬となって人体に影響を与える恐れがある。また，農薬使用は環境汚染も引き起こす。

そのため，経費的には割高ではあるが，農薬を極力使用しない有機農業が，食の安全や環境保全の観点から注目されている。

遺伝子組み換え作物

生命工学（バイオテクノロジー）の遺伝子組み換え技術を用いて，遺伝的性質を改変した農作物。従来の交配による品種改良とは異なり，短時間で，自然界に存在していない作物を作り出すことが可能となっている。

改良の方向として，まず除草剤耐性，病害虫耐性，貯蔵性増大などの性質をもった作物がある。特定の除草剤に耐性をもつ作物は，その除草剤の散布によって枯れたりしないので，他の雑草を駆除することができる。ラウンドアップ

という強力な除草剤とそれに耐性をもったとうもろこしなどができている。
　このような品種改良は、生産者や流通業者の利点が強調されるが、消費者にとって安全な食品であるかどうかという問題が指摘されている。
　現在では、消費者にアピールできるような特定の有用成分を多く含んだ品種の開発もすすめられている。高オレイン酸形質をもった大豆が、すでに栽培されている。
　遺伝子組み換え作物の生産がさかんなのは、アメリカ、アルゼンチン、ブラジルなど。中でも、アメリカの生産量が突出している。
　なお、現在日本では、遺伝子組み換え作物は、とうもろこし、大豆、じゃがいも、なたね、てんさい、綿花などが国の認可をうけている。

遺伝子汚染

　人工の遺伝子が自然界に拡散すること。遺伝子組み換え作物の花粉が周辺に飛散すると、近縁の植物との間に雑種をつくったりする。このようにして、予期しない植物が生まれる可能性がある。

バイオエタノール

　とうもろこしやさとうきびなどのバイオマス（生物由来のエネルギー資源）から製造されるエタノールのこと。アメリカやブラジルでは、自動車燃料として利用されている。日本でもバイオエタノール製造の社会実験が行われているが、製造コストの削減が課題となっている。
　自然の営みに由来し、枯渇することのない再生可能エネルギーとして期待されている。しかし、その一方で、バイオエタノールの製造に食料用作物を利用すると、需要増加による価格高騰で食料不足や飢餓を助長すること、また、耕地の拡大で自然破壊をまねくなどの問題点が指摘されている。
　そのため、食料用作物に頼らずに、もみ殻や間伐材などからエタノールをとりだす研究がすすめられている。

オリジナルカロリー

　食料消費カロリーのうち、肉や卵などの畜産物のカロリーを、それらを生産するのに要した飼料のもつカロリーで計算したもの。
　この考え方によると、多くの肉類を消費する先進国は、はるかに多量のカロリーを消費していることになる。また、このような畜産物を生産するための飼料作物の生産が、食用作物の生産を圧迫し、発展途上国での食料不足につながっているともいえる。(→p.143)

食品ロス

　食べられる状態であるにもかかわらず、廃棄される食品のこと。おもな原因として、小売店での売れ残り・期限切れ、製造過程で発生する規格外品、飲食店や家庭での食べ残し・食材の余りなどがあげられる。
　農林水産省の2005年度の調査によると、日本で年間約1900万トン排出される食品廃棄物のうち、500万～900万トンが食品ロスとされる。

仮想水（バーチャルウォーター）

　食料などを輸入して消費する国で、仮にその分の食料を生産するとしたら、どれだけの量の水が必要かを推定する試算によって導き出される水資源の量のこと。
　例えば、牛肉1キロの生産に20.6トン、豚肉1キロに5.9トン、大豆1キロに2.5トンの水が使われるという。
　環境省の試算によると、2005年に海外から日本へ輸入された仮想水の量は、約800億立方メートルにもなり、日本国内で年間に使用される水の量とほぼ同じである。また、アメリカからの輸入がもっとも多い。

フードマイレージ

　生産地から食卓までの距離が短い食品を食べた方が、輸送に伴う環境負荷が少ないという考えから、輸入農産物の環境負荷を数値化するためにつくられたもの。各国からの食料輸入量×輸送距離の総和（単位：トンキロ）で算出する。
　農林水産政策研究所の試算によると、2000年の日本のフードマイレージは約5000億トンキロで、国内の年間貨物輸送量に匹敵し、韓国やアメリカの約3.5倍もある。

5章　農林水産業と食料問題

テスト直前要点チェック

	問題	答
①	作物の生育期間中の気温の総和を，何というか。	① 積算温度
②	著書『孤立国』の中で農業立地論を展開した人は，だれか。	② チューネン
③	移動式農業の地域で行われる農業は，何か。	③ 焼畑農業(やきはた)
④	チベット高原で飼育されているウシ科の家畜は，何か。	④ ヤク
⑤	灌漑(かんがい)のための地下水路を，イランでは何というか。	⑤ カナート
⑥	降水量の多いアジアの沖積(ちゅうせき)平野で栽培される穀物は，何か。	⑥ 米(稲)
⑦	米の生産量と輸出量が世界最大の国は，それぞれどこか。	⑦ 中国，タイ
⑧	企業的農牧業は，(　　)生産性は低いが，(　　)生産性は高い。	⑧ 土地，労働
⑨	地中海式農業で栽培される果樹の例をあげよ。	⑨ オリーブ，ぶどうなど
⑩	作物栽培と家畜飼育を組み合わせた農業を，何というか。	⑩ 混合農業
⑪	大豆・とうもろこしとも生産量が世界最大の国は，どこか。	⑪ アメリカ
⑫	乳牛を飼育して，乳製品を生産する農業を，何というか。	⑫ 酪農(らくのう)
⑬	園芸農業には，輸送園芸と何があるか。	⑬ 近郊農業
⑭	スイスなどの山岳地帯でみられる移動式放牧は，何か。	⑭ 移牧
⑮	オランダの干拓地は，何とよばれるか。	⑮ ポルダー
⑯	生産地での小麦などの巨大貯蔵施設を，何というか。	⑯ カントリーエレベーター
⑰	カナダで栽培される小麦は，冬小麦と春小麦のどちらか。	⑰ 春小麦
⑱	アメリカの牛の大規模肥育(ひいく)場を，何というか。	⑱ フィードロット
⑲	羊毛の輸出量が世界最大の国は，どこか。	⑲ オーストラリア
⑳	熱帯における商品作物の大規模農園を，何というか。	⑳ プランテーション
㉑	ブラジルの大土地所有制にもとづく大農園を，何というか。	㉑ ファゼンダ
㉒	ロシア，ウクライナの黒土地帯で栽培される作物は，何か。	㉒ 小麦
㉓	中国の人民公社は解体されて，どんな制度に変わったか。	㉓ 生産責任制
㉔	農業に関連するさまざまな企業を，まとめて何というか。	㉔ アグリビジネス
㉕	亜寒帯林と熱帯林とでは，どちらが経済林か。	㉕ 亜寒帯林
㉖	おもな国が経済水域を設けているのは，何海里(かいり)か。	㉖ 200海里
㉗	漁獲量が世界最大の国は，どこか。	㉗ 中国
㉘	農産物の生産過剰が問題なのは，先進国と発展途上国のどちらか。	㉘ 先進国
㉙	アメリカで土壌侵食(どじょうしんしょく)を防ぐためにとられる耕作方法は何か。	㉙ 等高線耕作(とうこうせんこうさく)

6章 鉱工業とエネルギー問題

この章のポイント＆コーチ

1 鉱工業 ▷*p.148*　＊日本の鉱工業はp.400。

◆ **エネルギー資源の分布**
　石　炭　中国，アメリカ，ロシアや，ヨーロッパ諸国に多い。
　石　油　西アジアの**ペルシア湾**沿岸や，ロシア，アメリカなどで多く産出する。
　電　力　水力，火力，原子力などから生産。火主水従，水主火従などの構成。

◆ **原料資源の分布と鉱業**
　鉄鉱石　中国，オーストラリア，ブラジル，インドなどで産出が多い。埋蔵量はロシア，オーストラリア，ウクライナ，ブラジルなどで多い。
　鉄鉱石以外の鉱産資源　銅，鉛，亜鉛，すず，ニッケルや，ボーキサイト，金。

◆ **工業の立地とその変容**
　工業立地　安い輸送費と労働費がポイント。臨海型，臨空港型など。
　工業立地の変化　立地条件が変化すると，工業の移動がおこる。

◆ **世界の工業地域**
　ヨーロッパの工業　北西ヨーロッパで発達。資源立地型から臨海型へ。
　アメリカの工業　世界最大の工業国。北東部から**サンベルト**へ。
　ロシアや中国の工業　ロシアでは，資源立地。中国は**経済特区**。
　発展途上国の工業　**アジアNIEs**で発達。インドで綿工業や重工業。

2 経済発展と現代の工業 ▷*p.168*

◆ **経済発展と産業**
　国民総生産からみた世界の国々　発展途上国，中進国，先進工業国の区分。

◆ **現代の工業生産と流通**
　多国籍企業の活動　工業がアジアNIEsなどに拡大。製品の流通が世界的に。
　現代の国際分業　多国籍企業が，先進国や工業化途上国に機能を分散。

3 エネルギー問題 ▷*p.171*　＊日本のエネルギー問題はp.400。

◆ **世界のエネルギー問題**
　環境問題とのかかわり　化石燃料の大量消費は酸性雨，温暖化の原因。
　代替エネルギーの開発　自然エネルギーなどのクリーンエネルギーが重要。

1 鉱工業

1 エネルギー資源の分布

1 エネルギー資源とその推移

❶ **産業革命前のエネルギー資源** 奴隷による人力，家畜による畜力，風車や帆などの風力，水車による水力など，自然力に依存。

❷ **産業革命後のエネルギー資源** まず，蒸気機関の発明によって石炭がエネルギー資源の主力となり，炭田開発から工業地域の形成もみた。現在では，石油を中心に，石炭，水力，原子力や，電力などが，重要なエネルギー資源になっている。

❸ **エネルギー革命** 1950年代には，それまでの石炭から，石油，天然ガスなどの流体エネルギーの利用が，急速に増大した。このような，石炭などの固形燃料から，石油，天然ガスなどの流体燃料への変化を，**エネルギー革命**という。

❹ **将来のエネルギー資源** 地熱，風力，太陽熱，太陽光，潮力（潮汐），バイオマス（生物資源）などの普及が期待される。

★1 石油は，1859年，アメリカのペンシルヴェニア州で，はじめて油井から採油され，利用が広まった。

★2 流体燃料のほうが輸送などで効率的なこと，国際石油資本が安価な石油を供給してその利用を働きかけたことなどによる。

★3 生物の活動を利用したエネルギー資源。例えば植物の発酵によってメタンガスやアルコールが得られる。

テーマゼミ クリーンエネルギー

● 人類のエネルギー利用は，18世紀後半の産業革命期の石炭利用により一変し，大きなエネルギーの安定利用が可能となった。さらに19世紀後半からは石油の利用がはじまり，20世紀後半には世界の主要エネルギー源となった。一方，これら化石エネルギーは有限の資源であるため，これにかわるものとして1950年代には核分裂エネルギーを利用した原子力発電も実用化された。

● しかし，石炭や石油は燃焼の際には亜硫酸ガスなどの有害ガスを発生し，また大気の温度を上昇させ生態系に影響を与えるなど，環境汚染の問題がある。原子力発電は放射能汚染が危惧され，深刻な環境公害問題をともなう。

● 近年，これらにかわるクリーンエネルギー（無公害エネルギー）として，太陽エネルギー，海洋エネルギー，地熱エネルギー，風力エネルギーなどの利用の研究がすすめられており，一部は実用化されている。化石エネルギーや水力，風力エネルギーなども，その源は太陽エネルギーに由来するものであるが，近年は太陽熱や太陽光を直接利用する発電が実用化されており，アメリカのカリフォルニア州のバーストーなどの太陽熱発電所が知られる。地熱発電は地熱による高温高圧の蒸気で発電するもので，イタリアのラルデレロ，ニュージーランドのワイラケイの地熱発電所が有名で，わが国でも大分県八丁原などにある。フランスのランス川河口のサンマロには，潮位差を利用した世界初の潮汐発電所がある。ランス川のエスチュアリ（三角江）（→p.62）を延長750mの堰堤でせき止め，最大14mの潮位差による潮流（→p.70）を利用したもので，1966年に建設された。

▼地熱発電所（大分県八丁原）

> **補説** 一次エネルギーと二次エネルギー　化石エネルギーの石炭，石油，天然ガス，核エネルギーの原子力，自然エネルギーの水力，風力などを，一次エネルギーという。これに対し，石油，石炭，原子力，水力などの一次エネルギーを転換して得られる電力や，石炭をむし焼きにしてつくるコークス，薪をむし焼きにしてつくる木炭（炭）などを，二次エネルギーという。

▼石炭の可採埋蔵量
（「データブック オブ・ザ・ワールド」による）

国　名	％
アメリカ	26.8
中　国	15.4
インド	13.9
ロシア	12.1
オーストラリア	9.2

世界計…4,048億 t

（2010年）

2 石　炭

❶ 石炭の形成
石炭は，地質時代に植物が地下にうもれ，地圧と地熱の作用をうけて，長い間に炭化したものである。古生代の大森林に由来するものは，炭化がすすんでいて，**おもな炭田は古期造山帯に多い**。

❷ 埋蔵量と生産
世界的に埋蔵量が豊かである。生産量では，中国とアメリカが多い。

❸ おもな国の炭田

1 アジアの炭田
①**中国**　石炭の埋蔵が多く，生産量も増加している。華北の**タートン炭田**が最大で，その他，東北地方のフーシュン，フーシン，華北のカイロワン，華中のピンシャンの各炭田が代表的。最近は，内陸部の開発もすすむ。★4

★4 シャンシー（山西）省，シャンシー（陝西）省で埋蔵量が多い。

◀石炭の種類とおもな用途

	性質とおもな用途
無煙炭	品位が高い。家庭暖房用の燃料炭や，カーバイドの原料
瀝青炭	粘結性の強い強粘結炭はコークス用→製鉄に使うので，原料炭とよぶ
亜瀝青炭	一般炭として，ボイラー用の燃料炭に使用
褐　炭	品位が低い。亜瀝青炭と同じ用途

▼世界のおもな炭田と国別の石炭産出割合
グラフの中で産出割合が4位以下の国名にも注目しておくこと。

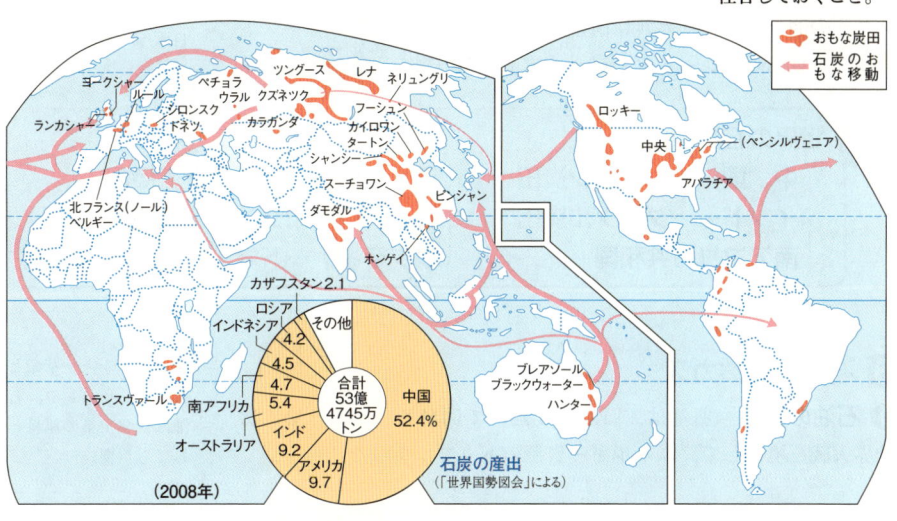

凡例：おもな炭田／石炭のおもな移動

石炭の産出（「世界国勢図会」による）（2008年）
合計 53億4745万トン
中国 52.4％／アメリカ 9.7／インド 9.2／オーストラリア 5.4／南アフリカ 4.7／インドネシア 4.5／ロシア 4.2／カザフスタン 2.1／その他

6章　鉱工業とエネルギー問題

②インド　北東部のビハール州の**ダモダル炭田**が有名。
③インドネシア　1980年代から外国資本により開発。

2　**アメリカの炭田**　炭田は国内各地に広く分布している。一般に炭層があつく，水平に分布しているので，露天掘りが多い。機械化がすすみ，生産能率が高く，世界有数の産出国。
　アパラチア炭田★5や中央炭田などは瀝青炭，アパラチア炭田北部のペンシルヴェニア炭田は無煙炭，ロッキー炭田は褐炭を産出。

3　**ロシアやヨーロッパの炭田**
①ロシア　西シベリアの**クズネツク炭田**（クズバス）の産出量が多い。ほかに，ペチョラ（ヨーロッパロシア），ネリュングリ，レナ，ツングース，ウラル（以上シベリア）などの炭田がある。★6
②ウクライナ　**ドネツ炭田**（ドンバス）の産出量が多い。旧ソ連では最大の炭田であった。
③カザフスタン　カラガンダ炭田などで，石炭の産出が多い。
④イギリス★7　ペニン山脈山麓の東側のヨークシャー炭田，西側のランカシャー炭田など，多くの炭田があり，工業地域形成の基礎となった。
⑤その他　北フランス〜ベルギー〜〔ルール，ザール，ザクセン〕（ドイツ）〜シロンスク（ポーランド）の各炭田は，古い褶曲山脈にそってならぶ。

　(補説)　**ドイツの炭田**　ルール，ザールの両炭田の規模が大きい。とくに，ルール炭田は，ヨーロッパ最大級の炭田で，ライン川ぞいのルール工業地域形成の基礎となった。フランスと接するザール炭田は，その領有をめぐってドイツ，フランス間で係争がくりかえされたが，1957年以後，ドイツ（旧西ドイツ）に帰属している。

4　**その他**　南アフリカ共和国のトランスヴァール地方，オーストラリア東部のグレートディヴァイディング山脈の山麓などで産出。★8

★5　アパラチア炭田はアメリカ最大の炭田。開発が古く，北東部の工業化の基礎となった。

★6　ウラル山脈のいくつかの炭田をまとめてウラル炭田という。東シベリアのレナ炭田，ツングース炭田などは，埋蔵が多く，開発中。

★7　イギリスは，産業革命後，20世紀初めまで，世界最大の石炭産出国であった。第二次世界大戦後は老朽化し，国有化によって合理化をすすめた。

★8　クインズランド州（ボウエン地区など）で，とくに生産が多く，大部分は長期輸出契約を結んだ日本へ輸出される。（西部の鉄鉱石も，日本への輸出が中心になっている。）

ポイント　世界の石炭産出

中　　国……**タートン炭田**	アメリカ……**アパラチア炭田**
インド……**ダモダル炭田**	ロシア………**クズネツク炭田**
南アフリカ共和国	ウクライナ…**ドネツ炭田**

3　石油と天然ガス

❶　**石油の利用**　石油は，石炭より遅れて開発されたが，第二次世界大戦を境にして，エネルギー資源のトップになった。★9

★9　エネルギー革命とよばれる（→p.148）。石油は化学工業の原料としても重要。

❷ 石油の分布

石炭と同じ化石エネルギー資源ながら、地質構造上、おもに新しい褶曲構造の背斜部(→p.55)にあるため、分布は偏在。西アジアの**ペルシア湾**沿岸やロシア、アメリカなどに多い。

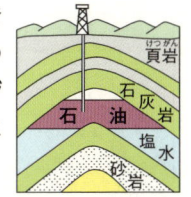

★10 西アジアは、とくに埋蔵量が多い。また、1本の油井から採油される石油の量が多く、低コスト。

◀背斜部にある石油

❸ 石油の開発と産油国

① **石油の開発** 高度の技術と資本が必要なため、先進国の多国籍企業である**メジャー(国際石油資本)**が支配。開発、生産のほか、輸送(パイプラインやタンカー)、精製、販売も、一貫して支配してきた。

② **産油国の団結** 西アジアなど、発展途上国の産油国は、メジャーに対抗するため、1960年、**石油輸出国機構(OPEC)** を結成。国際的な地位の向上をはかってきた。

(補説) **石油輸出国機構(OPEC)** 発展途上国の産油国では、石油利権がほとんどすべてメジャーに握られ、わずかな利権料をうけとるだけ、といった状態が長く続いた。このため、産油国の発言力を強化するために団結し、石油輸出国機構を結成した。今日では、自国の石油会社への経営参加をすすめたり、国有化をすすめている。このような、資源に関する主権確立の動きを、**資源ナショナリズム**という(→p.297)。(OPEC加盟国→p.298)

❹ おもな国の油田

① **アメリカの油田** 開発の古いアパラチア油田の産油量は減少。**メキシコ湾岸油田**と中部(内陸)油田は、アメリカ最大の油田地帯。西部のカリフォルニア油田も生産が増加。アラスカの北極海沿岸のプルドーベイ油田(ノーススロープ地域)の石油は、パイプラインで太平洋岸へ送られている。

なお、アメリカは世界有数の産油国であるが、国内での消費量も多いため、ベネズエラ、メキシコや西アジア諸国から、**大量の石油を輸入**している。

Q メジャー(国際石油資本)というのは、具体的には、どんな会社なのですか。

A 本国にある本社のほか、世界各国に支社や系列会社を展開している石油関連の多国籍企業のこと。かつてはセブン=シスターズとか8大メジャーとよばれる7～8社をさしたが、現在は、アメリカ系のエクソン=モービル、イギリス=オランダ資本のロイヤル=ダッチ=シェル、イギリス系のブリティッシュ=ペトロリアムを石油3強という。さらにシェブロン、コノコフィリップス(アメリカ)、トタル(フランス、ベルギー)を加えた6社を、スーパーメジャーともいう。産油国の力が強まったため、生産部門の比重は小さくなったが、輸送、販売面や技術面では強大な力を持っている。

▼アメリカの炭田、油田と鉄鉱石産地

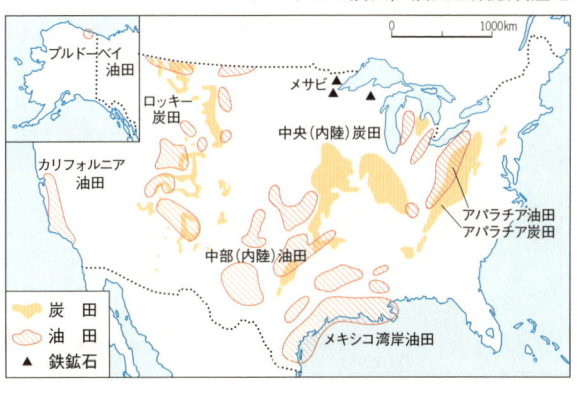

2 ロシアの油田

チュメニ油田やヴォルガ・ウラル油田で生産が多い。

3 西アジアの油田

ペルシア湾岸のサウジアラビア，イラン，イラク，クウェート，アラブ首長国連邦で産出が多い。**OPEC**[*11] を結成したこれらの国々では，さらにアラブ諸国が **OAPEC**（オアペック）を結成。1970年代には，価格や生産量の決定権を握り，石油資源を国有化した。

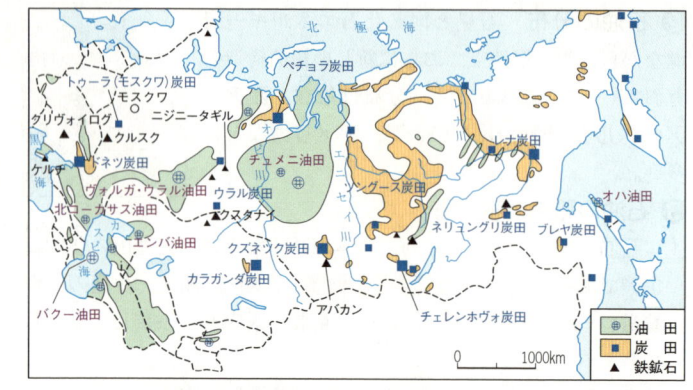

▲ロシアと周辺の国々の炭田，油田と鉄鉱石産地

★11 サウジアラビアのガワール油田，クウェートのブルガン油田，イラクのキルクーク油田など，世界最大級の油田が多い。

4 その他の国の油田

① アゼルバイジャン **バクー油田**は古くから開発され，旧ソ連時代には産出が多かったが，現在は産出量が少ない。近年，カスピ海底と周辺の新しい油田開発が進められている。

補説　アラブ石油輸出国機構（OAPEC）　1968年に，アラブ民族の産油国が結成。アラブ全体の石油戦略の実施を目的とする。とくに，1973年の第四次中東戦争に際し，イスラエルを支持するアメリカなどの先進国に対抗。石油の生産削減を決定し，価格引き上げを実施した。その結果，世界経済は大いに混乱した（石油危機，オイルショック，石油ショック）が，産油国の石油資源に対する主権が確立され，以後，石油価格の大幅な引き上げが行われた。（→p.298）

▼世界のおもな油田と国別の石油産出割合　グラフ中で，産出割合が4位以下の国名にも注目しておくこと。

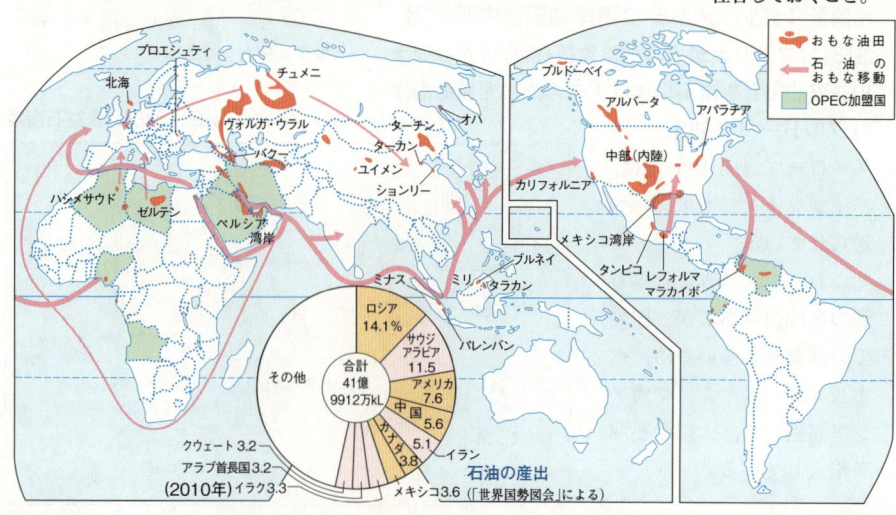

石油の産出

合計 41億9912万kL

- ロシア 14.1%
- サウジアラビア 11.5
- アメリカ 7.6
- 中国 5.6
- イラン 5.1
- カザフスタン 3.8
- メキシコ 3.6
- イラク 3.3
- アラブ首長国 3.2
- クウェート 3.2
- その他

（2010年）（『世界国勢図会』による）

②アフリカ　アルジェリア，リビアはサハラ砂漠に，ナイジェリアではニジェール川河口に油田がある。
③アジア　中国，インドネシアで産出。中国では**ターチン油田**[★12]，ションリー油田のほか，華北（かほく）や西部でも開発がすすむ。
④ヨーロッパ　イギリス，ノルウェーなどは**北海油田**（ほっかい），ルーマニアはプロエシュティ油田で産出。
⑤南北アメリカ　ベネズエラ[★13]では，マラカイボ湖周辺とオリノコ川流域に油田。メキシコ（レフォルマ油田），カナダの油田。

★12 スマトラ島のミナス油田は，硫黄分（いおう）の少ない良質の石油を産出し，日本へ多く輸出している。

★13 ベネズエラの石油は，アメリカへ多く輸出される。

> **ポイント　世界の石油産出**
> アメリカ…………メキシコ湾岸油田，カリフォルニア油田
> ロシア……………チュメニ油田，ヴォルガ・ウラル油田
> ペルシア湾沿岸…サウジアラビア，イラン，イラク，アラブ首長国

❺ **天然ガス**　天然ガスは，ハイカロリーで純度が高いので，燃焼しても汚染物質の排出が少なく，クリーンエネルギーとされ，火力発電所の燃料として需要が増大している。**液化天然ガス（LNG）**として輸送する（じゅそう）。
　なお，天然ガスは，石炭や石油に関連して産出するものと，それらとは無関係に産出するガスとがある。
｛マレーシア，オーストラリア，インドネシア⇨日本へ輸出。
　アメリカ，ロシア，カナダの産出が多い。

Q 家庭用のガスボンベにはLPGの表示があります。LNGとどうちがうのでしょう。

A LNGは液化天然ガスで，Liquefied Natural Gasの略だね。LPGは液化石油ガスで，ふつうプロパンガスといわれ，石油精製の途中でできるものだから，LNGとはまったくちがうよ。Liquefied Petroleum（石油）Gasを略してLPGだ。

4 電　力

❶ **電力の特徴**
①水力，火力，原子力発電などの二次エネルギー（→p.149）。
②電力自体は，汚染物質を出さないクリーンなエネルギーである。
③熱や光（照明），動力（モーター）などへの転換が容易である。
④コンピューターなど電子工学（エレクトロニクス）に利用できる。
⑤他のエネルギー資源と違い，輸出入されることは少ない。

❷ **火力発電と水力発電**
1 **火主水従**（かしゅすいじゅう）　火力発電が主で，水力発電が従。世界の国では，この型の発電が多い。アメリカ，中国，日本，ロシア[★14]をはじめ，石炭の豊富なドイツ，イギリス，ポーランド[★15]などが代表的。
2 **水主火従**（すいしゅかじゅう）　水力発電が主で，火力発電が従。カナダ，ブラジル，ノルウェー，スイスなど。水力資源の豊かなブラジル，ノルウェーでは水力がほとんどで，水力中心といえる。

★14 ロシアには，大規模水力発電所も多い。エニセイ川のサヤノシュシェンスク発電所やクラスノヤルスク発電所，エニセイ川支流のアンガラ川のブラーツク発電所やウスチイリムスク発電所などは，世界有数の水力発電所として有名。

★15 ポーランド，オランダなどでは火力がほとんどで，火力中心といえる。

|補説| **水力発電の様式**　水力発電の発電方式には，自然に大きい落差が得られる水路式発電と，大きな流水量や人工的落差をダムによって求めたダム式発電とがある。ダム式は，建設費は高いが，流水量の季節的変化に左右されない利点がある。また，比較的近い２つのダムを使い，電力需要の減少する夜間に，出力調整の難しい原子力発電などの余った電力で，水を上のダムに上げ，昼のピーク時に水量を確保する揚水式発電も行われている。

　　ロシアなどの大平原を流れる水量の豊かな河川では，貯水池式の低いダムでも，複数のダムを建設し，大きな電力を得ている。このような方式を，低落差発電という。

❸ **火力発電の問題**　化石燃料を燃やすため，いずれ枯渇する。また，大気汚染や酸性雨（→p.109）をまねきやすい。

|補説| **コージェネレーションシステム**　発電の際に出る熱を有効に利用し，エネルギー効率を高める熱電併給システム。一般の火力発電技術の効率は40％程度しかないが，廃熱を利用することで70〜80％に高める。病院やホテルなどのエアコンや，地域冷暖房などに利用される。

❹ **原子力発電**

① **原子力発電の国**　ウランなどから核エネルギーを取り出す[★16]のに，高度の技術と巨大な資本が必要とされる。**フランスは原子力発電の割合が高い**原子力中心の国である。アメリカ，フランス，日本[★17]，ロシア，ドイツなどで，原子力による発電量が多い。

② **原子力発電の問題**　放射能もれによる環境汚染，働いている従業員や周辺の住民の被曝，大事故（核爆発，核燃料の溶融）（→p.105）の心配など，安全性について大きな問題がある。

　また，廃棄物を安全に処理する技術が確立されていないこと，濃縮ウランの製造が特定の国（特定の企業）に限られること，核兵器の製造と関連が深いこと，ウラン資源の偏在などの問題もある。

★16 ウラン鉱から核分裂をおこしやすいウランを抽出して濃縮する。それに核分裂をおこさせ，核エネルギー（核分裂エネルギー）を出させ，水蒸気をつくってタービン（発電機）を回し，電気を得る。

▼**総発電量にしめる原子力発電の割合**

フランス	76.4%
大韓民国	33.8%
日　本	23.9%
ドイツ	23.3%
アメリカ	19.2%
イギリス	13.5%

▼**原子力発電量**

アメリカ	8 378億kWh
フランス	4 395
日　本	2 581
ロシア	1 631
大韓民国	1 510
ドイツ	1 485

(2008年)
(「世界国勢図会」による)

★17 2011年3月の福島第一原発の事故以前の状況。

2　原料資源の分布と鉱業

1　鉱産資源の需給と開発

❶ **先進国の鉱業**　自国の資源だけでなく，発展途上国からの輸入資源を多く使う。このため，先進国の少数の多国籍企業[★1]が，発展途上国の資源の開発，生産，流通を支配している例が多い。

❷ **発展途上国の鉱業**　発展途上国では，先進国の資本や技術によって開発はすすむが，利益の大部分が持ち去られてしまう。このため，資源に関する主権を主張する国が増加してきた。このような動きを**資源ナショナリズム**という（→p.297）。

★1 石炭，鉄鉱石，銅，アルミニウム，ニッケルなどでは，先進国の少数の大企業（資源メジャー）が世界の市場を占有し，価格や生産量を支配，国際的カルテルを形成している。

2 鉄鉱石

❶ ブラジルとオーストラリアの鉄鉱石
ともに，1960年代から急速に開発がすすみ，輸出量が多い。

1. **ブラジル** **イタビラ鉄山**や**カラジャス鉄山**(→p.113)が主産地。
2. **オーストラリア** **西部の台地が主産地**。東部の石炭とともに，日本への輸出が中心になっている。

❷ アジアの鉄鉱石
1. **中国** 埋蔵量が多く，産出量は世界一。東北地方の**アンシャン**，ペンシー，華北のロンイエン(竜烟)，華中の**ターイエ**，マーアンシャン，華南のロンイエン(竜岩)などで産出が多い。
2. **インド** 北東部のビハール州，オリッサ州や，南西部のゴア(パンジム)で産出。

❸ ロシアとヨーロッパの鉄鉱石
1. **ロシア** クルスク，ニジニータギル鉄山など。
2. **ウクライナ** クリヴォイログ鉄山の鉄鉱石は，ドネツ炭田の石炭とともに，ドニエプル工業地域の基礎。
3. **フランス** 北東部のロレーヌ地方のミネット鉱が中心だった。現在は閉山。
4. **スペイン** 北部のビルバオで鉄鉱石を産出。イギリス，ドイツなどへ輸出。

★2 ピルバラ地区に鉄山が多い。マウントホエールバック鉄山，マウントトムプライス鉄山などで，露天掘りが行われ，高品位の赤鉄鉱を産出する。

★3 かつて産出の多かったマグニトゴルスク鉄山は，枯渇。

★4 鉄の含有量30〜40％で，リン分の多い貧鉱。19世紀の後半，リン分を除くトーマス製鋼法が発明されてから利用がすすんだ。

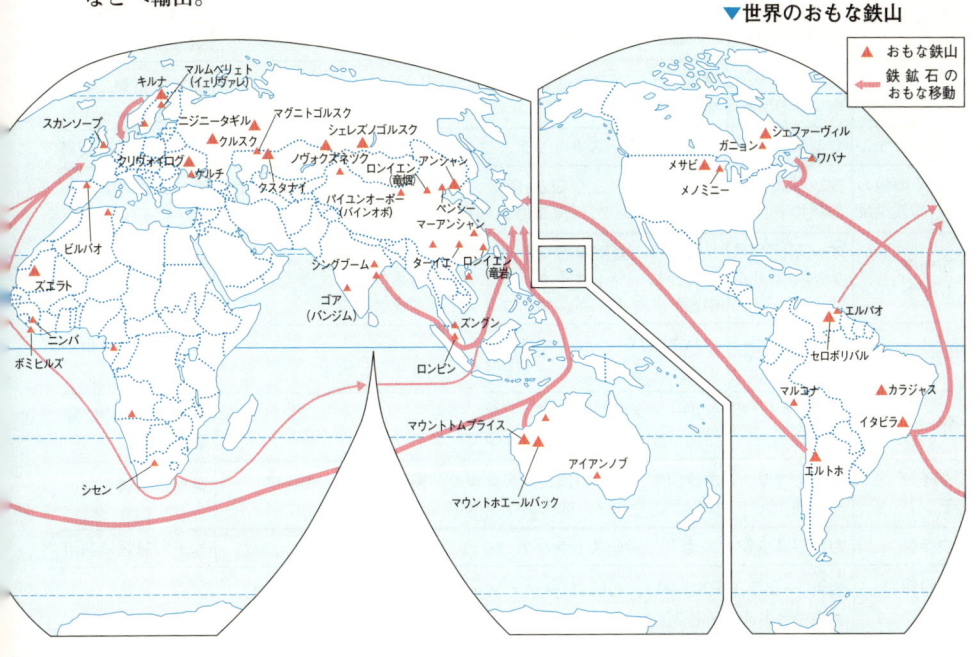

▼世界のおもな鉄山

5 **スウェーデン** 北部のキルナ、マルムベリェト（イェリヴァレ）で良質の鉄鉱石を産出。
　イギリスやドイツに輸出。かつては夏はボスニア湾岸のルレオから、冬は不凍港のノルウェーのナルヴィクから積み出されたが、現在は、砕氷船の開発で、夏、冬とも両港から輸出されている。

❹ **アメリカの鉄鉱石**　スペリオル湖畔の**メサビ鉄山**が中心。露天掘りで採掘され、湖岸のダルースから、運賃の安い五大湖の水運を利用、クリーヴランド、バッファロー、シカゴ、ゲーリー、ピッツバーグなどへ運ばれ、アパラチア炭田や中央炭田の石炭と結合して、鉄鋼業を発達させた。南部では、アパラチア山脈南部のバーミングハムでも産出。なお、近年、産出量が減り、カナダのシェファーヴィルやベネズエラなどからも、鉄鉱石を輸入。

(2009年)	(千t)	%
中国	280 000	25.2
オーストラリア	228 000	20.5
ブラジル	199 200	17.9
インド	157 000	14.1
ロシア	53 200	4.8
ウクライナ	36 500	3.3
南アフリカ	35 600	3.2
カナダ	19 700	1.8
アメリカ	16 550	1.5
イラン	16 000	1.4
カザフスタン	12 800	1.2
世界計	1 111 000	100.0

▲世界の鉄鉱石の生産
（「世界国勢図会」による）

▼おもな鉱産資源…生産国や用途

銅	チリ……… ペルー……… アメリカ…… その他………	アメリカ資本で開発。チュキカマタ（露天掘り）、エルテニエンテ セロデパスコ ロッキー山脈中のビンガム（大規模な露天掘り）、モレンシー インドネシア、中国、オーストラリア、ロシア（ノリリスク）、 コンゴ民主共和国からザンビアにかけてのカッパーベルト、 カナダ	電気事業により需要が増大。発展途上国では、先進国の企業の資本と技術で開発→近年、国有化なども進行
鉛 亜鉛		中国、オーストラリア、ペルー、アメリカ、カナダ、メキシコ （鉛と亜鉛は同じ鉱石からとれる場合が多い）	蓄電池、無機薬品 合金用、亜鉛鉄板
すず	アジア……… 南アメリカ…	中国、インドネシア（バンカ島、ブリトン島）、マレーシア ペルー、ボリビア（ポトシ、オルロ）、ブラジル	産地で精錬。かん詰などのメッキ用
レアメタル	ニッケル	ロシア、インドネシア、オーストラリア、フィリピン、カナダ	ステンレスに使用
	その他の 非鉄金属	タングステン（中国、ロシア）、クロム（南アフリカ、インド）、バナジウム（中国、南アフリカ） コバルト（コンゴ民主、ロシア）、マンガン（中国、オーストラリア、南アフリカ）	
ボーキサイト	オーストラリア ラテンアメリカ その他………	ウェイパ、ゴヴなどで産出が多い ブラジル、ジャマイカ、スリナム、ベネズエラ、ガイアナ 中国、インド、ギニア、ロシア、カザフスタン	アルミニウム→建築、車両や合金
金	南アフリカ… その他………	ヨハネスバーグ付近で産出。 中国、アメリカ、オーストラリア、ロシア、ペルー	装飾用、貨幣用や電気、機械部品
銀	ラテンアメリカ その他………	ペルー、メキシコ、ボリビア、チリ 中国、オーストラリア、ロシア、アメリカ	写真フィルム、銀器、装飾
ダイヤモンド	中南アフリカ その他………	ボツワナ、コンゴ民主、アンゴラ、南アフリカ、ギニア ロシア、カナダ、オーストラリア	研磨、金属切削、ガラス切り、装飾
ウラン		カザフスタン、カナダ、オーストラリア	原子力発電に利用
その他の鉱物		硫黄（→化学工業の原料）、石灰岩（→セメント）、リン鉱石（→リン酸肥料） 岩塩やカリ塩（→化学工業の原料、岩塩は食用にもする）	

3 鉄鉱石以外の鉱産資源

❶ **非鉄金属** 銅，鉛，亜鉛，すず，ニッケルなど。
❷ **軽金属** ボーキサイトを原鉱とし，一次加工のアルミナをへて精錬される**アルミニウム**[★5]が代表的。アルミナからアルミニウムをつくるときには，大量の電力を使うので，アルミニウムの生産は，安価な電力の豊富な中国，ロシア，カナダなどの国々で多い。[★6]
❸ **貴金属** 金(中国など)や，銀(ペルー，メキシコなど)。

(補説) **レアメタル** 天然の存在量が少なく，また抽出するのがむずかしい金属。希少金属ともいう。超伝導材料や特殊合金に利用され，将来，需要が伸びると考えられるため，国家備蓄を行う先進国も多い。

★5 軽量で腐食しにくく，加工が容易で，熱や電気を伝えやすい性質をもち，鉄に次ぐ重要な金属とされる。なお，マグネシウム，チタンなども軽金属とされる。

★6 他にはアメリカや，水力発電中心のブラジル，ノルウェーでもさかん。

3 工業の立地

1 工業の立地と変化

❶ **立地条件** 近代工業は，生産がもっとも効率的になり利潤がもっとも大きくなる地点に立地する。社会的条件と自然的条件がある。
① **社会的条件**
　①**資本や技術** 近代工業では，巨大な資本と高度の技術が必要。

タイプ	立地上の特色	工業や製品，立地の例
原料指向型工業	重量の重い原料や，製品にすると重さの減る原料(重量減損原料)を使用する工業は，原料産地に立地	かつての大量の石炭を使った鉄鋼業，その他の金属精錬，セメント，製材，パルプ，陶磁器，粗糖工業など。旧ソ連のコンビナートは資源産地に立地。
市場指向型工業	重量の変化は少なく，消費財をつくる工業は，消費地=大都市に立地	高級衣服，化粧品，印刷，装飾品，製氷，精糖，清涼飲料水，ビール(容器で重量が増加)
交通指向型工業 (港湾指向) (空港指向) (高速道路指向)	鉄鉱石や石油などの原料を輸入したり，輸送して使用する場合，臨海地域の港湾や，可航河川の河口，湖畔など水運の便のよい地点に立地。IC(集積回路)のように小型，軽量で高価な製品では，空港(臨空港型)や高速道路に近いことが有利	加工貿易の国の鉄鋼業，石油化学工業は臨海に立地する(日本の太平洋ベルト)。水運の発達したライン川流域，アメリカの五大湖沿岸や，可航河川の河口(ロンドン，ロッテルダムなど)で典型的。日本の半導体，IC(集積回路)などの生産は，土地が安く水のきれいな九州の空港近くや，東北地方の高速道路や空港ぞいに立地している。
労働力指向型工業	労働集約的で，あまり高度の技術は必要としない工業は，労働力が豊富で安価な地点に立地	縫製品や，各種の組み立て品をつくる機械工業は，労働力が豊富で，低賃金のところに立地。発展途上国の繊維工業(綿工業など)が典型的。
用水指向型工業	豊富で安価な用水の得られる地点	紙，パルプ，鉄鋼，化学繊維，染色，酒醸造
電力指向型工業	豊富で安価な電力の得られる地点	アルミ精錬，化学肥料(石灰窒素=石灰岩+電力)

▲**おもな工業立地のタイプ** 工業立地の型は，基本的には原料指向と市場指向の2つに区分されるが，日本やヨーロッパの新しい傾向として，交通指向が強い。いずれも，安い輸送費と労働費が眼目。

②**労働力** 質がよくて低賃金の労働者が，多く得られること。労働費[★1]が安いことは，立地上きわめて重要。
③**交通** 便利がよく，輸送費[★2]が安くなること。製品や原料の輸送費が安いことは，立地上きわめて重要。
④**市場** 大量生産→大量消費にみあう市場の存在。
⑤**原料や燃料** 資源の産地には，工業が発達しやすい。
⑥**関連企業の集積** 関連企業の集積は，さらに工業を発展させる[★3]。
⑦**政策** 国や地方公共団体の誘致(誘導)政策，財政補助など。
2 **自然的条件** 土地，気候，水(河川，地下水)など。

(補説) **工業立地と自然的条件** 土地，気候，水などの自然的条件は，技術の発達によって解決できることもあるが，費用が余分にかかるので，現在なお，重要な条件になっている。空気清澄が望ましい精密機械工業，きれいな水が重要な電子工業，晴天が望ましい航空機製造業，用水を多く必要とする紙・パルプ工業，機械工業，鉄鋼業などが，自然的条件に関係が深い。

❷ **ウェーバーの工業立地論**[★5] 工業は，生産費がもっとも安い場所に立地するとした。生産費の中でも，輸送費がもっとも重要な因子であり，工業は原料や製品の輸送費のもっとも安い場所に立地する。そのうえ，労働費が安ければ，そのほうにかたよるとした。

❸ **工業立地の変化**
[1] **サンベルト** アメリカの北緯37度以南の地域は，**サンベルト**とよばれ，安い土地や労働力，温和な気候などの条件にめぐまれるため，1970年代より，工業がさかんになった[★6](→p.162)。
[2] **綿工業** 産業革命後，イギリスのマンチェスター，アメリカのボストンのように，原料を輸送してきて発達した。しかし，今日では，労働力の豊富な原料産地で，綿工業がさかんになり，かつての綿工業都市は，高級綿織物をつくるようになっている。
[3] **鉄鋼業** かつて，鉄山と炭田に近いバーミンガム(イギリス)，炭田に近いピッツバーグ(アメリカ)，ルール地方(ドイツ)，鉄山に近いロレーヌ地方(フランス)に立地していたが，資源の枯渇で，カーディフ(イギリス)，ダンケルク(フランス)，スパローズポイント(アメリカ)など，原料輸入に便利な臨海地域に移動した[★7]。
[4] **先端技術(ハイテク)産業** 高度に専門的な労働力を必要とし，優秀な研究者や技術者を確保するため，基礎的研究をしている大学などに近く情報収集がしやすいことのほか，自然環境や生活環境のよさも重視される。温暖な気候，豊かな文化，すぐれた景観など，魅力的な地域に，工場や研究所を立地させる傾向がある。

★1 労働費は，生産費の中で大きな位置をしめ，工業立地を決定する重要な因子である。

★2 輸送費も，工業立地を決定する重要な因子である。

★3 工業は，集積することによって利益が生まれる(集積の利益)ので，工業地域を形成する。しかし，工業用地や用水の不足，公害の発生など，過集積の不利益が大きくなる(集積の不利益)と，工業の分散政策がとられる。

★4 地域住民の同意も，社会的条件として重要。

★5 ドイツの地理学者 Alfred Weber(1868〜1958年)は『諸工業の立地』を著して，工業立地論を展開した。

★6 北東部の大西洋岸の工業地域からの移動のほか，石油化学工業，電子工業，ロケット産業など，新しい工業が発達した。

★7 わが国でも，初期の鉄鋼業は，鉄山に近い釜石，炭田に近い北九州に立地した。しかし原料の輸入依存が高まるにつれ，川崎，千葉，尼崎など，消費地にも近い臨海部に立地するようになった。資源立地型から輸入臨海型への移行は，先進国に共通している。

4 世界の工業地域

1 ヨーロッパの工業

かつては，ルール，北フランス，ロレーヌが重工業の三角地帯といわれたが，近年は活力が低下。現在の工業生産の中心は，シュツットガルト，ミュンヘン(以上ドイツ)，ロンドン，パリなど。

★1 古くから鉄鋼業がさかん。その黒煙からブラックカントリー(黒郷)とよばれた。

★2 近年エレクトロニクス工業が発達。

❶ イギリスの工業

① **歴史と特色** 世界最初に産業革命→石炭や鉄鉱石産地に工業地域が成立。第一次世界大戦後から，国際的地位が低下。

② **工業地域** ロンドンと，バーミンガムを中心とするミッドランド★1が中心。輸入資源に依存する臨海地域(南ウェールズなど)が発展。

ロンドン………	ロンドン(各種工業，エレクトロニクス)
ミッドランド…	バーミンガム(重化学工業)。ストーク(陶磁器)
スコットランド	グラスゴー(造船，鉄鋼)。エディンバラ(石油化学←北海油田)。シリコングレンとよばれる★2
北海沿岸中央部(北イングランド)	ニューカッスル(造船，機械)
	ミドルズブラ(鉄鋼，石油化学)
ヨークシャー…	リーズ，ブラッドフォード(羊毛工業)
	シェフィールド(機械，刃物)
ランカシャー…	マンチェスター(綿工業→高級綿織物)
	リヴァプール(造船，重化学工業)
南ウェールズ…	カーディフ(鉄鋼←輸入鉱石，化学)。

▲ ペニン山脈周縁の工業都市

▼ ライン川下流域の工業都市

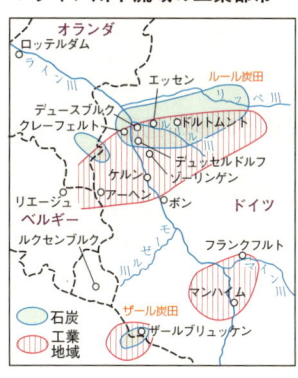

❷ ドイツの工業

① **歴史と特色** 19世紀末から急速に工業化。20世紀に二度の世界大戦に敗れたが，現在は世界有数の工業国。

② **ルール工業地域** ルール炭田の石炭とライン川の水運にめぐまれ，ヨーロッパ最大の工業地域。ライン＝ヴェストファーレン工業地域ともいう。

①ルール地方の工業都市★3

エッセン，ドルトムント…鉄鋼業など重化学工業。

デュースブルク…ヨーロッパ最大の内陸港(河港)があり，鉄鋼業など重化学工業が発達している。

②ルール地方付近の工業都市 デュッセルドルフ…中枢管理機能都市。外国企業も進出。ケルン…ライン川交通の結節点。アーヘン…機械工業，毛織物工業。ゾーリンゲン…刃物が有名。中小企業で金属製品。クレーフェルト…ビロード，絹織物。

★3 炭鉱の閉山，鉄鋼業の不振，外国人労働者の増加，ドイツ人の減少などで活力が低下。そのため，再開発が進められている。

③ その他の工業都市　**シュツットガルト，ミュンヘン**が発展。

ライン川中流や その支流の流域	シュツットガルト(機械，印刷)。フランクフルト[★4]，マンハイム(機械)。ニュルンベルク(楽器，電子)。ザールブリュッケン(鉄鋼←かつてはフランスのロレーヌ鉄山の鉄鉱石)	
北東部…………	ハンブルク，ブレーメン，キール(造船)	
	ハノーファー(自動車，機械)。ヴォルフスブルク(自動車)	
ドナウ川支流の 流域(南部)	ミュンヘン(光学機械などの機械，自動車，電子，ビール)。アウクスブルク(繊維)。インゴルシュタット(石油精製)	
旧東ドイツ……	ベルリン(機械)，アイゼンヒュッテンシュタット(鉄鋼)[★5]	
	ドレスデン，イェナ，ハレ(機械)。ケムニッツ(繊維)。ライプツィヒ(印刷)。マグデブルク(製糖)	

★4 フランクフルトはマイン川流域の都市。マイン川とドナウ川を結ぶマイン＝ドナウ運河の中間地点にニュルンベルクが位置する。

★5 シロンスク炭田(ポーランド)の石炭，旧ソ連の鉄鉱石，オーデル川の水運を結びつけてできた「鉄鋼の町」。

★6 フランス，ドイツ，イギリス，スペインの4か国の出資で設立されたエアバス社の組立工場がある。(→p.344)

❸ フランスの工業

1. **歴史と特色**　第二次大戦で打撃をうけたが，戦後急速に発展。
2. **工業地域**　**パリ**付近が，フランス最大の工業地域。その他の工業地域は，やや分散。近年は，臨海工業地域が発展。

フランス最大………	パリ………………	パリ(衣服，化粧品，装飾品や，自動車，電子，航空機工業)	
古くから発展………	ロレーヌ地域……	メス，ナンシー(鉄鋼)。ストラスブール(機械)	
繊維工業から発展	北部工業地域……	リール(羊毛工業→重化学工業)。ダンケルク(鉄鋼←輸入鉱石)	
	リヨン地域………	リヨン(絹織物→重化学工業)，サンテチエンヌ(機械)	
臨海工業地域……	(セーヌ川下流)…	ルアン(パリの外港，化学)，ルアーヴル(化学)	
	(ロアール川下流)	ナント，サンナゼール(化学，造船)	鉄鉱石輸入→鉄鋼業
	(ガロンヌ川下流)	ボルドー(重化学工業，ワイン)	原油輸入→リヨン，
	(ローヌ川下流)…	マルセイユ(化学，アルミ精錬)。フォス	ストラスブールや，
水力発電がさかん	(アルプス地方)…	グルノーブル(アルミ精錬)	ドイツのカールスルーエへパイプライン
	(ピレネー地方)…	(アルミ精錬)，トゥールーズ[★6](航空機)	

❹ その他の西ヨーロッパ諸国の工業

ベルギー…………	リエージュ，ナミュール(重化学工業)。ブリュッセル，ヘント(繊維)
	近年，北部のアントウェルペン(港湾都市)で石油化学，機械，電子工業などが伸長
オランダ…………	ロッテルダム，アムステルダム(重化学工業)。アイントホーフェン(電気機器)
ルクセンブルク…	鉄鋼業
スイス……………	バーゼル(化学)。ジュネーヴ，ヌーシャテル(精密機械)。ベルン(宝石細工)
デンマーク………	コペンハーゲン
スウェーデン……	イェーテボリ(機械，造船)。ルレオ(鉄鋼)。エスキルストゥーナ(刃物)。
	スンツヴァル(紙，パルプ)
イタリア　北部…	ミラノ(化学，電子，機械)。ジェノヴァ(化学，造船)。トリノ(自動車，航空機，化学)。
	コモ，ミラノで絹織物。ヴェネツィア(化学)
南部…	ナポリ(重化学工業)。タラント，バリ(鉄鋼)。クロトーネ(化学)
その他	「第3のイタリア」…ヴィチェンツァ，プラトなど。繊維，皮革，宝飾，家具などの特産地が多い。中小企業中心の技能集団が集積(→p.170)(→p.387)
スペイン…………	鉄鉱石，鉛，亜鉛，水銀などの資源が豊富。バルセロナ，マドリード，ビルバオで工業化

1 鉱工業

> **ポイント** 西ヨーロッパの工業地域…ドイツのルール工業地域が最大
> 石炭や鉄鉱石の産地に，多くの工業地域が成立したが，
> 近年は，臨海工業地域が発展

❺ 中央ヨーロッパ，バルカン半島（南東ヨーロッパ）の工業

国　名	鉱産資源など	工業都市（工業の種類）
ポーランド	シロンスク炭田の石炭	オーデル川河口のシュチェチン（造船，鉄鋼），中流のシロンスク地方（ヴロツワフ，カトヴィツェ）で重工業。ポズナン（機械）。ウーチ（繊維）。ワルシャワ（食品，機械，自動車）。グダンスク（造船）
チェコ	ボヘミア炭田の石炭 ズデーテン地方の鉄鉱石	プラハ（機械，ビール，ガラス工芸）。プルゼニュ（機械，ビール）。オストラヴァ（鉄鋼）
スロバキア		ドナウ川河港のブラチスラバ（石油化学）。コシツェ（鉄鋼）
ルーマニア	石油，天然ガス	プロエシュティ（石油化学）。ガラツィ，ブライラ（鉄鋼）。ブカレスト
ハンガリー	ボーキサイト	ブダペスト（機械，アルミ精錬）。ミシュコルツ（鉄鋼）
ブルガリア		ソフィア（各種工業），ブールガス（石油精錬，化学）
セルビア		ベオグラード（各種工業）
クロアチア		ザグレブ（各種工業）

▼ヨーロッパ中央部の工業地域と工業都市

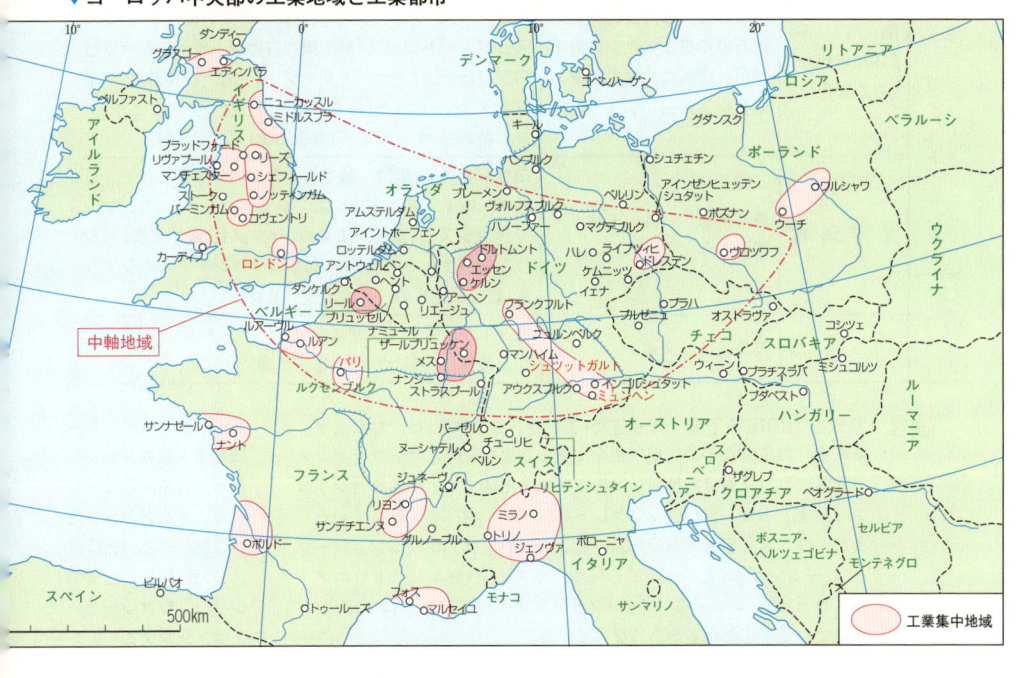

2 北アメリカやオーストラリアの工業

❶ アメリカの工業

1. **歴史と特色** 20世紀になって，工業がめざましく発展。

    > 自由な競争，大量生産で，工業の生産性が高く<u>世界一の工業国</u>。
    > 巨大な資本をもつ大企業は，<u>多国籍企業</u>として，世界中に進出。
    > 先端技術(ハイテク)[★7]の分野を中心に，<u>高度の科学技術</u>をもつ。
    > 経済を活性化するベンチャービジネス(研究開発型企業)が多い。

2. **工業地域** ニューイングランド〜中部大西洋岸〜五大湖沿岸の北東部が，古くから発達。近年，**サンベルト**(→p.158)が発展。[★8]

★7 航空・宇宙産業，原子力産業，電子工業(エレクトロニクス)，遺伝子工業(バイオテクノロジー)，情報技術(IT)産業など。

★8 カナダ，ベネズエラからの輸入鉄鉱石で，新しくスパローズポイントなど，臨海地域に製鉄所ができた。

	工業地域	立地条件	工業都市(工業の種類)
北東部(フロストベルト/スノーベルト)	ニューイングランド	古くからの工業地域で高度の技術と伝統。交通や市場	ボストン(電子工業，高級織物)。スプリングフィールド，ハートフォード(精密機械)
	中部大西洋岸	交通，市場，労働力。アパラチアの電力。滝線都市(→p.230)	ニューヨーク(衣料，食品，印刷，シリコンアレー)。フィラデルフィア，ボルティモア，スパローズポイント(重化学工業，鉄鉱石は輸入)
	五大湖沿岸	五大湖の水運，アパラチア炭田の石炭，スペリオル湖岸のメサビ鉄山の鉄鉱石を結合した鉄鋼業が基礎	ピッツバーグ(鉄鋼→ハイテク産業)。クリーヴランド，バッファロー，ヤングズタウン，ゲーリー(鉄鋼)。シカゴ(鉄鋼，機械，食品)。デトロイト(自動車)。アクロン(合成ゴム)。ミルウォーキー(ビール)
サンベルト	南部(1970年代から工業化)	アパラチアの電力。TVA(→p.100)の電力。石炭と鉄鉱石の産出。メキシコ湾岸油田。安価な土地や労働力。温和な気候	バーミングハム(鉄鋼)。ヒューストン(石油化学，宇宙産業)。ニューオーリンズ(港湾都市，石油化学)。ダラス，フォートワース(航空機，自動車，電子工業＝シリコンプレーン)。オークリッジ(原子力，核兵器)。アトランタ，オーガスタ(綿花→綿工業)。ノックスヴィル(アルミ精錬)。オーランド(電子工業)
	太平洋岸	農畜産物。石油，天然ガス，電力	ロサンゼルス(製油，航空機＝近郊のロングビーチ，自動車，電子工業，宇宙産業，映画＝ハリウッド)。サンフランシスコ(食品，造船)。サンノゼ(電子工業)…シリコンヴァレー＝IT(→p.193)のフロンティア。シアトル(航空機生産の一大中心地，製材)
	中部	農畜産物。交通	セントルイス，カンザスシティ，ミネアポリス(食品，農業機械)。デンヴァー(電子工業)

> [補説] **アメリカの電子工業** 電子工業(エレクトロニクス)は，ロケット，航空機，原子力などの先端技術を支える重要な産業。サンフランシスコ郊外のサンノゼは，世界最大の電子工業地域で，半導体原料シリコンの名をとって，<u>シリコンヴァレー</u>[★9](ヴァレー＝谷)とよばれている。また，ダラス，フォートワース，ヒューストンは，シリコンプレーン(プレーン＝平原)という。このほか，ボストン(→エレクトロニクスハイウェイ)，ニューヨーク(→シリコンアレー，アレー＝小径)など各地で，電子工業がさかんになっている。

★9 シリコンヴァレーは電子工業のさかんな都市の代名詞となっている。インドのシリコンヴァレーといえば，バンガロール。台湾のシリコンヴァレーといえば，シンチュー。

①シリコンヴァレー　④エレクトロニクスベルト　⑦リサーチトライアングル
②シリコンプレーン　⑤シリコンフォレスト　⑧シリコンアレー
③エレクトロニクスハイウェイ　⑥シリコンマウンテン

1 鉱工業　163

▲アメリカの工業と鉱産資源　①〜⑧は電子工業のさかんな所（ハイテク集積エリア）を示す。

> **ポイント**
> アメリカ➡世界最大の工業国
> ニューイングランド〜中部大西洋岸〜五大湖沿岸
> 南部〜太平洋岸の**サンベルト**，**電子工業**など

❷ **カナダの工業**　第二次世界大戦後，アメリカから進出した資本と，国内の豊かな資源で，急速に工業が発展。モントリオール，トロントが中心。太平洋側のヴァンクーヴァーをはじめ，各地で，製紙・パルプ工業。

★10 サドバリのニッケル，シェファーヴィルの鉄鉱石のほか，鉛，亜鉛，金，銅，ウランなどの鉱産資源や，森林資源などが豊富。

❸ **オーストラリアの工業**　資源は豊かであるが，資本や労働力はやや不足。南東部のアデレード，メルボルン，シドニーが工業の中心。ニューカッスル，パース近郊などに鉄鋼業。

3 ロシアと中国の工業

❶ **ロシアと周辺の国々の工業**　1991年のソビエト連邦解体後は，市場経済の導入による変化が大きい。

1　**ロシア**　首都**モスクワ**や**サンクトペテルブルク**，ウラル地域で工業がさかん。シベリアにも工業地域が形成されている。

（補説）**旧ソ連の工業**　ロシア革命（1917年）によって成立した社会主義国のソ連（ソビエト社会主義共和国連邦）では，土地や資源をすべて国有化し，政府の五か年計画にしたがった計画経済のもとで，近代工業を発展させてきた。国内の資源を結びつけて，合理的な生産をすすめるために，**コンビナート**とよばれる総合工業地域が形成された。1960年代からは，**コンプレックス**（地域生産複合体）という形の生産関連工場の集まりが編成されて，各地で工業が発達した。

★11 経済体制を資本主義と社会主義に分けるとき，資本主義は市場の働きを重視するので，**市場経済**といい，社会主義は計画を第一にするので，**計画経済**という。現在，ロシアは市場経済に移行している。中国は，社会主義体制の中に市場経済のしくみを取り入れる「**社会主義市場経済**」をすすめている。

6章　鉱工業とエネルギー問題

2 **ウクライナ** ドネツ炭田の石炭，クリヴォイログ鉄山の鉄鉱石，ドニエプル川の水力などで，**ドニエプル工業地域**★12が形成。首都キエフでも機械，食品などの工業がみられる。

3 **アゼルバイジャン** バクー油田→首都バクーで石油化学工業。

4 **カザフスタン** カラガンダ炭田や鉱産資源→金属工業など。

5 **ウズベキスタン** 首都タシケントで綿工業★13。

★12 ハリコフ，ドニエプロペトロフスク，ドニエック，ミコラーイウなどの工業都市がある。黒海に面したオデッサは貿易港。

★13 中央アジア諸国では，灌漑による綿花の栽培がさかんで，それを原料にした綿工業が発達した。カザフスタンの前首都アルマティなどの都市でも綿工業がみられる。

◀ロシアと周辺の国々の工業地域

▼ロシアのおもな工業地域と工業都市

	地域	立地条件	工業都市（工業の種類）
ウラル山脈以西	北西部（サンクトペテルブルク）	バルト海に面し，古くから重工業が発達。ペチョラ炭田から石炭	サンクトペテルブルク（各種工業）
	中央部（モスクワ）	消費人口が多く，古くから各種工業が発達。トゥーラ（モスクワ）炭田	モスクワ（各種工業），トゥーラ（重工業）ニジニーノヴゴロド（自動車）
	ウラル	以前ウラル＝クズネックコンビナートを形成。マグニトゴルスクやニジニータギルの鉄山，ウラル炭田，ヴォルガ・ウラル油田	マグニトゴルスク，ニジニータギル（鉄鋼）エカテリンブルク，チェリャビンスク（機械）ウファ，ペルミ，チュメニ（石油化学）
	ヴォルガ	ヴォルガ・ウラル油田，水運	サマーラ（石油化学），ヴォルゴグラード（機械，石油化学）
シベリア	西シベリア（クズネック）	クズネック炭田。鉄鉱石（アバカンスコエ）。チュメニ油田	ケメロヴォ，ノヴォクズネック，ノヴォシビルスク（重工業），オムスク，トムスク（石油化学）
	東シベリア（アンガラ＝バイカル）	エニセイ川とその支流アンガラ川の水力。石炭や鉄鉱石も産出	イルクーツク，クラスノヤルスク，ブラーツク，タイシェト（重工業や紙・パルプ工業）
	極東	ブレヤ炭田，オハ油田。アジアとの結びつき	ハバロフスク，コムソモリスクナアムーレ，ウラジオストク，ナホトカ（重工業，水産加工）

❷ 中国の工業

1 **歴史と特色** 第二次世界大戦前は半植民地状態で外国資本による軽工業が中心であった。戦後，社会主義国になってから，重工業が発展，世界有数の工業規模をもつ。

2 **工業地域** 東北(とうほく)地方で重化学工業がさかん。その他，各地に工業都市がある。近年，沿海部の発展が著(いちじる)しく，内陸部との格差が激しい。

❸ 改革・開放政策

中国では，1978年から改革・開放政策(対外経済開放政策)が始まった。外国の資本や技術を導入するため，臨海地域に，外国企業や合弁企業の経済活動を認める特別の地域が設定された。その結果，急激な経済成長を実現し，今では「世界の工場」と呼ばれている。

1 **経済特区** 外国の資本を導入するため，税金や土地などの面で経済的優遇措置がとられ，外国企業や合弁企業が進出している地域。1980～88年にかけて，シェンチェン，チューハイ，スワトウ，アモイ，ハイナン島の5地域が，経済特区に指定された。

2 **経済技術開発区(経済開発区)** 外国に対し経済自主権をもつ開発地区をいう。1984年以降，テンチン，ターリエンなど，沿岸部を中心に全土に130以上の都市・地区を指定。国内企業にも開放して知識集約型産業などを誘致(ゆうち)し，工業開発を行っている。

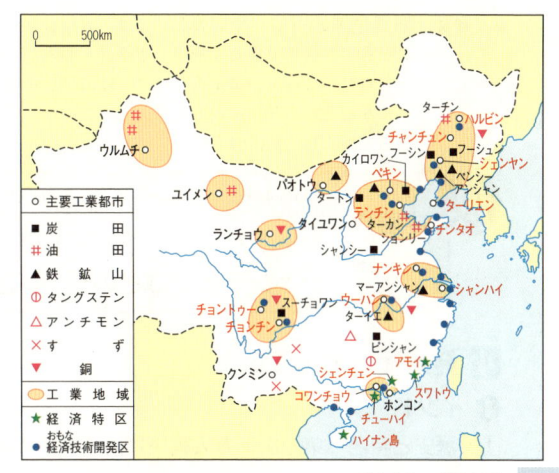

▲中国の工業地域

★14とくに中国南部の臨海地域では，アジアNIEs(→p.167)のホンコン，台湾との経済的結びつきが強まっている。

★15合弁企業とは，外国企業と中国企業が合同で設立した企業。

★16経済特区は輸出加工区(→p.166)に近い性格をもつ。

▼中国のおもな工業地域と工業都市

地域	立地条件	工業都市(工業の種類)
東北	フーシュン炭田，フーシン炭田，アンシャン鉄山，ペンシー鉄山，ターチン油田	アンシャンに鉄鋼コンビナート，シェンヤンやチャンチュン(自動車)，ターチン(石油化学)，ハルビン(機械)，ターリエン(造船)
華北(かほく)	タートン炭田，カイロワン炭田，ロンイエン(竜烟)鉄山，ションリー油田，ターカン油田	ペキン，テンチン(各種工業)，タイユワン(重化学工業，繊維(せんい)工業)，チンタオ(繊維)。内モンゴル自治区のパオトウに鉄鋼コンビナート
華中(かちゅう)	ターイエ鉄山，マーアンシャン鉄山，ピンシャン炭田	シャンハイとウーハンに鉄鋼コンビナート，シャンハイやナンキン(各種工業)，チョンチン，チョントゥー
華南(かなん)	ロンイエン(竜岩)鉄山，タングステン，マンガン，すず	コワンチョウ(機械，化学)，クンミン(繊維)。シェンチェンやイギリスから返還されたホンコンでは，各種工業が発展
西部	ユイメン油田，カラマイ油田	ユイメンやランチョウ(石油化学)，ウルムチ(繊維)

[補説] **郷鎮企業の育成** 中国の農村では，人民公社が解体される（→p.137）とともに，余剰労働力を使い，市町村や個人が経営する中小企業が育成された。これを郷鎮企業といい，1992年以降に大幅に認められるようになった。現在，中国の工業生産にしめる郷鎮企業の生産額や従業員数が増大し，経済の中で大きな割合をしめるようになっている。

★17 郷や鎮とは，日本の市町村のことである。

ポイント 中国の工業
- 東北地方（シェンヤンなど）では，重化学工業がさかん
- シャンハイで，鉄鋼業や各種の工業がみられる
- シェンチェンなどの経済特区に，外国企業が進出→経済発展

4 発展途上国の工業

❶ インド

1. **歴史と特色** 第二次世界大戦後に，イギリスの植民地から独立し，伝統的な綿工業のほかに，重工業やIT関連産業がさかん。
2. **おもな工業** コルカタのジュート工業，ムンバイの綿工業，バンガロールのIT関連産業，北東部の重化学工業★18 など。

★18 先進国の資本を導入した政府企業（国営）の製鉄所や，民間企業の製鉄所がある。

さかんな工業と立地条件などの特色	おもな工業都市（工業の種類）
綿花の栽培で，伝統的に綿工業がさかんな地域（他の発展途上国の綿織物との競合が問題になっている）	北西部のアーメダーバード，ヴァドーダラ。西部のムンバイ，プネ。南部のバンガロール（IT関連産業も発展し「インドのシリコンヴァレー」とよばれる），チェンナイ，コインバトール。その他，カーンプル，デリーなど各地
石炭，鉄鉱石，水力にめぐまれ，重化学工業がさかんな北東部の地域	ジャムシェドプル（最初の製鉄所），アサンソル，ドゥルガプル（以上ダモダル川流域）やラーウルケーラ，ビライで鉄鋼業
その他の工業都市	コルカタ（ジュート工業，各種工業），チェンナイ（機械工業）

テーマゼミ アジアの工業化

○ **輸入代替型の工業化** 独立後の東南アジア諸国で，1950年代に行われた工業化のタイプ。これまで輸入していた工業製品の国産化をめざした。

○ **輸出指向型の工業化** 1960年代の半ばからは，労働力の安さを利用した労働集約的な輸出指向型の工業化がすすめられた。日本などの古い生産設備を輸入して，あまり高度の技術を必要としない製品を輸出した。その際，輸出を条件に，輸入原料に税金をかけない輸出加工区（輸出自由地域）を指定した。台湾のカオシュン，韓国のマサン，シンガポールのジュロンなどである。

○ **アジアNIEsの成立** その後，先進国の多国籍企業による資本や技術の導入がいっそうすすんだ。1980年代には，比較的高度な技術による品質のよい工業製品を輸出することによって，経済的にも大きく成長する例がでてきた。その先頭が，アジアNIEsとよばれる国や地域である。

○ **輸出加工区の広まり** マレーシアのプライ，フィリピンのバターンをはじめ，タイ，スリランカ，インド，ベトナムでも輸出加工区が建設された。

○ **労働集約型から知識集約型へ** アジアNIEsでは，現在，電子工業（エレクトロニクス）や精密機械，電気機械工業などの知識集約型の工業が成長している。豊富な労働力さえあればできる労働集約型の製品ではなく，高い技術力がなければできない知識集約型の製品に重点をおいている。

❷ アジアNIEs ★19

アジアでは，韓国，シンガポールの２国と，ホンコン，台湾の２地域で工業化がすすみ，国民所得も急速にのびた。この４つの国と地域を，アジアNIEsという。

なお，アジアNIEsに続いて経済が発展してきたブラジル，ロシア，インド，中国の国々を，BRICsとよぶ（→p.320）。

1 **韓国** アメリカ，日本などから資本や技術の導入をはかり，近年，急速に重化学工業化がすすんだ。ポハン（鉄鋼），ウルサン（船舶，自動車，化学肥料），マサン（機械）など南東部沿岸の都市や，ソウルとその周辺都市（インチョンやスウォンなど）で，重化学工業やハイテク産業がさかん。

2 **シンガポール** 植民地時代は中継貿易★20でさかえたが，独立後は，韓国と同じく政府の主導で重化学工業化をすすめた。島の南西部ジュロン地区に輸出加工区を建設し，外国企業を誘致した。その結果，輸入代替型の工業から，輸出指向型の加工貿易の国へと発展した。当初は組み立て工業など，労働集約型の工業が多かったが，労働力不足のため，近年，半導体や電子部品など知識集約型の工業を育成し，発展している。

3 **ホンコンと台湾** いずれも労働集約型の軽工業や機械の組み立て，玩具，雑貨などの工業から工業化がはじまったが，現在では，技術集約型の電子工業★21などがさかんになっている。

２地域とも，中国とは経済的，政治的に独自性を保ってきたが，中国本土の改革・開放政策（→p.165）とあいまって，1990年頃から新たな経済発展がみられるようになった。なお，ホンコンは1997年にイギリスから中国に返還されている（→p.307）。

❸ ラテンアメリカ諸国

ブラジル，メキシコ★22では，外国資本の導入を積極的にすすめ，工業が発展した。1970年代の石油危機（→p.152）や1980年代の累積債務問題のころは，経済が悪化したが，その後，アルゼンチン，チリを含めた４か国を中心に経済が向上している。特に，ブラジルでは，広大な国土と人口増加を背景に，近年急速に鉱工業が成長している。

> **補説 累積債務** 借り入れ（債務）が積み重なること。工業化のための外国資本の導入や，国際収支の赤字による資金の借り入れが累積すると，借金（債務）の利子返済がふくらみ，元金の返済も難しくなる。ブラジル，メキシコ，アルゼンチンなどは，巨額の累積債務に苦しんできた。また，アフリカ諸国には，自国の経済規模に比べて債務の大きい国（重債務貧困国）が多い。

★19 NIEs（新興工業地域または新興工業経済地域群または新興工業国・地域）は，Newly Industrializing Economiesの略。

Q アジアNIEsのほか，BRICsというよび方もあるのですか。

A アジアNIEsの４つの国および地域は，韓国，シンガポール，ホンコン，台湾だが，これに続いて経済が成長しているBrazil, Russia, India, Chinaの４か国をまとめたものだよ。ただし，今では，BRICsとして，南アフリカ共和国（South Africa）を含めるのが一般的だ。

★20 生産国と消費国の間をとりもつ形の貿易。一般に海上交通上の要地が中継貿易港となり，一時的に輸入した品物をそのまま輸出した。

★21「台湾のシリコンヴァレー」とよばれるシンチューでは，半導体や集積回路などの電子工業がさかん。

★22 メキシコはアメリカとの国境近くに，マキラドーラとよばれる保税輸出加工区および制度を設定し，アメリカ資本を導入して工業化をすすめてきた。（→p.376）

2 経済発展と現代の工業

1 経済発展と産業

1 産業の発展と生活

❶ **産業革命以前**　人類は，はじめ，動物をとらえたり，植物を採集する，採集経済を営んでいたが，しだいに農牧業を行う生産経済へと発展した。★1　やがて，人々は農牧業とともに，手工業で生活に必要なものを作り出した。

❷ **産業革命**　18世紀後半に，イギリスにはじまった**産業革命**は，石炭を使用することによって生産技術が飛躍的にのび，社会や経済を大きくかえた。産業革命は，★2　その後，フランス，ドイツ，アメリカ，日本などに伝わり，これらの国は，世界の中でいちはやく工業化をなしとげ，**先進国**とよばれるようになった。

❸ **植民地経営**　ヨーロッパやアメリカの先進国は，アジア，アフリカ，ラテンアメリカの地域を植民地として，工業原料や，嗜好品などの供給地とした。たとえば，イギリスは，「**世界の工場**」とよばれ，インドなどから大量の綿花を供給させ，逆に，製品を植民地で売りさばいた。

その結果，ほとんどの植民地は，一次産品を生産する**モノカルチャー経済**(→p.311)の地域となった。こうして，一方では，工業化された先進国が発展し，また他方では，それらから経済的に支配される，貧しい国が形成された。これが，今日の**南北問題**(→p.291)の大きな原因の1つとされている。★3

2 経済発展の水準

❶ **国内総生産からみた国家の区分**　1人あたりの国内総生産(GDP)を基礎にして，発展途上国，中進国，先進工業国などに区分。

① **発展途上国**　アジア，アフリカの多くの国々。この中には**後発発展途上国**★4とよばれるもっとも貧しい国々がある。

② **中進国**
　石油輸出国(産油国)…OPECの加盟国など。
　アジアNIEs…韓国，シンガポール。
　その他…ラテンアメリカや南東ヨーロッパのいくつかの国々。

③ **先進工業国**　西ヨーロッパのほとんどの国と，アメリカ，カナダ，日本，オーストラリアなど。

★1　生産経済は富を蓄積し，貧富の差が生まれた。

★2　それまでの手工業から，資本家が多くの労働者を工場に集め，分業で加工生産を行う工場制手工業(マニュファクチュア)が普及した。産業革命以降は，機械を導入した工場制機械工業へと発展し，同じものが早く大量に生産できる時代となった。

★3　国連は，国連貿易開発会議(UNCTAD)(→p.290)を常設し，南北問題を解決しようとしている。

★4　後発発展途上国は，国連の用語ではLDC(Least Developed Countries)，OECD＝経済協力開発機構の用語でLLDC(Least among Less-Developed Countries)と表記される。発展途上国内における経済格差の拡大は，南南問題とよばれる。

2 経済発展と現代の工業

▶ 1人あたりGDP（国内総生産）からみた世界の国々
右表は、1人あたり国内総生産の15,000ドルと5,000ドルを基準に、先進工業国、中進国、発展途上国に区分している。ただし、この基準値は一例にすぎない。なお一般に、500ドル未満は**最貧国**という。

先進工業国	（ドル）	中進国	（ドル）	発展途上国	（ドル）
スイス	65,003	サウジアラビア	14,353	タ イ	3,894
オーストラリア	47,615	ハンガリー	12,886	中 国	3,769
アメリカ	44,872	ポーランド	11,311	インドネシア	2,349
スウェーデン	43,903	ロシア	8,736	フィリピン	1,747
フランス	41,226	トルコ	8,215	ナイジェリア	1,123
ドイツ	40,528	ブラジル	8,114	イ ン ド	1,075
日 本	39,530	メキシコ	7,956	パキスタン	886
シンガポール	37,394	アルゼンチン	7,666	ケニア	739
イギリス	35,239	マレーシア	6,967	エチオピア	345
韓 国	17,225	南アフリカ	5,707	コンゴ民主	170

（『世界国勢図会』2011/12年版による）

❷ **国内総生産からみた国家と産業** 発展途上国（低所得国家群）は、第一次産業の人口率が高い。[*5] これに対し、先進工業国（高所得国家群）は、第一次産業の人口率が10％程度と低く、第三次産業人口率が高いのが特徴（→p.215）。**中進国**とよばれている国の中には、植民地からの独立後、工業化をすすめ、成功している国がある。[*6] このうち、とくに工業化のすすんだグループは、**新興工業地域**（または**新興工業国経済地域群**）（**NIEs**）（→p.167）とよばれている。

★5 60～90％ぐらいをしめる。一般に、第一次産業の人口率が高いほど、国民総生産は少なく、貧しい。

★6 工業化途上国ともいわれる（→p.170）。

2 現代の工業生産

1 世界に広がる工業

❶ **多国籍企業の増加** 世界の工業生産は、**多国籍企業**（→p.179）の戦略のもと、世界的な視点で行われている。工業製品は、ますます国を越えて流通するようになっている。

① 1970年代 輸出指向型の工業化（→p.166）をすすめた発展途上国に、先進国の大企業が多国籍化して進出。労働集約型の工業化がすすみ、アジアNIEs（→p.167）が形成された。

② 1980年代 輸出指向型の工業化が、タイ、マレーシア、インドネシアなどASEAN諸国や中国でも進展した。
　アジアNIEs…労働集約型にかわり、**資本集約型の工業へ転換**。[*1]
　ASEAN諸国や中国…労働集約型の工業が移ってきた。

③ 1990年代以後 世界の**グローバル化**（→p.201）がすすんだ。企業活動や商品の流通などの経済活動では、国境という境界（ボーダー）が消失したような状況（ボーダーレス化）になっている。多国籍企業は、**研究開発（R&D）**[*2]、生産などをそれぞれ世界各国の最適の場所に設置し、世界的な活動で利潤を追求している。

★1 衣服や簡単な機械組み立てなど、比較的単純な工程が中心の労働集約型の工業は、労働者の賃金がより安いASEAN諸国や中国などへの移転がすすんだ。その一方で、鉄鋼や自動車など、資本集約型の工業が、先進国からアジアNIEsへ移るようになった。1990年代以後は、半導体や電気機器など、知識集約型の機械工業を育成し、発展している。

★2 research and (&) developmentの略。

> **ポイント**
> **多国籍企業**により工業が世界に広がった
> 　1970年代…アジアNIEsに労働集約型工業
> 　1980年代…ASEAN諸国や中国でも工業化
> 　　　　　　　アジアNIEsは資本集約型工業へ
> 　1990年代以後…グローバル化がすすみ，
> 　　　　　　　　多国籍企業が世界各地で活動

補説 IBMコーポレーション　コンピューターのソフトウェアの生産やサービス提供などで有名なIBMは，本社をアメリカにおき，世界170か国で事業を展開している典型的な多国籍企業である。基礎研究所は，アメリカ，スイス，イスラエル，インド，中国，日本に計8か所あり，製造施設は，イタリア，フランス，スペイン，ブラジル，ペルー，アルゼンチンなど各国に24か所をかかえている。なお，ハードウェア部門は中国企業に買収された。

❷ 国際分業の進展

1 これまでの国際分業（→p.178）
   ①**垂直的分業**　先進国が工業生産を独占し，原材料や燃料を供給する発展途上国と，垂直的分業が行われる。
   ②**水平的分業**　第二次世界大戦後，先進国の間で，それぞれ有利な工業製品を輸出入する水平分業が拡大した。
2 現代の国際分業　多国籍企業がより多くの利潤をあげるのに都合がよいように，機能を分散している。
   ①**先進国**　先端的技術製品や，高級なアパレル（縫製）製品★3の生産で，高い利潤を獲得し，強い競争力をもつ。また，標準的な工業製品でも，その研究開発（R＆D），知識集約的な部品などの工程は，先進国におかれている例が多い。
   　　　　　　　　　　　research and development
   ②**工業化途上国**…アジアNIEsや中国★4は，工業製品の生産の中心となっている。ASEAN諸国★5なども，生産地，市場として重要になっており，国際分業が拡大している。

2 海外への直接投資

❶ **直接投資とは**　世界的レベルで生産，販売をすすめるため，外国に子会社や支店をつくったり，現地の企業と提携したりするために，資本を輸出することをいう。

❷ **現代の直接投資**　国際分業の進展に対応し，先進国相互の直接投資のほかに，アジアNIEsから中国やASEAN諸国への直接投資が増大している。

★3 アパレル（縫製）産業とは，衣服などをつくる繊維工業。ファッション性の高い高級品は，先進国の大都市圏に集中している。しかし，高級品を除くアパレル産業は，労働集約的であるため，労働力の安価な工業化途上国へ移転している。

なお，イタリア中北部のヴィチェンツァ，プラト，モデナなどの「第3のイタリア」では，アパレル，皮革，宝飾，家具などの中小企業が集中して発展していることで有名。

★4 中国は，テレビ，エアコン，パソコンなどの家電製品の生産では，すでに世界一のシェアをしめている。また，鉄鋼や船舶，自動車などの資本集約型の機械工業の生産も拡大し，現在は世界一の規模をほこるものも多い。

★5 マレーシアの首都クアラルンプールの近郊にあるサイバージャヤ地区（→p.172）では，国の税制の優遇措置により，情報技術（IT）関連（→p.193）の企業を誘致している。海外から資本や技術を導入して，IT産業の集積をはかろうという政策に呼応して，多国籍企業が国際分業をすすめている。

3 エネルギー問題

1 世界のエネルギー問題

1 環境問題との深い関係

❶ **資源の偏在性と有限性** 現在,世界でおもに使われている石油,石炭などの化石エネルギーは,産地がかたよっており,その上,使いきったら終わりという限界がある。

❷ **環境問題** 世界のエネルギー消費は,この30年で約2倍となっている。海洋汚染(←原油の輸送),放射能汚染(←原子力発電),地球の温暖化や酸性雨(←化石燃料の大量消費)といった環境問題をひきおこす。

❸ **代替エネルギーの開発** 化石燃料にかわる新しいエネルギーが必要となっている。しかも,それは環境問題をひきおこさない<u>クリーンエネルギー</u>(→p.148)であることが求められている。

- 原子力エネルギー…資源の偏在,環境問題,安全性など(→p.154)。
- 自然エネルギー…実用化され,割合が増えつつある(→p.148)。
- 生物エネルギー(バイオマス)…一部実用化の段階(→p.148)。
- 燃料電池…自動車では有望視されている。現在,研究開発競争がすすんでおり,実用化の段階(→p.192)。

❹ **エネルギー消費の公平化** アジア,アフリカの発展途上国で,人口増加の著しい国々では,生活燃料の薪などの入手のために,木材の乱伐が深刻な地域もある。人口の増加→エネルギー消費の増加→砂漠化や,CO_2による温暖化がすすむ。しかし,現在のところ,CO_2の増加(温暖化)などは,先進国による大量消費に大きな責任があり,エネルギー消費の公平化も考えていく必要がある。

★1 地質時代の動植物に由来する物質が,地下で圧力や高熱などをうけて生まれたエネルギー資源。石油,石炭,天然ガスなど。

★2 主要国の一次エネルギー(→p.149)消費の構成は,各国の資源の分布によって特徴があらわれる。国によって,それぞれ石炭[中国,インド],石油[日本,イタリア],天然ガス[ロシア],水力[カナダ],原子力[フランス]などが中心になっており,それに応じて環境問題とも関連する。

★3 二酸化炭素のこと。炭酸ガスともいう。

▼デンマークの洋上風力発電所

▼アメリカ(ネヴァダ州)の大規模太陽光発電所

バージョンUP　鉱工業,エネルギー
…追加・新用語

ファブレス企業

工場(Fabric)をもたない(less)企業をさす造語(Fabless)。

たとえば,半導体関連企業は,研究開発部門とその製造部門をもち,ともに巨額の投資を行ってきた。しかし,新商品のサイクルが早くなってきている昨今では,投資を研究開発部門だけに集中させることで競争力をもち続けようとする企業が出てきて,自社工場を所有しなくなってきている。こうした形態は,1990年代より発達してきた。

その一方で,ファブレス企業から生産だけを請け負う企業が存在し,半導体ではファウンドリ,電子機器産業ではEMS(Electronics Manufacturing Service)という。

アウトソーシング

企業が生産工程の一部を外部に委託すること(outsourcing)。ファブレスの半導体企業が,生産をファウンドリに委託するように,外部(out)の資源を活用する(sourcing)こと。企業がコストダウンのために,労働力の安い海外に外注することがふえている。

オフシェアリング

企業が生産工程の一部を海外に移転すること。ソフトウェアの開発などIT産業では,労働賃金の安い外国で行うことがふえており,インドのバンガロールや,中国の中関村などが代表的。

バンガロールは,デカン高原の南部にあり気候も快適な都市である。「インドのシリコンヴァレー」といわれており,政府や民間の研究機関も集中している。インドは社会の格差は大きいが,教育の水準は高く,英語も話せる人が多い。そのうえ,アメリカとは半日ほどの時差があるため,アメリカの夜にそのまま仕事を引き継いでソフトウェア開発をすすめることできるので,とくにアメリカからの投資がふえている。

中関村はペキンの郊外にあり,政府の税制優遇政策もあって1990年頃から発達した。日本の企業も進出し,「中国のシリコンヴァレー」ともよばれている。

ニッチ市場

すき間市場のこと。市場が大きい産業は利益も大きいので,ビジネスとしてすでに成り立っていて,新規の参入は難しい。ところが,消費の多様化で,新たな内容の事業が,ビジネスとして採算が取れる可能性が出てきた。とはいうものの,既存の手法では収益性に乏しく,大手の企業は動きにくい傾向があるが,そこに目をつけるのが,ベンチャービジネスとよばれる中小企業。独創的な技術で多品種少量生産もこなし,大企業が手をつけていないすき間の需要を開拓している例が多い。

なお,将来性の見込めるベンチャービジネスに出資する企業や投資信託(ファンド)を,ベンチャーキャピタルという。

外部支配

大きな企業の工場や支店,店舗などが進出している市町村では,その市町村の外部にある企業の本社の方針(転換)によって,地域経済が大きな影響をこうむる。こうした状態が,地域の**外部支配**とよばれる。

大都市の本社が,地方都市の工場や店舗の閉鎖を決めると,そこで働いていた労働者の失業,生活上の便利さの喪失,税収の減少などの問題が発生する。しかし,企業がどういう経営方針をとるかは,基本的に自由であるため,特定の企業が進出して大きな影響力をもっている**企業城下町**(→p.233)の場合は,その地域が外部支配をうけているといわれる。

本社の方針で工場が閉鎖されたり,縮小されて地域経済が大きな打撃をうけた例としては,室蘭,釜石,大牟田などがある。

サイバージャヤ

マレーシアの首都クアラルンプールの郊外にある町で,マルチメディア・スーパー・コリドール(MSC)計画とよばれる総合開発の中心地区。

優遇税制などによってIT関連の企業の誘致をすすめ，先進国のハイテク関連企業が多く進出している。マルチメディア大学(通称MMU)は，産学連携プロジェクト推進の中心となっている。

脱工業化社会と知識産業

脱工業化社会とは，工業中心の社会がさらに発展して，知識・情報・サービスが重要な役割を果たす新しい社会のこと。

その中で注目されるのが，知識産業である。知識産業とは，発見や発明，技術，ノウハウなどの「知識」を生み出し，育て，伝えることにかかわる産業のこと。具体的には，医薬品や情報通信機器，電子・電気機器などの分野がこれに該当する。

今後，労働集約的な工業の生産活動が発展途上国にシフトしていく中で，先進国などは，知識の量と質によって利益を生み出していく社会を構築することが求められている。

再生可能エネルギー

自然環境の中で繰り返し起こる現象から取り出すエネルギーの総称。

具体的には，①太陽光や太陽熱，水力，風力，バイオマス，地熱，波力などの自然エネルギーと，②廃棄物の焼却熱利用・発電などのリサイクルエネルギーを指す。

石炭・石油などの化石エネルギーとは異なり，一度使用しても再び同じ形で利用できるため枯渇の心配がなく，環境に与える負荷も小さいクリーンエネルギー(→p.148)である。

しかし，コスト高や不安定性などの欠点もあり，改良がすすめられている。再生可能エネルギーを利用した発電施設・設備を普及させるには，政府や地方自治体による資金面での補助も必要となってくる。

シェールガスとオイルシェール

シェールガスは，地中深い頁岩(シェール，粘土質の堆積岩)層から採取される天然ガスのこと。また，オイルシェール(油母頁岩)は，加熱などにより石油を取り出せる頁岩のことをい

う。なお，頁岩ではなく砂岩の場合は，オイルサンド(油砂)とよばれる。

シェールガスは，在来型天然ガスのほぼ同規模，シェールオイル・オイルサンドは原油の2倍以上の埋蔵量があるといわれており，しかも偏在的ではなく世界中に分布している。

両者とも，2000年代に採算の取れる採掘技術が確立されてから，特にアメリカで開発が急速にすすんでいる。一方でその採掘においては，温室効果ガスや大量の廃棄物の発生，水質汚染など，環境に与える負荷も大きい。

レアアース

希土類元素のことで，希少価値が高く，レアメタル(→p.157)の一部。

ハイブリッド車や電気自動車の駆動モーター，エアコンなどの省エネ家電製品にレアアースを原料とする磁石が使用されているなど，ハイテク産業には欠かせない材料である。

しかし，採掘の採算性を突き詰めていった結果，中国に産地が偏在する結果となり，中国1国に大きく依存している政治的リスクを負うようになっている。

プルサーマル

原子力発電所において，プルトニウムとウランの混合酸化物からなるMOX燃料によって核分裂をおこさせること。

核燃料として低濃縮ウランを使う軽水炉タイプの原子炉では，使用済み核燃料の中にプルトニウムが生成されるが，このプルトニウムをさらに分裂させて発電に使うという，核燃料サイクルの一環。

プルトニウムの放射線は，人体にとってひじょうに有害である。また，プルトニウム同位体の中でもっとも一般的なプルトニウム239の半減期は2.411万年，半減期のもっとも長いプルトニウム244では8,200万年もあり，廃棄物として処理する場合，危険性がかなり長期にわたる。

政府，電力会社は，プルサーマル計画を推進してきたが，2011年3月の東北地方太平洋沖地震による福島第一原子力発電所の重大事故を受けて，計画の先行きが不透明となっている。

テスト直前要点チェック

	問	答
①	1950年代のエネルギー革命では、何から石油に変化したか。	① 石炭
②	大分県の八丁原にあるのは、何を利用した発電所か。	② 地熱
③	自然エネルギーを利用した無公害エネルギーを何というか。	③ クリーンエネルギー
④	石炭の生産量が世界最大の国は、どこか。	④ 中国
⑤	ドネツ炭田、フーシュン炭田は、それぞれどの国か。	⑤ ウクライナ、中国
⑥	先進国の国際石油資本を、別名何というか。	⑥ メジャー
⑦	1960年、産油国が結成した資源カルテルの略称は、何か。	⑦ OPEC
⑧	石油（原油）の生産量が世界最大の国は、どこか。	⑧ ロシア
⑨	ターチン油田、ガワール油田は、それぞれどこの国か。	⑨ 中国、サウジアラビア
⑩	液化天然ガスは、アルファベットの略称で何というか。	⑩ LNG
⑪	中国、アメリカ、日本の発電構成は、何というか。	⑪ 火主水従
⑫	カナダやスイスの発電構成は、何というか。	⑫ 水主火従
⑬	原子力発電の占める割合が最も高い国は、どこか。	⑬ フランス
⑭	自国の資源に関する主権を主張する動きを、何というか。	⑭ 資源ナショナリズム
⑮	鉄鉱石の産出量が世界最大の国は、どこか。	⑮ 中国
⑯	イタビラ、カラジャスなどの鉄山がある国は、どこか。	⑯ ブラジル
⑰	クリヴォイログ鉄山、メサビ鉄山は、それぞれどの国か。	⑰ ウクライナ、アメリカ
⑱	オーストラリアの鉄鉱石は西部と東部のどちらで産出されるか。	⑱ 西部
⑲	オーストラリアの石炭・鉄鉱石の最大の輸出先は、どこか。	⑲ 日本
⑳	銅鉱の生産量が世界最大の国は、どこか。	⑳ チリ
㉑	アルミニウム精錬には、多量の何を必要とするか。	㉑ 電力
㉒	ニッケル、タングステンなどの希少金属を、何というか。	㉒ レアメタル
㉓	カザフスタンでは原子力発電に使われる（　）鉱の産出が多い。	㉓ ウラン
㉔	製品にすると重さの減る原料を、何というか。	㉔ 重量減損原料
㉕	消費地に立地する工業のタイプを、何というか。	㉕ 市場指向型工業
㉖	工業立地で、臨空港型といわれる製品をあげよ。	㉖ 半導体、ICなど電子部品
㉗	鉄鋼業では原料を輸入する場合、どんな所に立地するか。	㉗ 港湾など臨海地域
㉘	ウェーバーの工業立地論で、最重要とされた因子は、何か。	㉘ 輸送費
㉙	イギリスのマンチェスターでさかんな工業は、何か。	㉙ 綿工業

テスト直前要点チェック　**175**

答

	問	答
☐	㉚ イギリス北部で，電子工業が集積する地域を，何というか。	㉚ シリコングレン
☐	㉛ ヨーロッパ最大といわれるドイツの工業地域は，どこか。	㉛ ルール工業地域
☐	㉜ ヴォルフスブルク，シュツットガルトでは，（　）の製造がさかん。	㉜ 自動車
☐	㉝ フランスのトゥールーズには，（　）の組み立て工場がある。	㉝ 航空機
☐	㉞ イタリアで工業がよりさかんなのは，北部と南部のどちらか。	㉞ 北部
☐	㉟ アメリカで1970年代から工業が発達した地域を何というか。	㉟ サンベルト
☐	㊱ 五大湖沿岸に工業地域を発展させた炭田は，何炭田か。	㊱ アパラチア炭田
☐	㊲ アメリカのサンノゼ一帯の電子工業地域を，何というか。	㊲ シリコンヴァレー
☐	㊳ アメリカで自動車産業がもっともさかんな都市は，どこか	㊳ デトロイト
☐	㊴ ロシアで旧ソ連時代に形成された総合工業地域を，何というか。	㊴ コンビナート
☐	㊵ 新興工業地域を，アルファベットの略称で，何というか。	㊵ NIEs（ニーズ）
☐	㊶ 韓国，シンガポール，ホンコン，台湾をまとめて何というか。	㊶ アジアNIEs
☐	㊷ 中国では，臨海部に（　）や経済技術開発区を設定している。	㊷ 経済特区
☐	㊸ シャンハイ，ウーハン，パオトウでは，（　）の生産がさかん。	㊸ 鉄鋼
☐	㊹ シンガポール南西部にある輸出加工区は，何か。	㊹ ジュロン
☐	㊺ インドでもっともさかんな繊維（せんい）工業は，何工業か。	㊺ 綿工業
☐	㊻ インド南部のIT産業が集積する都市は，どこか。	㊻ バンガロール
☐	㊼ 台湾で電子工業がさかんな都市は，どこか。	㊼ シンチュー
☐	㊽ ブラジル，ロシア，インド，中国をまとめて何というか。	㊽ BRICs（ブリックス）
☐	㊾ 産業革命後，イギリスは「世界の（　）」とよばれた。	㊾ 工場
☐	㊿ 国内総生産をアルファベットの略称で，何というか。	㊿ GDP
☐	㉛ 発展途上国間の経済格差の問題を，何というか。	㉛ 南南（なんなん）問題
☐	㊷ 世界各国にまたがって活動する企業を，何というか。	㊷ 多国籍（たこくせき）企業
☐	㊳ 経済活動が世界的規模に拡大している様子を，何というか。	㊳ グローバル化
☐	㊴ 国境などの境界が消失してきた状況を，何というか。	㊴ ボーダーレス化
☐	㊵ 先進国と途上国の間に見られる国際分業の形態を何というか。	㊵ 垂直的分業
☐	㊶ 外国に子会社をつくるため，資本を輸出することは，何か。	㊶ 直接投資
☐	㊷ 化石燃料の大量消費は，地球環境にどのような影響を与えるか。	㊷ 温暖化，酸性雨
☐	㊸ 生物に由来するエネルギーを，何というか。	㊸ バイオマス

6章　鉱工業とエネルギー問題

7章 世界をつなぐ貿易，交通，通信

この章のポイント&コーチ

1 産業の国際化と世界の貿易 ▷*p.178* ＊日本の貿易はp.406。

◆ **国際分業体制**
国際分業 先進国間の水平的分業と，先進国と発展途上国間の垂直的分業。
国際分業の問題点｛水平的分業…貿易収支の不均衡など，**貿易摩擦**。
垂直的分業…経済格差を拡大→**南北問題**→フェアトレード。
国際分業の新しい要素 **多国籍企業**の内部の分業が影響力を増大。

◆ **企業の国際化**
多国籍企業 複数の国に活動の拠点をもつ巨大な企業。発展途上国の政治や経済に影響力をふるったり，本国の**産業の空洞化**をもたらしやすい。
日本経済の国際化 日本企業もアメリカ，西ヨーロッパ，アジアに進出。円高や生産コストの削減，新興市場の開拓などが要因。

◆ **国際貿易の発達と変容**
貿易体制の変化 戦前の保護貿易政策によるブロック経済を反省。
戦後｛ブレトン=ウッズ体制…IMF（国際通貨基金）やIBRD（国際復興開発銀行）。
GATT…関税及び貿易に関する一般協定。貿易の自由化を推進→現在は，**WTO（世界貿易機関）**として商品以外にサービス貿易などもルール化。
WTOの他にも**自由貿易協定（FTA）**や**経済連携協定（EPA）**による交渉。
世界貿易の類型 先進国は**加工貿易**，発展途上国は**モノカルチャー経済**を反映した貿易。アメリカなどの大国は，一次産品と工業製品の両方を輸出。水平貿易と垂直貿易（南北貿易）。中継貿易など。
世界貿易に関する諸問題
｛地域格差…先進国間の貿易が世界の半分以上をしめる。
貿易摩擦…貿易収支の不均衡で，保護主義の動きも見られる。
南北問題…一次産品の不利な交易条件が原因。

2 世界の交通 ▷*p.185*

◆ **陸上交通**
鉄道交通 19世紀には陸上交通の中心→現在は役割が低下した。近年，環境にやさしい輸送手段として再び注目。各国で高速鉄道の建設計画。

自動車交通 現在は陸上交通の主役。先進国を中心に高速自動車道路が整備。公害，交通，エネルギー問題が深刻。→低公害車の開発。

◆ **水上交通**
海上交通 古くから人や物資の輸送で重要。現在も国際貿易の大半をになう。
内陸水路交通 ヨーロッパやロシアで発達。国際河川も利用される。

◆ **航空交通**
航空交通の特色 もっとも高速。現在，大陸間の旅客輸送の中心。**ハブ空港**をめざす国際的な競争が激化。
世界の航空路 北アメリカやヨーロッパで密。北大西洋航空路の利用度が高い。

◆ **日本の交通**
鉄道から自動車へ モータリゼーションにより陸上交通の主役が変わった。

3 世界の通信とマスコミ ▷*p.191*

◆ **通信の発達**
通信の高度化と国際化 ファクシミリや携帯電話などで電気通信が発展。通信衛星や光ファイバーの利用。**インターネット**の普及。

◆ **情報社会**
情報社会とは マスコミや情報産業が発達し，情報の量と重要性の高い社会。
その問題点 情報格差や，マスコミなどによる情報操作など。

◆ **インターネットと世界の変化**
インターネット 不特定多数との多対多の双方向通信を実現。
情報技術(IT) インターネットの導入によるライフスタイルの著しい変化。

◆ **ボーダーレス化する世界**
ボーダーレス化 インターネットなどの通信で，空間的な境界や障壁が消滅。

4 産業の情報化 ▷*p.194*

◆ **情報産業の発達と情報の利用**
POSシステム バーコードを利用した商品管理。
流通や金融 情報を集めて高度に利用する企業活動。

1 産業の国際化と世界の貿易

1 国際分業体制

1 国際分業の特色

❶ **国際分業とは** 一国ですべての商品を生産するのではなく、貿易によって自由に商品移動を行い、互いに有利な商品だけを生産して、分業化すること。

❷ **その背景** 商品の生産コストは、資源、労働力、資本、技術などによって決まり、これらは国によって異なる。もっとも有利な商品、分野に専門化することで、生産コストはさらに低下し、輸出が増加する。一方、不利な商品は生産が縮小し、輸入が増加する。[★1]

❸ **国際分業の種類**

① **水平的分業** おもに先進資本主義国間でみられ、工業製品を互いに生産、輸出する。

② **垂直的分業** 発展途上国が、原材料、燃料、食料を生産、輸出し、先進資本主義国が工業製品を生産、輸出する。[★2]

（補説）**リカードの比較生産費説** リカード（1772～1823年）は、イギリスの経済学者。比較生産費説の考え方で、国際分業と自由貿易がもたらす利益を説いた。右表の場合、イギリスでは、毛織物を生産するほうが比較的優位で、ポルトガルではぶどう酒のほうが比較的優位である。もし、イギリスが毛織物だけを生産すれば、労働力220で2.2トンの毛織物を生産できる。同様に、ポルトガルがぶどう酒だけを生産すれば、労働力170で2.125tのぶどう酒を生産できる。右表ではぶどう酒2t、毛織物2tなので、全体として生産量が増加している。それを互いに輸出すれば、利益がもたらされると考えたのである。[★3]

生産物	イギリス	ポルトガル
ぶどう酒1トン	120	80
毛織物1トン	100	90

▲ぶどう酒と毛織物を生産するのに必要な国別の労働力の例

2 国際分業の問題点

❶ **水平的分業** 2か国間で生産する商品が競合すると、競争に敗れた一方の国の産業は打撃をうけ、貿易収支の不均衡など、**貿易摩擦**を生みやすい。

❷ **垂直的分業** 発展途上国が生産、輸出する一次産品は価格が安いうえに不安定であり、生産量も簡単に増やせない。その上、生産量がふえると、値下がりすることが多い。交易条件も不利で、先進資本主義国との**経済格差が拡大する→南北問題**（→p.291）。近年この問題を解決するため、**フェアトレード**[★4]などの取り組みが見られる。

★1 産業構造の高度化とともに、もっとも有利な商品も変化する。一般に労働集約型商品→資本集約型商品や技術集約型商品→知識集約型商品へと変化する。

★2 これらは総じて未加工の農産物や鉱産物であり、一次産品という。

★3 しかしこの理論では、ポルトガルは永久に毛織物を生産できない（=工業化できない）ことになる。一般に、一次産品よりも工業製品のほうが付加価値が高く、得られる利益が大きい。このため、工業化のすすんだ国のほうが豊かになる。

★4 生産品を適正・公正な価格で売買すること。（→p.195）

3 国際分業の変化

❶ 産業革命前 大航海時代以後，各地の特産品がヨーロッパに運ばれたが，本格的な分業ではなかった。

❷ 産業革命後 ヨーロッパ諸国やアメリカを中心とする国際分業体制が確立し，植民地との間の垂直的分業がすすんだ。これにより，現在の発展途上国の<u>モノカルチャー経済</u>の基盤がつくられた。

❸ 現　在 第二次世界大戦後は自由貿易体制が整い，国際分業はさらにすすんで，商品のほかに金融，サービス，労働力の移動も増加した。しかし，先進資本主義国間の貿易摩擦や，発展途上国との経済格差も深刻になった。また，<u>多国籍企業</u>★5がふえ，その内部の分業体制が，国際分業に大きな影響を与えるようになった。

★5 垂直的分業がもたらす経済格差は，南北問題(→p.291)の重要な要素である。

　また，石油危機時に多額のオイルマネーを得た産油国や，経済発展の著しいNIEs諸国と，後発発展途上国との経済格差も拡大し，南南問題も深刻化している(→p.168)。

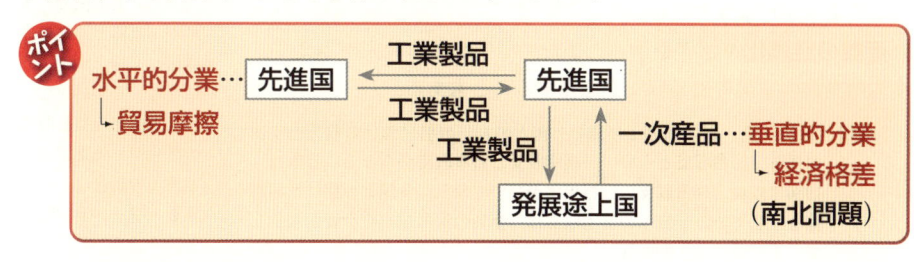

```
ポイント
水平的分業…先進国 ←工業製品→ 先進国
　↳貿易摩擦      ←工業製品→
                      工業製品   一次産品…垂直的分業
                          ↓           ↳経済格差
                        発展途上国    （南北問題）
```

2 企業の国際化

1 多国籍企業

❶ 多国籍企業とは 複数の国に生産や営業の拠点をもち，国際的な活動を行う企業のこと。

❷ その展開 1960年代からアメリカの巨大企業が多国籍化。現在では，西ヨーロッパ諸国，日本，アジアNIEs，中国の企業も加わっている。

① **規模** 巨大企業になると一国の国内総生産に匹敵する売上高がある。また，100か国以上に子会社，関連会社をもつ企業も存在する。★2

② **業種** 製造業では自動車，電気機械など，労働集約的な組立型

（2009年）（億ドル）

企業	売上高	国	GDP
		ポーランド	4306
ウォルマート＝ストアーズ（小売）（アメリカ）	4218	スウェーデン	4061
ロイヤル＝ダッチ＝シェル（石油）（オランダ，イギリス）	2851		
エクソン＝モービル（石油）（アメリカ）	2847	タイ	2639
BP（石油）（イギリス）	2461	フィンランド	2380
トヨタ自動車（自動車）（日本）	2041	イスラエル	1940
アクサ（保険）（フランス）	1753	ナイジェリア	1738
シェブロン（石油）（アメリカ）	1635	チリ	1633
INGグループ（生命保険）（オランダ）	1632	ルーマニア	1611
ゼネラルエレクトリック（電機）（アメリカ）	1568	アルジェリア	1406

（「日本国勢図会」「世界の統計」による）

▲巨大企業の売上高と各国のGDP（国内総生産）

★1 進出の動機はおもに生産コストの削減であるが，貿易摩擦を回避して新たな生産拠点をつくるためにも行われる。（例：日本の自動車メーカーのアメリカ進出）

★2 巨大企業の中には本来の業種と関係ない企業を吸収合併するものがある。このような企業はコングロマリットという。

の部門。鉱業ではメジャー(国際石油資本→p.151)，農業では穀物メジャー(巨大穀物商社→p.138)が典型的。食品加工業も多い。

❸ **影　響**　多国籍企業の進出は，雇用や所得面で，進出先の国の経済発展に寄与する可能性がある。しかし，発展途上国では，多国籍企業の動向がその国の政治や経済に影響を与えることもある。

一方，海外進出がさかんになると，本国では生産が縮小して失業者が増加するといった産業の空洞化を招きやすい。また，工業製品の輸入がふえて，多国籍企業の本国の貿易収支が悪化することもある。

> **Q**　多国籍企業が進出してきた発展途上国では，どんな問題がおこっていますか。
>
> **A**　多国籍企業は，一方的に進出したり撤退したりするから，とくに，発展途上国では影響が大きいよ。また，進出した企業がその国の産業全体を支配したり，環境破壊や公害問題をおこしたり，現地の労働者の労働条件が劣悪で，問題になっていることもあるよ。

補説　**国際収支**　ある国の1年間の外国との経済取引における収入と支出の総計。総合収支ともいい，経常収支と資本収支からなる。日本は，1980年以後，経常収支の大幅黒字が続いており，各国との間に貿易摩擦が生じている。日本の資本収支は，企業の海外進出や投資が増加しているために赤字である。

▼国際収支の構造

```
            ┌ 貿易収支…商品の輸出と輸入。
            │ サービス収支*…輸送，旅行，通信，保険，金融など。
   ┌ 経常収支┤ 所得収支*…雇用者の報酬，投資による収益(利息受払)。
   │        └ 経常移転収支…無償の資金援助，国際機関への拠出金。
総合収支
   │        ┌ 投資収支 ┌ 直接投資…企業の海外進出，自国への進出。
   └ 資本収支┤         ├ 証券投資…株式や債券(国債など)への投資。
            │         └ その他投資…貸付けや借入れ，現金，預金。
            └ その他資本収支
                              〔*は旧分類の貿易外収支〕
```

2 日本経済の国際化

❶ **展　開**　日本の対外直接投資は，1970年代から徐々に増加していたが，1985年以降の急速な円高や，生産コストの削減，新興国市場の開拓のために，製造業を中心に海外進出の動きが強まっている。

❷ **先進国への進出**　従来は商業やサービス業の比率が高かったが，1980年代以後は，貿易摩擦の回避や，円高を背景に海外に工場を建設する製造業が増加。地域別には，北アメリカ，ヨーロッパの順に多い。もっとも顕著な例では，対アメリカ輸出を大きくのばしたために輸出の自主規制を余儀なくされた日本の自動車会社が，アメリカ国内に自社の工場をつくっている。

❸ **発展途上国への進出**　日本企業の進出は従来から製造業，資

★3　日本の総合商社も多国籍企業であるが，さまざまな商品を扱う点が，メジャーや穀物メジャーと異なる。

★4　進出か撤退かの判断は，本国の経営者によって一方的に行われることが多い。

★5　先進国が発展途上国に対して行った経済援助や，資本進出(多国籍企業の進出)の結果，発展途上国での生産がふえると，逆に先進国へも輸出するようになる。その結果おこる先進国側の貿易収支の悪化や，先進国内の企業との競合などの現象を，ブーメラン効果という。

★6　2011年の貿易収支は，31年ぶりの赤字となった。

★7　投資先の事業を継続的に経営支配(経営参加)することを目的とする投資。子会社の設立や外国企業の買収，出資などによる。

★8　円の価値が高まること。1ドル＝100円が1ドル＝80円の円高になると，100円の輸出品は1ドルから0.8ドルになる。しかし，1ドルの輸入品は100円から80円になる。したがって，円高は，輸入には有利になるが，輸出には不利になる。円高の反対が，円安。

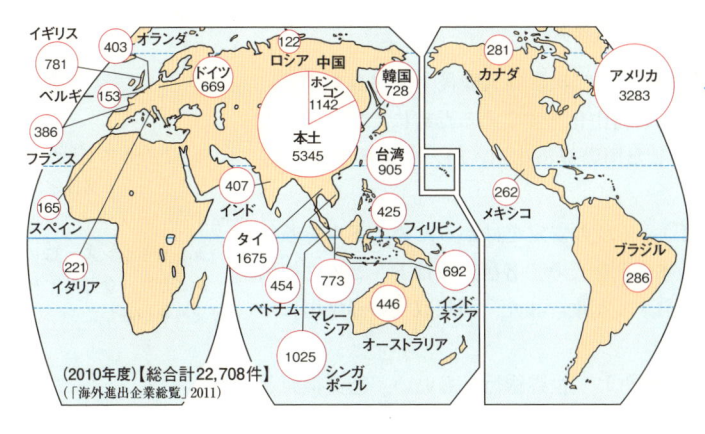

◀ **日本企業のおもな海外進出先とその件数**
日本企業と，日本企業の資本比率が10％以上の企業を表示。先進国だけでなく，アジアの新興国への進出が多い。

地図上の数値：
- イギリス 781
- オランダ 403
- ベルギー 153
- ドイツ 669
- フランス 386
- スペイン 165
- イタリア 221
- ロシア 122
- 中国 本土 5345，ホンコン 1142
- 韓国 728
- 台湾 905
- インド 407
- タイ 1675
- ベトナム 454
- マレーシア 773
- シンガポール 1025
- フィリピン 425
- インドネシア 692
- オーストラリア 446
- カナダ 281
- アメリカ 3283
- メキシコ 262
- ブラジル 286

（2010年度）【総合計 22,708件】
（「海外進出企業総覧」2011）

源開発の分野で比率が高かった。地域別では，アジアがもっとも多く，とくに中国や東南アジアには，低賃金労働力や土地，新たな市場などを求めて，労働集約的な業種（繊維，食品加工，機械組立など）の進出が多く，この動きは中小企業にまでおよんでいる。

> 補説　**輸出加工区**　発展途上国では，1960年代以降，従来の輸入代替型工業から輸出指向型工業への転換をはかるため，税金や土地などで優遇措置をとった輸出加工区を設定して，外国企業を誘致している（→p.166）。これらの地区では，部品や材料を無税で輸入して，加工した製品を輸出するという方式で，工業製品の輸出拡大に大きく貢献した。

★9　1960年代は韓国や台湾への進出が多かったが，賃金が上昇したため，80年代にかけて東南アジアのASEAN諸国への移転がめだつようになった。90年代に入ると，自由化がすすみ巨大市場として将来が期待できる中国やインドへの移転がめだつようになった。

> **ポイント**
> **多国籍企業**…複数の国に活動拠点をもつ巨大な企業
> 巨大な売上高で，世界経済に大きな影響力をもつ
> 発展途上国では，多国籍企業への依存度が大きい
> 中国や東南アジアなど各国へ進出→新しい国際分業を形成

3　国際貿易の発達と変容

1　貿易体制の変化

❶ 第二次世界大戦前　産業革命後に確立した国際分業体制は，貿易面でも，欧米中心の体制を形成した。しかし，1929年に始まった世界恐慌の後は，各国とも**保護貿易**政策によって閉鎖的な**ブロック経済**の体制に移行し，これが第二次世界大戦の一因となった。

> 補説　**ブロック経済**　世界恐慌の後，有力な先進資本主義国が，自国の植民地，自治領などを含めて形成した排他的な経済圏。スターリングブロック（イギリス），ドルブロック（アメリカ）など，自国の通貨を中心においた。世界の総貿易量は激減し，日本，ドイツ，イタリアは経済がゆきづまったため，他の経済圏への侵略をはかった。

★1　とくにイギリスは，19世紀半ば以降は自由貿易政策をとって，貿易の拡大につとめた。

★2　関税や数量制限などによって，政府が貿易に統制を加えて制限すること。

❷ ブレトン＝ウッズ体制

第二次世界大戦後，先進資本主義国は，国際通貨の安定と貿易の自由化をすすめるために，アメリカの圧倒的な経済力を背景にした国際経済体制(**ブレトン＝ウッズ体制**)を構築した。[★3]

1 **国際通貨基金(IMF)** 通貨の安定をはかるため，ドルを基軸の通貨とする金・ドル本位制をとり，各国通貨はドルとの交換比率を固定(固定為替相場)する制度。また，国際収支の赤字国には短期資金を供与。[★4]

2 **国際復興開発銀行(IBRD)** 世界銀行ともいい，経済復興と開発援助のため，加盟国に長期資金を供与。

❸ 関税及び貿易に関する一般協定(GATT)

ブレトン＝ウッズ体制を補完する協定で，商品貿易を対象に，関税，通商制限，為替管理などをとりのぞいて，貿易の自由化と多角化をすすめ，世界貿易の拡大をめざした。また，貿易のいっそうの拡大をはかるため，関税一括引き下げ交渉も行ってきた。[★5]

❹ IMFの動揺

1971年に，アメリカは金とドルの交換を停止した(ドルショック)。その後，各国の通貨は変動為替相場制に移行した。急激な為替相場の変動は，その国の経済に悪影響を与える。[★6]

❺ GATTの動揺

GATTが禁止しているダンピング輸出が続出。[★7] EUなどの地域的結合の中には，保護貿易に近い政策をとるものが出たり，貿易収支の不均衡から貿易摩擦を生じてきた。

❻ GATTからWTOへ

1993年，ウルグアイ＝ラウンドの国際的合意が成立。これにより，商品だけでなく，目に見えない国際取引きのほとんどすべてを協定化した，史上初の総合的な貿易ルールができた。[★8] そのため，従来のGATTを廃止して，新たに**世界貿易機関(WTO)** が設立され，貿易の自由化をいっそうすすめている。

❼ FTAやEPAの利用

WTOによる多角的な貿易交渉は，加盟国の増加もあり交渉が難航している。そのため，WTO交渉を補完するものとして，特定の国や地域による**自由貿易協定(FTA)** や**経済連携協定(EPA)** の締結が急速にすすんでいる。[★9] (→p.195)

★3 1944年にできたブレトン＝ウッズ協定による。

★4 金1オンス＝35ドルとして，金とドルの交換を保証した。

★5 ケネディ＝ラウンド(1964～1967年)，東京ラウンド(1973～1979年)，ウルグアイ＝ラウンド(1986～93年)が代表的。

★6 1985年に始まった日本の急激な円高では，輸出産業が大きな打撃をうけた。

★7 生産コストを無視して不当に安い価格で投げ売りすること。

★8 サービス貿易，金融，知的所有権などの問題を扱うことになった。

★9 FTAは，貿易の自由化に関する協定。EPAはFTAをもとに，経済全体の協力をすすめる協定。

ポイント
- 第二次世界大戦後…通貨の安定と，貿易の自由化を推進
  - **ブレトン＝ウッズ体制**…IMFやIBRD。GATTで補完
  - **GATT**(関税及び貿易に関する一般協定)…商品貿易が対象
  - **WTO**(世界貿易機関)…商品以外に，サービス貿易などもルール化
  - **FTAやEPA**…特定の国・地域で自由貿易や経済協力

2 世界貿易の類型

❶ 貿易型

1. **先進国型（工業国型）** 一次産品[★10]を輸入して，工業製品を輸出する**加工貿易**を行う。日本，韓国や，西ヨーロッパ諸国などの先進国は，基本的にこのタイプ。

2. **発展途上国型** 一次産品を輸出して工業製品を輸入する貿易で，特定の一次産品に依存する**モノカルチャー経済**（→p.309）になりやすい。アフリカ，ラテンアメリカの多くの国がこのタイプ。

3. **大国型** 国土が広大で，一次産品にめぐまれていると同時に，工業も発達していて，一次産品と工業製品の両方を輸出する貿易。アメリカがあてはまる。

> （補説）**NIEsに共通する貿易型** 近年，統計書で各国の貿易構成をみると，とくにアジアの発展途上国の多くが，輸入額，輸出額とも機械類が1位をしめるようになり，先進国型，発展途上国型，大国型のいずれにも分類することが困難になってきている。これは，東南アジアやラテンアメリカのNIEs（新興工業地域，新興工業経済地域群）が，輸出指向型の工業化を推進しているためで，部品，半製品（機械類）を輸入し，製品（機械類）を輸出する形態をとるからである。

★10 原材料，燃料，食料など，未加工の（加工度の低い）農林水産物や鉱産物。

❷ 水平貿易と垂直貿易

1. **水平貿易** 先進資本主義国の間の貿易で，**水平的分業**（→p.170，178）に対応した貿易。おもに工業製品の輸出入が行われる。

2. **垂直貿易** 先進資本主義国から工業製品が，発展途上国から一次産品がおもに輸出される。**垂直的分業**（→p.170，178）に対応した貿易。**南北貿易**[★11]ともいう。

★11 資本主義国と社会主義国との間の貿易は，東西貿易といわれた。

★12 インドやイスラエルは，ダイヤモンド原石を輸入して，それをみがいて宝石にしたダイヤモンドの輸出が多い。インドのチェンナイ（マドラス），イスラエルのテルアヴィヴ，ベルギーのアントウェルペンが，ダイヤモンド研磨でとくに有名。

▼おもな国の貿易構成

	輸出入額（百万ドル）	主要輸出入品と輸出入額にしめる割合（%）（上段…輸出／下段…輸入）
アメリカ（2008年）	1 299 899	機械類28.7　自動車8.2　航空機5.5　石油製品4.5　精密機械4.3
	2 164 834	機械類23.9　原油16.8　自動車9.0　石油製品4.3　衣類3.8　医薬品2.8
中国（2009年）	1 201 647	機械類44.2　衣類8.9　繊維品5.0　金属製品3.5　精密機械3.3　家具2.5
	1 005 555	機械類34.6　原油8.5　精密機械6.4　鉄鉱石5.0　プラスチック4.5
ドイツ（2009年）	1 127 840	機械類27.1　自動車13.8　医薬品5.7　精密機械3.4　金属製品3.1
	938 363	機械類21.8　自動車7.7　医薬品5.0　原油4.6　天然ガス3.5　衣類3.3
インド（2009年）	176 765	石油製品13.4　機械類9.5　ダイヤモンド9.4[★12]　貴金属製品7.6　衣類6.8
	266 402	原油24.4　機械類17.5　金（非貨幣用）8.8　ダイヤモンド5.7[★12]　石炭3.1
ブラジル（2009年）	152 995	機械類9.0　鉄鉱石8.7　肉類7.5　大豆7.5　原油6.1　砂糖5.5
	127 647	機械類28.9　自動車8.9　原油7.2　有機化合物5.0　医薬品4.0
インドネシア（2009年）	119 483	石炭11.9　機械類11.1　パーム油8.9　原油6.7　液化天然ガス6.4
	92 672	機械類26.8　石油製品11.2　原油7.6　鉄鋼5.5　自動車4.0

（「世界国勢図会」による）　　　（機械類とは一般機械と電気機械の合計）

184　7章　世界をつなぐ貿易，交通，通信

補説　その他の貿易の分類
①中継貿易　輸入した商品を国内で消費せず，再び輸出する貿易。倉庫料，手数料を収入とする。かつてのホンコン，シンガポールなど。
②三角貿易　二国間の貿易収支が不均衡な場合，それを解消するために第三国を加えて調整する貿易。
③バーター貿易　本来は物々交換のことだが，現在では，二国間で同額の商品を輸出する貿易のこと。

補説　貿易依存度　国内総生産(または国民所得)に対する貿易額の割合。その国の経済全体が，貿易に依存する割合をあらわす。一般に，資源にめぐまれない加工貿易を中心とする国ほど高く，国内市場の大きい国や，発展途上国は低い。

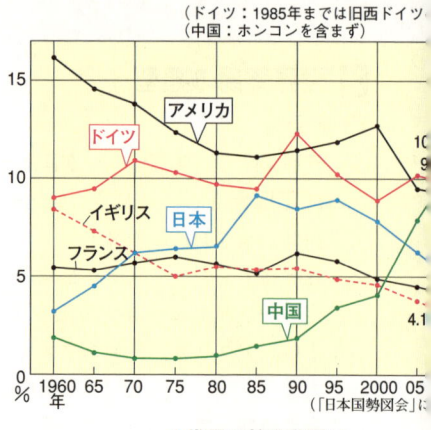

(ドイツ：1985年までは旧西ドイツ)
(中国：ホンコンを含まず)

▲世界の輸出貿易にしめる主要国の割合

3 世界貿易に関する諸問題

❶ **地域格差**★13　世界貿易の半分ほどが，先進国間の水平貿易であり，次いで，先進国と発展途上国との間の垂直貿易(南北貿易)が多い。発展途上国の比率は，産油国，NIEs諸国，中国などの輸出の伸びで，近年は比率が増加している。

▼世界貿易の相互関係
(International trade statistics 2010)

❷ **貿易摩擦**　1980年代以降，日本とアメリカ，日本とEU諸国の間や，アジアNIEs・中国とアメリカの間で，貿易収支の不均衡から，貿易摩擦が深刻化。とくにアメリカは，貿易収支が大幅な赤字になっており，日本をはじめとする諸外国に**市場開放**をせまると同時に，輸入規制を行うなど，**保護主義**の動きもみせている。また，EUも日本に対して，保護主義的な動きをみせている。

❸ **貿易収支と南北問題**　垂直貿易において，発展途上国の輸出する一次産品は交易条件が悪化しがちなため，多くの発展途上国の貿易収支は赤字で，南北間の格差はますます拡大する傾向にある(**南北問題**→p.291)。近年では，発展途上国間の格差も拡大する傾向が強い(**南南問題**→p.168)。

格差の解消をめざして，**国連貿易開発会議**(UNCTAD)が設置されている。(→p.290)

★13アメリカを中心とする先進資本主義国は，旧ソ連や中国などの社会主義国に，戦略物資や技術が流れるのを防ぐため，ココム(対共産圏輸出統制委員会)を結成した。この規制が先進資本主義国と社会主義国との貿易(東西貿易)の拡大を妨げてきた。ココムは，ソ連の消滅をうけて，1994年に解体された。

2 世界の交通

▼東京―ロンドン間の航空路

1 交通の発達

1 交通の意義と動力源の変化

❶ **交通の意義** 交通とは，人や物資の移動のこと。[*1]
2地点を結合し，迅速，安全，安価，大量，快適な輸送が目的。

❷ **動力源の変化** 産業革命前は，人力，畜力，風力などで，輸送力や輸送範囲は限られていた。産業革命後に，石炭，石油を利用。
1 **蒸気船** 1807年にアメリカのフルトンが発明。[*2]
2 **蒸気機関車** 1825年にイギリスのスティーヴンソンが実用化。[*3]
3 **自動車** 19世紀初めに蒸気自動車，19世紀末にドイツのダイムラーがガソリン機関を利用した自動車を発明。[*4]
4 **その他** ディーゼル機関，モーター，ジェット機関など。

(補説) **人力や畜力による交通** 現在でも利用している地域がある。
①**担夫交通** 人間自身が荷物を背または頭にのせて運搬する。現在でも家畜の使用の困難な山岳地域や熱帯雨林地域でみられる。
②**駄獣交通** 家畜の背に人や荷物をのせて運搬する。乾燥地域ではラクダ，チベットではヤク，アンデス山脈ではリャマを利用。
③**輓獣交通** 人や荷物をのせたそりや車を家畜に輓かせる。牛や馬が多く使われるが，所によりトナカイや水牛なども利用。

2 小さくなる地球

2地点間の距離は**絶対距離**といい，その2地点間を移動するのに要した時間であらわした距離を，**時間距離**という。交通の発達により時間距離は短縮されてきた。

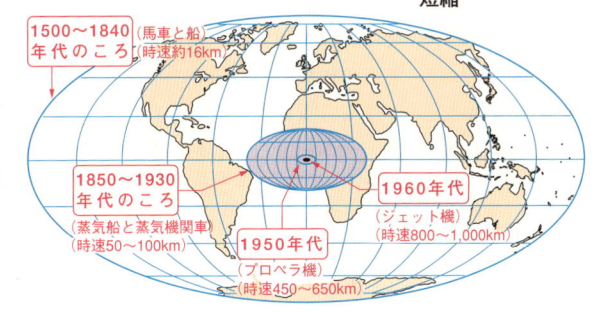

▼世界の時間距離の短縮

★1 交通を媒介するのが，交通機関(通信機関)である。

★2 ニューヨーク～オールバニ間に定期船を運行。

★3 最初の商業区間はストックトン～ダーリントン。

★4 1911年にアメリカのフォードが，自動車の大量生産を開始した。

2 陸上交通

1 鉄道交通

❶ **特色** 19世紀には陸上交通の中心。現在は役割が低下。[*1]
①船舶に次いで大量輸送が可能で，エネルギー効率も高い。
②比較的迅速で，天候に左右されず，定時性，安全性に優れる。

★1 環境にやさしい輸送手段として，最近再び注目されている。

③長距離を安い費用で輸送できる。
④地形の制約をうけ，建設時に多額の費用が必要である。

❷ 世界の鉄道網

1 **大陸横断鉄道** シベリア鉄道，バイカル＝アムール（バム）鉄道，北アメリカの鉄道，アンデス横断鉄道，トランス＝コンティネンタル鉄道（オーストラリア）など。大陸の東西を結ぶだけでなく，開拓鉄道としての性格が強い。

2 **国際鉄道** ヨーロッパの多くの国は，軌間が統一されているため，早くから発達。アフリカでは，一次産品輸送用に建設。

Q ヨーロッパの国際鉄道には，どのようなものがありますか。

A 1987年に運行が開始されたユーロシティ（EC）が有名。このシステムのもとで，ヨーロッパ各国を行き来する国際列車が運行されている。しかし，このシステムに属さない国際列車も多数運転されているよ。

3 **都市間輸送** 中距離の都市間高速鉄道は，輸送量が大きく重要。日本の新幹線を始め，TGV（フランス），ICE（ドイツ），KTX（韓国），CRH（中国，通称「和諧号」）など。現在，先進国・発展途上国をとわず，世界各国で高速鉄道網の建設が計画されている。

4 **都市圏輸送** 大都市とその周辺を放射状に結ぶ通勤用の鉄道のほか，ドーナツ化現象（→p.245）の進展とともに，郊外間を結ぶ郊外環状鉄道（関東の武蔵野線など）の役割も重要。

5 **都市内輸送** かつては路面電車が主流であったが，モータリゼーションの普及と人口の増大で，輸送量の大きな地下鉄への転換がすすんだ。また，複数ある鉄道ターミナルを結ぶ都心環状鉄道（山手線など）の役割も重要。

（補説） **輸送量の単位** 旅客輸送では，「輸送人数（人）×輸送距離（km）」を人キロという単位にしている。貨物輸送では，「輸送重量（トン）×輸送距離（km）」をトンキロとしている。

（補説） **路面電車の見直し** ヨーロッパやアメリカでは路面電車の見直しがすすんでいる。排ガスを出さないため，環境対策面で優れているのが，その理由。とくにLRT（ライト＝レール＝トランジット）とよばれる高速の低床車は，高齢者対策の面でも優れているために，導入がすすんでいる。

▼フランス・ナント市内を走るLRT

★2 山岳地帯では，トンネルを始め，ループ線，スイッチバック，アプト式鉄道などの特殊路線が利用される。

★3 北アメリカ最初の大陸横断鉄道は，1869年に開通したユニオン＝パシフィック鉄道。

★4 ヨーロッパでは，標準軌（1435mm）の国が多いが，強国による侵略を恐れて軌間を異にしている国もある。しかしEU統合が深化し，シェンゲン協定発効（1995年）（→p.387）によって国境規制がなくなった現在，軌間の違いによる乗り換えは，大きな国境規制である。このため，車輪の幅を自由に調整できる列車が開発され，相互乗入できる国が拡大した。
なお，日本は，新幹線と一部の私鉄は1435mm，JR在来線などは狭軌（1067mm）を使用している。

★5 タンザン鉄道とベンゲラ鉄道により，アフリカ南部（ダルエスサラーム～ロビト）の横断が可能となっている。アフリカで，内陸と沿岸を結ぶ鉄道路線が比較的多いのは，地形的に船舶の航行が困難なことによる。

★6 現在，中国では総延長約16,000km，アメリカでは約13,500kmの高速鉄道建設計画がある。

2 自動車交通

❶ 特　色　かつては補完的役割。現在は陸上交通の主役。
① 小資本でも参入可能で、戸口輸送など利便性に富む。
② 輸送単位が弾力的で、路線も自由である。
③ 自動車の高速化、大型化、専用化と高速自動車道路により、大量かつ長距離輸送が可能となった。
④ 自動車の増加により公害問題、交通問題、エネルギー問題が深刻化。→低公害車の開発。

❷ 自動車の普及　先進資本主義国ほど、自動車の普及率が高く、発展途上国とは大きな格差がある。

❸ 世界の道路網★7
① 高速自動車道路　ドイツの**アウトバーン**、アメリカの**フリーウェイ**、イギリスのモーターウェイ、イタリアの**アウトストラーダ**★8など。
② 国際道路　アラスカハイウェイ(アラスカ中部〜カナダ西部)、パンアメリカンハイウェイ(南北アメリカ)、アジアハイウェイ(東西アジア)など。

★7 近代道路の出発点は、19世紀初頭に、イギリス人マカダムによって考案された砕石舗装道路といわれる。

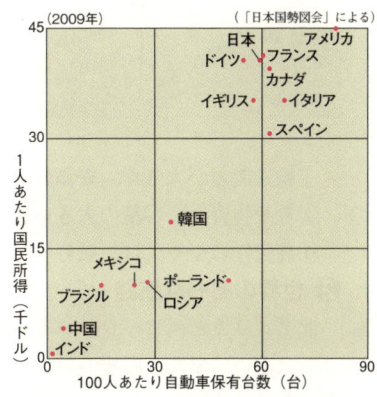

▲各国の自動車保有率と1人あたりの国民所得

★8 南北を縦断する路線は、太陽道路(アウトストラーダ＝デル＝ソーレ)とよばれる。

> **ポイント**
> 産業革命後──交通機関が飛躍的に発達
> 陸上交通の主役は｛**鉄道交通**から**自動車交通**にうつった｝

補説　都市内の交通政策
① パークアンドライド　ヨーロッパの都市の中には、市街地への車の乗り入れを禁止しているところがある。都心の外縁に駐車場を設置し、ここで路面電車など公共交通機関に乗りかえるしくみである。これにより、市街地の環境、安全、美観上の問題が解決するほか、徒歩で移動する人がふえることで、商店の売上増→活性化も期待できる。日本でも、都心商店街の衰退に悩む地方都市で、このような人と車の分離が試みられている。(→p.248)
② ロードプライシング　都市部の道路のうち、民家の多い区間や、頻繁に渋滞の発生する区間に料金を課して、車のう回を促す。

自動車：郊外の自宅から、自動車で都市の中心部に向かう
　↓　中心部は自家用車禁止
のりかえ：中心部の入口にある駐車場に自動車をとめる←[パーク]
　↓　排ガスへる、渋滞和らぐ
電車バス：路面電車や市バスなど公共交通機関に乗る←[ライド]

3 水上交通

1 海上交通

❶ 特　色　古くから人や物資の輸送に大きな役割をはたしてきた。現在でも国際貿易の物資輸送の約80%をしめている。

▼世界の商船保有国　パナマ，リベリアなどは，便宜置籍船(→p.334)がほとんど。

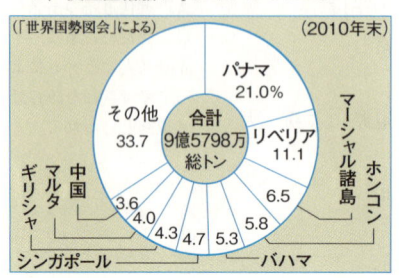

（「世界国勢図会」による）　（2010年末）
合計 9億5798万総トン
パナマ 21.0%
マーシャル諸島 6.5
リベリア 11.1
ホンコン 5.8
バハマ 5.3
シンガポール 4.7
マルタ 4.3
ギリシャ 4.0
中国 3.6
その他 33.7

北大西洋航路	北アメリカと西ヨーロッパを結ぶ。世界経済の大動脈
地中海・インド洋航路	スエズ運河を通って，ヨーロッパとアジアを結ぶ(欧亜航路，スエズ航路)
南大西洋航路	ヨーロッパと南アメリカを結ぶ。パナマ運河を通って西岸に行く航路もある
北太平洋航路	北アメリカと東アジア(日本など)を結ぶ。コンテナ取り扱い量が多い

▲世界の主要航路

①輸送能力が大きく，安価に長距離輸送ができる。
②重量物資や，容積の大きい物資の輸送ができる。
③高速性にやや欠け，航行や停泊について制約がある。★1

❷ 世界のおもな航路

北アメリカと西ヨーロッパを結ぶ北大西洋航路の輸送量が，もっとも大きい。また，国際海峡★2や国際運河★3は，航路上，重要な位置にあるため，外国船舶の航行の自由が認められている。

補説 **いろいろな貨物船**　雑貨輸送は，荷役合理化を図ったコンテナ船が中心。原油輸送の専用船であるタンカーは，大型化，高速化が著しい。液化天然ガス専用のLNG専用船，自動車専用船も，大型船が多い。鉱石専用船，穀物専用船，セメント専用船のようなばら積貨物船(バルクキャリア)は，荷造りや袋づめなどをしないままで貨物を運ぶ。

2 内陸水路交通

❶ 特色
河川，湖沼，内陸運河を利用した交通で，海上交通と同じ性格をもつが，自然条件の制約をうける。近年は役割が低下。

❷ 世界のおもな内陸水路
ヨーロッパ及びロシアで発達し，国際河川★4も利用される。また，五大湖★5，ミシシッピ川や，アマゾン川，長江などは重要な内陸水路。中国のター(大)運河も有名。

▼ヨーロッパの内陸水路

（地図：北バルト海(キール)運河，ミッテルラント運河，バーミンガム運河，アルベルト運河，ロンドン，ベルリン，ドルトムント＝エムス運河，マルヌ＝ライン運河，セーヌ，パリ，マイン＝ドナウ運河(ルドウィ運河)，ロアール，サントル(中央)運河，ガロンヌ，ミディ(南)運河，ブルゴーニュ運河，ローヌ＝ライン運河）

★1 海峡，港湾では船幅，喫水などが制限される。

★2 公海と公海を結ぶ海峡。マラッカ海峡，ジブラルタル海峡，津軽海峡などがある。

★3 条約によって航行の自由が認められている運河。スエズ運河，パナマ運河，北バルト海(キール)運河などがある。

★4 条約によって航行の自由が認められている河川。流域の国々で協議した規約で管理される。ライン川，ドナウ川，エルベ川，オーデル川，ニジェール川，コンゴ川など。

★5 スペリオル湖とヒューロン湖の間にスーセントメリー運河，エリー湖とオンタリオ湖の間にウェランド運河があり，五大湖はすべて水路で結ばれている。また，セントローレンス海路(1959年完成)やニューヨークステート＝バージ運河(エリー運河)で大西洋と結ばれる。

4 航空交通とその他の交通

1 航空交通

❶ 長所 もっとも高速な交通機関であり，地形の制約をうけず，2地点を最短距離で結ぶ。第二次世界大戦後，大陸間の旅客輸送の中心となった。

❷ 短所 天候に左右される。重量物を大量に輸送できず，また輸送コストも高い。空港周辺では，騒音や振動などの公害が発生する。

❸ 近年の傾向

1 **航空機の大型化と専用機化** 航空交通は，国際旅客輸送の主役になっている。また，貨物専用機によって，IC（集積回路）などの電子部品[★1]，コンピューターなどの精密機械，生鮮食料品[★2]や生花といった軽量[★3]で高価な品物の貨物輸送[★4]も急増している。

2 **航空輸送網の体系化** 航空路線が，各地域の大空港どうしを結ぶ長距離幹線と，大空港と地方空港を結ぶ支線に分化。これを，自転車の車輪の形にたとえて，**ハブ＝アンド＝スポーク構造**[★5]という。**ハブ空港**としては，ロンドン，パリ，アムステルダム，フランクフルト，成田，インチョン，シャンハイ，ホンコン，シンガポール，ニューヨーク，ロサンゼルス，シカゴなどがあげられるが，ハブ空港をめざす国際的な競争が激しくなっている。

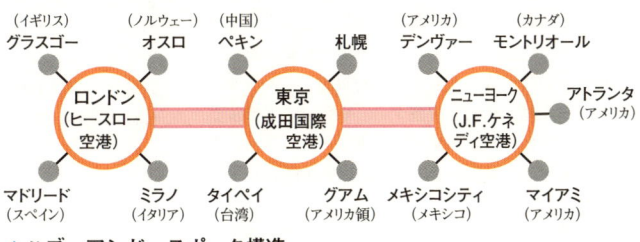

（イギリス）グラスゴー　（ノルウェー）オスロ　（中国）ペキン　札幌　（アメリカ）デンヴァー　（カナダ）モントリオール
ロンドン（ヒースロー空港）ー東京（成田国際空港）ーニューヨーク（J.F.ケネディ空港）ーアトランタ（アメリカ）
マドリード（スペイン）　ミラノ（イタリア）　タイペイ（台湾）　グアム（アメリカ領）　メキシコシティ（メキシコ）　マイアミ（アメリカ）

▲ハブ＝アンド＝スポーク構造

❹ 世界の航空路 北アメリカやヨーロッパでは，主要都市間に航空路が整備され，両地域を結ぶ北大西洋航空路は利用度が高い[★6]。

2 その他の交通

❶ パイプライン 石油や天然ガス専用の輸送機関で，建設コストは高いが，大量の物資を長距離輸送できる。長距離輸送でのコストは，もっとも低い[★7]。北アメリカ，ロシア，西アジアなどの油田地帯を中心に発達。アメリカでは合計48万km以上のパイプライン網が建設されている。

★1 ICなど電子機器の工場は，臨空港立地という，新しい立地形態を示す。（→p.157）

★2 まぐろ，えびなどの高級魚介類，高価な果物を輸送。近年，日本では中国などからの野菜輸入が増大し，航空機も利用される。

★3 軽量かつ高付加価値であれば，高額の航空輸送費も問題にならない。

★4 日本の貿易港のうち，貿易額がもっとも多いのは，成田国際空港である。

★5 ハブ空港が存在すると，国際交通の拠点として都市の発達を促すため，とくに東アジアでは，ハブ空港をめざした大型国際空港の建設がすすめられてきた→韓国のインチョンや，中国のシャンハイ（プードン），ホンコン，シンガポール（チャンギ）など。

★6 アフリカ，南アメリカ，オーストラリア，ロシアでは，陸上交通の整備がおくれ，航空交通のほうが部分的によく整備されている。

★7 逆に，短距離輸送でのコストは高くなる。

(補説) **世界の主要パイプライン**
①ドルジバ(友好)パイプライン　旧ソ連がヴォルガ・ウラル油田と東ヨーロッパ諸国を結んだもの。総延長5500kmに及び世界最長。
②サウジアラビアのパイプライン　ダーランとレバノンのサイダーを結ぶトランスアラビアンパイプラインは，現在使用停止中。ガワールと紅海沿岸のヤンブーを結ぶペトロラインが，1981年に完成。
③トランスアラスカパイプライン　アラスカ北部の油田と，南岸のヴァルディーズを結ぶ約1400kmのパイプライン。

❷ **新しい交通**　蓄電池や燃料電池を使った低公害自動車。高速のリニアモーターカー[★9]の鉄道など。一部実用化及び営業運転中。

★8 燃料電池とは，実態は発電機。車に積んだ水素(またはアルコールなど)と空気中の酸素で発電し，モーターを回して走行する。

★9 車輪を使わず，磁力を利用して高速運転が可能。シャンハイで営業運転。東京〜大阪間で建設計画。

5 日本の交通

1 日本の交通の特徴

❶ **鉄　道**　新幹線と，大都市圏の通勤輸送が中心。
❷ **自動車**　旅客，貨物とも，最大の輸送割合をしめる。かつての鉄道にかわって，日本の陸上交通の中心となっている。
❸ **その他**　貨物では船舶，旅客では航空機が，一定の役割。[★1]

(補説) **日本の鉄道輸送が衰退した理由**　利用する側から考えれば，自動車の利便性に鉄道が負けたということである。それは旅客のみならず，貨物にも該当する。元来，鉄道は，高度成長期までみられた石炭輸送に代表されるような，一定区間で大量，単一の重量物を輸送するのが得意分野であった。しかし，脱工業化した現代社会では，近年，急成長した宅配便にみられるように，貨物の種類，輸送区間とも多様化し，小回りのきく自動車輸送が主流となる。おりしも高速道路網の整備は，自動車輸送の長距離化を可能にするとともに，航空機輸送のハブ＝アンド＝スポーク構造のような輸送体系を構築する。いわゆるトラックターミナル，流通センターなどを拠点とするネットワークシステムが導入され，輸送時間の短縮化，合理化を達成し，鉄道を圧倒した。

★1 1950年代後半からの高度経済成長期には，鉄道から自動車へのモータリゼーションが急速にすすみ，自動車による高速輸送時代が到来した。便利な自動車の普及は，交通のプライベート化をすすめ，公共交通である鉄道，バスの地位は急速に低下した。公共投資は，新幹線や高速道路の整備にふりむけられた。

▼**主要国の輸送機関別の輸送構成**　日本の輸送構成は，旅客，貨物ともに，鉄道が減少し，自動車による輸送が増加している。アメリカでは，貨物輸送にしめるパイプラインの割合がめだつ。

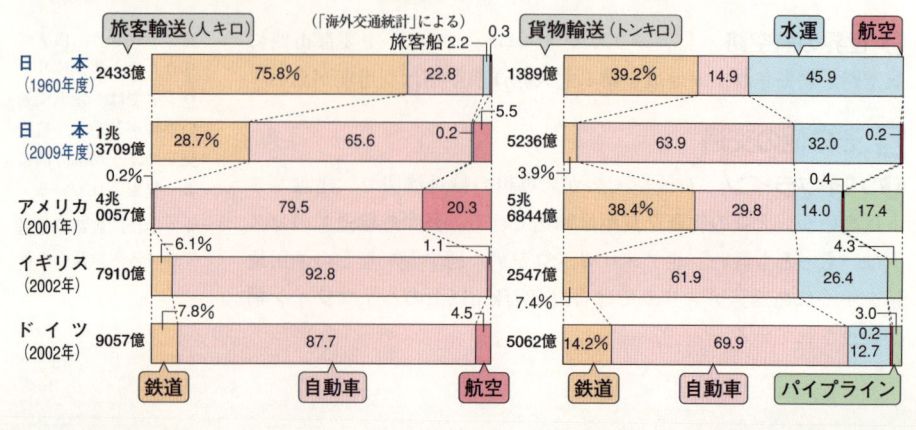

	旅客輸送(人キロ)				貨物輸送(トンキロ)			
	鉄道	自動車	旅客船	航空	鉄道	自動車	水運	航空/パイプライン
日本(1960年度) 2433億	75.8%	22.8	2.2	0.3	1389億 39.2%	14.9	45.9	
日本(2009年度) 1兆3709億	28.7%	65.6	0.2	5.5	5236億 63.9	32.0	0.2	
アメリカ(2001年) 4兆0057億	0.2%	79.5		20.3	5兆6844億 38.4%	29.8	14.0	0.4 / 17.4
イギリス(2002年) 7910億	6.1%	92.8		1.1	2547億 7.4%	61.9	26.4	4.3
ドイツ(2002年) 9057億	7.8%	87.7		4.5	5062億 14.2%	69.9	12.7	3.0 / 0.2

3 世界の通信とマスコミ

1 通信とマスコミュニケーション

1 情報の伝達
❶ **通　信**　特定の相手との情報の交換。
❷ **マスコミュニケーション**　不特定多数(マス＝多数)の相手との，情報の交換(コミュニケーション)。

2 通信の高度化
❶ **19世紀**　19世紀中頃までに，各国で郵便制度が普及し始めた。1837年にアメリカのモールスが**電信機**を，1876年にはアメリカのベルが実用的な電話を発明。1895年，イタリアのマルコーニによる無線電信の発明があった。
❷ **20世紀**　とくに，電信や電話といった**電気通信**が発展。
 ① **電信**　電報やテレックスとして利用される。
 ② **電話**　電話機は，固定電話のほか，持ち運びのできる**携帯電話**やPHSなどと多様化した。電話回線には，従来からのアナログ回線のほか，デジタル回線もあり，普通の通話の信号のほかに，ファクシミリ，**インターネット**(→p.193)によるホームページや電子メールなどのデータが大量に流れるようになった。

3 通信の国際化
❶ **通信衛星**　インテルサット通信衛星を中継基地として，世界中に同時に通信ができるようになっている。
❷ **海底通信ケーブル**　海底に敷設され大陸間を結ぶ通信線。銅線を用いた同軸ケーブルにかわり，現在では，大容量の通信が可能な**光ファイバーケーブル**を利用している。

4 マスメディアの種類と発達
❶ **新聞や雑誌**　もっとも古いマスメディア。
❷ **地上波のラジオやテレビ**　テレビはアナログ放送から**地上波デジタル放送(地デジ)へ**。ラジオは短波，AM，FM。
❸ **衛星放送**　**放送衛星(BS)**や**通信衛星(CS)**を用いた双方向，多チャンネルのデジタル放送。放送電波は国境を超えるようになる。
　　　Broadcasting Satellite　Communications Satellite

★1 この定義からすると噂や落書きもマスコミュニケーションの一種である。新聞，雑誌，テレビなど，日常私たちがマスコミと称しているものは，正しくはマスメディアである。

★2 電信機での送信には，特別の技能が必要であった。これに対して，電話機はダイヤルするだけで誰にも使えるものであった。電信は，現在は電報として利用されている。

★3 キーボード入力で文字を伝達するため普及しかけたが，図形や写真データも送信できるファクシミリ(ファックス)の登場で，その地位は後退した。

★4 同名の民営会社と国際電気通信衛星機構のことをいう。赤道上空37,000kmに61の衛星が世界をおおい，電信，電話，テレビ伝送などの電気通信業務を行っている。

★5 従来のCSは東経124度および128度上にあったが，2002年からは東経110度上にある「110度CS」によるテレビ＆データ放送も始まった。

7章　世界をつなぐ貿易、交通、通信

❹ **ケーブルテレビ（CATV）** BSやCSから受信した番組や，独自の番組（天気情報，交通情報など）を専用ケーブルで各家庭に配給。地域のコミュニティ放送の役割をはたしている例もある。
❺ **デジタル放送** 文字情報なども提供できる一種のデータ通信。地上波だけでなく，BS，CS，CATVもデジタル化。
❻ **その他のメディア**
① **オンラインシステム（遠隔即時通信体系）** 銀行の入出金や振替，列車や航空機の座席予約などに利用されている。
② **インターネット** 世界中のコンピューターを1つに結ぶ通信ネットワーク。★6（→p.193）
(補説) **通信技術の発達の傾向** 通信技術はこの1世紀の間に，人による通信から，有線通信→無線通信→電子通信のように発達してきた。そして，現代では"書面と写真を同封した封書"と同様の内容を，郵便を使わずに送信できるようになったばかりか，郵便ではなしえなかった動画（ビデオ），音声の送信も可能になったのである。

★6 日本の旧郵政省がはじめた通信ネットワークに，CAPTAINシステムがある。情報センターの大型コンピューターに蓄積された情報を，利用者の端末に文字と図形で表示するもので，国際的にはビデオテックスとよばれる。1970～80年代に先進国で導入が試みられたが，単方向の情報伝達に限られたため，双方向（インタラクティブ）の通信が可能なインターネットの出現で，役割は終わった。

2 情報社会

1 特色と問題点

❶ **情報社会とは** 情報の量が増大し，その質も高度化して，**情報が大きな役割をはたす社会**。とくに現代社会は高度情報社会。
❷ **問題点**
① **情報操作** 情報源に乏しい大衆が，マスメディアの流す情報によって誘導され，世論が形成されるような危険性が大きい。
② **情報洪水** ひじょうに多種多様な情報があふれるようになったため，主体的に自分に必要な情報，正しい情報を取捨選択し，活用する技能（メディア＝リテラシー）が必要とされる。
③ **情報犯罪** 通信ネットワークに不正に侵入し，データを取り込んだり改変するような犯罪。近年急増し，かつ高度な技術を持った者の犯罪であるため，取締り，法規制が不十分。
④ **情報格差**★1 情報の地域格差★2は以前から存在したが，インターネットにみられるように，パソコンなどの情報機器を媒体とする情報の量が増大するとともに，情報機器を持つ者と持たない者との格差の拡大も問題となってきている。
⑤ **個人情報の侵害** 簡単に大量の情報を処理できることから，公開されないはずの個人情報（プライバシー）が，流出したりする事件が発生している。

★1 デジタル＝デバイドという。職場では，コンピューターをうまく使いこなせないことから，テクノストレスに悩む人がでている。

★2 先進国に関する情報はひじょうに多く流れるが，発展途上国などの情報は限られている。地域による情報の流通量の違いを反映している。
　また，国内でも，東京には特別に多くの情報が集中し，他地域との格差が大きい。情報化のすすんだ1980年代以降，中枢管理機能の東京一極集中がいっそうすすんだのも，このためである。

3 インターネットと世界の変化

1 インターネット

世界中のコンピューターを1つに結ぶ通信ネットワーク。1990年代から，世界中で急速に普及した。

❶ インターネットの特徴
①多数のコンピューターが，通信回線で結びついているが，誰にでも開放されており，「中央の管理者」はいない。
②ホームページ[*1]や電子メール[*2]などを通じて，大量の情報を，瞬時に送信したり受信することができる。
③1対1の電話やファクシミリ，1→多数の単方向のテレビなどとは異なり，不特定多数で多対多の双方向通信が可能。オークション[*3]，メーリングリスト[*4]，チャット[*5]，ブログ[*6]，SNS[*7]（ソーシャル・ネットワーキング・サービス）などの利用法もある。

> 補説　インターネットの利用　情報を不特定多数に発信する場合は，ホームページを作成する。発信者を特定できない情報を調べるには，検索エンジンを利用する（→p.45）。音声，映像，データなどのダウンロードができる。鉄道や航空機の座席予約，銀行の残高照会や振込，商品や株式の購入などもできる（これらをまとめて電子商取引という）。電話やFAXと同じ機能も有する。

❷ 情報技術（IT）[*8]
コンピューターを利用した情報処理およびその関連技術。ほぼ同義語として，情報通信技術（ICT）（Information and Communication Technology）も用いられる。インターネットや携帯電話などの通信技術は，現代の世界に高度情報社会をもたらしている。

2 ボーダーレス化する世界

❶ ボーダーレス化
境界や障壁がなくなること。実際には会合できない遠隔の人々が，インターネットによって構築された仮想の空間＝サイバースペースで"会合"し，情報を交換できる現代社会は，経路や時間はむろん，空間そのものが克服されたといってよい。

❷ 新しい問題点
①　地域格差　政治・経済的な理由でインターネットに未接続となっている国や人は，とり残されてデジタル＝デバイド（→p.192）が拡大する。国家レベルでは，南北格差を助長する一因となる。
②　現実と仮想の格差　インターネットの仮想空間に国境はないが，現実空間には，法律の異なる多くの国家が存在するため，種々の問題が発生している。[*9]

★1 WWW（World Wide Web）として，現在，インターネットの情報発信の中心。

★2 特定の相手に送る電子的な手紙。時差や空間をとびこえて，瞬時に相手に届けられる。

★3 出品者の品物を，多くの人のせりにかけて，売買する。

★4 特定のメールアドレスに送信すると，登録者全員にメールが配信されるしくみ。

★5 ネットワーク上でのリアルタイムの自由なおしゃべり。

★6 日記のような形で簡単にできる情報発信。相互リンクが可能。ミニブログとしては，Twitterなど。

★7 友人とのコミュニケーションを中心とするサービス。Facebookやmixiなど。

★8 Information（情報）Technology（技術）の略。

★9 発信国では合法でも受信国では違法なサービスの提供を受けることや，ダウンロードして購入した外国の情報サービスの消費税をどの国に支払うのかというネット課税の問題などがある。

4 産業の情報化

1 情報産業の発達と情報の利用

1 情報社会における産業

❶ 産業の情報化 **情報社会**ではコンピューターの発達により，大量のデータを蓄積し迅速に処理できる。また，光ファイバーや通信衛星などの通信技術の発達で，通信に要する時間は大幅に短縮した。このような社会では，**産業の情報化**が急速に進行する。

❷ 情報産業の発達 情報社会では情報そのものが商品価値をもち，そのような情報を商品とする情報サービス産業[*1]が発達する。また，広い意味ではコンピューターや通信技術などの先端技術産業の発達も，情報産業の発達といえる。

2 さまざまな情報の利用

❶ 情報の利用 さまざまな産業で，情報を利用した新しい生産，流通システムがつくられ，コストの低減，省力化，スピードアップなどに貢献している。とくに商品管理においては，バーコードを利用して，売り上げや在庫などの管理を瞬時に行う**POSシステム**[*2]（販売時点情報管理システム）が普及している。

❷ 情報への依存 全世界に営業拠点をもつ多国籍企業にとって，各地域の政治や経済に関する情報は，ひじょうに重要である。とくに農作物を扱う流通商社は収穫量が変動しやすいため，気象情報をはじめ，さまざまな情報を収集して経営戦略に利用している。[*3] また，ファッション産業などは，消費者に関するさまざまな情報を利用して，流行商品を生み出していく。

❸ 金融業と情報 世界的規模で経済活動が行われている現代では，金融業の活動も全世界的である。今後の経済情勢を予測することが重要な金融業にとっては，情報は不可欠である。**外国為替市場**，株式市場などは，ニューヨーク，ロンドン，東京などを中心として，[*4] 24時間体制で市場が開かれており，政治や経済などあらゆる情報が瞬時に伝わって，相場の形成に影響を与えている。

★1 わが国では，2002年の産業分類の改訂により，第三次産業に情報通信業が新設された。出版，新聞，通信，放送，インターネットなどをふくむ。

★2 POSは，Point of SalesまたはPoint of Serviceの略。販売店と配送センター，メーカーなどがオンラインで結ばれ，出荷や発注に必要な情報を提供する。例えば，コンビニ各社では，各店舗で商品ごとの売り上げ数や客層などの情報を得て，本部で情報を統合・分析し，売れる商品を売れる分だけ注文して発送する仕組みを構築している。

★3 穀物メジャーは，独占的に情報を所有し，世界の穀物市場を支配している。（→p.138）

★4 アジアの金融センターは，東京のほかにシャンハイ，ホンコン，シンガポールなどが重要な地位にある。

ポイント
産業の情報化
- 流通（小売店など）の商品管理では，POSシステムが普及
- 流通商社や金融業などは，正確で最新の情報が不可欠

バージョンUP　貿易, 交通, 通信
…追加・新用語

フェアトレード

　発展途上国の原材料や製品を, 適正な価格で継続的に購入することを通じて, 立場の弱い途上国の生産者や労働者の公正な賃金や労働条件を保証し, 生活改善と自立を目指す運動である。公正貿易, 公正取引ともいう。

　例えば, アフリカ諸国では, コーヒー, 茶, 綿花, 花などの一次産品が, フェアトレードの対象となっている。これらの商品を売る側の先進国でも, フェアトレード認証マークを制定し, 企業が一種のブランドとして, 認証商品を積極的に取り扱うようになっている。

FTAとEPA

　自由貿易協定(FTA)は, 特定の国や地域の間で, 物品の関税やサービス貿易の障壁等を削減・撤廃し, 自由貿易によって相互の利益を図ることを目的とする取り決め。また, 経済連携協定(EPA)は, FTAをもとに, 投資, 人の移動, 知的財産の保護や競争政策におけるルール作り, 様々な分野での協力の要素等を含み, 幅広い経済関係の強化を目的とする取り決め。

　世界貿易機関(WTO)では, 2001年からの多角的貿易交渉(ドーハ＝ラウンド)が, 先進国と発展途上国の間の意見対立によって停滞する中, 2000年以降急速に締結がすすんでいる。

　現在, 世界で200以上のFTAが締結されている。2国間協定が多いが, ASEAN自由貿易地域(AFTA, →p.295)や北米自由貿易協定(NAFTA, →p.296)のような多国間協定も見られる。日本は, ASEAN全体と各国, インド, スイス, メキシコ, ペルー, チリとFTA・EPAを締結している。具体的な事例では, インドネシア, フィリピンとのEPAにより, 看護師・介護福祉士が特例適任労働者として来日している。

　なお, FTA・EPAの締結をめぐっては, 安い農産物の流入を心配する農家が反対したり, 逆に締結の遅れで他国との競争に不利になるとして輸出企業が賛成するなど, 賛否が分かれている。(→p.407)

ハブ港(国際ハブ港湾)

　海運の拠点となる国際的な港。ハブ港まで運ばれた貨物は, そこを拠点として, さらに各地の港に向かって海路輸送される。日本の港湾も政策としてハブ港を目指しているが, 高コストとサービス面で不備なところがあり, 中国(シャンハイなど)や韓国(プサン), シンガポールなど他国に遅れをとっている。

LCC(ローコストキャリア)

　格安航空会社(Low-Cost Carrier)のこと。機内サービスの有料化, 大都市から離れた使用料の安い空港の利用, 航空券のインターネット直販などで経費を削減し, 低運賃を実現している。

　2001年のアメリカ同時多発テロを契機に既存の大手航空会社が破たんする中, 相次いで設立された。LCCの参入で航空業界は厳しい競争にさらされているが, 利用者側の選択肢は増えている。なお, 日本では, 関西国際空港がLCCによるハブ空港化を目指している。

ユビキタス社会

　だれもが, いつでも, どこからでも, どんなものとでもつながることができるネットワーク社会のこと。「ユビキタス」とは, ラテン語で「普遍的に存在する」の意味。

　具体的には, 情報端末をもった各個人が, 情報端末や電子タグのような小型チップをもった家電製品, 食品, 衣類などの商品と情報をやり取りしたり, その情報を他人と共有したりできるようになる。

サイバーテロ

　コンピューターネットワーク上で行われる破壊活動。サイバー攻撃ともいう。特に企業や社会インフラに深刻なダメージを与えることや, 国の安全保障に関わる悪質な犯罪を指す。高度情報社会となった現代社会では, 重大な脅威となっている。攻撃が国家間をまたぐと, 犯人の捜索・検挙がより難しくなる。

テスト直前要点チェック

	問	答
☐	❶ 互いに工業製品を輸出しあう分業体制を，何というか。	❶ 水平的分業
☐	❷ 先進国と発展途上国の間の分業体制を，何というか。	❷ 垂直的分業
☐	❸ 比較生産費説で分業の有利性を説いた経済学者は，だれか。	❸ リカード
☐	❹ 水平的分業での問題点を，1つあげよ。	❹ 貿易摩擦（→p.178）
☐	❺ 垂直的分業での問題点を，1つあげよ。	❺ 南北問題（→p.178）
☐	❻ 複数の国に生産や営業の拠点をもつ企業を，何というか。	❻ 多国籍企業
☐	❼ 東南アジアに進出する日本の企業に多い業種は，何か。	❼ 労働集約的な業種
☐	❽ 企業の海外進出で国内産業が衰えることを，何というか。	❽ 産業の空洞化
☐	❾ 発展途上国が工業化のために設定した特別区を何というか。	❾ 輸出加工区
☐	❿ 世界恐慌後に各国が形成した排他的な経済体制は，何か。	❿ ブロック経済
☐	⓫ 戦後の国際経済体制の基盤となった協定は，何か。	⓫ ブレトン＝ウッズ協定
☐	⓬ IMFの日本語での名称を答えよ。	⓬ 国際通貨基金
☐	⓭ 国際収支は大きく分けて，経常収支と何収支からなるか。	⓭ 資本収支
☐	⓮ 経済復興と開発援助のために資金を供与する機関は，何か。	⓮ 国際復興開発銀行
☐	⓯ 関税及び貿易に関する一般協定の略称は，何か。	⓯ GATT
☐	⓰ WTOの日本語での名称を答えよ。	⓰ 世界貿易機関
☐	⓱ WTOの設立などを決めたGATTの交渉を，何というか。	⓱ ウルグアイ＝ラウンド
☐	⓲ 特定の国・地域による自由貿易の取り決めを，何というか。	⓲ 自由貿易協定（FTA）
☐	⓳ 原料を輸入して工業製品を輸出する貿易を，何というか。	⓳ 加工貿易
☐	⓴ 特定の一次産品に依存する経済状態を，何というか。	⓴ モノカルチャー経済
☐	㉑ 先進国間の貿易を，何貿易というか。	㉑ 水平貿易
☐	㉒ 垂直貿易は，別名を何貿易というか。	㉒ 南北貿易
☐	㉓ 輸入した商品を消費せずに再び輸出する貿易を，何という。	㉓ 中継貿易
☐	㉔ 世界貿易の約半分をしめるのは，どこの間の何貿易か。	㉔ 先進国間の水平貿易
☐	㉕ 発展途上国間の経済格差をめぐる問題を，何というか。	㉕ 南南問題
☐	㉖ 南北問題の解消をめざす国連組織の略称は，何か。	㉖ UNCTAD
☐	㉗ 蒸気船を発明したのは，だれか。	㉗ フルトン
☐	㉘ 所要時間であらわした距離を，何というか。	㉘ 時間距離
☐	㉙ 日本の鉄道は，旅客と貨物のどちらの比率が大きいか。	㉙ 旅客

問	答
□㉚ フランスの都市間輸送を担(にな)う高速鉄道を何というか。	㉚ TGV
□㉛ ドイツの高速道路は，何というか。	㉛ アウトバーン
□㉜ アメリカの高速道路は，何というか。	㉜ フリーウェイ
□㉝ イタリアの高速道路は，何というか。	㉝ アウトストラーダ
□㉞ 自家用車を駐車し，中心部では公共交通機関を利用する方式は。	㉞ パークアンドライド
□㉟ 国際貿易で大きな役割をはたしている交通は，何か。	㉟ 海上交通
□㊱ 世界で最も商船を保有している国は，どこか。	㊱ パナマ
□㊲ 海上輸送で輸送量のもっとも大きい航路は，どこか。	㊲ 北大西洋航路
□㊳ 各国の商船の航行が自由な運河を，何というか。	㊳ 国際運河
□㊴ 内陸水路交通がもっとも発達している地域は，どこか。	㊴ ヨーロッパ，ロシア
□㊵ ヨーロッパの国際河川の例を，1つあげよ。	㊵ ライン川(→p.188)
□㊶ 航空交通では，旅客と貨物のどちらの比重が大きいか。	㊶ 旅客
□㊷ 航空貨物の例を，1つあげよ。	㊷ IC(→p.189)
□㊸ 利用度がもっとも多い世界の航空路は，どこか。	㊸ 北大西洋航空路
□㊹ 長距離幹線と地方空港を結ぶ大規模な中継空港とは，何か。	㊹ ハブ空港
□㊺ パイプライン網(もう)がもっともよく発達した国は，どこか。	㊺ アメリカ
□㊻ 日本の陸上交通の主役は，何か。	㊻ 自動車
□㊼ 文字，図形，写真などを電送できる機械は，何か。	㊼ ファクシミリ
□㊽ 通信衛星によって世界を結ぶ通信網のシステムは，何か。	㊽ インテルサット
□㊾ 新聞，ラジオ，テレビなどを，まとめて何というか。	㊾ マスメディア
□㊿ 情報の量や重要性の高まった現代を，何社会というか。	㊿ 情報社会
□(51) 情報に関する量的，地域的，技術的な格差を，何というか。	(51) デジタル＝デバイド
□(52) 無断で公開されない個人情報を，何というか。	(52) プライバシー
□(53) 世界中のコンピューターを結ぶ通信ネットワークとは，何か。	(53) インターネット
□(54) (53)で情報を発信する方法を，1つあげよ。	(54) ホームページ(→p.193)
□(55) (53)の一方通行でない通信を，何というか。	(55) 双(そう)方向通信
□(56) 世界の境界や障壁(しょうへき)がなくなることを，何というか。	(56) ボーダーレス化
□(57) バーコードを利用した商品管理システムを，何というか。	(57) POS(ポス)システム
□(58) 国際金融(きんゆう)市場の中心には，ニューヨークのほか，どこがあるか。	(58) ロンドン，東京など

8章 生活と産業

> この章のポイント&コーチ

1 消費生活とその変化 ▷p.199

◆ 生活意識の変化と消費行動の変化
行動圏の拡大 生活水準の向上，**モータリゼーション**，生活意識の個性化，多様化によって，行動圏が拡大。
新しい商業とサービス業 **コンビニエンスストア**，通信販売などの無店舗販売，ショッピングセンター，ファミリーレストラン，**宅配便**など。
新しい消費形態 カード社会，まとめ買い，食生活の変化。
消費者問題 欠陥商品の販売，悪質商法の増加，消費者の破産など。

◆ アメリカにおける消費生活
自動車中心の生活 生活，産業とも自動車の利用が前提。
ショッピングセンターの発達 郊外の幹線道路ぞいに立地。広大な駐車場をもつ。家族のレクリエーションの場も兼ねる。一方で都心商店街が衰退。

2 観光・保養産業 ▷p.202

◆ 余暇活動の拡大
余暇活動 労働時間の短縮で，余暇活動が拡大，多様化している。
ヨーロッパの余暇活動 フランスの**バカンス**のように，長期滞在型が中心。
日本の余暇活動 労働時間が長く，長期休暇がとれないので，余暇活動は貧弱。短期周遊型の休暇の使い方が多い。しかし，近年は多様化しつつあり，海外旅行も増加。

◆ リゾート開発の進行
リゾート 保養地，行楽地のこと。ヨーロッパでは歴史が古く，地中海沿岸の海洋型リゾート，アルプスの山岳・高原型リゾートなどが発達。
ヨーロッパのリゾート開発 第二次世界大戦後，リゾートの大衆化が進行。
　地中海沿岸…コートダジュール，リヴィエラなど。フランスでは，1960年代に新しいリゾートを開発。
　アルプス…フランス，スイス，オーストリア。
日本のリゾート開発 従来，温泉型リゾートが主流であったが，近年，リゾート法（総合保養地域整備法）で多様化。ただし，自然破壊などの問題も続出。

1 消費生活とその変化

1 生活意識の変化と消費行動の変化

1 行動圏の拡大

❶ 生活水準の向上 先進国では，生活水準が向上し，経済的，時間的ゆとりが生じた結果，人々の行動範囲＝行動空間は拡大した。

❷ モータリゼーション 自動車は，移動の自由度が高いため，自動車の普及とともに社会生活全般が大きく変化し，人々の行動や意識も自動車を前提とするようになった。

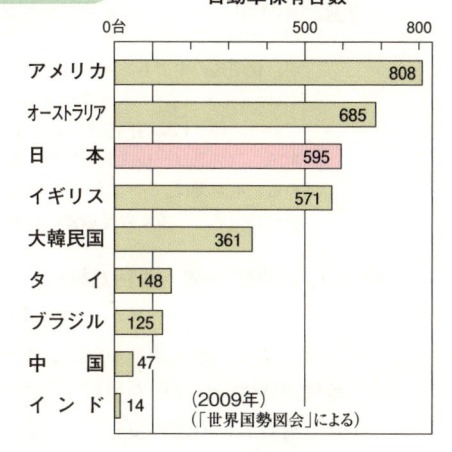

❸ 変わる生活意識 近年，人々の生活意識が個性化，多様化し，自由時間や余暇の重要性が増加し，非日常的な行動範囲も拡大している。

▼人口1000人あたりの自動車保有台数

国	台数
アメリカ	808
オーストラリア	685
日本	595
イギリス	571
大韓民国	361
タイ	148
ブラジル	125
中国	47
インド	14

(2009年)（「世界国勢図会」による）

2 第三次産業の発展と消費行動の変化

❶ 第三次産業の発展 経済のサービス化や産業の情報化が進んだ現代社会では，**第三次産業**が経済活動の中心として発展する。

❷ 新しい商業とサービス業 生活意識の変化や行動範囲の拡大に対応して，商業，サービス業は大きく変化しつつある。一方，従来の商店街の地位は，全体的に低下している。

① **コンビニエンスストア** 零細な小売店が減少する一方で，チェーン店形式の**コンビニエンスストア**★2が急増。人々の生活時間の拡大に対応して，24時間営業など営業時間の長いことが特色。

② **無店舗販売** 放送メディアやインターネットなどを通じての通信販売や，カタログ販売，訪問販売など，新しい形態の小売，サービス業が発達している。

③ **ショッピングセンター** 都市郊外の幹線道路ぞいには，広い駐車場を備えた**ショッピングセンター**が急増し，既存の商店街の顧客を吸収している。★3 スーパーマーケット★4を核に各種専門店，レストラン，レジャー施設，銀行などを併設していることが多い。

（補説）**郊外の専門店** モータリゼーションの進行とともに，郊外の道路ぞいには，広い駐車場をもった，さまざまな専門店が増加している。おもなものは，日曜大工用具，紳士服，自動車用品，靴，書籍などで，大量仕入れによる日用雑貨のディスカウントストアも多い。

★1 商業（小売業，卸売業）とサービス業（情報通信，運輸，金融など）からなる。

★2 大規模なスーパーマーケットにない便利さ（コンビニエンス）を提供。一般に略してコンビニ。POSシステム（→p.194）で商品管理を行い，せまい店内に，多品種の生活必需品をそろえる。

★3 日本では，中小商店街を保護するために，大規模小売店舗法により出店の規制が行われてきた。しかし，最近は規制緩和がすすんでいる。

★4 もともとは，セルフサービス方式で，日用品の大量安売り販売を行う小売店。大型化がすすんでいる。

8章 生活と産業

4 **ファミリーレストラン** 食生活の変化とともに急増してきた，郊外型のレストラン。ファーストフード^{★5}の店舗も多い。

5 **宅配便**（たくはいびん） 自動車による戸口（とぐち）輸送と，翌日配達や少量輸送などのきめ細かいサービスで，急成長してきた貨物輸送業。

補説 身の回りの新しい商業やサービス業 コンビニエンスストアは「セブンイレブン」「ローソン」「ファミリーマート」といったチェーン店が，住宅地の中でも次々と店舗を展開している。スーパーマーケットでは，「イオン」「イトーヨーカドー」などが，大規模な店舗をつくっている。郊外には専門店のほか，ビデオやCDのレンタルショップもある。ファミリーレストランも，大手（おおて）は全国的にチェーンをつくっている。宅配便は，「クロネコヤマトの宅急便」とか「ゆうパック」などのサービス名で，多くの運送会社が参入している。

❸ **新しい消費形態** 生活意識の変化は，消費形態にも影響を与えている。消費者のニーズが，**個性化，多様化**する一方で，メディアの影響により，供給される商品，サービスが**画一化**（かくいつか）^{★6}する傾向があり，地域的特性や伝統的な慣習などが失われる場合もある。

また，消費者に過度の便利さや時間の節約をアピールするため，使い捨て商品がふえ，ますます**大量消費**の方向へすすんでいる。

1 **カード社会** クレジットカード（→p.201）やプリペイドカードを利用すれば，現金を用いないでも支払いができる。

2 **まとめ買い** かつては，最寄（もよ）り品，買いまわり品，高級品などの商品の違いによって，購入頻度や行動範囲が異なっていた。現代では，自動車の利用により，数日に一度，大都市の商店街やショッピングセンターへ出かけ，1か所でまとめ買いをするという形態が増加。

Q プリペイドカードというのは，どんなカードですか。

A 料金を前払い（まえばらい）（プリペイド）して，あとで商品やサービスの購入の時に提示するカードのことで，磁気（じき）カードが多いね。テレホンカードや，電車などの切符（きっぷ）のかわりとなるカードがよく利用されているよ。

3 **食生活の変化** 生活水準の向上，核家族化，生活意識の変化などにより，**外食**（がいしょく）の頻度（ひんど）は増加している。また，料理の**宅配サービス**（たくはい）^{★8}もよく利用される。冷凍食品やインスタント食品の利用も増加。

❹ **消費者問題の増加** 欠陥（けっかん）商品の販売や悪質商法^{★9}が増加する一方で，消費者の破産（はさん）が急増するなど，消費者をめぐるトラブルは増加傾向にある。

補説 クレジットカードと破産 クレジットカードは，カードを見せるだけで商品を入手できるので，次々と商品を買い，支払い不能に陥（おちい）る人も出てくる。そういう人に，裁判所は破産宣告を行うことがある。

★5 ハンバーガー，フライドチキン，ドーナツなど，すぐに食べられる食品を，ファーストフード（fast food）という。ファーストフードの店はアメリカから生まれたが，日本，フランスや，最近ではロシア，中国など世界各地にチェーン店が進出している。

こうしたファーストフード店の中には，自動車に乗ったまま，注文して購入できるドライブスルー方式をとっている所もある。

★6 外食（がいしょく）産業で，とくにこの傾向が強い。チェーン店では，店の外観（がいかん）や内装（ないそう），サービスなどが，すべて画一化，マニュアル化されている。

★7 最寄り品とは，毎日必要とする食料品など。買いまわり品とは，商品を十分選択してから購入する衣料品，家具など。高級品とは，高価格の宝石や贈答品（ぞうとうひん）など。

★8 宅配ピザが代表的で，弁当などでもみられる。デリバリーサービスともいう。寿司（すし）やそばの出前（でまえ）なども宅配サービス。

★9 路上で勧誘（かんゆう）するキャッチセールスや，霊感（れいかん）商法，ネズミ講（こう）など。

2 アメリカにおける消費生活

1 消費生活の姿

❶ 自動車中心の社会 世界でもっとも**モータリゼーション**がすすんでおり，生活，産業ともに自動車の利用を前提にしている。

1. **高い生活水準** 1人あたりの国民所得は，人口の多い国では世界最高の水準にあり，自動車や家電製品が広く普及している。★1
2. **道路の整備** 自動車の普及にともない，**フリーウェイ**(高速道路)の建設がすすんだ。大都市では路面電車などの公共交通機関が廃止されて，自動車の利用に拍車をかけた。

❷ ショッピングセンターの発達 モータリゼーションの進行と，人口の郊外への流出により，郊外の幹線道路ぞいには，広大な駐車場を備えた大規模な**ショッピングセンター**が発達した。★2

1. **立地** 自動車の利用に有利な，フリーウェイや幹線道路ぞいや，その結節点に立地。
2. **形態** 敷地の大半は駐車場でしめられる。中核となる施設は全国にチェーン店をもつデパートやスーパーマーケットで，レストラン，各種専門店，劇場，銀行などが併設されている。
3. **利用の特色** ショッピングセンターの利用客は，ほとんど自動車を用いており，大量の商品をまとめ買いしていく。さらにショッピングセンターは，家族のレクリエーションの場も兼ねている。★3

❸ 地域社会の変化

1. **コンビニエンスストアの増加** 住宅街の周辺には，小規模なコンビニエンスストアが，多数立地するようになった。
2. **都心商店街の衰退** 人口の流出と郊外のショッピングセンターの発達により，都心商店街は衰退している。近年，一部で都市内部の再開発や旧商店街の活性化を目的に，都心立地型のショッピングセンターが建設される例もある。

> **補説 グローバリゼーション** アメリカとソ連が対立した冷戦が，1991年に終わり，アメリカが唯一の超大国になるとともに，アメリカの基準が世界標準(グローバルスタンダード)となって，世界の同質化，均一化が進行しはじめた。こうした流れを，グローバリゼーション(グローバル化)という。
> その範囲は，政治，経済，文化などの広い範囲にわたっているため，アメリカの支配・侵略として反発する民族主義や，イスラム復興運動(→p.323)も現れている。しかし，資本主義的な商品世界の同質化は，多国籍企業の活動とともに進行し，アメリカの生活文化は世界中に拡大している。

★1 大型冷蔵庫の普及が，食料品のまとめ買いを可能にしている。

★2 アメリカは，国土が広いので，カタログなどによる通信販売もさかん。その際，支払いは，現金よりもパーソナルチェック(個人の当座小切手)や，全国的な信用をもつクレジットカードで行われる。「ビザ」「マスターカード」「アメリカン・エキスプレス」などの大規模なクレジットカード会社は，日本やヨーロッパ諸国にも進出して，国際的な信用網を形成している。

★3 まとめ買いすることで，安く買うことが可能となる。

2 観光・保養産業

1 余暇活動の拡大

1 労働時間と余暇時間

❶ 労働時間の短縮 産業が発達し、生産性が向上すると、労働時間が短縮し、余暇時間が増大する。

❷ 国によって異なる労働時間 一般に、先進国は労働時間が短く、発展途上国は長いうえに、労働条件も悪い。

❸ 日本の労働時間
1. **長い労働時間** ヨーロッパ諸国に比べ長いため、年間1800時間を目標に、労働時間の短縮がはかられてきた。
2. **大きな格差** 一般に大企業ほど週休二日制が普及し、余暇時間も長いが、中小企業の労働条件は必ずしも良くない。

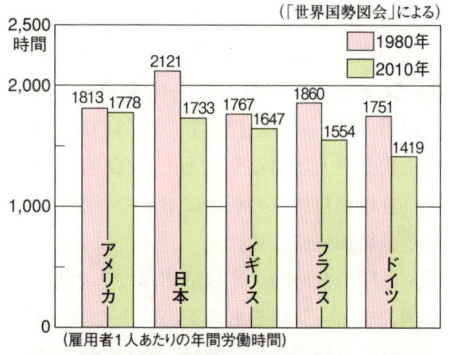

▲労働時間の国際比較（「世界国勢図会」による）

1980年／2010年
- アメリカ：1813／1778
- 日本：2121／1733
- イギリス：1767／1647
- フランス：1860／1554
- ドイツ：1751／1419

（雇用者1人あたりの年間労働時間）

2 ヨーロッパにおける余暇活動

❶ 多様な余暇活動 ヨーロッパは余暇活動の先進地域であり、余暇活動は、生活の一部として早くから定着していた。
1. **長期滞在型の休暇** ヨーロッパでは、夏季や秋季に長期休暇をとって、別荘やキャンプ場（自動車によるオートキャンプ）などに滞在しながら、ゆったりと余暇活動を行うことが多い。
2. **自然との調和** 余暇の時間に自然観察を行ったり、小菜園付きの別荘で、自給しながら田園生活を楽しむこともある。
3. **グリーンツーリズム** 都市の住民が、自然の豊かな農村で、地元の自然や文化、住民との交流などを楽しむ余暇活動。リゾート開発などへの反省から生まれた。農村観光などとして、イギリス、ドイツ、フランスなどでさかんになってきた。

❷ フランスの余暇活動
1. **バカンス** 1930年代に有給休暇制度が始まり、現在では年間5週間の休暇が認められており、多くの人々がバカンスを楽しむ。
2. **余暇を支援する政策** 有給休暇制度以外に、リゾート開発や、交通網の整備など、国民の豊かな生活を支援する政策を実施。

★1 所定外の労働時間（残業時間）が長く、有給休暇をとりにくいのが特徴。

★2 ゴルフ、スキーなどのスポーツ、テーマパーク、温泉や海岸などのリゾート滞在など多様。

★3 ドイツの市民農園は150年以上の歴史をもち、自宅近くの自分の農園で花の手入れや野菜づくりを楽しむことができる。

★4 ラングドック＝ルシヨン（→p.204）が代表的。

3 日本の余暇活動と海外からの観光客

❶ **特　色**　ヨーロッパ諸国に比べると貧弱。長期休暇がとれず，観光地をめぐる短期周遊型の余暇活動が多い。また，休暇が一時期に集中するため，交通機関や宿泊施設が大混雑となる。

❷ **余暇圏の拡大**　生活水準の向上，自家用車の普及，休暇の長期化などにより，余暇圏（余暇活動の範囲）が拡大。とくに海外旅行は，円高の影響で1980年代後半より激増している。

❸ **余暇活動の多様化**　生活意識が変化し，余暇の比重が増加するにつれて，その内容は多様化しており，より精神的な充実を求めるように，余暇活動が質的に変化している。

❹ **外国人観光客の増加**　国内の観光需要が伸び悩む中，韓国，中国，アメリカなどから多くの外国人観光客が訪日している。

> 補説　**アウトドアスポーツとアウトドアライフ**　近年，スキー，テニス，ゴルフ，マリンスポーツなど屋外（アウトドア）での活動的な余暇活動がさかん。また，自家用車を利用したオートキャンプなど，屋外での生活を楽しむことも，人気がある。

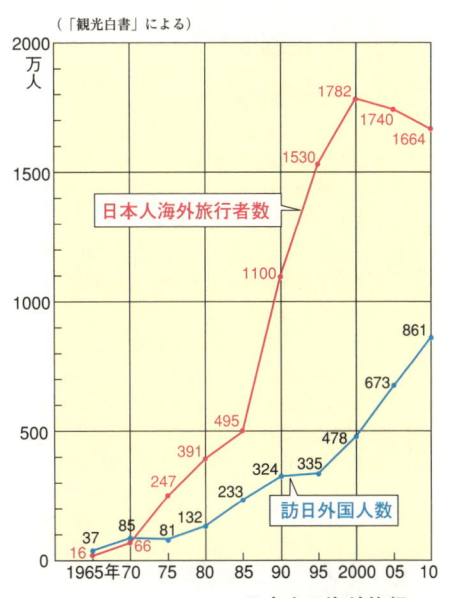

▲日本人の海外旅行者数と訪日外国人数の推移

2 リゾート開発の進行

1 リゾートの開発

❶ **リゾートの種類**　リゾートとは，行楽地，保養地のこと。

① **海洋型（ビーチ）リゾート**　避寒地に多くみられる。コートダジュール，ゴールドコースト，ワイキキ，マイアミ★1が代表的。

② **山岳・高原型リゾート**　夏は登山，冬はスキーを中心にしたリゾートで，ヨーロッパのアルプス山脈や，日本の長野県に多い。

③ **温泉型リゾート**　日本ではもっとも一般的な保養地，観光地。ヨーロッパ諸国やアメリカでは療養の機能が強い。

④ **都市型リゾート**　さまざまな文化施設，スポーツ施設，史跡などを備えた都市。パリや京都が代表的。

⑤ **テーマパーク**　アメリカで発達した大規模な遊園施設。施設全体が，おとぎの国，外国の街並み，昔の街並み，映画の世界といったテーマにそった内容になっている。

★1 コートダジュールはフランス南部の地中海にそった高級リゾート。ゴールドコーストはオーストラリア東部，ワイキキはアメリカのハワイ，マイアミはアメリカのフロリダ。

▶テーマパーク
（大阪市，ユニバーサル・スタジオ・ジャパン）

テーマゼミ　遊園地とテーマパーク

○ 従来の遊園地は、さまざまな遊戯施設を備え、子供を対象にしたものであった。とくに日本では、東京や大阪の私鉄が経営する都市近郊型の遊園地が多く建設された。いずれも家族で日帰りで楽しめるよう趣向をこらしている。

○ 一方、テーマパークは、アメリカで誕生した大規模遊園施設で、ホテルなどを併設して滞在型リゾートとなっていることが多い。また子供だけでなく、すべての年齢層を対象としている。そして、遊戯施設よりも、会場全体のイメージづくりに重点が置かれており、きめ細やかなサービスを売り物にしている。

○ 日本でのテーマパークの歴史は浅く、1983年に東京湾岸の埋立地（千葉県浦安）にできた東京ディズニーランドが最初である。その後、この成功に刺激されて、長崎ハウステンボス、北九州スペースワールド、多摩サンリオピューロランド、日光江戸村など、各地で建設、開業が相次いだ。また、2001年には、大阪にUSJ（ユニバーサル・スタジオ・ジャパン）が開業し、ますます競争が激しくなっているが、成功している例は少ない。

○ テーマパークは、初期投資額が莫大で、遠隔地につくられることが多いので、多くの観光客を集めるためには、いかに魅力あるテーマを選定し施設を整備するかがポイントとなる。さらに、2度、3度と訪れてもらえる工夫も重要となっている。

❷ リゾートと地域開発　過疎地域では、リゾート開発によって地域振興をはかろうとする自治体が多い。地場産業の活性化や雇用の増加などで、地元の発展に寄与する場合もあるが、かえって、自然環境や生活環境を悪化させる場合もある。★2

❸ リゾート開発の課題　大規模なリゾート開発は、乱開発による自然破壊、地価や物価の急上昇など、さまざまな問題をひき起こす。また、日本企業が海外の不動産に投資するケースでは、地元住民の感情的な反発をまねいた所もあった。★3

② ヨーロッパのリゾート開発

❶ リゾート開発の歴史　地中海沿岸では19世紀ごろから、貴族、富裕者層のためのリゾート開発が行われていた。第二次世界大戦後、リゾートの大衆化が進行し、各地でリゾート開発が急増した。

❷ 地中海沿岸のリゾート　19世紀に避寒地として開発が進行。

① 代表的なリゾート地　**コートダジュール**★4、**リヴィエラ**★5、コスタデルソル★6など。近年は豪華ホテルより別荘、キャンプ場が主流。

　補説　**モナコ公国**　国土をフランスに囲まれて地中海に面したモナコは、世界第二の小国である。世界各地から、毎年、20万人以上の観光客が訪れ、観光収入が国の大きな財源である。また、切手の発行、国営のギャンブル施設であるカジノ（モンテカルロ）も有名。

② 新しいリゾート地　フランス南部のラングドック＝ルシヨン★7は、1960年代に政府が中心となって開発した新しいリゾート地。ホテル、キャンプ場、休暇村など、長期滞在用の施設が整備された。

★2 大規模なリゾート開発は、東京に本社をおく大企業によって行われることが多い。そのため、地元の意向が反映されにくかったり、企業の都合で計画が変更されたり、中止されることもある。

★3 ハワイやオーストラリアなどで、日本企業が経営するホテルやゴルフ場がある。

★4 カンヌ、ニースが中心。フランス。

★5 フランスのコートダジュールに続くイタリアの地中海岸のリゾート。サンレモが中心。

★6 スペイン南部のリゾート。トレモリーノスが中心。

★7 ローヌ川河口からスペイン国境にかけての地中海沿岸の地域。もとは蚊が大量に発生する沼沢地であった。

❸ **アルプスのリゾート**　19世紀ごろから，アルプスの登山やスキーを目的とした山岳・高原型リゾートの開発が進行。
① **代表的なリゾート**　フランスのシャモニー，スイスのツェルマット，グリンデルヴァルト，オーストリアのインスブルックなど。
② **スイスのリゾート開発**　スイスは，19世紀から，観光事業を政策的に育成している。また，リゾートでは，自動車の乗り入れを禁じるなど，環境への配慮もすすんでいる。

3 日本のリゾート開発

❶ **リゾート開発の特色**　日本のリゾートは，長い間，温泉保養地が主流であった。1980年代以降，余暇活動の多様化とともに，さまざまなリゾート開発が進行。とくに，ゴルフ場，スキー場★8やマリンスポーツの施設，リゾートホテル，リゾートマンション★9の建設が急速にすすんだ。

❷ **リゾート法（総合保養地域整備法）**
① **制定の目的**　多様化する余暇活動への対応，過疎地域の活性化，内需拡大を目的として，1987年に制定。民間資本を利用した大規模開発が可能となった。
② **問題点**　乱開発による自然破壊★10，地価の高騰★11，地元自治体の財政圧迫，地元住民の生活環境の悪化など，さまざまな問題が発生している。
③ **リゾートの見直し**　1990年代にはいって経済が停滞するようになり，環境保全運動も高まる中で，従来の大規模開発型のリゾートから，地域に根ざしたリゾートへの転換の動きがみられる。都市生活者に対して，緑の空間を提供する農村リゾートなど，新しいタイプのリゾートが出現している。

★8 新潟県湯沢町は，日本最大のスキー場リゾートとして，また温泉保養地として有名。上越新幹線の越後湯沢駅の開業や，関越自動車道の開通により，首都圏に近接したリゾートとして発展。

★9 スキー場や海水浴場に建設される，別荘用のワンルームマンションなどがリゾートマンションとよばれる。

★10 リゾート開発の目的のために，国立公園，国定公園内の国有林や保安林の一部が伐採されたりした。

★11 フランスのラングドック＝ルシヨン地域のリゾート開発では，政府が5000haの用地を先に取得して，地価の上昇を抑えた。

▼日本のリゾート（新潟県湯沢町）

▼マリンスポーツ（沖縄県）

バージョンUP 生活と産業
…追加・新用語

ニート

1999年にイギリス政府が人口調査で使用した言葉で,「Not in Education, Employment or Training」の頭文字をとっている(NEET)。「教育機関などの学生でなく, 労働をせず, 職業訓練もしていない」という意味。

日本の厚生労働省の定義では,「非労働力人口のうち, 年齢15歳～34歳, 卒業者, 未婚であって, 通学や家事をしていない者」となっている。ニートの人口は, 総務省が毎月行う「労働力調査」では, 2011年で60万人になっている。

フリーター

アルバイトやパートタイマーなど正社員以外の就労の形態で生計を立てている若者。日本でできた用語。もともと明確な定義はなくて広まった用語であるが, その後厚生労働省や総務省は, 学生と主婦を除く15～34歳の若年のうち, パート・アルバイト(派遣などを含む)及び働く意志のある無職の人を**フリーター**とよんでいる。ただし, 曖昧な部分も多い。2010年の調査では183万人といわれる。ニートは仕事をしていないのに対して, フリーターは非正規雇用という形で就労するという違いがある。ただし, 調査によっては重複する場合もある。

最近, フリーターの高年齢化が進行している。いわゆる最初の就職氷河期(1993～2004年頃)に大学を卒業した新卒が, 正社員として就職できず, そのままフリーターであり続けていることが要因で, とくに25～34歳の世代は, **年長フリーター**とよばれる。

デイリーパス

空間と時間軸を組みあわせて人の行動を線で描いた図。生活行動圏を図で表したもの。たとえば, 家族それぞれが自宅を出てもどるまでの流れを描くと, 家族が出会う時間などがわかりやすい。一日の流れを示したものを**デイリーパ**

スというのに対して, 一生の流れを示すものを**ライフパス**という。

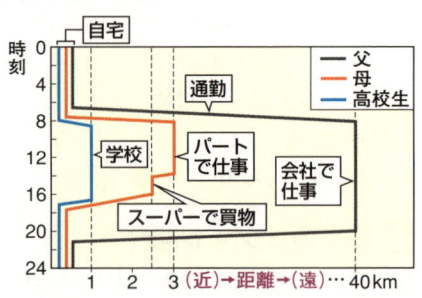

ワンストップ・ショッピング

一つの場所にとどまって買い物をすること。商店街の中のいろいろな専門店などを歩きまわって買い物をするスタイルに対して, 一つの場所で複数のジャンルの買い物をすることをいう。最近では, 郊外で大きな駐車場をそなえたショッピングセンターに自動車ででかけ, まとめ買いをするようなワンストップ・ショッピングの消費行動が増加している。また, 買い物だけでなく, 金融サービスやレジャー施設も併設する総合的な店舗も増えており, このような場所を**ワンストップ・ショップ**とよんでいる。

ツーリズム

観光旅行という意味(tourism)。「～～ツーリズム」というと, 普通の「観光旅行」と区別して, 滞在型や体験型の観光旅行をさすことが多い。

(1) **アーバンツーリズム**：都市の文化遺産にふれたり, 町並みや都会的な雰囲気を楽しむだけでなく, 飲食や買い物など都市のもつ魅力を求める旅行の総称。

(2) **エコツーリズム**：環境への悪影響をさけた少人数の旅で, 自然保護や地域文化を理解して, 保護地域の住民に利益還元できるような旅行。

(3) **グリーンツーリズム**：自然の中, とくに森などに滞在して, 農山村に暮らす人々との交流を楽しむ旅行。

世界遺産条約

世界中の顕著で普遍的な価値のある**文化遺産**

や自然遺産を人類共通の宝物として守り，次世代に伝えていくための条約。正式には，「世界の文化遺産及び自然遺産の保護に関する条約」(1975年発効)。世界遺産の登録は，国連の専門機関であるUNESCO(国際連合教育科学文化機関)が行っている。

世界遺産には，文化遺産，自然遺産，複合遺産の3種類があり，有形の不動産が対象となっている。これまで世界遺産条約でカバーされなかった無形遺産は，UNESCOにより2006年発効の無形遺産条約によって世界遺産として登録が行われるようになっている。

ラムサール条約

水鳥にとって貴重な生息地である湿地の生態系を守る条約。正式には「特に水鳥の生息地として国際的に重要な湿地に関する条約」。1971年に採択され，日本は1980年に加盟し，日本最初の登録湿地は，釧路湿原であった。この条約に関する最初の国際会議は，カスピ海に面するイランのラムサールで開かれた。

ジオパーク

地球科学的に見て重要な地質遺産を複数含む自然公園のこと。2004年にUNESCOの支援により，世界ジオパークネットワークが発足。ジオパークを審査して認証する仕組みが作り上げられた。さまざまな遺産を有機的に結びつけて，科学研究や教育，ツーリズムに利用しながら地域の持続的な経済発展を目指す。

日本では，洞爺湖・有珠山(北海道)，糸魚川(新潟県)，島原半島(長崎県)，山陰海岸(鳥取・兵庫県，京都府)，室戸(高知県)の5か所が，世界ジオパークに認定されている。

▼世界遺産条約とラムサール条約の登録地(日本)

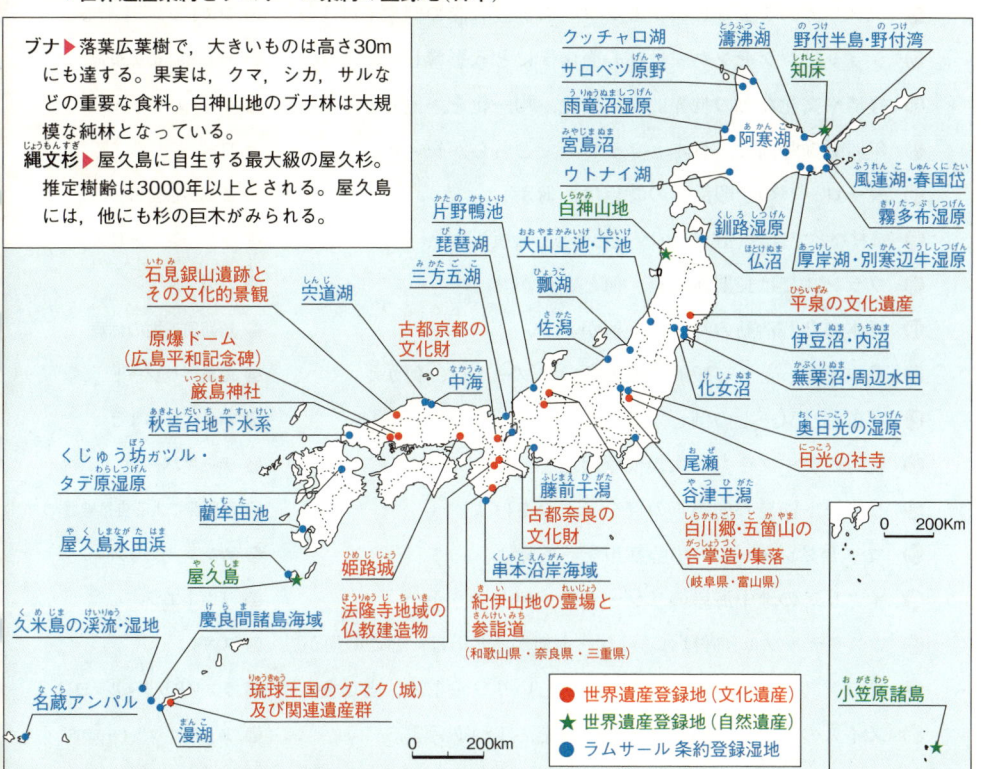

ブナ ▶ 落葉広葉樹で，大きいものは高さ30mにも達する。果実は，クマ，シカ，サルなどの重要な食料。白神山地のブナ林は大規模な純林となっている。

縄文杉 ▶ 屋久島に自生する最大級の屋久杉。推定樹齢は3000年以上とされる。屋久島には，他にも杉の巨木がみられる。

＊2012年，新たに9か所がラムサール条約の登録湿地となった。

テスト直前要点チェック

	問	答
①	自動車が普及して生活に深く入りこむことを，何というか。	① モータリゼーション
②	人口当たり自動車保有台数は日本とアメリカでどちらが多いか。	② アメリカ
③	便利さを追求した小型のスーパーストアを何というか。	③ コンビニエンスストア
④	無店舗販売の例を1つあげよ。	④ 通信販売（→p.199）
⑤	自動車の利用を前提にした郊外の大規模店舗を何というか。	⑤ ショッピングセンター
⑥	自動車の利用を前提にした郊外のレストランを，何というか。	⑥ ファミリーレストラン
⑦	ハンバーガーなどすぐに食べられる食品を，何というか。	⑦ ファーストフード
⑧	翌日配達や少量輸送などが特色の貨物輸送業を，何というか。	⑧ 宅配便
⑨	現金を用いずにカードで支払う社会を，何というか。	⑨ カード社会
⑩	毎日必要とする食料品などの商品を，何というか。	⑩ 最寄り品
⑪	アメリカのショッピングセンターは主にどこに立地するか。	⑪ 郊外の幹線道路ぞい
⑫	アメリカのショッピングセンターの併設施設の例をあげよ。	⑫ レストラン，銀行など
⑬	ショッピングセンターは都心商店街にどう影響しているか。	⑬ 都心商店街の衰退
⑭	経済や文化などの世界的な同質化，均一化を，何というか。	⑭ グローバリゼーション
⑮	年間労働時間は，日本とフランスでどちらが長いか。	⑮ 日本
⑯	ヨーロッパの余暇活動の特色は，何か。	⑯ 長期滞在型の休暇
⑰	農村などで自然や住民との交流を楽しむ余暇活動を，何というか。	⑰ グリーンツーリズム
⑱	フランスでは長期休暇を，何というか。	⑱ バカンス
⑲	日本の余暇活動の特色は，何か。	⑲ 短期周遊型の休暇
⑳	日本でもっとも一般的で数の多いリゾートは，何か。	⑳ 温泉型リゾート
㉑	都市型リゾートの例を，あげよ。	㉑ パリ，京都など
㉒	統一のテーマをもつ大規模遊園地を，何というか。	㉒ テーマパーク
㉓	リゾート開発の問題点の例を，1つあげよ。	㉓ 乱開発による自然破壊
㉔	コートダジュールの中心都市を，答えよ。	㉔ カンヌ，ニース
㉕	イタリアの地中海岸のリゾートを，何というか。	㉕ リヴィエラ
㉖	コスタデルソルと呼ばれるリゾート地があるのは，どこの国か。	㉖ スペイン
㉗	フランスが1960年代に開発した新しいリゾートは，どこか。	㉗ ラングドック＝ルシヨン
㉘	スイスのアルプスのリゾートの例を，1つあげよ。	㉘ ツェルマット（→p.205）
㉙	新潟県湯沢町は，何のリゾートとして有名か。	㉙ スキー場，温泉

9章 人口と人口問題

この章のポイント＆コーチ

1 世界の人口分布と増減 ▷p.210

◆ 世界の人口分布

エクメーネの拡大　エクメーネ(居住地域)は全陸地の90%。極，砂漠，高山などはアネクメーネ(非居住地域)。
人口の分布　地中海域，西ヨーロッパ，北アメリカ北東部，東アジア～東南アジア～南アジアでは，とくに人口が集中。
人口の多い国　中国，インド，アメリカ，インドネシア，ブラジルの順。日本は第10位(約1.28億人)。

1750年	7.28億人
1800年	9.06
1850年	11.71
1900年	16.08
1950年	25.16
2000年	60.57
2011年	69.74

▲世界の人口増加

◆ 世界の人口増加

人口爆発　第二次世界大戦後，発展途上国で人口が急増。
自然増加の型　発展途上国の多くが**多産少死**型で人口が急増。先進国は**少産少死**型で人口は停滞。自然増加率＝出生率－死亡率。
社会増加　移入人口と移出人口の差。人口増加は自然増加と社会増加の合計。
人口移動　移住，開拓，出稼ぎ，強制連行，難民など経済的・政治的理由。

2 世界の人口構成と人口問題 ▷p.214　*日本の人口と人口問題はp.408。

◆ 人口構成

年齢別人口構成　15歳未満の年少人口，15歳以上65歳未満の生産年齢人口，65歳以上の老年人口。

人口ピラミッド　{ 後発発展途上国→富士山型で，人口は増加。
　　　　　　　　　先進国→釣鐘型かつぼ型で，人口は停滞もしくは減少。

産業別人口構成　産業の発展につれ，第一次産業(農業，林業，水産業)の人口は減り，第二次産業(鉱業，工業，建設業)，第三次産業(商業，サービス業など)の人口が増加。→産業の高度化。

◆ 人口問題

発展途上国　**人口爆発**による食料，エネルギー，環境問題など。インドは家族計画(産児制限)，中国は**一人っ子政策**をすすめている。
先進国　出生率の低下で，高齢社会へ。労働力の不足，福祉などの問題。ドイツでは外国人労働者を受け入れ。スウェーデンでは高齢者福祉が充実。

1 世界の人口分布と増減

1 世界の人口分布

1 エクメーネの拡大

❶ エクメーネとアネクメーネ[★1]
[1] **エクメーネ** 人間が常時居住している地域。全陸地の90%。
[2] **アネクメーネ** 非居住地域。人間が永住できない地域のこと。極，砂漠，高山など，エクメーネを除く範囲。

❷ エクメーネの拡大と限界
人間は居住できる限界に絶えず挑戦して，エクメーネを拡大してきた。
[1] **極限界** エクメーネの極限界は，農作物の栽培限界の極限界に[★2]ほぼ一致する。
[2] **乾燥限界** 大陸内部の砂漠は，水と植生にめぐまれないため，アネクメーネが広い。しかし，乾燥限界は水さえあれば前進する。乾燥農法の進歩や，鑽井(掘り抜き井戸)(→p.71)，ダム，運河の建設によって，エクメーネは拡大される。

> **補説** **乾燥農法** 乾燥地域で，灌漑を行わずに，少ない降水を活用する粗放的農法。何回も浅耕したり細土をかけて，毛管現象による地表からの水分の蒸発を防いで，地中の水分を保持する。

[3] **高度限界(高距限界)** 高山では気温が低下し，エクメーネに限界ができる。低緯度地方ほど高度限界が高く，高緯度地方ほど低[★3]いところに限界がある。

> **ポイント** エクメーネとは人間が居住する地域。拡大してきたが，極，砂漠，高山に**アネクメーネ**がある

2 人口の分布

❶ **世界の総人口** 2011年で69億7400万人。今後2050年まで，1年間で平均5440万人ずつ増加していくと予想されている。
❷ **世界の平均の人口密度** 1km²あたり51.2人(2011年)。
❸ **人口の密集地域** 地中海地域，西ヨーロッパ，北アメリカ北東部，アジアのモンスーン地域(東アジア～東南アジア～南アジア)では，とくに人口が多い。

★1 Ökumene(エクメーネ)に否定の接頭辞Anをつけた言葉が，Anökumene(アネクメーネ)。ドイツ語。

★2 世界最北の村は，スヴァールバル諸島(ノルウェー)のニーオーレスン(北緯78度55分)。グリーンランド北西部のカーナック(チューレ)(北緯76度)にはイヌイットの町とアメリカ軍の空軍基地がある。

★3 ボリビアの首都ラパスは世界最高地の首都で，高度4058m，人口は185万人(2010年)。なお，ボリビアでは，すずの産出で発達したポトシも4040mの高地にある。

▼世界の人口予測

2020年	76億7483万人
2030年	83億0890万人
2040年	88億0120万人
2050年	91億5000万人

(「世界の統計」2011による)

1　世界の人口分布と増減　211

❹ **人口密度の低い地域**　アネクメーネに近いところほど，人口は希薄。極，砂漠に近いところ，高山など。

> 補説　**人口密度と人口支持力**　ある地域がどれだけの人口を扶養することができるか，という力を，人口支持力という。それは，生産力が高まれば増大(生産力に比例)し，生産力が低くても生活水準が低ければ大きくなる(生活水準に反比例する)。このため，人口密度が高まっていても，生活水準が低下していくなら，人口支持力が増大した結果ではない点に注意する。

	(2011年)	人口 (千人)	人口密度 (人/km²)	面積 (千km²)
人口の多い国	中　国	1 347 565	140	9 597
	インド	1 241 492	378	3 287
	アメリカ	313 085	33	9 629
	インドネシア	242 326	127	1 911
	ブラジル	196 655	23	8 515
	パキスタン	176 745	222	796
	ナイジェリア	162 471	176	924
	バングラデシュ	150 494	1 045	144
	ロシア	142 836	8	17 098
	日　本	127 799	338	378
	メキシコ	114 793	53	1 964
	フィリピン	94 852	316	300
人口密度の高い国	バングラデシュ	150 494	1 045	144
	大韓民国	48 391	485	100
	オランダ	16 665	446	37
	インド	1 241 492	378	3 287
	ベルギー	10 754	352	31
	日　本	127 799	338	378
	スリランカ	21 045	320	66
	フィリピン	94 852	316	300
	ベトナム	88 792	268	331
	イギリス	62 417	257	243

▲**世界の国別の人口と人口密度**　人口密度は，人口1000万人以上の国で比較。(左表とも「データブック オブ・ザ・ワールド」2012による)

(2011年)	人口		人口密度
	(百万人)	(％)	(人/km²)
アジア	4 207	60.3	132.0
アフリカ	1 046	15.0	34.5
ヨーロッパ	739	10.6	32.1
アメリカ	945	13.6	22.3
北中アメリカ	548	7.9	22.4
南アメリカ	397	5.7	22.2
オセアニア	37	0.5	4.3
世　界　計	6 974	100.0	51.2

▲**世界の地域別の人口と人口密度**　人口も人口密度もアジアが最大である。

2　世界の人口増加

1　人口爆発

　人口が，短期間に爆発的に急増すること。第二次世界大戦後，アジア，アフリカ，ラテンアメリカの発展途上国にみられる。その原因は，独立後の食料増産と，医療や環境衛生の改善などによって，死亡率が急激に低下したのに対し，出生率が高水準で推移していることである。

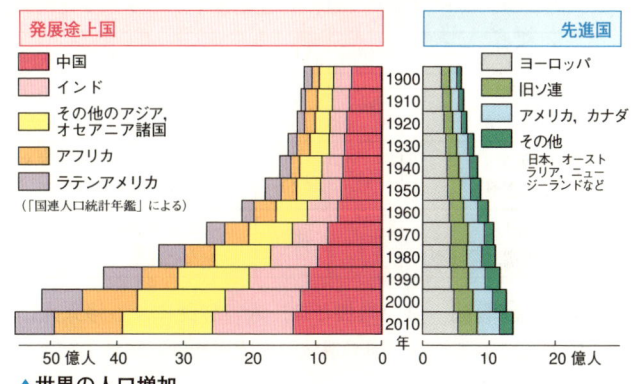

▲**世界の人口増加**

2 マルサスの『人口論』

❶ 『人口論』　イギリスの経済学者**マルサス**は，その著『人口論』で，「人口は等比数列(幾何級数)的に増加するが，食料の生産は等差数列(算術級数)的にしか増加しないから，やがて過剰人口による食料不足で，貧困，犯罪，戦争がやってくる」と警告した。

❷ **マルサス説の当否**　人口の増加と食料生産の増加の関係は，マルサスの予測した通りにはならなかった。西ヨーロッパでは，新大陸への進出と，産業革命による経済発展が，これらの恐れを一掃した。食料生産については，資源や産業，技術などと深い関係があるので，それらとの関係のもとで検討しなければならない。

しかし，近年，地球環境の破壊と関連して，今後の食料増産が不透明であることから，マルサス説が再検討されている。

> 補説　**可容人口論**　地球で生活できる最大人口を予測すること。算定方法は単位人口の平均食料消費量と，単位面積あたりの食料生産量を基準にしているが，現実的な算定は困難である。63億，77億，133億など，いろいろな推定がある。

3 人口増加の型

❶ **自然増加**　出生数と死亡数の差で示される。

① 自然増加率

$$\text{自然増加率} = \text{出生率}\left(\frac{\text{出生数}}{\text{総人口数}} \times 1000\right) - \text{死亡率}\left(\frac{\text{死亡数}}{\text{総人口数}} \times 1000\right)$$

〔単位は‰＝パーミル〕

② **自然増加の3タイプ**　歴史的には，**多産多死型→多産少死型→少産少死型**と移行する。このことを，**人口転換(人口革命)**という。ヨーロッパでは，19世紀後半から少産少死型に移行する。

3タイプ	出生率	死亡率	分布地域
多産多死型 (人口漸増型)	高い	高い	開発のはじまったばかりの中南アフリカの国々
多産少死型 (人口急増型)	高い	低い	北アフリカ諸国，アジアやラテンアメリカの国々
少産少死型 (人口漸増，停滞型)	低い	低い	ヨーロッパ諸国，アメリカ，日本など先進工業国

❷ **社会増加**　社会増加とは，人口移動による移入人口と移出人口の差で示される。国や地域の人口増加は，自然増加と社会増加の合計で表される。

★1 等比数列とは，2→4→8→16→32のように，等差数列とは，2→4→6→8→10のように並ぶ数列。なお，『人口論』は1798年に出版された。

★2 過剰人口は，単に人口が多すぎるということではなく，一国の経済(生産力)が，その国の人口を一定の生活水準に保ちながら養っていけるかどうかで決まる。

★3 人口増加率は「増加数÷基準年の人口×100」で算出。ある年に1000人であった人口が翌年に1020人になったとすれば，人口増加率は「20÷1000×100」で2％となる。

★4 パーミルは千分率のこと。1000分の1が1‰。百分率の％とは，1％＝10‰の関係である。

▼おもな国の人口の自然増加率

メキシコ	15.9‰
インド	15.4
南アフリカ	6.7
アメリカ	5.9
中国	5.1
フランス	4.3
韓国	4.0
イギリス	3.6
日本	−1.0
ロシア	−1.7
ドイツ	−2.3

(2005〜2010年)
(「世界国勢図会」による)

1 世界の人口分布と増減

1 経済的理由による人口移動

①**国際間移動** ヨーロッパ人が新大陸へ。日本人が南アメリカやアメリカ西海岸、ハワイへ。華南(フーチエン省、コワントン省)の中国人が東南アジアへ(華僑→p.272)。インド人が東南アジアやアフリカ東部へ(印僑)。アフリカのギニア湾岸の黒人が新大陸へ(奴隷貿易)。トルコ、イタリア、アルジェリアなど地中海沿岸諸国からドイツ、フランスへの出稼ぎや移住。カリブ海諸国やメキシコからアメリカへの出稼ぎや移住。

②**国内移動** アメリカの西部開拓による移動(西漸運動)。ロシアのシベリア開拓による移動。出稼ぎ(かつては杜氏など、現在は土木建設作業員が多い)。過疎による挙家離村(家族全員が村を離れる)などで大都市に移る動き。過密の都市からのUターンやJターン(→p.412)。

2 政治的,宗教的理由による人口移動

①信教の自由を求めた初期のアメリカ移民。流刑地であったオーストラリア、シベリアへの追放。ユダヤ人の国家建設のためのパレスチナ移住(シオニズム運動)。

②現代の世界では、民族の対立、人種差別、内戦や社会体制の変革にともなう混乱をのがれるために移動する難民がふえた。

ポイント 人口増加

自然増加…自然増加率＝出生率－死亡率
多産多死→多産少死→少産少死と推移
社会増加…移入人口と移出人口の差
移住、出稼ぎ、強制連行、難民で移動

★5 労働力としての移動で、かつては開拓移民や植民地労働者として、労働力の少ない地域に移る分散型移民が多かった。現在の労働力の移動は、産業の発達した先進国や都市に集まる集中型移民に変化している。

★6 日本海側の地域から、冬の間、各地の酒造地に出稼ぎする酒づくりの技術者。

★7 イギリス国教会からの分離をめざした清教徒(ピューリタン)。

★8 パレスチナ、アフガニスタン、エチオピア、スーダン、ベトナム、カンボジア、旧ユーゴスラビア、ソマリア、ルワンダなどで難民が多い。国連難民高等弁務官事務所(UNHCR)や非政府組織(NGO)が、国際的な保護活動をすすめている。

▼国際的な人口の移動　16世紀以後のおもな移動を示す。

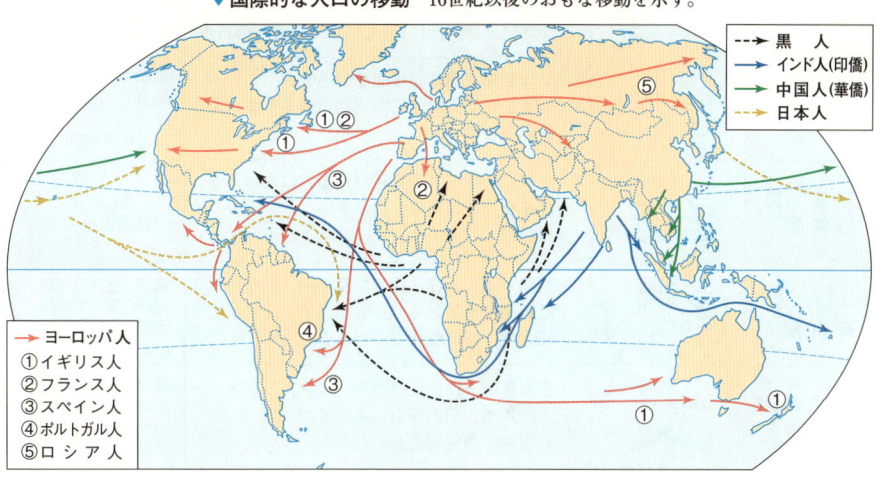

凡例:
- 黒人
- インド人(印僑)
- 中国人(華僑)
- 日本人
- → ヨーロッパ人
  - ①イギリス人
  - ②フランス人
  - ③スペイン人
  - ④ポルトガル人
  - ⑤ロシア人

2 世界の人口構成と人口問題

1 世界の人口構成

1 年齢別人口構成

❶ **年齢別人口構成の意義**　一国あるいは，一地域の過去の出生，死亡，流入，流出の結果としての人口推移，人口の高齢化の度合いをつかみ，将来における人口変動の予測に重要な役割をはたす。

❷ **人口ピラミッド**　年齢別，性別人口構成は**人口ピラミッド**というグラフで表される。ピラミッドといっても，必ずしもピラミッド型になるわけでなく，国や地域(都市，農村)によって違う。社会的環境の影響をよく示すため，人口動態の把握に役立つ。

★1 人口構成は人口の質的側面で，年齢別のほか，性別，産業別，人種別，宗教別などの見方ができる。

★2 教育，労働力，高年齢者対策などを立てる参考になる。

補説　人口ピラミッドのつくり方　一定地域の人口を，男女別，年齢別に分ける。中央の縦軸部分に年齢別の目盛り(ふつう5歳ごと)をとり，横軸に人口数または構成割合(%)，左に男，右に女の数値をとって，各年齢階級の人口を積み上げて示す。性別人口も示している。

▼**年齢別人口構成の5つの型**　人口は，労働力という観点から，年少人口(15歳未満)，生産年齢人口(15歳以上65歳未満)，老年人口(65歳以上)に分類することがあり，年少人口と老年人口を合わせて従属人口ともよぶ。なお，人口ピラミッドの型は，出生率や死亡率の変動および人口移動によって，数値がたえず変動するので，実際は下の模式図のような形になるとは限らない。むしろ，分類が困難なもののほうが多い。(おもな国の人口ピラミッド→p.217)

名　称(型)	形	特　色	分布地域
富士山型 (ピラミッド型)		・なだらかな末広がりの形 ・多産多死，多産少死の人口増加型 ・後発発展途上国に多い。1935年ごろの日本	アジア，アフリカやラテンアメリカの後発発展途上国
釣鐘型 (ベル型)		・低年齢層と高年齢層の差が小さい ・少産少死で人口停滞型(静止型)を示す ・先進国に多い	西ヨーロッパ諸国，北アメリカなどほとんどの先進国
つぼ型 (紡錘型)		・一部の先進国で，釣鐘型が極端になった型 ・壮年層，老年層の人口が多い ・自然増加がマイナスで人口減少型を示す	ドイツ，スイス，日本などの先進国
星　型 (都市型)		・老年，年少人口に比べ生産年齢人口が大 ・社会増加が著しく，一般に男子の比率が大 ・転入型，都市型ともいわれる	都市(日本では1960年代の三大都市や新しい都市など)
ひょうたん型 (農村型)		・生産年齢人口に比べ老年，年少人口が大 ・生産年齢人口の転出によっておこる ・転出型，農村型ともいわれる	農村(日本では出かせぎが多い地方都市など)

2 世界の人口構成と人口問題 215

> **ポイント 人口ピラミッド**
> 富士山型…後発発展途上国（人口が増加）
> 釣鐘型…先進国（人口が停滞）
> つぼ型…先進国（人口が減少）

★3 コーリン＝クラークによる。

★4 第一次産業の生産物はあまり加工せずに使われ，一次産品とよばれる。なお，未加工の鉱産物なども一次産品にふくめられる。

2 産業別人口構成

① 産業の分類　以下の分類が一般的である。[★3]
1. **第一次産業**　農業，林業，水産業。自然を対象にした産業。[★4]
2. **第二次産業**　鉱業，工業（製造業），建設業。第一次産業の生産物を原料として加工し，付加価値を高めた製品を生産する。
3. **第三次産業**　商業，サービス業[★5]，情報通信業，金融保険業，公務など，第一次産業および第二次産業以外のものすべて。

② 産業別人口構成
発展途上国では，第一次産業人口が多い。工業化や農業の機械化，省力化がすすむと，第二次，第三次産業に産業の中心が移る。このことを**産業構造の高度化**という。

★5 サービス業は多岐にわたっている。理容，宿泊，娯楽，レンタル，放送，学術研究，宗教，自動車整備，修理，駐車場，映画制作，情報提供，医師，弁護士などさまざま。目には見えない商品を生産し販売する。

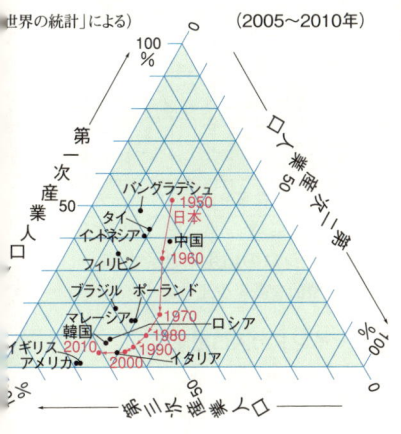

◀ **三角図表による各国の産業別人口構成**
- 左図の三角形の上の頂点に近いグループは，第一次産業人口が多く，発展途上国。底辺の左はしに近いグループは，第三次産業人口が多い先進国。
- かつての社会主義国（旧ソ連など）では，第三次産業より第二次産業を重視していたため，第二次産業人口が多い。しかし，中国は発展途上国の位置に近い。
- 日本の産業別人口の変化をたどると，1950年ごろは現在の発展途上国と同じ位置であるが，1950年代後半から1960年代の高度経済成長の時期に，急速にヨーロッパやアメリカの先進国タイプに移った。
- 日本の例のように，産業構造が，第一次産業中心から，第二次，第三次産業中心へと変化することを産業構造の高度化という。

補説　年齢別労働力率（就業率）　各年齢ごとの，賃金を得て働いている人の割合。女性の場合，学校を卒業して就職しても，出産，育児のために会社をやめる人が多いと，30〜40代に労働力率が下がり，その後，パートなどで働くようになると労働力率が上がる。グラフで表すと，M字型になる。日本や韓国では，はっきりしたM字型を示している。（→p.219）

3 都市人口率

都市を中心として工業化や情報化がすすみ，都市での雇用機会が増大してきたため，各国とも**都市化**が進行し，**都市人口率**が高くなっている。発展途上国でも農村から都市への人口移動が著しいが，都市の経済的基盤が弱く，**スラム**街の形成などの問題がある。

★6 「都市人口÷総人口」で計算される。イギリスで約80％，日本で約67％になっている（→p.241）。先進国や新大陸の発展途上国で都市人口率が高い。

2 発展途上国の人口問題

1 人口爆発にともなう問題

❶ 発展途上国の出生率が高いわけ[*1]
①子供は貴重な労働力で家計を助ける。労働集約的農業に必要。
②乳幼児の死亡率が高いため，多産の傾向にある。
③社会保障制度が整備されていないため，子供に老後のめんどうを期待する。

❷ 食料問題
多産多死から，死亡率の低下によって多産少死に移行した地域では，増加する人口に食料供給が追いつかない。少しの自然環境の変化で，深刻な飢餓状態に陥る場合がある。また，アジアなど食料生産増加率の高い地域でも，人口増加が続き，工業化にともなって生活が豊かになり，食料摂取量が増大した場合，現在の需給バランスが崩れる可能性もある。

❸ エネルギー，環境問題
人口増加にともない，エネルギー消費量の増加，森林の減少[*2]，二酸化炭素量の増加がすすみ，エネルギー資源の枯渇，温暖化などの環境問題が発生。

❹ 経済成長の停滞
人口増加により，食料の輸入が必要になって経済的負担がふえたり，十分な教育を行うことができないといったことから，経済成長に必要な資本や質の高い労働力の確保がすすまない。大都市への人口流入によって失業者がふえ，都市問題が発生する。

2 各国の人口問題

❶ インドの人口問題
インドの人口は12億人をこえ，世界第2位。独立当初は多産多死型であったが，医療や教育の普及で死亡率が低下し(とくに乳児の死亡率が低下)，人口爆発の事態が深刻になっている。そこで，政府は，人口抑制のための政策をすすめている。
①1952年，家族計画(産児制限)による人口抑制策を実施。1976年には，結婚年齢の引き上げ，半強制的不妊手術などによる規制を強化したが，国民の強い反発をまねき，翌年，中止した。
②その後，ゆるやかな家族計画の政策をすすめているが，なかなか浸透していない。

★1 一部では宗教との関連がある。子孫をふやして宗教的儀式を継承していくことが，子供を生む動機になったり，カトリックでは中絶を禁じているといったことも，出生率に関連している。

★2 発展途上国では，薪を燃料にしている地域が多いので，人口の増加は森林の伐採に結びつく。

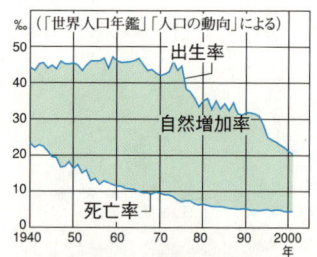

▲メキシコの出生率と死亡率
典型的な多産少死のタイプ。

▼インドの人口動態

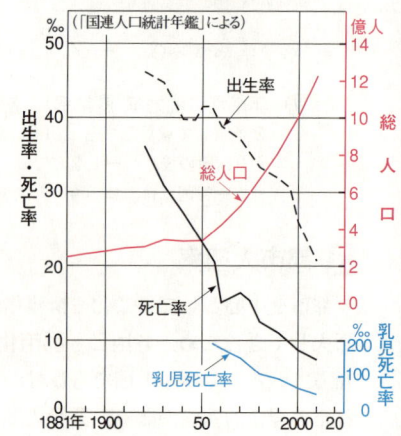

2 世界の人口構成と人口問題

❷ 中国の人口問題

中国の人口は，現在，13億人をこえ，新中国（中華人民共和国）の成立（1949年）当時の5.4億人から約2.5倍に増加した。政府は，人口抑制のために，1979年から<u>一人っ子政策</u>をすすめたが，その結果，

①自然増加率が，1960年の30‰（パーミル）から，80年代後半には12‰（パーミル）に低下。一人っ子政策の効果があがった。

②しかし，その反面，一人っ子への過保護，いびつな人口構成（男女比のアンバランス，将来の老年人口比の急増）などの弊害が出てきた。農村部では，非合法な人口増加が問題になっている。★3

★3 2人目以降は子供が生まれても戸籍に登録しないことが行われている。戸籍をもたない子供は，黒孩子（闇っ子）とよばれる。

★4 これらの人口抑制策は，少数民族には弾力的に運用されている。

補説 中国の人口抑制策 1970年代は晩婚（おそい結婚）を奨励し，結婚年齢を引き上げ，男子27歳，女子25歳以上とした。その後，1980年代には，男子22歳，女子20歳以上となったが，憲法に「計画出産の義務」がすえられ，賞罰をともなう一人っ子政策が本格的に推進された。一人っ子の優遇措置として，出産休暇の延長，退職金や年金の増額，子供の医療費，教育費の補助などがある。罰則として，出産費用の自己負担，出産後の賃金削減などがある。最近，一人っ子政策が少しゆるめられた。★4

Q 人口を抑制する政策をすすめてきた国で，成功した国はありますか。

A シンガポールでは，1960年代後半から人口抑制の政策をすすめ，みごとに成功をおさめた。しかし，70年代後半には出生率が国の人口規模を維持する水準以下となったため，国民を学歴で区分し，高学歴者は多産，低学歴者は出産制限を求める政策に変更し，現在では人口増加に積極的な国の1つといえるよ。だから，シンガポールは成功しすぎた国ともいえるんだ。

◀一人っ子政策の教宣（中国）

▼おもな国の人口ピラミッド

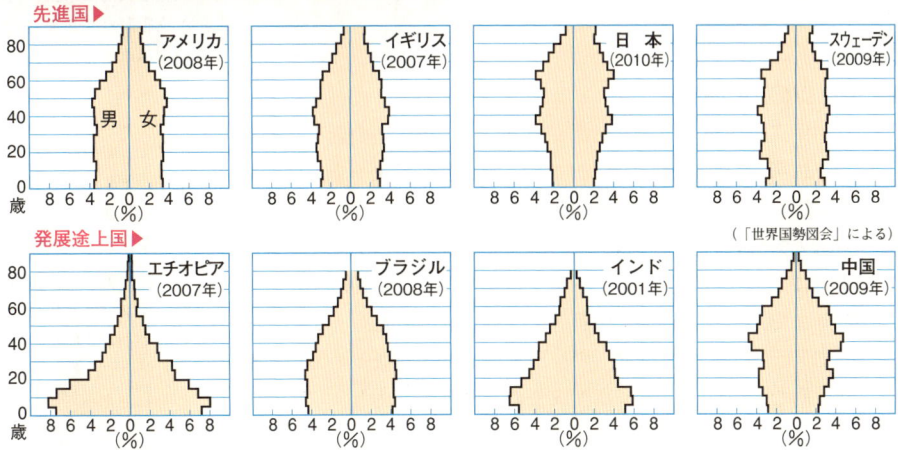

先進国▶ アメリカ（2008年） イギリス（2007年） 日本（2010年） スウェーデン（2009年）

発展途上国▶ エチオピア（2007年） ブラジル（2008年） インド（2001年） 中国（2009年）

（「世界国勢図会」による）

9章 人口と人口問題

❸ メキシコの人口問題
発展途上国の中でも，メキシコ，インド，中国などのように，都市の産業が発展すると，農村との経済格差が拡大する。そのため，人口過剰と貧困の農村から，都市への人口移動が激しくなり，都市人口が過度にふえる。メキシコシティは巨大化がとくに大きな問題で，スラムが形成され，新たな都市問題が発生している。[★5]

> **ポイント　発展途上国の人口問題**
> 人口爆発で食料不足，経済成長を阻害
> インド→家族計画，中国→**一人っ子政策**
> 都市への人口集中，スラムの形成…都市問題

★5 メキシコシティとその近郊の首都圏の人口は，2000万人をこえる。もとは湖底という盆地に位置する地形的な悪条件もあって，世界最悪の大気汚染都市である。犯罪の多発などの社会問題も深刻になっている。(→p.375)

3 先進国の人口問題と国際的な取り組み

1 出生率の低下による問題

❶ 高齢社会
先進国では，出生率の低下[★1]と，平均余命がのびていることで，人口の高齢化がすすんでいる。老年人口の比率が7％をこえると**高齢化社会**，14％以上の社会を**高齢社会**とよぶ。

> **補説　合計特殊出生率**　1人の女性が一生に産むと推定される子供の数。「生涯出生数」ともいう。その数値が2.1ほどで，人口はふえも減りもしない静止人口になる。ヨーロッパ諸国など先進国では2.0を割っている。日本では1997年から1.4を下回っている。

❷ 労働力の不足
産業や経済が発達する過程で，労働力が不足し，ドイツやフランスなどでは，外国人労働者をうけ入れてきた。しかし，その数がふえ，新たな社会問題が発生している。

2 各国の人口問題

❶ ドイツの人口問題
① **マイナスの自然増加率**　旧西ドイツでは，出生率の低下が続き，1972年以降，ドイツ統一(1990年)まで，死亡率が出生率を上回った。自然増加率はマイナスとなり[★2]，老年人口の割合が高くなった。
② **外国人労働者の受け入れ**　第二次世界大戦後，西ドイツでは経済成長にともなって労働力が不足するようになり，1961年から，1973年まで，公式に外国人労働者をうけ入れてきた。トルコ，旧ユーゴスラビア(1945〜91年)，イタリア，ギリシャ，スペインなどの外国人が，単純労働などに従事して，高度成長の基礎をささえた[★4]。

★1 女性の社会進出による晩婚や非婚，初産年齢の上昇がみられる。子供がふえると住宅費や教育費がかさむことも子供が減る要因といわれる。

★2 フランスでも1940年前後に死亡率が出生率を上回った。政府は出産を奨励し家族手当を支給したりして，人口増加策をとった。

★3 東ドイツでも，西ドイツなどへの人口流出によって労働力が不足し，キューバ，ベトナム，北朝鮮から外国人労働者をうけ入れた。

★4 統一直前(1990年)，西ドイツでは家族をふくめて約450万人の外国人がいて，総人口の7.3％にあたっていた。

2 世界の人口構成と人口問題 219

(補説) **ドイツの失業問題** 旧西ドイツの地域では，外国人労働者の受け入れによって失業者がふえ，文化や生活習慣の違いから来る軋轢をもたらして，排斥運動なども起きている。旧東ドイツの地域では，1990年の統一により，労働力の移動は自由になったが，社会主義の計画経済から急速に資本主義の市場経済へ転換したことや，旧西ドイツに比べて低い技術水準などのため，企業が競争についていけず，失業者が増大している。

▼**フランスの出生率と死亡率**
死亡率のほうが高く，人口が減少した時期もある。

❷ スウェーデンの人口問題

1. **停滞した人口増加** 1800年ごろまで出生率，死亡率ともに高かったが，産業の発展，公衆衛生，家族計画の考え方の普及によって，第二次世界大戦後，出生率，死亡率とも低水準で安定するようになった。その結果，人口ピラミッドは，つぼ型になっている。

2. **高齢者問題** 高年齢層の割合が高い高齢社会になっているが，スウェーデンをはじめとするスカンディナヴィア諸国やイギリス，ドイツなどは，社会保障制度が充実している。とくにスウェーデンは，高負担高福祉の福祉国家として有名で，高齢者用住宅（サービスハウス）や通所できるデイセンターなど，高齢者福祉がゆきとどいている。

　労働者の高齢化による問題もあるが，その一方では女性の就業率も高まっている。女性の年齢別労働力率（→p.215）のグラフは，日本のようなM字型でなく，男性と同様の逆U字型となっている。

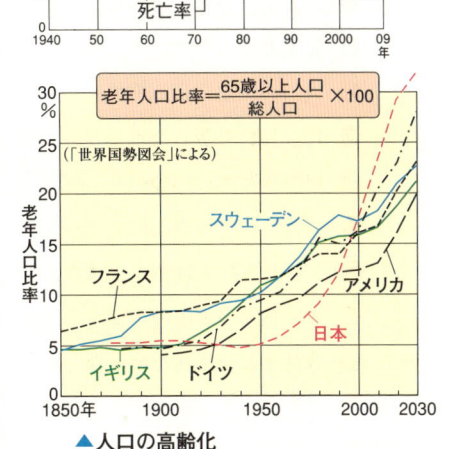

老年人口比率＝$\dfrac{65歳以上人口}{総人口}\times100$

▲人口の高齢化

▼**日本の女性の年齢別労働力率**

ポイント
先進国の人口問題
出生率の低下｜老年人口の増加→高齢社会
　　　　　｜労働力の不足→外国人労働者をめぐる社会問題

3 国際的な取り組み

❶ **世界人口会議** ブカレストで開催★5→世界人口行動計画。
（ルーマニア）（1974年）
❷ **国際人口開発会議** カイロで開催。人口問題の解決には，女性の識字率向上など，全般的な地位向上が不可欠。
（エジプト）（1994年）

｛リプロダクティブ＝ヘルス…性や生殖の健康
　リプロダクティブ＝ライツ★6…性や生殖の権利｝結婚や出産の自己決定権の保障。

★5 1984年にメキシコシティで第2回が開催。

★6 リプロダクティブ＝ヘルス／ライツと総称される。

テスト直前要点チェック

答

① 人間が、常時、居住している地域を、何というか。 — ① エクメーネ
② 人間が永続的に居住できない地域を、何というか。 — ② アネクメーネ
③ 非居住地域の代表例をあげよ。 — ③ 極、砂漠、高山
④ 世界最高地の首都であるボリビアの首都は、どこか。 — ④ ラパス
⑤ 現在の世界の総人口は、約何億人か。 — ⑤ 70億人(2011年)
⑥ 世界で人口がもっとも多い国は、どこか。 — ⑥ 中国
⑦ 人口が世界第2位の国は、どこか。 — ⑦ インド
⑧ 日本と韓国では、どちらの国のほうが人口密度が高いか。 — ⑧ 韓国
⑨ 人口が短期間に急増する現象を、何というか。 — ⑨ 人口爆発
⑩ 『人口論』を著したイギリスの経済学者は、だれか。 — ⑩ マルサス
⑪ 出生率と死亡率の差を、何というか。 — ⑪ 自然増加率
⑫ 移入人口と移出人口の差を、何というか。 — ⑫ 社会増加
⑬ アフリカ黒人はどのような形で新大陸へ連れてこられたか。 — ⑬ 奴隷
⑭ 人口移動の理由の中で、もっとも多いものは、何か。 — ⑭ 経済的理由
⑮ 戦乱などで移住を余儀なくされた人々を、何というか。 — ⑮ 難民
⑯ 出生率、死亡率がともに高い状態を、何というか。 — ⑯ 多産多死
⑰ 出生率が高く、死亡率が低い状態を、何というか。 — ⑰ 多産少死
⑱ 年齢別人口構成を表すグラフを、何というか。 — ⑱ 人口ピラミッド
⑲ 人口増加の発展途上国の人口ピラミッドの型を、何というか。 — ⑲ 富士山(ピラミッド)型
⑳ 人口停滞の先進国の人口ピラミッドの型を、何というか。 — ⑳ 釣鐘(ベル)型
㉑ 人口減少の先進国の人口ピラミッドの型を、何というか。 — ㉑ つぼ(紡錘)型
㉒ 第三次産業の業種内容は、何か。 — ㉒ 商業、金融など(→p.215)
㉓ 先進国は、第( )次産業の人口割合が高い。 — ㉓ 三
㉔ 発展途上国で、都市人口率の上昇でおきる問題は、何か。 — ㉔ スラムの形成など
㉕ インドでは、どんな人口政策を行っているか。 — ㉕ 家族計画(産児制限)
㉖ 中国の人口抑制政策を、何というか。 — ㉖ 一人っ子政策
㉗ 1人の女性が一生に産むと推定される子どもの数を、何というか。 — ㉗ 合計特殊出生率
㉘ ドイツの外国人労働者は、どこの国の人々が多いか。 — ㉘ トルコ、旧ユーゴスラビア
㉙ 老年人口の割合が14%以上の社会を、何というか。 — ㉙ 高齢社会

10章 村落と都市

この章のポイント＆コーチ

1 村落の発達と機能 ▷p.222

◆ **村落の立地**
自然条件と社会条件 水の得やすいことが，もっとも重要。
村落と地形 山地と平野の境界の谷口集落，低湿地の輪中集落，山地の日向集落，海岸の納屋集落など。

◆ **日本の村落の発達**
古代　条里集落（格子状の地割りのなごりが今に伝わる）。
中世　荘園集落，豪族屋敷村，寺百姓村，名田百姓村，隠田集落など。
近世　新田集落→武蔵野の三富新田のような開拓路村が典型的。
近代　北海道の屯田兵村や，各地の開拓村。

◆ **村落の形態と機能**
集村　塊村，路村，街村，円村，列村などに分類。
散村　新大陸に多い。日本では，砺波平野，出雲平野などにみられる。

2 都市の発達と機能 ▷p.229

◆ **都市の立地**
おもな立地点 平野や盆地の中心，地形の境界線，海岸や湖岸，河川沿岸など。

◆ **都市の発達**
世界の都市の発達 古代や中世→城郭都市。中世→商業都市。近世→首府都市，貿易都市，植民都市。近代→工業都市や巨大都市，**メガロポリス**。
日本の都市の発達 古代には条坊制をもつ計画都市。中世には門前町，寺内町，港町，市場町。近世には城下町，宿場町が成立。

◆ **都市の形態と機能**
街路の形態 直交路，放射直交路，放射環状路，迷路など。
都市の機能｛中心地機能…大都市ほど，多くの中心地機能をもつ。
　　　　　　　　特殊機能…生産都市，交易都市，消費都市に分類される。

◆ **都市地域（都市圏）の構造**
都市地域の分化 都市地域は，都心部，近郊圏，勢力圏などに分化する。
都心部の分化 **都心**にはCBD（中心業務地区），中心商店街など。**副都心**…東京では新宿，渋谷，池袋。エウル（ローマ），ラ＝デファンス（パリ）。

1 村落の発達と機能

1 村落の立地

1 自然条件と社会条件

❶ **自然条件** 自然発生的な村落の立地条件として，重要。
① **水** 村落の立地にとって水は根本条件。水の得やすい場所に村落は立地する。多すぎる場合は，洪水対策。
② **地形** 自然災害に対して安全である場所，食料や資源を得やすく生活に便利な場所に，村落は立地する。

❷ **社会条件** 現在では自然条件より重要である。
① **防御** 外敵の侵入に対して，防衛上，有利であること。
② **交通** 交通の便利さも重要な立地条件である。街道の分岐点，河川の合流点(落合集落)，川の渡し場(渡津集落，渡頭集落)，扇状地の扇頂のような山地と平野の境界(谷口集落)などが，おもな場所である。

> (補説) **谷口集落** 河川が山地から平野に流れ出る地点を谷口という。谷口は生産活動の異なる山地と平野を結ぶ交通の要地にあたるため，集落が立地しやすく，市場町として発展した。関東平野の周縁部に多くみられ，先史時代の遺跡も，多く発見されている。

③ **その他** 土地制度や政策などが，村落の立地に大きな影響を与えることもある。

2 村落と地形

❶ **平野** 日本では稲作が広く行われているため，大部分の村落が沖積平野にあるが，低湿なため，微高地である自然堤防上や人工的な盛り土の上に立地する(→p.42)。

> (補説) **輪中集落** 河川下流域の低湿地において，洪水を防ぐため，集落や耕地全体を，高い人工堤防で囲ったもの。濃尾平野西部の木曽川，長良川，揖斐川の合流地域に発達。家屋は盛り土の上に建てられるが，さらに一段高い盛り土(石垣)の上に，倉(洪水時は避難場所)である水屋(水塚)を設けることが多い。同様の集落は，利根川下流域の水郷地帯にもみられる。また，オランダの低湿地の開拓集落にも同じような形態の集落が多く，沼沢地村という。

---

①水が得やすい
②自然災害，外敵に対し安全
③食料や資源が得られる
④交通が便利である

▲村落のおもな立地条件

★1 輪中，氾濫原の自然堤防上など。
★2 追分，辻などの地名がみられる。
★3 落合，河合などの地名がみられる。
★4 明治政府による屯田兵村など。

▲関東平野周辺の谷口集落

▼輪中集落

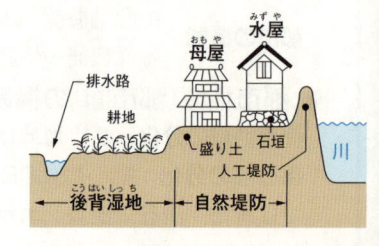

❷ **扇状地** 水の得やすい扇頂や扇端には，早くから村落が立地したが，河川の伏流する扇央は，村落の立地が遅れた。(→p.41)

❸ **洪積台地** 台地上は水が得にくいので，村落の立地は遅れた。しかし，宙水(→p.72)地帯や，湧水のある台地周縁部には，早くから村落が立地した。

❹ **山地** 日当たりのよい南向きの緩斜面に，村落は立地しやすい。このような集落を日向集落という。また，河川の中流域では，谷底平野(→p.60)や河岸段丘(→p.61)の段丘面に立地しやすい。

❺ **海岸** 沈水海岸では，入り江の奥(湾頭)に集落が立地しやすい。離水海岸では，海岸段丘上や，浜堤，砂州などの微高地に立地しやすい。砂丘地帯では，風下の砂丘の内側に立地することが多い。

> 補説　**納屋集落**　千葉県の九十九里浜には，納屋集落という漁村が，海岸線と平行に分布する。もとは，漁具などを入れておく納屋(小屋)で，季節的な住居であったところが，集落として発展したものである。内陸側にあるもとの村は，岡集落とよばれる。もとの村と納屋集落は，親村と子村の関係にあり，親村の地名に「納屋」をつけた名称が多い。

❻ **砂漠** 水の得やすいオアシスや外来河川の近くに村落が集中する。

★5 扇端は，伏流水の湧水帯であり，沢，沼，清水などの地名がみられる。

★6 南側で日当たりがよいのは，北半球。

★7 漁港としての機能にもすぐれるが，津波の被害をうけやすい。

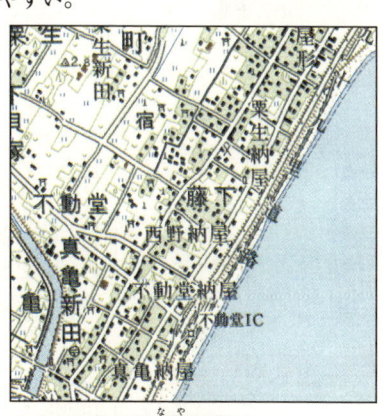

▲九十九里浜の納屋集落
〔5万分の1地形図『東金』(千葉県)〕

> **ポイント**
> **村落の立地**──水，安全，豊かな食料や資源，交通が便利
> 　　　山地と平野の境界の谷口集落，低湿地の輪中集落
> 　　　山地の日向集落，海岸の納屋集落など

2　日本の村落の発達

1　先史時代の村落

❶ **縄文時代** 最初は狩猟，漁労，採集などの移動生活が中心で，村落は形成されなかった。その後，定住生活が始まると，水や食料の得やすい洪積台地の末端部や，河岸段丘上に竪穴住居の村落が立地した。

❷ **弥生時代** 水田耕作の普及とともに，大型の村落が沖積平野に出現した。登呂(静岡県)，唐古(奈良県)などの遺跡では，円形の竪穴住居や高床倉庫，水田の遺構などがみられる。

★1 村落の近くには，貝塚ができた。なお，縄文時代には，はるか沖合にあった海岸線が，海面の上昇でしだいに陸地の側へ移り(縄文海進)，今日の沖積平野の低地まで海面下になっていた。

2 古代の村落

❶ 条里集落の成立
条里集落は，日本で最初の計画的な村落で，大化改新(645年)の後につくられたものである。

❷ 条里集落の特色
①格子状に直交する道路，②30〜50戸の家屋からなる塊村(→p.227)，③条，里，坪，面，反，番などの地名，④近畿地方を中心に東北中部から九州にかけての平野部に分布。

> 補説　垣内集落　奈良地方での条里集落に対するよび方。垣内は垣で囲まれた土地のことで，奈良地方には，生垣，土壁，溝などに囲まれた集落が多い。垣内集落のうち，とくに防御と灌漑，排水を兼ねた濠をめぐらしたものを，環濠集落といい，中世にかけて成立した。

★2 大化改新の後に制定された班田収授法(土地を国有化し，農民に土地を支給して納税の義務を課す)を実施するために採用された土地区画制度を，条里制という。

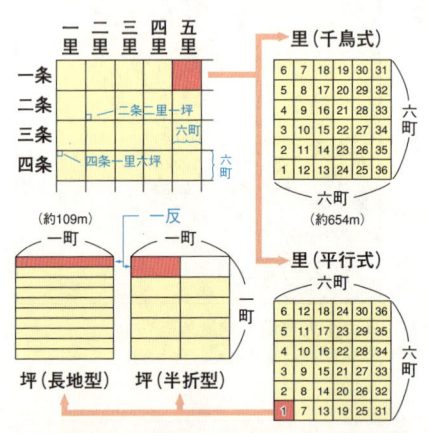

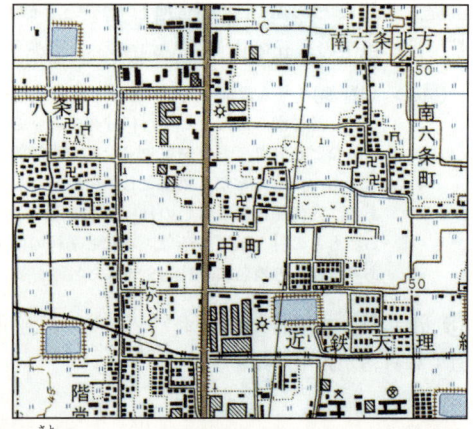

▲条里制の土地区画のしくみ　6町(約654m)四方の里を1区画とする，格子状の土地区画制度。東西を里で，南北を条で数えた。1つの里を36等分した1町四方の土地を坪とよんだ。なお，坪の数え方には千鳥式と平行式があり，さらに坪内の1反(段)の区画は，長地型と半折型がある。

▲条里集落　格子状の土地区画(道路)のなごりと，地名に注目しよう。
〔2万5千分の1地形図「大和郡山」(奈良県)〕

3 中世の村落

❶ 荘園集落
古代末期から，開墾などにより荘園(私有地)が増加し，その中に立地した村落を荘園集落という。条里集落より条件の悪い扇状地や氾濫原(→p.60)に立地。

❷ 豪族屋敷村
地方豪族の屋敷を中心にして，要害の地を選んで立地した村落。東日本に多く分布し，防御のために，土塁や濠をめぐらしたところが多い。

❸ 寺百姓村
寺社が中心となった開墾地や，寺領の耕地を耕作する小作人が，寺の周辺に居住して成立した村落。おもに浄土真宗の寺院を中心にできた町を，寺内町(→p.232)という。

★3 丘陵のふもとや山麓など。

★4 大阪府の東百舌鳥村(現在は堺市内)，愛知県一宮市にある妙興寺を中心とした村落などに，形が残る。

❹ **名田百姓村** 領主より開墾権を与えられた名主(有力な農民)が開墾した土地に立地した村落。名主の名前や役名をとって，三郎丸，五郎丸，太郎丸，福富名，貞光名などの地名がみられる。

❺ **隠田集落** 隔絶した山間部に，落ち武者や租税逃れの人々が土着してつくった村落。

> 補説 **中世の村落の代表的な地名** 中世の村落のうち，荘園集落や豪族屋敷村は，特別の形として今日まで残っているものは少なく，地名として残っている例が多い。
> ①荘園集落…領有関係を示す本庄，新庄，領家や，開墾地であることを示す別府，別所，荒野，京田，給田などの地名は，荘園集落に起源があることをうかがわせる。
> ②豪族屋敷村…根古屋，寄居，堀ノ内，館，構，箕輪，土居，山下などの地名は，豪族屋敷村に由来するものが多い。

★5 五家荘(熊本県)，米良荘，椎葉(以上宮崎県)，祖谷(徳島県)，十津川郷(奈良県)，白川郷(岐阜県)，五箇山(富山県)，三面(新潟県)，檜枝岐(福島県)など。隠田百姓村ともいう。

4 近世の村落

❶ **新田集落の成立** 江戸時代に，幕府や藩の奨励によって行われた新田開発に伴って成立した村落。新田は，本田(太閤検地で確定した田畑)よりも規制が緩和されたので，人口増加や土木技術の進歩を背景に，18世紀以後に急増した。

❷ **新田集落の特色** 洪積台地，火山山麓，干拓地など，<u>立地条件の悪い所が多い</u>。新田，新開，新居，免，受，出屋敷，加納，高野などの地名が多い。有明海の干拓地には，開，搦，籠，牟田などの地名が多い。

★6 開発の主体によって，藩営新田，村請新田，町人請負新田などに分かれる。
★7 換金作物の栽培や土地の売買が認められた。

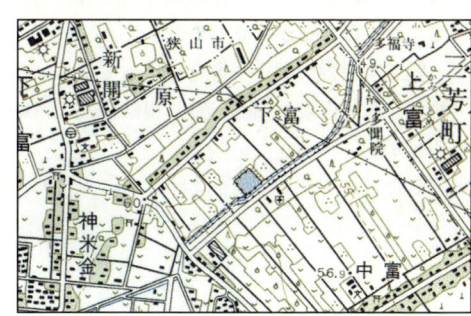

▶ **武蔵野の新田集落**(三富新田)
〔5万分の1地形図「青梅」(埼玉県)〕

三富新田(現在の埼玉県三芳町)は1694年に川越藩によって開発された藩営新田である。地割りは，道路に対して直角に短冊型になっており，道路ぞいに屋敷林をもった家屋，その裏に畑，さらに奥に雑木林が規則的に並んでおり，典型的な開拓路村の形態をもつ。

> 補説 **麓集落** 近世のはじめ，薩摩藩(鹿児島県)にみられた村落で，藩の外城を中心に形成された村落。小規模な城や馬場をつくり，家を石垣で囲んで防御にそなえるとともに，農業生産も行った。出水，加治木(姶良市)などになごりがある。

5 明治以後の村落

❶ **屯田兵村** 北海道の警備と開拓，それに失業士族に対する授産のために開かれた計画的村落。1875年の琴似(現在の札幌市西区内)に始まり，1903年まで続いた。

1 **特色** 地割りはアメリカの**タウンシップ制**★8にならって、格子状の土地区画をもつ(規模は60〜70%に縮小)。村落の形態は、初期は警備中心のため開拓路村(集村)であったが、後期は農業開拓に重点が置かれたため、散村となった。

2 **分布** 初期の屯田兵村は札幌周辺に多く、中期は上川盆地に、後期は道東、道北地域に開かれた。

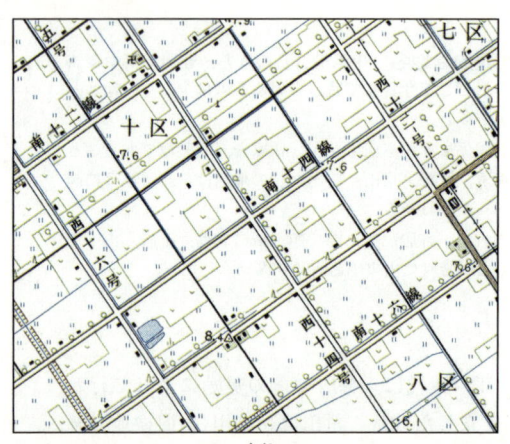

★8 18世紀後半からアメリカ中西部で行われた公有地の地割り制度。6マイル(約9.7km)四方の格子状の土地割りを行い、その1区画を1タウンシップといい、その36分の1を1セクションとした。ホームステッド法で、農民に与えられたのは、4分の1セクション(=1クォーター=約65ha)である。

▲屯田兵村〔5万分の1地形図「江別」(北海道)〕

★9 興除村、藤田村などが開かれた。
★10 高師原(愛知県)、習志野(千葉県)など。
★11 1956年に酪農のパイロットファーム(実験農場)、1973年からは新酪農村の散村が開かれた。
★12 大潟村ができた。

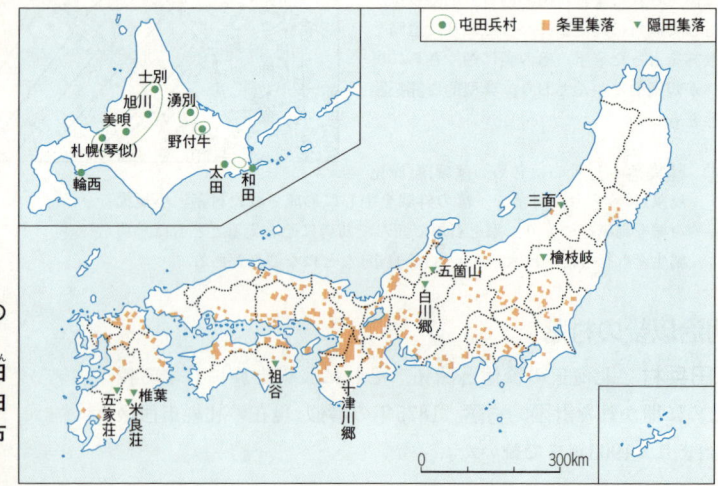

❷ **その他の開拓村** 洪積台地、火山山麓、干拓地などに成立。

1 **明治時代** 安積疏水(郡山盆地)、那須疏水(那須野原)、明治用水(安城台地)などによる開発や、牧ノ原、三方原(静岡県)、三本木原(青森県)などの台地の開発、児島湾、有明海などの干拓によって、新しい村落が成立した。

2 **第二次世界大戦後** もと軍用地や、八ヶ岳、岩手山麓などの高冷地、篠津泥炭地(北海道)、根釧台地、八郎潟(秋田県)などに開拓村が成立した。

▶条里集落の分布域と、おもな隠田集落、屯田兵村の分布地

1 村落の発達と機能 *227*

> **ポイント**
> 日本の村落
> - 古代…条里集落(格子状の地割りなど)
> - 中世…荘園集落，豪族屋敷村，寺百姓村，隠田集落
> - 近世…新田集落(武蔵野の三富新田など)…開拓路村)
> - 近代…屯田兵村(北海道)や各地の開拓村

10章 村落と都市

3 村落の形態と機能

1 村落の形態

❶ 集村

1. **成立と特色** **集村**は家屋が密集して村落を形成。<u>自然発生的</u>な村落に多く，旧大陸の農村や古くから開かれた地域に多く分布。成立要因としては，飲料水の共有，洪水防御(自然堤防上など)，外敵に対する防御★1，稲作での共同作業の必要性などがある。

2. **集村の種類**

   ① <u>塊村</u> 家屋が不規則に密集し塊状になった村落。農地は分散。★2

   ② <u>路村</u> 道路や水路にそって家屋が並んだ村落。家屋の密集度は低く，道路への依存度も高くない。短冊型★3の地割りをもつ日本の新田集落や，初期の屯田兵村，ヨーロッパの林地村，沼沢地村(→p.222)などが代表的。

   > **補説** **林地村** 中世に，ドイツやポーランドの森林地域に形成された開拓村。道路の両側に家屋が並び，その背後に短冊状の細長い耕地，草地，森林が配置されている。林隙村ともいう。

   ③ <u>街村</u> 街道など主要道路にそって家屋が連続する村落。家屋の密集度が高く，商業的機能が強いので，道路への依存度が高い。★3 宿場町や門前町によくみられる。

★1 奈良盆地の環濠集落や，豪族屋敷村，ドイツの円村，中国の囲郭村などが代表的な例。

★2 塊村のうち，家屋が密集せず不規則に分散するものを疎村といい，日本の農村に多くみられる。

★3 路村と街村は，形はよく似ているが，商業的機能で区別される。

▼集村の形態

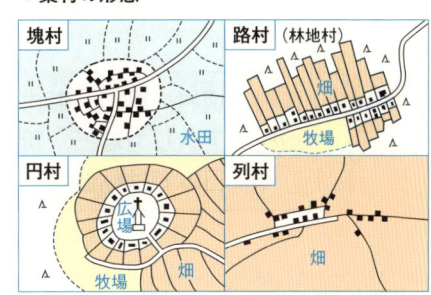

| 塊村 | 路村(林地村) |
| 円村 | 列村 |

▼塊村(福井平野) 　▶散村(砺波平野)

④**円村(環村)**　中央の広場または池を中心に家屋が円状に配列。防御機能が強く，ドイツ東部からポーランドにかけての開拓村に多い。

⑤**列村(連村)**　道路以外の要因で，家屋が不規則に列状に並ぶ。山麓や自然堤防によくみられる。

❷ 散村

1 **成立と特色**　散村は家屋が1戸ずつ分散(孤立荘宅)しているものである。成立要因としては，飲料水が自由に得られること，計画的な土地制度が行われていること，治安が安定していること，農業の経営面積が広いこと，などが考えられる。

2 **散村の分布**　散村は，近世以後に成立したものが多い。一般に人口密度の低い地域や，開拓の新しい開拓村に広くみられる。

①世界では新大陸の農業地域に多く見られる。アメリカのタウンシップ(→p.226)は代表的な散村。

②日本では，砺波平野(富山県)，出雲平野(島根県)や，大井川下流平野(静岡県)，黒部川扇状地(富山県)，後期の屯田兵村(北海道)など。

補説　砺波平野の散村の成立要因
①扇状地であるが，地下水は豊富である。
②古くからの地割り制度や，江戸時代の藩の開拓政策による。
③春先のフェーン現象(→p.74)による火災の延焼防止をはかる。

ポイント
集村…塊村，路村，街村，円村，列村に分類
散村…アメリカなど，新大陸に多い
　　　日本では砺波平野，出雲平野など

2 村落の機能

村落では第一次産業が中心的な機能であり，中心となる機能によって，農村，山村，漁村に分けられる。

❶ **農村**　おもに農家で構成され，農業，牧畜を行う。モンスーンアジアの稲作地域では，共同社会的な性格が強い。

❷ **山村**　世界には，林業だけを行う林業村もあるが，日本の山村は，ほとんどが農業を兼ねる農山村である。

❸ **漁村**　水産業による村落。日本では，半農半漁村が多い。

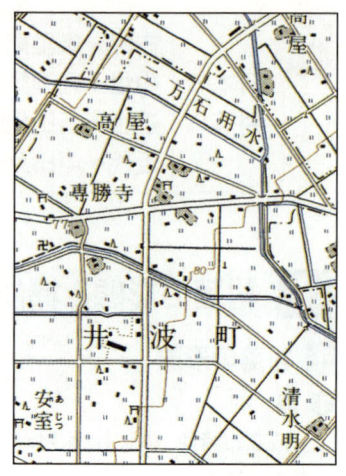

▲**砺波平野の散村**
〔2万5千分の1地形図『砺波』(富山県)〕
家屋の横に針葉樹の記号がみられるのは，冬の北西の季節風に対して防風(防雪)の役目をはたす屋敷林である。

★4 イスラエルの開拓村(キブツ)(→p.325)も円村の形態をとるものがあり，円環式キブツといわれる。

★5 パリ盆地南部には，中央に小さな池をもつ円村がある。

★6 道路にそって並べば，路村か街村。扇状地の扇端とか，自然堤防上に家屋が並ぶと列村となる。

★7 南フランスでは，20戸ほどがまばらに集まった半集村が多い。これは，散村の孤立農家から分家などによって農家がふえて形成された。

2 都市の発達と機能

1 都市の立地

1 自然条件と社会条件

❶ **自然条件** 村落の場合と同じく，水の得やすさ，地形(自然災害を受けにくい場所)，気候などが，都市の立地に影響を与える。しかし，自然条件による制約は絶対的なものではない。★1

❷ **社会条件** 交通がとくに重要で，ほかに，外敵に対する防御，食料や資源の得やすさなどがあり，一般に自然条件よりも影響力が強い。また，都市は一定の距離をへだてて立地する。★2

2 都市の立地点

❶ **おもな立地点**

1. **平野や盆地の中心** 後背地の豊かな生産力を背景に成立。
2. **地形の境界線** 谷口，滝線(→p.230)，峠の麓など。資源の交流点でもあり，交通の要地でもある。
3. **熱帯の高原** 熱帯では，高温多湿の低地をさけて，気候の温和な高原に都市が発達。高山都市(高原都市)や避暑地。★3
4. **海岸や湖岸** 水陸交通の接点で，物資の交換が行われる。★4
5. **河川の沿岸** 可航河川の沿岸は，水陸交通の接点。
6. **異文化との接触点** 異なる生活様式をもつ2つの文化の境界線には，交易都市が立地する。例…パオトウ，チャンチヤコウ(以上，中国)，タシケント(ウズベキスタン)。
7. **その他** 鉱産資源の所在地や，宗教上の聖地，計画的な人工都市など。★5

★1 オーストラリアの砂漠の鉱業都市カルグーリーは，西海岸のパースから約640kmに及ぶパイプラインで水を引いている。

★2 都市の勢力範囲がある程度広がりをもっているためである。

★3 植民地時代にヨーロッパ人によって開かれたところが多い。

★4 内陸都市の玄関口にあたる都市を外港という。バルパライソ(チリ，サンティアゴ)，カヤオ(ペルー，リマ)，フリマントル(オーストラリア，パース)，キールン(台湾，タイペイ)など。

★5 オーストラリアのカルグーリー(金)，南アフリカのキンバリー(ダイヤモンド)など。

2 都市の発達

1 世界の都市の発達

❶ **古代の都市** 古代には，宗教と結びついた政治都市，軍事都市がほとんどで，外敵の侵入を防ぐために城壁や濠をもつ都市が多い。★1 バビロン(メソポタミア)，ハラッパーとモヘンジョダロ(インダス川流域)，黄河流域のルオヤン(洛陽)やチャンアン(長安)★2などが代表的存在である。

★1 このような都市を城郭都市(城塞都市，囲郭都市)という。

★2 現在のシーアン＝西安。

立地点		立地の要因や特色など	代表的な都市
平野や盆地の中心		生産力の豊かな平野や盆地の中心は，その平野や盆地を後背地として，都市が発達	パリ，ベルリン，モスクワ，甲府
地形の境界線	谷口	山地と平野の接点。谷口集落が都市に発展	ペキン，青梅，飯能
	滝線	河川の傾斜が大きく変わり，滝がならぶ地点。河川交通の終点。水力をエネルギー資源として利用	アパラチア山脈南東麓の滝線都市
	峠の麓	峠をはさんで，対向集落をつくりやすい	アルプスの峠の麓のミラノやトリノ，小田原と三島(峠の頂上…箱根)
熱帯の高原		高山都市…高温多湿の低地をさける。高原は温和… 避暑地…植民地時代に開かれた所が多い………	ラパス，キト，ボゴタ ダージリン，シムラ，バンドン，軽井沢
海岸	湾頭	湾の奥に立地する	ボルティモア，サンクトペテルブルク，ベルゲン，東京，大阪
	海峡	海峡をはさんで立地する	イスタンブール，ジブラルタル，シンガポール，青森と函館
	運河	運河の両端に立地する	スエズとポートサイド，パナマシティとコロン
	湖岸		シカゴ，イルクーツク，大津
河川の沿岸	河口		ニューヨーク，ニューオーリンズ
	遡航の限界点	エスチュアリ(三角江→p.62)では，外洋船の遡航(さかのぼって航行できる)の限界点に立地	ロンドン，ハンブルク
	合流点		ウーハン，セントルイス，ベオグラード
	渡津(渡頭)	街道が河川を横切る渡し場に立地。両岸に都市が相対するものは，双子都市という	ケンブリッジ，フランクフルト，ブダペスト，セントポールとミネアポリス，金谷と島田，タントンとシニジュ
	その他	内陸水路の終航点に立地する	バーゼル[ライン川]

▲都市の立地と代表的な例

補説 滝線都市　海岸平野が砂や泥などの土壌で，侵食をうけやすいのに対して，背後の山地がかたい岩石の場合には，海岸平野と山地の境に，滝や急流がならぶ。これを滝線という。
　アメリカのアパラチア山脈の南東麓では，幅200km，長さ2000kmの広大な海岸平野(大西洋岸平野)と，山麓のピードモント台地の境の滝線に，多くの都市が発達しており，これらの都市を滝線都市という。
　滝の付近では，100m以上もの落差のある豊富な水力を利用して，植民地時代から，水車を動力源とする紡績，織物，製粉などの工業が立地して発展した。

▶アメリカの滝線都市

2 都市の発達と機能

① ポリス（都市国家）　古代ギリシャの都市を中心とする国家。周囲に城壁をめぐらし、中央のアクロポリスの神殿を中心に市街地がつくられた。アテネとスパルタが有名。

② その他の都市　地中海沿岸にはギリシャ人やローマ人が建設した**植民都市**[*3]が、商業の中心としてさかえた。ローマ帝国は、外敵の侵入を防ぐため、辺境に**要塞都市**[*4]を建設した。また、丘上都市[*5]（カステッロ）も成立した。

❷ **中世の都市**　ヨーロッパでは、古代と同じく宗教と結びついた政治、軍事都市が多く、領主の居城や教会を中心にして、城壁をめぐらせた都市がつくられた。

また、商業の発達によって、交通の要地に**商業都市**が発達した。

① **自由都市（自治都市）**　強い経済力をもった商業都市が、自治権を獲得したもの。北イタリアで発達し、ヴェネツィア、ジェノヴァ、フィレンツェが代表的。

② **ハンザ同盟都市**[*6]　北ドイツのリューベクを盟主とし、北海、バルト海ぞいの多くの交易、商業都市で構成。ハンブルク、ブレーメン、ケルンなどが代表的。

❸ **近世の都市**

① **首府都市（首都）**　ヨーロッパでは強大な統一国家の出現や中央集権化の進展により、国家の中心都市が発達。パリ、ロンドン、マドリードなどが代表的。

② **貿易都市**[*7]　大航海時代以後、海外貿易の拠点となる港湾都市が発達。アムステルダム、リスボンなど。

③ **植民都市**　植民地支配の拠点として発達。ゴア（パナジ）、マニラ、バタビア（ジャカルタ）などが有名。

❹ **近代の都市**

① **工業都市**　産業革命後、第二次産業を中心とする工業都市が発達。ヨーロッパやアメリカなどに多くみられる。

② **巨大都市**　人口の都市集中がすすみ、政治、経済の中心として多様な機能をもった巨大都市が出現。このような大都市は、周辺地域だけでなく世界的にも大きな影響力をもち、**メトロポリス**という。ニューヨーク、ロンドン、モスクワなどが代表的。

★3　カルタゴ、ナポリ、アレクサンドリアなど。
★4　ウィーン、ケルンなど。
★5　地中海沿岸には、町全体を丘の上に築いた丘上都市がみられる。セルビアのベオグラード、スペインのセゴビア、イタリア半島のシエナ、ペルージャ、サンマリノなど。外敵防御のほか、低湿地の蚊によるマラリア感染対策もあった。

Q ハンザ同盟には、どのくらいの都市が参加していましたか。

A ふつう「ハンザの都市は77」といわれているが、実際はそれ以上とされているよ。貿易上の特権の維持と拡大につとめ、14〜15世紀に参加都市が最大となったが、16世紀には減少したんだ。

★6　共通の貨幣、軍隊を備え、国王や諸侯に対抗してバルト海一帯を制圧した。
★7　首府都市の性格を兼ねるものが多い。

10章　村落と都市

ポイント
古代、中世…**城郭都市**が多い。中世…**商業都市**が発達した
近世…**首都**のほか、**貿易都市**や**植民都市**が成立した
近代…**工業都市**ができ、**巨大都市（メトロポリス）**が生まれた

2 日本の都市の発達

❶ 古代の都市　中国の都になならって，条坊制★8を採用した計画都市が生まれた。平城京，平安京が代表的。★9

❷ 中世の都市　商業，交通の発達で成立。近世にひきつがれた。

1. **門前町**　有力な寺の門前や境内に，参詣者相手の町並みが発達。神社を中心にした町は鳥居前町という。
   - 門前町の例……成田［新勝寺］，長野［善光寺］，高野［金剛峯寺］。
   - 鳥居前町の例…琴平［金刀比羅宮］，伊勢［伊勢神宮］，大社（出雲）［出雲大社］，宮島（廿日市）［厳島神社］。
2. **寺内町**　浄土真宗（一向宗）の寺を中心に発達。防御機能★10が重視されている。例…今井（橿原市内），富田林，一身田（津市内）。
3. **港町**　堺，大津，博多など，海上交通の拠点に成立した。★11
4. **市場町**　定期市が発展した商業都市。例…四日市（三重県），五日市（東京都），八日市（東近江，滋賀県），廿日市（広島県）。

❸ 近世の都市

1. **城下町**　中世の城は山城が多く，市街地は未発達であったが，近世の城は平地に建設され，政治，経済，文化の中心として発達。日本の大都市の多くは城下町が起源。

   （補説）**城下町の特色**　職業別，階級別の住み分けが行われ，城の周囲に位置する武家屋敷は土塁や濠で囲まれる。その外側に商人町，職人町が配置され，寺院はもっとも外側の一画に集められ，防衛の拠点に利用された。ヨーロッパの城郭都市と異なり，市街地全体を囲む城壁は存在しない。街路はT字路や袋小路が多く，遠見遮断の役目をもつ。また，町名に，かつての職人や商人のなごりが残っているところも多い。（例…大工町，呉服町，銅屋町）

2. **宿場町**　交通の発達とともに，街道や宿場の整備が行われて発達。多くは街村の形態をもつ。★12

❹ 近代の都市　産業革命後は，各地に工業都市が発達。東京，大阪などの巨大都市が出現し，これらの周辺には衛星都市（住宅都市）が発達。

★8 規則正しい格子状の道路で区画する制度。

★9 中国の都とは異なり，町全体を城壁で囲んでいない。

★10 土塁や濠をもつものが多く，街路もT字路が多い。

★11 自治権を獲得した自由都市であり，町は濠で囲まれていた。

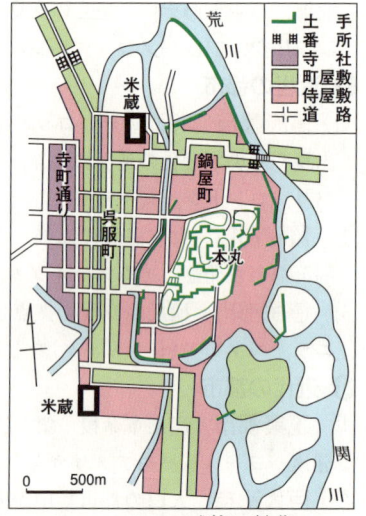

▲城下町の住み分け（上越市高田）

★12 小田原（神奈川県），三島，島田（以上静岡県），妻籠，奈良井，海野（以上長野県），関（三重県），大内（福島県）など。

ポイント 日本の都市	古代→条坊制をもつ平城京や平安京
	中世→門前町，寺内町，港町，市場町
	近世→城下町，宿場町

テーマゼミ 企業城下町

🔴 工業都市の中には，ひとつの大企業があって，関連企業も多く集中し，しかも，そのほとんどが同じ資本系列に属し，ピラミッド型の工場群が形成されている所がある。

🔴 住民は，大多数がその企業の従業員であったり，その企業と強い結びつきをもって，依存していることになる。市長や多数の議員が，企業出身者となれば，企業は，市当局，議会，住民に対して，発言力を強めることができる。企業のほうが経済的に強い立場にあるので，住民(その多くが従業員)，市当局者，議員(その多くが企業出身者)に対し，優位に立って対応することができるからである。企業の意にそうことで，生活や地位を守ろうとすることもありえないことではない。

🔴 こうして，企業が発言力を強めた都市は，大名が支配した城下町になぞらえることができるので，企業城下町といわれる。(→p.172)

🔴 市の財政をみると，収入は企業の税金に依拠し，支出も企業に関連した費用が多くなる。市が市営住宅をつくるのと，企業が従業員用の社宅をつくるのが，外見上同じようにみえたりする。

🔴 企業城下町とよばれる都市には，次のような例がある。
① 豊田(愛知県)…トヨタ自動車の工場が中心。市名も，もとは挙母市といった。
② 延岡(宮崎県)…旭化成の化学工場が中心。
③ 苫小牧(北海道)…王子製紙の大工場がある。
④ 日立(茨城県)…日立製作所の大工場がある。
⑤ 君津(千葉県)…新日本製鉄の製鉄所がある。
⑥ 福山(広島県)…JFEスチール(旧日本鋼管)の製鉄所がある。
⑦ ゲーリー(アメリカ)…USスチールの中心地。
⑧ アイントホーフェン(オランダ)…ヨーロッパ最大の電気機械会社フィリップス社がある。
⑨ トリノ(イタリア)…イタリア最大の自動車会社フィアット社がある。
⑩ ヴォルフスブルク(ドイツ)…ドイツ最大の自動車会社フォルクスワーゲン社がある。

3 都市の形態と機能

1 都市の形態

❶ **平面形態** かつては防御機能が重視され，円形，方形，多角形の外郭をもつ城郭都市が多かった。現在は不規則な都市が多い。

❷ **街路の形態** 街路の形態によって分類できる。
① **直交路型** 例…ペキン，シカゴ，京都，札幌。
② **放射直交路型** 例…ベロオリゾンテ(ブラジル)，ワシントンD.C.。
③ **放射環状路型** 例…カールスルーエ(ドイツ)，モスクワ，パリ，キャンベラ。
④ **迷路型** 例…ダマスカス(シリア)，テヘラン，カイロの旧市街。

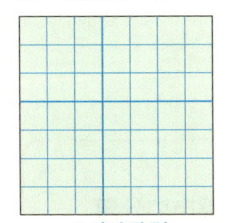

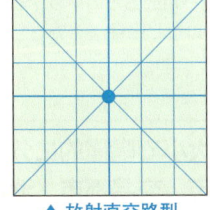

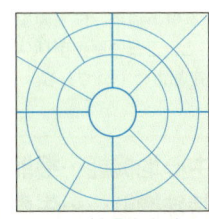

★1 ドイツ南部のネルトリンゲンが代表的。
★2 帯広と旭川の一部も放射直交路型の街路をもつ。
★3 東京も巨視的には放射環状路型の街路をもつ。

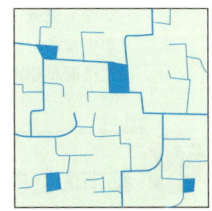

▲直交路型　▲放射直交路型　▲放射環状路型　▲迷路型

2 都市の機能

❶ 都市の機能分類 都市のもつ機能は，**中心地機能**（一般的機能）と，**特殊機能**に分類される。一般に大都市ほど多くの機能をもつようになり，そのような都市を標準都市（総合都市）という。

★4 東京や大阪のような巨大都市の多くは，この分類に入る。

❷ 中心地機能 都市内部や周辺地域に対して，行政，文化や厚生，商業やサービス，交通や通信などの各分野で供給される機能。大都市ほど多角的で高度な中心地機能をもつようになり，中小都市とは階層的格差が存在する。

行政面	国家行政機能，広域行政機能
文化や厚生面	各種文化団体事務所，大集会所，劇場，映画館，博物館，画廊，大学などの各種学校，新聞社，テレビやラジオの放送局
商業やサービス面	各種企業の本社や支店，都市銀行の本店や支店，卸売市場，高級専門店，大デパート，地下商店街，名店街，高級レストラン，貸ビル，大ホテル，娯楽センター
交通や通信面	中央郵便局，中枢通信局，地下鉄網，大バスターミナル，大駐車場，旅行案内所

▲大都市の中心地機能
中心地機能の種類や量の多さ（少なさ）によって，都市を，高位の大都市から，中位の都市，低位の都市と分類することができる。

【補説】**中心地理論** ドイツの地理学者クリスタラーが1933年に提唱した。都市のもつサービス圏とその中心都市をみると，中心都市は，ほぼ一定の間隔で立地する。その結果，都市の分布は理論的には六角形のハチの巣のような形になる。ただ，現実の都市の分布は，地形などの影響で理論どおりにはならない。

　中心都市には，多くの中心地機能をもつ高位の大都市をトップにして，その次の中心都市があり，その下に中位の中心都市，下位の中心都市があるというように，階層的な構造がみられる。もっている中心地機能の種類や量によって，高位から下位まで分類される。

❸ 特殊機能 特定の産業や施設が，都市の中心的な機能である場合に，その機能を代表させて都市を分類することができる。

1 **生産都市** 物資の生産をおもな機能とする都市で，工業都市，鉱業都市，水産都市，林産都市に分類される。

★5 鉱山都市ともいう。炭田に立地する炭鉱都市も含まれる。

2 **交易都市** 交通や商業，金融業の中心として発達した都市で，商業都市と交通都市に分類される。

★6 商業機能はすべての都市がもつが，とくに小売，卸売，金融，保険業のさかんな都市を商業都市とする。

3 **消費都市** 消費をおもな機能とする都市で，政治都市，軍事都市，宗教都市，学術都市（大学都市，学園都市），住宅都市，観光都市，保養都市などに分類される。なお，住宅都市は一般に大都市の衛星都市になっているものが多い。

【補説】**衛星都市** 大都市の周辺にあって，それと有機的なつながりをもちながら発達している中小都市。住宅衛星都市（→消費都市の中の住宅都市にあてはまる）と，工業衛星都市（尼崎，川口など）がある。ただし，工業衛星都市は生産都市の1つである。

ポイント 都市の機能
- 中心地機能…機能の大小で階層的に分類
- 特殊機能……生産都市，交易都市，消費都市に分類

2 都市の発達と機能

10章 村落と都市

工業都市	鉄 鋼	バーミンガム(英), エッセン(独), ピッツバーグ(米), アンシャン(中), マグニトゴルスク(ロ), 北九州
	機 械	デトロイト(米), グラスゴー(英), トリノ(伊), 日立, 豊田, 長崎, 浜松
	化 学	ヒューストン, アクロン(以上米), 四日市, 延岡
	繊 維	ムンバイ, アーメダーバード(以上印), リヨン(仏), 一宮, 福井, 桐生
鉱業都市	石 炭	タートン(中), カラガンダ(カ), カーディフ(英)
	鉄鉱石	キルナ(ス), クリヴォイログ(ウ), ビルバオ(西), イタビラ(ブ), ターイエ(中)
	銅 鉱	ビュート, ビンガム(以上米), チュキカマタ(チ)
	金 鉱	ヨハネスバーグ(南ア), カルグーリー〔ニッケルも産出〕(豪)
	その他	ターチン〔石油〕(中), キンバリー〔ダイヤモンド〕(南ア), サドバリ〔ニッケル〕(加)
水産都市		ベルゲン(ノ), グリムズビー, キングストン〔ハル〕(以上英), セントジョンズ(加), グロースター(米), 釧路, 八戸, 石巻, 銚子, 焼津, 境港
林産都市		アルハンゲリスク, イガルカ(以上ロ), シトカ(米), 能代, 新宮, 日田

▲おもな生産都市
▼おもな交易都市

商業都市		ニューヨーク, シカゴ(以上米), ロンドン(英), シャンハイ(中), ホンコン, 大阪
交通都市	鉄 道	ウィニペグ(加), 高崎, 米原, 鳥栖, 多度津
	航 空	アンカレジ(米), カーナック〔チューレ〕(グリーンランド), 千歳
	航 路	ケープタウン(南ア), シンガポール, パナマシティ, ロッテルダム(蘭), 横浜, 神戸

▼おもな消費都市

政治都市		ワシントンD.C.(米), キャンベラ(豪), ブラジリア(ブ), デリー〔ニューデリー〕(印), ペキン(中), イスラマバード(パ)
軍事都市		ポーツマス(米), ポーツマス(英), トゥーロン(仏), ジブラルタル(英), ウラジオストク(ロ), バレッタ(マ)。横須賀, 呉, 三沢
宗教都市		エルサレム(イ), メッカ, メディナ(以上サ), ヴァラナシ(印), バチカン〔宗教との関係→p.265〕ソルトレークシティ〔モルモン教〕(米), 天理〔天理教〕, 門前町, 鳥居前町(→p.232)
学術都市		ケンブリッジ, オックスフォード(以上英), ハイデルベルク(独), アカデムゴロドク(ロ), バークレー(米), ライデン(蘭), つくば, 国立, 関西文化学術研究都市
住宅都市		レッチワース(英ロンドン近郊), ポツダム(独ベルリン近郊), 多摩, 松戸, 藤沢, 豊中, 芦屋
観光都市		ローマ, ナポリ(以上伊), アテネ(ギ), パリ(仏), ラスヴェガス(米), 京都, 奈良, 日光, 鎌倉
保養都市	避暑地	ダージリン, シムラ(以上印), バギオ(フィリピン), バンドン(インドネシア), シャモニー, グルノーブル(以上仏), ツェルマット(スイス), 軽井沢
	避寒地	カンヌ(仏), マイアミ, ホノルル(以上米), ヤルタ(ウ), モナコ, 伊豆, 逗子, 鎌倉
	温 泉	バーデンバーデン(独), カルロヴィヴァリ(チェコ), 熱海, 白浜, 別府, 登別

〔注意〕上記の分類は絶対的なものではない。たとえば, 鎌倉は, 観光都市であると同時に避寒地であり, 近年は, 東京近郊の住宅都市としての機能も兼ねるようになっている。

〔国名〕伊=イタリア, 印=インド, 英=イギリス, 加=カナダ, 豪=オーストラリア, 西=スペイン, 中=中国, 独=ドイツ, 南ア=南アフリカ共和国, 仏=フランス, 米=アメリカ, 蘭=オランダ, イ=イスラエル, ウ=ウクライナ, カ=カザフスタン, ギ=ギリシャ, サ=サウジアラビア, ス=スウェーデン, チ=チリ, ノ=ノルウェー, パ=パキスタン, ブ=ブラジル, マ=マルタ, ロ=ロシア。

4 都市地域の構造

1 都市地域の分化

❶ **都市地域** 中心都市から周辺へ，中心地機能が到達する範囲を，**都市地域**または**都市圏**という。大都市になるほど，都市地域は拡大し，内部の地域分化がすすむ。

★1 大都市圏はメトロポリタンエリアという。

❷ **都心部** 古くから都市地域を形成してきた旧市街地で，**都市機能が集中**している。**インナーシティ**(→p.245)を含む。

❸ **近郊圏** 都市の通勤通学圏で，現在，**都市化**が進行している地域。

① **郊外市街地** 新興住宅地，工場，学校などが次々と進出，人口が急増している地域。

② **近郊農村** 都市化の進行とともに，兼業農家が増加する一方，都市の市場向けの近郊農業，畜産がさかんな地域。

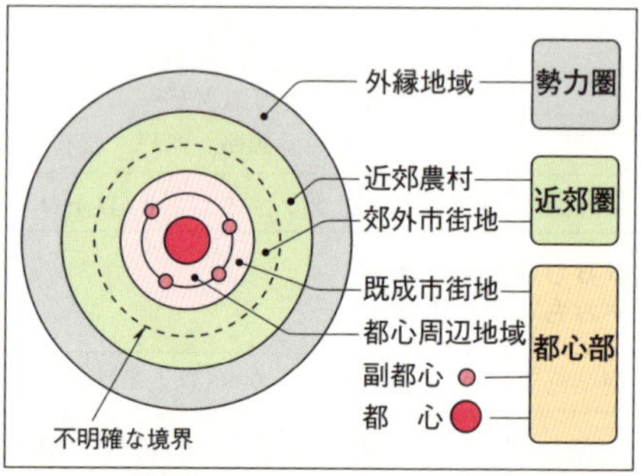

▲都市地域の構造

★2 生乳を出荷する酪農や，卵を出荷する養鶏など。

❹ **勢力圏** 都市地域の外縁部にあたり，商圏，卸売圏，人口流入圏(通勤通学圏)，通信圏など，中心都市の影響がおよんでいる地域。

2 都心部の分化

❶ **地域分化** 都心部は大都市内部に位置するため，都市機能が集中する。しかし地価が高いため，土地利用は高度化され，機能別に**地域分化**がすすむ。

❷ **CBD(中心業務地区)** 政治と経済の**中枢管理機能**が集中し，行政機関や企業の本社などが分布する。ビルの高層化や地下利用が著しい。また，**常住人口が少なく，昼夜間の人口差が著しい**。丸の内，大手町(東京)，シティ(ロンドン)，ウォール街(ニューヨーク)，ループ(シカゴ)などが代表的。

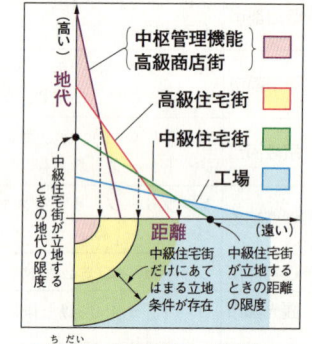

▲地代と土地利用 各機能により地代と中心からの距離の限界が異なるので，土地利用が分化する。

★3 Central Business Districtの略。

❸ **中心商店街** 都心商店街ともいう。CBDに隣接していることが多い。銀座(東京)，梅田(大阪)が代表的。

❹ **官公庁区** 政治機能はCBDに含まれることが多いが，ときに，行政機関や司法機関が集中して独立した地域を形成する。霞が関(東京)，大手前(大阪)が代表的。

❺ **問屋街** 同一業者でまとまった問屋街を形成する。CBDに隣接することが多い。日本橋(東京)，船場(大阪)が代表的。

★4 近年では，都心部の環境悪化のため，まとまって郊外に転出して，卸売団地を形成する業種もみられる。

2 都市の発達と機能

❻ 副都心 大都市だけにみられ、都心の機能の一部を分担する。交通の結節点に立地する。1991年に都心の丸の内から東京都庁が移転した新宿をはじめ、渋谷、池袋（東京）、天王寺（大阪）、エウル（ローマ）、ラ＝デファンス（パリ）などが、代表的な副都心。

❼ 住宅街 ヨーロッパ諸国やアメリカでは、民族や階級別に住み分けがすすんでいるが（→p.246）、日本では、それほど顕著ではない。一般にCBDに隣接して高級住宅街が分布し、その周囲には、住宅、工場、商店が混在した地域（混合地域）が分布する。

❽ その他 河川や港湾に面した地域は、工場、倉庫地区になっている。しかし、近年では、港湾地区が、ウォーターフロント（→p.250）として注目されるようになっていて、再開発が各地で行われている。また、CBDに隣接して、大学、出版社などが集中する文教地区が形成されることもある。

▲パリの副都心ラ＝デファンス
（写真奥の高層ビル群）

> **ポイント**
> 都市地域（都市圏）→都心部、近郊圏、勢力圏からなる
> 都心部の地域分化
> 　CBD（中心業務地区）、中心商店街、官公庁区、問屋街など
> 　副都心…新宿、渋谷、池袋、エウル、ラ＝デファンスなど

補説　アメリカの大都市の構造　アメリカの大都市は道路交通が発達していることや、階級別、民族別の住み分けがすすんでいることなどから、日本とは少し異なった構造をもつ。
▶同心円モデル…都市は都心から同心円状に拡大、発展していく。
▶扇形モデル…鉄道などの交通路線にそって卸売・軽工業地区が帯状にのび、それに隣接して住宅地区が形成される。
▶多核モデル…都市は複数の核心を中心に形成される。核心には、工場や住宅地区がなることもある。

★5 住み分けの結果、他の地区との経済的、文化的、社会的な相違がきわだつこともあり、問題を生じている場合がある。（→p.246）

▼都市の内部構造の諸モデル

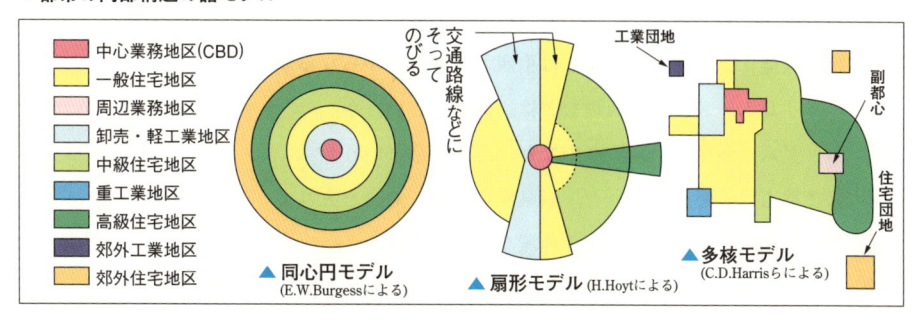

凡例：
- 中心業務地区（CBD）
- 一般住宅地区
- 周辺業務地区
- 卸売・軽工業地区
- 中級住宅地区
- 重工業地区
- 高級住宅地区
- 郊外工業地区
- 郊外住宅地区

▲同心円モデル（E.W.Burgessによる）
▲扇形モデル（H.Hoytによる）　交通路線などにそってのびる
▲多核モデル（C.D.Harrisらによる）　工業団地／副都心／住宅団地

テスト直前要点チェック

答

- ① 村落が立地するうえで，もっとも重要な条件は何か。 — ① 水が得やすいこと
- ② 河川が山地から平野に出る地点に立地した集落は何というか。 — ② 谷口集落
- ③ 扇状地で早くから村落が立地するのは，どこか。 — ③ 扇頂，扇端
- ④ 条里制にもとづいて立地した古代の村落を，何というか。 — ④ 条里集落
- ⑤ 地方豪族の屋敷を中心にした中世の村落を，何というか。 — ⑤ 豪族屋敷村
- ⑥ 寺社を中心に成立した中世の村落を，何というか。 — ⑥ 寺百姓村
- ⑦ 隠田集落の例を，1つあげよ。 — ⑦ 五家荘(→p.225)
- ⑧ 江戸時代の新田開発によって立地した村落を，何というか。 — ⑧ 新田集落
- ⑨ 明治時代にできた北海道の計画的村落を，何というか。 — ⑨ 屯田兵村
- ⑩ 道路にそって開拓農家が並んだ村落を，何というか。 — ⑩ 路村
- ⑪ 中世ドイツの森林開拓村を，何というか。 — ⑪ 林地村
- ⑫ 日本で散村がみられる地域の例を，1つあげよ。 — ⑫ 砺波平野(→p.228)
- ⑬ 平野や盆地の中心に立地した都市の例を，答えよ。 — ⑬ パリ，ベルリン，甲府
- ⑭ 河川の傾斜変更点に列状に立地した都市を，何というか。 — ⑭ 滝線都市
- ⑮ ロンドンやハンブルクは，どんな地点に立地した都市か。 — ⑮ 遡航の限界点
- ⑯ 古代ギリシャの都市を中心とする国家を，何というか。 — ⑯ ポリス(都市国家)
- ⑰ 中世の北ドイツ周辺の自由都市の同盟を，何というか。 — ⑰ ハンザ同盟
- ⑱ 近世に発達した都市の例を，1つあげよ。 — ⑱ 首府都市(→p.231)
- ⑲ 世界的に大きな影響力をもつ巨大都市を，何というか。 — ⑲ メトロポリス
- ⑳ 浄土真宗の寺を中心に発達した中世の町を，何というか。 — ⑳ 寺内町
- ㉑ 成田，長野，高野などの都市を，性格上，何というか。 — ㉑ 門前町
- ㉒ 放射直交路型の街路をもつ都市の例を，1つあげよ。 — ㉒ ワシントンD.C.(→p.233)
- ㉓ 商業，サービス業などの都市の一般的な機能を，何という。 — ㉓ 中心地機能
- ㉔ 特殊機能による都市の分類とは生産と交易と何からなるか。 — ㉔ 消費
- ㉕ エルサレム，メッカ，天理などは，何都市というか。 — ㉕ 宗教都市
- ㉖ ポツダム，多摩，松戸，豊中などは，何都市というか。 — ㉖ 住宅都市
- ㉗ 保養都市は，避暑地，(　)，温泉からなる。適語を入れよ。 — ㉗ 避寒地
- ㉘ 都心部で中枢機能の集中する地域を，何というか。 — ㉘ CBD(中心業務地区)
- ㉙ 新宿，渋谷，天王寺は，どのような機能をもつ地域か。 — ㉙ 副都心

11章 都市, 居住問題

> この章のポイント＆コーチ

1 産業と人口の都市集中 ▷p.240

◆ **産業の集中**
集中の要因　人，もの，金，情報面などで集積のメリットが大。
先進国　世界都市（エキュメノポリス）が出現。
発展途上国　首都などの特定都市に，産業や情報の突出した集中がみられる。

◆ **先進国の都市集中**
都市集中の要因　都市が人口を吸収する傾向が強い。
拡大する都市地域
　コナーベーション…都市地域が連続する。
　メガロポリス…機能的に一体となった巨大な帯状の地域。

◆ **発展途上国の都市集中**
都市集中の要因　農村が余剰人口を押し出す傾向が強い。
都市の巨大化　首都が巨大化し，突出したプライメートシティ（首位都市）になっている例が多い。

2 都市問題と都市計画 ▷p.245　＊日本の都市，居住問題はp.412。

◆ **先進国の都市, 居住問題**
都市問題の発生　都市公害，都市災害や，社会資本不足による住宅問題，交通問題，水問題など。過密によって深刻になっている。
人口分布の不均衡　**スプロール現象**（郊外の無秩序な都市化）や，**ドーナツ化現象**（都心から郊外への人口流出）。
インナーシティの問題　スラムやゲットーの形成。

◆ **発展途上国の都市, 居住問題**
居住問題　スラムの拡大，スクオッター（不法占拠地区）の形成など。
雇用問題　産業化なき都市化のため，失業者や，不完全就労者（インフォーマルセクター）が増大。

◆ **都市計画**
イギリスの都市計画　大ロンドン計画で**ニュータウン**の建設。近年は**ウォーターフロント**のドックランズの再開発。
その他の都市計画　パリやアメリカ，日本の大都市の再開発など。

1 産業と人口の都市集中

1 産業の都市集中

1 集中の要因と大都市

❶ **集中の要因**　都市は人口が多く，政治，経済，社会，文化などの活動が活発で，人，モノ，金[★1]，情報が集まり，産業が集中してきた。とりわけ，現代のような情報社会，国際化社会においては，情報の役割は大きい。

　大都市は，情報の発信量が多く，情報交換をする場も多いので，全国的かつ世界的な情報が集積し，循環している。これらの情報を求めて，情報産業が集積し，さらに外国企業や国際機関が引きつけられ，他の産業も集積していく。このように，現在では集積が集積をよんで，大都市への産業，機能の集積が加速される。

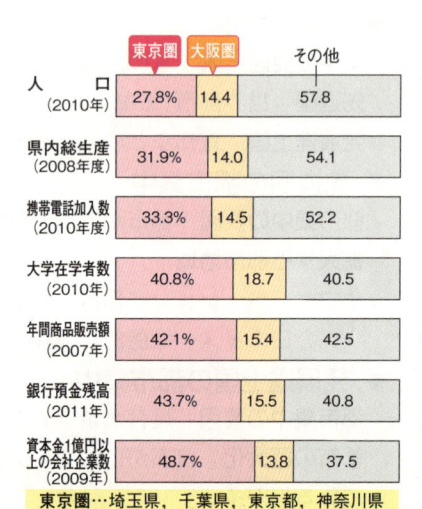

❷ **先進国の大都市**　ニューヨーク，ロンドン，東京といった先進国の大都市は，それぞれの国の産業や情報などの集積地であると同時に，国際機関や多国籍企業(→p.179)の中枢管理機能などが集積。そして外国為替市場や株式市場も大規模で，国際金融市場の機能も有している。このような，国際経済，情報の中心となる都市を**世界都市(エキュメノポリス)**という。

❸ **発展途上国の大都市**　発展途上国の大都市(とくに首都)への産業の集中度は，一般に先進資本主義国よりも高い。これは，自国の投資，外国からの経済協力などが，経済効率が高く，政治権力の集中する大都市に優先的に行われるからである。したがって，多くの発展途上国では，1つの大都市に，突出した産業，情報の集中がみられる。[★2]

	東京圏	大阪圏	その他
人口 (2010年)	27.8%	14.4	57.8
県内総生産 (2008年度)	31.9%	14.0	54.1
携帯電話加入数 (2010年度)	33.3%	14.5	52.2
大学在学者数 (2010年)	40.8%	18.7	40.5
年間商品販売額 (2007年)	42.1%	15.4	42.5
銀行預金残高 (2011年)	43.7%	15.5	40.8
資本金1億円以上の会社企業数 (2009年)	48.7%	13.8	37.5

東京圏…埼玉県，千葉県，東京都，神奈川県
大阪圏…京都府，大阪府，兵庫県，奈良県
(「データでみる県勢」による)

▲東京圏と大阪圏への集中

[★1] 人→労働力，観光客など。モノ→とくに商品(財やサービス)。金→資本(によって設立される企業)。

[★2] すべての機能が集中し，その国の第2の都市より，ぬきんでて巨大化した大都市を，プライメートシティ(首位都市)とよぶ。(→p.244)

> **ポイント**
> **産業の集中**…情報社会，国際化社会では，情報などの面で，集積のメリットが大きいため
> 　**先進国**…世界都市の出現
> 　**発展途上国**…首都などの特定都市に集中

2 先進国の人口の都市集中

1 都市人口の増加

❶ **高い都市人口の比率** 産業革命以後，先進国では，**都市人口率**が急激に増加してきた。現在では，先進国の総人口の75％以上が，都市に居住している。

❷ **都市集中の要因** 全体的には，都市が人口を吸収(pull)する要素が強い。

1. **余剰人口** 産業革命後，村落地域では人口増加と農業経営の変化(大規模化や機械化など)により，余剰労働力が生じ，この余剰人口が都市人口の供給源となった。
2. **工場労働者の急増** 産業革命初期の工場は，生産性が低く多くの労働者を必要とした。また，工場は**集積の利益**(→p.158)を求めて都市に集中したため，工業化の進行とともに，工場労働者として，多くの人口が都市に流入した。
3. **所得格差** 村落の主産業である第一次産業に比べて，都市の主産業である，第二次，第三次産業の方が所得が高い。
4. **社会的，文化的魅力** 教育，文化，娯楽，観光の施設が充実し，最新の情報を得たり，文化的な活動を行う場合などに便利。

2 拡大する都市地域

❶ **連続した市街地の形成** **都市化**[★1]の進行とともに，都市地域の範囲は拡大し，行政範囲を超えて，周辺地域と連続した市街地を形成する。こうしてコナーベーションやメガロポリスが生まれる。

❷ **コナーベーション**[★2]**(連接都市，連合都市)** 発生を異にする2つ以上の都市の市街地が拡大し，連続して一体化した都市地域。

- **単核型**[★3]…大都市を中心に周辺都市が結合。
- **複核型**[★4]…同規模の隣接する独立した都市がそれぞれ拡大して結合。例…ルール地方，五大湖周辺など。

(補説) 代表的なコナーベーション
① **タインサイド＝コナーベーション** イギリス北東部のタイン川河口付近(タインサイド)では，ニューカッスルを中心に，両岸のタインマス，サウスシールズ，ゲーツヘッドなどの都市が，コナーベーションを形成している。
② **ルール＝コナーベーション** デュースブルク，エッセン，ボーフム，ドルトムントなど，ドイツのルール工業地域の中心をなす地域は，コナーベーションを形成している。そして，共同で地域計画などをすすめている。

国名	2010年
オーストラリア	89.1%
フランス	85.3
アメリカ	82.3
イギリス	79.5
ドイツ	73.8
日本	66.8
中国	47.0
タイ	34.0

▲**おもな国の都市人口率**(「世界国勢図会」による) 近年，発展途上国でも，人口急増のため，職を求めて都市に人口が集中しており，都市人口の比率が高くなりつつある。

[★1] 都市人口の増加や都市的土地利用(住宅，工場，商店など)の増加，交通網の整備などを合わせて，都市化という。

[★2] conurbation。イギリスの都市学者パトリック＝ゲデスが命名。

[★3] 例としては日本の首都圏や，ロンドンなど。なお，単核型の場合，周辺都市は，衛星都市(→p.234)ということが多い。

[★4] 一般にコナーベーションといえば，複核型をさす。現在は合併して北九州市になった，元の小倉，八幡，門司，戸畑，若松の5市は，この好例。

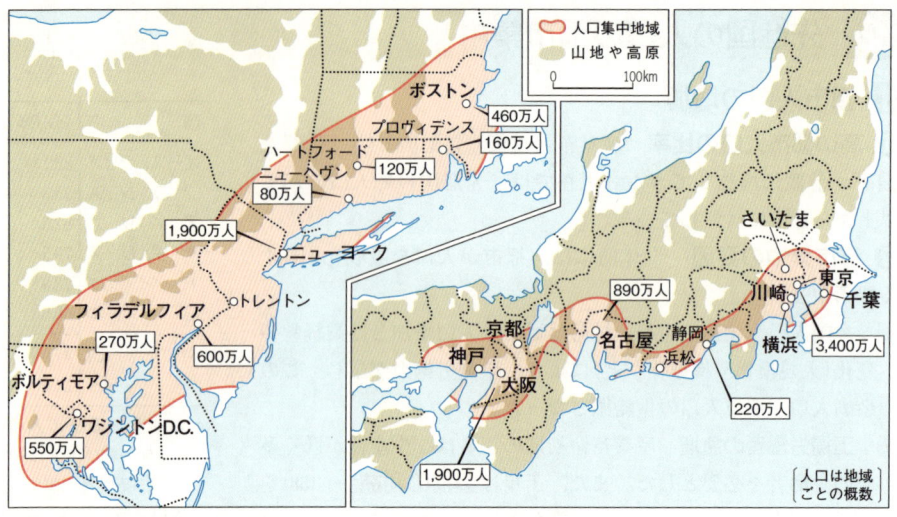

▲ **アメリカと日本のメガロポリス** アメリカのメガロポリスのほうが，範囲は広いが，人口規模や都市密度は，日本の東海道メガロポリスのほうが大きい。

❸ **メガロポリス（巨帯都市）**（Magalopolis） 複数の巨大都市（**メトロポリス** Metropolis）を中心に，多くの都市が交通や通信網によって結合して，機能的に一体となった帯状の地域。

テーマゼミ メガロポリス

○ フランス生まれの地理学者**ジャン＝ゴットマン**(1915〜94年)は，1942年，アメリカの北東部を旅行したとき，そこに，ヨーロッパにはみられないような数多くの大都市の列が展開されていることに大きな関心をもった。この巨大な都市地域の研究は，1961年に『メガロポリス』の著作を生み，大きな反響をよんだ。

○ メガロポリスの名は，古代ギリシャのペロポネソス半島に建設された都市国家名からとられたものであるが，ギリシャのメガロポリスは，現在では人口3,000人余りの小さな町にすぎない。これに対してゴットマンが**アメリカン＝メガロポリス**とよんだアメリカの北東部の**ボストン**から**ワシントンD.C.**にかけての約970kmには，この2都市の他に**ニューヨーク**，**フィラデルフィア**，**ボルティモア**など，それぞれが**メトロポリス**とよばれる巨大都市が連続し，人口規模約4,500万人に及ぶ巨帯都市を形成している。メガロポリスは単に人口が集積しているだけでなく，商工業，政治，文化など多種の機能の面で，国民経済の中枢としての役割をもっており，交通機能により，世界の各地域と国内を結ぶ役割もはたしている。

○ わが国でも，京葉地域から太平洋岸の平野部を連ねて中京，京阪神地域に至る地域は，人口ではアメリカのメガロポリスを上まわり，**東海道メガロポリス**とよばれている。

○ ゴットマンは，この2つの地域の他にメガロポリスに発展しつつある地域として，五大湖沿岸，アムステルダムからルール地方や北フランスに至る地域，イギリス中部，中国のシャンハイを中心とする地域などをあげている。

▼ メガロポリスの中心ニューヨーク

1 産業と人口の都市集中

1 メガロポリスの特色
　①人口密度がきわめて高いこと。
　②中枢管理機能の集中。
　③交通や通信網の発達。
　④国際的な政治，経済機能や，研究，文化，教育の施設が発達。

2 **アメリカ北東岸のメガロポリス**[*5] ボストン〜ニューヨーク〜フィラデルフィア〜ボルティモア〜ワシントンD.C.と連なる地域。

3 東海道メガロポリス 日本の太平洋ベルトのうち，千葉〜東京〜川崎〜横浜〜静岡〜浜松〜名古屋〜京都〜大阪〜神戸と連なる地域。

4 **ヨーロッパメガロポリス** ルール地方(ドイツ)〜アムステルダム〜北フランス〜パリと連なる地域。国際的なメガロポリスを形成しつつある。

> **ポイント**
> 都市地域の拡大
> { コナーベーション…連続した都市地域
> { メガロポリス………機能的に一体となった巨大な帯状の都市地域

Q メトロポリスとメガロポリスには，どんな違いがあるのですか。

A メトロポリスは，一般に巨大都市，大都市域と訳される。メトロ＝母，ポリス＝都市に由来し，広い勢力圏をもった巨大都市という意味だね。メガロポリスは，ゴットマンによって名づけられたもので，メトロポリスが連なった状態をいい，巨帯都市と訳される。なお，コナーベーションは，巨大都市でなくても，市街地が連続した都市群地域をさし，連接(連合)都市と訳されている。混同しないように注意しよう。

★5 ゴットマンがメガロポリスと命名した最初の地域。アメリカのメガロポリスは，ワシントンD.C.→政治，ニューヨーク→経済，ボストン→文化といった機能分化が，日本のメガロポリスよりもはっきりしている。

3 発展途上国の人口の都市集中

1 都市人口の爆発的な増加

❶ 増加しつづける都市人口 先進国では，都市人口の増加は沈静化している。[*1] しかし，発展途上国では，現在，都市人口は爆発的な増加を続けている。

❷ 要因 先進国では，都市が吸収する(pull)のに対し，発展途上国では，村落が人口を押し出す(push)という要素が強い。

1 **死亡率の低下** 出生率が高い一方で，公衆衛生の向上や薬品の普及により死亡率が低下し，人口が急増(人口爆発→p.211)。

2 **村落の余剰人口** 急激な人口増加が食料不足をまねいたり，農村では機械化の進行により失業者が増加している。[*2] 村落は生産基盤が弱く，就業機会も少ないので，大量の余剰労働力が発生。

3 **大量の人口流入** 村落の余剰人口が，職と食を求めて[*3]，生計のあてのないままに都市へ流入。これが人口急増の最大の要因。

★1 東京やニューヨークなどでは，人口が減少した時期もあった。

★2 多くの場合，小作人のような立場の弱い農民が失業するので，貧富の差がますます拡大する。

★3 村落に急激に現金経済が浸透したために，若者を中心に，現金収入を求める傾向が強い。

2 都市の巨大化

❶ 首位都市 発展途上国では，ある1つの都市（多くは首都）へ，極端に人口が集中する場合が多い。このような都市を，**プライメートシティ（首位都市）**という。メキシコシティやバンコク，カイロ，リマ（ペルー）などが代表的。第2位の都市とは，都市間の格差がひじょうに大きい。[4]

> **補説　首位都市が発達する要因**　都市と村落の経済格差が拡大すると，村落で貧困に苦しむ失業者（余剰人口）は，雇用機会を求めて都市に流入するようになる。また，発展途上国では，政治権力が集中し，経済効率の高い首都に，海外からの援助や投資が優先的に行われるため，首都の都市機能はますます発達する。その結果，村落からの人口流入は一段と激しくなり，首位都市が形成される。

❷ 発展途上国の巨大都市　1985年には，人口1000万人以上の都市圏は，全世界で11であったが[5]，2025年には29になると予測されている。そして，そのうち23が，発展途上国にある。とくに，シャンハイ（中国），デリー，ムンバイ，コルカタ（以上インド），ダッカ（バングラデシュ），メキシコシティ（メキシコ），サンパウロ（ブラジル）は，人口2000万を超える超巨大都市になると予想されている。

> **ポイント**
> **発展途上国の都市集中**…死亡率の低下による人口の増加と，村落からの人口流入が要因
> **首位都市**…突出した規模をもつ人口第1位の大都市。発展途上国の首都に多い

★4 アメリカで人口第1位のニューヨークは818万人，第2位のロサンゼルスは379万人（2010年）。それに対して，タイでは，第1位はバンコクで，823万人にもなるが，第2位の都市（サムットプラカーン）は，わずか71万人（2010年）。

★5 1970年には，ニューヨーク，東京，シャンハイ，ロンドンの4都市だけであった。

▼世界の大都市圏の人口の推移予測（日本は除く）

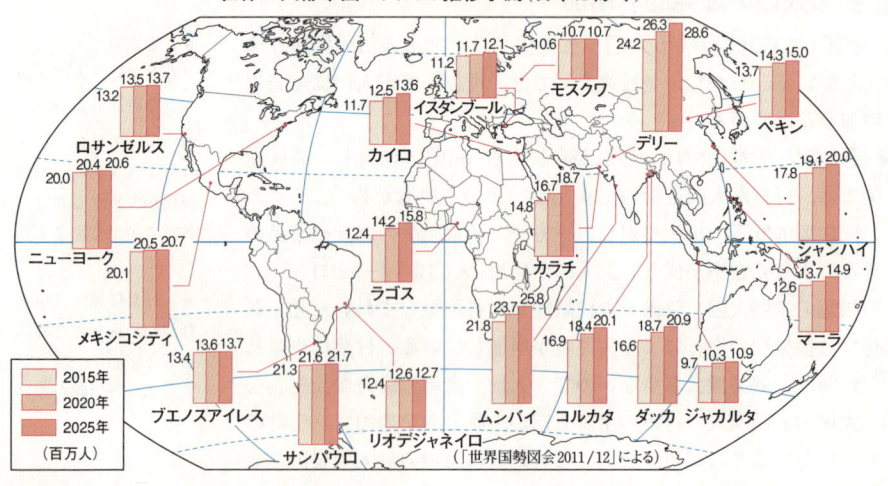

（「世界国勢図会2011/12」による）

2 都市問題と都市計画

1 先進国の都市，居住問題

1 さまざまな都市問題

❶ **都市問題の発生** 人口と産業の過度の集中，つまり過密現象が都市問題の根源になっている。

❷ **都市問題の種類**
① **都市公害** 大気汚染，騒音，悪臭，地盤沈下，水質汚濁，土壌（地下水）汚染など。日照侵害や風害などの問題もある。
② **都市災害** 火災，洪水，高潮，地震などの災害が増幅されたり，都市化が新たな災害をまねく[★1]。防災システムが必要。
③ **社会資本の不足による問題** 住宅問題，交通問題，水（上水と下水）問題，ゴミ処理問題（家庭ゴミ，産業廃棄物）など。都市機能の低下や，公共サービスの悪化などをまねく。日本の都市では，緑地不足[★3]も加わる。
④ **その他** 景観の保全[★4]，外国人住民との民族的摩擦，犯罪の多発，都市財政の悪化，地価の高騰など。

2 都市人口の分布の不均衡

❶ **高い人口流動性** 都市の人口は流動性が高く，居住環境の変化や，都市化の進行によって，人口分布の変化が著しい。
❷ **スプロール現象** 近郊圏で，急激な都市化により無秩序に農地や森林がつぶされ，住宅や工場が広がる現象。虫食い状に都市化がすすむ結果，都市計画の妨げになったり，居住環境を悪化させる。
❸ **ドーナツ化現象** 居住環境の悪化や地価の高騰などにより，都心部の人口が減少し，郊外に流出する現象。都心部の荒廃をまねくと同時に，交通問題（通勤ラッシュ）などの要因となる。

3 インナーシティの問題

❶ **都市内部の荒廃** 都市化の時期が早く，初期に市街地化された都市内部を，インナーシティ[★6]（inner city）という。ヨーロッパ諸国やアメリカでは，この地域の住宅の老朽化，公害などの居住環境の悪化，ドーナツ化現象による人口流出が顕著で，治安悪化などの問題が深刻化している。この問題の解決には，都市の再開発が不可欠である。

★1 都心の雑居ビルの火災で多数の死者がでたり，洪水によって地下街が浸水したりすることなど。

★2 社会資本（インフラストラクチャー，略してインフラ）とは，個人や企業の資本でなく，政府や地方公共団体が所有，管理している資産のこと。道路，港湾，空港などを産業関連社会資本，上下水道，学校，公園などを生活関連社会資本という。

★3 ビルの屋上に樹木や芝を植える屋上緑化が注目されている。ヒートアイランド現象の緩和や，景観対策が目的である。

★4 ビルの高さをそろえて落ち着いたスカイラインを確保すること，歴史的景観を開発から保全することなど。

★5 1960年代に，東京や大阪の近郊圏内で，とくに顕著であった。

★6 CBD（→p.236）周辺の，かつての高級住宅街を含む人口集中地区にあたる。

❷ スラムとゲットー

1. **スラム** インナーシティの老朽化した不良住宅街を，**スラム**という。富裕層は郊外に流出するので，貧困層がスラムに取り残される。失業者があふれ，犯罪率の高い地域になる場合が多い。

2. **ゲットー** ヨーロッパ諸国やアメリカの都市では，民族や所得階層によって住み分けがすすんでいる。とくにアメリカでは，黒人やヒスパニック(スペイン語圏出身の人々→p.364)などは経済的地位が低く，失業者も多いので，スラムに集中して，民族や人種ごとの地区を形成する。このような地区を，**ゲットー**★7という。ニューヨークのハーレムが代表的。

▼ニューヨークのハーレム

> **補説** ホームレス 住む家がない人。スラムにも住めず，路上や公園で寝起きする。大都市に多い。経済の停滞や，福祉政策の切り捨てなどで数がふえる。住居が定まっていないため，ほとんどが失業者で，行政による十分な保護もうけられない。慈善団体，キリスト教会などが救援活動を行っている。餓死，凍死も少なくない。

❸ **都市財政の悪化** 大都市では，深刻化した都市問題のために，都市の活動規模が縮小し，税収が減少する一方で，福祉や公共事業の支出が増加し，都市財政が悪化している場合が多い。ゴミや産業廃棄物の処理など，1つの都市では対応できない問題もふえた。

★7 ゲットーという名称は，もともとヨーロッパの都市のユダヤ人居住区のことである。中世以来，ヨーロッパの都市では，ユダヤ人を差別して，強制居住地＝ゲットーが形成された。

> **ポイント**
> **先進国の都市問題**…都市公害，都市災害，社会資本の不足による問題など。過密によって深刻化
>   **スプロール現象**や**ドーナツ化現象**…均衡のとれない人口分布
>   **インナーシティ**の問題…スラムやゲットーの形成

2 発展途上国の都市，居住問題

人口が爆発的に増加しているため，都市問題が深刻。都市の開発からとり残され，対策は不十分であることが多い。

1 居住問題

❶ **住民の階層構造** 発展途上国の大都市の住民は，所得格差が大きく，その階層による**住み分け**★2もすすんでいる。高所得層の居住地区には，公共施設が整い，犯罪率も低いが，低所得層の居住地区は，居住環境が劣悪であり，同一都市内での地域格差が大きい。

★1 社会階層や民族などによって生活圏(居住地)が分断していること。セグリゲーション(→p.271)。

★2 多くの場合，高級官僚，会社の重役や，大地主，資本家などの特権階級である。

❷ **住宅不足** 都市人口が急増しているため，社会資本の不足が深刻で，とくに住宅不足は，都市機能全体に多大な悪影響を与えている。

① **スクオッター(不法占拠地区)**[★3]
既成市街地からあふれた人口が，本来は居住に適さない空間地(線路ぞい，河川ぞい，ゴミ捨て場など)を，不法に占拠して，形成した住宅地のことをいう。

② **スラム** スクオッターの大半は，スラム(不良住宅街)であり，水道，電気，医療などの施設が不十分で，居住環境はきわめて悪い。

③ **スラムの拡大** 急激な人口増加が続くと，スラムが拡大して，都市機能がマヒする場合がある。コルカタ(カルカッタ)やキンシャサなどでは，スラムの人口が，都市人口の半数を超えている。スラムにも住めないホームレス(→p.246)も多い。

▲メキシコシティ(→p.375)の住宅の階層

2 雇用問題

❶ **産業化なき都市化** 先進国の大都市とは異なり，発展途上国の大都市には雇用機会が少ない。[★4] 人口の集中は，失業者の増大を意味し，多数の失業人口をかかえている。

❷ **インフォーマルセクター(非公式部門)での不完全就労**
発展途上国の大都市では，定職がないまま，日々の零細な生業によって，かろうじて所得を得ている不完全就労者が多い。荷物運び，花売り，露天商，ゴミ捨て場あさりなどの不安定な仕事で，所得はひじょうに低い。こうした日ごとの収入に頼る人々からなる経済部門を，**インフォーマルセクター**という。

発展途上国の都市人口の多くは，スラムに住み，こうしたインフォーマルセクターの不安定な仕事で生計をたてている。

3 その他の都市問題

❶ **都市環境の悪化** 住宅問題や雇用問題は，その他の都市問題ともかかわっており，複合的な都市環境の悪化をひきおこしている。

Q ストリートチルドレンというのは，どういう子供たちですか。

A ストリートは道路，チルドレンは子供たち。社会や家庭から適切な保護や世話をうけられず，路上で生活している貧しい子供たちのことだよ。世界中で1億人以上もいるといわれているが，本当の人数はわからない。都市問題よりも，人権問題というべき問題だよね。

★3 スコッターとも表記。ブラジルのスクオッターは，ファヴェーラとよばれる。スラム地区の名称ともなっている。

★4 海外からの援助で工場が建設されても，機械化された近代設備が導入されたりするので，労働力を吸収できない場合が多い。

1　交通問題　交通機関の未整備で，慢性的な交通渋滞が発生。★5
2　都市公害　大気汚染★6，騒音，地盤沈下などが発生。一般に，先進国の大都市よりも被害は深刻。
3　その他　ゴミ処理★7，上下水道の問題など。

❷ **都市政策の遅れ**　住宅政策や環境政策の不備が，都市問題をいっそう深刻にしている。しかし，都市政策の遅れの大きな要因は，発展途上国の社会構造，すなわち，貧富の差が大きく，社会の富が一部の階層に独占されているという構造にあると考えられている。

★5 人口や企業の集中で自動車台数が急増。

★6 メキシコシティの大気汚染(スモッグ)はとくに深刻で，自動車利用の規制などを行っているが，循環器系の病気の発生率が高い。

★7 フィリピンのマニラでは，スモーキーマウンテンとよばれる巨大なゴミの山のまわりにスラムが形成された。1995年に強制撤去されたが，郊外のゴミ捨て場の近くに，再びスラムが形成された。

> **ポイント　発展途上国の都市問題**
> 住宅問題…スラム，スクオッターの形成
> 雇用問題…失業者や，不完全就労者が多い
> その他…交通問題や大気汚染などの公害

3 都市計画

1 都市計画の種類

❶ **都市計画の意義**　都市を計画的に建設，整備して，都市問題の解決をはかり，居住環境を改善して，住みよい都市をつくること。

> 補説　**アメニティ**　従来の都市は，機能性，効率性，経済性が優先され，都市のアメニティ(快適環境)は軽視されてきた。近年，都市のアメニティが重視され，都市の景観，調和や環境への配慮★1など，経済性を超えた都市の在り方が模索されている。このアメニティの実現には住民の意見も反映されなければならない。

❷ **いろいろな都市計画**
1　**新都市の建設**　新首都，学園都市，ニュータウン，副都心など。
2　**再開発★2**　都市内部のスラムや遊休施設を，有効的に利用できるように改造し，人口の呼び戻しや観光客の誘致をはかる。
3　**広域計画**　都市だけでなく，近郊圏や勢力圏までも含めた，総合的な地域計画。日本の首都圏整備計画(→p.412)が代表的。

> 補説　**公共交通機関の復活**　大都市では自動車がふえるにしたがって，渋滞などの解消のため，路面電車を撤去したり，巨大な高速道路を建設することが多かった。しかし，その結果，さらなる自動車の増加→公害の発生，高速道路による景観の破壊をまねいた。
> 最近では，公共交通機関を復活させ，自動車の都心への乗り入れを規制している都市もふえてきた。パークアンドライド方式★3をとって，都心には乗り降りの楽な低床型路面電車(LRT→p.186)を走らせたりしている。

★1 ヨーロッパの都市では，歴史的景観の保全がすすんでおり，再開発の際に，古い建造物を復元，保存したり，街並みの調和(ビルの高さをそろえるなど)を配慮している。

★2 都市の再開発は，一掃(クリアランス)型と，修復(保全)型がある。スラムクリアランス(→p.253)。

★3 都市の入口まで乗っていた自家用車は，そこの駐車場において(パーク)，路面電車，鉄道，バスといった公共交通機関に乗りかえる(ライド)方式。(→p.187)

2 イギリスの都市計画

❶ ロンドンへの一極集中 産業革命がいち早く進行したイギリスは，19世紀以来，ロンドンへの人口と機能の集中が顕著で，20世紀初頭には，ロンドンは深刻な都市問題をかかえていた。

❷ 田園都市構想 19世紀末に，都市計画家のE.ハワード_{garden city}が提唱したもので，適当な規模の住宅と工場を備えた田園的環境の理想都市を建設することである。この構想をもとに，20世紀に入って，ロンドン北方にレッチワースとウェリンガーデンシティの2つの実験都市が建設された。

★4 ハワードは空想的社会主義の影響をうけ，『明日の田園都市』を著し(1902年)，労働者のための緑と太陽にめぐまれた都市づくりを提唱した。

実際の田園都市の建設は，民間団体の田園都市協会によってすすめられた。

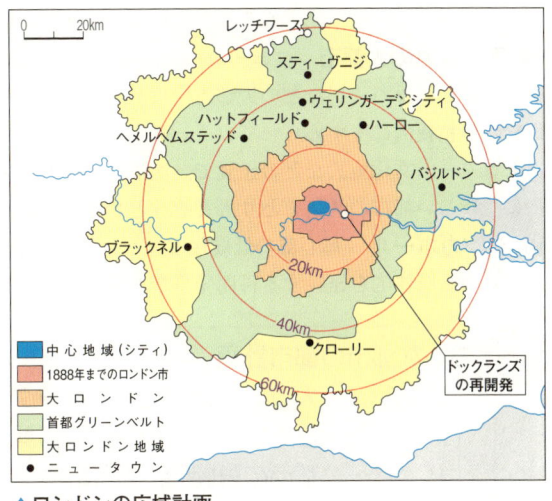

> 補説 **ハワードの田園都市** ハワードが提唱した田園都市は，大都市近郊の田園地帯に，人口3万2千人規模で，同心円状の構造(中央から，庭園→住宅→工場→農地)をもつものであった。さらに用地の買収から建設，維持の費用を田園都市の用益者が支払い，土地を分譲せずに，賃貸形式で運営するとした。この理念は，後のニュータウン建設に大きな影響を与えた。

❸ 大ロンドン計画 ロンドンの過密解消と人口分散を目的に，1944年に始まった。

1 **グリーンベルト** 市街地の無秩序な拡大を抑えるために市域の外側に設置。

2 **ニュータウン** グリーンベルトの外側に，人口3〜7万人規模のニュータウンを，8か所建設。その後，20か所以上になった。

3 **経過** ロンドンの人口分散に成功したが，逆に中心部の人口減少と空洞化が進行。現在，計画は見直されている。

> 補説 **ニュータウンとベッドタウン**
> ①**イギリスのニュータウン** ニュータウン法にもとづいて建設。ニュータウン内に就業できる企業があり，職住近接を原則としている。
> ②**日本のベッドタウン** 日本のニュータウンは住宅都市で，住民は大都市に通勤し，夜に眠りに帰るベッドタウンとなっている。

▲ロンドンの広域計画

▼再開発されたドックランズ

❹ 新しい都市計画

① ニュータウンの見直し[*5]
1960年代後半より、人口25万人規模で、より大きな中心地機能を備え、地域開発の拠点となる大型ニュータウンの建設がはじまった。ミルトンキーンズが代表的。

② 都心部の再開発
ロンドンの空洞化を抑えるために、1970年代より、再開発が進行。とくにシティの東に位置する**ドックランズ**[*6]では、ビジネスセンターや高級住宅などの建設が進行。

❸ その他の都市計画

❶ パリ
19世紀に市街地の大改造を行ったが、その後、人口集中が続いているため、都市計画がすすめられている。

- 都心部の再開発………マレ地区で保存もかねた修復型の再開発。
- 新都心の建設[*7]…………ラ＝デファンス、モンパルナス。一掃型。
- ニュータウンの建設…パリ近郊に、ヴィルヌーヴェルとよばれる5つの郊外ニュータウンを建設。

❷ アメリカの大都市
ニューヨーク、ボストン、ボルティモア[*8]、シカゴ、ピッツバーグなどの大都市では、スラム化した都心部の再開発が、積極的にすすめられている。高層オフィス街やショッピングセンター、文化施設などの建設で、沈滞して活力を失ったスラム街に、新しい都市の活気をとりもどそうとしている。

❸ シンガポール
都心部の低層住宅をとりこわして、高層オフィスビルや高層住宅を建設する再開発事業が進行している。

> **ポイント　おもな都市の都市計画**
> - **ロンドン**…大ロンドン計画で**ニュータウン**→規模の見直し　近年はドックランズの再開発など、都心部の再開発
> - **パ リ**……都心の再開発、新都心やニュータウンの建設

補説　ウォーターフロントの開発　ウォーターフロントとは、水際（水辺）のことで、川や湖、海に面する地域をいう。従来、都市のウォーターフロントは、港湾や倉庫群に利用されてきたが、近年、各国で都市の再開発がすすむにつれて、高層オフィス街やショッピングセンターの建設などの大規模な再開発が可能な地域として、見直されるようになった。世界的に有名なウォーターフロントの開発には、サンフランシスコ「ピア39」、ニューヨーク「バッテリーパーク＝シティ計画」、ロンドン「ドックランズ計画」、東京湾岸[*9]「東京湾臨海副都心」、「幕張新都心」、「横浜みなとみらい21」、「大川端リバーシティ21」、「汐留シオサイト」、大阪「テクノポート」、神戸「ハーバーランド」、「ポートアイランド」などがある。

★5 人口5万人前後では、都市機能が貧弱で居住者が集まりにくいとされる。

★6 かつては世界的な河港としてさかえたが、輸送のコンテナ化に対応できず、さびれていた地域。典型的なウォーターフロントである。なお、ドック（dock）とは船舶の建造施設のこと。

★7 副都心（→p.237）と同じ意味。

★8 ニューヨーク、ボストン、ボルティモアともに、再開発の中心は、ウォーターフロント地区である。

★9 東京湾岸では、東京ディズニーリゾートや幕張メッセなど、新しいレジャー、情報施設が建設された。

4 新都市の建設

❶ 新首都の建設　首位都市の機能分散や，地域開発，民族分布への配慮などを目的に，新首都を建設し，政治機能を移転させること。計画的な町並みをもつことが多い。★10

> 補説　**新しく建設された新首都**　アメリカのワシントンD.C.，オーストラリアのキャンベラ，ブラジルのブラジリア，パキスタンのイスラマバードなどが有名。発展途上国の新首都は，スリランカのスリジャヤワルダナプラコッテ，コートジボアールのヤムスクロ，ナイジェリアのアブジャ（→p.332），ミャンマーのネーピードー（2006年）など。

❷ 学園都市　大学や研究機関を中心とした学術研究都市が建設される例もある。筑波研究学園都市や関西文化学術研究都市，アカデムゴロドク（ロシア）など。★11

❸ 新都心　都市の再開発の中で大規模な副都心（→p.237）が建設されることもある。

❹ ニュータウン　第二次世界大戦後，大都市の近郊に建設。日本のニュータウンは住宅都市であり，ヨーロッパ諸国やアメリカの場合（職住近接）とは機能的に異なる。

> 補説　**関西文化学術研究都市**　京都府，大阪府，奈良県の3府県にまたがる京阪奈丘陵を開発し，大学，各種研究施設，情報センター，国際センターなどを設置し，情報や通信などの先端技術産業を誘致して，国際的な情報発信基地をめざす学園都市。関西経済圏の復興のために，1986年に，産，官，学（民間の産業界，行政機関，学術関係機関）が一体となって，プロジェクトが始められた。筑波研究学園都市に比べて，民間主導の色彩が強い。

★10 ブラジルの新首都ブラジリアは，市街地の外形が，ジェット機の翼の形にデザインされている。

★11 ソ連の時代に，シベリアのノヴォシビルスク近郊に建設された。シベリア開発のための研究，技術開発がすすめられている。

テーマゼミ　筑波研究学園都市

○ 首都東京の過密解消の一助とするとともに，研究機関を集中させる最先端の科学技術都市の建設が1961年頃から構想され，1963年には筑波地区に建設されることになった。1968年に国立防災科学技術センターの建設が着工されたのに始まり，1974年には新しく筑波大学が開校された。

○ 筑波研究学園都市は，東京の中心から北東に約60kmの茨城県南西部，筑波山の南麓の台地に広がる南北18km，東西6kmの約27km^{2}の地域である。これは，東京都内の山手線にかこまれた地域の約半分の面積に相当する。行政的には，当初，6町村にまたがっていたが，合併によって，「つくば市」が誕生。この地域に2つの国立大学や筑波宇宙センター，高エネルギー物理学研究所，国土地理院，地質調査所，機械技術研究所，気象研究所など多くの国立研究機関（名称は当初のもの）が配置された，世界有数の研究学園都市。27km^{2}のうち約15km^{2}は研究機関用地，12km^{2}は住宅用地で，職住近接型の新計画都市である。研究学園地区内の計画人口は，1990年までに10万人とされたが，つくば市の人口は，同年には14万3千人に，つくばエクスプレスが開業した2005年には20万人に達した。

○ 最近は，国立研究機関のもつバイオテクノロジー（生命工学）や新素材（ファインセラミックスなど）といった最先端技術（ハイテク）の情報とのつながりを求めて，民間企業の研究所もふえた。

バージョンUP 都市，居住問題
…追加・新用語

シャッター街

　中小商店の廃業がふえてシャッターを下ろしたままになっている町並み。郊外での大規模店舗(ほ)の増加，自動車で買い物に行くモータリゼーションの進展，中小商店の経営者の高齢化と後継者不足，商店街の財政基盤や運営組織の弱さなどにより，地方都市では駅前などの中心的な商店街でシャッター街化がすすんでいる。

　商店街のシャッター街化は，地元経済の縮小のほか，徒歩生活圏における消費生活が困難になるという問題を生む。とくにこれまで中心部の商店街で買い物をしていた高齢者は，日常生活が困難になることもある。また，自動車以外ではアクセスしにくい郊外の大規模店舗を中心とする消費生活は，徒歩と公共交通機関での移動を基本とする旧来型の生活スタイルに比べて，環境負荷(か)が高いことも指摘されている。

まちづくり三法

　中小商店の衰退，大規模店舗の増加による社会問題の発生，旧来の商店街の衰退，規制緩和(かんわ)と地方分権の推進という流れから，1998～2000年に整備された次の三つの法律の総称。

(1) 改正都市計画法：市街地の土地利用に関して，市町村が地域の実情，都市ビジョン，まちづくり計画などによって独自のゾーニング(土地の利用規制)を自由に設定することができる。その結果，「中小小売店舗地区」のようなゾーニングも可能になった。

(2) 大規模小売店舗立地法(大店立地法)(だいてん)(じゅうたい)：大型店の立地による交通渋滞，騒音，ゴミなど，周辺の生活環境に与える影響を社会的規制の観点から審査する。しかし，大型店出店に関して，売り場面積による規制は撤廃(てっぱい)し，地域社会との融和といった新たな調整の仕組みを定めている。

(3) 中心市街地活性化法(中活法)(ちゅうかつ)(くうどう)：中心市街地の空洞化(シャッター街化)に対して，その活性化のための活動を支援する。

ゾーニング

　都市計画法では，土地の利用規制のこと。都市では，異なる用途地域ごとに高さ制限などの利用規制を設けている。改正都市計画法では，市町村が自由にゾーニングを設定できるようになり，大規模小売店出店のできない地域を指定することも可能となった。

ジェントリフィケーション

　高級化現象のこと。都市の内部の都心周辺では，再開発などにより，高級なマンションやブティックが建設され，高所得の若年層を中心に都心回帰が見られる。アメリカのニューヨークで，ソーホー地区は好例。

　アメリカやヨーロッパにおいて，行政当局が老朽化(ろうきゅう)，貧困化したインナーシティの再開発をはかるとき，まず芸術や文化をきっかけにして，高級化のジェントリフィケーション戦略をとることが多い。アトリエやライブハウスなどを増やしていくと，町の雰囲気(ふんいき)は上品になっていく。そうすると，地価高騰(こうとう)(家賃高騰)がすすみ，古くからの住民はそれに耐えきれなくなって，追い出されていく。

カウンターアーバナイゼーション

　反都市化，逆都市化。都市化がすすんで成熟した大都市において，都市化とは反対の方向が現れてくることをいう。

　日本の大都市は，高度成長期以降，人口増加・集中による都市化，都市拡大による郊外化の段階をへて，人口の高齢化などにより成熟段階に入っている。成熟都市では，1960年代から1970年代にかけて中心部における人口減少などの都市化に逆行する現象や，都市の活力を低下させる高齢化などが進行するようになった。

　都市は都市化，郊外化，反都市化という段階をへて，成長し，拡大し，やがて衰退し，後に再都市化がはじまるというライフサイクル説も主張されている。

再都市化

　先進国の大都市において，ジェントリフィ

ケーション(高級化)や人口の都心回帰現象によって、再び都市化がすすんでいること。

反都市化の潮流のなかで衰退を余儀なくされてきた大都市が、世界都市化や再開発をてことして再生を図ろうとした状況があり、こうした動きが、新たな再都市化の契機になっている。

実際に、日本では、東京・大阪・名古屋などの大都市で、バブル崩壊後の地価下落や、2000年代の小泉政権による建築部門での規制緩和などによって、都心部での人口増加がみられるようになった。ただし、大都市とはいえない規模の地方都市の場合は、人口の減少、商店街の衰退が顕著で、反都市化が継続している。

スラムクリアランス

都心のスラムをなくすこと。もともと大都市では、高級住宅地は郊外に移動し、都心周辺にはスラムが発生することも多かった。しかし、再開発などにより環境が改善されると、便利な都心であることで、高層の高級マンションなどが建設されることも多い。そのため、スラムが駆逐されることがある。また、改良住宅の建設などで、スラムが消えていく場合もある。

エッジシティ

大都市の郊外で、都市機能をそなえた核となる成長の著しい地域。郊外核ともいう。

都心は情報化がすすみ、機能的である反面、地価が高く狭いために、コストがかかる。そこで交通の便の良い郊外の都市に移転する企業もみられるようになってきた。

従来の都市が直面する交通渋滞、大気汚染、治安の悪化、高密度化、家賃の高騰などの問題に光明を与える新しい都市空間として形成されたエッジシティもある。その代表が、アメリカのロサンゼルス市南東にあるアーバイン地域である。緑豊かで、広々とした安全な住まい、最新の設備をそなえた快適な職場環境、家族そろって気軽に楽しめる多彩なアメニティ(快適さ)が、人々を引きつけた。しかし、自動車の利用が前提であることや、あまりに機能的であるため人間味、温かみに欠けるといった批判もある。

コンパクトシティ

環境負荷を減らし生活の利便性を追求して小さくまとまった都市の考え方。

コンパクトシティの発想は、都市の郊外化、スプロール化を抑制し、市街地のスケールを小さく保ち、歩いてゆける範囲を生活圏ととらえ、コミュニティの再生や住みやすいまちづくりをめざそうとするものである。

従来の無秩序な郊外開発は、持続可能性(サスティナビリティ→p.116)、自然環境保護の点からも問題である。都心部への業務機能の高集積化、職住近接による移動距離の短縮などによって、都市のコンパクト化を検討している例(青森市、富山市など)もある。

ロードプライシング

もともとの意味は「道路課金」。1990年代以降は、交通渋滞や排気ガスによる大気汚染などを緩和する目的で、自動車に対して、道路に進入する際に特別の料金を付加する(または割り引く)仕組みをいう。

ロンドンなどでは、市街地の一部で実施されている。日本では、渋滞緩和や路線変更による環境改善の目的で自動車を誘導することをめざして、通行料金を割り引く制度を導入しているといった例もある。しかし、実効性については未知数の部分が多い。

コンベンションシティ

大規模な集会や会議などを主催できる「国際会議観光都市」。コンベンションとは大規模な集会や会議のことであるが、日本ではイベントや見本市などを含めた催し物を広く指している。

このようなコンベンションを世界から誘致して積極的に支援する都市は、人が集まり観光業をはじめとして経済効果が大きいと考えられる。そこで国土交通省は、一定の条件を満たす自治体を認定して後押ししている。現在、全国で50程度の都市が、コンベンションシティに認定されている。国際会議や見本市などが開かれる大規模な会場を、コンベンションセンターという。

テスト直前要点チェック

- ① 情報社会では，企業はどこに立地するのが有利か。
- ② 国際経済や情報の中心となる世界都市は，何というか。
- ③ 市街地が拡大し周辺の都市と連続したものを，何というか。
- ④ 多くの都市が機能的に一体化した帯状地域を，何というか。
- ⑤ ④を命名したのは，だれか。
- ⑥ 発展途上国の都市人口が急増する最大の要因は，何か。
- ⑦ 突出した規模をもつ人口第1位の都市を，何というか。
- ⑧ 都市の大気汚染，騒音，振動などを総称して，何というか。
- ⑨ 上下水道，学校，公園などの資産を，何資本というか。
- ⑩ 郊外で無秩序に市街地化がすすむ現象を，何というか。
- ⑪ 都心部から人口が流出する現象を，何というか。
- ⑫ 初期に市街地化した都市の内部地域を，何というか。
- ⑬ 都市内部の老朽化した不良住宅街を，何というか。
- ⑭ 同じ人種，民族どうしで集まり住む地区を，何というか。
- ⑮ 大都市にみられる路上生活者を，何というか。
- ⑯ 不法占拠により形成された住宅街を，何というか。
- ⑰ 発展途上国の都市政策の遅れの最大の要因は，何か。
- ⑱ 住みよい都市をつくるための整備，建設計画を，何というか。
- ⑲ 東京を中心とした地域の広域計画を，何というか。
- ⑳ 田園都市構想は，だれの提唱によるものか。
- ㉑ 1944年に始まったロンドンの広域計画を，何というか。
- ㉒ イギリスと日本のニュータウンの相違点は，何か。
- ㉓ 近年，ロンドンで大規模な再開発が行われたのは，どこか。
- ㉔ フランスのパリで建設された新都心とは，どこか。
- ㉕ フランスのパリで修復型の再開発が行われたのは，どこか。
- ㉖ 近年，再開発がさかんな「水辺の地域」を，何というか。
- ㉗ 計画的に建設されたオーストラリアの首都は，どこか。
- ㉘ 関西で建設されている学園都市は，どこか。
- ㉙ 茨城県南部にある学園都市は，どこか。

答

- ① 情報を得やすい大都市
- ② エキュメノポリス
- ③ コナーベーション
- ④ メガロポリス
- ⑤ ゴットマン
- ⑥ 村落からの人口流入
- ⑦ プライメートシティ
- ⑧ 都市公害
- ⑨ （生活関連）社会資本
- ⑩ スプロール現象
- ⑪ ドーナツ化現象
- ⑫ インナーシティ
- ⑬ スラム
- ⑭ ゲットー
- ⑮ ホームレス
- ⑯ スクオッター
- ⑰ 極端な貧富の格差
- ⑱ 都市計画
- ⑲ 首都圏整備計画
- ⑳ E.ハワード
- ㉑ 大ロンドン計画
- ㉒ イギリスは職住近接
- ㉓ ドックランズ
- ㉔ ラ＝デファンス
- ㉕ マレ地区
- ㉖ ウォーターフロント
- ㉗ キャンベラ
- ㉘ 関西文化学術研究都市
- ㉙ 筑波研究学園都市

12章 生活文化と民族

この章のポイント&コーチ

1 世界の人々の衣食住 ▷p.256

◆ **世界の人々の衣食住**
- **気候と衣服** イヌイットのアノラック。インドのサリー。アンデスのポンチョ。
- **世界の衣装** チャドル, キルト, アオザイ, チマ・チョゴリ, ジーンズなど。
- **さまざまな食習慣** 宗教によるタブーなどがある。
- **住居の材料** 石, 木, レンガなど。遊牧民のテント。気候による影響が大きい。

2 人種と民族 ▷p.262

◆ **人種と民族,民族と文化**
- **人種** 皮膚の色など, 一部の遺伝的特徴による区分。人種差別に利用された。
- **民族** 言語, 宗教, 伝統, 風習など, 文化的, 社会的特徴による区分。
- **民族と言語** 言語はもっとも強く民族を特徴づける。
- **民族と宗教** 宗教の違いは, 生活習慣全般の相違となり, 深刻な対立を起こす。
  キリスト教, **イスラム教**, **仏教**, インドの**ヒンドゥー教**, イスラエルの**ユダヤ教**など。

◆ **民族問題と国家**
- **言語と国家** 複数の公用語, 連邦制などで対立緩和→スイス, ベルギーなど。
- **民族問題** 少数民族を圧迫したり, 宗教の違いによる対立で, 世界各地で続発。
- **人種差別** アメリカの黒人やインディアン問題, オーストラリアで行われた白豪主義政策, 南アフリカ共和国でみられたアパルトヘイトなど。

3 諸民族の生活と文化 ▷p.272

◆ **諸民族の生活と文化**
- **華人** 海外に移住した中国人のこと。東南アジアに多く, 経済的な勢力が強い。
- **ラテンアメリカ** ポルトガル系(ブラジル)とスペイン系の白人が支配した社会。先住民はインディオ。黒人, 混血(メスチーソなど)も多い。
- **アラブ民族** アラビア語を使い, イスラム教を信仰。民族としての団結が強い。
- **ユダヤ民族** ヘブライ語を使い, ユダヤ教を信仰。イスラエルを建国。
- **ヒンドゥー教** インドで普及。多神教と, 細分化された**カースト**に特色。
- **日本の民族** 日本人のほか, アイヌ, 在日韓国・朝鮮人など。
- **日本の文化** 地域的な多様性。外来文化のうけ入れ。独自の伝統的な文化。

1 世界の人々の衣食住

1 世界の人々の衣服

1 気候と衣服

❶ **寒い地域の衣服** 防寒のため，毛皮などを使う。
- ロシア…長ズボン，コート，手袋，帽子など。
- イヌイット…アザラシの毛皮でつくる防寒着。アノラック★2など。

❷ **暑い地域の衣服** 麻や綿素材の薄い生地の衣服が多い。
- ガーナ…1枚の布を体にまきつけるケンテという伝統的衣装。
- インド…女性のサリーは，1枚の布を体にまきつける。

❸ **乾燥した地域の衣服** 強い日差しと砂ぼこりから体を守るために，全身を布で覆うような衣服が多い。
- サウジアラビア…キブルという。
- エジプト…ガラビアという。

❹ **アンデス地方の高地** 強い日差しを避けるために，動物の毛★3でつくった帽子をかぶる。また，昼と夜の気温差が大きいため，脱ぎ着のしやすいマントを身に着ける。このマントはポンチョとよばれ，すわった時などには，ひざ掛けにもなる。

2 世界のさまざまな衣装

❶ **イスラム圏** イスラム教の多くの地域では，女性は，チャドルという黒い布で頭から全身を覆う★4。男性は，頭にターバンをまくことが多い。

❷ **スコットランド** 男性は，スカートのようなキルトという伝統的衣装をつける。軍服や警察官の制服にもなっている。タータンチェックのデザインが有名。

❸ **東南アジア** マレー半島からインドネシアにかけて，男女とも，スカートのようなサロンがある。インドネシアのジャワ更紗の染物，ベトナムの女性のアオザイなども有名。

❹ **韓国や北朝鮮** チマ・チョゴリが女性の民族衣装。チマは，胸の上からのびる長いスカート★5，チョゴリは短い上着。

❺ **アメリカ** 動きやすい作業着から，世界的な日常着になったジーンズが有名★6。もとは西部の金鉱で働く労働者が，じょうぶな綿の布地でつくった作業用の衣服であった。欧米のファッションは世界中に広まり，衣服の画一化がすすんでいる。

★1 毛皮の帽子をブーシカという。

★2 毛皮製で，ずきんの付いた外套。現在は，世界中で，防寒，防風用の上着を総称する用語となっている。

★3 アンデス地方は綿花などの栽培が困難なため，羊，ヤギ，アルパカといった家畜の毛からつくる毛織物の衣類が多い。

★4 女性の身体の線を外に表さない意図がある。国や地域によって規制の程度は異なっている。

★5 韓国や北朝鮮では，女性はすわるとき，片ひざをたてるのが正式とされる。チマは，すわったときに，下半身全体をすっぽりおおう形になる。

★6 ジーンズは，性，年齢，身分をこえた衣服として，世界中に広まっている。ふつうは紺色で，毒ヘビがきらう染料を使ったことによる。ホワイトカラーに対して用いられるブルーカラーの語源ともいわれている。日本では，1960年代からジーパンとしてファッション化し，広まった。

▲ロシアの衣服　　　　　▲ガーナのケンテ　　　　▲サウジアラビアのキブル
▼イヌイットの衣服　　　▼インドのサリー　　　　▼アンデス地方のポンチョ

▲チャドル(イラン)　　　▲アオザイ(ベトナム)　　▲ジーンズ(アメリカ)
▼キルト(スコットランド)　▼チマ・チョゴリ(韓国)　▼和服(日本)

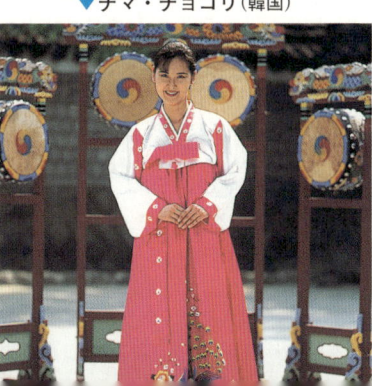

2 世界の人々の食事

1 穀物やいも

❶ 世界の三大穀物
アジアを中心として米，ヨーロッパやアメリカを中心に小麦，ラテンアメリカのアンデス諸国を中心にとうもろこし。

❷ 米
アジアでは，米を主食としているところが多い。普通に炊くほか，やわらかく炊いて「かゆ」にしたり，「こげ」をつけたりする地域（イランなど）もある。インドでは蒸して食べる。もち米は，蒸してから，搗いて「もち」にする。

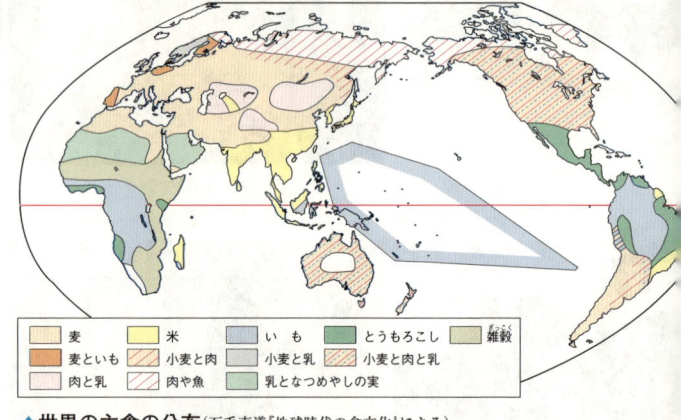

▲世界の主食の分布（石毛直道『地球時代の食文化』による）

凡例：麦／米／いも／とうもろこし／雑穀／麦といも／小麦と肉／小麦と乳／小麦と肉と乳／肉と乳／肉や魚／乳となつめやしの実

❸ 小麦
小麦粉に加工してからさまざまなものをつくる。

1 パン　ヨーロッパでは，小麦粉を発酵させてから焼いてつくったパンを食べる。パンは毎日，焼いて食べる。キリスト教の安息日の日曜日も，パン屋だけは朝早くから営業している。

2 パスタ　イタリアでは，いろいろな形のスパゲッティやマカロニなどにして食べる。これらをパスタという。

3 チャパティとナン　インドや西アジア，中央アジアでは，小麦粉を水とバターでねって焼いたチャパティや，発酵させてから焼いたナンを食べる。インドでは，チャパティやナンに，カレーをつけて食べる。

4 マントウ　中国北部の蒸しパン。饅頭の語源になった。

5 麺類　うどん，ラーメンなど。米が主食の地域でも広く普及。

❹ とうもろこし
メキシコでは，とうもろこしの粉を薄くのばして焼いたトルティーヤや，これに肉や魚や野菜などの具を入れて巻いたタコスを食べる。チリという辛いソースを使う。アフリカでは粉を水でねって食べる人が多い。

❺ いも類

1 じゃがいも　インディオは，乾燥じゃがいも（チューニョ）が主食。ヨーロッパでも，焼く，蒸す，揚げるなどして食べ，ドイツ，ロシアなどで消費量が多い。

★1 ヨーロッパ人も米を食べる。米は，バターライスやサフランライスにし，肉類の付け合わせにする。その意味で，野菜の一種のような位置づけである。バターライスをパンにのせて食べたりもする。ヨーロッパ人の主食は，小麦ではなく肉類と言えるが，彼ら自身には，主食や副食（おかず）の概念はない。

★2 インドのカレーは，日本で一般に食べるカレーライスとはかなり違う。インドでは香辛料の入った食べ物は，すべてカレーという。それぞれの家庭によって香辛料の調合が違うため，まったく辛くないカレーもある。

▲パスタ(イタリア) 　▲チャパティを焼く(インド) 　▲タコスとトルティーヤ(メキシコ)
▼マントウ(中国)　▼ナンとカレーのインド料理 　▼アンデス地方のとうもろこし

チューニョとは、アンデス地方のインディオの主食である「乾燥じゃがいも」のこと。じゃがいもを収穫する6月〜7月は、気温の日較差(にちかくさ)がもっとも大きい。そのため、野外に放置したじゃがいもは、夜に凍結し、昼にとける。数日のうちにぶよぶよになったじゃがいもを、足で踏んで脱水(だっすい)する。こうしてできたチューニョを保存しておく。食べるときは、水に数時間つけて、もとにもどし、煮たり蒸したりして食べる。

▲チューニョをつくる(ペルー)　　　　　　　　　　▲右手で食べる(インド)
▼キャッサバ(カメルーン)　▼タロいも(ハワイ) 　▼箸(はし)やさじで食べる(韓国)

2 **キャッサバ(マニオク)**★3　熱帯の焼畑農業で，広く栽培される。やせた土地でも比較的栽培できるが，地力を失わせる。でんぷんの粉は，タピオカといわれ，食料として重要。(→p.123)

3 **タロいも，ヤムいも**　太平洋の島々では，これらのいもを蒸し焼きにする料理法(石蒸し料理)がある。タロいもは日本のさといも，ヤムいもは日本のながいもに似ている。(→p.123)

2 たんぱく質

❶ **肉　類**　牛肉はヨーロッパやアメリカで消費量が多い。ビーフステーキにする。ヒンドゥー教徒は，牛を神聖視するため食べない。すき焼は，日本の独特の食べ方。★4

　豚肉は中国の消費量が多い。ヨーロッパやアメリカでも食べるが，イギリスではベーコンが好まれる。★5 イスラム教徒は，豚を忌避するため，絶対に食べない。

　その他には鶏(鶏肉)，羊，ヤギ，トナカイなどの肉。★6

　[補説] **イスラム教徒の食物禁忌(タブー)**　イスラム教徒は，豚肉，血の残った肉，異教徒によって処理された肉をタブーとして食べない。飲酒も禁止されている。イスラム教で定められた方法によって処理されたラクダ，羊，ヤギなどの肉のように，清浄な食物は，ハラールとよばれている。イスラム教徒の多いインドネシアでは，日本の食品企業がつくった調味料に，豚肉のエキスが混入しているかどうかで，大問題になったことがある。(→p.265)

❷ **魚**　日本では，生の魚(さしみ)を食べる習慣がある。イギリスでは，フライにして食べる。

　[補説] **日本の寿司**　生の魚介類と，酢をまぜたご飯という取り合わせの寿司は，日本食の代表格であるが，今や世界中の人々が食べている。生で食べる目的で魚介類を輸送するには，鮮度を保つためにさまざまな努力が必要であるが，それが世界で輸送の革命をもたらしている。ロンドンでパリ行きのユーロスター(ユーロトンネルを通る列車)に乗りこむとき，駅弁で寿司が買えるようになっている。

❸ **乳製品**　バター，チーズ，ヨーグルトなど。ヨーロッパやアメリカでは広く普及している。乾燥地帯の遊牧民は，家畜の肉はめったに食べず，乳製品を食べる。★7

3 調味料と香辛料

❶ **調味料**　日本，朝鮮，中国には，大豆などのたんぱく質を発酵させてつくった味噌や醤油がある。★8

❷ **香辛料**　東南アジアの唐辛子やこしょうが有名。ヨーロッパやアメリカのハーブ類や，日本のしそ，わさびなども。

★3 イギリス系の旧植民地地域ではキャッサバ，フランス系の旧植民地地域ではマニオクとよぶ。

★4 日本では仏教の影響があって，牛肉は食べなかった。明治時代の文明開化以降，食べる習慣が広がり，すき焼，しゃぶしゃぶなどの食べ方がうまれた。こうした薄切りの牛肉は，日本独特である。

★5 イギリスでは，朝食に食パンと，カリカリに焼いたベーコン，卵の目玉焼，ゆでたトマトを食べるのが伝統的。イングリッシュ＝ブレックファーストとよばれる。飲み物はおもにモーニング＝ティーという紅茶。

★6 イヌイットは，カリブーという野生のトナカイや，アザラシをよく食べる。肉だけでなく，内臓や血液まですべて利用する。

★7 馬の乳は脂肪分の分離がむずかしいので，もっぱら発酵させた馬乳酒にして飲む。

★8 ベトナムでは，魚からつくるニョクマムという魚醤が有名。魚醤とは，魚介類を塩づけにして発酵，熟成させた食品。日本には秋田県のしょっつる，香川県のいかなご醤油，石川県のいしるなどがある。

4 さまざまな食べ方と食べ物

❶ 手で食べる 東南アジアや南アジア, 西アジアでは, 指先を使って食べる。日本でも, 寿司を手で食べる。

イスラム教徒やヒンドゥー教徒は, 食事の前に入念に手を洗い清める。そして, 必ず右手を使い, 左手は使ってならないとされる。★9 ★10

❷ 道具を使う 日本や朝鮮, 中国では, 箸を使うが, 朝鮮や中国ではさじ(=スプーン)も多用する。ヨーロッパやアメリカでは, ナイフ, フォーク, スプーンを使う。

❸ 食べ物の画一化 ファーストフード(→p.200)やインスタント食品が世界中に広まるなど, 食べ物の**画一化**もすすんでいる。

★9 ヒンドゥー教では, 左手は不浄の手とされているので, 握手や子供の頭をなでるときでも, 左手を使ってはいけない。

★10 5本の指全体でつかむのは不作法とされる。親指, 人指し指, 中指の3本の指の指先だけでつまんで食べるのが, 上品な食べ方とされている。

3 世界の人々の住居

1 さまざまな材料と住居

❶ 石 チベットやアンデス地方は, 木が少ないので, **石造り**が多い。夏の気温が高い地中海地方でも, 石の家が一般的。★1

❷ 木 日本は, 木, 紙(障子など), 土の住宅。温帯の地域では, 木の骨組みの住宅が多い。北ヨーロッパやカナダでは, **丸太造り**の住宅もある。

❸ れんが 西アジアでは, アドベとよばれる**日干しれんが**と泥でつくる住居が多い。ヨーロッパでは, **焼きれんが**を使う。★2

❹ 家畜の毛や皮 西アジアの遊牧民ベドウィンは, 黒ヤギの毛で織ったテントの住居(→p.92)。モンゴルや中国の内陸部では, 木の骨組みに, フェルトで覆った移動式テントが伝統的な住居。モンゴルでは**ゲル**(グル), 中国では**パオ**とよばれる(→p.124)。

❺ 建材・住居の画一化 都市部での鉄筋コンクリートの普及などにより, 住居の建築材料や住居そのものの**画一化**もすすんでいる。

★1 地中海地方では, 夏は乾燥しているので, 気温の日較差が大きい。そのため, 窓を小さくとって, 昼間の熱風が入りにくいようにしている。日本では暑いと窓をあけるが, この地方では, 暑いので窓を閉める。

★2 イランなどでは, れんがを積み重ねただけの住宅が多く, 地震の被害が大きくなる。

▼石造りの住居(ペルー)　▼日干しれんがの家(イラン) 　▼モンゴルのゲル

2 人種と民族

1 人種と民族の違い

1 人種

　人種は，人間（単一種のホモ＝サピエンス）の皮膚の色，骨格，毛髪や眼の色など，一部の遺伝的特徴による便宜的な分類。人種の区分は，しばしば人種差別の指標として使われてきた。

★1 実際には混血がすすみ，中間的な場合も多く，厳密な人種分類は困難。

▼世界の人種

コーカソイド (白色人種，ヨーロッパ系人種)	モンゴロイド (黄色人種，アジア系人種)	ネグロイド (黒色人種，アフリカ系人種)	オーストラロイド (オセアニア)
白色，褐色の皮膚。金髪，黒色の波状毛，直毛。高く狭い鼻。高〜中の身長	黄色，銅色の皮膚。黒く太い直毛。中くらいの高さの鼻。中〜低の身長	黒色の皮膚。黒色の巻毛，縮状毛。広く低い鼻。厚い唇	濃色の皮膚，黒色の波状毛，巻毛，低い鼻。
ヨーロッパ人（ゲルマン，ラテン，スラブ），アラブ人（セム・ハム語族），インド人など	中国人，日本人，インドネシア人，イヌイット，アメリカインディアン，ミクロネシア人，ポリネシア人など	スーダンニグロ，バンツーニグロ，ムブティ（ピグミー），メラネシア人など	オーストラリア先住民（アボリジニー）など

▲アボリジニー（楽器をもつ少年）

2 民族

　民族とは，文化的，社会的特徴（言語，宗教，伝統，風習など）を指標とする分類。各民族は同一集団としての自覚と連帯感をもつ。

★2 言語や宗教などの文化を共有している集団は，同一集団としての自覚と連帯感をもっている。こうした集団が民族で，同一集団としての自覚や連帯感を，民族意識（同胞意識）という。

　<u>補説</u>　**人種島（民族島）**　比較的少数の人口をもつ人種（民族）が，多くの人口をもつ他の人種（民族）に囲まれて孤立している場合，その少数人種（民族）またはその分布地域を，人種島（民族島）という。人種島，民族島とも同じ意味に使われる場合が多い。ヨーロッパのマジャール人（ハンガリー），フィン人（フィンランド）は，言語的には，ともにヨーロッパ系民族に囲まれたアジア系民族。

2 民族と文化

1 民族と言語

❶ 世界の主要言語 日本語＝日本人（日本民族）のように，言語はもっとも強く民族を特徴づける。★1

1. **中国語** 中国人以外にはほとんど使用されていないが，使用人口は約13億人ともっとも多い。中国，シンガポール★2などで使用。
2. **英語** 使用範囲が広く，国際語的性格をもつ。外交，商業，学術など広く世界中で使用されている。イギリス，アメリカ，オーストラリア，ニュージーランドや，いくつかの旧イギリス植民地の国々の国語になっている。また，カナダ，南アフリカ，インド，パキスタン，フィリピン，シンガポール，ケニア，アイルランドなどでは，公用語★3の1つとして使用される。約5億人が使用。
3. **ドイツ語** ドイツ，オーストリアのほか，中部ヨーロッパ，バルカン半島で普及。学術語としても重要。
4. **フランス語** 第二次世界大戦前まで，ヨーロッパ最大の国際語。フランスのほかカナダの一部★4，アフリカの旧フランス領で使用。
5. **スペイン語** スペインのほか，ブラジル（ポルトガル語）などを除くラテンアメリカ諸国で使用される。約4億人以上が使用。
6. **アラビア語** 西アジアや北アフリカのイスラム教徒を中心に，広く使われる。アラブ民族（イスラム教徒でアラビア語を使う人々）を特徴づける。★5

★1 人が幼児期に覚えて身につける言語を，母語（ぼご）という。その人の属する民族の言語に一致する。

★2 シンガポールでは住民のおよそ4分の3が中国系。中国系住民は華人（華僑）という。

★3 国家が公（おおやけ）の会議や出版物などで公式使用を認めた言語のこと。複族国（多民族国家→p.285）では，複数の公用語を認めていることが多い。

★4 東部のケベック州がフランス語圏。

★5 西アジアのイスラム教徒でも，イラン，トルコ，アフガニスタンなどの言語は，アラビア語ではない。
（→p.323）

インド＝ヨーロッパ語族	ラテン語派……（ロマンス語）	フランス語，イタリア語，スペイン語〔ラテンアメリカ〕，ポルトガル語〔ブラジル〕，ルーマニア語
	ゲルマン語派……	英語，ドイツ語，オランダ語，デンマーク語，スウェーデン語
	スラブ語派……	ロシア語，ブルガリア語，ポーランド語，チェコ語，セルビア語
	その他………	ヒンディー語〔インド〕，パシュトゥー語〔アフガニスタン〕，ペルシア語，ギリシャ語，ウルドゥー語〔パキスタン〕，ベンガル語〔バングラデシュ〕
アフリカ＝アジア語族	セム語派………	アラビア語〔現エジプト〕，ヘブライ語〔イスラエル〕，エチオピア語
	ハム語派………	エジプト語〔古代エジプト〕，ベルベル語〔北アフリカ〕，チャド語
スーダン＝バンツー語族		スーダン系〔スーダンニグロ〕，バンツー系〔バンツーニグロ〕
コイ＝サン語族		コイ語，サン語〔ともに南アフリカのカラハリ砂漠周辺〕
ウラル＝アルタイ語族		ウラル系…フィン語〔フィンランド〕，ハンガリー（マジャール）語／アルタイ系…日本語，朝鮮語，モンゴル語，チュルク語〔トルコ〕
シナ＝チベット語族		中国語，チベット語，ビルマ語〔ミャンマー〕，タイ語，ラオ語
オーストロアジア語族		クメール語〔カンボジア〕，アンナン語〔ベトナム〕
オーストロネシア語族		マレー語〔マレーシア〕，インドネシア語，ポリネシア語，タガログ語

▲世界のおもな語族と代表的言語　世界の言語をグループにまとめたものであるが，諸説があり，不明な点も多い。表中の〔　〕は，注意すべき使用地域を示す。

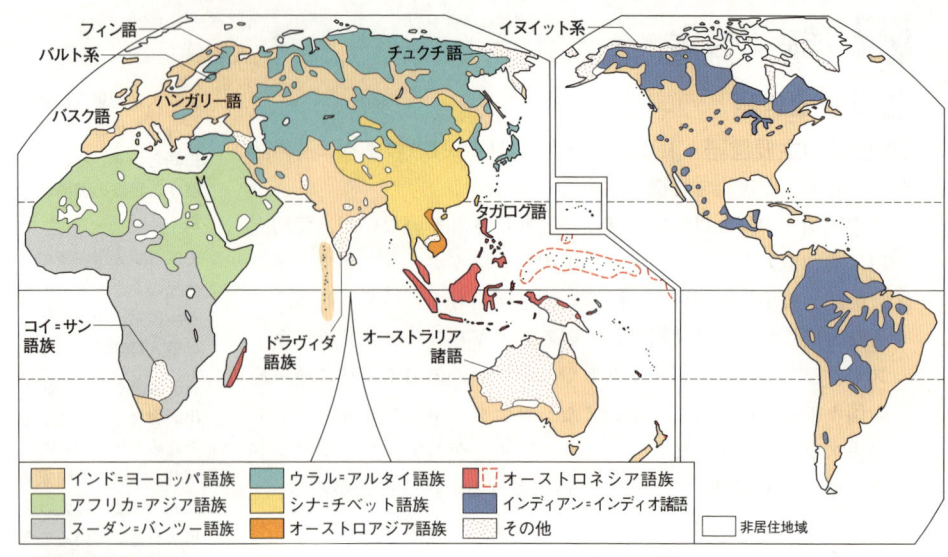

▲世界の言語分布

2 民族と宗教

① 世界の宗教　宗教の分布も民族の分布と関係が深い。民族宗教★6のほか，キリスト教，イスラム教，仏教といった世界の三大宗教は，民族をこえて広く信仰されている。また，原始宗教★7のように，ごく少人数によって信仰されるものもある。

② 世界の主要宗教

1　**キリスト教**★8　紀元前後，西アジアにおいて，ユダヤ教を母体に，**イエス**によって成立。世界で信者数がもっとも多い。
　カトリック(旧教)…ラテン民族と，ラテンアメリカが中心。
　プロテスタント(新教)★9…ゲルマン民族と北アメリカが中心。
　正教会★10…スラブ民族とギリシャ，東ヨーロッパが中心。各国ごとに分立(ロシア正教，セルビア正教など)。

　(補説)　**キリスト教の分布**　キリスト教3派は上のように民族分布とかなり一致する。ヨーロッパ人とその子孫以外でキリスト教が主となった国は，エチオピア(コプト派とよばれる古い型のキリスト教。アフリカでヨーロッパ人の布教によらない唯一のキリスト教国)と，フィリピン(カトリック)。また，韓国やベトナムも信者数が多い

　(補説)　**宗教と文字**　スラブ民族は正教会の信者が多く，キリル文字(今日のロシア語，ブルガリア語，マケドニア語，セルビア語の文字)を使う。スラブ民族の中でも，ポーランド，チェコ，スロバキア，クロアチアでは，カトリック教徒が多く，文字はラテン文字を使う。文字の使用は布教と結合しており，宗教と文字の範囲は一致しやすい。

★6　世界宗教に対する語で，一般に創唱者が知られず，民族の成立とともにできたような宗教。日本の神道，中国の道教，インドのヒンドゥー教，イスラエルのユダヤ教など。

★7　万物に霊魂を認めてうやまうアニミズム，精霊につながる巫女(シャーマン)を中心としたシャーマニズム，自然物を祖先神として祭るトーテミズムなど。情緒，感情に富み，集団的舞踊や音楽をともなう。

★8　キリストは「救世主」の意味。世界に20億をこす信者がいる。

★9　16世紀の宗教革命により成立。

★10　10～11世紀ごろに成立。東方正教会。

2 人種と民族

② **イスラム教**(イスラーム)　7世紀，アラビア半島において，預言者**ムハンマド**(マホメット)によって成立。アッラーを唯一神とし，経典は『**コーラン**』(クルアーン)。西アジア，北アフリカ，パキスタン，中央アジアに広がる。バングラデシュ，マレーシア，インドネシア，ブルネイなどにも信者が多い。

| スンナ派…80％以上をしめる多数派。自らを正統派と称する。
| シーア派…少数派。イランが中心で，イラン革命(1979年)を推進。

補説　イスラム教の戒律　『コーラン』のなかに，生活すべてに絶対的規範を示した部分があり，イバーダード(宗教儀礼)の五行として，シャハーダ(信仰告白)，サラート(礼拝)，サウム(断食)，ザカート(喜捨)，ハッジ(巡礼)が重視される。礼拝は，1日5回，決まった時刻に課せられる。断食は，毎年，断食月(ラマダーン)の1か月間，日の出から日没まで飲食をしない。喜捨は，持たざる者へほどこしをすること。巡礼は，一生に一度は，メッカのカーバ神殿で，イスラム暦(ヒジュラ暦)12月の儀式に参加することが奨励されている。また，女性は，黒地のベールやチャドルで，顔や髪や身体を覆う服装が多い。

③ **仏教**　紀元前5世紀，**シャカ**によって成立。インドで創始されたが，現在，インドではふるわない。

| **上座部仏教**(南伝仏教)…スリランカ，インドシナ半島でさかん。
| **大乗仏教**(北伝仏教)…中国，朝鮮半島をへて，日本に伝来。

④ **おもな民族宗教**
　①**ヒンドゥー教**　インドの民族宗教。**カースト**と深い関係。
　②**ユダヤ教**　ユダヤ民族(→p.274)の民族宗教。ヤハウェ(エホバ)神を信仰する一神教。経典は『**聖書**』。

補説　宗教と食物禁忌(タブー)　ユダヤ教徒は，豚肉，えび，かにを不浄として食べない。イスラム教徒は豚肉を食べず，酒類も禁止(→p.260)。ただし，酒類は国によって規制の程度が異なる。サウジアラビアはイスラム教の戒律に厳しく，豚肉と酒は，持ちこむことすら禁じられている。ヒンドゥー教徒は，牛を聖なる動物としているので，牛肉を食べない。菜食主義者も多く，たんぱく質は豆類や乳製品からとる。仏教は，元来，動物を殺すことをいましめ，肉食をしない。

★11イスラームとは，アラビア語で，"アッラーに帰依し，平和たるべきこと"を意味する。回教ともいう。

★12決まった時刻になると，街中のモスク(寺院)から祈りのよびかけ(アザーン)が聞こえてくる。

★13チベット仏教(ラマ教)も仏教の一派で，チベット，モンゴル，ネパールで信仰される。

★14日本の神道(神社)，中国の道教(道観)も，民族宗教。

★15キリスト教成立後に，キリスト教徒が『旧約聖書』とよんだ。イエスがユダヤ教の指導層を強く批判したことから『新約聖書』が形成され，古い方が『旧約聖書』とよばれるようになった。

12章 生活文化と民族

キリスト教		
	カトリック…	バチカン，エルサレム
	プロテスタント…	(とくになし)
	正教会………	イスタンブール，モスクワ
イスラム教…		メッカ，メディナ，エルサレムコム(シーア派)
仏　教………		ガヤ(ブッダガヤ)，ルンビニー
ヒンドゥー教…		ヴァラナシ(ベナレス)
ユダヤ教………		エルサレム
チベット仏教…		ラサ

▲おもな宗教の聖地または宗教都市

ポイント
言語…民族を特徴づける最大の基準
宗教 | **三大宗教**…キリスト教，イスラム教，仏教
　　　 | **民族宗教**…ヒンドゥー教，ユダヤ教など　➡ **民族**
伝統，風習や生活様式など，社会的特徴

▲世界の宗教分布

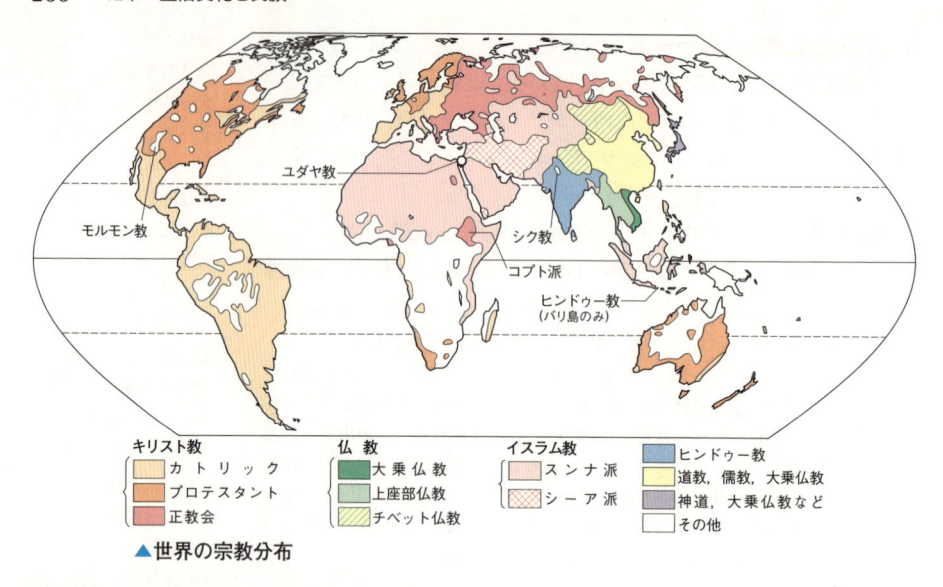

キリスト教：カトリック／プロテスタント／正教会
仏教：大乗仏教／上座部仏教／チベット仏教
イスラム教：スンナ派／シーア派
ヒンドゥー教／道教, 儒教, 大乗仏教／神道, 大乗仏教など／その他

3 民族問題と国家

1 民族と国家

❶ 現代の国家

1. **単一民族国家（単族国）** 単一の民族からなる国はない。★1
2. **多民族国家（複族国）** 複数の民族からなる国。世界のほとんどすべての国が該当する。各国で民族の自治や分離独立などの民族問題が，年々拡大している。

❷ 民族が国家を形成してきた理念

1. **国民国家** 近代のヨーロッパでは，国家は1つの民族から形成されるべきであるという理念によって，**国民国家（民族国家）**が成立した。★2
2. **民族自決主義**★3 植民地支配をうけてきた国々では，**民族自決主義**の理念によって，独立運動がすすめられた。

❸ 言語と国家
民族間の対立をやわらげるために，**複数の公用語を決めている国もある**。

また，植民地支配から独立した中南アフリカ諸国では，国内の複数の民族の言語が競合し，1つにしぼることができず，やむをえず，旧植民地支配国の言語を公用語に加えている国が多い。★4

近年，国内の少数民族が，自らの言語を尊重するように求める**多文化主義（多元主義）**（マルチカルチュラリズム）の運動をすすめる例がふえている。

★1 どの国でも，実際には少数の異民族を含むため，純粋な単一民族国家は存在しない。

★2 多民族国家が解体され，各民族ごとに独立国となった。

★3 世界の各民族は，自分の運命を自分で決定する権利をもち，その権利は何者でも奪われないという考え。アメリカ大統領ウィルソン（在任1913～21年）が主張。第二次世界大戦後には，アジア，アフリカで多くの独立国が生まれた。

★4 ナイジェリア，タンザニア（以上英語），コンゴ［民主共和国, 共和国］，コートジボワール（以上フランス語）など。

2　人種と民族

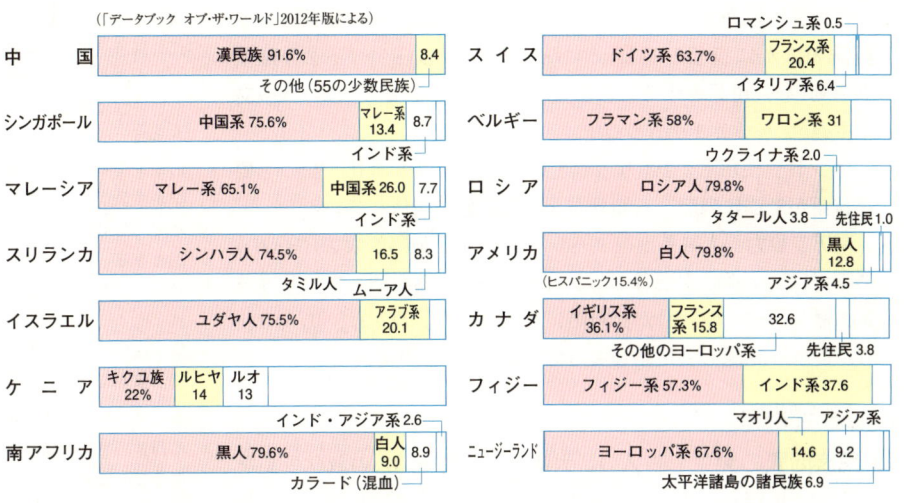

(「データブック オブ・ザ・ワールド」2012年版による)

国	民族構成
中　国	漢民族 91.6%／その他(55の少数民族) 8.4
シンガポール	中国系 75.6%／マレー系 13.4／8.7（インド系）
マレーシア	マレー系 65.1%／中国系 26.0／7.5（インド系）
スリランカ	シンハラ人 74.5%／タミル人 16.5／ムーア人 8.3
イスラエル	ユダヤ人 75.5%／アラブ系 20.1
ケニア	キクユ族 22%／ルヒヤ 14／ルオ 13／インド・アジア系 2.6
南アフリカ	黒人 79.6%／白人 9.0／カラード(混血) 8.9
スイス	ドイツ系 63.7%／フランス系 20.4／イタリア系 6.4／ロマンシュ系 0.5
ベルギー	フラマン系 58%／ワロン系 31
ロシア	ロシア人 79.8%／ウクライナ系 2.0／タタール人 3.8
アメリカ	白人 79.8%／黒人 12.8／アジア系 4.5／先住民 1.0（ヒスパニック15.4%）
カナダ	イギリス系 36.1%／フランス系 15.8／その他のヨーロッパ系 32.6／先住民 3.8
フィジー	フィジー系 57.3%／インド系 37.6
ニュージーランド	ヨーロッパ系 67.6%／マオリ人 14.6／アジア系 9.2／太平洋諸島の諸民族 6.9

▲おもな国の民族構成

1　**スイス**　**ドイツ語**，**フランス語**，**イタリア語**，ロマンシュ語★5の4つが公用語。プロテスタントとカトリックの宗教も入り混じっているので，州(カントン)の自治を尊重した連邦国家を形成(1848年に連邦憲法)，強い団結を保っている。

2　**ベルギー**　南東部のラテン系住民は**ワロン語**(＝フランス語)を使い，北西部のゲルマン系住民は**フラマン語**(＝オランダ語★6)を使うが，両者の間では言語紛争が続いてきた。一部でドイツ語も使われ，3つが公用語。ラテン系，ゲルマン系の両民族の境界にあたる首都ブリュッセルは，2つの言語が併用され，ヨーロッパ連合(EU)の本部や北大西洋条約機構(NATO)の事務局がある。単一国家を形成してきたが，言語紛争により1993年，立憲君主制のまま連邦国家へ移行。★7

★5 レートロマン語ともいう。ラテン語系。

★6 フラマン語，オランダ語，低地ドイツ語は，地域的な一部の違いはあるが，ほぼ同一の言語。

★7 中央国家政府のほかに，フラマン地域政府，ワロン地域政府，ブリュッセル首都圏政府の3地域政府と，3言語共同体で構成。多くの中央の権限を地域政府に委譲した。

▼スイスの言語

▼ベルギーの言語

12章　生活文化と民族

3 **カナダ**　最初フランスの植民地であったので，国の政策として，**英語**のほかに**フランス語**(ケベック州が中心→ケベック分離独立運動)も公用語とする**二国語主義**(バイ＝リンガリズム)，**多文化主義**(マルチカルチュラリズム)をとっている。

4 **インド**　使用者が100万人以上の言語が30以上あり，22の主要な言語が憲法に列記。言語分布が行政区分に関係している。★8

5 **南アフリカ**　人種差別のアパルトヘイト(人種隔離政策)(→p.271)の下では，少数の支配者である白人が使用する**英語**，アフリカーンス語(オランダ語系)が公用語になっていた。現在は，黒人の使うバンツー諸語も公用語となっている。

2 民族問題

① 民族問題の発生　白人の新大陸への移民や黒人の**奴隷貿易**など，人口の国際移動や，民族分布と無関係な**人為的国境**★9(→p.287)などが，民族問題の原因。多数派が優位にたち，**少数民族**を迫害して，対立が激化する。

近年，冷戦構造の崩壊にともない，少数民族の独立や自治要求，言語，宗教的な対立に根ざす紛争が世界各地で表面化している。

★8 ヒンディー語が連邦公用語。ベンガル語，タミル語など，他の合計21言語は地方公用語とされている。なお，旧宗主国イギリスの英語が準公用語。したがって，公用語は全部で23となる。1997年からのインドの紙幣には，ヒンディー語，英語のほか，13の地方公用語で金額が記されている。

★9 アフリカでは，欧米列強が植民地経営の都合で国境をひいたため，国境が同一民族を分断している例が多くみられる。

② 世界のおもな民族紛争

①**北アイルランド問題**　1921年にアイルランドが独立したとき，イギリス人移民(プロテスタント)が多かった北アイルランドはイギリスに残った。カトリックのケルト系アイルランド人は，アイルランドとの統合をめざしている。1998年に包括的和平合意ができ，解決に向かっている。

②**ベルギーの言語紛争**　南東部のワロン語(フランス語)と，北西部のフラマン語(オランダ語)の対立。かつて経済力があり支配的地位をしめていたワロン語圏にかわって，近年，フラマン語圏の経済的地位が向上したことも，対立の要因。

③**バスク独立運動**　ピレネー山脈の西端に住むバスク人が，カスティジャ語をスペイン語としてきた国家のあり方に反発し，独立をめざして運動。1979年に，バスク地方の自治が認められた。

④**ユーゴスラビアの解体**　スロベニアはカトリック教徒のスロベニア人が多く，1991年に独立。クロアチアはカトリック教徒のクロアチア人が多く，1991年に独立。セルビアとモンテネグロはともに正教会(セルビア正教)教徒が多くセルビア語を使うので，新しくユーゴスラビア連邦をつくった(1992年)→セルビア・モンテネグロに改称(2003年)→分離(2006年)。マケドニアは正教会(マケドニア正教)のマケドニア人が多く，1991年に独立を宣言した。ボスニア・ヘルツェゴビナでは，イスラム教徒のムスリム勢力，セルビア人，クロアチア人で内戦。セルビアのコソボ自治州(アルバニア系住民が多数)でも，激しく対立し，2008年に独立を宣言。(→p.348)

⑤**クルド人独立運動**　イラン，イラク，トルコなどにまたがる約2800万人の半遊牧民で，古くから統一国家をもっていない。クルド語を話すが，独自の文字は持っていない。独立運動を各国政府が弾圧し，多くの難民が発生。

⑥**チェチェン共和国の独立運動**　ロシア連邦内のチェチェンは，イスラム教徒が多く，1991年にロシアからの独立を宣言。ロシアは徹底して弾圧し，イスラム武装勢力のテロ攻撃などが続く。

⑦**ナゴルノ・カラバフ自治州の問題**　アゼルバイジャン(トルコ系，シーア派イスラム教徒が多い)領内のナゴルノ・カラバフ自治州の住民＝アルメニア人(正教会教徒が多い)が，アルメニアへの編入を求めたために，アゼルバイジャンとアルメニアの間の武力抗争に発展。現在，停戦中。

2 人種と民族　269

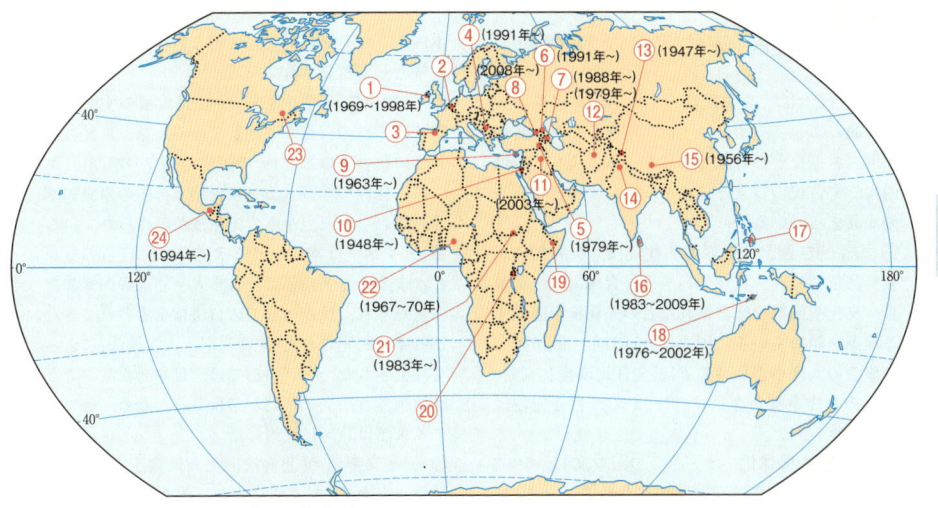

▲世界のおもな民族紛争（丸つき番号は268〜269ページの説明文の番号を示す）

⑧ **南オセチア紛争**　2008年，グルジア領内の南オセチア，アブハジア地域で独立紛争。ロシアが侵攻，両地域を支援し，一方的に独立を承認した。

⑨ **キプロス問題**　正教会教徒のギリシャ系住民（80％）と，イスラム教徒のトルコ系住民（18％）の対立。ギリシャとトルコの対立でもある。

⑩ **パレスチナ問題**　イスラム教徒の住んでいたパレスチナの地に，ユダヤ人が1948年イスラエルを建国したので，周辺のアラブ諸国とパレスチナ人は，イスラエルと対立した。（→p.274）

⑪ **イラク**　2003年のアメリカなどによるイラク戦争でフセイン政権が倒れた結果，シーア派，スンナ派，クルド人の宗派間，民族間対立が顕在化した。

⑫ **アフガニスタン**　1979年の旧ソ連によるアフガン侵攻以降，民族対立が激化。2001年のアメリカなどによるアフガン攻撃も，民族対立が一因。

⑬ **カシミール紛争**　1947年，イギリスからの独立に際し，ヒンドゥー教徒の多いインドと，イスラム教徒の多いパキスタンの間で，帰属をめぐって戦争になった。住民はイスラム教徒が多く，パキスタンへの併合を求める運動を展開。停戦ラインをはさんで，衝突が続いている。

⑭ **インド国内の宗教対立**　ヒンドゥー教徒がイスラム寺院（モスク）を破壊するなど，両者が対立。

⑮ **チベット問題**　チベット仏教を信仰するチベット族は，中国の自治区を形成しているが，漢民族からの独立要求運動がたびたび発生。チベット仏教指導者ダライ＝ラマ14世はインドに亡命政権。

⑯ **スリランカの民族対立**　仏教徒シンハラ人（75％）と，北東部に住むヒンドゥー教徒タミル人（17％）が対立。2009年に内戦終結。

⑰ **フィリピンのイスラム教徒独立運動**　ミンダナオ島のモロ（イスラム教徒への蔑称）の反政府運動。

⑱ **東ティモール分離独立運動**　ポルトガル領であったが，1976年インドネシアが併合。カトリック教徒が多く，1999年の住民投票で独立が決定。国連の暫定統治をへて2002年に独立を達成した。

⑲ **「アフリカの角」地域**　無政府状態のソマリアの内戦，エチオピアの内戦や周辺諸国との対立など。

⑳ **ルワンダやブルンジの民族対立**　1990年代からツチ人とフツ人が内戦，大量虐殺事件など。難民も多数発生。現在終結。

㉑ **スーダン**　北部のイスラム教徒が，南部の非イスラム教徒と内戦。その後，西部のダルフール地方を攻撃→難民多発。2011年，南スーダンが独立。

㉒ **ナイジェリアの民族対立**（→p.332）

㉓ **ケベック問題**　カナダのケベック州では，フランス系住民が80％をこえる。分離，独立運動が活発となり，住民投票まで行われたが否決された。連邦政府は1965年に，イギリスの植民地であったことを示していた国旗のデザインを改め，二国語主義，多文化主義をすすめている。

㉔ **メキシコ先住民の反政府運動**　先住民の生活向上，NAFTA（ナフタ）による関税撤廃反対などを主張。

テーマゼミ　先住民（先住民族）と先住権

○ **先住民とは**　少数民族の中でも，移民の流入や征服によって，土地や生活手段を奪われ，貧困，差別，殺戮などの対象となった民族。現在，国際的に，先住民の自立と権利を確立しようとする運動が高まっている。

○ **国際的な運動**　世界の先住民は，世界先住民族会議をつくり，自らの自決権，資源主権，環境権，文化や伝統を守る権利などの先住権を確保する運動を始めている。国連は，1982年，経済社会理事会の人権小委員会の下に「先住民族権利宣言」のための作業部会を設け，1993年を「世界先住民族国際年」とした。

○ **先住権の具体化**　オーストラリアでは，1993年に，先住民アボリジニーの先住権を認めた「先住権保護法」が制定された。先住民の権利を保護し，補償，交渉権の承認，特別裁判所の設置などを規定している。

イヌイットでつくるグリーンランド自治政府は，本国デンマークに対し，広範な自決権をもち，先住権として確立されている。

○ **先住権の承認の意味**　先住民政策のすすんだ国では，次の三点が共通している。第一に民族としての統合性の承認（その民族の存在の承認），第二に先住性の承認，第三に侵略と抑圧の事実の承認。これらの三点から，先住権が認められている。

○ **アイヌ**　日本におけるアイヌは，自らの意思とはまったく無関係に，日本人＝和人の国家に組み入れられ，民族としての自決権を奪われてきた。1899年に制定された「北海道旧土人保護法」によって設立された「土人学校」では，日本語を話すことが強制され，アイヌ語が禁止されたため，その後，アイヌ語は急速に衰退した。

○ **アイヌ新法**　「北海道旧土人保護法」は1997年に廃止され，「アイヌ文化の振興並びにアイヌの伝統等に関する知識の普及及び啓発に関する法律」（アイヌ文化振興法）が施行された。しかし，アイヌの人々が，先住権など，民族としての集団的意見を実現する内容はふくまれていない。

3 人種差別

❶ アメリカの人種差別問題
多数をしめるヨーロッパ系白人（WASPなど→p.363）が優位に立ち，奴隷の子孫である黒人★10や，先住民族のインディアン★11は，長く差別をうけてきた。

1 **黒人**　アフリカ大陸から連行されてきた奴隷の子孫で，1863年の奴隷解放宣言の後，北部や西部の大都市にも移住。1964〜65年に公民権法が成立した（→p.364）。全人口の約13％をしめるが，失業と低所得という問題をかかえている。★12

2 **インディアン**　白人によるアメリカ開拓の過程で，居留地に追いやられた。居留地は不毛の地が多かったが，最近では，居留地からの石油や天然ガスの発見を契機に，先住民の権利や土地の返還を求める運動も起こっている。

❷ オーストラリアの人種差別問題
オーストラリアの住民の多くはイギリス系白人で，先住民のアボリジニー★13はごく少数。

1 **白豪主義**　かつてイギリス系白人を中心に白人だけの国家をめざす白豪主義政策がとられ，アジア系などの移民を制限。第二次世界大戦後，労働力不足もあり，有色人種の移民が自由化され，現在は多様な住民を認める多文化主義（マルチカルチュラリズム）をとる。

★10 黒人は，ニグロ，ブラックとよばれてきたが，近年，アフリカ系アメリカ人（アフロ＝アメリカン）とよぶ。

★11 1924年に市民権を得た。先住民の意味でネイティブ＝アメリカンともよぶが，インディアン側は承認していない。

★12 近年，黒人の40％が中産階級に達したといわれている。しかし，一方で貧困層も多く，貧困層の中での人種対立も起きている。

★13 アボリジニ，アボリジニーズと表記されることもある（→p.377）。

2 人種と民族

2 アボリジニー オーストラリアの先住民であるアボリジニーは，1971年まではオーストラリアの人口に含まれていなかった。イギリス人が入植する以前は約30万人いたといわれるが，開拓が内陸にすすむにつれて土地を収奪され，北部の砂漠地域の保留地に移り，人口も激減した。伝統的な狩猟，採集生活をやめ，都市や鉱山で働き，白人と同化してゆく者も多いが，現在も人種偏見が残されている。

> **補説** セグリゲーション 人種，民族的な差別によって引きおこされた居住地の分離のこと。中世以来，ヨーロッパの都市では，ユダヤ人を差別してその強制居住地域＝ゲットーが形成された。アメリカでは，大都市の都心周辺に黒人ゲットーとよばれるスラムが形成されている。アパルトヘイト政策により，南アフリカの黒人は，せまい不毛の地域に強制的に居住させられていた。

▲アボリジニーの舞踊

❸ 南アフリカのアパルトヘイト★14

1 人種差別の制度化 17世紀にオランダ系白人（アフリカーナ）が，先住民の黒人を征服し植民地をつくった。その後イギリスの植民地となり，イギリス系白人もふえ，金やダイヤモンドなどを産出した。白人は特権的支配と高水準の生活を守るために，多数派の黒人に対する**アパルトヘイト（人種隔離政策）**を制度化した。

★14 アパルトヘイトとは，オランダ系白人の言語（アフリカーンス語）で「隔離」を意味する。

▼南アフリカの人口構成

白 人		9.1%
非白人	黒 人	79.6%
	カラード（混血）	8.9%
	アジア系	2.5%

（「データブック オブ・ザ・ワールド」2012年版による）

▼アパルトヘイトによる黒人差別

居住地の制限	黒人は決められた居住地（ホームランド）を指定される
政治的差別	黒人に参政権なし
税金の差別	白人にない税（部族税など）の義務化
教育の差別	ほとんどの学校は人種別で，設備，環境が悪い
社会的隔離	公共施設，交通機関，病院，公園，ホテル，レストラン，海水浴場など，あらゆる施設で分離
その他	異人種間の結婚の禁止

2 アパルトヘイトの廃止 このような政策に対して，黒人による解放運動や暴動，国際世論の非難が高まった。国連を中心とした政治，経済，人的交流の制裁★15の中で，白人政府も1991年，アパルトヘイトの廃止を決定した。1994年には，全人種参加の総選挙が行われ，黒人のネルソン＝マンデラが大統領に就任した。

★15 日本も制裁措置をとったが，貿易額は第1位であった。そのため，日本人は非白人であるが，名誉白人として扱われてきた。

> **ポイント**
> 世界の国家は，多民族国家がほとんど
> **民族問題** ｛複数の公用語，連邦制などで，対立を緩和できるが，少数民族の圧迫，宗教対立などで深刻化する例も多い
> **人種差別**…人種の違いによる差別。かつてのアパルトヘイトなど

3 諸民族の生活と文化

1 東南アジアの華人社会

1 漢民族の海外出かせぎ

❶ **漢民族**　人口13億人以上の中国は，多くの民族で構成されるが，92%は**漢民族**である。チョワン族，チベット族，ウイグル族，モンゴル族などの少数民族は，伝統文化を守り，地方行政では自治区や自治州などが設置されている。

❷ **華僑**　沿岸部や華南地方では，経済的に貧しい人々は古くから新天地を求めて海外に移住した。こうした人々を**華僑**という。彼らは経済的成功に努めるとともに，同郷人の団結を強め，世界中の大都市に**チャイナタウン**を形成した。海外生まれで，その国の国籍を持つようになった二世，三世を**華人**とよぶ。海外に移住した中国人とその子孫の総数は，5000万人以上といわれる。

★1 フーチエン（福建）省，コワントン（広東）省出身者が多い。

▶中国の民族分布

2 東南アジアの華人

❶ **マレーシア**　19世紀末以降，イギリスの植民地支配の中で，すず鉱山に中国系，ゴム栽培のエステートにインド人（南部のタミル人）が導入されたため，多民族国家となった。独立後，経済的優位に立つ華人に対して，マレー人が不満をもつようになったため，政府は**ブミプトラ政策**（マレー人優遇政策）を行っている（→p.313）。

❷ **シンガポール**　**華人が全人口の4分の3**をしめ，政治，経済とも中心的役割をはたしている。公用語は，英語，中国語，マレー語，タミル語の4つであるが，英語が重要視されるようになり，華人の中でも漢字の読めない若者も多くなった。

❸ **その他**　インドシナ半島の国々では，人口にしめる華人の割合はあまり高くないが，経済的な地位は高い。とくに，米の流通など米穀経済を独占している。

★2 熱帯アジアのイギリス系プランテーション農園をいう。

★3 ブミプトラとは「土地っ子」の意味で，マレー人の生活水準向上をめざしている。マレー人の雇用，教育，土地所有を優遇。

★4 出身地ごとに地方語がまじっているため，標準語のペキン語が奨励された。

★5 インド南部のドラヴィダ系の言語。

> **ポイント** 華人…海外に移住した中国人
> 東南アジアに多く，経済的な地位が高い

2 ラテンアメリカの人々の生活と文化

1 ラテンアメリカとは

❶ **ラテン民族** ラテン語[★1]に由来するイタリア語，スペイン語，フランス語，ポルトガル語などを話す民族。カトリック教徒が多い。

❷ **ラテンアメリカ** コロンブスが西インド諸島に到達以降，スペイン人，ポルトガル人が植民地化したため，メキシコ以南の中南アメリカを，ラテンアメリカという。

2 ブラジルとメキシコ

❶ **ブラジル** 植民者のポルトガル人[★2]，先住民のインディオ，奴隷として移住させられたアフリカ系黒人，その他のヨーロッパ系移民[★3]や日系人と，それぞれの混血によって民族構成は複雑。大農場のファゼンダの所有者と土地をもたない多数の労働者の貧富の差は大きい。大都市では，スラムを形成している人々も数多い。

❷ **メキシコ** スペインに植民地化されたため，スペイン文化とインディオ文化の混血文化が主流。近年，文化，経済面でアメリカの影響を強くうけている。[★4]

★1 古代ローマ帝国で使用された。

★2 ブラジルの公用語はポルトガル語。ラテンアメリカ諸国で，ポルトガル語を公用語にしている国は，ブラジルただ1つ。

★3 イタリア系，スペイン系など。

★4 主食は，ラテンアメリカ原産のとうもろこし。(→p.258〜259)

12章 生活文化と民族

> **ポイント** ラテンアメリカの住民…白人（スペイン系，ポルトガル系）のほか，先住民のインディオ，黒人，混血など，複雑な人種構成

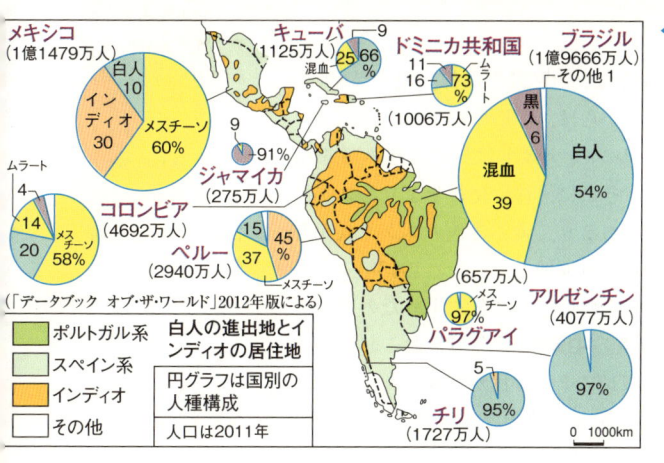

◀ **ラテンアメリカ各国の住民構成**
先住民のインディオは，近年，ネイティブ＝アメリカンともいう（ネイティブは「土着の」「先住の」「生粋の」という意味）。白人とインディオの混血をメスチーソ，白人と黒人の混血をムラートという。なお，カリブ海諸国では黒人の，アンデス諸国ではインディオの，アルゼンチン，チリ，ウルグアイでは白人の割合が高い。

メキシコ（1億1479万人）：白人10，インディオ30，メスチーソ60%
キューバ（1125万人）：白人66，ムラート25，黒人9
ドミニカ共和国：白人16，黒人11，ムラート73%
ブラジル（1億9666万人）：白人54，混血39，黒人6，その他1
ジャマイカ（275万人）：91%
コロンビア（4692万人）：白人20，ムラート14，メスチーソ58%，その他
ペルー（2940万人）：白人15，インディオ45%，メスチーソ37
（657万人）
パラグアイ：メスチーソ97%
アルゼンチン（4077万人）：白人97%
チリ（1727万人）：95%，5

凡例：ポルトガル系／スペイン系／インディオ／その他／白人の進出地とインディオの居住地／円グラフは国別の人種構成／人口は2011年
（「データブック オブ・ザ・ワールド」2012年版による）

3 アラブ民族とユダヤ民族

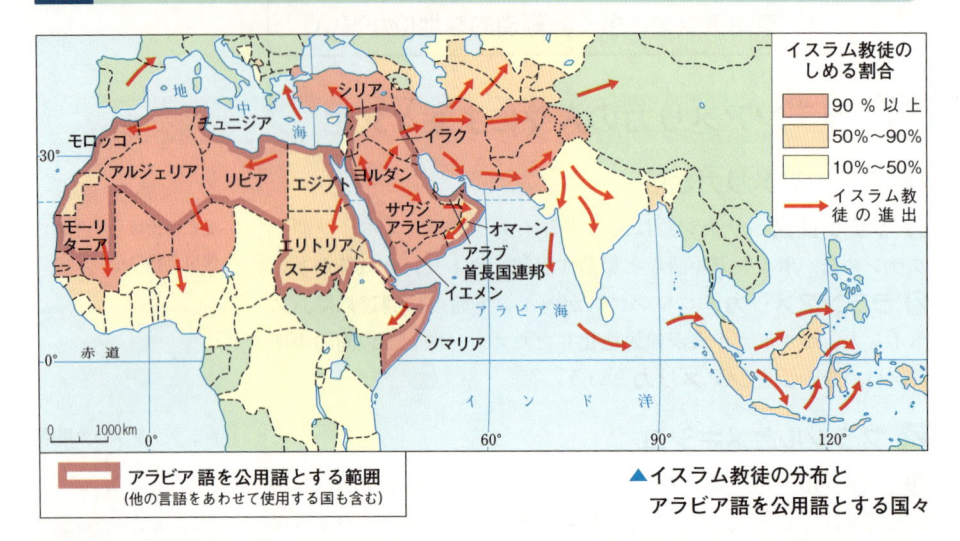

イスラム教徒のしめる割合
- 90％以上
- 50％〜90％
- 10％〜50％
- → イスラム教徒の進出

アラビア語を公用語とする範囲（他の言語をあわせて使用する国も含む）

▲イスラム教徒の分布とアラビア語を公用語とする国々

1 アラブ民族

❶ **特 徴** **アラビア語**を使い，**イスラム教**を信仰している人々を，**アラブ民族**という。アラビア半島を中心に，西アジアや北アフリカなど，広い範囲に住んでいる。イスラム教を土台にした共通の文化，生活様式が形成されているうえ，ヨーロッパ諸国の植民地にされていたため，アラブ民族としての団結が強い。

❷ **生 活** 西アジアと北アフリカは，古代から繁栄した歴史的都市が多く，また，アジアとヨーロッパを結ぶ貿易がさかんであったため，アラブ民族は，商業に従事する者が多い。

2 ユダヤ民族

❶ **特 徴** **ヘブライ語**を使い，**ユダヤ教**を信仰。紀元前6世紀ごろ，西アジアで国を滅ぼされてからは，漂泊の民となった。

❷ **国家建設** 地中海東岸のパレスチナ地方は，イスラム教を信仰するアラブ人が生活していた。そこに，19世紀後半より，ユダヤ人の祖国復帰運動（シオニズム）がおこり，世界各地のユダヤ人が財力をもとに移住し，パレスチナは紛争地域となった。1948年，ユダヤ人国家**イスラエル**を建国，ユダヤ人の入植をすすめたので，アラブ諸国との対立は激化し，4度の**中東戦争**を引きおこした。イスラエルの占領地拡大により，パレスチナ難民が増加した。

❸ **中東和平交渉** 1991年から，アラブ諸国とイスラエルの和平，

★1 西アジアや北アフリカの地域を中東ともいうが，トルコ語を話すトルコ民族，ペルシア語を話すペルシア民族もいて，中東＝アラブ民族ではない。

★2 アラブ石油輸出国機構（→p.152, 298），アラブ連盟（→p.296）など。

★3 国家をもてなかったユダヤ人は，教育と経済力の向上に努めたので，今日，世界の金融界に強大な力をもち，また，学者も多い。

★4 1964年にPLO（パレスチナ解放機構）が組織された。

★5 1948年にパレスチナ戦争，1956年にスエズ戦争，1967年に第三次中東戦争，1973年に第四次中東戦争。

3 諸民族の生活と文化 275

イスラエル占領地でのパレスチナ人の自治などの協議がすすむ。1993年，イスラエルとPLOは，相互に存在を承認することになり，中東和平は大きく前進した。ただし，その後散発的なテロも相次ぎ，現在もパレスチナ独立には至っていない。

★6 ヨルダン川西岸の一部とガザ地区などでは1994年から，パレスチナ自治政府による暫定自治が開始。

4 インドのヒンドゥー教徒の生活と文化

1 民族と国家

❶ インドの独立 南アジアは，言語，宗教，文化が多様な社会である。イギリスの植民地であったが，第二次世界大戦後，独立するにあたって，3国に分かれた。

- インド………ヒンドゥー教徒が多い。
- パキスタン…イスラム教徒が多い。★1
- スリランカ…仏教徒が多い。★2

▼ガンジス川で沐浴するヒンドゥー教徒

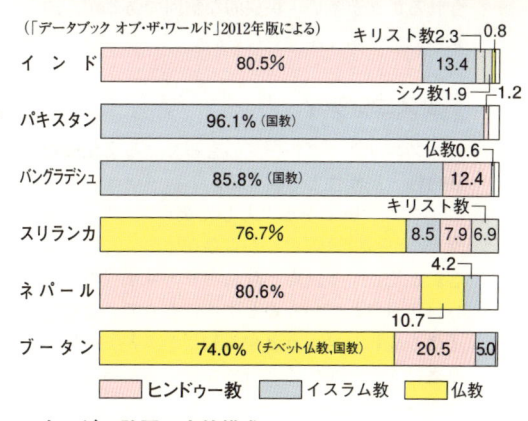

❷ インドの言語 1500以上の言語があり，使用者が100万人以上の言語が30以上，公用語は23にのぼる。(→p.268, 317)

言語は，大きく2つの系列に分けられる。
- インド＝ヨーロッパ語族…北部や中央部のヒンディー語(連邦公用語)，ベンガル語など。
- ドラヴィダ語族…南部のタミル語，テルグ語など，インド先住民族の言語。

（「データブック オブ・ザ・ワールド」2012年版による）

		キリスト教2.3	0.8
インド	80.5%	13.4	

シク教1.9 ─ 1.2
パキスタン 96.1%（国教）

仏教0.6 ─
バングラデシュ 85.8%（国教） 12.4

キリスト教 ─
スリランカ 76.7% 8.5 7.9 6.9

4.2 ─
ネパール 80.6%

10.7 ─
ブータン 74.0%（チベット仏教，国教） 20.5 5.0

■ヒンドゥー教　■イスラム教　■仏教

▲南アジア諸国の宗教構成

2 ヒンドゥー教

❶ カースト 多神教と四姓の階級をもとにした古代のバラモン教が前身となり，今日のヒンドゥー教が成立した。バラモン教における四姓(ヴァルナ)のカーストは，バラモン(僧)，クシャトリヤ(貴族)，ヴァイシャ(平民)，シュードラ(奴隷)であったが，今日では約3000のジャーティに細分されている。1947年，憲法でカーストによる差別は禁止されたが，結婚や食事は同じカーストの者に限るなど，カーストは，社会生活全体の中で大きな地位をしめている。(→p.321)

❷ 生活 ヒンドゥー教では，殺生を禁じ，原則として肉食はせず菜食中心。多くの神を信じ，聖なる川ガンジスで沐浴し，来世を信じる。死後，火葬された骨や灰は，ガンジス川に流される。

★1 パキスタンは東西に分かれていたが，西パキスタン優遇政策に反発した東パキスタンが，1971年バングラデシュとして独立した。

★2 独立時の国名セイロンを，1972年に改めた。

★3 神聖な牛の肉は，絶対に食べない。

バージョンUP 生活文化と民族 …追加・新用語

マイノリティ

少数者、社会的少数派の意味であるが、一般に**少数の民族集団**という意味で使われる。現代の世界では、すべての国家は、複数の民族から構成されており（**多民族国家**）、多数派の民族の価値観に対して、少数民族の文化が主張されることがあり、このような場合に、少数派をとくにマイノリティという。

エスニック・グループ

同種の言語、宗教、伝統、慣習を共有し、そこへの帰属を自覚する文化的な共同体。国家の中のいろいろな文化的な集団を示す場合に使用されることが多い。民族的な集団であるが、国家の概念はふくんでいない。

エスニシティ

エスニック・グループのもっている文化的な独自性。民族性とも言える。
エスニシティをネタとした笑い話（エスニック・ジョーク）は、古くから存在する。たとえば、客船が沈没する間際、救命ボートは乗客の人数分は用意されていないとする。そこで、女性や子供を先に乗せようとする船長が、各国の男性乗客にアピールすると有効な言い方があるというジョーク。
①アメリカ人には「ここで潔く海に飛び込めばヒーローになれるぞ」。
②イギリス人には「紳士らしく飛び込もう」。
③ドイツ人には「飛び込め。船長の命令だ」。
④イタリア人には「すごい美女が飛び込んだぞ」。
⑤フランス人には「どうぞ飛び込まないでください」。
⑥ロシア人には「ウォッカのビンが流された。今追えば間に合うぞ」。
⑦中国人には「美味しそうな高級魚が泳いでいますよ。高く売れますよ」。
⑧日本人には「みんな飛び込んだぞ」。

エスノセントリズム

自民族中心主義、自文化中心主義。アメリカの社会学者、ウィリアム・サムナーの造語で、自分の育ってきたエスニック・グループ、民族、人種の文化を基準として他の文化を否定的に判断したり、低く評価したりする態度や思想のことをいう。

オリエンタリズム

西ヨーロッパ世界がもっている「オリエント」（東洋）のイメージ。パレスチナ出身のアメリカの批評家、エドワード・サイードの著書『オリエンタリズム』(1978年)以降、広く認識されるようになった。
それは、優位な西洋の立場から、東洋を劣ったもの、不気味なもの、異質なものとして規定し、自らの内部に認めたくない資質を押しつけたり、「ハレム」「ゲイシャ（芸者）」などのように退廃的な性質を強調するイメージとなって広がっている。
オリエンタリズムは、西ヨーロッパの文学、歴史学、人類学など広い範囲の文化活動の中に見られ、優越感や傲慢さ、偏見とも結びついている。また、サイードによれば、「オリエントを支配し再構成し威圧するための西洋の様式」とされ、欧米の帝国主義、植民地支配の基盤ともなったという。

多文化主義

多様な文化の存在を認めて積極的に評価していく考え方のことをいう。**マルチカルチュラリズム**。複数の民族の**共生**をめざす。単一文化主義に対する用語。
カナダでは、1986年に雇用均等法、1988年に多文化主義法を制定し、その後も伝統的に国策の根幹とされ、カナダ社会の基本的な特徴となっている。**オーストラリア**も、カナダとほぼ同様の多文化主義を採用している。その一例として、多言語放送がある。オーストラリアの国民には、国語である英語圏以外の先住民や移民が多いことから、公共放送局は、英語以外の多言語放送をおこなっているが、それが全体の半数をしめ、法的にも規定されている。

ロマ

ロマとはジプシーとも呼ばれる，北インドや中央アジアからヨーロッパに移住した移動型の民族。現代では定住生活をする者も多い。ヨーロッパでは迫害を受けてきた。

ジプシーという呼称は差別的に使用することも多く，最近では彼らの自称であるロマというようになった。文化としては，タロットとよばれるカード占いが有名。フラメンコの原型とも言われる独自の音楽，踊りをもち，旅芸人として流浪(るろう)した人々もいる。

ロングハウス

熱帯の東南アジアからニューギニアでみられる高床式の長屋型大住宅。複数の家族が共同で居住する。マレーシアのボルネオ(カリマンタン)島のイバン族のものは，とくに大規模。

イグルー

カナダのハドソン湾沿岸やラブラドル半島などに住むイヌイット(→p.389)が，冬につくるドーム型の氷の住居。狩猟(しゅりょう)のときなど，一時的な使用が中心。半地下式で風や外の寒気を防ぐため，意外と暖かい。床にはアザラシの毛皮などをしき，火を使って煮炊(にた)きなどもする。

インティファーダ

イスラエルによる強硬なパレスチナ軍事占領政策に抗議して，パレスチナ側民衆がおこした2度の抵抗運動。アラビア語で「蜂起(ほうき)」「反乱」という意味。

第一次インティファーダは，1987年にガザ地区で発生したが，1991年頃に下火となり，1993年のオスロ合意およびパレスチナ自治政府の設立にともない沈静化した。第二次インティファーダは，2000年に発生した。イスラエルの首相が，1,000名の武装した側近とともに，エルサレム旧市街のモスクに入場したのがきっかけであった。

イスラエルはインティファーダを「テロ」とみなし，その「報復」「テロ撲滅(ぼくめつ)」と称して徹底的に弾圧した。

民族浄化

複数の民族集団が共存する地域において，一つの民族の存在しか認めず，他民族を迫害，追放，大量虐殺(ぎゃくさつ)(ジェノサイド)などで排除しようとすること。

用語としては，1990年代に内戦中の旧ユーゴスラビアで生まれたとされるが，こうした問題は古くからある。第二次世界大戦中のナチス・ドイツによるユダヤ人の強制収容，虐殺が代表的であるが，現代世界でも発生している。

・1962年前後。アルジェリア独立の際，行われたコロン(ヨーロッパ系住民)の追放。
・1974〜75年。北キプロスからのギリシャ系住民の追放と，南キプロスからのトルコ系住民の追放。
・1975〜78年。カンボジアのポル・ポト政権下でベトナム系住民の追放，殺害。
・1994年。ルワンダにおいて，フツ族によるツチ族の虐殺。
・1995年。旧ユーゴスラビア，ボスニア内戦下においてセルビア人によるスレブレニツァの虐殺。
・2003年〜。スーダン西部のダルフール地方におけるアラブ系民兵による非アラブ系住民の追放，虐殺(ダルフール紛争)。数十万人規模の犠牲者が出ている。

5 日本の民族と文化

1 日本の民族

❶ **日本人** モンゴロイド(→p.262)の日本民族。和人。
① **言語** アルタイ語系(→p.263)の日本語。★1
② **宗教** 仏教徒が多い。その他、日本古来の神道、キリスト教など。宗教的に寛容で、いろいろな宗教の行事がいりまじる。★2
③ **日本人の由来** 朝鮮半島、ユーラシア大陸、南方の島々から日本列島に渡ってきたさまざまな人々が、日本列島の中で1つの民族を形成してきた。

❷ **日本人以外の諸民族**
① **アイヌ** 古代には東北地方以北、江戸時代には北海道以北に住んでいた先住民(→p.270)。独自の言語をもつが、文字はもっていない。明治時代の初め、北海道に約2万人近いアイヌ人が暮らしていたが、日本人＝和人による抑圧、同化政策などで減少、東京などに移った人もいる。
② **在日韓国・朝鮮人(コリアン)** 日本が1910年に朝鮮を植民地にして以来、働きにきたり、強制連行などによって、多くの人々が朝鮮半島から日本に移り住んだ。現在、その二世、三世などの子孫が日本で暮らしている。(→p.309)
　独自の民族学校などをもち、民族教育が行われているが、日本人と同じ学校に通う子供もいる。

❸ **民族の共生へ** 生物の中には、異種でありながら緊密な結びつきを保って、いっしょに生活する例がみられる。これを、共生という。そして、最適な共生が新たな進化に結びついたと考えられる例もみつかっている。現代世界では、単民族の国家は存在しない。そのため、世界の民族についても、こうした共生が望まれている。

2 日本の文化

❶ **日本文化の特色** 複雑な地形、変化のある気候の影響で、各地に特色のある生活様式がある。また、古代以来、さまざまな外来文化をうけ入れ、同化しつつ、独自の文化を形成してきた。★3

❷ **日本の伝統的な生活**
衣…和服(着物)。現在は、正月、祭、結婚式など限られている。
食…麦や米、魚や豆、みそやしょうゆ、清酒や酢などの和食。
住…木と土でつくる。たたみ、ふすま、しょうじなどの和室。

★1 トルコ系諸民族のチュルク語(トルコ語)とは、文法的に類似し、語順もほとんど同じ。

★2 正月には神社(神道)に参拝し、葬儀や法事は寺院(仏教)で行い、結婚式は教会(キリスト教)で、年末にはクリスマス(キリスト教)など。花祭り(寺院)、七五三(神社)などもある。

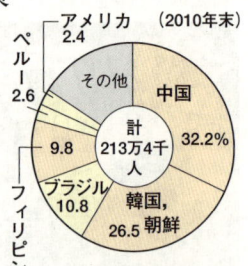

(2010年末)
アメリカ 2.4
ペルー 2.6
その他
中国 32.2%
計 213万4千人
フィリピン 9.8
ブラジル 10.8
韓国、朝鮮 26.5

(「日本国勢図会」による)

▲**日本にいる外国人の国籍別割合** 国の数は180をこえる。なお、アイヌは外国人とされていないので、上図の中にはふくまれていない。

★3 日本の伝統的な文化としては、日本画、芸能(能、狂言、歌舞伎)、工芸(伝統工業など)、音楽(琴、三味線)、武道(柔道、剣道)、住居の文化と結びついた華道、茶道など、多方面にわたる。

テスト直前要点チェック

答

- ① インドの女性が着る1枚布の服は，何というか。 — ① サリー
- ② アンデスの高地の人々が着るマントは，何というか。 — ② ポンチョ
- ③ イスラム教徒の女性が着る黒い服は，何というか。 — ③ チャドル
- ④ スカートのようなキルトは，どこの地域の民族衣装か。 — ④ スコットランド
- ⑤ 北朝鮮や韓国の女性の伝統的な民族衣装は，何か。 — ⑤ チマ・チョゴリ
- ⑥ モンスーンアジアで主食とされる穀物は，何か。 — ⑥ 米
- ⑦ パスタ，チャパティ，ナンは，何の粉からつくるか。 — ⑦ 小麦
- ⑧ メキシコのトルティーヤは，何の粉からつくるか。 — ⑧ とうもろこし
- ⑨ キャッサバ（マニオク）が広く栽培される気候帯を，答えよ。 — ⑨ 熱帯
- ⑩ タロいも，ヤムいもが広く栽培される地域を，答えよ。 — ⑩ 太平洋の島々
- ⑪ イスラム教徒の人々が食べない肉は，何か。 — ⑪ 豚肉
- ⑫ 地中海沿岸のヨーロッパで一般的な住居の材料は，何か。 — ⑫ 石
- ⑬ 西アジアで一般的な住居の材料は，何か。 — ⑬ （日干し）れんが
- ⑭ 生物学的特徴が一致する人の集団を，何というか。 — ⑭ 人種
- ⑮ ヨーロッパ，アラブ，インド系の人種を，何というか。 — ⑮ コーカソイド
- ⑯ 文化的，社会的特徴が一致する人の集団を，何というか。 — ⑯ 民族
- ⑰ 離島のように存在する少数の人種を，何というか。 — ⑰ 人種島
- ⑱ ハンガリーのアジア系民族を，何というか。 — ⑱ マジャール人
- ⑲ 世界でもっとも使用人口が多い言語は，何か。 — ⑲ 中国語
- ⑳ 国家が公式使用を認めた言語を，何というか。 — ⑳ 公用語
- ㉑ フランス語，英語，ヒンディー語などの語族を，何というか。 — ㉑ インド＝ヨーロッパ語族
- ㉒ フィン語，日本語，チュルク語などの語族を，何というか。 — ㉒ ウラル＝アルタイ語族
- ㉓ 世界三大宗教のうち，信者数のもっとも多い宗教は，何か。 — ㉓ キリスト教
- ㉔ おもにラテン民族が信仰するキリスト教の1派は，何か。 — ㉔ カトリック（旧教）
- ㉕ おもにゲルマン民族が信仰するキリスト教の1派は，何か。 — ㉕ プロテスタント（新教）
- ㉖ ロシア人などが信仰するキリスト教の1派は，何か。 — ㉖ 正教会
- ㉗ イスラム教の経典を，何というか。 — ㉗ コーラン（クルアーン）
- ㉘ サウジアラビアにあるイスラム教の最大の聖地は，どこか。 — ㉘ メッカ
- ㉙ イスラム教の二大宗派を，答えよ。 — ㉙ スンナ派，シーア派

12章 生活文化と民族

	問	答
③⓪	仏教を創始したのは，だれか。	③⓪ シャカ
③①	仏教が創始されたのは，現在のどこの国か。	③① インド
③②	仏教は上座部仏教と（　）仏教の二つに大別される。	③② 大乗（だいじょう）
③③	複数の民族からなる国家を，何というか。	③③ 多民族国家（複族国）
③④	民族自決主義を提唱したアメリカ大統領は，だれか。	③④ ウィルソン
③⑤	スイスの公用語は，ドイツ，フランス，イタリア語と，あと何語か。	③⑤ ロマンシュ語
③⑥	2つの言語の共用地域となるベルギーの首都は，どこか。	③⑥ ブリュッセル
③⑦	カナダでおもにフランス語が話される州は，どこか。	③⑦ ケベック州
③⑧	インドの連邦公用語を，答えよ。	③⑧ ヒンディー語
③⑨	チェチェン共和国は，どこの国に属しているか。	③⑨ ロシア連邦
④⓪	イラク，イラン，トルコ国境に住む民族は，何か。	④⓪ クルド民族
④①	アラブ人とユダヤ人の対立する地中海東岸を，何というか。	④① パレスチナ
④②	インドとパキスタンが帰属をめぐり対立する地域は，どこか。	④② カシミール地方
④③	大量の難民が発生しているダルフール地方は，どこの国か。	④③ スーダン
④④	オーストラリアの先住民を，何というか。	④④ アボリジニー
④⑤	オーストラリアのかつての人種差別的政策を，何というか。	④⑤ 白豪主義政策（はくごう）
④⑥	南アフリカのかつての人種隔離（かくり）政策を，何というか。	④⑥ アパルトヘイト
④⑦	中国で最も人口が多い民族名を，答えよ。	④⑦ 漢民族（かん）
④⑧	海外に移住した中国人を，何というか。	④⑧ 華僑（華人）（かきょう）（かじん）
④⑨	マレーシアのマレー人優遇（ゆうぐう）政策を，何というか。	④⑨ ブミプトラ政策
⑤⓪	ラテンアメリカの先住民を，何というか。	⑤⓪ インディオ
⑤①	ラテンアメリカの先住民と白人の混血を，何というか。	⑤① メスチーソ
⑤②	イスラム教を信仰し，アラビア語を話す民族を，何というか。	⑤② アラブ民族
⑤③	ユダヤ人の祖国復帰運動を，何というか。	⑤③ シオニズム
⑤④	1948年に建国されたユダヤ人国家を，何というか。	⑤④ イスラエル
⑤⑤	インドでおもに信仰される宗教は，何か。	⑤⑤ ヒンドゥー教
⑤⑥	インドの社会的階級制度を，何というか。	⑤⑥ カースト（制度）
⑤⑦	日本人は，人種としては何に分類されるか。	⑤⑦ モンゴロイド
⑤⑧	古くから，北海道などに住んでいた民族は，何というか。	⑤⑧ アイヌ

第 3 編

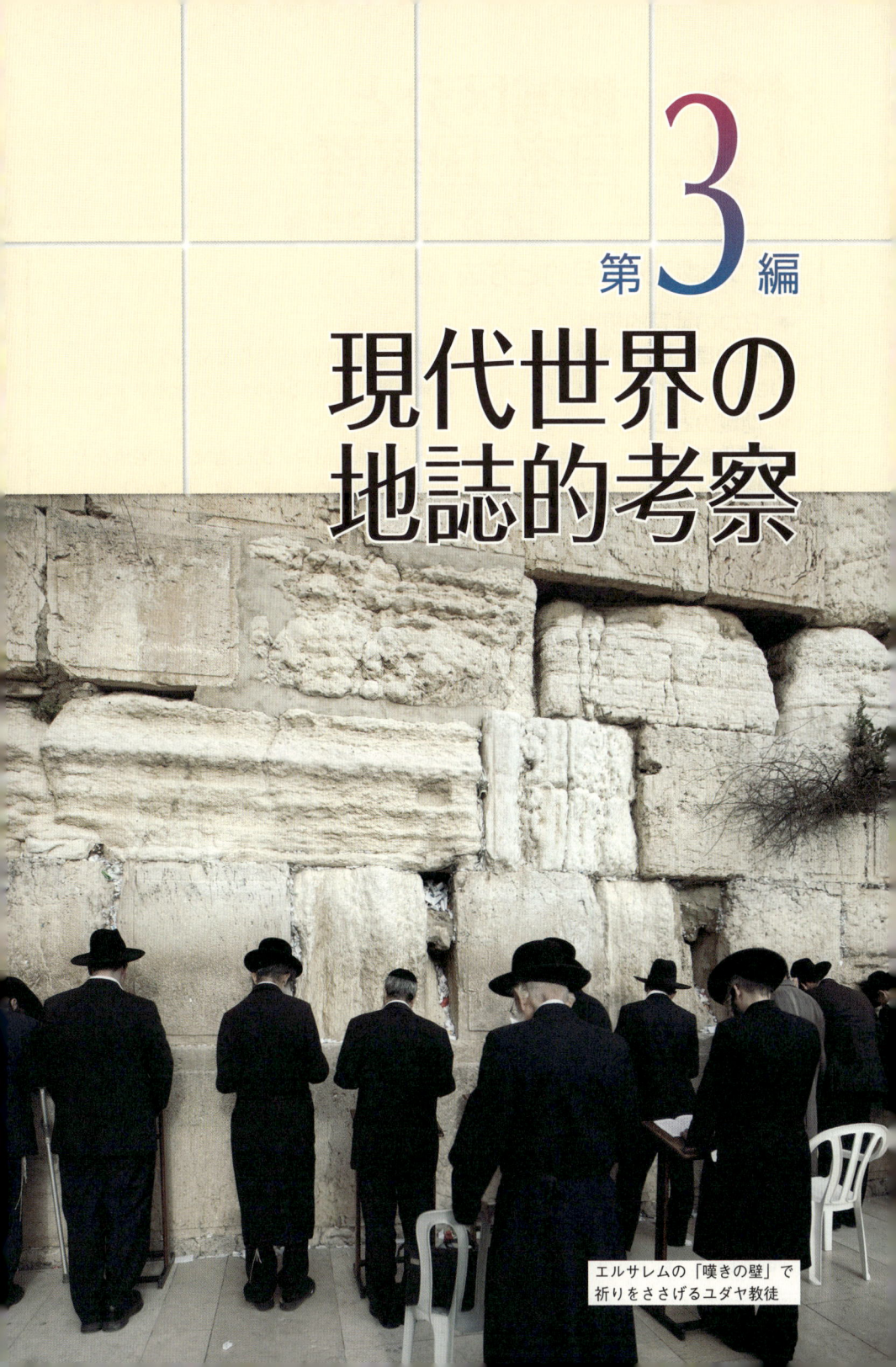

現代世界の地誌的考察

エルサレムの「嘆きの壁」で祈りをささげるユダヤ教徒

13章 地域区分と国家，国家群

この章のポイント&コーチ

1 地域区分の目的と方法 ▷p.283

◆ **2つの地理的視点**
系統地理　地形や気候，民族，農業など，各分野別の全体像を考察する。
地誌　アジア，ヨーロッパ，日本，関東など，各地域別の全体像を考察する。

◆ **地域のとらえ方**
等質地域　同じような地理的性質をもった地域。温帯，酪農地域，住宅地など。
機能地域　核心との結合関係で範囲が決定される地域。都市圏，商圏など。

2 現代の国家 ▷p.285

◆ **国家の成立と領域**
独立国　領域，国民，主権の3要素をもつ。
非独立地域　保護国，自治領，直轄植民地，租借地など。

> **国家の領域とは**
> 領土
> 領海…12海里
> 領空

◆ **国境と国境問題**
国境の種類　自然的国境と人為的国境。
国境や領域をめぐる問題　日本では**北方領土**や**竹島**，**尖閣諸島**をめぐる問題。

3 現代の国家群 ▷p.289

◆ **国家間の結合**
先進国の結合　北大西洋条約機構(NATO)，経済協力開発機構(OECD)，**主要国首脳会議(サミット)**など。
発展途上国の結合　非同盟諸国会議など。

◆ **ヨーロッパの結合**
ヨーロッパ連合(EU)　ヨーロッパ共同体(EC)から発展。27か国が加盟。

◆ **その他の結合**
地域的な結合　**東南アジア諸国連合(ASEAN)**，アラブ連盟(AL)，**北米自由貿易協定(NAFTA)**，アジア太平洋経済協力会議(APEC)など。
資源カルテル　**石油輸出国機構(OPEC)**。

◆ **国際連合と国際協力**
国際連合(UN)　1945年，国際平和と安全の維持を目的に成立。
国際協力　先進国から発展途上国に対する経済的，人的な援助など。

1 地域区分の目的と方法

1 地理的視点と地域のとらえ方

1 2つの地理的視点

❶ 系統地理 地理を自然的分野（地形，気候など），人文的分野（文化，民族など），社会的分野（産業，交通など）に分けてそれぞれの事象の成り立ちを考察する。ケッペンの気候区分，ホイットルセイの農牧業区分，ウェーバーの工業立地論などは系統地理の代表例である。一般地理ともいう。

❷ 地誌 地理をある地域ごとに区切って，その地域の様子や特徴を把握する。自然，人文，社会現象全般について考察し，地域の概観を考察する方法や，特定の事象を他の事象との関連から考察する方法がある。_{★1}

> ケッペンの気候区分→p.76
> ホイットルセイの農牧業区分→p.122
> ウェーバーの工業立地論→p.158

★1 フランスの農業の分布という特定の事象を考察する場合に，フランスの地形，気候，土壌の分布を関連させて考察する，というようなことである。

★2 このような便宜上区別され設定されている地域を，形式地域という。後述の実質地域に対する言葉。

★3 このような実質的な意味内容をもった地域を，実質地域という。次ページの等質地域と機能地域に区分される。

★4 古代や中世の地理とは，地域に関するすべてのことがらを調べて，これを記述することであった。『風土記』がその典型といえる。現代では，自然や人間生活において，地域的共通性や，地域的個性（地域性）を明らかにすることが重要とされている。

[地誌の各地域]

[系統地理の各テーマ]	地域A	地域B	地域C	…	地域Z
地　形					
気　候	地		系　統　地　理		→ 各テーマごとに調べる
農　業	誌				[例]地形について，各地域の様子を調べていく
鉱工業					
民　族					
…					
都　市					

各地域ごとに調べる　　[例]地域Aについて，地形，気候，農業などの様子を調べていく

▲系統地理と地誌

2 地域のとらえ方

❶ 地域とは　"地域"とは一般的には地表の広狭さまざまの部分をいうが，地理学の目的は，Geo（地表の）graphy（記述）であるから，どのような事象をどこまでの広がりをもって考察，記述するのかが重要となる。

　アジアや本州，近畿地方，京都府，京都市といった区分も地域であるが，カトリック文化圏，乾燥地域，東京大都市圏，商店街といった，"ある特徴をもった広がり"としての区分が"地理的地域"である。逆にいえば自分が考察，研究の対象とする"地域"が確定して，はじめて地理的考察が始まるのである。

13章　地域区分と国家，国家群

❷ **等質地域** 同じような地理的性質でもって他と境界を決定できる地域。同質地域ともいう。スラブ文化圏，温帯地域，沖積低地，混合農業地域，鉄鋼業地域，住宅地区などが具体例。

等質地域の特徴は，地域区分をする場合，等質性の指標の用い方によってどのようにも画定できること，隣接する等質地域との境界は明確な線で区画されず，漸移地帯となっていることである。★5

★5 植生でいうなら，ある線を境に東側が熱帯雨林，西側がサバナと，くっきりと分かれるいうことはあり得ない。樹木の密度が少しずつ変化していくのである。

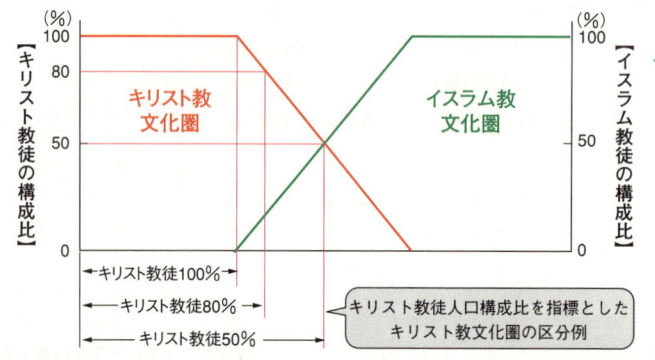

◀等質地域のイメージ
キリスト教文化圏といった場合，指標となるキリスト教徒の構成率を何％にするかによって，画定する地域の範囲が異なってくる。また，キリスト教のうち正教会文化圏，そのうちのセルビア正教文化圏と，いくらでも細分化が可能である。

❸ **機能地域** 特定の場所に核心(中核)を持ち，核心との結合関係(核心の影響がどこまで及ぶか)によって範囲が決定される地域。結節地域，統一地域ともいう。大都市圏，商圏，通勤・通学圏などが具体例。

機能地域の特徴は，核心地域とその周辺を取り巻く周辺地域，★6その限界の三者から構成されること，区分の指標によって同一の地域でも異なる地域区分が行われることである。

★6 大都市圏を例にあげると，CBDや都心商店街という核心と，その周辺に分布する問屋街，軽工業地区，老朽住宅街，郊外住宅地区といった周辺地域(これらはみな等質地域である)から構成される。

ポイント 地域
- 等質地域…同じ性質をもつ地域
- 機能地域…機能的に統一された地域

2 世界の地域区分

1 さまざまな地域区分の例★1

経済発展から	先進国………近代工業が発展し，経済的に豊かな国々。 発展途上国…経済的に発展途上にある国々。
文化の類似性から	東アジア文化圏……中国文化を中心に形成。 インド文化圏………インド，ヒンドゥー教を軸に形成。 イスラム文化圏……イスラム教の世界。 ヨーロッパ文化圏…ギリシャ，ローマ文化とキリスト教。

★1 本書第3編の14～17章の区分(p.302～389)は，地誌学習のための，もっとも一般的な世界の地域区分である。

2 現代の国家

1 国家の成立

1 独立国

❶ **独立国とは** 国家が独立国として国際的に認められる[★1]には，**領域，国民，主権**の3要素が必要である。この場合の主権とは，他国の干渉をうけることなく，領域と国民を統治する権利をいう。

❷ **独立国の分類** 君主の有無，国家の組織などの観点から分類。

分類の基準	類型	特色	代表国
統治の形式	共和国 君主国 立憲君主国	主権をもつ国民が，国家の元首を選出 君主が主権をもって統治する 君主の地位は名目的。憲法による統治	アメリカ，フランス，ロシア，中国 サウジアラビア，クウェート イギリス，ベルギー，タイ
国家の組織	単一国家 連邦国家	中央集権的な単一の政府をもつ 自治権をもつ州が連邦を形成。中央政府は州から委任された権限を行使する	日本，フランス，イタリア，オランダ スイス，ロシア，アメリカ，ドイツ，オーストラリア，アラブ首長国連邦
領土の構成	単節国 複節国 飛地国	国土が陸続きでまとまっている 国土がいくつかにわかれている 国土が外国領土で分断されている	タイ，インド，ブラジル，ノルウェー 日本，インドネシア，イギリス アメリカ，ロシア，アゼルバイジャン
国民の構成	単族国 複族国	単一の民族で構成。厳密な単族国はない 複数の民族で構成。多民族国家ともいう。 現代の国家はほとんどが複族国	単族国に近い…韓国，イエメン ロシア，ベルギー，スイス，マレーシア，シンガポール，ナイジェリア
政治的立場	緩衝国 永世中立国	2つ以上の強国にはさまれ，対立勢力の衝突を緩和する機能をもつ 緩衝国のうち，関係諸国から国土の不可侵を保障されている	かつてのタイ，ベルギー，ポーランド 現在のベネルクス3国，スイス，ネパール，ラオス スイス，オーストリア

▲**国家の分類と代表国** 飛地国はエクスクラーフェンという。以前はパキスタンもこれに該当した。

2 非独立地域（属領）

❶ **保護国** 国際法上は独立国とされるが，外交権など主権の一部を特定の国に委任する。フランスとスペインにはさまれたアンドラ[★2]が，これにあたっていた。

❷ **自治領** 内政権をもっているが，外交権をもっていない領域[★3]。プエルトリコ（アメリカ），グリーンランド（デンマーク）などがあてはまる。

★1 PLO（パレスチナ解放機構）は，領域をもたないため，独立国とは認められなかったが，1994年から自治区を支配し，自治政府となった。

★2 フランスの元首とスペインのウルヘル司教が主権をもっていた。1993年に独立。

★3 カナダ，オーストラリア，ニュージーランドは独立国であるが，イギリス女王の任命する総督が駐在するため，形式的にはイギリス自治領。

13章 地域区分と国家，国家群

❸ **直轄植民地** 宗主国政府が，直接，統治する植民地。かつてのホンコン，マカオ，現在のフランス領ギアナなど。

❹ **租借地** 一定の期間，他国の領土内で統治を行うことを認められた地域。かつてのパナマ運河地帯（アメリカ）など。

❺ **信託統治領** 国連の委任により，特定の国が統治していた地域（→p.382）。現在は存在しない。

★4 1997年にイギリスから中国へ返還。
★5 1999年にポルトガルから中国へ返還。
★6 1999年にパナマに返還（→p.376）。

2 国家の領域と国境

1 領域

❶ **領土** 国家の主権が及ぶ陸地。

❷ **領海** 18世紀以来，最低潮位線より3海里とされてきたが，現在では日本を含めて，領海を基線より12海里とする国が多く，国連海洋法条約においても，**領海12海里**が認められている。

▲領域と排他的経済水域

宇宙空間（大気圏外）→ 国家の主権に属さない国際空間
領空　200海里
許可なくして通過できない
12海里　領海　排他的経済水域
船舶の航行，海底ケーブルの敷設，上空の飛行などは，公海と同様に自由
国境　領土　公海
基線　約200m
大陸棚　大陸斜面
日本は12海里無害航行は可　コンチネンタルライズ　大洋底

★1 1海里は1852m。領海3海里は国際法として認められてきた。
★2 第三次国連海洋法会議の中で1982年に採択され，1994年に発効。
★3 領海の外側が公海で，航行や漁業などの自由，いわゆる「公海自由の原則」が認められている。なお，領海の外側で基線より24海里の範囲を接続水域という。ここは領海ではないが，領海内での違反を防止する措置などをとることができる。

❸ **領空** 領土と領海の上空のこと。航空機の発達により，防衛上で重要となっている。

2 200海里水域

❶ **大陸棚条約** 第一次国連海洋法会議で採択され，1964年に発効。**大陸棚**の水産資源や地下資源は，沿岸国が権利をもつことになった。

❷ **排他的経済水域** 国連海洋法条約による200海里までの水域 EEZ(Exclusive Economic Zone) （領海を除く）で，すべての資源について沿岸国が権利をもつ。日本も1977年，領海を12海里とし，**200海里水域**を設定。

★4 大陸棚とは，水深が200mぐらいまでの浅い海底（→p.67）。地下資源にめぐまれ，水産資源も豊富。
★5 日本は，世界の趨勢に押される形で1977年以来，領海12海里と200海里水域を設定した。なお，日本の200海里水域（→p.392）は，最初は水産資源の領有に限定した漁業専管水域として設定されたが，国連海洋法条約の批准により，1996年から排他的経済水域となる。

ポイント
独立国 ─ ①領域 ─ 領土
　　　　②国民 ─ 領海（3→12海里）
　　　　③主権 ─ 領空
　　　　　　　　経済水域（200海里）
保護国，自治領，直轄植民地，租借地など

3 国境の種類

① 国境の機能 国境は主権の及ぶ限界であり，隣国との隔離性，交流性の二面性の機能をもつ。

② 自然的国境 山岳，海洋，河川，湖沼などによる。

③ 人為的国境 緯度，経度による数理的国境が代表的。城壁や文化的境界などによる国境もある。

> **補説** **先行国境**★6　国家の社会的，経済的な支配が及ぶ前に定められた国境。
> **上置国境**　1つの民族，国家を，隣接国や宗主国(植民地支配国)が人為的に分割して定めた国境。バスク人居住地を分けたスペイン，フランス国境や，クルド人居住地を分けたイラン，イラク国境など。民族分布と異なるため，民族紛争がおこる例も多い(→p.268)。

★6 アメリカとカナダ間の国境は，白人にとっては先行国境であるが，先住民のインディアンにとっては上置国境である。

種類	特色	代表例
山岳国境	山岳(とくに山脈)を利用した国境。隔離性は十分であるが，交流性におとる。ただし，アルプス山脈は，峠の交通が発達している	アルプス山脈(スイス，イタリア，フランス，オーストリア)，ピレネー山脈(フランス，スペイン)，アンデス山脈(チリ，アルゼンチン)，エルツ山脈(ドイツ，チェコ)，ステーティ山脈(ポーランド，チェコ)，パトカイ山脈(ミャンマー，インド)，スカンディナヴィア山脈(スウェーデン，ノルウェー)，ヒマラヤ山脈(インド，中国，ネパール，ブータン)，カフカス山脈(ロシア，グルジア，アゼルバイジャン)
海洋国境	もっとも理想的な国境。交流性，隔離性ともにすぐれる	日本，フィリピン，インドネシア，スリランカ，キプロス，マダガスカル，アイスランド，イギリス，キューバ，ニュージーランドなど，島国
河川国境	古くから利用されてきたが，河道が変化しやすいので，紛争の原因にもなる(アメリカ，メキシコ間のリオグランデ川の紛争が有名)	ライン川(フランス，ドイツ，スイス)，ドナウ川(スロバキア，ハンガリー，クロアチア，セルビア，ルーマニア，ブルガリア)，メコン川(タイ，ラオス)，アムール川(中国，ロシア)，オーデル川とナイセ川(ポーランド，ドイツ)，ラプラタ川(アルゼンチン，パラグアイ，ウルグアイ，ブラジル)，コンゴ川(コンゴ，コンゴ民主)，アムノック[ヤールー]川(中国，北朝鮮)，セントローレンス川(カナダ，アメリカ)
その他 湖沼国境 砂漠国境 森林国境		五大湖(アメリカ，カナダ)，レマン湖(スイス，フランス)，ボーデン湖(スイス，ドイツ，オーストリア) サハラ砂漠 ベーマーヴァルト[ボヘミア森](ドイツ，チェコ)

▲自然的国境の種類と代表例

▼人為的国境の種類と代表例　今日では，経緯線を用いた数理的国境が中心である。

種類	特色	代表例
数理的国境	経緯度によって，直線的に定めた国境。境界とすべき自然的事物の乏しい地域や，人口密度が低く開発の遅れた地域，紛争地域に多い	アメリカ(本土)とカナダ(北緯49度)，アラスカとカナダ(西経141度)，エジプトとスーダン(北緯22度)，エジプトとリビア(東経25度)，インドネシアとパプアニューギニア(東経141度)，チリとアルゼンチン[フエゴ島](西経68度36分)など。アフリカ，西アジアの砂漠地帯にも多い
障壁国境	国防上から人工的に城壁や濠をつくって国境としたもの。軍事境界線	万里の長城(中国辺境部)，古代ローマ帝国の城壁(辺境ブリタニアのハドリアヌスの長城など)，韓国と北朝鮮の軍事停戦ライン，インドとパキスタンの停戦ライン
文化国境	民族(言語，宗教)の分布による境界	インドとパキスタン 独立国家共同体＝CIS(→p.359)の中央アジア諸国

▼世界のおもな国境(領土)問題

国境問題の要因としては，①既に定まっている国境を隣国が侵犯した場合，②国境線が不明確な場合，③確定した国境でもその経緯を双方が納得していない場合などがある

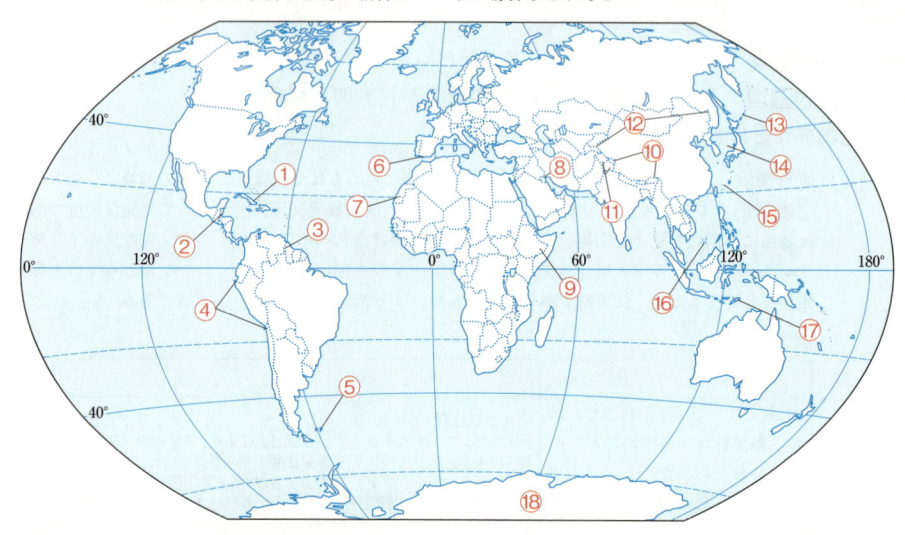

① **グアンタナモ**（キューバ東端）1903年からアメリカが租借。キューバが返還を要求。

② **ベリーズ** 1981年に独立を達成したが，1986年までグアテマラが領有権を主張していた。

③ **ガイアナ西部** ベネズエラが，ガイアナの国土の3分の2をしめるエセキボ地域の領有権を主張。

④ **ペルーの国境紛争** エクアドルとの間の国境紛争は，1999年に解決した。同年，チリとの間の国境紛争も解決した。

⑤ **フォークランド諸島** イギリスとアルゼンチンの双方が領有権を主張。1982年に軍事衝突がおこり，イギリスが勝利した。アルゼンチン名ではマルビナス諸島という。

⑥ **イギリス領ジブラルタル** 1713年のユトレヒト条約でイギリス領になる。スペインが返還を要求。

⑦ **西サハラ** スペイン撤退後，モロッコとモーリタニアが共同統治。モーリタニアの撤退後モロッコが全土を占領し，独立を望む現地住民と対立。

⑧ **シャトルアラブ川** イランとイラクの国境線を，川の中央にする（イランの主張）か，イラン側の川岸にする（イラクの主張）かで対立。イラン＝イラク戦争（1980〜88年）の一因。

⑨ **オガデン** 「アフリカの角」地域にあり，エチオピアとソマリアが，領有をめぐって1977年に戦争。エチオピアが勝利。

⑩ **中国・インド国境** ヒマラヤ山脈をはさむ東部（マクマホン＝ライン）と西部（ラダク地方）で対立。

⑪ **カシミール地方** インドとパキスタンが分離，独立する際に，その帰属をめぐって対立。現在は休戦ラインで分割されている。

⑫ **中国・旧ソ連国境** 東部アムール川，ウスリー川の中州の帰属や，西部のパミール地方をめぐって双方が対立。1989年に協定成立。2001年の友好条約で確認。

⑬ **北方領土** 国後島，択捉島，歯舞群島，色丹島の北方4島は，現在ロシアが占領。日本は，固有の領土であるとして，返還を要求。(→p.392)

⑭ **竹島** 日本と韓国（独島）が領有権をめぐって対立。

⑮ **尖閣諸島** 日本と中国・台湾が領有権をめぐって対立。

⑯ **ナンシャー（南沙）諸島** 多数の岩礁。海底油田の利権がからんで，中国，台湾，ベトナム，マレーシア，フィリピン，ブルネイが領有権を主張。

⑰ **東ティモール** オランダ領から独立したインドネシアに対し，ポルトガル領であったティモール島東半分が，インドネシアによる併合に反対。2002年5月に独立国として成立。

⑱ **南極大陸** ヨーロッパ，オセアニア，南アメリカの7か国が領有権を主張。1959年の南極条約締結以来，領有権は凍結状態にある。(→p.386)

3 現代の国家群

1 さまざまな国家群

1 国家群の多様化

❶ **3つの国家群** 第二次世界大戦後，世界の国家は，資本主義国家群，社会主義国家群，発展途上国(第三世界)に分かれてきた。

❷ **国家群の対立** 戦後の米ソ対立(東西冷戦)により，資本主義国家群と社会主義国家群は，それぞれ軍事同盟を結んだ。一方，発展途上国の多くは，非同盟，中立主義の立場をとった。

❸ **現在の国家群** 1989年に冷戦が終結し，その後の東ヨーロッパの民主化とソ連の解体(1991年)によって，従来の国家群の枠組みは大きく変化した。発展途上国も，産油国や新興工業地域(新興工業経済地域群)(NIEs) Newly Industrializing Economies，後発発展途上国(LLDC) Least among Less-Developed Countries などに分化しており(→p.168)，国家群は多様化の時代を迎えている。

★1 アメリカを中心とした資本主義国家群を西側，ソ連を中心とした社会主義国家群を東側として，直接，戦争をしないで対立したこと。

★2 1人あたりの国民所得，識字率，工業化率の水準が著しく低い国。最貧国ともいう。現在，48か国。

2 国家間の結合

1 国家の結合

❶ **政治的結合** 特定の国どうしで結ばれ，軍事同盟から緩やかな結合まで，また，二国間条約から集団安全保障体制まで，さまざまな形が存在。東西冷戦時代には多くの軍事同盟が結成された。

　(補説) 二国間条約　軍事的，政治的結合には，二国間条約もある。アメリカが中心の日米安全保障条約，米韓相互防衛条約など。旧ソ連も，モンゴル，ベトナム，北朝鮮，中国などと二国間の軍事的な条約を結んでいた。

❷ **経済的結合** 多くの場合は，同一地域の国どうしが結合し，相互に交流を深めて経済発展をめざす。しかし，保護貿易政策をとって，排他的性格をおびやすいので，世界経済のブロック化に結びつく恐れがある。また，発展途上国には，特定の一次産品の輸出国が結合する資源カルテルもみられる。

2 先進国の軍事的，政治的結合

❶ **北大西洋条約機構(NATO)** 北アメリカ，西ヨーロッパ諸国による軍事同盟として，1949年に結成。冷戦終結後は戦力を削減しており，ヨーロッパの安全保障，テロ対策にとりくむ。

★1 関係各国が相互に不可侵を約束し，侵略国には集団として強制措置をとり，平和を維持しようとする考え方。

★2 加工されない形のままの農林水産物や鉱産物。原油，ボーキサイト，銅，バナナなど。発展途上国の輸出品には，一次産品が多い。

★3 石油輸出国機構(OPEC)が代表的である(→p.297)。

★4 2004年に東ヨーロッパ諸国7か国が加盟して26か国，2009年にアルバニアとクロアチアが加盟して28か国になった(→p.294)。本部ブリュッセル。

補説　ワルシャワ条約機構（WTO）　旧ソ連と東ヨーロッパ諸国による軍事同盟で，NATOに対抗して，1955年に結成された。7か国が加盟していたが，冷戦終了後の1991年に解体。最近は，WTOに加盟していた国のNATO加盟がすすんでいる（→p.294）。

❷ **経済協力開発機構（OECD）**　OEECが改組されて★5，1961年に結成。先進資本主義国の貿易推進と，発展途上国援助の調整をはかることが目的。おもに先進資本主義国（34か国）が加盟しているので，先進国クラブとよばれる。発展途上国の援助については，下部機関の開発援助委員会（DAC）で協議。

❸ **主要国首脳会議（サミット）**　1975年から，アメリカ，イギリス，フランス，ドイツ，イタリア，カナダ，日本，ロシア（G8）★6の首脳とEU委員長が，年1回集まり，国際問題について協議。

　補説　財務大臣・中央銀行総裁会議　国際的な経済問題を議論。次の3種類が存在。①G7：G8のうちロシアを除く。②G10：G7とオランダ，ベルギー，スウェーデン，スイスで構成。③G20：G20サミット参加国にIMF，IBRD，ヨーロッパ中央銀行の3機関の代表で構成。

❹ **G20サミット（20か国・地域首脳会合）**　世界金融危機の深刻化を受けて，2008年からG8，EU，新興経済国11か国★7のグループで開催（G20財務大臣・中央銀行総裁会議は1999年から）。金融サミットとも呼ばれる。参加国の総人口は世界の3分の2，GDP合計は世界の約90％，貿易総額は世界の約80％になる。

③ 発展途上国に関する結合

❶ **非同盟諸国会議**　1961年，ベオグラードで第1回会議を開催。東西冷戦時代に，非同盟，中立主義の運動を展開。1970年代から発展途上国の利益を主張し，運動の重点は南北問題（→p.291）にうつっている。現在は110か国以上が参加している。

　補説　アジア＝アフリカ会議（A＝A会議）　史上初めてのアジア，アフリカ諸国の国際会議。1955年，インドネシアのバンドンで開催。反植民地主義，民族主義，平和共存などをスローガンとしてかかげ，後にバンドン精神として，アジア，アフリカ諸国の精神的支柱となった。

❷ **国連貿易開発会議（UNCTAD）**　南北問題の解決をはかるため，先進資本主義国に有利な貿易体制を是正し，発展途上国の経済発展を目的とする。1964年に国連の常設機関として設立★8。国連全加盟国が参加。

途上国へ一般特恵関税の実施	「援助よりも貿易を」（1964年）
途上国へGNP1％相当の援助	「援助も貿易も」（1972年）
一次産品の価格引き上げ，価格補償のための共通基金★10の設立★9	

★5　第二次世界大戦後，アメリカはマーシャル＝プランという西ヨーロッパ復興計画を立案した。その受け入れ機関として，1948年，ヨーロッパ経済協力機構（OEEC）が設立された。これに対抗して，ソ連は社会主義諸国とともに経済相互援助会議（COMECON）という経済同盟を結成した（1949～1991年）。

★6　主要な8か国のグループという意味。ロシアは1997年から参加。

★7　EUは団体として参加。11か国は中国，韓国，インドネシア，インド，サウジアラビア，トルコ，南アフリカ，メキシコ，ブラジル，アルゼンチン，オーストラリア。

★8　1961年，第1回非同盟諸国会議終了に際し，発展途上国77か国が共同宣言を採択して，77か国グループを結成した。この77か国グループの結束によってUNCTADの設立がうながされた。

★9　一次産品は，価格が抑えられ，かつ不安定であり，利益が少ない。

★10　小麦，砂糖，すず，コーヒー豆，カカオ豆，オリーブ油，天然ゴム，ジュート，木材について，一次産品共通基金が設立された。

3 現代の国家群　291

補説 **南北問題**　おもに北半球の北側に位置する先進資本主義国と，その南側に位置する発展途上国との間の大きな経済格差の問題。かつての植民地支配に続く，先進国本位の国際経済秩序が要因。(→p.30)

補説 **新国際経済秩序(NIEO)**　1974年の国連総会で宣言。ヨーロッパ列強が世界を植民地として分割して以来，先進資本主義国が形成してきた国際経済秩序は，発展途上国には不利な面が多い。資源や経済活動に対する恒久的主権，多国籍企業への規制などを明確化し，公正で新しい秩序を樹立しようとしている。

3 ヨーロッパの結合

1 ヨーロッパ共同体(EC)の成立と発展

❶ **ベネルクス3国関税同盟**　ベルギー，オランダ，ルクセンブルクの3国間の関税を廃し，共通関税を設立。ECのひな型。

❷ **3つの共同体**　ベネルクス3国とフランス，西ドイツ，イタリアの6か国によって結成。

① **ヨーロッパ石炭鉄鋼共同体(ECSC)**[★1]　1952年に発足。基幹産業である石炭と鉄鋼の関税を廃し，生産や価格などを共同管理。1950年にフランスのシューマン外相が提唱したことを発端とする。軍需物資である石炭と鉄鋼の共同管理によって，ヨーロッパ，とくにフランスとドイツで二度と戦争をおこさない不戦共同体をつくるという面があった。

② **ヨーロッパ経済共同体(EEC)**[★2]　1958年に発足。経済面の国境を廃するために，域内関税の撤廃，共通関税の設定，資本や労働力の移動の自由化，経済面での共通政策の実施を行った。

③ **ヨーロッパ原子力共同体(EURATOM)**[★3]　1958年に発足。原子力の利用と開発を共同で行った。

❸ **ECの結成**　ヨーロッパ共同体(EC)[★4]は，1967年，3つの共同体を統合して発足。原加盟国は，ベネルクス3国とフランス，西ドイツ，イタリアの6か国。本部はベルギーの首都ブリュッセル。

❹ **加盟国の増加**　ECは12か国に拡大した。[★5]

補説 **ヨーロッパ自由貿易連合(EFTA)**　イギリスを中心とした7か国が，EECに対抗して1960年に結成。EECとは異なり，域外共通関税を設定せず，ゆるやかな結合をめざした。これはイギリス連邦との貿易を縮小させたくないイギリスの意思による。しかし，イギリス，デンマーク，ポルトガル，オーストリア，スウェーデン，フィンランドがEC，EUに移った。現在，ノルウェー，スイス，アイスランド，リヒテンシュタインが加盟。1994年から，EUと，スイスを除くEFTAの3か国で，ヨーロッパ経済地域(EEA)をつくり，市場統合を推進。

★1 European Coal and Steel Communityの略。

★2 European Economic Communityの略。

★3 European Atomic Energy Communityの略。

★4 European Communityの略。

★5 1993年にECがEUになって，その後，加盟国はさらに拡大している(→p.342)。

テーマゼミ EUの共通農業政策(CAP) Common Agricultural Policy

○ ヨーロッパは第二次世界大戦で戦場となり，復興に際し，まず食糧の増産＝農業の復興が課題であった。**共通農業政策(CAP)** は，関税同盟の構築などとともにEEC(当時)の事業の重要な柱であった。CAPのおもな事業は，共通市場政策，共同農業財政，農業構造改善事業である。

○ **共通市場政策**は，統一価格制度および境界保護措置による域内農業の保護である。**共同農業財政**は，CAPに関する費用を加盟国の経済力に応じた分担金によってまかなうというものである。

○ **統一価格制度**とは，「域内では，ある1つの農産物の価格はどこの市場でも同じ」というものである。たとえば，小麦なら，もっとも"生産性の低い＝コストの高い"地域(当初はドイツのフランクフルト)の市場価格を統一価格として，その他の"生産性の高い＝コストの低い"地域では，EECが買い手となって市場介入し(有効需要を高める＝価格を上げる)，統一価格になるまで無制限に買い入れを行うというものである。

○ **境界保護措置**とは，①安価な海外農産物には輸入課徴金を課し，②高価な域内農産物には輸出補助金をつけて安価に輸出するというものである。

○ これらの制度によって保護されたEECの農家は，生産意欲を向上させ，その農業生産は急速に回復した。しかし，一方でさまざまな問題も発生した。①農業予算の膨張(全体の約半分を農業関連予算がしめる)，②ドイツなど分担金の高負担国の，統一価格制度の受益国に対する不満，③余剰農産物，およびこれらに補助金をつけて安価に輸出することによる農産物貿易摩擦などである。

○ このため，1980年代から，①統一価格の引き下げ，②農産物の無制限買い取りの撤廃，③作付面積の削減などの対応を行ってきた。2003年からは，統一価格をさらに引き下げ，かわりに基準を満たす農家に個別に補助金を出す方式に転換した。また，余剰農産物の輸出補助金は撤廃された。

2 ECからEUへ

❶ マーストリヒト条約 1992年調印，1993年発効のヨーロッパ連合条約。ECは**ヨーロッパ連合(EU)** として発展することとなった。

❷ EUの機関 **EU理事会**が決定機関で，**ヨーロッパ委員会**が執行機関。**ヨーロッパ議会**がある。★6

❸ EUの政策

① 関税同盟と共通通商政策　域内関税の撤廃と，域外共通関税を設定して関税同盟を完成。また，対外的に共通の通商政策をすすめている。★7

② 共通農業政策
　①共通市場政策　域内の農民の所得保障を目的に，域内の農産物には統一価格を設定して保障する。域外の安価な農産物の輸入には輸入課徴金をかけ，輸出するときは輸出補助金を出す。
　②共同農業財政　共通市場政策のための費用をまかなう。
　③農業構造改善事業　経営規模の拡大，機械化の促進など。

▼EUのおもな機関

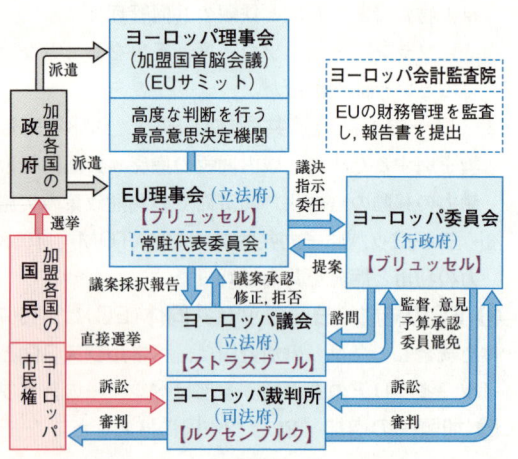

ヨーロッパ理事会(加盟国首脳会議)(EUサミット)　高度な判断を行う最高意思決定機関

ヨーロッパ会計監査院　EUの財務管理を監査し，報告書を提出

EU理事会(立法府)【ブリュッセル】　常駐代表委員会

ヨーロッパ委員会(行政府)【ブリュッセル】

ヨーロッパ議会(立法府)【ストラスブール】

ヨーロッパ裁判所(司法府)【ルクセンブルク】

加盟各国の政府／加盟各国の国民／市民権　派遣／選挙／議案採択報告／直接選挙／訴訟／審判／議決指示委任／議案承認修正，拒否／提案／諮問／監督，意見予算承認委員罷免／訴訟／審判

★6 議席数は各国の人口比による。

★7 アフリカ，カリブ海，太平洋地域の国々と，コトヌー協定を結び，援助と貿易の拡大をはかっている。

3 市場統合　ECは，1993年より市場統合を達成した。これは，人（労働力），物やサービス（商品），資本（お金）が，どこへでも自由に移動できることを意味する。出入国の手続きは1995年に発効したシェンゲン協定（→p.387）により大幅に簡素化された。

4 通貨統合　EUは，**ヨーロッパ中央銀行**を設立し（本部はフランクフルト），1999年から，新しく単一通貨として「**ユーロ**（Euro）」★8 を導入した。スウェーデン，デンマーク，イギリスなどは導入していない。

3 EUとその課題

❶ EUの意味
ヨーロッパ連合（EU）では，通貨統合，共通外交を推進することになっている。現在，経済分野では加盟国の国家を超越した意思決定を行うことができる。

❷ 今後の課題

1 保護貿易★9　EUの貿易総額は世界最大であるが，半分以上を域内がしめ，域外に対して保護主義の立場を取るため，経済のブロック化を助長するという非難をうけている。★10

2 共通農業政策　需給関係を無視した買い支えによって，農産物の過剰生産が深刻化。同時にEU予算の約半分を農業政策による経費がしめることで財政が悪化。アメリカとの農産物貿易摩擦が深刻となり，1986年から始まったGATTの**ウルグアイ＝ラウンド**で話し合われ，生産調整や統一価格切り下げなどを実施した。その後も改革をすすめている。

★8 1979年に成立したヨーロッパ通貨制度（EMS）では，ECU（エキュ，ヨーロッパ通貨単位）を共通の計算単位にして為替相場の安定をはかったが，これは実在の通貨ではなかった。

★9 自国内（域内）の産業を保護するために，政府が介入して統制する貿易。今日，先進国間では自由貿易が原則とされている。

★10 とくに共通農業政策について，アメリカが強く非難している。閉鎖的な勢力範囲が形成（ブロック化）されると，国際貿易がふるわなくなり，各ブロック間で競争がはげしくなって，国際関係も悪化しやすい。

▼国内総生産（GDP）と人口の比較

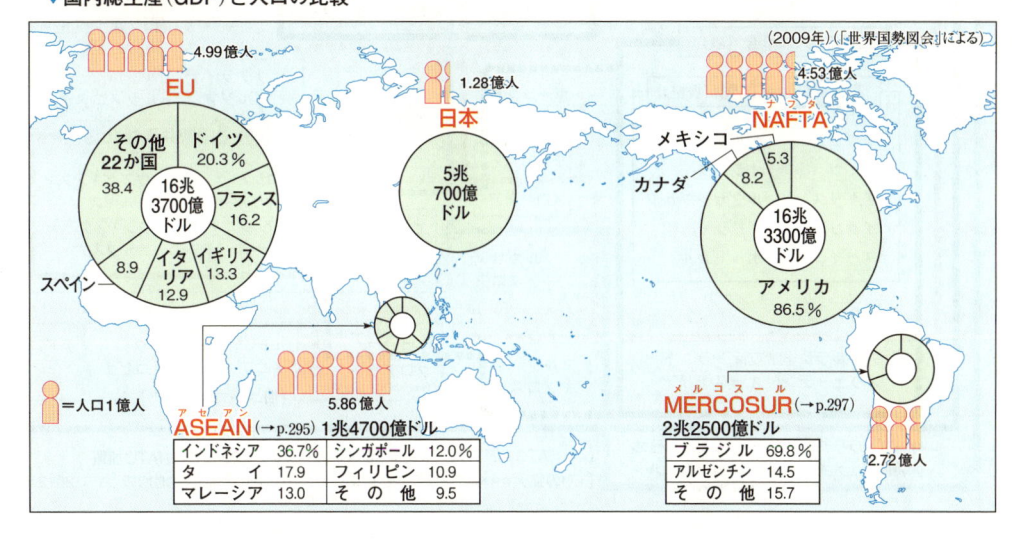

(2009年)（『世界国勢図会』による）

EU　4.99億人
16兆3700億ドル
- ドイツ 20.3%
- フランス 16.2
- イギリス 13.3
- イタリア 12.9
- スペイン 8.9
- その他22か国 38.4

日本　1.28億人
5兆700億ドル

NAFTA　4.53億人
16兆3300億ドル
- アメリカ 86.5%
- カナダ 8.2
- メキシコ 5.3

＝人口1億人

ASEAN（→p.295）　5.86億人　1兆4700億ドル
インドネシア	36.7%	シンガポール	12.0%
タイ	17.9	フィリピン	10.9
マレーシア	13.0	その他	9.5

MERCOSUR（→p.297）　2.72億人　2兆2500億ドル
ブラジル	69.8%
アルゼンチン	14.5
その他	15.7

13章 地域区分と国家, 国家群

③ 地域格差
EUの規模が拡大するにつれて, 加盟国間の経済水準に格差がみられるようになった。新しく加盟した旧東ヨーロッパ諸国は, 他国に比べて所得水準が低く, 格差は拡大している。また, ギリシャ, アイルランド, ポルトガルなどが債務危機におちいり, EU全体の経済混乱をまねいている。

> **ポイント**
> EC (1967年結成)…ECSC, EEC, EURATOMを統合
> 1993年に市場統合を完成→世界最大の統一市場が成立
> 人, 物やサービス, 資本の移動が, 完全に自由になった
> ヨーロッパ連合 (EU)…ユーロによる通貨統合や, 共通外交が目標

4 ヨーロッパのその他の結合

❶ ヨーロッパ安保協力機構 (OSCE) 1975年以来, 全ヨーロッパ諸国の安全保障と協力関係の確立をすすめてきた。冷戦終結をうけた1990年にパリ憲章が調印され, 事務局などが設置された。

❷ ヨーロッパ大西洋協力評議会 (EAPC) ソ連解体の1991年に, 北大西洋条約機構 (NATO) と旧ワルシャワ条約機構の加盟国が結成した北大西洋協力理事会 (NACC) から発展 (1997年)。

★11 加盟国は50か国をこえる。

★12 北大西洋協力会議, 北大西洋協力評議会とも表記される。

▼ヨーロッパを中心とする国家結合

[図: ヨーロッパを中心とする国家結合]

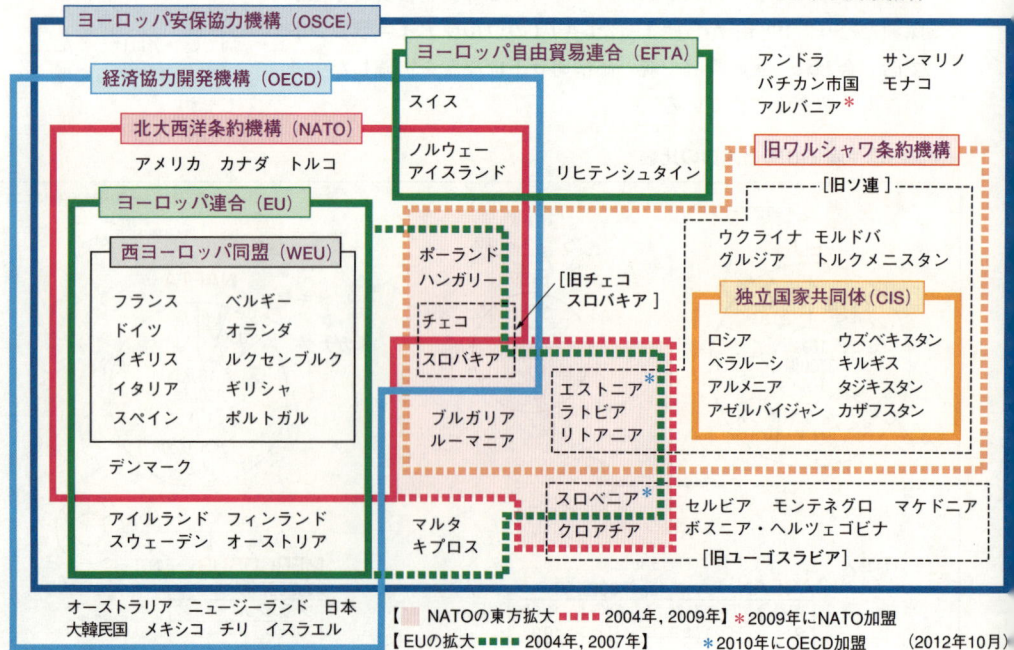

ヨーロッパ安保協力機構 (OSCE)
経済協力開発機構 (OECD)
北大西洋条約機構 (NATO) — アメリカ カナダ トルコ
ヨーロッパ連合 (EU)
西ヨーロッパ同盟 (WEU) — フランス, ベルギー, ドイツ, オランダ, イギリス, ルクセンブルク, イタリア, ギリシャ, スペイン, ポルトガル
デンマーク
アイルランド フィンランド スウェーデン オーストリア
ヨーロッパ自由貿易連合 (EFTA) — スイス, ノルウェー アイスランド, リヒテンシュタイン
ポーランド ハンガリー
チェコ
スロバキア
[旧チェコスロバキア]
エストニア* ラトビア リトアニア
ブルガリア ルーマニア
スロベニア*
マルタ キプロス
クロアチア
アンドラ サンマリノ バチカン市国 モナコ アルバニア*
旧ワルシャワ条約機構
[旧ソ連]
ウクライナ モルドバ グルジア トルクメニスタン
独立国家共同体 (CIS) — ロシア, ウズベキスタン, ベラルーシ, キルギス, アルメニア, タジキスタン, アゼルバイジャン, カザフスタン
セルビア モンテネグロ マケドニア ボスニア・ヘルツェゴビナ
[旧ユーゴスラビア]
オーストラリア ニュージーランド 日本 大韓民国 メキシコ チリ イスラエル

【NATOの東方拡大 2004年, 2009年】 *2009年にNATO加盟
【EUの拡大 2004年, 2007年】 *2010年にOECD加盟
(2012年10月)

❸ **独立国家共同体（CIS）** 1991年のソ連解体後，独立国となった12か国で結成。現在の正式加盟は8か国。各国とも，政治，経済，民族問題をかかえ，組織の結束力は強くない。(→p.355)

★13 旧ソ連から独立した15か国のうち，バルト3国は当初から加盟していない。

4 その他の結合

1 アジアやアフリカの結合

❶ **東南アジア諸国連合（ASEAN）** 1967年に結成。東南アジアの政治，経済の地域協力組織。東南アジアの10か国が加盟。シンガポール，マレーシア，タイなどで工業化がすすむ。1992年は，EUやNAFTAに相当する**ASEAN自由貿易地域（AFTA）**の形成が合意され，関税引き下げによる域内貿易の促進にむけて動き出した。本部はインドネシアのジャカルタ。

（補説）**ASEAN地域フォーラム（ARF）** 近年めざましい経済成長をとげたASEAN諸国は，AFTAの形成など，欧米に対抗するような動きをとる一方，中国と台湾の関係（中台問題）や，ナンシャー諸島(→p.288)問題など，政治的に不安定な要素もかかえている。このような状況を背景に，極東アジアや太平洋地域の安全保障などについて，関係国の外相が集まって討議するのが目的。1994年に結成。

（補説）**アジア＝ヨーロッパ会議（ASEM）** ASEANの主要国とヨーロッパ連合（EU）諸国の会議で，1996年から始まった。ユーラシア情報ネットワークの推進などを目的にかかげている。

★1 タイ，インドネシア，フィリピン，マレーシア，シンガポールの5か国で結成。その後，1984年にブルネイ，1995年にベトナム，1997年にラオスとミャンマー，1999年にカンボジアが加盟した。

★2 加盟国はASEAN10か国を中心に，広い範囲の国々を含む。

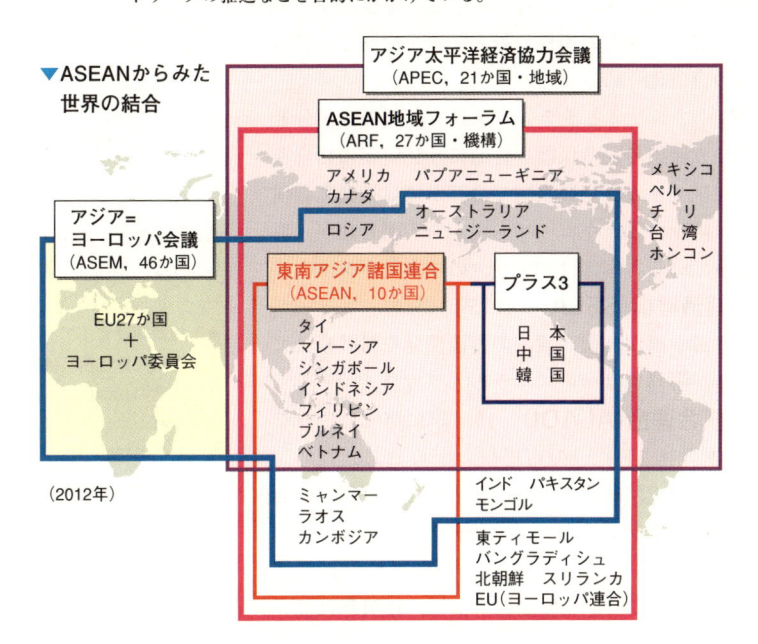

▼ASEANからみた世界の結合（2012年）

アジア太平洋経済協力会議（APEC, 21か国・地域）		
ASEAN地域フォーラム（ARF, 27か国・機構）		

- アジア＝ヨーロッパ会議（ASEM, 46か国）: EU27か国＋ヨーロッパ委員会
- 東南アジア諸国連合（ASEAN, 10か国）: タイ，マレーシア，シンガポール，インドネシア，フィリピン，ブルネイ，ベトナム／ミャンマー，ラオス，カンボジア
- プラス3: 日本，中国，韓国
- ARF参加: アメリカ，カナダ，ロシア，パプアニューギニア，オーストラリア，ニュージーランド，インド，パキスタン，モンゴル，東ティモール，バングラデシュ，北朝鮮，スリランカ，EU（ヨーロッパ連合）
- APEC参加: メキシコ，ペルー，チリ，台湾，ホンコン

❷ 南アジア地域協力連合(SAARC)　南アジア8か国による経済，文化など総合的な発展をめざす組織。1985年結成。2006年には，南アジア自由貿易圏(SAFTA)が発足するなど，貿易促進にむけた動きがみられる。本部はネパールのカトマンズ。

❸ 湾岸協力会議(GCC)　イラン革命や旧ソ連のアフガニスタン侵攻などの危機に対し，ペルシア湾岸の産油国6か国が，経済や安全保障などの面で協力を強めることを目的に，1981年に設立。湾岸戦争(1991年)では，アメリカと多国籍軍を編成するなど，親米的な色彩がある。本部はサウジアラビアのリヤド。

❹ アラブ連盟(AL)　1945年に結成。アラブ諸国間の関係強化を目的とする。民族主義的な色彩が強い。中東戦争ではエジプトを中心に強い結束をみせたが，1979年のエジプトとイスラエルの単独和平以降，結束がくずれる。本部はエジプトのカイロ。

❺ アフリカ連合(AU)　1960年の「アフリカの年」(→p.329)をふまえ，1963年に，アフリカ諸国の連帯を目的に結成されたアフリカ統一機構(OAU)が，2002年に改組して成立。西サハラの加盟により，モロッコは1984年に脱退。現在の加盟国は，アフリカの独立国53か国と西サハラ。本部はエチオピアのアディスアベバ。

2 南北アメリカの結合

❶ 北米自由貿易協定(NAFTA)　1994年に結成。加盟国はアメリカ，カナダ，メキシコ。3国間の関税や輸入制限を撤廃し，資本，商品，労働力の移動の自由化をめざす。

❷ 米州機構(OAS)　アメリカとラテンアメリカ諸国の大部分との結合で，南北アメリカ諸国の安全保障を目的に，1951年に結成された。加盟国は，南北アメリカの全独立国で計35か国。社会主義国のキューバは1962年に排除され，キューバも脱退を表明したが，形式的には加盟国となっている。本部はアメリカのワシントンD.C.。

❸ ラテンアメリカ経済機構(SELA)　1975年に結成。キューバを含むラテンアメリカ27か国が加盟。域内の資源開発や対外政策に関して共通姿勢をとる。事務局はベネズエラのカラカス。

❹ ラテンアメリカ統合連合(ALADI)　1961年に結成したラテンアメリカ自由貿易連合(LAFTA)の市場統合が失敗したため，1981年にこれを改組して結成。域内関税の引き下げなどを行い，共同市場をめざす。本部はウルグアイのモンテビデオ。

❺ 中米統合機構(SICA)　中央アメリカ7か国の経済同盟。1951年設立の中米機構(ODECA)を発展的に解消し，1991年に設立。

★3　インド，パキスタン，バングラデシュ，スリランカ，ネパール，ブータン，モルディブと，2007年に加盟したアフガニスタン。

★4　クウェート，サウジアラビア，バーレーン，カタール，アラブ首長国連邦，オマーンの王制6か国により構成される。

★5　アラブとは，アラビア語とイスラム教を共通にする民族のこと(→p.274)。アラブ連盟の加盟国は，21か国とPLO(パレスチナ解放機構)(→p.298)。

★6　1989年にアメリカ，カナダ自由貿易協定が発効していたが，1993年のEU誕生をみて，メキシコを加え，人口，GNPともEUを上回る地域経済共同体をめざした。アメリカとメキシコの間では，1970年代からメキシコでのマキラドーラ(→p.376)の成功があった。

★7　アメリカを含んでおらず，先進国に対抗しようとする性格が強い。

★8　加盟国はガイアナ，スリナムを除く南アメリカ大陸の10か国と，メキシコ，ニカラグア，キューバの13か国。

★9　グアテマラ，ホンジュラス，エルサルバドル，ニカラグア，コスタリカ，パナマ，ベリーズが加盟。

地域経済統合を進める。本部はグアテマラシティ。
❻ 南米南部共同市場(MERCOSUR) ブラジル，アルゼンチン，ウルグアイ，パラグアイの4か国で，1995年に結成した関税同盟。2006年にベネズエラが加盟。コロンビア，エクアドル，ペルー，ボリビア，チリが準加盟国となっている。EUのような共同市場形成をめざしている関税同盟。

欧米諸国がその将来性を注目する一方で，アメリカ自由貿易地域(FTAA)の創設をめざすアメリカとの関係悪化など，今後の行方が注目される。本部はウルグアイのモンテビデオ。[★10]

❼ アンデス共同体(CAN) 1996年結成のボリビア，ペルー，エクアドル，コロンビアのアンデス地域の経済開発組織。加盟国の国民は，加盟国間を自由に往来できる。MERCOSURと協力関係。

3 その他の地域の結合

❶ アジア太平洋経済協力会議(APEC) 経済発展の著しい環太平洋地域の，今後のさらなる経済発展のための協力を協議する目的で，1989年初会合が開かれた。本部はシンガポール。[★11]

❷ 環日本海経済圏構想 日本，中国，韓国，北朝鮮，ロシアで構成される経済圏構想。日本と韓国の資本や技術，中国の労働力，北朝鮮とロシアの資源を活用した開発をめざす。

❸ 上海協力機構(SCO) 2001年設立の中国，ロシア，カザフスタン，キルギス，タジキスタン，ウズベキスタンの6か国による協力機構。第一の目的は分離主義・テロ・過激派への対処だが，欧米地域に対する新たな軍事・安全保障同盟として注目される。

4 資源カルテル

❶ 資源ナショナリズム 自国領土内の天然資源に対して民族的主権の確立と，それに基づく経済発展をめざす動きを**資源ナショナリズム**という。1960年代以降に活発となった。

❷ 資源カルテル 資源ナショナリズムの確立のために，共通の資源を保有する国が結成。生産量や価格を協定して，加盟国の利益を守ろうとしている。

① **石油輸出国機構(OPEC)**[★12] 発展途上国の産油国が，メジャー(国際石油資本)に対抗するため1960年に結成。1970年代に価格，生産量の決定権を握り，石油産業の国有化に成功。(→p.151)

② その他 銅輸出国政府間協議会(CIPEC)，国際ボーキサイト連合(IBA)，鉄鉱石輸出国連合(AIOEC)などが結成された。

▲南アメリカの国家群

★10 キューバを除く米州34か国による一大自由貿易地域を創設しようという構想。アメリカ主導の計画で，メルコスール諸国は反対し，計画は頓挫している。

★11 加盟国は，アジア，太平洋地域の19か国，および台湾，ホンコンの2地域(→p.295)。APEC全体のGDPは世界全体の約6割。

★12 アラブ石油輸出国機構(OAPEC)は，アラブ産油国が1968年に結成。(→p.152)

▶ アラブ連盟，OPEC，OAPECの加盟国
アラブ連盟に加盟しているPLOは，パレスチナ解放機構のことで，国家扱いで加盟している。OPECは1992年にエクアドル，1996年にガボンが脱退。ただしエクアドルは2007年に再加盟。また，インドネシアは2009年から一時脱退している。

石油輸出国機構（OPEC）
ベネズエラ　　イラン
（インドネシア）ナイジェリア
アンゴラ　　　エクアドル

アラブ石油輸出国機構（OAPEC）
イラク　　　サウジアラビア
クウェート　　リビア
カタール　　　アルジェリア
アラブ首長国連邦
バーレーン　　エジプト
シリア

アラブ連盟（AL）
レバノン　　オマーン　　PLO
ヨルダン　　ソマリア
モロッコ　　モーリタニア
イエメン　　ジブチ
スーダン　　コモロ　　チュニジア

5 国際連合（国連）と国際協力

1 国際連合（UN）

❶ **成立と目的**　1945年，51か国を原加盟国として成立。国連憲章第1条で，①国際平和と安全の維持，②諸国間の友好関係の促進，③経済的，社会的，文化的，人道的な国際問題の解決，をうたっている。本部はニューヨーク。

❷ **加盟国**　発足以来，加盟国は増加を続け，現在は190か国をこえている。日本は，1956年に加盟した。

現在の未加盟国は，バチカン市国，コソボ，クック諸島のみ。最近では，2000年にツバル，セルビア，2002年にスイス，東ティモール，2006年にモンテネグロ，2011年に南スーダンが加盟した。

> 補説　**国連平和維持活動（PKO）**　紛争地域に対して，国連平和維持軍（PKF）や軍事監視団を派遣して，休戦，停戦の監視や治安の維持などの任務を行う。当事者に対しては中立の立場をとる。なお1992年には，日本の自衛隊員が初めてカンボジアに派遣された。

❸ **おもな機関**[★1]
1 **総会**　議決は多数決制。重要事項は出席国の3分の2以上。
2 **安全保障理事会（安保理）**　国際平和と安全の維持をはかるための大国中心の機関。議決は**5常任理事国**（改選のない5つの**大国**）[★2]をふくむ9か国以上の賛成で行われる。
　　5常任理事国…拒否権をもつ米，英，仏，ロ，中の5**大国**。[★3]
　　10非常任理事国…総会で選出。任期2年で改選される。
3 **経済社会理事会**　経済，社会，文化，教育上の諸問題を扱う。専門機関や，その他の諸機関がある。
4 **国際司法裁判所**　オランダのハーグにおかれる。総会と安保理で選出される15人の裁判官で構成。任期9年。

★1 国連の関係機関でノーベル平和賞を受賞したものがある。国連難民高等弁務官事務所（1954, 1981年），国連児童基金[UNICEF]（1965年），国際労働機関[ILO]（1969年），国連平和維持軍[PKF]（1988年），国連及びアナン事務総長（2001年），国際原子力機関[IAEA]とエルバラダイ事務局長（2005年），気候変動に関する政府間パネル[IPCC]（2007年）。

★2 安保理では，拒否権をもつアメリカ，イギリス，フランス，ロシア，中国の5大国のうち，1国でも拒否権を行使すれば，議決ができなくなる。そこで1950年，総会の3分の2以上の賛成があれば，安保理と同じ権限を行使できることとした，「平和のための結集決議」がなされた。

★3 現在，日本やドイツなどの常任理事国入りが検討されている。

▶国連の組織

▼国連の本部
（ニューヨーク）

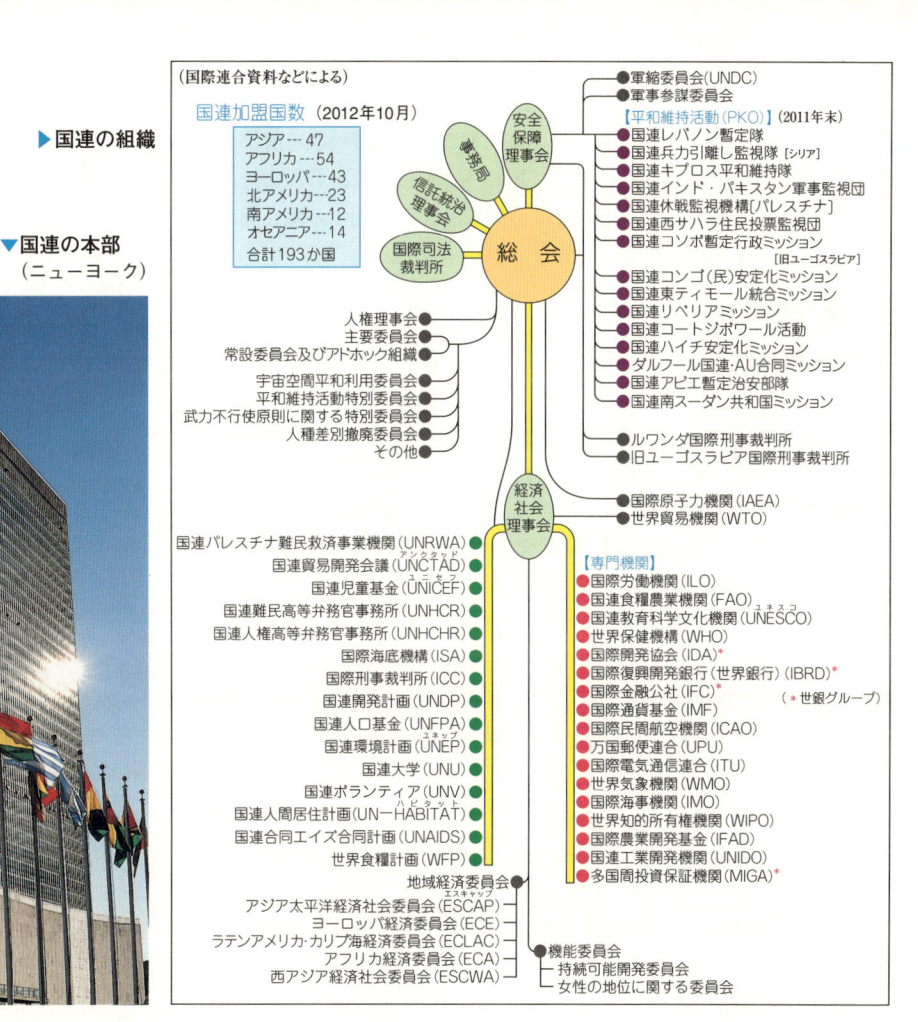

（国際連合資料などによる）

国連加盟国数（2012年10月）
- アジア…47
- アフリカ…54
- ヨーロッパ…43
- 北アメリカ…23
- 南アメリカ…12
- オセアニア…14
- 合計193か国

総会
- 事務局
- 信託統治理事会
- 国際司法裁判所
- 安全保障理事会
  - 軍縮委員会(UNDC)
  - 軍事参謀委員会
  - 【平和維持活動(PKO)】(2011年末)
    - 国連レバノン暫定隊
    - 国連兵力引離し監視隊〔シリア〕
    - 国連キプロス平和維持隊
    - 国連インド・パキスタン軍事監視団
    - 国連休戦監視機構〔パレスチナ〕
    - 国連西サハラ住民投票監視団
    - 国連コソボ暫定行政ミッション〔旧ユーゴスラビア〕
    - 国連コンゴ（民）安定化ミッション
    - 国連東ティモール統合ミッション
    - 国連リベリアミッション
    - 国連コートジボワール活動
    - 国連ハイチ安定化ミッション
    - ダルフール国連・AU合同ミッション
    - 国連アビエ暫定治安部隊
    - 国連南スーダン共和国ミッション
- 人権理事会
- 主要委員会
- 常設委員会及びアドホック組織
- 宇宙空間平和利用委員会
- 平和維持活動特別委員会
- 武力不行使原則に関する特別委員会
- 人種差別撤廃委員会
- その他
  - ルワンダ国際刑事裁判所
  - 旧ユーゴスラビア国際刑事裁判所
- 経済社会理事会
  - 国際原子力機関(IAEA)
  - 世界貿易機関(WTO)
  - 国連パレスチナ難民救済事業機関(UNRWA)
  - 国連貿易開発会議(UNCTAD)
  - 国連児童基金(UNICEF)
  - 国連難民高等弁務官事務所(UNHCR)
  - 国連人権高等弁務官事務所(UNHCHR)
  - 国際海底機構(ISA)
  - 国際刑事裁判所(ICC)
  - 国連開発計画(UNDP)
  - 国連人口基金(UNFPA)
  - 国連環境計画(UNEP)
  - 国連大学(UNU)
  - 国連ボランティア(UNV)
  - 国連人間居住計画(UN-HABITAT)
  - 国連合同エイズ合同計画(UNAIDS)
  - 世界食糧計画(WFP)
  - 【専門機関】
    - 国際労働機関(ILO)
    - 国連食糧農業機関(FAO)
    - 国連教育科学文化機関(UNESCO)
    - 世界保健機構(WHO)
    - 国際開発協会(IDA)*
    - 国際復興開発銀行（世界銀行）(IBRD)*
    - 国際金融公社(IFC)* （*世銀グループ）
    - 国際通貨基金(IMF)
    - 国際民間航空機関(ICAO)
    - 万国郵便連合(UPU)
    - 国際電気通信連合(ITU)
    - 世界気象機関(WMO)
    - 国際海事機関(IMO)
    - 世界知的所有権機関(WIPO)
    - 国際農業開発基金(IFAD)
    - 国連工業開発機関(UNIDO)
    - 多国間投資保証機関(MIGA)*
  - 地域経済委員会
    - アジア太平洋経済社会委員会(ESCAP)
    - ヨーロッパ経済委員会(ECE)
    - ラテンアメリカ・カリブ海経済委員会(ECLAC)
    - アフリカ経済委員会(ECA)
    - 西アジア経済社会委員会(ESCWA)
  - 機能委員会
    - 持続可能開発委員会
    - 女性の地位に関する委員会

⑤ **事務局** 国連運営の事務機関。事務総長は，安保理の勧告で，総会が任命する。★4

⑥ **信託統治理事会** 信託統治領（→p.385）の行政を監督する。現在，業務がほぼ終了。

ポイント
| 国際連合（国連） | 総会……全加盟国で構成
安保理…5常任理事国に拒否権
事務局など多くの機関 |

❹ **国連の成果と課題** アメリカとソ連が対立していた冷戦時代には，国連の目的である平和と安全の維持に関して，有効に機能しなかった面もある。最近は，国連自体の地位低下★5や，安保理の常任理事国をしめる5大国の優越的地位などの問題がある。

★4 1992～96年がガリ（エジプト），97～2006年がアナン（ガーナ），2007年からパンギムン〔潘基文〕（韓国）。

★5 近年では，1993年のソマリアにおけるPKFの失敗，1999年のNATOによるコソボ空爆に際して国連の承認を得ずに軍事行動が行われたこと，アメリカの単独行動主義（→p.387）など，国連の地位低下が危惧される状況も発生。

しかし，冷戦終了後の今日，民族問題などの地域紛争の解決，軍縮の推進など，世界平和に向けて国連への期待は大きい。また加盟国の大半を発展途上国がしめるようになり，深刻化する南北問題の対話の場としても，国連のはたす役割は大きい。

2 国際協力

❶ **国際協力の意味** 政治的な協力も存在するが，経済的な協力（＝援助）を一般に国際協力という。多くは先進資本主義国から発展途上国に対して行われる資金，技術の提供の形をとるが，貿易を通じた協力なども行われる。

❷ **さまざまな経済協力** 経済協力には二国間の協力と多国間の協力，政府ベースによる 政府開発援助（ODA，無償または長期低利の資金援助）と民間ベースによるものに分かれる。

① 国連によるもの　国際復興開発銀行（世界銀行，IBRD）の融資，国連開発計画（UNDP），それぞれの地域経済委員会など。

② 地域協力機関によるもの　アメリカ開発銀行，アジア開発銀行，アフリカ開発銀行の融資。南・東南アジア経済開発協力計画（コロンボ計画→p.101）など。

③ 開発援助委員会（DAC）によるもの　DACは経済協力開発機構（OECD）（→p.290）の下部機関で，発展途上国に対する資金供与や，ODAの拡充などを目的とする。

④ 非政府組織（NGO）によるもの　人的，技術的支援が中心。国際赤十字社，アムネスティ＝インターナショナルなどの団体。

❸ **日本の国際協力**　ODAのほか，民間の直接投資も，1980年代には大きく拡大した。しかし，援助の質については，日本企業の利益本位であるという批判も多く，今後は，南北格差の縮小という視点がますます必要となる。

また，人的支援も重要で，国の独立行政法人である国際協力機構（JICA）が派遣する 青年海外協力隊 が発展途上国で活躍している。他国で大災害が発生したときに，48時間以内に派遣される 国際緊急援助隊 も，日本がその恩恵をうけた1995年の阪神大震災以後，積極的に派遣されている。

▶**おもな先進国の援助**　ヨーロッパ諸国は旧植民地への供与が多い。北ヨーロッパ諸国は，ODA総額の対GNI（国民総所得）比が高い。

★6 関税上で優遇する一般特恵関税の適用や，工場などの設備に操業上のノウハウまでふくめるプラント輸出などがある。

★7 二国間で行われる援助には，被援助国に対する経済支配や，公害輸出などをまねくという問題点がある。

★8 IBRDに関連した国際金融公社（IFC），国際開発協会（IDA），多国間投資保証機関（MIGA）をあわせて世銀グループという。

★9 地域経済委員会は，5つの委員会からなる（→p.299）。

★10 日本は援助額は多いが，対GNP比は低い。ODA総額の約6割がアジア向けで，最大の供与国はベトナム。

★11 企業が工場や子会社をつくって資本進出をすること。（→p.170）

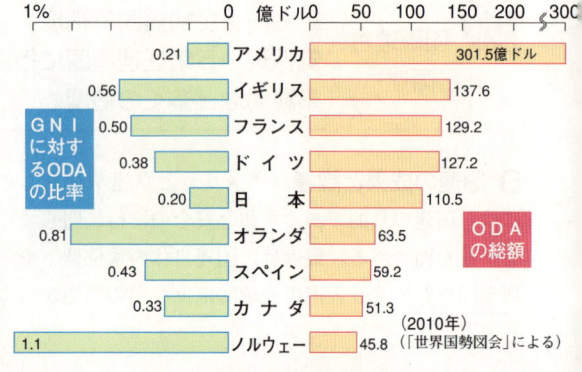

GNIに対するODAの比率	国	ODAの総額（億ドル）
0.21	アメリカ	301.5億ドル
0.56	イギリス	137.6
0.50	フランス	129.2
0.38	ドイツ	127.2
0.20	日本	110.5
0.81	オランダ	63.5
0.43	スペイン	59.2
0.33	カナダ	51.3
1.1	ノルウェー	45.8

(2010年)（「世界国勢図会」による）

テスト直前要点チェック

	問	答
☐ ❶	自然，産業，民族のように区分する地理を，何というか。	❶ 系統地理
☐ ❷	地域別に区分する地理を，何というか。	❷ 地誌
☐ ❸	等質地域の事例を，1つあげよ。	❸ 気候帯（→p.284）
☐ ❹	機能地域の事例を，1つあげよ。	❹ 大都市圏（→p.284）
☐ ❺	独立国の3要素をあげよ。	❺ 領域，国民，主権
☐ ❻	自治権をもつ州が集まってできた国を，何というか。	❻ 連邦国家
☐ ❼	現在，多くの国は領海を何海里にしているか。	❼ 12海里
☐ ❽	現在，多くの国は排他的経済水域を何海里にしているか。	❽ 200海里
☐ ❾	山岳，河川などの国境を，一般に何というか。	❾ 自然的国境
☐ ❿	経緯度によって決められた人為的国境を，何というか。	❿ 数理的国境
☐ ⓫	アメリカを中心とした最大の軍事的結合組織は，何か。	⓫ 北大西洋条約機構（NATO）
☐ ⓬	OECDの日本語での正式名は，何か。	⓬ 経済協力開発機構
☐ ⓭	主要国首脳会議は，ふつう何とよばれているか。	⓭ サミット
☐ ⓮	国連貿易開発会議の略称は，何か。	⓮ UNCTAD（アンクタッド）
☐ ⓯	先進国と発展途上国の間の経済問題を，何というか。	⓯ 南北問題
☐ ⓰	EUの原加盟国はベネルクス3国，旧西ドイツとどこか。	⓰ イタリア，フランス
☐ ⓱	EUの常設の運営，執行機関は，何か。	⓱ ヨーロッパ委員会
☐ ⓲	EUの統一市場で移動が自由なのは，人のほか，何か。	⓲ 物，サービス，資本
☐ ⓳	EUの通貨統合による新しい通貨単位は，何というか。	⓳ ユーロ
☐ ⓴	旧ソ連から独立した国々のつくった協力組織は，何か。	⓴ 独立国家共同体（CIS）
☐ ㉑	アラブ民族の国々が協力をはかる国際機関は，何か。	㉑ アラブ連盟
☐ ㉒	アフリカのほとんどの国が参加する地域的結合は，何か。	㉒ アフリカ連合（AU）
☐ ㉓	アジア太平洋経済協力会議の略称は，何というか。	㉓ APEC（エイペック）
☐ ㉔	自国の資源の主権を主張する動きを，何というか。	㉔ 資源ナショナリズム
☐ ㉕	同じ資源の輸出国が協定して利益を守る結合は，何か。	㉕ 資源カルテル
☐ ㉖	国連の平和維持活動を，略して何というか。	㉖ PKO
☐ ㉗	安全保障理事会で拒否権をもつ5か国をあげよ。	㉗ 米，英，仏，ロ，中
☐ ㉘	オランダのハーグにある国連の主要機関は，何か。	㉘ 国際司法裁判所
☐ ㉙	政府ベースによる発展途上国への援助の略称は，何か。	㉙ ODA

13章 地域区分と国家，国家群

14章 アジアとアフリカ

この章のポイント&コーチ

1 東アジア ▷p.304

◆ 中国（中華人民共和国）
国土と自然 世界第4位の国土に，世界第1位の人口。東部は平野と丘陵が広がり湿潤であるのに対し，西部は高原と盆地で乾燥。

歴史と社会 社会主義国であるが，現在は改革・開放政策で，**シェンチェン**などの**経済特区**や，シャンハイ，コワンチョウなどの経済開発区で経済が発展。漢民族が中心であるが，少数民族も多い。人口は東部，都市に集中。

中国のおもな地域 重工業の発達した東北，黄河流域の華北，長江流域の華中，チュー川流域の華南，少数民族の居住する西部など。

◆ 韓国（大韓民国）と北朝鮮（朝鮮民主主義人民共和国）
韓国 工業化をすすめ**アジアNIEs**の代表になった。農村ではセマウル運動。
北朝鮮 社会主義国として国有化や集団化をすすめた。日本と国交がない。

2 東南アジアと南アジア ▷p.310

◆ あらまし
自然と住民 **季節風**（モンスーン）の影響。
資源と産業 植民地時代はプランテーション，モノカルチャー経済。外国資本を導入して工業化に成功した国もある。

> **アジアNIEs**
> （新興工業地域）
> 大韓民国
> シンガポール
> 台湾，ホンコン

● 東南アジア
タイ 植民地にならなかった。米のモノカルチャー経済から多角化と工業化へ。
マレーシア 多民族国家。天然ゴムとすずから，油やし栽培や工業化の推進。
シンガポール 華人が多数。**アジアNIEs**の代表で，国際金融の中心地。
インドネシア 石油，天然ガスが豊富。コーヒー，天然ゴムなどの商品作物。
フィリピン さとうきび，バナナのプランテーション。工業化も進展。
その他 石油，天然ガスが豊富なブルネイ。ドイモイ政策のベトナム。

◆ 南アジア
インド **ヒンドゥー教**とカースト。工業化もすすむが，農業人口が多い。
パキスタン イスラム教徒が多い。パンジャブ地方などで，小麦，綿花。
バングラデシュ イスラム教徒が多い。ガンジスデルタで，米，ジュート。
スリランカ 仏教徒が多いが，民族対立も。茶や天然ゴムの生産が多い。

3 西アジアと中央アジア ▷p.322

◆ 自然と住民
自然の特色 おおむね乾燥気候で，砂漠やステップが広い。
歴史と社会 **イスラム教**信者が多く，アラブ民族の勢力が強い。ユダヤ民族のイスラエルは，アラブ諸国と対立。

◆ 資源と産業
石油資源 ペルシア湾沿岸とカスピ海沿岸で石油を産出。当初，国際石油資本が支配したが，現在は，**石油輸出国機構（OPEC）**により産油国に主権。
農牧業 伝統的な遊牧やオアシス農業が多いが，一部で大規模な灌漑農業。

◆ 西アジアと中央アジアの国々
イラン イスラム教シーア派の国。世界有数の産油国。
サウジアラビア イスラム教発祥の地。世界有数の産油国。石油収入で工業化。
トルコ イスラム世界で最もはやくに近代化。ドイツへの出かせぎが多い。
その他の国々 イラク，クウェート，アラブ首長国連邦，カタールなどは産油国。中央アジア5か国はイスラム教徒。カフカス3か国では民族対立。

> ASEAN…東南アジア諸国連合
> OPEC…石油輸出国機構
> OAPEC…アラブ石油輸出国機構

4 北アフリカとサハラ以南のアフリカ ▷p.328

◆ 自然と住民
アフリカ大陸の自然 高原状の大陸。乾燥帯が広く，熱帯雨林やサバナも分布。
歴史と社会 植民地支配をうけ，現在も外国資本の支配やモノカルチャー経済。
新しい動き 鉱産資源の国有化，フェアトレード。内戦や紛争がひん発。

◆ 北アフリカとサハラ以南のアフリカの国々
エジプト アスワンハイダムで灌漑。スエズ運河の通航料や観光による収入。
アルジェリア 地中海式農業など。石油や天然ガスを産出。
ナイジェリア 諸民族の連邦国家。石油の産出が多い。プランテーション。
コートジボワール，ガーナ カカオの生産が多い。
リベリア 天然ゴムの生産が多い。便宜置籍船の保有国。
ケニア 温和なホワイトハイランドで茶の栽培。観光産業がさかん。
南アフリカ共和国 地中海式農業やハイベルトでの牧畜がさかん。石炭，金などの資源が豊かで，工業も発達。**アパルトヘイト（人種隔離政策）**は廃止。

1 東アジア

1 あらまし

1 東アジアの国々

❶ **位 置** ユーラシア大陸の東部をしめ，東方は広大な太平洋。
❷ **おもな国々** 日本，中国(中華人民共和国)，韓国(大韓民国)，北朝鮮(朝鮮民主主義人民共和国)や，モンゴル。

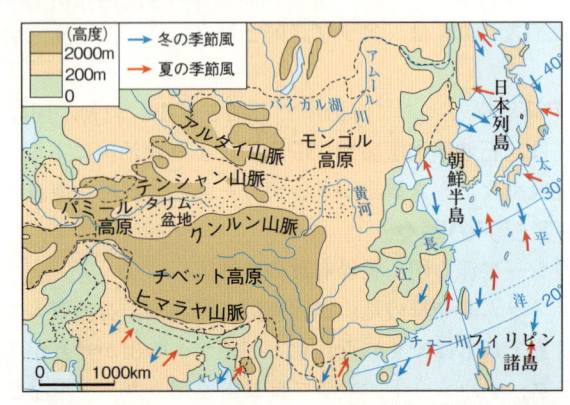

★1 アジアとは，ユーラシア大陸のうち，ウラル山脈，カスピ海，カフカス山脈，黒海より東の地域をさす。ふつう，アジアという場合，東アジア，東南アジア，南アジア，西アジア，中央アジアに区分する。また，ロシアのシベリア地方は北アジアともいう。

▲東アジアの地形と季節風

2 地形と気候

❶ **地 形** 「世界の屋根」のといわれる**パミール高原**や，**ヒマラヤ山脈**など，世界最高級の山脈がある。東部は低く，中国陸塊という安定陸塊である。東へ**長江**や**黄河**などが流れる。
❷ **気 候** **季節風(モンスーン)**の影響が強く，夏は高温多雨で，冬は乾燥する。気温の年較差はかなり大きい。

★2 世界最高峰のエベレスト山がある。エベレスト山は，中国名(チベット名)でチョモランマ，ネパール名ではサガルマータという。(→p.55)

2 中国(中華人民共和国)

1 国土と自然

❶ **国 土** 中国の国土は，南北，東西ともほぼ5000kmにおよび，ロシア，カナダ，アメリカに次ぎ世界第4位の広大な面積がある。そこには，世界人口の約5分の1，13億人以上の人々が住んでいる。
❷ **自 然** 広大な国土には，きわめて多様な自然の姿がある。
① **地形** 大シンアンリン山脈とユンコイ高原の東端を結ぶ線で，東西に区分できる。

★1 中国の人口は世界第1位。一人っ子政策による人口抑制は効果をあげているが，『闇っ子』の増加，過保護の蔓延，将来の急激な高齢社会化などの問題が指摘されている。(→p.217)

①東部　海岸にそって，平野と丘陵。
　　②西部　大きな高原と盆地が広がる。
　② 気候　東部は湿潤で，西部は乾燥。
　　①東部　チンリン山脈とホワイ川を結ぶ年降水量1,000mmの線で，北は乾燥した畑作地域，南は湿潤な稲作地域に大別される。
　　②西部　砂漠やステップの広がる乾燥地域。チベット高原は高山気候。

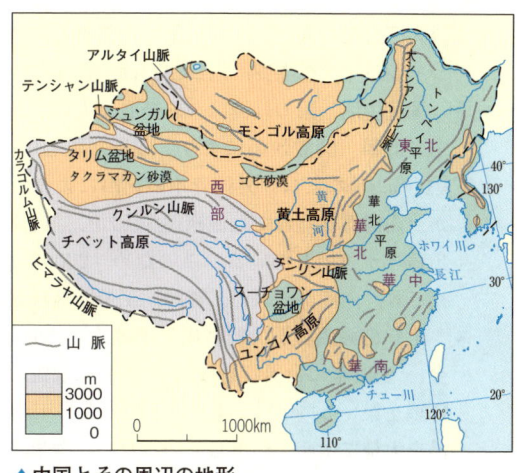

▲中国とその周辺の地形

2 歴史と社会

❶ 歴史

1 半植民地化　中国は，古い歴史をもつ国であるが，19世紀半ばから，日本をふくむ先進資本主義国の侵略により，半植民地となった。1937〜45年には，日本の侵略で全面的な日中戦争となった。

2 農民の生活　農民は人口の大部分をしめていたが，封建的な大土地所有制のもとで，貧困をきわめた。華南では，貧困のため海外に移住して華人(華僑)(→p.272)となった農民が多い。

3 社会主義革命　土地改革などによって農民の支持をうけた中国共産党は，日本の侵略に対する抗日戦争＝日中戦争や，地主階級の支持をうけた中国国民党との内戦に勝利し，1949年，社会主義国の中華人民共和国を建国した。

❷ 住民と社会

1 典型的な複族国(多民族国家)
　①漢民族　中国の人口の約92％をしめる。地域によって方言の差が大きいので，ペキン(北京)語を標準語の中国語としている。乾燥地域や高山地域以外に広く分布する。

```
┌漢民族……全人口の約92％
└その他の少数民族…50以上
　おもな少数民族→自治区
　モンゴル族，チベット族
　ウイグル族，ホイ族
　チョワン族
【中国の民族分布→p.272】
```

　②その他の少数民族　おもに西部や南部に分布(→p.272)。5つのおもな少数民族は，自治区を形成している。

　補説　中国の少数民族　中国には，50をこえる少数民族がいる。5つのおもな少数民族が自治区を形成しているほか，省内に自治州や自治県が設けられている。モンゴル族やチベット族はチベット仏教，ウイグル族やホイ族はイスラム教を信仰しているなど民族によって言語，文字，宗教，風習は大きく異なるので，固有の伝統文化が尊重される。

★2 西部は，年降水量が約300mm以下。遊牧と灌漑農業を中心とした生活様式がみられる点は，中央アジア，西アジアに近い。

★3 1840〜42年のアヘン戦争後。

★4 国民党と共産党の国共合作で，抗日民族統一戦線を結成。

★5 省と同格の一級行政区。省の内部にも自治州や自治県が設定されている。5つの自治区とは，シンチヤン(新疆)ウイグル自治区，チベット自治区，ニンシヤ(寧夏)ホイ族自治区，内モンゴル自治区，コワンシー(広西)チョワン族自治区。(チベット問題→p.269)

2 **人口分布** 人口は東部に集中。都市人口割合も高くなっており，シャンハイ，ペキン，ホンコンは，世界有数の巨大都市。

3 **国民生活** 国の経済はなお発展途上の段階にあるが，1970年代末の改革・開放政策により，成長が著しい。沿岸地域の経済特区（→p.165）などは，外国資本の進出により経済的に発展しているが，内陸部は遅れて地域格差が広がり，内陸部から沿岸地域への出稼ぎが急増している。このため，2000年に西部大開発がうちだされ，内陸部で鉄道，道路，工業団地などが整備されている。

4 **近年の経済状況** 経済成長が続く。1984年にIMF（国際通貨基金），2001年に世界貿易機関（WTO）に加盟した。沿岸部以外では，郷鎮企業（→p.166）とよばれる小規模農村工業が急成長。安価な製品を大量に生産・輸出しているため，欧米諸国などと貿易摩擦を生みだしている。

▼関連事項
華人（華僑）→p.272
中国の農業→p.137
中国の工業→p.165
民工潮→p.320

▼中国の都市，農村人口

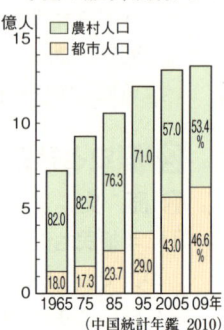

> **ポイント**
> 中国…半植民地から，社会主義国になる(1949年)
> 住民は漢民族が中心。少数民族も多い
> 人口は世界第1位。東部，都市に集中
> 1970年代末の改革・開放政策で，高度経済成長

3 主要地域と都市

❶ **東　北**　かつて日本がロシアとあらそい侵略，「満州国」をつくった地域。鉱産資源が豊富で，中国最大級の重工業地帯がある。
1 **シェンヤン**　東北最大の重工業都市。ターチン油田からパイプラインが通じる。
2 **アンシャン**　中国有数の鉄山があり，近くのフーシュン炭田と結んで鉄鋼コンビナートを形成。
3 **ターリエン**　リヤオトン半島の中心として経済開発区に指定され，外国からの投資が増加している。

❷ **華　北**　黄河（ホワンホー）流域の肥沃な黄土地帯で，中国文明発祥の地域。黄河の総合開発で，農業生産が安定。工業も発達。
1 **ペキン**　中国第二の巨大都市で，首都。歴代王朝の多くの首都がおかれ，古い文化財が多い。城壁に囲まれた旧市街は，直交型の道路網をもつ計画都市として有名。
2 **テンチン**　伝統的な綿工業のほか，自動車，石油化学工業など。
3 **パオトウ**　鉄鋼コンビナートがある。

❸ **華　中**　長江（揚子江）流域の地域。稲作がさかん→中国最大の穀倉地帯で，産業がよく発達。

★6 例えば，自動車生産台数は世界の約20％，粗鋼は約40％，セメントは約50％を生産し，いずれも世界1位。

★7 100km四方に広がる中国屈指の大油田。1960年代から掘削，生産が始まり，1990年代に産出量がピークに。現在は天然ガスの生産にシフトしつつある。

★8 ペキン，テンチン，シャイハイ，チョンチンの4市は中央直属の直轄市で，省と同格。

★9 長江下流は低湿地が多く，華北に比較して，南船北馬といわれるほど水運がさかん。また，長江中流域では2009年に巨大なサンシヤ（三峡）ダムが完成。しかし，住民の立ち退き，環境への悪影響など，問題も多い。

1 **シャンハイ** 中国第一の巨大都市で，華中の経済や文化の中心地。パオシャン製鉄所は，日本の技術を導入。プートン新区で，大規模な開発が進行。

2 ウーハン 長江流域の商工業都市。鉄鋼コンビナート。

3 チョンチン チョントゥーとともに長江流域のスーチョワン（四川）盆地の中心都市。商工業がさかんで，内陸開発の拠点。

❹ **華南**★10 チュー川流域と高原地帯。米の二期作も行われる。

1 コワンチョウ 華南の中心都市。

2 **シェンチェン** ホンコンの北に接し，**経済特区**(→p.165)が設定され，産業，経済の発展が著しい。

3 チューハイ マカオに近い経済特区で，シェンチェンとともにハイテク産業の製造拠点になっている。

❺ **西部** 少数民族が居住。人口密度は少ない。石油を産出する。沿岸部との経済格差是正のために，2000年から**西部大開発**★11が実施されている。

1 ラサ チベット自治区の中心★12。**チベット仏教(ラマ教)の聖地**で，ポタラ宮殿がある。

2 ウルムチ シンチヤンウイグル自治区の中心★12。

❻ **その他の地域**

1 **ホンコン** 1842年以来，イギリスの直轄植民地→1997年に中国に返還された。観光，加工貿易，**アジアの金融センター**などの特色をもつ。工業が発達し**アジアNIEs**の１つ。

　補説　返還後のホンコン　1984年の中英共同宣言により，返還後のホンコンは特別行政区となった。ホンコン人による行政府が構成され，外交と国防以外は広範な自治権をもつ。資本主義経済のしくみを続け，50年間は経済，社会制度を変えないことになっている(１国２制度)。

2 マカオ ポルトガルの直轄植民地であったが，1999年に中国に返還された。観光地として有名。

3 **台湾** 中華人民共和国政府の支配権が及ばない地域★13。中心都市はタイペイ。工業化がすすみ，**アジアNIEs**の１つ。ハイテク産業は世界的で，とくにシンチューは「**台湾のシリコンヴァレー**」といわれ半導体工場が多い。

★10 沿岸のフーチエン(福建)省，コワントン(広東)省からは，多くの華人(華僑)が出ている。(→p.272)

★11「西電東送」，「南水北調」，「西気東輸」，「青蔵鉄道」の４つが目玉プロジェクト。(→p.320)

★12 両自治区ともに，漢民族の支配に対する反発から，民族対立が深刻化。(→p.269)

★13 1949年に中華人民共和国が成立すると，内戦に敗れた国民党は台湾に移って，中華民国を名のった。アメリカや日本は中華民国を支持したが，1971年，国連における中国代表権が中華人民共和国に移り，その後，アメリカや日本も中華人民共和国と正式に国交を結んだ。台湾は独立国とはされなくなったが，産業や経済は発展した。

台湾は，政治的には中華人民共和国と対立しているが，民間レベルの交流は拡大しており，台湾の最大の投資先は中国本土となっている。

ポイント	中国のおもな地域	
	東北	…資源が豊富。**シェンヤン**などで，重化学工業
	華北	…黄河流域。首都**ペキン**や，その外港**テンチン**
	華中	…長江流域。**シャンハイ**は中国一の大都市
	華南	…チュー川流域。経済特区の**シェンチェン**

3 韓国と北朝鮮

1 2つの朝鮮

❶ **南北の対立** 日本の植民地であった朝鮮は，第二次世界大戦後，独立を回復するに際し，政治，経済体制の異なる2つの国に分かれた。南には，資本主義をとる**韓国**(大韓民国)，北には，社会主義をとる**北朝鮮**(朝鮮民主主義人民共和国)ができた。1950～53年には，**朝鮮戦争**★1がおこり，ほぼ**北緯38度線**を境にして，南北で対立することになった。

❷ **新しい動き** 1970年代から，南北の統一を模索する提案が，双方から出されるようになった。韓国は1990年にソ連(当時)と国交を結び，北朝鮮も，日本との国交正常化交渉を開始した。こうした動きをうけ，1991年，南北朝鮮は，同時に国連に加盟した。

その後，ソ連解体や中国の市場経済化の中で北朝鮮は国際的に孤立。経済危機打開のため外交方針を転換し，2000年には初の南北首脳会談が実現した。経済交流などが開始されたが，北朝鮮の核開発などで，政治的対立は現在も続いている。

2 韓国(大韓民国)

❶ **農業の変化** 1970年代から，セマウル(新農村)運動による農村振興を図った。しかし，近年中国からの安い輸入農産物の影響で，農家は経営難に。米は自給しているが，食料自給率は50％以下。

❷ **急速な工業化** 1960年代から安価な労働力を利用して，輸出用の繊維や雑貨などの軽工業製品を生産。1973年からは重化学工業の発展を目指し，その過程で，財閥が形成された。**ウルサン**(船舶，自動車，石油化学)，**ポハン**(鉄鋼)，**マサン**(機械)など多くの工業都市が生まれ，**アジアNIEs**(→p.167)の代表とされた。★2

❸ **経済発展と生活** 高度成長を続けたが，1980年代後半には賃金が上昇，輸出競争力が低下した。1997年からの**アジア通貨危機**★3では大きな打撃を受け，政府は財閥改革などを進めた。その後，半導体，家電などの分野で**海外市場を開拓**し，活力を取り戻した。★4

韓国では儒教に基づく先祖・家族関係を重んじるが，都市化の進展に伴い人々の生活も変貌している。★5 仏教やキリスト教信者も多い。

> 【補説】 **ハングル** 朝鮮半島固有の文字であるハングル(朝鮮文字)は，1446年に当時の李朝の王であった世宗の命によってつくられた。10の母音記号と14の子音記号を組み合わせた合理的な表音文字で，現在では，漢字にかわって韓国，北朝鮮ともに広く普及している。

★1 韓国はアメリカが，北朝鮮は旧ソ連や中国が支援した。1953年，休戦協定ができ，**板門店**に休戦会議場がおかれている。

▼独立後の朝鮮半島の動き

1950	朝鮮戦争(～53)
1965	日韓国交正常化
1984	南北対話の再開
1988	ソウルオリンピック(北は不参加)
1990	韓ソ国交樹立
1991	南北同時国連加盟
1992	中韓国交樹立
1996	韓国OECD加盟
2000	初の南北首脳会談
2002	日朝首脳会談
	日韓W杯開催
2003	6か国協議初開催
2006	北朝鮮が核実験

★2 韓国経済は「**ハンガン**(ハン川，漢江)の**奇跡**」といわれるほど成長し，NIEsの優等生ともいわれた。

★3 1997年からタイ，マレーシア，韓国などのアジア諸国の通貨価格が暴落した現象。株価暴落や企業倒産など，経済に深刻な打撃を与えた。韓国では国際通貨基金(IMF)の援助を受けた。

★4 農民から大きな反発があったが，2011年アメリカと**自由貿易協定**(FTA)を締結した。

★5 インターネット普及率が高く，大学等への進学率が100％近い。

3 北朝鮮（朝鮮民主主義人民共和国）

❶ 資源と産業　社会主義政権のもと，土地改革と農業の協同化をすすめた。鉱工業は資源が比較的豊富なため，国有化による重化学工業の立地がすすんだ。ただ，軍事費が国民経済を圧迫し，近年は経済発展で韓国に大きな差をつけられた。

❷ 近年の経済状況　1990年代に入って，旧ソ連からの援助停止，債務の増大，資本や技術の不足などで経済状態はよくない。また，1995年の自然災害以降は，食料不足が国民生活を圧迫しており，エネルギー不足も深刻である。日本海に注ぐトマン川（豆満江）下流域のラソンを中心に，ロシア，中国と協力して外国資本を導入する自由貿易地帯を設置している（→p.358）。また，韓国との国境沿いのケソンに工業団地を設けた。

❸ 北朝鮮と日本の関係　日本は，北朝鮮とは正式な国交をもっていない。1991年から，日本と北朝鮮の間で，国交正常化をめざす交渉が続けられている（日朝国交正常化交渉）。2002年には，初めて首脳会談が開かれた。しかし，日本人拉致事件など，双方で主張のくいちがう問題があり，難航している。

❹ 核実験　2006年と2009年に行った。近隣国との関係が緊迫し，国際社会から一層孤立している。

★6 社会主義建設を早めるための大衆動員運動を，チョンリマ運動という。生産性向上のための運動であるが，思想教育を重視している。また，政治，経済，国防において自主自立路線をすすめる思想を，チュチェ（主体）思想という。この思想が，政治，経済において世界的孤立化を招く一因となった。

★7 1970年代から1980年代にかけて，少なくとも十数人の日本人が，北朝鮮に拉致された事件。

テーマゼミ　朝鮮と日本

○ 朝鮮は，1910年に日本に「併合」されてから，1945年までの36年間，日本の植民地支配のもとにあった。この間，生命や財産を奪われた朝鮮人は数限りなく，日本風氏名や日本語，神社参拝の強制など，朝鮮民族の文化を否定する圧政が行われた。

○ 今日の日本で，在日外国人の中で韓国・朝鮮人がとても多いのは，このような日本の植民地支配の産物である。すなわち，第一次世界大戦後の日本の戦争景気のころから，安い労働力として朝鮮人の移住がはかられた。第二次世界大戦中には，労働力不足から，強制連行も行われ，鉱山や土建業の人夫として働かされた。

○ 宗主国日本の敗戦によって，朝鮮は，当然独立することになったものの，アメリカと旧ソ連との戦後の対立から，南北に分裂した2つの国家が成立した。もともと朝鮮は，長い歴史の中で1つの民族として形成されたものが，第二次世界大戦後の国際政治の対立の中で，分裂を余儀なくされたものである。1950～53年には，南北の間で朝鮮戦争がおこった。

○ 1965年，日本政府は，朝鮮における唯一の合法政府を「大韓民国」と認める「日韓条約」を結んだ。社会主義国「朝鮮民主主義人民共和国」とは，日本は国交をもたないことになった。

○ 現在，50数万人に及ぶ在日韓国・朝鮮人の中には，以上のような朝鮮の南北分裂，朝鮮戦争，「朝鮮民主主義人民共和国」とは国交のない状態などによって，帰国の機会を失い，あるいはその道をとざされ，今日に至った人が多い。しかも，ほかの在日外国人にくらべて，全般に不当な差別をうけている。

▼在日韓国・朝鮮人の数

1909年	790人
1939年	961,591人
1945年	2,365,263人
2010年	565,989人

「日本帝国年鑑」「内務省調査局統計」「登録外国人統計」による

2 東南アジアと南アジア

1 あらまし

1 自然と住民

❶ 地形 東南アジアはインドシナ半島やマレー半島などの大陸部と，インドネシアやフィリピンなどの島嶼部からなる。ほぼ全域が新期造山帯に属し，複雑な地形。

南アジアは，北部に新期造山帯の**ヒマラヤ山脈**，中部にインダス川やガンジス川が流れる平原，南部のインド半島に安定陸塊の**デカン高原**（レグール土と呼ばれる肥沃な黒土が分布）が広がる。

❷ 熱帯モンスーン 東南・南アジアは，大部分が**熱帯**で，**季節風（モンスーン）** が卓越する。夏の南西モンスーンは，大量の雨をもたらし，稲作に利用される。(→p.90)

❸ 歴史と社会 19世紀末までにほとんどが植民地となった。第二次世界大戦後，民族主義の高まりで独立を達成したが，経済的には，植民地的な性格を残す。どの国も民族，言語，宗教などが複雑で，華人の多い国もある。多産少死で，人口増加が著しく，農村の過剰人口が都市へ集中している国が多い。

> **補説　東南アジアの歴史的位置**　東南アジアは，古くから文明の発達したインドと中国を結ぶ海上交通のルート（「海のシルクロード」）に位置し，東南アジアの香辛料や中国の陶磁器などが運ばれた。

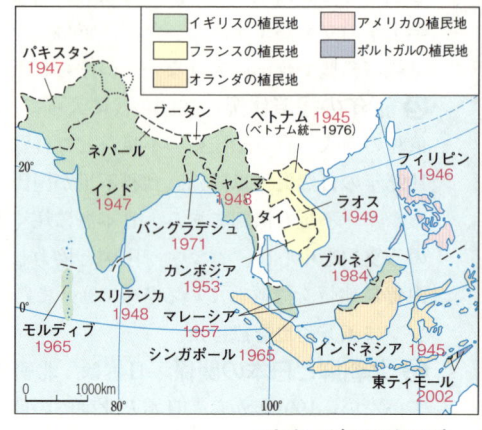

▲東南アジアや南アジアの国々と独立年

★1 インドのアッサム地方のチェラプンジの年降水量は，じつに，10,000mmに及ぶ。これは，5〜9月，インド洋から吹くモンスーンで雨季になり，スコール性の降雨が続くからである。

2 資源と産業

❶ 植民地支配と農業 植民地時代からのゆがみが大きい。

1. **プランテーション優先**　商品作物栽培が優先され，自給的な食料生産は圧迫された。土地を奪われた住民が多い。
2. **モノカルチャー経済**　特定の食料や工業原料の供給国と位置づけられ，おもに先進国向けの一次産品の輸出に経済が依存した。
3. **地主制度の形成**　植民地支配によって，自給自足的な農村に急速に商品経済がもちこまれた結果，村落共同体は崩壊し，農民層の分解がすすんだ。没落した農民は，小作人などになるほかなく，もう一方で地主制度が形成，強化された。

★2 マレーシアの天然ゴム，スリランカの茶が典型的。

★3 近年の人口爆発によって農民層の下方分解がさらにすすみ，職業や食料を求めて多くの人口が都市に流入している。

2 東南アジアと南アジア

❷ **食料問題**　自給的な食料生産が圧迫されてきたため，食料を自給できない国が多く，食料不足に悩む国もある。

1. **稲作の特徴**　東南・南アジアの農業の中心は低地の稲作で，とくにインドシナ半島でさかん。しかし，灌漑をせず自然の降水に依存し，無肥料，無農薬で栽培されることが多く，生産性が低いうえ生産量も不安定である(集約的稲作農業)(→p.124)。
2. **緑の革命**　多収量品種で増収をはかる試み(→p.126)。インドや韓国では，食料の自給に成果をあげた。しかし，前近代的な地主制度の中では，かえって貧富の差が拡大した面もみられる。
3. **土地改革**　東南アジアや南アジアでは，太陽と水にめぐまれ，食料増産の可能性は大きい。それを阻害しているのは，前近代的な地主制度である。徹底した土地改革を行って，生産基盤を整備することが，もっとも重要になっている。

★4 アメリカのロックフェラー財団とフォード財団がフィリピンに設立した国際稲研究所で，品種改良がすすんだ。在来種の3～4倍の収量のあるＩＲ８は，ミラクル＝ライス(奇跡の米)とよばれて，有名になった。

★5 多収量品種の栽培には，化学肥料や農薬が必要で，灌漑設備も整っていなければならない。このため，大地主ほど有利で，中小農民はとり残され，小作農に転落した例も多い。

> **ポイント**
> 東南アジアと南アジア
> 大陸部と島嶼部からなり，大部分が**熱帯気候**
> タイなどを除きかつて欧米の**植民地支配**
> 農業面での改革が課題

テーマゼミ　モノカルチャー経済

○ **モノカルチャー**とは，mono(単一)culture(耕作)，すなわち**単一耕作**であり，本来は耕地利用上，一種類の作物のみを栽培する農業をさす。プランテーションは，その地域の自然条件に適した単一の作物を栽培するモノカルチャーであり，わが国の稲作やアメリカの大型機械による小麦作などもモノカルチャーといえる。

○ **モノカルチャー経済**とは，こうした単一の生産物が国の経済を支えているような経済をいう。農作物に限らず鉱産資源なども含めた一次産品のうち，特定の産物が輸出品の大半をしめ，国の経済的基盤となっているような経済も含めて考える。

たとえば，ナイジェリアでは輸出品のうち原油が，コートジボワールではカカオ豆が，パナマでは魚介類が，それぞれ輸出額のトップをしめている。また，マレーシアでも独立当時(1957年)には，天然ゴムが輸出額の70%をしめていた。鉱産資源に関して考えるならば，OPEC諸国の多くは，まさに石油モノカルチャー経済の国々であり，またチリやザンビアでは銅が，ボツワナではダイヤモンドが，同様になっている。

○ モノカルチャー経済の国は発展途上国が多く，こうした地域では，その特定商品の生産量や国際価格の変動によって，国全体の経済が左右されやすい。このため，各国とも経済の安定を求めて，産業の**多角化**につとめている。

かつてはコーヒーモノカルチャーの国として知られたブラジルでは，農業の多角化や工業化がすすんだ結果，コーヒー豆が輸出にしめる割合(1960年は56%，1970年は34%で輸出品第1位)は，3%以下にまで減少している。

▼輸出品の1位の品目と割合(%)

ナイジェリア(2009)	原油	(84.5)
コートジボワール(2009)	カカオ豆	(25.3)
パナマ(2009)	魚介類	(43.3)
チリ(2009)	銅と銅鉱	(51.6)

(統計データは「データブック オブ・ザ・ワールド」による)

14章　アジアとアフリカ

❸ **急速な工業化**　資本と技術をもった外国企業を積極的に誘致し，関税などの優遇措置が与えられる輸出加工区を設置するなどして，輸出指向型の工業化をすすめた。また，外国の援助をもとに，国営企業中心の工業化を行う国もある。現在では，多くの国で工業製品が輸出品目の第1位となっている。(アジアの工業化…p.166～167)

★6 アメリカや日本の企業のほか，台湾，ホンコンなどの中国系資本も多く進出している。

2　東南アジア

東南アジアでは，ほとんどの国が**東南アジア諸国連合（ASEAN）**（→p.295）に加盟して，経済協力をすすめている。域内の経済格差や地域格差の是正が課題となっている。

1　タイ

❶ **歴史**　政治的には，イギリスとフランスの間の緩衝国として，独立を保つことができた。しかし，経済的には植民地体制に組みこまれ，周辺の植民地に対する食料供給国と位置づけられた。

❷ **農業**

① **米のモノカルチャー経済**　**チャオプラヤ川デルタ**は，19世紀半ば以後に，輸出用稲作地域として開発されたが，栽培は粗放的。かつては浮稲（→p.90）が栽培されていたが，近年は収量の多い乾季作が広がっている。

② **多角化**　米のほかに，とうもろこしや野菜類を栽培し，日本などへの輸出の増加をはかっている。

③ **米の流通**　経済の実権をにぎる華人や，ヨーロッパ人が，米の流通を支配。米の輸出量は世界のトップクラス（→p.125）。

❸ **鉱工業**　外国資本の導入で工業化をはかり，自動車産業の集積地となった。ASEAN諸国の中では，インドネシアに次ぐ工業国へと発展し，機械類が最大の輸出品となった。

> 補説　**日本とタイの貿易**　タイは，機械類，衣類，家具などの製品や，魚介類（えびなど），鶏肉，野菜などの食料，天然ゴムなどを日本に輸出している。タイは，機械類，鉄鋼，自動車部品，プラスチックなど重化学工業製品を輸入しているが，タイの側が輸入超過（日本の輸出超過）になっている。また，日本企業の進出もさかんで，首都バンコクの街頭では日本企業の看板が多い。

❹ **社会と文化**　住民はタイ族が75％をしめるが，華人や少数民族も多い。13世紀に仏教文化（上座部仏教）が広まり，日常生活に結びついていて，寺院や僧侶の姿が多い。経済成長の恩恵をうけて都市部は豊かになってきたが，地方の農村部との格差は拡大している。

★1 中国，日本，インド，オーストラリア，EUなどとのFTA，EPAの締結にも積極的である。

★2 2つの強国の間にあって，対立をやわらげる役割を果たす国を緩衝国（→p.285）という。タイは，イギリス領のインド，ミャンマーと，フランス領インドシナとの間に位置していた。

★3 米の二期作も普及してきたが，直播による栽培が多い。北部のチェンマイ付近では，自家用のもち米をつくる夏作と，販売用のうるち米をつくる冬作の二期作がみられる。

★4 近年，日本向け輸出額のトップが，コンピューターになっている。1980年代後半より，安価で良質の労働力を武器に高い工業成長率を実現してきた。しかし，2011年の大洪水で大きな打撃をうけた。

★5 タイの首都バンコクには，人口だけでなく政治や経済機能が集中し，深刻な都市問題も発生（→p.244）。

2 マレーシア

❶ 多民族国家 先住民族のマレー人がもっとも多いが，移民の中国系やインド系の人もいる。連邦制の立憲君主国。

1. **マレー系** 小規模な農業をいとなむ農民が多い。マレー語を使い，ほとんどはイスラム教徒。マレー語は国語(公用語)，**イスラム教**は国教とされ，マレー系住民を優遇する**ブミプトラ政策**[*6][*7]によって，政治的優位を確保している。
2. **中国系** 華人とよばれ，ゴム農園を所有したり，商業や金融業をいとなむ人が多く，経済上の地位はもっとも高い。
3. **インド系** 天然ゴム園のプランテーションの労働力として，インド南部からイギリス人によって連れてこられたタミル人の子孫が多い。ヒンドゥー教徒でタミル語を話す。

❷ すすむ工業化 昔は天然ゴムとすずの輸出が中心で，その後，原油や木材がふえた。1970年代から工業化がすすみ，日本企業も多く進出。近年，輸出の中心は，機械類。[*8][*9]

▶マレーシアの輸出品の推移

▼東南アジアと南アジアの国々の輸出品

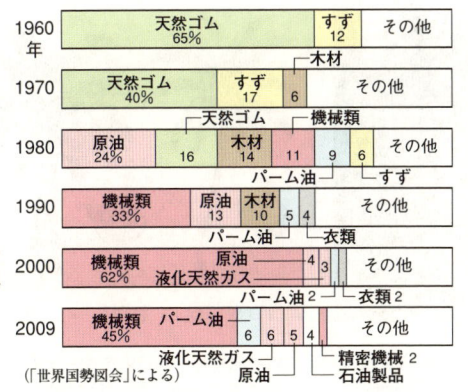

▼マレーシアの民族別の人口構成

マレー系	65%
中国系	26%
インド系	8%

(『データブック オブ・ザ・ワールド』2012による)

★6 ただし，信教の自由は認められている。

★7 ブミプトラ(土地っ子)とは，マレー系の先住民をさす。中国系住民とマレー系住民の経済格差を是正するために憲法で，公務員の採用，教育の機会など，各方面でさまざまに優遇されている。

★8 原油，木材ともにカリマンタン島のサバ州，サワラク州で多く産出する。木材はラワン材が中心で，日本へ多く輸出される。

★9 ペナンやクアラルンプールには，電気機械やエレクトロニクスなどの輸出指向型工業が立地した。

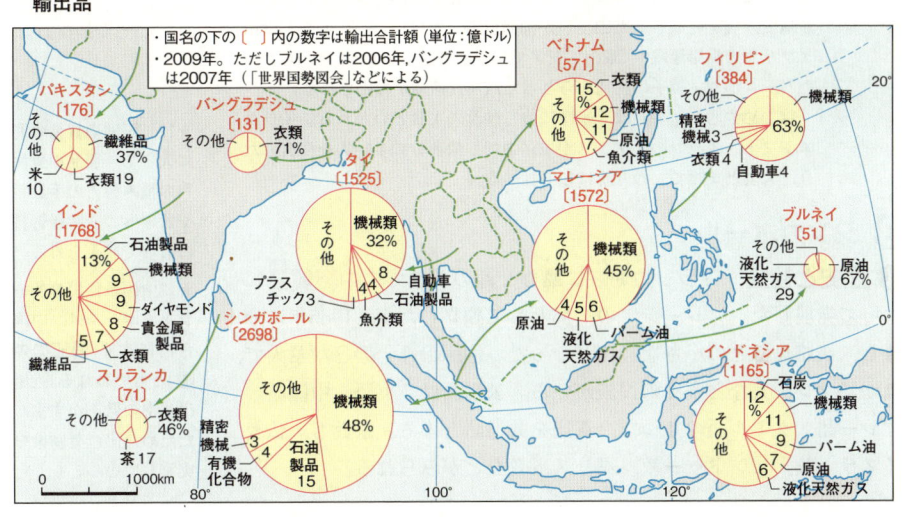

314　14章　アジアとアフリカ

❸ **変わる農業**　かつてマレーシア経済をささえた天然ゴムは、より収益の高い油やしの栽培に変わった。油やしの実からは、パーム油を採取し、日本などに輸出する。

[補説] **天然ゴム**　アマゾン原産のゴム樹が、19世紀末にマレー半島に移植され、マレーシアとインドネシアが世界的産地となった。ゴム採取には、多くの労働力が必要で、アマゾン地域より、インド系や中国系の労働力を調達できた東南アジアのほうが栽培に適していた。天然ゴムは、世界の自動車工業の発展とともに、タイヤ用に生産が増大した。マレーシアのゴム園は、イギリス人による大農園（エステート）が中心になった典型的なプランテーションで、流通も、華人やイギリス系企業が支配してきた。

近年は、石油からつくる合成ゴムとの競合などで、収益が低下し、ゴム園は少なくなって、油やしの栽培に変わっている。

★10 国営土地開発公社が農民を入植させて共同経営を行い、生産物は公社が買い上げ、加工する形態で、生産がふえた。なお、新しい入植地へは、マレー人が優先された。

★11 イギリス人が、インドやマレーシアなどの旧イギリス植民地に開いたプランテーションの大農園をいう。

◀ **天然ゴムの栽培**　ゴム樹の幹に傷をつけて、そこから流れ出す樹液を採取する。この樹液の採集に、多くの人手がかかる。

▲ ココやし（左）、油やし（中）、なつめやし（右）

[補説] **やし類**　ココやしと油やしの実は油脂の原料で、石けんやマーガリンなどに加工される。ココやしは単にやしともいい、フィリピンが原産地で、実を乾燥させたコプラが油脂原料となっている。油やしは西アフリカの海岸地域や、東南アジアで生産がのびていて、果肉からとったパーム油や、種子の胚乳からとったパーム核油が輸出される。

なつめやし（→p.124）は、乾燥に強く砂漠の主食といわれる。イラク、エジプト、イランのオアシスが主産地で、栄養分の多い実を生食したり、大麦とまぜて、ねり粉にして食べる。

3 シンガポール

❶ **歴史と社会**　マラッカ海峡に臨む交通の要地で、**中継貿易**によって発展した。マレーシアの一部として独立したが、1965年に分離し、淡路島ほどの小さな島国となった。**住民の4分の3が華人**で、ほかにマレー人など多くの民族がいる。公用語は、英語、中国語、マレー語、タミル語の4つで、英語を共通語とする。宗教も、仏教、イスラム教、ヒンドゥー教、キリスト教などがみられる。

★12 二国間の貿易の間に入って、製品や原材料の積み替えの手数料や倉庫への一時保管料によって収入を得る。

★13 中国系住民の多いシンガポールは、中国、台湾に次ぐ「第三の中国」ともいわれる。近年、出生率の低下がすすんだため、出産奨励策を実施している。

❷ 産業と経済
1970年代には，外国資本を導入して積極的な工業化をはかった。その結果，石油精製，造船，電子工業など，技術集約的な工業化がすすみ，今日ではアジアNIEs（→p.167）の1つに数えられている。また，アジアにおける国際金融センターとしての役割を強めている。1人あたり国民所得は，東南アジアで最高の水準である。

4 インドネシア

❶ 農業
オランダの植民地支配のもと，当初は農民の農地に，熱帯作物の強制栽培が行われたが，19世紀中ごろから，大農園（エステート）でのプランテーションがはじまった。独立後，大農園は接収された。プランテーションが肥大化した結果，米などの食料は，輸入に依存してきたが，近年，緑の革命（→p.126）で，米の三期作を行い，自給を達成した。しかし，地主制度が強く，零細経営の農家が多い。

❷ 鉱工業
援助と外国資本の導入で経済開発をはかり，近代化がすすんでいる。豊富な石油，天然ガスは，アメリカ系メジャーと国営企業が生産にあたっている。東南アジア最大の鉱工業国。

❸ 国土と人口，文化
①国土…18000以上の島々からなる世界最大の島嶼国家。②人口…約2.4億人（世界第4位）であるが，3分の2がジャワ島に集中（ジャワ人など）。③民族…構成はひじょうに複雑。ニューギニア島の西半分（パプア人），アチェ州（スマトラ島北部）など，各地で独立，民族問題が発生。旧ポルトガル領でカトリックの東ティモールは，2002年にインドネシアから独立。④宗教…イスラム教徒が多いが，バリ島だけはヒンドゥー教徒の島。

ポイント
東南アジア（ASEAN諸国）ですすむ工業化
- シンガポール…アジアNIEs。華人が多い
- マレーシア，インドネシア，タイなど

---

5 フィリピン

❶ 農業
緑の革命で，ルソン島などの米の生産は増加したが，地主制度が広く残っている。零細な農民によるココやしの栽培のほか，アメリカや日本の資本でさとうきび，バナナなどのプランテーションが開かれている。バナナは日本向けが中心で，ミンダナオ島のダヴァオが中心。

★14 輸出加工区のジュロン工業地域には，日本資本も多く進出。また近年では，インドネシアのビンタン島，バタム島，マレーシアのジョホール州を合わせた成長の三角地帯で工業地域の形成がすすんでいる。

★15 シンガポールでは都心部の再開発がすすみ，近代的な高層ビルが林立している。美しい街並みを維持するため，罰則規定が多いことでも知られる。

★16 耕地の2分の1〜5分の1に，コーヒー，さとうきび，たばこなどを指定して栽培させ供出させた。

★17 国営農場とされたが，経営の荒廃と縮小がひきおこされた。

★18 国営石油公社は，プルタミナとよばれる。なお，インドネシアの石油は，硫黄分が少なく良質とされる。

★19 フィリピンの大農園（ハシェンダ）では，パイナップル，天然ゴム，油やしなども栽培。かつて多かったマニラ麻は，バナナに移行している。

テーマゼミ　変わるベトナム…ドイモイ政策

○ ベトナムは，フランスの植民地であったが，第二次世界大戦後，独立するにあたって，南北に分裂した。南北の対立に，最初，フランス（インドシナ戦争）が，続いて，アメリカ（ベトナム戦争）が介入して，長らく戦争が続いた。1976年，南北ベトナムは社会主義国として統一され，分断の歴史は終わった。

○ 統一後のベトナムでは，西側からの資金援助がなくなり，技術者も難民として流出した。また，カンボジア侵攻（1978年），中越紛争（1979年）などで戦費がかさみ，さらに経済運営の失敗もあり，経済の再建が大幅に遅れた。

○ そこで，1986年に，ドイモイ（刷新）政策がうち出された。これは，中国にならったベトナム版の「4つの現代化」であり，市場経済の導入と対外経済開放を優先する大胆な経済改革をすすめるものであった。

○ ドイモイ政策により，食料品や消費物資の生産が飛躍的に向上し，流通も大幅に改善された。商店にならぶ商品も豊富になった。ホーチミン市東方の海底油田の開発で，石油が自給，輸出できるようになり，自動車の輸入がふえた。ドイモイ政策を開始した当初のインフレも克服された。

○ 中国にかわる安くて豊富な労働力を求めて，日本など先進国から企業の進出が相次いでおり，労働集約型の工業が発展している。しかし，南高北低といわれる経済格差や，農業部門への投資の遅れなど，課題も多く残っている。

❷ **鉱工業**　日本などの外国資本を導入し，工業化がすすんでいる。
❸ **社会と文化**　キリスト教（カトリック）が中心であるが，[20] 南部にイスラム教徒がいて，対立が根深い。

6 その他の東南アジアの国々

❶ **ブルネイ**　石油，天然ガスが豊富で，日本に多く輸出。アジア有数の高所得国。
❷ **ベトナム**　ドイモイ政策で経済発展→1995年にASEAN加盟。[21]
❸ **ラオス**　メコン川流域で稲作。銅や木材を輸出。仏教の国。
❹ **ミャンマー**　エーヤワディー川流域で稲作。民主化の前進で，外国企業が進出しはじめている。
❺ **カンボジア**　メコン川流域で稲作。長く内戦が続いた。
❻ **東ティモール**　もとポルトガル領で，1976年にインドネシアに併合されたが，2002年に独立。カトリックが多い。

★20 フィリピンはアメリカから独立したが，その前はスペインの植民地であったので，カトリックが広まった。

★21 東南アジア諸国連合（ASEAN）は，タイ，マレーシア，シンガポール，インドネシア，フィリピンの5か国で設立（1967年）。その後ブルネイ（1984年），ベトナム（1995年），ラオスとミャンマー（1997年），カンボジア（1999年）が加盟した。

▼東南アジア諸国のおもな貿易相手国・地域
日本やアメリカ，中国との関係が深いことに注目しよう。（「世界国勢図会」による）

	輸出額（百万ドル）	輸出相手国（金額による%）	輸入額（百万ドル）	輸入相手国（金額による%）
タイ	151 972	アメリカ10.9　中国10.6　日本10.3	134 855	日本18.7　中国12.7　マレーシア6.4
マレーシア	157 427	シンガポール14.0　中国12.2	123 835	中国14.0　日本12.5　アメリカ11.2
シンガポール	270 998	ホンコン11.5　マレーシア11.4	246 014	アメリカ11.9　マレーシア11.6
インドネシア	116 510	日本15.9　中国9.9　アメリカ9.3	96 968	シンガポール16.0　中国14.4
フィリピン	39 530	アメリカ17.5　日本16.2	45 882	日本12.6　アメリカ12.0　中国8.8

3 南アジア

1 南アジアの国々

❶ **イギリスの支配**　18世紀中ごろから，イギリスの植民地支配をうけた。手工業的な綿工業や，伝統的な農村が破壊され，階層分化がすすんだ結果，インドは貧困の悪循環に追いこまれた。

❷ **インドの独立**　イギリスの植民地であったインドは，第二次世界大戦後に独立した。その際，宗教のちがいから，インド,[★1] パキスタン，セイロン→スリランカの3国に分かれて独立した。その後，東パキスタンがバングラデシュとして独立した。

インド	ヒンドゥー教徒が多い。イスラム教徒は少数派。
パキスタン	ともにイスラム教徒が多い。しかし，民族や
バングラデシュ	自然，産業はまったく異なっている。
スリランカ	仏教徒が多い。ヒンドゥー教徒は少数派。[★2]

❸ **言語と住民**　ヨーロッパ系やアジア系の諸民族がまじりあって，言語の数はひじょうに多い。[★3]民族構成が複雑なことから，スリランカやカシミール地方などで激しい民族対立，紛争が発生している。

1. **インド=ヨーロッパ語族**　北部に多いヨーロッパ系民族。インドの連邦公用語である**ヒンディー語**（ヒンズー語）など。
2. **ドラヴィダ語族**　南部に多いアジア系民族で，インドの先住民。**タミル語**など。

2 インド

❶ **農業と農民**　インドは，農業人口が圧倒的に多く，典型的な農業国であるが，生産性がきわめて低い点が大きな問題。独立後も**土地改革**がじゅうぶんに行われなかったため，地主と小作農との間の格差がかなり大きく，農業生産全般の近代化は遅れている。

> (補説) **ザミンダール制**　インドを支配したイギリスは，豪農による徴税請負制を始めた。ザミンダールとよばれた徴税請負人は，その権限を利用しつつ，寄生的大地主となって農村を支配した。1950年代の土地改革で，ザミンダール制は廃止され，土地の所有権は，在村地主や富農の手に渡された。小作料引き下げ，土地保有規模の制限も行われたが，不徹底で，地主と小作農の関係は存続している。

★1 首都のデリーのうち，首都機能は，1931年に完成した計画都市的な新市街（ニューデリー）に立地する。

★2 なお，ネパールはヒンドゥー教徒，ブータンは仏教徒（チベット仏教）が多い。

★3 インドでは100万人以上の人々が使用する言語だけでも33以上ある。公用語のヒンディー語，準公用語の英語の他に21の地方公用語。（→p.268）

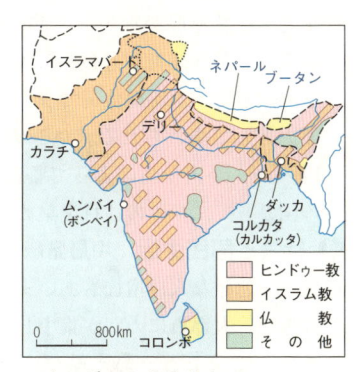

▲南アジアの宗教分布

▼南アジアの言語分布

❷ **食料問題** 独立後，政府は食料増産に力を入れた。1960年代後半から，「緑の革命」(→p.126)による高収量品種が導入され，1970年代末には食料自給を達成した。また，牛乳の大増産という「白い革命」(→p.321)により，国民の栄養状態も改善されている。

ただ，「緑の革命」は，高収量品種を導入できた富農と，それ以外の農民との間の格差を拡大している。

❸ **工業の発展**

1 **独立前** 19世紀末に民族資本による機械的綿工業が，**ムンバイ**(ボンベイ)で発展。イギリス資本による**コルカタ**(カルカッタ)のジュート工業も発達。1912年には，ジャムシェドプルに民族資本のタタ製鉄所ができ，鉄鋼業の基礎がきずかれた。

2 **独立後** 国家(国営企業)と民族資本家による二本足の工業化がすすんだ。政府部門では，外国の援助によるものが多い。綿工業や鉄鋼業が発達した。

3 **現在** 1991年に新経済政策を導入し，経済の自由化を進めた。自動車，電気機器，医薬品などの外国企業が多数進出している。また，IT関連産業が急速に伸びている。数学教育やIT教育に力を入れており，英語力のある人材が多いこと，アメリカとの時差を利用して，24時間体制でソフト開発ができることなどが，その要因としてあげられる。**バンガロール**(→p.172)や**デリー**には，ITパークが国や州によって整備されている。**BRICs**(→p.320)の一国として，世界の注目を集める市場になっている。

❹ **社会と国民生活** 中層階級がふえつつあるが，国民の6割が農民で，急激な人口増加もあいまって貧富の差が大きく，地域格差も大きい。大都市に人口が集中し，スラムなど，都市問題が深刻。

また，**ヒンドゥー教**と結びついて，職業の細分化，固定化をともなった身分制度である**カースト**が根強い。(→p.275)(→p.321)

一方，東南アジアや東アフリカに移住して経済的に成功した人々(印僑)もいる。

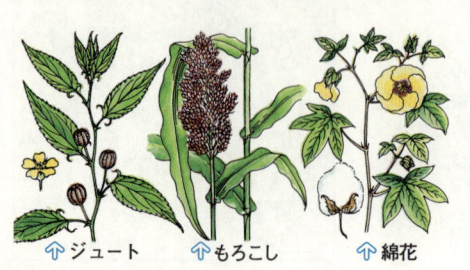

★4 「緑の革命」をおしすすめたのは，ザミンダール制の廃止によって土地の所有権を得た富農層が中心であった。

★5 インド最大の都市で，インド半島の門戸にあたる港湾都市。

★6 港湾都市で，各種の工業が発達。

★7 民族主義による国産品愛用運動などの結果，タタ財閥など民族系財閥が巨大化している。

★8 コンピューター関連の企業の立地がすすみ，「インドのシリコンヴァレー」ともよばれている。

★9 インドの人口は，2010年に12億人を超え(→p.216)，毎年2000万人弱の人口が増加している。2025年には，中国を抜いて世界最大の人口(約15億人)を抱える国となると予測されている。

▼インドの工業

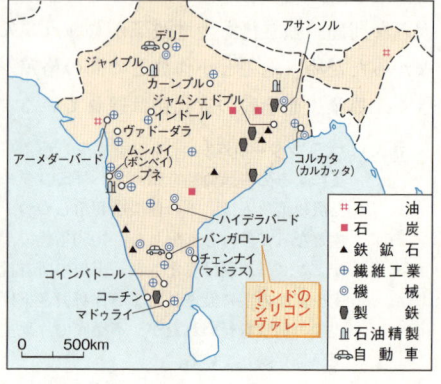

↑ジュート　↑もろこし　↑綿花

> **ポイント**
> **インド**
> 農業人口が多い農業国→遅れる近代化
> 「緑の革命」で，食料生産は増加
> 工業化→綿工業，鉄鋼，自動車，ITなど
> ヒンドゥー教と，カースト，貧困の問題

3 その他の南アジアの国々

❶ パキスタン*10
①第二次世界大戦後，イスラム教徒の国として独立。その際，インドをはさみ，パンジャブ系住民などからなる西パキスタンと，ベンガル人からなる東パキスタンの領域から成りたっていた。しかし，1971年，東パキスタンはバングラデシュとして分離，独立した。
②乾燥した気候で，小麦，綿花*11の栽培がさかん。

❷ バングラデシュ
総人口は約1億5千万人で，人口密度は1045人/km²に達する(2011年)。デルタ地帯にも居住地が広がり，熱帯低気圧のサイクロンによって大きな災害が発生することが多い。
①もと東パキスタンであったが，1971年に分離，独立した。
②湿潤なガンジスデルタで，ジュート，米の栽培がさかん。

❸ スリランカ
独立時の国名は，セイロン。
①第二次世界大戦後，仏教徒(シンハラ人)の国として独立。しかし，北部のヒンドゥー教徒(タミル人)と民族対立(→p.269)。
②イギリス系企業のプランテーションで，茶の栽培が行われてきた。独立後，大農園(エステート)は国有化されたが，茶の流通は，なおイギリス系企業が支配している。天然ゴム，ココやしの生産も多い。近年は軽工業が発達。

★10 インドとパキスタンは，カシミール地方の所属をめぐって，長く対立(カシミール紛争→p.269)。ともに核兵器を保有。
　カシミールでは，住民はイスラム教徒が多くパキスタンへの編入を希望したが，土侯がヒンドゥー教徒でインドに援助を求めたことから，インド，パキスタンの武力衝突に発展した。

★11 インドのデカン高原のレグール土地域でも綿花が栽培されるが，短繊維の在来種が多い。パキスタンのパンジャブ地方では，整った灌漑により優良な長繊維の綿花を栽培している。なお，パンジャブ地方は，インド，パキスタン間でインダス利水協定(1960年)ができ，灌漑設備の整備がすすんでいる。

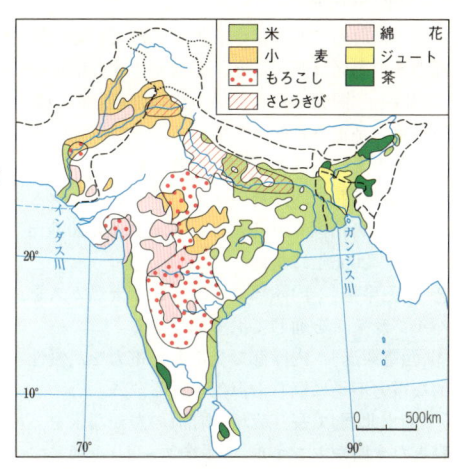

▶南アジアの農業地域

米，小麦のほか，商品作物の綿花，茶，ジュート，さとうきび，落花生などが栽培される。
①米…ガンジス川やブラマプトラ川下流，海岸平野。
②小麦…パンジャブ地方。ガンジス川中流，上流。
③綿花…デカン高原(レグール土)，パンジャブ地方。
④茶…インドのアッサム地方，スリランカ。
⑤ジュート…黄麻ともいう。米と組み合わせて栽培。コルカタなどで農産物の包装用袋に加工される。
⑥さとうきび…ヒンドスタン平原，パンジャブ地方。

バージョンUP 東～東南～南アジア
…追加・新用語

BRICs（ブリックス）現象

ブラジル（Brazil），ロシア（Russia），インド（India），中国（China）の4か国で，近年，経済発展が著しいこと。

▼BRICsの地位

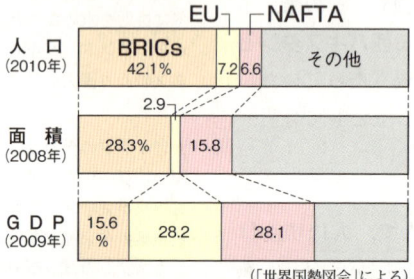

	BRICs	EU	NAFTA	その他
人口(2010年)	42.1%	7.2	6.6	
面積(2008年)	28.3%	2.9	15.8	
GDP(2009年)	15.6%		28.2	28.1

(「世界国勢図会」による)

これらの4か国は，もともと人口が多く，資本が蓄積し，人口が増加することで内需が拡大し，労働生産性も伸びることで，経済成長が続いている。その成長率は，年平均数％と，世界平均を上回る発展を示している。

なお，最近は「BRICS」と表記して，南アフリカ共和国（South Africa）を含めるようになっている。

西部大開発

中国において2000年から推進されている内陸部地域の開発計画のこと。発展がすすむ沿海部（東部）と，開発の遅れている内陸部（西部）の地域格差の是正を目的としている。

主な事業は，次の四つである。
① 「青蔵鉄道」：内陸部のチンハイ省シーニンとチベット自治区ラサを結ぶ，総延長約2,000kmの鉄道。2006年に全通。
② 「西気東輸」：内陸部で採掘された天然ガスを，パイプラインを通じて沿海部へ送る。
③ 「西電東送」：内陸部で発電した電力を，慢性的な電力不足に悩む沿海部へ送る。
④ 「南水北調」：長江流域（南部）の豊かな水を，長大な水路やトンネル（3本のルート）を通じて慢性的な水不足に悩む北部に送る。

ハッカ（客家）

漢民族の中でも，中国南部から東南アジアにかけて居住する文化的な少数集団。一般に外来者として離れた場所に居住。古い時代に華北から南下してきた漢民族の子孫と考えられているが，他の漢民族集団とは異なった独特の文化と出自の自覚をもち，ハッカ語とよばれる言語（方言）を話す。こうしたことから，ハッカは，漢民族の中のエスニック・グループ（→p.276）とされる。

東南アジアの華人の3分の1はハッカといわれ，華人のうちでも強い連帯感をもち，財閥を形成している集団も多い。

フーチエン省など南部では，山間部に防御のために「土楼」（円形のものは円楼，正方形など四角形のものは方楼）とよばれる独特の城壁のような集合住宅をつくり，一族がまとまって生活している。

▼ハッカ（客家）の土楼

移民であったために流通や商業に従事する者が多く，師弟の教育にも熱心なことで知られる。太平天国の指導者である洪秀全，中国国民党の孫文，中国共産党の鄧小平などは，ハッカの出身である。

民工潮（みんこうちょう）

中国で，内陸部から経済発展が続く沿岸部に

向かって，工場労働などの職を求めて移動する人々の流れのこと。民工とは，農民工の略で，工業に従事する農民という意味。

1970年代後半から，沿岸部では，経済特区（→p.165）をはじめ多くの経済開放都市が指定されていった。これにより外国資本による投資がすすみ，とくに労働集約的な工業が立地した。これらの工業は安い労働力を大量に必要としたため，工場の労働力として貧しい内陸部の農民が雇用され，その後の中国の発展にも大きく貢献した。

しかし，1990年頃からは，これらの沿岸の都市部に，雇用需要をこえて大量に人々が流入してくる傾向がみられ，供給過剰の状態になり，仕事につけない人々がふえた。このような流れは，とくに「盲流」とよばれている。

ハンボク（韓服）

韓国・朝鮮の伝統的な民族衣装のこと。チョゴリは丈の短い上着で，チマは，女性の胸から下のロングスカートのような衣装→チマ・チョゴリ。パジは，男性の太目のズボン→パジ・チョゴリ。（→p.257）

世界の成長センター

1970年代から成長のいちじるしいアジアNIEs（→p.167），1990年代に経済が発展したASEAN諸国（→p.295），2000年代以降経済成長がいちじるしい中国などのアジア諸国のこと。

いずれもGDP（国内総生産）の成長率が年平均で，数％から10％近くにまで及んでいる。

ルックイースト

マレーシアでうちだされた，日本や韓国を模範として経済発展をめざす政策。1981年に当時のマハティール首相が提唱した。旧宗主国のイギリスではなく，東洋の国をモデルとして見ようという意味。

個人の利益より集団の利益を優先する日本や韓国の労働倫理が注目されたといわれる。この機に，日本や韓国の企業の投資がすすみ，国内経済が発展した。

白い革命

インドにおける劇的な酪農の発展のこと。従来からの水牛のほかに，高乳量の乳牛を導入した結果，牛乳の生産量は1970年以降，急増し，30年足らずで4倍以上にのびた。1997年にはアメリカをぬき，インドは世界一の牛乳生産国となった。ヒンドゥー教などの影響で肉食をよしとしないインドにおいて，「白い革命」は国民の栄養水準を上昇させ，農民の所得を飛躍的に伸ばしたことも注目される。こうしたインパクトの大きさが「緑の革命」（→p.126）になぞらえて，「白い革命」とよばれている。

独立以降，インドの主要食料生産は米，小麦ではいわゆる「緑の革命」，油脂原料では「黄色の革命」による生産力増（なたね，ひまわり，落花生，大豆など），たんぱく質源の牛乳では「白い革命」によって拡大し，70年代後半に食料自給を達成した。

ヴァルナとジャーティ

インドのカースト（→p.275）において，社会を身分と職業集団に細分している原理。ヴァルナとは四姓のこと。ジャーティとは世襲的職業身分集団のこと。

ヴァルナは，バラモン（僧侶），クシャトリヤ（王族，貴族），ヴァイシャ（平民），シュードラ（奴隷＝隷属民）の四つの身分の区分である。この他に，最下層の不可触民（アンタッチャブル）の人々がいて，彼ら自身は，自分たちのことをダリットとよぶ。近年，ダリットの基本的人権を求める動きがさかんになっている。日本の被差別部落の人々による部落解放運動と共通性があり，国際的には出自（門地）による「差別」として糾弾されるようになっている。

ジャーティは，日常の職業と結びついて機能する集団。職業の保障，相互扶助の役割をもつが，異なる下層のジャーティの人々に対しては排除，差別の面をもつ。

カースト間の移動は認められておらず，カーストは親から子へと受け継がれる。結婚も同じカースト内で行われる。なお，カーストによる差別は，1949年に憲法で禁止された。

3 西アジアと中央アジア

1 自然と住民

1 自然の特色

　イランからトルコにかけて，**アルプス＝ヒマラヤ造山帯**に属する新規造山帯が連なり，地震が多い。北に世界最大の**カスピ海**が，南に安定陸塊の**アラビア半島**がある。季節風（モンスーン）の卓越する東アジア，東南アジア，南アジアに対して，西アジアや中央アジアは乾燥アジアといわれ，**ステップと砂漠が広がる**。ただし，地中海，黒海，カスピ海沿岸では，冬季に雨がある。

2 歴史と社会

❶ 歴　史　古くから東西の文化や政治の結節点として，重要な地理的位置をしめてきた。

① **イスラム文化圏の成立**　7世紀ごろから西アジア一体に**イスラム教**が広がり，8世紀には北アフリカや中央アジアにも広まり，**イスラム文化圏**が成立し，独自の文化を築いた。

② **欧米諸国の侵略**　19世紀以後，東西を結ぶ地理的位置，軍事戦略地点，さらに豊富な石油資源の存在などから，先進国の侵略をうけ，大部分が実質的な植民地と化した。

③ **民族主義と独立**　西アジアでは民族主義の高まりによって，他のアジア諸国と同じく，第二次世界大戦後に独立した。

④ **ソ連の影響**　中央アジアはかつてソ連に属していたが，1990年代初めに相次ぎ独立した。ソ連時代，イスラム教は抑圧された。

❷ 社　会　西・中央アジアと北アフリカは，**イスラム世界**といわれ，イスラム教が日常生活に深く浸透している。

　アラビア語を使い，イスラム教を信仰するアラブ民族の国が多い。ただし，イスラエルやトルコ，イラン，中央アジア，カフカス地方などでは，民族・言語・宗教などが異なる。（→p.323）

　そのため，**パレスチナ問題**（ユダヤ人とアラブ人の対立→p.274）をはじめ，**クルド人問題**，キプロス問題（トルコ系とギリシャ系の対立），アゼルバイジャンとアルメニアの対立など，民族対立が激しい。さらには，イラン＝イラク戦争，イラクのクウェート侵攻，湾岸戦争，イラク戦争など，領土・政治問題もからんだ戦争がおこっている（→p.268〜269，288）。

★1　東・東南・南アジアをモンスーンアジア（湿潤アジア）と総称することもある。

★2　西アジアは，中東（Middle East）ともよばれる。

★3　西アジアから中央アジアにかけては，高原地帯を中心に地中海性気候が分布する。

★4　アラビア半島に住んでいてイスラム教に帰依したセム系のアラブ人は，西アジアや北アフリカに進出，各地域の住民をアラブ人に同化させた。こうして拡大されたアラビア語の通ずる範囲を総称して，アラブ（圏，地域）という。今日，アラブ民族といえば，イスラム教徒でアラビア語を話す人々をさす。

★5　カザフスタン，キルギス，ウズベキスタン，トルクメニスタンはトルコ系，タジキスタンはイラン系の民族が多い。（→p.327）

★6　クルド人はイラン，イラク，シリア，トルコの国境にまたがり分布。総人口は2800万人を超えるが，各国で少数派とされ難民も多い。

	おもな住民	おもな言語	おもな宗教
大部分の国	アラブ人(セム系)	アラビア語	イスラム教
アフガニスタン	パシュトゥーン人，タジク人など	パシュトゥー語など	イスラム教
イラン	インド＝ヨーロッパ系ペルシア人他	ペルシア語	イスラム教（シーア派）
レバノン	アラブ人，マロン派キリスト教徒他	アラビア語	イスラム教，キリスト教
イスラエル	ユダヤ人(セム系)，アラブ人	ヘブライ語，アラビア語	ユダヤ教，イスラム教
アルメニア	インド＝ヨーロッパ系アルメニア人	アルメニア語	キリスト教（正教会）
トルコ	トルコ人（ウラル＝アルタイ系）	トルコ語	イスラム教
キプロス	トルコ系，ギリシャ系	トルコ語，ギリシャ語	イスラム教，キリスト教

▲西アジアの国々——住民，言語，宗教　アラビア語を使いイスラム教を信仰するアラブ人の国（アラブ諸国）とは，西アジアのシリア，ヨルダン，イラク，サウジアラビア，クウェート，イエメン，オマーン，バーレーン，カタール，アラブ首長国連邦，北アフリカのエジプト，スーダン，リビア，チュニジア，アルジェリア，モロッコなどである。(→p.274)

> **ポイント**
> 西アジアと中央アジア
> - 乾燥気候で，**砂漠**や**ステップ**
> - **イスラム教徒**，アラブ民族が多い
> - イスラエルは，アラブ諸国と対立

2 資源と産業

1 鉱産資源

　西アジアでは，1930年代に石油が採掘されはじめ，世界有数の油田地帯となっている。中央アジアでは，カスピ海周辺に油田・ガス田が広がり，開発がすすめられている。

テーマゼミ　イスラム復興運動

○ 1979年のイラン革命の後，ヨーロッパ諸国やアメリカなどの先進国に対抗して，イスラム世界の独自の発展を主張する**イスラム復興運動**の勢力が，各国で台頭している。こうした傾向は，多数派のスンナ派，少数派のシーア派に関係なく，イスラム世界に共通して発生してきている。

○ イスラム諸国には，19世紀以後，ヨーロッパの法体系が導入されてきたが，イスラム世界には，もともと**シャリーア**とよばれる独自の広範な**イスラム法**の体系がある。近年，シャリーアを厳格に実践しようとする風潮がでてきているが，これも，イスラム復興運動の反映である。

○ シャリーアは，イスラム教徒が従うべき信条，道徳，勤行，刑罰，義務などを含み，ヨーロッパの近代的な法体系よりはるかに広範な法となっている。民事的な権利や義務に関しても体系的な規定をもっている。

○ ヨーロッパやアジアに抑えこまれることを拒否し，イスラム本来の姿を取り戻そうとするイスラム世界の共通の思いが，イスラム復興運動（**イスラム原理主義**）の名で，主張されている。

○ しかし，一部で極端な欧米排除の考え方があり，**アメリカ同時多発テロ**（2001年，旅客機によるビル爆破）や，スペインでの列車爆破テロ（2004年，マドリード）などの行為にあらわれ（**イスラム過激派**），国際社会の深刻な問題となっている。

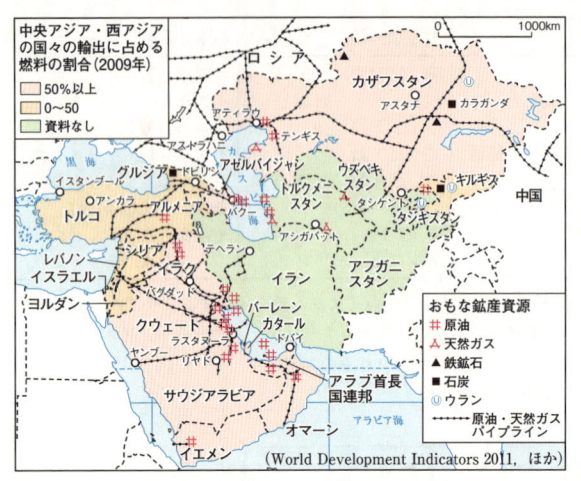

◀西アジアと中央アジアの鉱産資源の分布

中央アジア・西アジアの国々の輸出に占める燃料の割合(2009年)
- 50%以上
- 0～50
- 資料なし

おもな鉱産資源
- ⊕ 原油
- △ 天然ガス
- ▲ 鉄鉱石
- ■ 石炭
- Ⓤ ウラン
- ― 原油・天然ガスパイプライン

(World Development Indicators 2011, ほか)

2 西アジアの石油資源

❶ 油田の分布　おもな油田は，西アジアの**ペルシア湾**[★1]沿岸，ティグリス川とユーフラテス川の中・上流域などに分布。埋蔵量，産出量ともに世界最大。とくに埋蔵量が多い。

❷ 石油の採掘　当初，**メジャー(国際石油資本)**[★2]が石油採掘を独占し大きな利益をあげた。わずかな利権料を得るだけであった産油国は，1960年，**石油輸出国機構(OPEC)** を結成。その後，**資源ナショナリズム**が高まり，**アラブ石油輸出国機構(OAPEC)** も結成され，石油産業の国有化など産油国の優位が確立された。

❸ 産油国の経済力　1973年と79年の2度にわたる**石油危機**によって，石油価格が上昇し，産油国は巨額の**石油収入**[★3]を得て，工業化や産業基盤整備[★4]をすすめている。

3 中央アジアの開発

ソ連時代の社会主義体制では，十分な開発ができなかったが，現在では石油や天然ガスの他にも，ウランなどの開発が期待されている。中国が開発にのり出したことで，ロシアやヨーロッパとの間で資源の争奪戦が起こり始めている。しかし，不安定な政治情勢やパイプラインの建設の遅れ[★5]などの課題がある。

ポイント
西アジアは，石油資源が豊富
　メジャー→OPECの結成→石油戦略
　石油危機後，石油収入増→大きな経済力をもつ

[★1] アラブ諸国は，イランの旧国名であるペルシアの呼称をきらって，「アラビア湾」と称している。

[★2] 1901年イギリス人がイランで石油利権を獲得して以来，メジャー(国際石油資本)が，莫大な資本を投下し，経済性を第一にする開発をすすめてきた。

▼関連事項
| メジャー
OPEC
OAPEC | →p.151 |
| 石油危機
石油戦略 | →p.152 |

[★3] 一部は，オイルマネーとして国際金融市場に登場している。先進資本主義国の外国為替市場に投資され，為替差益をねらうマネーゲームのような寄生的性格の強い資金もある。また，一部の特権階級の富裕化を招いている例もある。

[★4] 産油国は，原油より付加価値の高い石油製品や石油化学製品の輸出をめざして，大規模な製油所や，石油化学工場をつくっている。

[★5] 周辺諸国による，利権争いや安全保障の観点からの輸送ルートをめぐるかけ引きが原因。

4 農牧業

❶ 各地の農牧業　①伝統的な農牧業…乾燥地域では伝統的に**遊牧**や**オアシス農業**(→p.123)が，地中海沿岸では地中海式農業(→p.127)が行われるが，地主制度が広く残り，生産性は低い。
②新しい動き…近年は遊牧民の定住化がすすんでいる。また，サウジアラビアでは，大規模な灌漑農業も行われている。その際，地下水を使用したセンターピボット農法(→p.366)も利用される。

❷ イスラエルの農業　古くから入植したユダヤ人は，自衛上，イデオロギー上から，共同経営で開拓，農業生産にあたった。生産も生活も共同化した集団農場は，**キブツ**といわれる。

★6 イランでは，マーレキとよばれる大地主が，土地やカナート(地下水路→p.93)を所有し，分益小作人(ライーヤット)を支配。

★7 生活や経営は別個にして，耕作や販売だけを共同化した農場は，モシャブ(共同農場)。

3 西アジアと中央アジアの国々

1 イラン

❶ 歴史と社会　古くから独自の文化をもち，7～8世紀にアラブ民族の支配をうけて**イスラム教**が広がり，アラビア文字を使用するようになった。近代になって，イギリスが勢力をのばした。農村部では地主制度が強く，土地改革も試みられたが，不十分な結果に終わっている。

❷ 石油開発と国有化
①1912年，西アジアで最初の石油開発が行われた。その利権は，イギリス系メジャーが握り，生産を独占した。
②1951年から53年にかけて，民族主義の運動が高まり，石油産業が国有化されたが，失敗に終わった。しかし，利権料などの権利は拡大した。
③1960年代～70年代は，石油生産がのび，1973年に石油産業を国有化した。その後，膨大な石油収入を得て，国王による工業化などが推進された。しかし，その急速な近代化は，国民の反発をまねき，1979年，王制は倒された(**イラン革命**)。
④革命後，メジャーは完全に撤退したが，石油開発は進み，石油関連が輸出の大部分を占めている。しかし，核開発による経済制裁で，各国がイランからの石油輸入を大幅に削減している。

★1 イスラム教徒の80％以上はスンナ派であるが，イランは，少数派のシーア派がほとんどで，教義が異なる。

★2 ブリティッシュ＝ペトロリアム(BP)は，かつてアングロ＝イラニアン，その前はアングロ＝ペルシャンといって，イランの石油採掘を独占，富を得て成長した。

★3 この後，BPの独占的地位は失われ，メジャー各社の参加するイラン＝コンソーシアム(国際石油財団)が結成され，イランの石油産業を支配した。イランはここから，利権料と所得税収入を得た。

★4 2010年アメリカが対イラン制裁法を成立させ，他国も追随して制裁措置を開始した。

> **ポイント**
> **イランの石油**　メジャー(国際石油資本)が生産を独占
> 　　　　　　　　イランは利権料を得るのみ
> 　　　　　　　　　→1970年代になって国有化

2 サウジアラビア

❶ 歴史と社会
イスラム教発祥の地で，聖地**メッカ**には巡礼者が多く訪れる。戒律のきびしいワッハーブ派★5に属する。20世紀初頭に独立した★6が，今も完全な**専制君主国家**で，憲法も議会も政党もなく，国王一族が統治している。なお，アラビア半島の遊牧の民として知られる**ベドウィン**は，近年，定住化がすすんでいる。

❷ 石油開発と工業化
①1936年にアメリカの石油会社がダーランで石油を発見し，2年後から採掘。現在，**世界のトップクラスの産油国，石油輸出国★7で，埋蔵量は世界最大**。

[補説] **アラムコ** アメリカ系メジャー4社からなるアラビア＝アメリカン石油会社の略称。サウジアラビアの石油を独占。アラムコには，サウジアラビア政府が1973年に60％の資本参加を行い，1980年に100％の国有化を実現している。しかし，現在もメジャーとの結びつきが強い。

②石油の利権料，利潤折半★8→石油産業の国有化などで，石油収入は莫大なものになった。この間，**OPEC**や**OAPEC**の結成に主導的役割をはたし，産油国の権利を強めてきた。

③石油収入をもとにサウジ基礎産業公社が設けられ，外国資本との合弁で，首都**リヤド**をはじめ，ペルシア湾岸のジュベイル（鉄鋼，化学肥料），ダンマン（石油化学），紅海に面するジッダ（セメント，化学），ヤンブー（石油化学）などに，各種の工業が立地。また，乾燥地域では貴重な水資源を得るため，海水を利用した世界最大の淡水化事業も行っている。

★5 18世紀の改革運動の中で成立したスンナ派の一派。質素を尊び，禁欲的生活を守る。

★6 1902年に建国した。1927年，トルコの支配下にあった地域を加えて，イギリスとの協定で独立した。国名のサウジアラビアとは「サウド家のアラビア」を意味する。

★7 ガワール油田などおもな油田はペルシア湾岸に集中し，ラスタヌーラ港やペトロライン（紅海岸のヤンブーまで直結）などから輸出される。地中海岸のサイダーと結ぶトランスアラビアンパイプラインは現在，使用されていない。

★8 1950年に，石油会社（アラムコ）との間で，利潤の50％をうけとる折半方式の契約が成立した。

> **ポイント**
> サウジアラビア…イスラム教の聖地**メッカ**がある
> 世界有数の産油国→石油収入で工業化
> **OPEC**や**OAPEC**の中で，中心的な役割

▼西アジア・中央アジアのおもな国のおもな輸出品（「世界国勢図会」などによる）

サウジアラビア（1923億ドル）2009年: 原油 73.9％, 石油製品 7.9, プラスチック 2.8, その他

イラン（781億ドル）2009年: 原油 79.4％, 鉄鋼 1.8, その他

トルコ（1021億ドル）2009年: 機械類 14.4％, 自動車 11.6, 衣類 11.3, 鉄鋼 8.9, 繊維品 7.6, その他

イスラエル（479億ドル）2009年: 機械類 25.6％, ダイヤモンド 24.2, 医薬品 9.5, 精密機械 4.0, 航空機 3.7, その他

カザフスタン（432億ドル）2009年: 原油 60.7％, 鉄鋼 6.6, 化学薬品 4.3, 天然ガス 4.2, その他

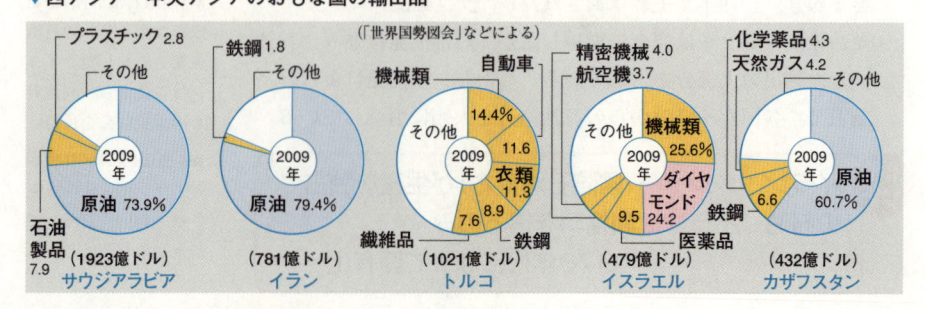

3 トルコ

❶ 歴　史　イスラム世界で初めて，政治と宗教の分離，女性の解放，ローマ字の採用(アラビア文字の廃止)などの近代化をすすめた。

❷ 産　業　最大の都市**イスタンブール**やイズミルなど，工業化がすすんだ豊かな西部と，貧しい東部の経済格差が大きい。ドイツなどへ外国人労働者として出かせぎにいく人が多い。近年は，旧ソ連のトルコ系諸国との結びつきを強めている。

❸ その他　東部のイランやイラクの国境付近で，クルド人問題(→p.268)をかかえる。首都アンカラは，アナトリア高原にある。★9

4 中央アジアの5か国

いずれもイスラム教徒からなる5つの国々がある。砂漠，ステップが広がっていて，遊牧民の定住化，灌漑による綿花や野菜の栽培(アラル海の縮小→p.29)，綿工業が共通している。

| トルクメニスタン |
| ウズベキスタン… |
| カザフスタン…… | ⎬ トルコ系民族の国。もとは遊牧民が多かった。★10
| キルギス………… |

タジキスタン…旧ソ連では唯一のイラン系民族の国。

5 カフカス地方の3か国

カフカス(コーカサス)地方は，温暖で湿潤な気候にめぐまれ，みかん，ぶどう，茶など，旧ソ連の他の地域では産出しない農産物が生産される。しかし，少数民族が入りくんで居住しており，古くから民族紛争の絶えない地域で，現在も民族対立が激しい。

アルメニア…アルメニア正教徒が多く，アゼルバイジャンと対立。
グルジア…グルジア正教徒が多いが，イスラム教徒もいる。近年，ロシアと対立。(→p.269)
アゼルバイジャン…イスラム教徒(シーア派)，トルコ系。★10 アルメニアと対立。★11

6 その他の国々

ペルシア湾に面するイラク★12，クウェート，アラブ首長国連邦，カタールは，有数の産油国。これら産油国は，石油の枯渇にそなえ，非石油産業の育成を進めている。アラブ首長国連邦の**ドバイ**★13は，西アジア地域の貿易・金融センターとして発展。イエメンのアデンは，海上交通の要地。シリア，ヨルダン，レバノンはイスラエルと対立(→p.274)し，政治も安定していない。

★9 南東アナトリア開発計画(GAP)がすすめられ，ユーフラテス川上流に巨大なアタチュルクダムが建設。

★10 トルコ系の5か国は，共通する歴史や文化，言語(トルコ語などを含むチュルク語)をもつ。ソ連解体後，トルコとの結びつきが始まり，非アラブ・イスラム諸国からなる経済協力機構(ECO)に加盟して友好協力関係をもっている。

★11 アゼルバイジャンのナゴルノ＝カラバフ自治州は人口の4分の3がアルメニア人で，1991年に独立を宣言したため，激しい武力紛争が起きた(1994年停戦)。(→p.268)

★12 1958年のイラク革命で王制から共和制に変わった。1980～88年にイランと戦争。1990年にはクウェートを侵略した結果，1991年，多国籍軍との間で湾岸戦争をまねき敗退した。2003年，アメリカなどが侵攻したイラク戦争で1979年以来のフセイン政権は崩壊。民主政権樹立後も混乱がつづく。(→p.269)

★13 モカ港から輸出されるコーヒーは，モカコーヒーとして有名。

4 北アフリカとサハラ以南のアフリカ

1 自然と住民，産業と経済

1 アフリカ大陸の自然

❶ 多様な自然

1. **地形** アフリカ大陸は，ほぼ全体が安定陸塊のゴンドワナランド(→p.52)で，高原大陸である。とくに東部〜南部は海抜2000m前後の高原が続く。アフリカ大地溝帯の中にキリマンジャロ山★2などの高い火山がある。また，世界最長のナイル川が，赤道直下から砂漠を貫流する。

2. **気候**
    ① **熱帯** 熱帯雨林は，シエラレオネ〜コートジボワール中部，およびガボン〜コンゴ盆地を中心に分布しているにすぎない。★4その周辺には，広大なサバナが分布。
    ② **乾燥帯** 南西部のカラハリ砂漠やナミブ砂漠，★5北部のサハラ砂漠と，その周辺のステップ。
    ③ **温帯** 北端と南端に，地中海性気候などの温帯地域がある。
    ④ **高山気候** ケニアのホワイトハイランド★6のように，東アフリカの高原には，温和な高山気候などが広く分布。

❷ 植生の変化
温暖化など地球自身の気候の変化に加えて，過度の焼畑や，植民地時代から続く「開発」，近年の過放牧や過耕作によって，森林は疎林に，疎林はサバナに，サバナはステップに，ステップは砂漠に移行して，植生が変化している。その結果，不毛な砂漠が拡大している。とくに，サヘル地方の砂漠化(→p.29)は，大きな問題である。★7

❸ 風土病★8
サハラ以南のアフリカでは，高温多湿な地域に，ツェツェバエが媒介する睡眠病，ハマダラカが媒介するマラリア，ネッタイシマカが媒介するデング熱や黄熱病などの風土病がある。

▼アフリカの植生

凡例：熱帯雨林／サバナ／ステップ／プレーリー／砂漠／地中海性灌木林／広葉樹と混合林／山地／亜熱帯落葉樹林／熱帯低木林

★1 アフリカ大陸は平均高度750m。全体として卓状地のため，ナイル川やコンゴ川などの大河川には急流が存在し，外洋船が上流まで航行できない。

★2 西アジアからアフリカ東部に続く延長約6000kmの大地溝帯。タンガニーカ湖などの断層湖もつくる。プレートの広がる境界と考えられている。

★3 標高5895mで，アフリカ最高峰。赤道に近い南半球にある。

★4 その面積はアフリカ全土の約10%のみ。

★5 大西洋に面したナミブ砂漠は，沿岸を流れる寒流(ベンゲラ海流)の影響で形成された海岸砂漠である。ペルー海流によるアタカマ砂漠などと同様で，沿岸に寒流の流れる地域は降水量が少ない。

★6 ヨーロッパ人(白人)が入植した温和な高原のこと。

★7 チャド湖は，砂漠化の進行でどんどん縮小し，消えてなくなりつつある。

★8 特定の地域に特有な病気を風土病という。

2 歴史と社会

❶ 住民 北アフリカでは，コーカソイド(白色人種)のアラブ人が多い。イスラム教の影響を受け，アラビア語が普及した。歴史的に，西アジアとのつながりが深い。一方，サハラ以南のアフリカでは，ネグロイド[★9](黒色人種)(→p.262)が中心。アフリカ大陸中西部の熱帯の地域に多いスーダンニグロと，赤道付近から南部の大部分に住むバンツーニグロのほか，各地に少数人種も分布[★10]。

❷ 植民地支配 アフリカは，ほぼ全域がヨーロッパ先進国の植民地となり，世界のどの地域より激しい収奪にさらされた。第二次世界大戦後，アジアの民族主義の高まりをうけ，1960年前後から[★11]，ほとんどの国が，政治的な独立を達成した。

❸ 変わらぬ植民地的構造 とくにサハラ以南のアフリカでは，政治的に独立した後もなお，外国資本による経済の支配，モノカルチャー経済(→p.311)といった植民地的構造は温存され，そこから，深刻な貧困が生まれている。援助依存型の経済構造に陥っている国も多い。

❹ 民族・領土問題 植民地分割が民族分布を無視して行われたため，現在でも深刻な民族対立による紛争や難民の発生も多い[★12]。

❺ 貧困と食料難 とくにサハラ以南のアフリカでは，大多数の住民は貧しく，食料不足が慢性的で，人口増加率が高いことも重なって，飢餓や，乳幼児の高い死亡率がめだつ。

❻ 欧米諸国への移住 アフリカ諸国では，仕事や豊かさを求めて，ヨーロッパの旧支配国やアメリカへの移民が増加している。しかし，とくにヨーロッパでは，アフリカ系移民の数が急増し，雇用問題や人種差別，文化的・宗教的対立などが社会問題化している[★13]。

> **補説　アフリカの貧困** 17〜19世紀にかけて，1000万人以上のアフリカ人(ネグロイド)が新大陸に奴隷として連行された。この「奴隷貿易」は，アフリカ各地の社会と経済に大きな打撃を与えた。また，ヨーロッパ先進国の侵略による植民地分割は，旧来の民族分布と無関係に行われ，民族対立を助長したので，民族国家の形成を妨げた。アフリカの貧困は，このような奴隷貿易や植民地分割にさかのぼる。その上，独立後も温存された植民地的構造があり，現代では，先進国に有利な国際経済秩序によって，いっそう格差が拡大している。サハラ以南のアフリカの大部分の国は，後発発展途上国(→p.168)である。

3 産業と経済

❶ 農牧業 アフリカ全体としては，自給的農業が多くみられる。北アフリカの地中海沿岸と南アフリカの南端では地中海式農業が，

★9 サハラ以南のアフリカは，ブラックアフリカともよばれる。

★10 カラハリ砂漠周辺にはコイサン人が，マダガスカル島にはマレー系民族が分布。

★11 1960年は「アフリカの年」といわれ，この年だけで17か国が独立した。

★12 1993年に，キリスト教徒の多いエチオピアから，イスラム教徒の多いエリトリアが独立闘争の末に独立。ルワンダでは1994年に多数派のフツ族がかつての支配民族であった少数派のツチ族を大量虐殺し，大量の難民も発生。ソマリアでは，1991年以来内戦や干ばつによる無政府状態が続き，大量の難民が発生した。スーダンでは，西部のダルフール地方で大量の虐殺行為や難民の発生があったほか，キリスト教徒の多い南部が2011年に南スーダンとして独立した。

★13 アフリカ系移民が，ヨーロッパ系住民の雇用機会を奪っているとの考えがあり，移民排斥を訴える政治活動や事件が表面化している。

砂漠地帯では遊牧やオアシス農業が，熱帯雨林地域では焼畑農業が行われている。エジプトでは，大規模な灌漑農業がみられる。

　一方で，**プランテーション農業**もさかん。プランテーションは，白人が植民地時代に現地民の土地を奪い開いたもの。現在でも，地元の黒人は低賃金で雇われるか，農園を開いても小規模である。

❷ **農地改革**　白人が占有していた農地や，アフリカ人の共同所有になっていた農地を再編する取り組みが続いている。[15]

❸ **鉱　業**　北アフリカは産油地帯で，国有企業が採掘。アルジェリアとリビアは，OPECに加盟している。

　サハラ以南のアフリカでは，鉱産資源[16]の採掘は，おもに欧米先進国の資本で行われている。地元の黒人は，鉱山労働者として安い賃金を得るのみである。近年，**資源ナショナリズム**の影響により，鉱産資源の国有化がみられるが，経営には以前，外国資本の協力を得る例が多い。[17]

❹ **工　業**　南アフリカ，エジプトなどを除き，多くの国で工業化がすすんでこなかった。その要因として，インフラの未整備や教育水準の低さ，民族対立・紛争が挙げられる。しかし，それらの問題が解消していった国を中心に，工業化（おもに軽工業）がすすんで経済が成長しつつある。

❺ **貿　易**　サハラ以南のアフリカでは，特定の一次産品の輸出に依存する国がほとんどである。一次産品は交易条件が悪く，価格が不安定で，国の経済が左右されやすい。また，食料生産が圧迫され，

★14　コートジボワールやガーナのカカオ，エチオピアやケニアのコーヒーなどが代表的。

★15　ケニアでは，白人が占有していたホワイトハイランド（→p.328）の一部を政府が買い上げ，再分割してアフリカ人の入植をすすめ，アフリカ人自立農民の育成をはかっている。

★16　コンゴ民主共和国やザンビアの銅，コバルト，ダイヤモンド，ボツワナのダイヤモンド，ナイジェリアの石油，ギニアのボーキサイト，南アフリカ共和国やギニアの金などが代表的。

★17　近年，中国が，資源需要の急激な増加に対応するため，アフリカでの資源開発を積極的にすすめている。

▼アフリカの農牧業

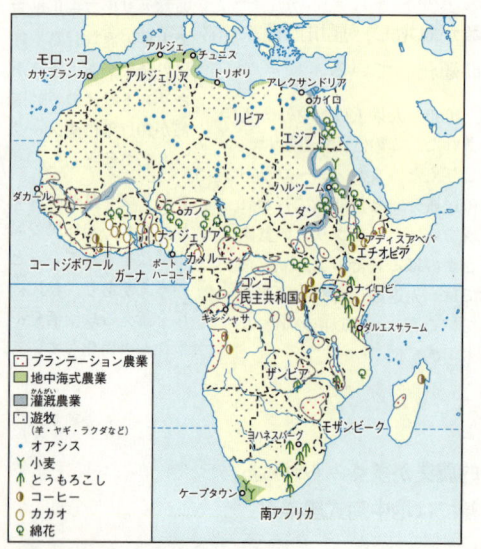

▼アフリカの鉱産資源の分布

(Atlas of Africa, ほか)

飢餓の要因ともなる。

こうした**モノカルチャー経済**からの脱却のため，栽培作物の多角化や，生産品を公正な賃金を考慮した適正な価格で購入する**フェアトレード**(→p.195)などの取り組みが行われている。

❻ **通信と交通**　旧支配国との間には，航空交通や通信網がよく整っている。しかし，アフリカの国々の相互の交通は，あまり整備されていない。

> 補説　**アフリカの鉄道**　アフリカでは，海岸と内陸の間にいくつか鉄道がみられる。これらは，内陸の鉱産資源の産地と，その積み出し港を結んだもので，植民地時代につくられた。モーリタニアのフデリック～ヌアディブーは鉄鉱石，ナイジェリアのジョスバウチ～ポートハーコートはすず，タンザニア，ザンビア，アンゴラを結ぶ**タンザン鉄道**，**ベンゲラ鉄道**(ダルエスサラーム～ロビト)はカッパーベルトの銅を積み出す。中国の援助でできたタンザン鉄道は，白人の支配していた南アフリカ共和国に頼らずに，銅の輸出ができるようになったことで有名である。

▼アフリカのおもな国々の輸出品

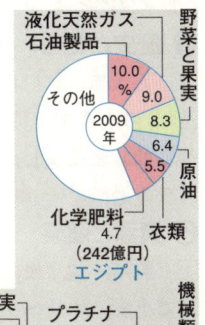

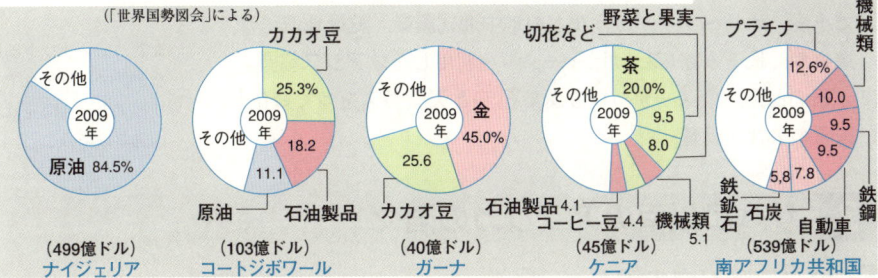

（エジプト、ナイジェリア、コートジボワール、ガーナ、ケニア、南アフリカ共和国の輸出品構成の円グラフ）

ポイント　サハラ以南のアフリカ…モノカルチャー経済で，深刻な貧困

| 外国資本の経済支配 | プランテーション／鉱産資源の支配／商業なども支配 | → | 農地所有の再編／鉱産資源の国有化／**フェアトレード** | → | 経済の発展へ |

2　北アフリカの国々

1　エジプト

❶ **歴史**　19世紀末よりイギリスなどの支配をうけたが，1956年には，**スエズ運河**を国有化し，イギリス勢力を追放した。この後，エジプトは，アラブ民族主義の盟主を以て任じた。★1

❷ **資源と産業**

[1] **農業**　ナイル川をせきとめた**アスワンハイダム**の灌漑により

★1　エジプトは，1967年の第三次中東戦争でイスラエルに敗北し，スエズ運河などを失った。1973年の第四次中東戦争ではスエズ運河を奪還。1979年，アラブの国としては，初めて，イスラエルと平和条約を結んだ。

農地はふえたが,塩害などの被害も拡大(→p.102)。生産性が低いため,穀物の自給率は低い。重要な輸出品であった綿花は,長繊維で高品質であるが,近年は比率が低下している。

② 鉱工業　スエズ湾の両岸で産出する石油をもとにした石油製品が最大の輸出品。アルミニウム工業など,工業化もすすむ。

③ その他　スエズ運河の通航料や,観光収入など。

2 アルジェリア

❶ 歴史と社会　19世紀前半にフランスの植民地となった。フランス人入植者(コロン)は,アルジェリア人の土地を奪い,ぶどう(醸造用)の大農園を開いた。このため,食料生産は圧迫された。1962年に独立を達成し,主要産業を国有化したが,政治が不安定で,イスラム過激派(→p.323)によるテロもみられる。

★2 アルジェリア人は,農業に不利な乾燥地域へ移り,貧困農村地域を形成した。

❷ 資源と産業

① 農業　独立後,フランス人の大農園は接収された。地中海沿岸で小麦,オリーブ,ぶどうなどの地中海式農業。乾燥地域では,遊牧や,地下水路(フォガラ)(→p.93)を利用したオアシス農業。

② 石油と天然ガス　サハラ砂漠で石油と天然ガスを多く産出し,国営の公社が管理。

★3 ハシメサウド油田など。アルジェリアやリビアの石油開発は,1956年以降のこと。

3 サハラ以南のアフリカの国々

1 ギニア湾沿岸の国々

❶ ナイジェリア

① 自然と歴史　熱帯の高温多湿の気候であるが,4世紀ごろから独自の文化をもった王国が興亡した。15世紀以後,ヨーロッパ人が侵入し,多くの住民は奴隷として新大陸につれ去られ,生産基盤が破壊された。19世紀にイギリスの植民地となったが,1960年に独立。

★1 前首都ラゴスは,かつて「奴隷貿易」の基地で,周辺は奴隷海岸とよばれた。

② 住民　現在,250以上の民族からなり,アフリカ最大の人口をもつ。諸民族の連邦共和国であるが,植民地時代に分割統治の道具として民族対立があおられ,今なお深刻な問題。

★2 北部はハウサ＝フラニ族(イスラム教徒が多い),南西部はヨルバ族,南東部はイボ族(キリスト教徒が多い)がそれぞれ中心。なお,1991年にラゴスから移転した新首都アブジャは,この3地域のバランスのために建設された。

> 補説　民族間の対立と内戦　石油資源にめぐまれたニジェール川河口付近に住むイボ族は,開発の中心が,南西部のヨルバ族の地区におかれることを不満とし,1967年,連邦からの分離,独立をとなえて,ビアフラ共和国をたてた。このため,内戦となり,旧ソ連とイギリスは連邦側を,アメリカとフランスはビアフラ側を支援して介入した。この内戦では,ビアフラ側は多くの餓死者を出し,1970年に降伏した。

3 **農業** 南部は高温多湿なため，イギリス人は土地を占拠せず，アフリカ人に商品作物を強制栽培させて，その流通を支配する形をとった。★3 こうしてカカオ，油やしなどのプランテーションが発達した。主食はヤムいもやタロいもなど根栽類で，生産量は世界有数である。

一方，北部はサバナ気候のため，伝統的な遊牧やもろこし類の栽培のほか，落花生や綿花のプランテーションもみられる。

4 **資源** <u>アフリカ有数の産油国</u>★4で，OPECに加盟。油田はニジェール川デルタに集中。

❷ **コートジボワール**★5 南部で**カカオ**，コーヒーの生産が多く，外国資本に対する門戸開放で，1970年代には高成長をほこった。植民地時代からの中心都市アビジャンは，ヨーロッパ風の大都市であるが，一方でスラムも拡大している。

❸ **ガーナ** 典型的なカカオのモノカルチャー経済の国であったが，<u>ヴォルタ川</u>流域で総合開発をすすめ，水力発電を利用したアルミニウム精錬などの工業化がすすんでいる。

> **補説** ギニア湾沿岸での商品作物栽培 コートジボワール，ガーナ，ナイジェリアなどでは，南部でカカオ，コーヒー，油やし，北部で落花生，綿花のプランテーションが発達した。
> 　現在では，外国資本のほか，アフリカ人の小農園，共同出資，国の開発公社，村有などいろいろな経営形態がある。国際価格の低落で，収益は伸び悩んでいる。

★3 こうした形態は，ガーナなどと共通し，おもにカカオがとり扱われた。

★4 西アジアなどと同様，国際石油資本が開発。ほとんどが原油のまま輸出され，石油産業で働く人はきわめて少数。

★5 フランス語で「象牙海岸」の意味。かつてこの地方の海岸から象牙が多数運び出されたことに由来する。首都は，沿岸のアビジャンから内陸のヤムスクロに移転した(1983年)。

(「世界国勢図会」などによる)

作物名	自然条件	主要生産国 （ ）内は%(2009年，天然ゴムは2010年)
さとうきび	・年平均気温20℃以上 ・年降水量1000mm以上，収穫期に乾燥	ブラジル(40.4)，インド(17.2)，中国(7.0)，タイ(4.0)，パキスタン(3.0)，メキシコ(3.0)
コーヒー	・年平均気温16〜22℃ ・年降水量1000〜3000mm，収穫期に乾燥 ・霜をきらう	ブラジル(29.3)，ベトナム(14.1)，コロンビア(10.6)，インドネシア(8.4)，インド(3.5)，エチオピア(3.2)，ペルー(3.1)，メキシコ(3.0)
茶	・年平均気温14℃以上 ・年降水量1500mm以上	中国(34.8)，インド(20.3)，ケニア(7.9)，スリランカ(7.3)，トルコ(5.0)，ベトナム(4.7)，インドネシア(4.1)
カカオ	・年平均気温24〜28℃ ・年降水量2000mm以上 ・防風や日陰用に「母の木」が必要	コートジボワール(29.9)，インドネシア(17.6)，ガーナ(16.2)，ナイジェリア(9.1)，カメルーン(5.5)，ブラジル(5.3)，エクアドル(3.0)，トーゴ(2.6)
綿花	・生育期18℃以上，210日以上の無霜期間 ・年降水量500mm以上，収穫期に乾燥	中国(30.4)，インド(19.4)，アメリカ(12.2)，パキスタン(10.3)，ウズベキスタン(5.4)，ブラジル(4.6)
天然ゴム	・年平均気温26℃以上，Af気候地域 ・年降水量2000mm以上	タイ(29.9)，インドネシア(27.4)，インド(8.3)，マレーシア(8.2)，ベトナム(7.3)，中国(6.3)

▲おもなプランテーション作物の栽培条件と生産国　母の木とは，直射日光や風に弱いものを保護するために植える樹木で，守り木ともいう。カカオなどで必要。

334　14章　アジアとアフリカ

Q チョコレートも，ココアも，カカオからつくっているのですか。

A カカオの実の中の種子(カカオ豆)は，30〜50%の脂肪分をふくみ独特の風味があるよ。その脂肪(カカオバター)に，ミルク，砂糖などを加えたものが，チョコレート。脂肪分を除いた残りを粉末にしたものがココア，というわけだ。

◀収穫したカカオの実

▼カカオの木

◀ギニア湾沿岸の商品作物

気候を反映して，北から落花生，綿花，油やしが分布。コーヒーは収穫期に乾燥する土地がよく，カカオより北で栽培される。海岸名は植民地時代の呼称。

★6 アメリカ植民協会が送った解放奴隷によって建国された。国名は「自由」，首都名は当時のアメリカ大統領モンローにちなみ，それぞれリベリア，モンロビアと命名された

❹ **リベリア**　アフリカ最初の黒人共和国で，1847年に建国。経済は，アメリカ資本による天然ゴムに依存する。世界有数の商船保有国であるが，**便宜置籍船**がほとんど。1989年から2003年まで内戦が続き，政治，経済ともに不安定で，多数の難民を出した。

　補説　**便宜置籍船**　パナマやリベリアでは，税金が安いため，他国の船主が便宜的に籍だけを置いている船が多い。このような船を，便宜置籍船という。統計上は，世界有数の商船保有国になっていても，実際には外国資本が保有していて，税収があるというだけ。(→p.188)

2 東アフリカと南アフリカの国々

❶ ケニア[★7]

1 **自然と歴史**　赤道直下にあたるが，内陸部に高原が広がる。首都ナイロビは標高1700mに位置し，年平均気温は約18℃で快適。多くの自然動物公園があり，野生動物が保護されている。イギリスの植民地であったが，1963年に独立。観光が主産業の1つ。

2 **住民**　キクユ族をはじめ多くの民族からなる。公用語は**スワヒリ語[★8]**，英語。キクユ語なども使われる。

3 **農業**　温和で肥沃なホワイトハイランドでは茶などが，東部低地ではサイザル麻などが栽培→重要な輸出品。

★7 この国名は，アフリカ第二の高峰ケニア山に由来する。ケニアは，キクユ語で「白い山」という意味で，赤道直下ながら万年雪をいただいている。

★8 バンツー語系の諸言語を基礎に，イスラム教とともに伝わったアラビア語の刺激をうけて成立した言語。アフリカ東部で使われる。

4 北アフリカとサハラ以南のアフリカ　*335*

補説　**サイザル麻**　シザル麻，ヘネケン麻ともいう。メキシコ原産でアゲーブ属の葉肉の厚い多年草。葉から繊維をとり，ロープや網の原料とする。メキシコのユカタン半島，アフリカのタンザニアやケニア，ブラジルのアマゾン川流域などが，栽培の中心になっている。

❷ 南アフリカ共和国★9

① **位置と自然**　アフリカ大陸の南端に位置する。内陸部は1000mをこえる高原が広がり，温和。とくに，1200m以上の高原は**ハイベルト**とよばれ，ステップの草原となっている。南西部には**地中海性気候**，南東部には西岸海洋性気候や温暖湿潤気候などの温帯の気候がみられる。

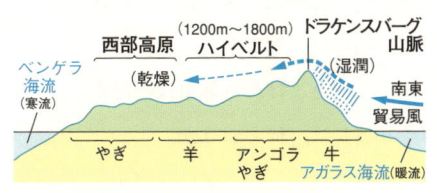

▲南アフリカ共和国の地形断面図

② **歴史と社会**　オランダ系白人，続いてイギリス系白人が植民地を形成した。20世紀に入って，白人が徹底した人種差別政策をすすめ，**アパルトヘイト（人種隔離政策）**（→p.271）を確立した。アフリカ人の抵抗と，国際社会の批判により，1991年にアパルトヘイト法は全廃された。しかし，白人と黒人の経済的格差は，依然として大きい★10。そのため，黒人の経済参画支援政策を進めている★11。

③ **資源と産業**
① **農牧業**　地中海性気候の地域では，果樹の栽培と冬の小麦栽培（地中海式農業）（→p.127）がさかん。ハイベルトでは，羊などの牧畜が行われ，海岸の平野では，野菜や小麦，とうもろこしなどの栽培がさかん。果実や羊毛は輸出される。
② **鉱業**　世界有数の**金**をはじめ，**ダイヤモンド**★12，石炭，鉄鉱石，ウラン，**プラチナ**，さらにクロム，マンガンなどの**レアメタル（希少金属）**（→p.157）にめぐまれている。
③ **工業**　各種の重化学工業が発達。中国のほか，日本，ヨーロッパ諸国やアメリカなど先進国との結びつきが強い。**ケープタウン**★13はアフリカ最大の貿易港。

★9 首都プレトリアには行政府がおかれ，立法府はケープタウン，司法府はブルームフォンテーンに分散して配置。

★10 南アフリカ共和国は，国連の区分では先進国とされているが，アフリカ人の社会の多くは，いまだ貧困におおわれている。

★11 ブラック・エコノミック・エンパワーメント政策（BEE政策）とよばれる。

★12 金はヨハネスバーグ付近，ダイヤモンドはキンバリーや首都プレトリア付近で多く産出する。

★13 日本の遠洋漁船の基地としても知られる。

ポイント　南アフリカ共和国

アパルトヘイト（人種隔離政策）は廃止
地中海式農業や，ハイベルトでの牧畜がさかん
金，レアメタルなどが豊かで，工業も発達

テスト直前要点チェック

14章 アジアとアフリカ

	問	答
❶	パミール高原やヒマラヤ山脈は,「世界の（　）」とよばれる。	❶ 屋根
❷	東アジアは,（　）の影響で,夏に高温多雨,冬に乾燥。	❷ 季節風(モンスーン)
❸	中国の農業地域を2つに大別する山脈と川は,何というか。	❸ チンリン山脈,ホワイ川
❹	中国のおもな5つの少数民族が形成している行政区は何か。	❹ 自治区
❺	中国の内陸部の開発計画は,何とよばれるか。	❺ 西部大開発
❻	中国の東北地方で最大の重化学工業都市は,どこか。	❻ シェンヤン
❼	中国最大の人口をもつ都市は,どこか。	❼ シャンハイ
❽	「台湾のシリコンヴァレー」とよばれる都市は,どこか。	❽ シンチュー
❾	韓国の新しい村づくり運動は,何というか。	❾ セマウル運動
❿	韓国南東部の都市ポハンでさかんな工業は,何か。	❿ 鉄鋼業
⓫	日本と北朝鮮の間では,正式な（　）が結ばれていない。	⓫ 国交
⓬	東南アジアの大部分をしめる気候帯は,何か。	⓬ 熱帯
⓭	東南アジアで唯一,植民地にならなかった国は,どこか。	⓭ タイ
⓮	タイの（　）川デルタでは,とくに稲作がさかん。	⓮ チャオプラヤ
⓯	タイでもっとも信仰されている宗教は,何か。	⓯ 仏教
⓰	マレーシアでは,マレー系,（　）系,インド系の人が多い。	⓰ 中国
⓱	マレーシアでマレー系住民を優遇する政策を,何というか。	⓱ ブミプトラ政策
⓲	マレーシアで栽培がさかんな商品作物を,2つあげよ。	⓲ 油やし,天然ゴム
⓳	シンガポール南西部にある輸出加工区は,（　）工業地域。	⓳ ジュロン
⓴	シンガポールは,人口の4分の3が（　）である。	⓴ 華人(中国系)
㉑	シンガポールは海上交通の要衝で,（　）貿易によって発展した。	㉑ 中継
㉒	インドネシアは,どこの国の植民地であったか。	㉒ オランダ
㉓	インドネシアの人口の多くが集中している島は,どこか。	㉓ ジャワ島
㉔	2002年にインドネシアから独立した国は,どこか。	㉔ 東ティモール
㉕	フィリピンで栽培がさかんな商品作物を,2つあげよ。	㉕ さとうきび,バナナ
㉖	ブルネイのおもな輸出品は,何か。	㉖ 石油,天然ガス
㉗	ベトナムでは,（　）政策がうち出され,以後経済が発展した。	㉗ ドイモイ
㉘	インドでもっとも信仰されている宗教は,何か。	㉘ ヒンドゥー教
㉙	インドの連邦公用語は,何語か。	㉙ ヒンディー語

答

	問	答
③⓪	伝統的に綿工業がさかんな，インド最大の都市は，どこか。	③⓪ ムンバイ
③①	インドのジャムシェドプルでさかんな工業は，何か。	③① 鉄鋼業
③②	インド南部に位置する，IT産業の中心都市は，どこか。	③② バンガロール
③③	パキスタンでは，小麦や（　），米の栽培がさかんである。	③③ 綿花
③④	インドとパキスタンが領有権を争う地域は，どこか。	③④ カシミール地方
③⑤	バングラデシュのデルタ地帯では，（　）の被害が多い。	③⑤ ハリケーン
③⑥	ガンジスデルタでは，米とどんな農作物が栽培されるか。	③⑥ ジュート（黄麻）
③⑦	スリランカのもっとも重要な商品作物は，何か。	③⑦ 茶
③⑧	中央アジアの産油地帯は，（　）海沿岸である。	③⑧ カスピ
③⑨	ユダヤ教徒のユダヤ人を中心とした国は，どこか。	③⑨ イスラエル
④⓪	西アジアの（　）湾沿岸は，世界有数の産油地帯である。	④⓪ ペルシア
④①	西・中央アジアの乾燥地域では，（　）とオアシス農業がさかん。	④① 遊牧
④②	イランでは，イスラム教（　）派が多数を占める。	④② シーア
④③	サウジアラビアにあるイスラム教最大の聖地は，どこか。	④③ メッカ
④④	トルコ東部などに分布する少数民族は，何人か。	④④ クルド人
④⑤	タジキスタンは，中央アジアで唯一の（　）系民族である。	④⑤ イラン
④⑥	アルメニアと対立しているカフカス地方の国は，どこか。	④⑥ アゼルバイジャン
④⑦	サハラ砂漠の南の砂漠化のはげしい地域を，何というか。	④⑦ サヘル
④⑧	北アフリカでは，イスラム教徒の（　）人が多い。	④⑧ アラブ
④⑨	サハラ以南のアフリカでは，商品作物の（　）農業がさかん。	④⑨ プランテーション
⑤⓪	サハラ以南のアフリカ各国の経済は，一口で何というか。	⑤⓪ モノカルチャー経済
⑤①	エジプトが国有化した運河は，何か。	⑤① スエズ運河
⑤②	アルジェリアは，どこの国の植民地であったか。	⑤② フランス
⑤③	ナイジェリアの第1位の輸出品は，何か。	⑤③ 石油
⑤④	コートジボワールで生産の多い商品作物は，何か。	⑤④ カカオ，コーヒー
⑤⑤	ケニアの高原地帯で，白人が占有した地域は，何というか。	⑤⑤ ホワイトハイランド
⑤⑥	ギニア湾沿岸で，便宜置籍船の国として有名なのはどこか。	⑤⑥ リベリア
⑤⑦	南アフリカ共和国の人種隔離政策は，何とよばれたか。	⑤⑦ アパルトヘイト
⑤⑧	南アフリカ共和国で産出の多い鉱産資源は，何か。	⑤⑧ 金，ダイヤモンドなど

14章 アジアとアフリカ

15章 ヨーロッパとロシア

この章のポイント&コーチ

1 ヨーロッパ ▷p.340

◆ **あらまし**

自然環境 けわしいアルプス山脈とそこから流れ出るライン川，ドナウ川など。北西部は，暖流の北大西洋海流と偏西風の影響で，高緯度のわりに温和な<u>西岸海洋性気候</u>。地中海沿岸は，夏に乾燥する<u>地中海性気候</u>。

住民と社会 北西部にプロテスタント系のゲルマン民族，南部にカトリック系のラテン民族が多い。東ヨーロッパは正教会系のスラブ民族が多い。

ヨーロッパ連合（EU） 経済協力から政治的な統合までを視野に入れて，大経済圏を形成。市場統合を完了，<u>ユーロ</u>による通貨統合をすすめている。現在，フランス，ドイツ，イタリア，ベネルクス3国の原加盟国に加え，合計で27か国が加盟（2012年）。

> **ヨーロッパの三大民族**
> ①ゲルマン民族→イギリス人，ドイツ人…
> ②ラテン民族→フランス人，イタリア人…
> ③スラブ民族→ロシア人，ポーランド人…

◆ **西ヨーロッパ**

フランス 農業がさかんで，小麦などを輸出。EUの下で経営規模が拡大してきた。工業は，EUの市場を得て発達。近年は，臨海工業地域が発展。

ドイツ 1990年に東西ドイツが統一。<u>ルール工業地域</u>を中心とした大工業国。外国人労働者が多く，社会問題も発生。

イギリス かつて「世界の工場」として繁栄。20世紀になって鉱工業の競争力が低下した。産業の国有化などをすすめたが，現在は，民営化などに転換。

ベネルクス3国 関税同盟を結成し，EUのひな型をつくった。

- ベルギー…ブリュッセルにEUの本部。ワロン語とフラマン語の対立。
- オランダ…ロッテルダム近くにユーロポート。干拓地ポルダーの造成。
- ルクセンブルク…鉄鋼業，金融業がさかん。

アルプスの国々

- スイス…永世中立国。金融業，観光産業，酪農，時計などの精密機械工業。
- オーストリア…永世中立国を宣言。首都ウィーンは「芸術の都」として有名。

◆ **南ヨーロッパ**

イタリア いまだ，南北の地域格差が大きい。

- 北部…重化学工業，ファッション産業，生産性の高い農業。
- 南部…地中海式農業や移牧が中心で，農民は貧しい。

その他の南ヨーロッパ諸国
- ギリシャ……観光産業，海運業，地中海式農業。
- スペイン……地中海式農業，メリノ種の羊の飼育。バルセロナなどで工業化。
- ポルトガル…地中海式農業。工業化が遅れた。

◆ **北ヨーロッパ**

スカンディナヴィア半島の国々　森林資源や水力資源が豊富。社会保障もすすむ。
- スウェーデン…良質の鉄鉱石を産出する。機械工業，製紙・パルプ工業。
- ノルウェー……水産業や海運業がさかん。北海油田。
- フィンランド…氷河湖が多い。アジア系フィン人の国。製紙・パルプ工業。

その他の北ヨーロッパ諸国
- デンマーク…氷食平野が広いが，模範的酪農王国として有名。
- アイスランド…火山島の島国。水産業がさかん。

◆ **中央ヨーロッパ，バルカン半島（南東ヨーロッパ）**

歴史と社会　社会主義国が多かったが，1999年頃から，政治の民主化や経済の自由化がすすむ。民族主義の高まり。西ヨーロッパから企業進出。

おもな国々　ポーランド，チェコは工業化がすすむ。ハンガリーはプスタの穀物農業。ルーマニアは石油産出。

2 ロシアと周辺諸国　▷p.354

◆ **ロシア**

国土と自然　世界陸地の8分の1をしめる。亜寒帯，寒帯の気候。

歴史と社会　ソ連（1917年のロシア革命で成立）を構成していた各共和国が1991年，独立を宣言し，独立国家共同体（CIS）ができ，ソ連は解体された。ロシアは，CISの中心的地位をしめる。各地で民族主義が高まり，紛争も発生。

資源と産業　市場経済，自由化，私有化に転換。

シベリアと極東ロシア　厳しい自然，豊かな天然資源。

環日本海経済圏構想　ロシア，日本，中国，韓国，北朝鮮で，協力していく構想。

◆ **ロシアの周辺諸国**

バルト3国　バルト海に面するエストニア，ラトビア，リトアニア。

その他　スラブ系のウクライナ，ベラルーシ。ラテン系のモルドバ。

1 ヨーロッパ

1 あらまし

1 自然環境

❶ 地形の特色 南部は，**アルプス山脈**や**ピレネー山脈**などの**アルプス＝ヒマラヤ造山帯**が走る。アルプス山脈には氷河も発達している。中部や北部は，なだらかな山地や広い平野がある。北部の**スカンディナヴィア半島**西岸には，フィヨルドもみられる。アルプス山脈から北へは**ライン川**，エルベ川などが流れ，東へは**ドナウ川**が流れる。これらの河川はゆるやかで水量が多く，しかも西岸海洋性気候を反映して季節的な流水量の差が小さい。★2 そのため水運として重要であり，国際河川となっている。★3

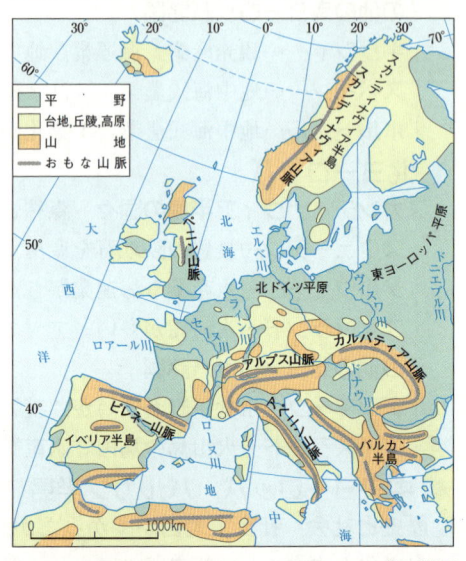

❷ 気候の特色

1. 西ヨーロッパ　日本などよりかなり高緯度に位置しているにもかかわらず，暖流の**北大西洋海流**とその上を吹く**偏西風**のため，温和な**西岸海洋性気候**になっている。
2. 南ヨーロッパ　典型的な**地中海性気候**。冬に湿潤，夏は乾燥。
3. 中央ヨーロッパ，バルカン半島　内陸ほど，大陸性気候。

補説　ヨーロッパの都市の位置　ヨーロッパは全体に高緯度に位置している。日本やシベリアの位置と比較してみると，北緯40度付近のマドリードは日本の秋田，盛岡，北緯50度付近のロンドン，パリはサハリン中部，北緯60度付近のオスロ，ストックホルムはカムチャツカ半島のつけ根，北緯65度付近のレイキャビクはベーリング海峡にあたっている。

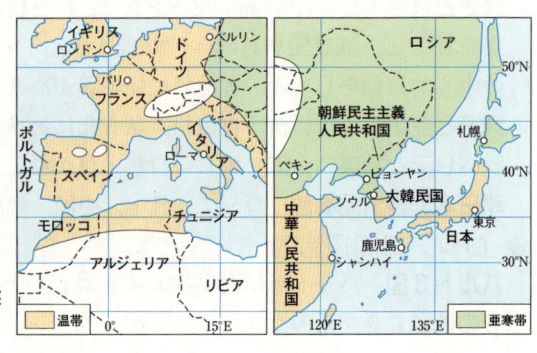

▲ヨーロッパの地形

★1 ハイデやヒースランドとよばれるやせた氷食平野が広がる。
★2 河況係数が小さい（→p.71）。
★3 国際河川（→p.188）はヨーロッパに多い。

▶ヨーロッパと日本の緯度と気候
北緯40度線に注目して比較する。

1 ヨーロッパ

> **ポイント** ヨーロッパの自然環境　けわしいアルプス山脈。ライン川，ドナウ川など北西部は，暖流の**北大西洋海流**と**偏西風**で，温和な**西岸海洋性気候**。南部は，夏の乾燥が著しい**地中海性気候**

2 住民と社会

① 住　民　ほとんどがキリスト教徒。

1 **民族と宗教**　北西ヨーロッパにプロテスタント系の**ゲルマン民族**，南ヨーロッパにカトリック系の**ラテン民族**が多い。また，バルカン半島（南東ヨーロッパ）には**スラブ民族**が多く，正教会の信者が多い。以上を，ヨーロッパの三大民族という（→p.264）。バルカン半島にはイスラム教徒も分布。

2 **人口密集地域**　①北緯51度線を中心に約6度の南北幅の地域。肥沃なレス土壌帯で古くから村落が発達し，大航海時代から港湾を拠点に貿易活動がさかんになり，産業革命後は豊富な石炭と鉄鉱石で近代工業が発達した地域。イングランド〜北フランス〜ベネルクス3国〜ドイツ中央部〜ポーランド南部に至る。また，②東経10度線にそった地域。ライン川が大動脈をなす伝統的鉱工業地域。デンマーク〜ドイツ中央部〜イタリア北部に至る。

▲**ヨーロッパの民族分布**
ゲルマン民族，ラテン民族，スラブ民族が中心で，その他のギリシャ人，ケルト人などがヨーロッパ系民族。フィン人（フィンランド）とマジャール人（ハンガリー）はアジア系民族で，民族島（→p.262）をなす。

② 社会と歴史

①西ヨーロッパでは，宗教改革や市民革命などをへて，今日の近代社会が形成され，民主主義の伝統がはぐくまれてきた。

②18世紀半ば以降，世界にさきがけて産業革命をなしとげ，**資本主義**を確立，アジア，アフリカや新大陸に植民地をつくり，世界に君臨した。しかし，20世紀には2度の世界大戦，アメリカと旧ソ連の進出，植民地の独立などで，その地位は低下した。

補説　ヨーロッパの言語，民族問題　スイスは4つの言語を公用語とした連邦国家で，ベルギーはワロン語系住民とフラマン語系住民が対立（→p.267）。また，北アイルランドで多数派プロテスタント（イギリス系住民）と少数派カトリック系（アイルランド人）の対立，スペインでバスク人の独立運動，ユーゴスラビアの解体による民族紛争など（→p.268, 352）。さらに近年，西ヨーロッパ諸国に，東ヨーロッパやアフリカからの出稼ぎや移民が増加。彼らが雇用機会を奪っているとして，排斥運動もみられる。イスラム教徒との間では，伝統的なキリスト教社会や，ヨーロッパ的な法律・人権思想と相いれず，対立することが多い。

★4 スラブ系でも，中央ヨーロッパのポーランド，チェコ，スロバキアでは，カトリック教徒が多い。

★5 氷河の末端に分布していたモレーン（→p.65）が風に飛ばされて堆積した氷成レス。ヨーロッパや北アメリカに分布。（→p.88）

★6 ライン川は，古代〜近世には重要な通商路で，近代には工業原料や製品の輸送路として，きわめて重要な役割を果たしてきた。

テーマゼミ　ユーロ圏の拡大

- ヨーロッパ連合（EU）では，共通通貨ユーロによる通貨統合がすすんでいる。2002年1月からユーロの紙幣と硬貨が流通するようになり，フランスのフラン，ドイツのマルクなどの各国通貨は回収されて消えている。
- ユーロの発行や金利の決定などの金融政策は，フランクフルト（ドイツ）にあるヨーロッパ中央銀行（ECB）が行う。各国政府からの独立を保障されている。
- 1995年以前からのEU加盟国で，ユーロを導入していない国もあるが（イギリス，スウェーデン，デンマークなど），導入する国，地域はふえている。EU加盟国以外では，アンドラ，モナコ，サンマリノ，バチカン市国，モンテネグロ，コソボなどで，すでにユーロが使用されている。

▲ヨーロッパの国々

3　ヨーロッパ連合（EU）

❶ 原加盟国　フランス，西ドイツ（現在はドイツ），イタリアとベネルクス3国（ベルギー，オランダ，ルクセンブルク）の6か国。

❷ その後の加盟国　1973年にアイルランド，イギリス，デンマーク，1981年にギリシャ，1986年にポルトガル，スペイン，1995年にオーストリア，スウェーデン，フィンランドが加盟した。2004年には旧東ヨーロッパ諸国など10か国，2007年には2か国が加盟→27か国となった。

❸ EUの経済力　アメリカとならぶ大経済圏を形成している。鉄鋼，機械，化学，繊維などの諸工業がよく発達し，市場統合を達成したこともあり，域内，域外とも貿易がひじょうに活発。現在，ユーロによる通貨統合をすすめている。

（ECからEUへ→p.292　EUとその課題→p.293～294）

▼EUの加盟国

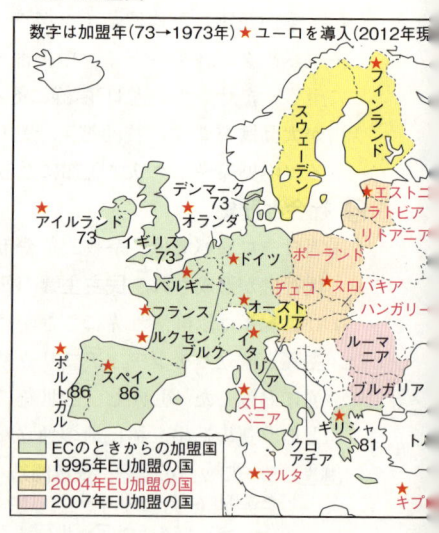

2　西ヨーロッパ

南ヨーロッパ（→p.348），北ヨーロッパ（→p.350）を含めて広い意味で西ヨーロッパともいうが，ここでは北西部のみをさす。

1 フランス

❶ 農業の特色と変化

▶第一次産業従事者の割合 (2008年)
(「データブック オブ・ザ・ワールド 2012」による)

イギリス	1.5%
アメリカ	1.5%
ドイツ	2.3%
フランス	3.0%
イタリア	3.8%
日本	4.2%
スペイン	4.3%

1 **西ヨーロッパ最大の農業国**[★1] フランスは、小麦など食料の輸出国。家族経営の自作農が多数である。農業人口の割合は、先進工業国の中ではやや高い。

2 **EUの共通農業政策による変化** 経営規模の拡大、資本主義的農業経営、農業人口の減少がすすむ。とくにパリ付近や北フランスでは、大規模な農業経営が広まっている。[★2]

❷ 農牧業地域

①**パリ盆地**周辺では、大規模な**小麦**栽培が行われ生産性が高い。
②中部や西部の丘陵地では、**ぶどう**[★3]の栽培がさかん。
③南部の地中海沿岸では、夏に乾燥する地中海性気候のため、**オリーブ**、ぶどうなどの果樹栽培が行われる。
④ブルターニュ地方をはじめとするその他の地域では、自給的な混合農業を行っているところが多い。

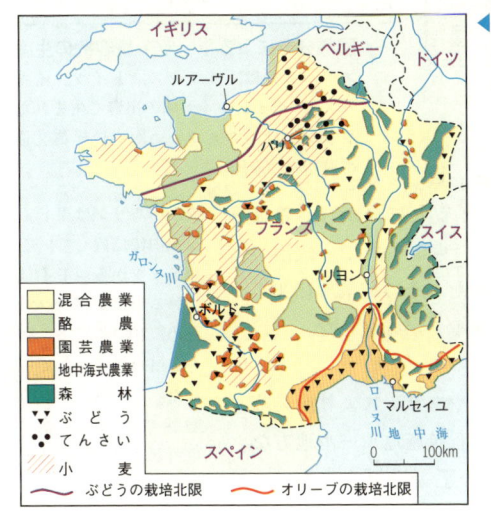

◀フランスの農業地域
パリ盆地周辺の小麦栽培地域は、農家1戸あたりの耕地面積が30haをこえ、フランスの中でもっとも経営規模が大きい。南部や南西部は、経営規模が小さい。なお、フランスでは、小麦、砂糖、乳製品が生産過剰になっている。

★1 氷河期のモレーンは、北緯50度あたりまでしか南下しておらず、フランスは土壌がよいということもあって、農業国となった。

★2 ルアーヴルとマルセイユを結ぶ線より西側では、農業の生産性が低く、地域格差が拡大しつつある。とくにブルターニュ、ピレネー地方は貧しい。

★3 パリ東方のシャンパーニュ地方は、ケスタの崖を利用してぶどう栽培がさかん(シャンペンで有名)。その他、ラングドック地方やガロンヌ川ぞい、アルザス地方などは、それぞれの地域特産のワイン(ブドウ酒)を生産する(→p.127)。

❸ 鉱工業の特色

1 **フランスの資本主義の特色** 伝統的に海外への投資が多く、国内資本の集積が遅れ、大工業地帯も形成されていなかった。第二次世界大戦後、植民地の独立で、大きな影響をこうむった。

2 **鉱業** 北フランス炭田で石炭を産出。ロレーヌ地方[★4]で鉄鉱石を産出し、ドイツのザール炭田と結んで鉄鋼業が発達した。

3 **電力** 原子力発電への依存度が高い(→p.154)。

▼フランスの産業の関連事項
農業→p.128
工業→p.160

★4 ミネット鉱を産出したが、現在は閉山している(→p.155)。

④ **工業の急速な発展** 国有化により産業合理化がすすんだ。安定した市場(EU)のもと，輸入資源に依存した臨海部への工業立地の移動，航空機などの共同開発もすすみ，工業は発展。

⑤ **工業地域** 首都**パリ**が，最大の総合工業都市。ロレーヌ地方のメス（メッツ），ナンシーなどでは古くから鉄鋼業が発達。北部のリールでは羊毛工業，中央部のリヨンでは絹織物。鉄鉱石の不足によって，原料輸入に便利なダンケルクやフォスにおける臨海製鉄所の役割が大きくなっている。マルセイユやルアーヴルでは，石油化学工業が発達。

> **ポイント**
> **フランス**
> 農業…EU下で規模を拡大し，**食料を輸出**
> 工業…EUの市場で発展。**臨海地域の発展**

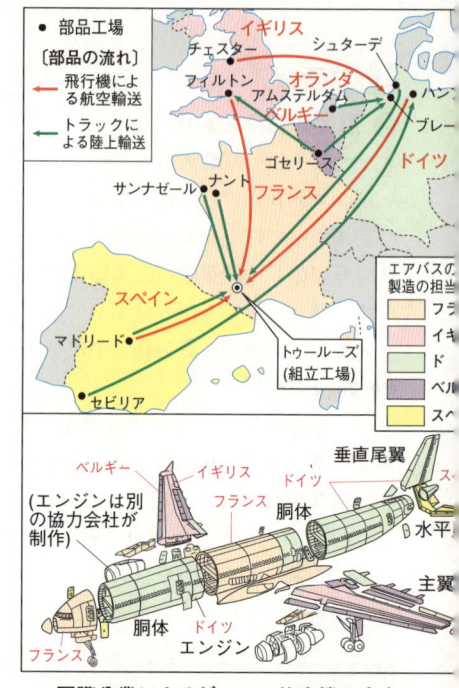

▲国際分業によるジェット旅客機の生産
エアバス社は，フランス，ドイツ，イギリス，スペインの4か国の出資で生まれた。フランスは，アメリカに次ぐ世界第2位の航空機生産国。

2 ドイツ

❶ **東西ドイツの統一** 第二次世界大戦後，資本主義国の西ドイツと，社会主義国の東ドイツとに分かれ，首都**ベルリン**★5も東西に分割された。1989年から，東ドイツで，政治の民主化と東西統一を求める国民運動が高まった。その結果，1990年，西ドイツが東ドイツを編入する形で，統一ドイツが成立した。

❷ **鉱工業の特色**

① **ルール工業地域** ドイツでは，イギリスやフランスより産業革命が遅れたため，植民地ではなく，国内の石炭産地ルール地方などに資本が投下された。こうして，**ルール工業地域**★6を中心に，近代工業が発展した。

② **戦後の復興と工業の発展** 2度の世界大戦に敗れたが，西ドイツでは，1950年代にアメリカの援助をうけ入れ，経済の奇跡的復興をとげた。フランスとともに，ECSCやEECの結成（→p.291）をすすめ，こうした巨大な市場をえて，経済成長をはたした。

❸ **外国人労働者（ガストアルバイター）** 旧西ドイツは，トルコ，旧ユーゴスラビア，イタリアなどから，多数の出かせぎ労働者を受
（1945～91年のユーゴスラビア連邦）
け入れた。その結果，いろいろな社会問題が発生★7。

★5 ベルリンは東ドイツ領内に位置していて，東ドイツから西ドイツに移る市民が相次いだため，1961年以来，高さ3mの壁でへだてられた。このベルリンの壁が，1989年に崩壊し，東西ドイツの国境は解放された。

★6 ルール炭田の石炭とライン川の水運によって，世界有数の工業地域となった。

★7 ドイツの人口問題，外国人労働者の問題は→p.218～219。

❹ **農牧業の特色** 小麦，ライ麦などの食用穀物と，てんさいなどの飼料作物を，合理的な輪作によって栽培し，多くの牛や豚を飼育する生産性の高い**商業的混合農業**が広く行われる。ライン川ぞいでは，ぶどう栽培もさかん。

▼ドイツの産業の関連事項
農業→p.128
工業→p.159

> **ポイント ドイツ**
> 1990年に東西ドイツが統一
> **ルール工業地域**を中心とした大工業国
> 外国人労働者が多い

★8 旧東ドイツでは，計画経済体制のもとで集団農業が行われたが，機械化や土壌改良が遅れ，生産性は旧西ドイツより低かった。

3 イギリス

❶ **連合王国（UK）** 日本では一般にイギリスというが，正式には，「グレートブリテン及び北アイルランド連合王国」で，略して連合王国「United Kingdom」とよぶ。イングランド，スコットランド，ウェールズ，北アイルランドの4地域からなる連合国家。

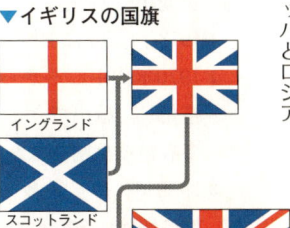

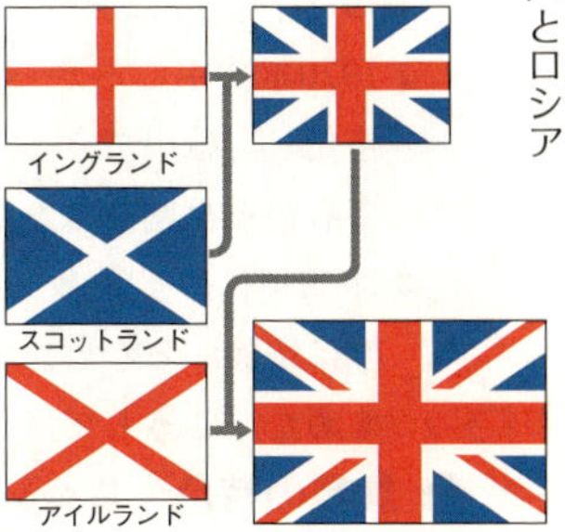

> 補説 **イギリスの諸地域**
> ①**イングランド** ロンドンを中心にしたイギリスの核心地域。面積で約半分，人口で約80％をしめる。ロンドン，バーミンガムなどで工業がさかん。農業の生産性も高い。
> ②**スコットランド** エディンバラを中心とした地域で，独自の行政組織をもつ。人口はグラスゴーに集中し，過疎化がすすむ。イングランドとの地域格差が問題。
> ③**ウェールズ** カーディフを中心とした地域。ケルト系の住民が住み，ウェールズ語も使われる。地域として貧しい。
> ④**北アイルランド** アイルランドがイギリスから独立したとき，北アイルランドだけイギリスに残った。少数派のケルト系カトリック教徒をめぐり民族問題が深刻だった。イギリス系（プロテスタント）住民が多数派をしめている（→p.268）。

❷ **資本主義の発展** イギリスは，産業革命からおよそ1世紀の間，「**世界の工場**」として君臨し，海外の広大な植民地を支配し，「**大英帝国**」として繁栄した。それにともない，世界の海運，金融の面でも中心的地位をしめた。

また，金，銅，ダイヤモンド，すず，紅茶など，各種商品の国際価格は，今日に至るまで，ロンドンで決められるようになった。

> 補説 **イギリス連邦** 1931年に，イギリスとその植民地との間に，王冠に対する忠誠によって結びついた連合体（The British Commonwealth of Nations）として成立。現在は，対等で自由な連合体（The Commonwealth）で，およそ50か国が加盟。かつては特恵関税制度などで結びついていたが，イギリスのEC（現在のEU）加盟によって，その制度もなくなり，「単なるクラブ」といった状態になっている。

▼イギリスの国旗
イングランド
スコットランド
アイルランド

★9 通貨ポンドが，国際通貨となったり，本初子午線がロンドン郊外（旧グリニッジ天文台）を通る子午線に決められたりした。大英博物館には，世界各地の文化財が集められている。

★10 ロンドンの中心シティは，ニューヨークのウォール街とともに，今も世界金融の中心地の1つである。

❸ 鉱工業をめぐる問題

1 国際競争力の低下
20世紀になると，イギリスの工業製品の競争力は低下した。原因としては，

①新興資本主義諸国の進出 ┤ 綿工業は，低賃金の日本が進出。
　　　　　　　　　　　　　└ 重工業は，ドイツやアメリカが進出。

②多国籍企業の海外投資で，国内の設備投資や技術革新が遅れた。その結果，国内産業は停滞し，経済は斜陽化した。

③エネルギー革命で，豊富な石炭も価値が低下。石油は輸入。★11

④第二次世界大戦後は，原料供給地であり市場であった植民地が，相次いで独立した。

2 産業の国有化★12
第二次世界大戦後，石炭産業や鉄鋼業などの多くの部門で，国有化がすすめられた。いずれも，生産性の低下した斜陽産業を政府の手でささえようというものであった。

3 経済の斜陽化
1960年代～70年代にかけて，主要産業である自動車，造船，機械などが，国際市場での競争力を失った。その経済力の衰えは，「イギリス病」とよばれた。

4 衰退からの脱出

①1973年にECに加盟し，ヨーロッパ諸国との連携を強めた。

②1970年代中ごろから，北海油田★13で石油や天然ガスの採掘が本格化し，輸出できるほどになった。石油収入は国民経済にとって有益な役割をはたした。

③1980年代に，数多くの国営大企業を民営化し，国の規制も大幅に解除するなど，強力な経済の改革（新自由主義の政策）をすすめた。こうして，1980年後半には，経済の回復がすすんだ。

❹ 農業の特色
農業経営者が，大地主から土地を借り，農業労働者を雇う資本主義的な経営が中心。農業人口は，約1.5％しかない(→p.343)。生産性の高い部門だけを残し，他は輸入に依存していたが，最近は，政策として自給率向上をはかっている。★14★15

❺ 福祉国家
イギリスでは，失業，貧困，病気などに対する社会保障制度の充実のみならず，住宅政策，地域開発，都市再開発などの政策を通じて，福祉国家の建設をすすめてきた。★16

> **ポイント**
> **イギリス…かつて「世界の工場」として繁栄**
> 20世紀になって，鉱工業の競争力が低下した
> 戦後，産業の国有化で，斜陽に対応したが，
> 経済力は衰え→民営化などの改革で回復

▼イギリスの関連事項
工業→p.159
都市計画→p.249

★11 北海油田の石油採掘が本格化したのは，1975年ごろから。現在では石油輸出国になっている。

★12 私的部門の企業に公的部門（国家）が介入したもので，混合経済（修正資本主義）ともいわれ，フランス，イタリアなどでもみられた。

★13 埋蔵量が少なく，生産コストが高いのが難点。近年では生産の中心は，ノルウェーに移っている。なお，産出した原油は，海底パイプラインによってイギリス沿岸のアバディーンやミドルズブラに送油される。

★14 イギリスの農家の経営規模は，EU諸国中最大で，生産性も高い。

★15 EC（現在のEU）加盟後，穀物生産が急増し，小麦は輸出できるまでになった。

★16 ロンドンのニュータウン建設や，ドックランズの再開発など。(→p.249～250)

補説 アイルランド　ケルト系住民の国。イギリス領北アイルランドのカトリック教徒と同じ民族で，北アイルランドとの統合が国民の悲願。EUの他の国のようには工業が発達しておらず，酪農，麦類やじゃがいもを栽培する農業がさかん。かつて新大陸に多くの移民を送り出し，本国の人口は減少した。1973年，EC（現在のEU）に加盟。

4 ベネルクス3国

❶ **EUのひな型**　ベルギー，オランダ，ルクセンブルク3国は，第二次世界大戦後，**関税同盟**（1948年），経済同盟を結成し，国内産業の発展をはかった。これが，**EUのひな型**ともいわれる。

❷ **ベルギー**　首都**ブリュッセル**にEU本部というべきヨーロッパ委員会がおかれている。1993年，君主制のまま言語別の連邦国家に移行した。

①北海に面した北部は，酪農中心の農業地域であったが，近年，臨海型の重化学工業，先端技術産業が大きく発展している。

②南部のアルデンヌ高原と平野部との境にベルギー炭田がある。マース川にそって，リエージュ，ナミュール，シャールロアなどの古くからの鉄鋼業地域があるが，近年は，北部にくらべて伸び悩んでいる。

③以上のような経済情勢は，両地域の**言語紛争**（→p.267）にも影響を与えている。

❸ **オランダ**[17]　酪農と園芸農業のさかんなオランダは，国土の4分の1が海面下の土地である。そのため，**環境税**の導入など，地球温暖化対策に熱心。大企業が多く，工業国として発展。[18]

① **ポルダー**[19]　オランダの干拓地のことで，牧草地や放牧地に利用されている。風車（→p.82）は，かつての排水用。

② **ユーロポート**　ロッテルダムの西，新マース川の河口には，EUの**玄関港**として**ユーロポート**が建設された。世界最大級の貿易港である。大規模な製油所や石油化学工場があり，ここからドイツのルール工業地域などにパイプラインがのびている。

❹ **ルクセンブルク**　南部に，フランスのロレーヌから続く鉄鉱石産地があり，鉄鋼業がさかん。世界有数の**金融**センター。

▲ベルギーの2つの言語　南部のラテン系住民はワロン語（フランス語）を使う。北部のゲルマン系住民はフラマン語（オランダ語＝低地ドイツ語）を使っている。（→p.267）

★17 オランダの正式国名は，ネーデルラント（「低地」の意味）。

★18 ロイヤル＝ダッチ＝シェル（石油），ユニリーバ（食品）は，オランダ，イギリスの両国を母国とする巨大な多国籍企業として有名。

★19 ゾイデル海では，1920年に締切堤防工事が始まり，1932年大堤防とアイセル湖ができる。ここにポルダーを次々と造成している。

★20 ロッテルダムと首都アムステルダムは，ともに国際的な貿易，金融の中心地。

> **ポイント**
> **ベネルクス3国**…関税同盟などでEUのひな型
> 　**ベルギー**…ブリュッセルにEUの本部
> 　**オランダ**…ロッテルダムにユーロポート
> 　**ルクセンブルク**…鉄鋼業，金融業

5 アルプスの国々

❶ スイス[21] 19世紀以来の<u>永世中立国</u>。中立の政策のもとで経済が発達してきた。チューリヒはスイス最大の都市で，国際的な金融業の中心地の1つ。西端のジュネーヴは，多くの国際機関が所在するとともに観光地。北端のバーゼルは，ライン川水運の基点。酪農がさかんで，アルプスでは移牧がみられる。工業では<u>精密機械工業</u>（時計が有名）のほか，化学，食品工業がさかん。

❷ オーストリア 第二次世界大戦後，永世中立国となった。首都<u>ウィーン</u>は，ドナウ川に面し「芸術の都」（美術，音楽の都）として有名。西部のティロル地方は観光地。1995年，EUに加盟。

▲アルプス山中の牧場

★21 多民族国家。ドイツ語，フランス語，イタリア語，ロマンシュ語が公用語。(→p.267)

3 南ヨーロッパ

1 イタリア

❶ 南北問題 南北の地域の違いによる経済格差が問題。近年のイタリア経済の発展は，中部地域の発展を促進した。

① 南部 農業では封建的な<u>大土地所有制</u>[★1]が残り，粗放的経営で生産性が低く，日雇農業労働者や<u>小作農</u>[★2]は貧しい。工場も少なく，失業者が多い。ドイツ，フランス，イギリスに行く出かせぎ労働者が多い。

② 北部 トリノ，ミラノ，ジェノヴァを結ぶ北部三角地帯では，アルプスの水力資源を利用し，重化学工業が発達。また，ファッション産業もさかん。イタリア工業の中心をなしている。

③ 南部開発[★3] 政策として農業基盤整備や工業化がすすめられ，タラント，ナポリなどに工業が立地[★4]。南北を結ぶ高速道路は，<u>太陽道路（アウトストラーダ＝デル＝ソーレ）</u>という。

④ 第3のイタリア 皮革や繊維で高い技術を生かして，ヴェネツィア，フィレンツェなどで高級品を生産(→p.387)。

❷ 農牧業地域
①北部のポー川流域[★5]では，灌漑がすすみ，近代的な大規模経営の農業が行われ，生産性もかなり高い。
②中部や南部では，<u>地中海式農業</u>や移牧。生産性は低い。

❸ 鉱工業の特色 経済発展の中で，つねに国家資本が大きな役割をはたし，政府主導の経済建設（混合経済）がすすめられ，巨大な国有企業グループが経済の中心にあった。しかし，財政赤字削減のため，1992年から民営化が始まった。

★1 約500人の大地主が農地の40％を所有するという現状の中で，大多数の農業経営はきわめて零細。土地改革も不徹底に終わった。

★2 農地のほか農具，種子，肥料までも地主から借り，収穫物の3分の1～2分の1を地主に支払う形の小作農を分益小作農という。

★3 イタリアの南北格差を是正するため，立案者の名をとったバノーニ計画が行われた。1955～64年の10か年計画で，南部への投資が重点的に実施された。

★4 タラント，ナポリに鉄鋼業，クロトーネに化学工業が立地。

★5 ポー川流域は，夏に雨の多い温暖湿潤気候(Cfa)である。稲作も行われる。

補説　イタリアの国有企業　イリ（IRI，産業復興公社）は，世界恐慌で危機に陥った銀行や企業を救うために設立され（1933年），その後，経営不振の企業を次々に吸収し巨大企業グループになった。鉄鋼，造船，交通などの基幹産業をかかえていた。エニ（ENI，炭化水素公社）は，ポー川流域に発見された天然ガスをもとに，1953年設立された石油化学工業の巨大独占企業。2000年までに両社とも民営化された。

> **ポイント**
> イタリア→南北の地域格差が大きい
> 　北部…重化学工業。生産性の高い農業
> 　南部…地中海式農業や移牧。農民は貧しい

▲コルクがし
樹皮をはいでコルクをとる。コルクはワインのびんの栓などに使う。

2　その他の南ヨーロッパ諸国

❶ ギリシャ　1981年にEC（現在のEU）に加盟。2010年以降，財政危機にみまわれている。
1. おもな産業　首都アテネなどに古代ギリシャの史跡が多く，観光産業がさかん。また，海運業★6もさかん。
2. 農牧業　国土は山がちで，耕地にはめぐまれていない。オリーブ栽培など地中海式農業と，羊などの牧畜がみられる。

★6　便宜置籍船も多い（→p.334）。

❷ スペイン　1986年にEC（現在のEU）に加盟。
1. 自然　イベリア半島中央部のイベリア高原は，**メセタ**★7とよばれる乾燥高原となっている。北西部の鋸歯状の入り江（リア）の多い地方は**リアス**★8とよばれる。北部は西岸海洋性気候であるが，全体としては地中海性気候で，一部にステップ気候もみられる。
2. 農牧業　オレンジ，オリーブ，ぶどうなどを栽培する地中海式農業と，メリノ種の羊の飼育がさかん。また，コルクがしを栽培し，樹皮からコルク★9をとる。東部海岸地域では商業的稲作。
3. 鉱工業　ビルバオ付近は鉄鉱石にめぐまれ，水銀の産出は世界屈指。最大の工業都市は，地中海岸のバルセロナ。重化学工業が発達し先進工業国に。ドイツ，フランスのメーカーなどが進出した自動車生産は，世界第8位（2009年）で，輸出が多い。
4. リゾート産業　海洋型（ビーチ）リゾート（→p.203）が発展。

補説　スペイン語圏　スペインは，ラテンアメリカへ大量の移民を出して植民地を経営したので，今日も，メキシコ以南のアメリカ大陸では，ブラジル（ポルトガル語）を除けば，ほとんどがスペイン語圏となっている。言語人口（第一言語）は中国語に次ぎ，英語と並んで多い。

★7　平均標高が700mほどで，長い間の侵食によってなだらかになっている。良質の羊毛がとれるメリノ種という羊は，メセタの高原が原産地（スパニッシュ＝メリノ）で，オーストラリアに導入された（オーストラリアン＝メリノ）。

★8　リアス海岸の名前のおこり（→p.62）。

★9　コルクは，おもにワインのビンの栓として需要が多い。

❸ ポルトガル　1986年にEC（現在のEU）に加盟。
1. 工業化　工業化が遅れていたが，賃金が安いため，EC加盟後，域内の工業国の工場が進出している。

② 農牧業　地中海式農業が行われ，オレンジ，オリーブ，ぶどう，コルクがしの栽培がさかん。また，牧羊も行われる。

★10 ポルトは，ポートワインの産地として有名。

❹ **マルタ**　地中海の島国。交通の要地。観光産業がさかん。

4 北ヨーロッパ

1 スカンディナヴィア半島の国々

❶ **スウェーデン**　1995年にEUに加盟。

① **高緯度の国**　北緯55度〜69度の間にあり，アラスカとほぼ同緯度にあたる。長く暗い極夜の冬と，短いが明るい白夜の夏に特色。

(補説) **ストックホルムの夏と冬**
北緯59度という高緯度にある首都ストックホルムでは，夏は午前2時半に夜が明け，午後9時に日が沈むが，その後も明るい。反対に，冬は，朝9時前に出た太陽が，午後2時に沈んでしまう。

ストックホルム	日の出	日の入り
夏（6月23日）	2：34	21：05
冬（12月23日）	8：47	14：06

② **すすんだ社会保障**　社会福祉制度，教育費の無償といった高福祉社会が形成された福祉国家。そのため，税金や社会保険料の負担は大きいが，生活水準はひじょうに高い。1980年代に育児を支援する制度が充実され，出生率を回復させた。

③ **資源と産業**　森林資源や，鉄鉱石などの鉱産資源，水力資源にめぐまれ，機械工業などがさかん。農業はふるわない。

❷ **ノルウェー**

① **自然**　ソグネフィヨルドなどのフィヨルド（→p.62）が，西岸に広がる。西岸海洋性気候のため，高緯度のわりには温暖。

② **資源と産業**　北極海のスヴァールバル諸島で石炭を産出する。ロフォーテン諸島やベルゲンを根拠地とした水産業がさかん。森林資源や水力資源が豊かで，製紙，アルミ精錬の工業が発達。造船業も発達し，海運国として保有する商船が多い。北海油田で石油や天然ガスを産出，輸出量が多い。

❸ **フィンランド**　1995年にEUに加盟。

① **自然と住民**　かつて大陸氷河におおわれ，氷河湖が多い。アジア系フィン人の国。

② **資源と産業**　国土の70％が森林におおわれ，森林資源が豊富で，林業や製紙・パルプ工業がさかん。また，携帯電話機の生産で有名。

★1 キルナ，マルムベリェト（イェリヴァレ）は良質の磁鉄鉱を産出し，ボスニア湾岸のルレオや，太平洋に面するノルウェーの不凍港ナルヴィクから積み出される。（→p.156）

★2 沿岸を暖流の北大西洋海流が流れているので，ハンメルフェスト（北緯70度40分）は，世界最北の不凍港となっている。

★3 フィンランドはフィン人の国の意味。フィン人はアジア系で，自分たちの国をスオミ（湖の国）という。

Q ヨーロッパには，ミニ国家もいくつかあるようですが…

A ローマ市内のバチカン市国はカトリックの総本山として有名。「聖座」（Holy See）とも表記する。中部イタリアにはサンマリノ，地中海に面し保養地として有名なモナコ，アルプス山中のリヒテンシュタイン，地中海の島国マルタなどがあるよ。保護国から独立したアンドラは，ピレネー山中にある。地図帳でそれぞれの位置を探してみよう。

> **ポイント** スカンディナヴィア半島の国々は，資源が豊富，高福祉社会
> - スウェーデン…森林，水力，鉄鉱石などの鉱産資源
> - ノルウェー……森林，水力，石油(北海油田)，水産の各資源
> - フィンランド…森林資源が豊か。アジア系フィン人

2 その他の北ヨーロッパ諸国

❶ **デンマーク**　1973年にEC(現在のEU)に加盟。

① **産業の特色**　古くから畜産物の生産が多く，EU域内をはじめ，世界各国に輸出している。北海での漁業がさかんで，水産物の輸出は世界有数。第二次世界大戦後，急速に工業化がすすんだ。

② **農牧業の振興政策**　氷食をうけたやせた荒地が，国土の大部分をしめるので，土地の改良がすすめられた。また，農業教育，100年の歴史をほこる農業協同組合の普及，農業技術の改良などにより，「模範的酪農王国」とよばれるようになった。

❷ **アイスランド**

① **自然**　大西洋中央海嶺(→p.53)が海上に出た火山島。島の中央部には，南北に，いくつもの大地の割れ目(ギャオ)が走り，火山活動が活発。沿岸に暖流の北大西洋海流が流れる南部は温帯の西岸海洋性気候であるが，北部はツンドラ気候。

② **資源と産業**　地熱の利用で，アルミ精錬などの工業や，近海での水産業がさかん。水産物は，重要な輸出品。漁業水域確保の立場から，EUには加盟していない。

★4 バター，チーズなどの乳製品，ベーコンなどの肉類，卵など。

★5 最近，新エネルギー(風力発電)の利用がのびている。

★6 国土の55.1％が耕地，7.4％が牧場や牧草地に利用されている。

★7 19世紀後半，国民高等学校が各地に設立され，国民の知的水準を高めた。

★8 1人あたりの魚介類の消費量では，世界有数。

5 中央ヨーロッパ，バルカン半島(南東ヨーロッパ)

1 歴史と社会

❶ **民族分布**　中央ヨーロッパおよびバルカン半島の住民は，**スラブ民族**が中心であるが，その他にも**多くの民族**が割拠しているため，対立が絶えず，国際紛争の舞台になることが多かった。

❷ **社会主義の社会**　第二次世界大戦末期から戦後にかけて，社会主義革命がおこるまでは，ほとんどの国は，大土地所有制のもとで貧しい農民の多い農業国であった。革命後は，主要な生活用品や家賃は低くおさえられ，各種の公的保障も整った社会がつくられた。しかし，旧ソ連の覇権の下におかれた国が多く，政治のしくみは民主的でなかった。

★1 ハンガリーのマジャール人はアジア系，ルーマニア人はラテン系で，それぞれ人種島(民族島)(→p.262)。

★2 第二次世界大戦中の反ファシズム闘争を背景に，人民民主主義革命が推進され，旧ソ連の指導のもとに社会主義革命をすすめた国が多かった。

15章 ヨーロッパとロシア

❸ 政治の民主化 旧ソ連を中心とした**ワルシャワ条約機構**(→p.290)は，長らく，ハンガリー，旧チェコスロバキア，ポーランドなどの民主化運動を弾圧してきた。しかし，1980年代後半から，旧ソ連でペレストロイカ(→p.355)の改革がすすむとともに，中央ヨーロッパおよびバルカン半島諸国の民主化運動は大きく前進した。

そして，1991年のソ連解体に前後して，政治の民主化，経済の自由化などの改革，解放が実現した。

❹ 民族主義 政治の民主化がすすむにつれ，社会主義体制の下で抑えられていた**民族主義**が高まっている。旧チェコスロバキア[★3]，旧ユーゴスラビアでは，国家自体の枠組みが大きく変化した。

★3 1993年に，チェコとスロバキアの2か国に分離した。

テーマゼミ 旧ユーゴスラビアの民族問題

○ 1945～91年のユーゴスラビア社会主義連邦共和国は，典型的な**モザイク国家**であった。
〈7つの国境〉イタリア，オーストリア，ハンガリー，ルーマニア，ブルガリア，ギリシャ，アルバニアの7か国と国境を接していた。
〈6つの共和国〉セルビア，クロアチア，ボスニア・ヘルツェゴビナ，スロベニア，マケドニア，モンテネグロの6共和国で構成。
〈5つの民族〉セルビア人，クロアチア人，スロベニア人，マケドニア人，モンテネグロ人。
〈4つの言語〉セルビア語，クロアチア語(以上2言語は話し言葉としては同一だが，前者はキリル文字，後者はラテン文字)，スロベニア語，マケドニア語。
〈3つの宗教〉正教会，カトリック，イスラム教。
〈2つの文字〉正教会(セルビア語など)はキリル文字(ロシア文字)。カトリック(クロアチア語など)とイスラム教はラテン文字(ローマ字)。(→p.264)

○ 旧ユーゴスラビアは，中央の計画経済をおしつけることなく，各共和国に一定の自主権を認めた典型的な連邦国家であった。対外的には，建国の父ティトーによる**非同盟中立**外交で，国際的な注目を集め，各国内の工場では，労働者の自主管理による運営がすすめられていた。

○ 1990年前後から，東ヨーロッパ諸国で，政治の民主化がすすむと，経済の発展した北部の**スロベニア**や**クロアチア**では，民族運動が高まった。かねて農業中心の南部各共和国への経済的負担を不満としていた両国は，1991年，それぞれ独立。

○ スロベニアとクロアチアの独立に対し，セルビアとクロアチアの間で内戦が始まった。1991年にマケドニアが，1992年に**ボスニア・ヘルツェゴビナ**が独立を宣言すると，残ったセルビアと**モンテネグロ**は，新ユーゴスラビア連邦を結成→2003年にセルビア＝モンテネグロと改称→2006年に分離。旧ユーゴスラビアは消滅した。そして，各民族が混在しているボスニア・ヘルツェゴビナでは，セルビア人勢力，クロアチア人勢力と，イスラム教徒(ムスリム)の3勢力で内戦となった。その結果，スルプスカ共和国(セルビア人)とボスニア・ヘルツェゴビナ連邦(イスラム教徒，クロアチア人)による領土分割で和平案が合意した。また，セルビアの**コソボ**(もと自治州，アルバニア人が多い)は2008年に独立を宣言した。

人口204万人
(D 83%)
スロベニア オーストリア ハンガリー
(マジャール人14%)
ルーマニア
人口731万人
(A 88%)
ヴォイヴォディナ自治州
クロアチア
人口440万人
(E 90%)
(A 5%)
ボスニア・ヘルツェゴビナ
ベオグラード
セルビア
人口375万人
(F 48%)
(A 37%)
(E 14%)
人口63万人
(B 43%)
(A 32%)
モンテネグロ
コソボ
ブルガリア
アルバニア
マケドニア
人口183万人
(G 90%)
(A 5%)
人口206万人
(C 64%)
(G 25%)
ギリシャ

A セルビア人
B モンテネグロ人 } セルビア正教
C マケドニア人 …マケドニア正教
D スロベニア人
E クロアチア人 } カトリック
F ムスリム
G アルバニア人 } イスラム教

2 中央ヨーロッパおよびバルカン半島の国々

❶ ポーランド
[1] **資源と産業** 石炭の豊富なシロンスク地方を中心に、工業化がすすむ。社会主義政権の時代でも個人農が多かった。ライ麦やじゃがいもの生産が世界的。
[2] **社会と文化** スラブ系ポーランド人の国で、カトリック教徒がほとんど。文字はラテン文字。

❷ チェコとスロバキア
旧チェコスロバキアでは、長年、工業の発達したチェコ中心の経済政策が続き、スロバキアとの間の大きな格差は縮小しなかった。そうした中で、スロバキア人による分離独立の動きが強まり、1993年に、チェコとスロバキアの2つの国に分離。ともにカトリック教徒が多い。
[1] **チェコ** ボヘミア炭田を基礎に、工業が発達。首都はプラハ。
[2] **スロバキア** 農業生産が中心。首都はブラチスラバ。

❸ ハンガリー
ドナウ川が国土の中央を流れる。東部ティサ川流域のプスタの草原で穀物農業がさかん。首都ブダペストは双子都市。国民はアジア系のマジャール人で、カトリック教徒が多い。

❹ ルーマニア
新期造山帯のカルパティア山脈やトランシルヴァニア山脈が走り、石油も産出する。ドナウ川流域のルーマニア平原は、ウクライナの黒土地帯の延長で、穀倉地帯。国民はラテン系で、正教会（ルーマニア正教）の信者が多い。

❺ ブルガリア
バルカン半島の中央に位置している。バラ油（香水原料）や果物、野菜を生産。国民はスラブ系で正教会（ブルガリア正教）の信者が多い。

❻ アルバニア
山地が広く、沿岸は地中海性気候。果樹、小麦栽培と羊の移牧。クロム鉱の産出が多い。**イスラム教徒が多い**が、カトリック、正教会もみられる。

❼ 旧ユーゴスラビア
多民族による連邦国家であったが、1990年ごろから分裂（1945～91年）。地中海沿岸のディナルアルプス山脈には、石灰岩地帯が広い。首都ベオグラード（現セルビアの首都）は、ドナウ川ぞいの都市。

> **補説 EUと旧東ヨーロッパ諸国** 旧東ヨーロッパ諸国は、かつて旧ソ連を中心としたコメコン（経済相互援助会議）に加盟していたが、コメコンは1991年解散した。その後、社会主義による計画経済から、資本主義の市場経済へ移行をすすめてきた。
> ポーランド、チェコ、スロバキア、ハンガリー、スロベニアは2004年に、ルーマニア、ブルガリアは2007年にEUに加盟。それを機に、賃金の安さもあって、西ヨーロッパ諸国からの企業進出や投資が増加している。

★4 ドイツとの国境はオーデル川とその支流ナイセ川。

★5 カトヴィツェやクラクフなどの工業都市は大気汚染がひどく、酸性雨の原因となっている。

★6 チェコ人、スロバキア人ともスラブ系で、カトリックが多い。

★7 戦前からガラス、陶磁器、ビール、武器などの生産が有名で、技術水準が高い。

★8 ドナウ川の右岸がブダ、左岸がペスト。

★9 プロエシュティ油田があるが、産油量は減少傾向。

★10 もとはカトリックが中心であったが、15世紀、トルコ領になってからイスラム教徒が多くなった。1967年、イスラム教寺院とキリスト教会を閉鎖し、世界初の無神国家を宣言したが、1990年、信教の自由を認めた。

★11 スロベニアのカルスト地方に石灰岩の大規模な溶食地形が広がり、カルスト地形（→p.66）の語源となった。

2 ロシアと周辺諸国

1 ロシア

1 国土と自然

❶ **国　土**　ロシアは，ユーラシア大陸の北部に広がり，国土面積は世界第1位。★1 バルト海に面した飛地の領土がある。東西に長く，経度差が170度以上で，国内に9の標準時がある（→p.15）。

❷ **地形の特色**

① ヨーロッパロシア　ウラル山脈の西側は，ゆるやかな丘陵性の東ヨーロッパ平原が広がっている。★2 黒海からカスピ海にかけては，新期造山帯に属するカフカス山脈が連なる。

② シベリア，極東ロシア　ウラル山脈のすぐ東に西シベリア低地が広がるが，★3 東方に行くにつれて，高原や山脈があらわれ，レナ川以東は，新期造山帯に属する山岳地帯である。★4 間宮海峡にはアムール川が注ぐ。★5

▲ロシアとその周辺の地形

❸ **気候の特色**　東西に長くのびる帯状の気候分布がみられるが，亜寒帯気候がもっとも広い。

① 北極海沿岸　ツンドラ気候が分布。トナカイの遊牧や漁労などが行われる。★6

② 北緯50度以北　亜寒帯気候が分布。気温の年較差が大きい大陸性気候。レナ川以西は亜寒帯湿潤気候（Df）。極東ロシアのレナ川以東は亜寒帯冬季少雨気候（Dw）で，冬は乾燥して寒さが厳しく，北半球の寒極がある（→p.83）。極東ロシアのヴェルホヤンスクやオイミャコン付近は，気温の年較差が70℃以上にもなる。タイガが広がり，林業がさかん。★7

③ 黒海北岸〜カザフステップ　ステップ気候（BS）が分布。肥沃なチェルノーゼム（黒土）が分布し，穀倉地帯を形成。

★1 世界陸地の約8分の1をしめる。日本の約45倍。

★2 ウラル山脈は古期造山帯，東ヨーロッパ平原は安定陸塊。

★3 西シベリア低地〜中央シベリア高原は，安定陸塊に属する。

★4 カムチャツカ半島では火山や地震が多い。

★5 中国名は黒竜江（ヘイロンチヤン）。中国との間で世界最長の河川国境を形成する。

★6 北極海に流入する大河川は，初夏の雪融け水で，下流に洪水をもたらす。

★7 ヨーロッパで北緯50度線が通る所を確認しておく（→p.340）。

2 歴史と社会

❶ ロシア革命とソ連

①　**ロシア革命前の社会**　専制君主の政治が行われた農業国で、農民は小作人として地主や商人に支配された。鉱工業は、専制君主と結んだ内外資本が支配し、発展が遅れていた。

②　ロシア革命　1917年、労働者や農民は、帝政ロシアの政府をたおし、社会主義革命をおこした。こうして、遅れた資本主義国ロシアは、共産党が政権を独占する社会主義国ソ連となった。

③　ソ連の国家と経済
①ソ連は、15の有力民族による15の共和国の連邦国家であった。
②社会主義政策により、土地や工場などの主要な生産手段は、国家や集団によって所有されることになった。経済は、5か年計画などの計画経済のもとに、統一的に運営された。

❷ ソ連の解体

①　**民主化と自由化**　共産党による政治、経済は次第にゆきづまり、民主化、自由化が必要となった。1985年に登場したゴルバチョフ政権は、ペレストロイカやグラスノスチをすすめ、企業の自主性の拡大、市場原理の導入をはかった。しかし、国内経済は好転せず、また、各地で民族紛争が激化した。

②　**独立国家共同体(CIS)の発足**　各共和国からは、独立の要求が激しくなり、1991年9月、バルト3国が独立した。12月には、独立を宣言した各共和国が、新しくゆるやかな協力組織として独立国家共同体(CIS)を形成、ソ連は解体した。

③　**ロシアの地位**　ソ連から独立した国々のうちでは、面積、人口や産業、経済力が抜群のロシアが、中心的な立場をしめている。旧ソ連の国際的な権利や義務をうけついで、国連の<u>安全保障理事会の常任理事国</u>(→p.298)なども引きついだ。

> 補説　**独立国家共同体(CIS)**　旧ソ連から独立した15の国々(→p.359)のうち、バルト3国とグルジアを除く11か国で1991年に協定。グルジアとアゼルバイジャンは、1993年に加盟。ロシアが中心的地位をしめるが、反発もみられる(2009年にグルジアが脱退)。現在9か国が正式加盟。

3 資源と産業

❶ 旧ソ連の鉱工業

①　鉱工業の特色
①**重工業の発展**　産業の基礎として、重工業が優先された。
②**国内資源の開発**　国内資源の効果的利用と、国内各地の均衡の

★8 西ヨーロッパへの食料供給国であった。

★9 ソビエト社会主義共和国連邦が正式国名。ソビエトとは、ロシア語で会議、相談の意味。

★10 少数民族には民族管区などが設けられ、一定の自治が行われた。

★11 ペレストロイカは立て直し(改革)、グラスノスチは情報公開。共産党の1党支配のもとで、計画経済の運営がうまくゆかなくなり、西側の先進資本主義国との間の経済格差が広がり、技術開発などの面でも遅れがめだってきたのを立て直すのが目的であった。

★12 CISの調整機関は、ベラルーシの首都ミンスクにおかれている。CIS諸国は、1994年に関税の撤廃をめざす自由貿易条約を結んだ。

★13 ロシア連邦内には、少数民族のために21共和国、1自治州(ユダヤ自治州)、4自治管区が設置(2012年)。

とれた発展をめざす政策のもと，国内資源の開発がすすんだ。★14
③**工業配置**　工業は各地に分散して配置され，関連工業を結びつけたコンビナート方式で工場が建設された。

② 鉱工業の発展と衰退　5か年計画によって鉱工業が発展した。また，18の経済地域の中にそれぞれ1〜2の地域生産複合体（コンプレックス）を形成して，大規模開発がすすめられた。しかし，硬直化した計画経済のもとで次第に生産効率が悪化していった。

❷ **旧ソ連の農牧業**
①コルホーズ（集団農場），ソフホーズ（国営農場）によって集団化。
②1970年代から食料や飼料の輸入がふえ，市場の需要に対応しきれないといった集団的農牧業のゆきづまりが表面化した。

❸ **ロシアの成立による変化**　旧ソ連の社会主義政策による計画経済，国有化，集団化などの方針は，全面的に改められた。
①1980年代後半から，**市場経済への移行**など，経済の自由化がすすめられた。しかし，物価の上昇や生活物資の不足などがおこり，経済や生活に混乱をまねいた。
②2000年代以降，**石油**や**天然ガス**の開発がすすみ，経済の高度成長が始まった。★15 また，欧米諸国からの投資も増加した。
③農業面では，コルホーズとソフホーズが解体し，企業や，菜園つきの別荘（ダーチャ）での個人による生産へと変化している。

▼旧ソ連，ロシアの関連事項
石炭→p.150
石油→p.152
鉄鉱石→p.155
工業→p.163〜164
農牧業→p.135

★14 ロシアは，各種の鉱産資源，水力資源，森林資源にめぐまれている。

★15 富裕層が増加した反面，低所得層がふえている。また，地域間の経済格差も深刻。

> **ポイント**
> **旧ソ連**…1991年に解体。15の共和国に
> 　→**独立国家共同体（CIS）**ができる
> 　ロシアでは計画経済→市場経済。混乱後，資源開発で回復

4 各地域と都市，産業

❶ **ヨーロッパロシア**　ウラル山脈の西側，カフカス山脈の北の地域（→p.354）で，開発も古く，ロシアの中心をなしている。
① **モスクワ**　旧ソ連，現在のロシアの首都で，最大の都市。ヴォルガ川の支流モスクワ川に臨む水運の要地として発展してきた。
② **サンクトペテルブルク**　ロシア革命前のロシア帝国の首都。★16 西ヨーロッパへの窓口として繁栄した。今日も，重要な貿易港。近年，自動車や家電などの工業が発展。

❷ **シベリア**　ウラル山脈の東側，サハ共和国とアムール州の西側の地域（→p.354）。各種資源はひじょうに豊富である。また，少数民族の居住地域が広い。
① **西シベリア**★17　**シベリア鉄道**★18の開通とともに，人口が増加。オ

★16 1703年に建設され，ペテルブルグとよばれた。1914〜1924年はペトログラード，その後，旧ソ連の時代にはレニングラードといった。

★17 ウラル山脈とエニセイ川の間の西シベリア低地の地域。

★18 1891年に建設が始まり，1904年に開通した。現在，モスクワ〜ウラジオストク間は急行で8日間かかる。

ムスク，ノヴォシビルスクなどが中心都市。ウクライナから続く黒土地帯では，農業がさかん。

② **東シベリア** バイカル湖に近いイルクーツクなどの都市がある。1984年，バイカル＝アムール鉄道が完成した。

> 補説　**バイカル＝アムール鉄道**　東シベリアのタイシェトから，バイカル湖の北岸を通り，極東のソヴィエツカヤガヴァニに至る（バム鉄道）。シベリア，極東ロシアの豊富な石炭，鉄鉱石，銅，岩塩などの鉱産資源や，森林資源の開発が期待されている。

③ **極東ロシア**　サハ共和国とアムール州から東側の地域。シベリア地域と同じく，資源が豊富で，少数民族の居住地域が広い。

> 補説　**ロシアの民族問題**　ロシアはスラブ系ロシア人の数が多いが，100以上の少数民族もいる。おもな20ほどの少数民族は，共和国を構成し，ロシア連邦条約に参加しているが，分離，独立の動きもある。とくにカフカス北麓のチェチェン共和国では，独立をめぐりロシア政府と激しく対立している（→p.268）。

① **水産業**　世界最大の北西太平洋漁場を背景として，旧ソ連の時代には船団方式で操業し，世界有数の漁獲量があったが，90年代以降は経済の混乱の中で漁獲量も減少している。おもな漁港としてはウラジオストクなど。

② **鉱工業**　石油や天然ガス，石炭，金，銅など，豊富な鉱産資源が存在する。近年，開発が本格化している。

③ **都市**　アムール川流域のハバロフスクやコムソモリスクナアムーレで機械工業，**ウラジオストク**で造船業，貿易港ナホトカで水産加工業などが立地。

★19 日本との間で厳しい漁業協定を設定して日本船の操業を制限する一方で，旧ソ連船はしばしば日本沿岸で操業していた。

★20 オハ油田，レナ炭田，ブレヤ炭田，ヤクートガス田など。

★21 1985年から，バム鉄道とさらに北部のヤクーツクを結ぶアムール＝ヤクーツク鉄道の建設が行われている。

★22 軍港として知られており，立地する工業も軍需産業的な分野が多い。

⑤ 近隣諸国としてのロシアと日本

❶ ロシアと日本の結びつき

① **交通**　貨物航路が，舞鶴・富山・新潟〜ナホトカ間などで開かれている。また，定期フェリー航路が，稚内〜コルサコフ（サハリン）などで開かれている。

② **貿易の特徴**　日本にとってロシアとの貿易のしめる割合はごく小さかったが，近年は貿易額が増加傾向にある。日本からの輸出品は自動車や機械類が中心であり，とくに中古車や家電製品の輸出が多い。一方，ロシアから日本へは，原油や天然ガス，魚介類，木材などの一次産品が多く輸出される。

日本から ロシアへの輸出	(％)	ロシアから 日本への輸出	(％)
自動車	61.5	原油	45.0
機械類	19.0	液化天然ガス	16.4
うち(建設鉱山用機械)	(4.3)	石炭	8.4
(荷役機械)	(2.3)	魚介類	7.3
(映像記録再生機器)	(2.3)	うち(かに)	(2.1)
鉄鋼	4.1	アルミニウム	6.3
タイヤ・チューブ	3.8	石油製品	5.6
自動車部品	2.0	木材	2.6
紙類・同製品	1.0	パラジウム	2.1
科学光学機器	1.0	鉄鋼	2.0
合計…7027億円	100.0	合計…1兆4120億円	100.0

(2010年)　　　　　　　　　　（「日本国勢図会」による）

▲ 日本とロシアの貿易

❷ 環日本海経済圏構想

1. **日本海周辺国の役割**　1980年代後半から，ロシアの豊富な資源，日本と韓国の資本と技術，中国東北部や北朝鮮の労働力を組み合わせて，日本海をとりまく地域で，新しい経済圏を構築しようとする動きが出ている。

2. **極東ロシアの資源開発**　極東地域の経済発展のため，地理的に近い中国や日本などの東アジア諸国にむけた開発がすすんでいる。しかし，2007年にロシア政府が，日本を中心に開発していたサハリン沖油田（サハリン2）を，突然自国企業に売却するなど，外資企業は難しい対応を迫られることもある。

3. **共通性と異質性**　日本の日本海沿岸地域とロシアの極東地域は地理的な共通性だけでなく，ともに経済的な縁辺地域という共通点がある。

　しかし，歴史的にみて両国は，近くて遠い隣国の関係にあった。北方領土問題（→p.392）などの政治的な要因が，現在でも両国の経済交流の促進を阻害することが多い。

> **ポイント**
> ヨーロッパロシア…古くからのロシアの中心地域
> シベリアと極東ロシア地域｛厳しい自然／豊富な天然資源
> 環日本海経済圏構想｛ロシア，日本，中国，韓国，北朝鮮の相互補完／ロシアの資源開発

★23 北朝鮮，ロシア，中国の3か国が国境を接するトマン川（豆満江）河口付近を環日本海経済圏構想の核にする開発計画があり，とくに北朝鮮は自由経済貿易地域をもうけて経済復興を図ろうとしている（→p.309）が，政治的な問題もあって進行していない。

★24 トマン川流域開発計画では，国連開発計画（UNDP）による環境問題の解決が，とくに重要になっている。トマン川下流の水質汚濁，トマン川河口からロシアのウラジオストクにかけての日本海沿岸の海洋汚染は，深刻な事態といわれる。

★25 経済の中心となっている地域とは，遠く離れているという意味。

2　ロシアの周辺諸国

1 バルト3国

　1918年，それぞれロシアから独立したが，1940年にドイツと旧ソ連の間の独ソ密約に基づき，旧ソ連に編入された。ペレストロイカの動きとともに民族運動が高まり，1991年，正式に独立した。

　3国ともバルト海に面し，氷河湖やモレーンなどの氷河地形が多く，酪農地帯となっている。2004年にEU（ヨーロッパ連合）に加盟。

- エストニア…フィン系（アジア系）でプロテスタントが中心。
- ラトビア…バルト系（インド＝ヨーロッパ系）プロテスタントの国。
- リトアニア…ラトビアと同じバルト系で，旧ソ連では唯一のカトリック文化圏の国。

★1 第二次世界大戦中の1939年，ナチス＝ドイツの迫害をのがれてリトアニアからの脱出をはかったユダヤ人に対し，リトアニアに駐在していた杉原千畝副領事は，日本通過のビザ（査証）を発給して，6000人の命を救った。

2 スラブ系の2か国とモルドバ

❶ **ウクライナ**[*2] 黒土地帯が広がり，穀倉地帯をなす。また，ドネツ炭田，クリヴォイログ鉄山とドニエプル川の水力などを結びつけた工業がさかん。黒海沿岸は温暖で，避寒地，リゾート地。2006年ごろから，パイプラインでロシアから送られてくる天然ガスの価格をめぐり，ロシアとしばしば対立している。国内で，親ロシア派と反ロシア派の対立もみられる。

❷ **ベラルーシ**[*3] 旧ソ連的な管理経済体制を維持。経済はロシアに依存。混合農業，酪農などの農業水準が高い。

❸ **モルドバ** 住民は，隣のルーマニアと同民族（ラテン系）で，一体化の動きもある。東部のドニエストル川東岸地域は，スラブ系住民が多く，1990年にモルドバからの独立を宣言している。

★2 1986年チェルノブイリ原子力発電所で，重大な事故がおこり，大規模な放射能汚染をもたらした。(→p.107)

★3 ロシア語読みでベロロシアとよばれてきたが，独立後，自国語読みのベラルーシに改めた。

▼旧ソ連から独立した15の国々 （地図→p.136）

	国　名	首　都　名	言語	宗教	国土と産業の特色
スラブ系	ロシア ウクライナ ベラルーシ	モスクワ キエフ ミンスク	A−1	K−1	広大な国土。多くの民族。農業や鉱工業がさかん 平原の国。黒土地帯の小麦。ドネツ炭田，鉄鉱石の産出 内陸国。小麦，じゃがいもの栽培。電子工業など
ルーマニア系	モルドバ	キシニョフ	A−2		ルーマニアとの結びつきが深い。ぶどうの栽培がさかん
カフカス地方	アルメニア グルジア アゼルバイジャン	エレバン トビリシ バクー	A−3 B 	 I−1	高地の国，地震が多い。ぶどう→高級ブランデーが有名 カフカス山脈の山地。みかん，茶の栽培が多い 灌漑で綿花など。バクー油田→石油化学工業
中央アジアのイスラム系諸国	トルクメニスタン ウズベキスタン カザフスタン キルギス タジキスタン	アシガバット タシケント アスタナ ビシュケク ドゥシャンベ	C A−4	I−2	カラクーム砂漠にカラクーム運河。灌漑で綿花 灌漑で綿花。アラル海は農業用水の取水で湖面が縮小 広い国土。灌漑で農業。石油，炭田，各種資源 高地と温帯草原。牧畜。各種資源が豊か パミール高原が国土の90％。じゅうたんと宝石が有名
バルト3国	エストニア ラトビア リトアニア	タリン リガ ビリニュス	D A−5 	K−2 K−3	近郊農業，酪農 酪農。電子工業や精密機械工業が発達 酪農

- ●言語
  - A→インド＝ヨーロッパ語族…A−1はスラブ語系のロシア語，ウクライナ語，ベラルーシ語。A−2はラテン語系のモルドバ語（ルーマニア語＝ラテン系の方言）。A−3はアルメニア語。A−4はインド＝イラン語系のタジク語。A−5はバルト語系のラトビア語，リトアニア語。
  - B→カフカス語族…グルジア語。
  - C→アルタイ語族…チュルク（トルコ）語系のアゼルバイジャン語，トルクメン語，ウズベク語，カザフ語，キルギス語。
  - D→ウラル語族…フィン語系のエストニア語。
- ●宗教
  - K→キリスト教…K−1は正教会（ギリシャ正教，東方正教），K−2はプロテスタント（新教），K−3はカトリック（旧教）。
  - I→イスラム教…I−1は少数派のシーア派（イランと同じ）。I−2は多数派のスンナ派。

テスト直前要点チェック

答

1. ヨーロッパでは，カトリック教徒は，何民族に多いか。 — ① ラテン民族
2. EUは，何の略称か。 — ② ヨーロッパ連合
3. パリ盆地周辺で大規模に栽培されている農産物は，何か。 — ③ 小麦
4. フランスの（　）やフォスには，臨海製鉄所がある。 — ④ ダンケルク
5. ルール工業地域は，（　）川の水運を背景に発達した。 — ⑤ ライン
6. EU域外からドイツに来る外国人労働者はどの国が多いか。 — ⑥ トルコ
7. かつて「世界の工場」として繁栄した国は，どこか。 — ⑦ イギリス
8. イギリスで民族紛争が深刻だった地域は，どこか。 — ⑧ 北アイルランド
9. EUのヨーロッパ委員会がおかれている都市は，どこか。 — ⑨ ブリュッセル
10. ベルギーでは，ワロン語と（　）語の対立がある。 — ⑩ フラマン
11. オランダの干拓地は，何というか。 — ⑪ ポルダー
12. ロッテルダムの西にあるEUの玄関港は，何というか。 — ⑫ ユーロポート
13. ベネルクス3国とは，ベルギー，オランダのほか，どこか。 — ⑬ ルクセンブルク
14. スイスは，外交上どんな立場の国か。 — ⑭ 永世中立国
15. 「芸術の都」といわれるオーストリアの首都は，どこか。 — ⑮ ウィーン
16. イタリアで経済発展が遅れているのは南部と北部のどちらか。 — ⑯ 南部
17. イタリアの（　）川流域は，稲作も行われる農業地域である。 — ⑰ ポー
18. ギリシャの気候区は，ケッペンの区分で何というか。 — ⑱ 地中海性気候(Cs)
19. 2007年にEUに加盟した2か国は，どこか。 — ⑲ ルーマニア，ブルガリア
20. 北ヨーロッパで，鉄鉱石の産出の多い国は，どこか。 — ⑳ スウェーデン
21. 北ヨーロッパで，水産業や海運業のさかんな国は，どこか。 — ㉑ ノルウェー
22. フィンランドの住民は，（　）系のフィン人である。 — ㉒ アジア
23. EU加盟国で，模範的酪農王国といわれる国は，どこか。 — ㉓ デンマーク
24. 中央ヨーロッパやバルカン半島には，（　）系民族が多い。 — ㉔ スラブ
25. 独立国家共同体のアルファベットの略称は，何か。 — ㉕ CIS
26. ロシアでウラル山脈より西の地域を，何というか。 — ㉖ ヨーロッパロシア
27. エストニア，ラトビア，リトアニア3国の総称は，何か。 — ㉗ バルト3国
28. 黒海に面し，農業や鉱工業のさかんな国は，どこか。 — ㉘ ウクライナ
29. 日本，ロシア，中国などで進む経済開発構想は，何か。 — ㉙ 環日本海経済圏構想

16章 南北アメリカ

この章のポイント&コーチ

1 アメリカとカナダ ▷p.362

◆ アメリカのあらまし
国土と自然 広い国土。西部はロッキー山脈で乾燥。西経100度以東は湿潤。
歴史と社会 白人が移住して建国。先住民のインディアン，奴隷の子孫である黒人は，長く人種差別をうけてきた。**ヒスパニック**やアジア系の数が増加。

◆ アメリカの産業と諸地域
鉱工業の特色 高度な技術と莫大な資本をもち，最先端部門を開発。巨大企業のグループが形成され，多くが**多国籍企業**として海外に進出。
農業の特色 生産性を追求し，利潤第一の経営のため，機械化，適地適作，大規模化，大資本の進出がすすむ。反面，生産過剰，土壌侵食などの問題が発生。
主要地域と都市 北東部は政治，経済，文化の中心で，**メガロポリス**が成立。中部は大規模な農牧業や鉱工業が発達している。南部や太平洋岸は，**サンベルト**とよばれ，工業化がすすんできた。その他に西部，アラスカ，ハワイ。

◆ カナダ
資源と工業 森林資源などが豊富。小麦を輸出。アメリカ資本で鉱工業が発達。

2 ラテンアメリカ ▷p.370

◆ 自然と住民
自然の特色 アンデス山脈とアマゾン川。熱帯地域が広い。高山都市が発達。
歴史と社会 先住民はインディオ。スペイン，ポルトガルの支配。混血も進行。

◆ 産業と経済
農業と鉱業 特定の一次産品にたよる**モノカルチャー経済**から，多角化へ。
新しい動き 工業化，土地改革，資源の国有化，経済連携などがみられる。

◆ ラテンアメリカの国々
ブラジル 農業の多角化をすすめている。資源の開発や工業化もすすむ。
アルゼンチン パンパでの企業的農牧業。工業化もすすむ。
アンデス諸国 モノカルチャー経済の国々が多い。ベネズエラ（石油や鉄鉱石），コロンビア（コーヒー），ペルー，ボリビア，チリ（銅などの各種の鉱産資源）。
中部アメリカの国々 メキシコは，アメリカとの経済的結びつきが強い。中央アメリカとカリブ海諸国は，政治の不安定な国が多い。キューバは社会主義国。

1 アメリカとカナダ

1 アメリカのあらまし

1 国土と自然

❶ 国　土　アメリカ[★1]は，日本の約25倍という広い国土をもつ。大陸部だけでも，経度差は100度に及び，5つの標準時[★2]がある。

❷ 地　形　①西部はけわしい山地。新期造山帯のロッキー山脈，シエラネヴァダ山脈など。②東部は丘陵性でなだらか。古期造山帯のアパラチア山脈，五大湖[★3]，安定陸塊の中央平原，ミシシッピ川，プレーリーやグレートプレーンズなど。メキシコ湾岸～大西洋岸は海岸平野（→p.230）。③北部は氷河の影響を受けた。

> 補説　プレーリー　北アメリカ中央部の温帯草原。肥沃なプレーリー土が広がる。

> 補説　グレートプレーンズ　ロッキー山脈東側の台地状の大草原。ステップ気候で，たけの短い草がはえる。

> 補説　コルディエラ山系　アラスカ山脈，ロッキー山脈，アンデス山脈など，南北アメリカ大陸の西岸地域を南北に走る環太平洋造山帯に属する，けわしい褶曲山地群。金，銀，銅，石油などの埋蔵が多い。コルディエラとは「綱」「紐」の意味。

★1　正式にはアメリカ合衆国（USA）。

★2　ロシア，カナダに次ぐ広さ。

★3　五大湖は世界最大の氷河湖で，周辺にはケスタ地形（→p.59）もみられる。

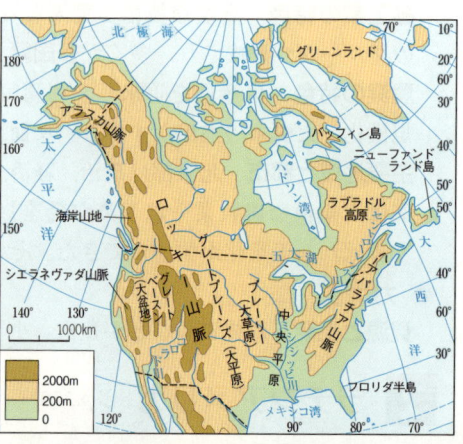

▲北アメリカの地形　　▼北アメリカの気候

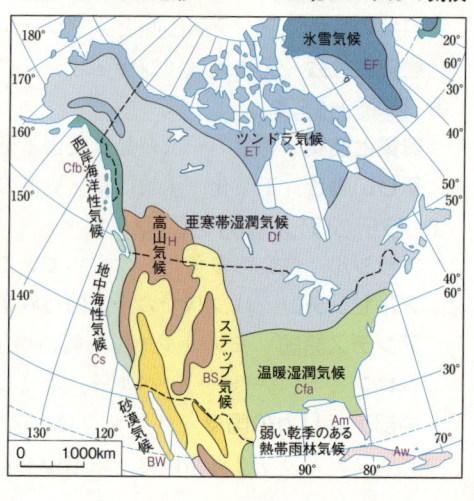

❸ 気　候

1　フロリダ半島南部　熱帯の気候になっており，保養地（避寒地）が広がるが，ハリケーンの被害をうけやすい。

2　西部　年降水量500mmの線がほぼ西経100度線と一致し，その西側は，ステップや砂漠が広がる。

3　太平洋岸　地中海性気候や西岸海洋性気候がみられる。

4　東部　西経100度線＝年降水量500mmの線より東側は，湿潤。このうち，北緯40度ぐらいより南は温暖湿潤気候，北側は亜寒帯の気候となっている。

2 歴史と社会

❶ 歴 史

1. **インディアン**[★4] アメリカ大陸の先住民。狩猟や農耕を生業としてきた。いくつかの種族がある。[★5]
2. **白人の移住と開拓** 17世紀からヨーロッパ人が移住して，開拓を開始。1776年に，東部13州がイギリスから独立すると，農地や金鉱を求める移民が増加した。開拓前線（フロンティア）[★6]は，西へすすんだが[★7]，土地をうばわれたインディアンは抵抗した。
3. **南北戦争** 北部では工業化がすすんだが，南部は，黒人奴隷による綿花栽培が中心であった。この両地域は，保護関税や奴隷制などで対立し，**南北戦争**がおこった（1861～65年）。北部が勝利した結果，アメリカの資本主義発展の道が開かれた。
4. **資本主義経済の発展** 20世紀の2度にわたる世界大戦をへて，世界経済の中心として，先進資本主義国の指導的地位をしめている。

❷ 連邦国家
アメリカは，50の州からなる連邦国家。各州は，広範な統治権限をもち，独自の行政を行っている。

> **ポイント アメリカ**
> 白人の移住と開拓→インディアンから土地をうばう→連邦国家が成立
> 南北戦争後に，資本主義が発展
> 現在，先進国の指導的地位をしめる

❸ 住民と人種差別
アメリカは多民族国家であり，移民の国である。かつては白人の移民と黒人奴隷の流入が多かったが，20世紀後半からはラテンアメリカ系とアジア系の移民が増加。

1. **白人** 白人は全体の約80％をしめる。プロテスタントでアングロサクソン（イギリス）系の白人[★8]が上流階級を形成。白人の中でも，プエルトリコ人[★9]や，イタリア系，アイルランド系白人は経済的に貧しい層が多い。
2. **インディアン** アメリカ先住民であるが，現在，全人口の1％にもみたない。西部に保留地が設けられている。
3. **黒人** 全人口のおよそ13％をしめるが，奴隷の子孫として長く差別されてきた。（→p.270）

★4 近年はネイティブアメリカン（先住のアメリカ人）の呼称も使われる。

★5 じゃがいも，とうもろこしなどを栽培。

★6 フロンティアとは開拓地と未開拓地との境。開拓前線と訳される。アメリカ国民のフロンティア＝スピリッツ（開拓者精神）のもとになった。しかし，実際のフロンティアとは，インディアンを追放して白人の支配地になった土地の境界であった。

★7 独立後にアパラチア山脈をこえ，南北戦争後に西経100度線をこえた。

★8 White Anglo-Saxon Protestantを略してWASP（ワスプ）とよばれる。

★9 プエルトリコはアメリカの自治領。スペイン系になる。

▼アメリカの拡大

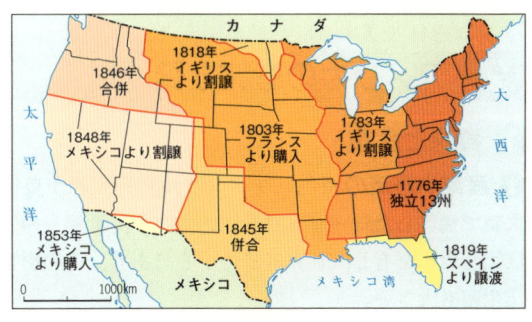

（地図：アメリカの拡大）
- 1846年 合併
- 1818年 イギリスより割譲
- 1848年 メキシコより割譲
- 1803年 フランスより購入
- 1783年 イギリスより割譲
- 1853年 メキシコより購入
- 1845年 併合
- 1776年 独立13州
- 1819年 スペインより譲渡

> **補説** 黒人の地位　南部に移住したヨーロッパの企業家や貴族は、アフリカから連行してきた黒人奴隷の労働力によって、綿花などのプランテーションを経営した。南北戦争の結果、1863年、奴隷解放が行われたが、なお黒人は小作制度のもとにつなぎとめられた。1964年に差別撤廃を定めた公民権法が成立したが、黒人の参政権が本当に認められたのは、1965年の公民権法による。その後、黒人大統領も生まれたりして、黒人の地位は少しずつ向上している。なお、アメリカでは、黒人のことを、ブラックあるいはニグロとよんできたが、最近はアフロ＝アメリカン（アフリカ系アメリカ人）という言い方もされる。

④ **ヒスパニック**[★10]　メキシコ系を中心とした**スペイン語系アメリカ人**。日常生活ではスペイン語を使用する。人種的には白人、黒人、混血などいろいろ。人口増加率が高く、2000年の人口調査以降、人口数が黒人を上回っている。英語を話せず、アメリカの政治に関心のない層もふえている。南西部に多い（→p.34）。

⑤ **その他の住民**　ユダヤ人[★11]は各方面で活躍。太平洋岸では、中国系、日系、韓国系、ベトナム系など、アジア系の移民が多い。

⑥ **民族のサラダボウル**　かつてはアメリカ社会に同化することが求められ「**人種のるつぼ**」[★12]と表現されたが、近年は各民族の文化を尊重する動きがあり「**民族のサラダボウル**」と表現される。

❹ **都市問題**　2度の世界大戦で北部の工業が発展し、南部の農業の機械化がすすむと、南部から北部の都市への黒人の移動が促進された。北部では労働者として雇用されたが、低賃金で失業率も高く貧困が続いた。都市中心部に黒人やヒスパニックの**スラム街**[★13]が形成され、**都市問題（インナーシティ問題）**[★14]（→p.245）が深刻となった。

> **ポイント**
> **アメリカは多民族国家**
> 白人……多数派（約80％）。人種差別を行ってきた
> その他…先住民の**インディアン**、奴隷の子孫の**黒人**、スペイン語系の**ヒスパニック**など

2 アメリカの産業と諸地域

1 資源と産業

❶ **産業や経済の特色**　アメリカは各種資源が豊富。2度の世界大戦で疲弊したヨーロッパ諸国にかわり、世界一の工業国となる。巨大な資本を有し、世界経済の中心であり、その影響は大きい[★1]。農業生産も大きい。

★10 ヒスパニックは総人口の15.4％（2008年）。とくにカリフォルニア州に多い。メキシコ、プエルトリコ、コロンビアなどから流入している。

★11 アメリカ国内のユダヤ人は、イスラエルの人口より多いといわれ、経済、政治、文化面などで実力をもつ。

★12 るつぼは金属を高温でとかす容器。金属がとけあって、合金ができるイメージ。サラダボウルは、各種の野菜が入りまじって共存するイメージ。

★13 ニューヨークのハーレム地区（→p.246）が代表的。

★14 都心部からの白人流出と、黒人やヒスパニックの流入により、貧困層が増大し、市の税収が減り、かわりに生活保護費、住宅改良費、犯罪対策費がふえ、財政問題が深刻になる。また、地域社会も衰退する。

★1 2008年、低所得者向け住宅ローン（サブプライムローン）が回収不能となり、アメリカの大手投資銀行が破綻。世界的金融危機・不況をひき起こした。

❷ 鉱工業の特色

1. **高度な科学技術と民間投資，国家** アメリカは，全体として現在でも世界最大の生産力をもつ。なかでも，宇宙，原子力，航空機，ソフトウェア，IT(→p.193)，バイオテクノロジーなどの先端技術部門で，とくに<u>高度な科学技術力をもつ</u>。そのため，世界市場で高い競争力があり，世界標準を形成している。[★2]

   これらの先端産業では，研究開発のために莫大な資本を必要とするが，大規模な民間投資や，国家と企業の強い結びつきによって発展している。[★3]

2. **巨大企業** アメリカには1国のGDPをしのぐ規模の巨大企業が多い。なかには，コンツェルン(財閥)[★4]やコングロマリット(複合企業)[★5]など，巨大企業グループを形成しているものもある。

   また，巨大企業の多くは，<u>多国籍企業</u>(→p.179)として海外に多くの子会社や関連企業をもち，世界規模で生産を行っている。

   > **補説** アメリカの多国籍企業
   > ①発展途上国のみならず，先進国にも多く進出し，それらの国の経済や，ときには政治にも，大きな影響力をもっている。
   > ②有利な海外投資をすすめ，国内への設備投資などが消極的になって，失業者を増加させる。このような問題を「産業の空洞化」という。また，工業製品の輸入がふえて貿易収支を悪化させる。自動車，鉄鋼などでの生産では，日本やドイツ，韓国，中国などの伸びで，地位が低下し，輸入がふえている。

3. **資源と工業製品の輸入** アメリカは世界有数の資源保有国であるが，第二次世界大戦後は，石油や鉄鉱石をはじめ各種資源の輸入がふえている。また，一般の工業製品は競争力が低下し，輸入が増加しているため，貿易収支の赤字をまねいている。

4. **産業転換と立地移動** 五大湖周辺(スノーベルト)を中心とする重工業地帯は，自動車や鉄鋼業など重厚長大部門をリードしてきたが，激しい国際競争で斜陽化傾向にある。しかし，近年，先端技術産業など新しい産業によって経済の復活がみられる地域もある。一方，北緯37度以南の<u>サンベルト</u>や太平洋岸でも，先端技術産業が多く立地し，アメリカの工業をリードしている。

★2 アメリカの経済，政治，文化面での基準が，世界標準(グローバルスタンダード)となっていることが多い。ただし，これに対する反発も根強い。

★3 国家と軍事産業の結びつきを軍産複合体という。アメリカでは特に強大である。

★4 ロックフェラー，モルガン，デュポン，メロンなど。

★5 自己本来の業種とは異なる企業の買収合併をくり返して巨大化した複合企業。

▼アメリカの鉱工業の関連事項
石炭→p.150
石油→p.151
鉄鉱石→p.156
工業地域→p.162

ポイント　工業
- 高度の技術と莫大な資本をもち，最先端部門を開発
- 多くの巨大企業があり，<u>多国籍企業</u>として海外に進出
- 資源と工業製品の輸入がふえ，貿易収支は赤字
- <u>北緯37度以南のサンベルト</u>を中心に，先端技術部門が多く立地

❸ 農牧業の特色

1. **高い生産性** わずか1.5%の農業人口(→p.343)ながら大規模な機械化や科学技術の活用がすすみ，労働生産性が高く，土地生産性も向上させてきたので，生産性はきわめて高い。
2. **経営規模の拡大** 利潤第一の経営方針の下，大農法による**適地適作**が行われる。そのため，経営規模の拡大がすすみ，400ha以上の大農場もふえている。[★6]

【生産量にしめる割合】		【輸出量にしめる割合】
1.5%	米	11.1%
8.8	小麦	14.7
40.7	とうもろこし	47.6
41.0	大豆	49.7
9.8	鉄鋼	2.8
9.3	自動車	5.4 (主要4か国中の割合)

(2009年)
(「世界国勢図会」による)

▲アメリカの生産と輸出が世界にしめる割合

補説 スーツケース＝ファーマー 小麦栽培では家族労働が中心であったが，近年は，種蒔きや収穫などを専門とする請負業者と契約する例がふえた。農場主(ファーマー)は，ふだんは都市に住んでいて，労働者の手配や請負業者との契約などを行い，労働者をやとうときだけ，着がえのスーツを入れたスーツケース1つで，農場にやってくる。なお，収穫を請け負う業者は，労働者をやとって，いくつかのコンバインクルー(コンバインと労働者のチーム)を結成，小麦の収穫時期を追って，南から北へと契約農場を移動していく。

3. **生産過剰** 生産力が高いので，農産物の生産過剰という問題が発生しやすく，価格も不安定で農民を苦しめている。このため，農民に補助金を支払う政策などが行われてきた。[★7]
4. **農産物輸出** 生産過剰の問題を解決するため，余剰農産物の輸出に力が入れられた。第二次世界大戦後の**食料援助**，1970年代になって世界的な食料危機が深刻化した中での輸出増加などで，世界の農産物市場にしめるアメリカの地位は，きわめて高い。
5. **新しい灌漑農法** 乾燥地域では，地下水をくみ上げる**センターピボット農法**とよばれる灌漑農業が広がった。こうした技術は，海外にも輸出されているが，投下エネルギーの割に生産量が少ないという批判もある。
6. **農業のビジネス化** 現在のアメリカの農業は，**アグリビジネス**(→p.138)とよばれる農業関連企業が，生産，加工，流通など，さまざまな分野で強い影響力をもっている。[★8]とくに，穀物の流通や加工に関しては，穀物メジャーとよばれる少数の穀物商社が支配している(→p.138)。

★6 大規模化についていけない中小農家は，没落(離農)していく。

★7 1996年の農業法では，価格支持政策は続けられることになったが，生産調整は廃止された。

★8 収量の多い種子や成長の早いひななどの生産，販売を通して，農場を支配下におくようになる。

▶センターピボット農法
井戸を中心に半径数百mの灌漑用アームが回転する。中心の井戸からは，ディーゼルエンジンで地下水をくみ上げている。

7 **アメリカ農業の問題点** 土壌や水などの生産基盤を酷使し破壊しながら，収穫をふやしてきた面がある。等高線耕作の無視による**土壌侵食**(表土流出)，地下水の大量使用による枯渇，灌漑による**塩害**(地表に塩分が集積)などの問題が出てきている。[★9](→p.143)

★9 アメリカの大農法は，大量のエネルギー消費を必要とし，効率は必ずしも高くない。

> **ポイント**
> アメリカの農牧業…徹底的に**生産性を追求**，利潤第一の経営
> 機械化，適地適作，大規模化，新しい技術，大資本の進出など
> 反面，生産過剰，土壌侵食，地下水の枯渇，塩害などの問題点

2 主要地域と都市

❶ 北東部 1620年，イギリスの清教徒(ピューリタン)をのせたメイフラワー号がニューイングランドの海岸について以来，早くから植民された地域。ヨーロッパ的伝統が残り，現在のアメリカにおける政治，経済，文化の中心地。沿岸部にメガロポリス(→p.242)が発達。

1 **ニューヨーク** 1825年エリー運河が完成し，外洋航路と内陸航路の接点として地の利を得て，大きく発展した。現在，メガロポリスの中心都市であるばかりでなく，マンハッタンの**ウォール街**にある株式市場や国際的な金融機関は，世界経済に絶大な影響力をもっている。[★11] また，国際連合の本部がおかれ，国際政治の中枢機能をはたしている。

2 **ワシントンD.C.** ポトマック河畔に位置する首都。どの州にも属さない連邦政府の直轄地である。なお，人口の約50％を黒人がしめる。都市計画にもとづいた放射直交型の街路をもつ。

★10 エリー湖とハドソン川を結び，大西洋に通じる。ニューヨークステートバージ運河ともいう。

★11 株式市場や外国為替市場(→p.194)は，世界経済の中心となっている。

★12 ワシントンコロンビア特別区をなす。D.C.はDistrict of Columbiaの略。

▼アメリカの州(本土の48州)とおもな都市，および大都市圏

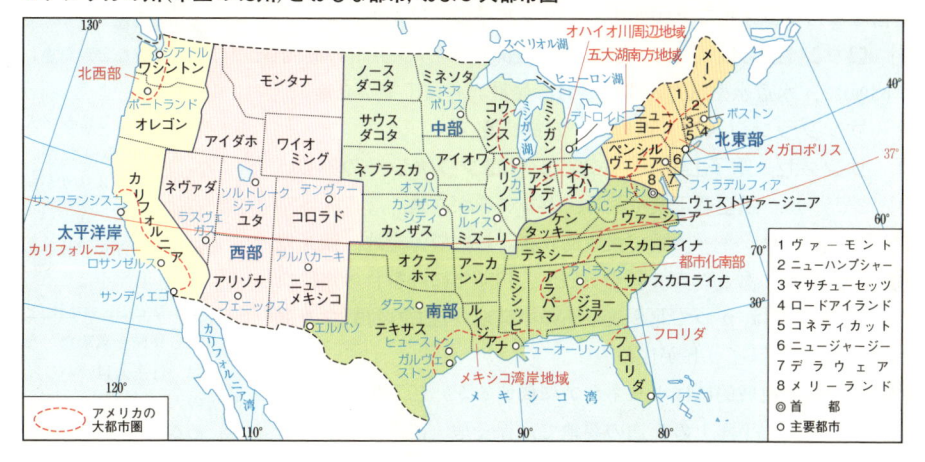

1 ヴァーモント
2 ニューハンプシャー
3 マサチューセッツ
4 ロードアイランド
5 コネティカット
6 ニュージャージー
7 デラウェア
8 メリーランド
◎ 首都
○ 主要都市

16章 南北アメリカ

③ ボストン　ニューイングランドの中心地。イギリス風の古い町並みがみられ，郊外にはハーバード大学，マサチューセッツ工科大学などがあり，学問や文化の中心地。高級織物。電子工業。
④ フィラデルフィア　独立宣言の行われた都市★13。工業都市。東部標準時子午線の西経75度線が通る。
⑤ ボルティモア　チェサピーク湾の奥の貿易港。工業都市。

❷ **中部（中西部）**　農牧業や鉱工業がよく発達した地域で，典型的なアメリカ農村風景や都市風景がみられる。
① シカゴ　ミシガン湖南岸にあるアメリカ第三の大都市。広大なグレートプレーンズやプレーリーを背後にひかえ，世界的な農畜産物の集散地，農業機械，食品工業の中心地として発展した。
② その他　デトロイト（自動車工業），ピッツバーグ（鉄鋼業）をはじめとした五大湖沿岸の工業都市，セントルイス，カンザスシティをはじめとした中央平原の農畜産物の集散地など。

❸ **南　部**　黒人の労働力にたよる綿花のプランテーション地域★14として開発されたが，北東部などよりも経済的におくれた地域となっていた。しかし，TVA（→p.100）による開発，石油の産出などにより，1970年代から工業化がすすみ，太平洋岸とともにサンベルト★15とよばれている（→p.158）。
① ニューオーリンズ　フランス系の移民によって古くから発展。南部最大の貿易港。中部標準時子午線の西経90度線が通る。
② アトランタ　黒人の低賃金労働により，古くから綿工業が発展。
③ その他　ヒューストン（宇宙産業や石油化学），ダラス（電子工業や航空機），バーミンガム（鉄鋼業）など。

❹ **太平洋岸**　19世紀以後のゴールドラッシュによって開けた。冬も温暖なカリフォルニア州が中心★16。アジア系の移民が多い。
① ロサンゼルス　アメリカ第二の大都市。コロラド川の開発（→p.100）で，水道水や電力が供給され，発展。各種工業が立地。
② サンフランシスコ　西岸第一の貿易港。
③ サンノゼ　電子工業がさかん。シリコンヴァレーの中心。
④ シアトル　航空機工業や製材，パルプ業が立地。

❺ **西　部**　ロッキー山脈で粗放的牧畜。鉱産資源産地，観光地。
❻ **アラスカ**　もとロシア領を買収し，1958年に49番目の州になった。アンカレジは，かつて北極航空路の中継地。石油を産出（プルドーベイ油田）。イヌイットが住む。
❼ **ハワイ**　地域的にはポリネシアに属するが★17，1959年に50番目の州になった。太平洋上の交通の要地で，保養地。日系人★18が多い。

★13 1790〜1800年の間アメリカの首都であった。1800年に新都市ワシントンD.C.が建設されるまで，フィラデルフィアのほか，ニューヨークやボルティモアなどに臨時首都がおかれていた。

★14 北東部では，独立自営の農業が営まれたのと対照的。

★15 石油関連，先端技術部門，原子力関連の新しい工業が発達した。サン（太陽）ベルトは，ふつう北緯37度以南の地域をさす。カリフォルニア州南部からアリゾナ州，メキシコ湾岸で，とくに人口や企業が増加した。一方，斜陽化の著しい北緯40度以北の工業地域をスノー（雪）ベルトまたはフロスト（霜）ベルト，ラスト（さび）ベルトなどという。

★16 航空機，ロケット，電子工業などが発達している。

★17 もとポリネシア人の王国であったが，1898年にアメリカが植民地にした。

★18 さとうきび栽培のため，日本をはじめ，フィリピン，中国などから移民を求めた。なお，日系人は，ハワイの人口の3分の1をしめる。

1 アメリカとカナダ　369

> **ポイント**
> **北東部**…政治，経済，文化の中心。メガロポリスに人口が集中
> **中部（中西部）**…大規模な農牧業や鉱工業が発達してきた
> **サンベルト**…新しく発展した南部や太平洋岸。工業化がすすむ
> **その他**…ロッキー山脈の西部，北のアラスカ，太平洋のハワイ

3　カナダ

1　国土と歴史

❶ **国　土**　北アメリカ大陸の北半部をしめる広大な国で，その面積は，ロシアに次いで世界第2位。南部に人口が集中。

❷ **自然の特色**
① **気候**　亜寒帯の気候がほとんど。北極海沿岸は寒帯のツンドラ。
② **地形**　西部には新期造山帯のロッキー山脈。中央部から東部は，ハドソン湾を中心に安定陸塊のカナダ楯状地が広がる。

❸ **歴史と社会**　カナダの先住民はインディアンと北部の**イヌイット**[*1]。17世紀からフランス人が入植，その後イギリス人も入植し，イギリスの植民地となった。やがて，イギリス系住民の主導で独立[*2]したが，少数派となったフランス系住民は，おもに**ケベック州**に住み，独自の文化を保持し，分離独立の動きが根強い。[*3]

2　産業と資源

❶ **産業全般**　カナダでは，外国資本による経済発展をはかったため，あらゆる部門にアメリカの資本が進出した[*4]。最大の貿易国はアメリカ。北米自由貿易協定（NAFTA）で一層強化。
❷ **農　業**　輸出向けの春小麦の生産が多い。中心はマニトバ州，サスカチュワン州，アルバータ州の南部。南東部では酪農。
❸ **林　業**　豊富な森林資源で，木材，紙，パルプの輸出が多い。

★1　イヌイットが多数派を占める北部地域が1999年にヌナブト準州となった。

★2　1867年に自治領として連邦を形成し1931年にイギリス連邦内の主権国家になった。公用語は英語とフランス語。

★3　連邦政府は1965年に，イギリス国旗をとりこんだそれまでの国旗を改めて，かえでの葉をデザインした新国旗を定めた。その後も，多文化主義（マルチカルチュラリズム）をすすめている。（→p.269）

★4　たとえば，カナダの自動車生産は，完全にアメリカ系企業によって行われている。

◀**カナダの資源と産業**
　カナダは，亜寒帯の気候で，針葉樹林帯が広い。農業は，南部で春小麦栽培と酪農。鉱産資源が豊かで，サドバリ（ニッケル），アルバータ州（石油，天然ガス）などが有名。大西洋岸のニューファンドランド島近海で，水産業がさかん。工業はセントローレンス川流域から五大湖周辺に集中。

16章　南北アメリカ

2 ラテンアメリカ

1 自然と住民

1 自然の特色

❶ **位　置**　アメリカとメキシコの国境をなすリオグランデ川より南を，ラテンアメリカという。南アメリカ大陸の**アマゾン川**付近に赤道が通る。

❷ **地　形**　メキシコ高原からパナマ地峡までが，北アメリカ大陸。南アメリカ大陸は，西部に新期造山帯(環太平洋造山帯)に属する高い**アンデス山脈**★1が走り，東部には安定陸塊に属するブラジル高原やギアナ高地が広がる。

❸ **気　候**　熱帯気候の地域が約60％をしめる。低緯度地方では高山気候で住みよい高地に，**高山都市(高原都市)**★2が発達。**パタゴニア**★3と**アタカマ砂漠**★4は乾燥気候。

　　補説　**ラテンアメリカの植生**　独特のよび方をする地域がある。
　　　①セルバ…アマゾン川流域の熱帯雨林。
　　　②リャノ…オリノコ川流域の熱帯草原(サバナ)。
　　　③カンポ…ブラジル高原の熱帯草原(サバナ)。
　　　④グランチャコ…パラグアイ〜アルゼンチン北部の熱帯草原(サバナ)。
　　　⑤パンパ…アルゼンチン中部の草原。東部は湿潤(年降水量550mm以上，温暖湿潤気候)，西部は乾燥(ステップ気候)。

2 歴史と社会

❶ **歴　史**

① **インディオの文化**　先住民のインディオは，マヤ族，インカ族などが，独自の文化圏を形成していた。

　　補説　**インディオの文明**　マヤ文明は，4〜14世紀ごろにかけて，ユカタン半島(現在メキシコ)を中心にさかえた。アステカ文明は，12〜16世紀，アナワク高原(現在メキシコ)を中心にさかえたが，1521年にスペイン人コルテスによって征服された。インカ文明は，13〜16世紀，アンデス山脈中のクスコ(現在ペルー)を中心にさかえたが，1533年にスペイン人ピサロによって征服された。クスコ地方のマチュピチュの遺跡で有名。

★1 全長が約1万kmにおよぶ世界最長の山脈でコルディエラ山系(→p.362)に属する。ペルーやボリビア付近は標高3000m以上の高原(アルチプラノ)が広がる。多くの高山都市が発達。南部には山岳氷河もある。

★2 海抜4000mの高地で，気圧や酸素量は海面の60％になる。3000mでも70％にすぎない。旅行者は酸素不足で高山病にかかりやすい。

★3 パタゴニアは，偏西風がアンデス山脈にさえぎられた風下にあたるので，乾燥。

★4 アタカマ砂漠は，寒流のペルー海流の影響により形成された海岸砂漠。

▶**ラテンアメリカの気候区分**
ラテンアメリカは，赤道を中心に，南北回帰線よりも南北に広がっている。

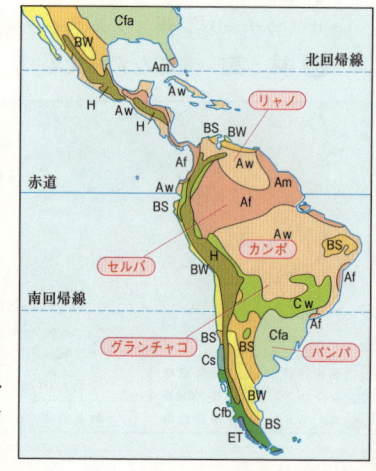

2 ラテンアメリカ

2 ラテンアメリカの形成 ラテン民族のスペイン人，ポルトガル人の侵入によって，16世紀半ばには，メキシコ以南のほぼ全域がスペイン，ポルトガルの植民地となり，**ラテンアメリカ**が形成された。スペイン，ポルトガル両国は，金，銀などをヨーロッパに持ち去り，本国の封建的な大土地所有制をもちこんで，たばこ，さとうきびなどの栽培を行った。

3 現在のラテンアメリカ ほとんどの地域が，19世紀前半に独立した。しかし，大土地所有制などの民主的改革が不十分で，しかもアメリカなどの政治的，経済的な影響を強くうけてきたため，今日，なお発展途上地域にとどまっている。

❷ 住民
ラテンアメリカは，人種構成が複雑。人種差別や偏見は少ないが，白人が上層をしめている場合が多い。
白人，黒人，インディオ，混血，その他の移民などがいりまじっているが，各国ごとの構成には，それぞれ特色がある。（→p.273）

（補説）**ブラジルの日系人** これまで約25万人がブラジルに渡り，その子孫の二世，三世をふくめると，150万人程度の日系人がいる。1908年に移民が始まったころは，コーヒーファゼンダの契約労働者（コロノ）が大部分であったが，現在では中産階級がふえて，日系人の大臣も生まれている。

❸ 社会
工業化や近代化によって経済は発展しているが，貧富の差も拡大。また，都市化とスラムの形成，外国資本の強い影響力などの問題がおこっている。このため，国内の民主化と，民族の自立を求める動きもあり，政治的，経済的に不安定な国が多い。

> **ポイント**
> ラテンアメリカ…先住民は**インディオ**
> ┌ スペイン人，ポルトガル人の侵入（16世紀〜）
> └ 現在は，**メスチーソ**などの混血も多い

★5 ブラジルはポルトガル語，その他はスペイン語を公用語とし，カトリック教徒が多い。イギリス，フランス，オランダの植民地となったのはごく一部。

★6 現地生まれの白人（クリオーリョ）らが独立をすすめた。

★7 キューバでは，1959年に社会主義革命が行われ，アメリカの影響力を断ち切った。

★8 黒人は，アフリカ大陸から連行された奴隷の子孫にあたる。カリブ海諸国には，黒人や，黒人と白人の混血（ムラート）が多い。

★9 白人とインディオの混血はメスチーソとよばれ，ラテンアメリカ各地に分布。

★10 19世紀末から始まった日系移民により，ブラジル，ペルーなどに160万人以上の日系人が分布。

★11 ブラジルではファヴェーラ（→p.247），ベネズエラではランチョスとよばれている。

2 産業と経済

1 農業と鉱業

❶ 大土地所有制 植民地時代から，少数の大地主が土地を占有する大土地所有制が続き，多くの農民は地主に隷属して貧しい。

（補説）**アンデス原産の農作物** インディオの畑からは，多くの農作物が世界に広まった。ナス科のトマト，たばこ，とうがらし，じゃがいもはとくに有名。そのほか，とうもろこし，さつまいも，キャッサバ，落花生，カカオ，パイナップルなどがある。

★1 大土地所有制にもとづく大農園を総称してラティフンディオという。ただし，地域によって呼び名が異なる。

16章 南北アメリカ

1. 大地主の大農場や大牧場
   - ファゼンダ★2（ブラジル）……
   - エスタンシア★3（アルゼンチン）
   - アシェンダ★4，フィンカ★5など

   プランテーションとして，輸出用商品作物を大規模に栽培。また，羊などの企業的牧畜。

2. 外国資本の大農場…………★6

❷ **鉱　業**　ラテンアメリカは鉱産資源が豊富で，重要な輸出品になっている。しかし，鉱山の経営は外国資本に支配されてきた。

❸ **モノカルチャー経済**　かつては特定の一次産品（未加工の農産物や鉱産物）の輸出にたよる**モノカルチャー経済**の国が多かった。しかし，近年，多角化をはかっている国もある。

> **ポイント**
> ラテンアメリカの**モノカルチャー経済→多角化**
> 一次産品 { プランテーションの農産物 / 外国資本の支配する鉱産物 } を輸出

2 新しい動き

❶ **工業化**　第二次世界大戦後，ブラジル，アルゼンチン，メキシコ，チリなどで，工業が発達した。しかし，アメリカなどの外国資本の導入によるものが多く，問題もある。
　①外国資本に依存した工業化のため，その影響が大きくなった。
　②地域間の格差が広がり，大都市への人口集中がはげしくなった。★7
　③国民の多数をしめる農民が貧しいため，国内市場がせまい。
　④工場の規模が小さく技術もおくれていて，国際競争力に欠ける。
　⑤多額の資金借り入れで，累積債務がふえており，財政を圧迫して経済成長を阻害している。★8

❷ **土地改革**

1. **キューバ**　プランテーションを国有化し，集団農場とした。

★2 大地主をファゼンデイロという。

★3 ウルグアイでも同じ名称。大地主をエスタンシエロという。エスタンシアで働く牧夫はガウチョという。

★4 メキシコ，チリ，ペルー，パラグアイ，コロンビアなどの名称。

★5 グアテマラの名称。

★6 アメリカ系資本が多かったが，近年は国有化がすすんでいる。

★7 ブラジルのリオデジャネイロやサンパウロ，アルゼンチンのブエノスアイレス，メキシコのメキシコシティなどが典型的。

★8 大規模な工業化をすすめようとすると，必要な資本が，国内貯蓄を上回るようになる。そのため，不足分を外国の銀行から借りたり，国際機関や先進国の公的機関から資金を導入する。こうした借金を債務というが，借金が累積すれば，返済額もふえて，支払いが苦しくなる。（→p.167）

▼ラテンアメリカのおもな国の輸出品　（「世界国勢図会」による）

ブラジル（1530億ドル）2009年：機械類 9.0%，鉄鉱石 8.7，肉類 7.5，大豆 7.5，原油 6.1，その他

メキシコ（2297億ドル）2009年：機械類 38.9%，自動車 14.6，原油 11.2，精密機械 3.4，その他

アルゼンチン（557億ドル）2009年：植物性油かす 14.7%，自動車 9.6，大豆油 5.9，原油 4.4，その他

チリ（537億ドル）2009年：銅 34.8%，銅鉱 17.0，野菜と果実 7.7，魚介類 5.5，その他

ベネズエラ（566億ドル）2009年：原油 63.3%，石油製品 32.4，その他

② メキシコ　農村の共有地（エヒード）を復活して，土地のない農民に配分する土地改革をすすめた。

❸ **資源の国有化**　資源ナショナリズムの高まりで，資源の国有化の動きがある。しかし，外国資本の影響力は大きく，なお結びつきが深い。

❹ **国家間の結びつき**　メキシコは北米自由貿易協定（NAFTA）に加盟。また南アメリカでも，ブラジル，アルゼンチン，ウルグアイ，パラグアイ，ベネズエラが南米南部共同市場（MERCOSUR）を，ボリビア，ペルー，エクアドル，コロンビアがアンデス共同体（CAN）を結成するなどして，自由貿易や経済連携をすすめている（→p.296, 297）。

★9 土地の所有権は国家にあるが，耕作権や収穫権は農民にある。しかし，改革は不十分で，なおアシェンダが全耕地の半分以上をしめる。

★10 メキシコ，ベネズエラ，エクアドルの石油産業など。

3 ラテンアメリカの国々

1 ブラジル

❶ **歴　史**　17世紀からポルトガル領となった。1822年独立。国土は南アメリカ大陸の約半分をしめる。ポルトガル語が公用語。

❷ **農業の変容**　16〜17世紀に北東部でさとうきび，19世紀には天然ゴムやコーヒー（→p.134）のモノカルチャー（単一栽培）が拡大した。現在は，多角化，機械化の方向をたどる。

① 多角化　1950年代から，農産物の最低価格を保障し，多角化をすすめた。この結果，コーヒーのほかに，カカオ，さとうきび，綿花，大豆，米，小麦，とうもろこし，オレンジなどの生産が増加。しかし，住民の自給用作物は減少している。

② 機械化　1960年代から，農業の機械化が進行。機械化は大農園には有利であるが，中小農園には不利となる。機械化についてゆけなかった中小農園の農民や，機械化で失業した農業労働者は，離村して都市へ集中，結局は工場へ労働者を供給している。

❸ **鉱工業**　1970年代から工業化。近年，鉱工業の発展が著しい。

① 軽工業の発達　20世紀はじめ，繊維，食品などの軽工業が発達。

② 重工業化　第二次世界大戦後，大量の外国資本を導入して，重工業の発展をはかった。工場は南東部に集中。

　①電力の生産　水力発電が8割。イタイプダムは世界最大級。
　②鉄鉱石の生産と鉄鋼業　イタビラ鉄山やカラジャス鉄山の開発，ボルタレドンタ製鉄所やウジミナス製鉄所など。
　③自動車工業　外国資本の自動車工場を誘致。
　④先端技術産業　航空機やコンピューターなど。

★1 近年では，バイオエタノール（→p.145）の原料として，生産が急増。

★2 キャッサバ，フェジョン豆（レンズ豆），米など。

★3 OECDはブラジルとメキシコをNIEs（新興工業地域）（→p.167）に分類している。またブラジルは，BRICsとして注目されている。

★4 パラナ川のイタイプダム，アマゾン川水系のトカンチンス川のツクルイダムなど。

★5 イタビラ鉄山は，1942年から開発された。その近くに建設されたウジミナス製鉄所（ミナスジェライス州イパチンガ）には，日本資本（企業）も参加している。（カラジャス鉄山→p.113）

❹ **新首都の建設**　計画都市としてブラジル高原に**ブラジリア**が建設され，1960年，リオデジャネイロから遷都した。

❺ **国土の開発**　**アマゾン川**★6，サンフランシスコ川流域の開発計画がすすむが，大都市の失業者を入植させるなど無秩序に行われたため，熱帯林の破壊などの問題もおこっている。

　│ブラジルの地域開発　→p.102
　│アマゾン川流域の熱帯林の破壊　→p.113

❻ **住　民**　ポルトガル系を中心とした白人がもっとも多い。しかし，白人と黒人の混血（ムラート）の割合も高い。混血の褐色の肌の人には，「モレーノ」（小麦色）という親しみをこめたよび方もある。アジア系の中には，日本人の移民＝日系人（→p.371）もいる。人種差別は少ないが，貧富の差はひじょうに大きい。

白　人	54%
混　血	40%
黒　人	6%
アジア系	0.5%

▲ブラジルの人種構成（2000年）

★6 流域面積は世界第1位。長さは，ナイル川に次ぐ。河口から約2000kmの地点にあるマナオスには，自由貿易地区が設けられ，先端技術産業がさかん。日本企業も進出。

Q ブラジルの日系人が，日本に働きに来ているのですか。

A 日本では，1990年から日系二世，三世には就労に制限のない特別のビザ（入国許可証）を発行しているので，日本に出かせぎに来る日系人がふえているよ。日本で働いて得られる賃金は，かなり高額だからね。けれど，不況のときは解雇されやすいんだ。

> **ポイント　ブラジル**
> 農業…**コーヒー**のモノカルチャーから，多角化へ
> 鉱業…**鉄鉱石**が豊富→鉄鋼業
> 工業…外国資本の導入で工業化。近年，急速に成長

2 アルゼンチン

❶ **歴　史**　16世紀からスペイン領となったが，1816年独立。首都**ブエノスアイレス**★7は，「南アメリカのパリ」とよばれ，美しい町並。人口が集中。1982年，フォークランド諸島★8の領有をめぐるイギリスとの戦争で敗北。

❷ **パンパの農牧業**　**湿潤パンパ**では小麦★9，大豆，とうもろこしと，牧草のアルファルファの栽培，牧牛がさかん。**乾燥パンパ**ではエスタンシア（大牧場）で牧羊が行われる。農畜産物は，おもにヨーロッパに輸出される。（→p.131～132）

❸ **工業化**　1930年代から，農畜産物加工を中心に工業が発展。第二次世界大戦後は，急激な工業化政策がとられた。ブラジル，メキシコについで，工業化がすすんでいる。

　補説　**ウルグアイとパラグアイ**　ともにラプラタ川流域の国。
　　①ウルグアイ　ラプラタ川河口，パンパ東部をしめ，農牧業がさかん。首都モンテビデオは，観光地として有名。
　　②パラグアイ　アルゼンチンとブラジルの間の内陸国。マテ茶と，タンニン原料となるケブラチョという熱帯樹の特産が知られる。

★7 ネグロ川流域のカルメン＝デル＝リオネグロへの遷都の計画がある。

★8 アルゼンチンではマルビナス諸島とよぶ。

★9 南半球の小麦は，北半球の端境期に収穫される点で重要。（→p.130）

3 アンデス諸国

❶ ベネズエラ マラカイボ湖周辺などで石油[★10]を，オリノコ川下流で鉄鉱石を産出し，ともにアメリカに輸出。

> **補説** ギアナ地方の国々　ブラジルとベネズエラの間の大西洋岸には，ガイアナ，スリナムとフランス領ギアナがある。ガイアナ，スリナムは，ともに旧イギリス領から独立し，インド系住民（ヒンドゥー教徒）が多いのが特徴で，ボーキサイトの産出が多い。

❷ コロンビア 石油，石炭，コーヒーのモノカルチャー経済の国[★11]。首都ボゴタをはじめ，メデリン，カリなどの大都市は，いずれも高山都市で，低緯度ながら温和。外港はバランキジャ。

❸ エクアドル 赤道直下の国。石油産出国[★12]。バナナの生産が多い。首都キトは，高山都市で，グアヤキルがその外港。太平洋上に進化論で有名なガラパゴス諸島を領有。

❹ ペルー[★13] 沖合いで水産業がさかん。また，銅など鉱産資源も豊富。クスコは，インディオのインカ帝国の首都があったところ。ラテンアメリカではブラジルに次ぎ日系人が多い。首都はリマ。

❺ ボリビア[★13] 内陸国で，世界最高所のチチカカ湖[★14]が有名。すず，銀などの鉱産資源が豊富。首都ラパスは，アルチプラノとよばれる高原の高山都市。ポトシ，オルロ，スクレなどは鉱山都市。

❻ チリ 国土が南北に細長く，気候も変化に富む[★15]。アンデス諸国の中では白人の比率が高い。アメリカ資本による銅[★16]の生産が多く，モノカルチャー経済の典型。なお，中部で地中海式農業が行われる。首都サンティアゴは内陸部にあり，バルパライソがその外港。

> **ポイント** アンデス諸国…モノカルチャー経済の国々
> ベネズエラ（石油や鉄鉱石），コロンビア（コーヒー），ペルー，ボリビア，チリ（銅など）

4 中部アメリカの国々

メキシコと中央アメリカ諸国（グアテマラ〜パナマ），西インド諸島のカリブ海諸国をまとめて，中部アメリカという。

❶ メキシコ

1. **歴史と社会** インディオのマヤ文明，アステカ文明がさかえた（→p.370）。16世紀にスペインの植民地となり，1821年に独立した。混血のメスチーソがもっとも多く，先住民も多い。
2. **膨張するメキシコシティ**[★17] 全人口の15％以上が集中[★18]し，深刻な大気汚染，スラムの拡大，地盤沈下などの問題をかかえる。

★10 1976年に石油産業を国有化。OPEC加盟国である。

★11 コーヒーの生産，輸出とも世界第3位。マグダレナ川流域で栽培。

★12 OPECに加盟していたが，1992年に脱退。2007年に再加盟。

★13 ペルー，ボリビアはインディオの比率が高く，スペイン語以外にインディオの言語（ケチュア語，アイマラ語）も公用語。

★14 汽船などが航行可能な湖としては世界最高所。

★15 北部は海岸砂漠のアタカマ砂漠が広がり，中部は地中海性気候，南部は西岸海洋性気候。さらに南にはフィヨルドも発達する。

★16 産出量，輸出量ともに世界第1位。ラエスコンディーダ，チュキカマタなどの銅山が有名。

★17 メキシコシティはテスココ湖上の島にあったアステカの都テノチティトランの廃墟に，スペイン人が建設した。その市街は，ひあがったテスココ湖のもとの湖底に広がる。

★18 周辺地域を含む首都圏の人口は1800万人をこえる。

3　鉱工業と経済　石油，銀をはじめ鉱産資源が豊富。1940年代以降，工業化をすすめ，今日，ブラジルとともに，NIEs(新興工業地域)に位置づけられている。1970年代には大規模な油田が発見され，オイルブームにわいた。1980年代に入ると，債務が積み重なって返済が困難となる累積債務の問題が表面化した。

そのため，外国資本の導入などをすすめる経済の自由化，アメリカ国境での輸出加工区**マキラドーラ**★19の設定などをすすめてきた。マキラドーラの成功をうけ，アメリカ，カナダと，**北米自由貿易協定(NAFTA)**を結成し，経済的な結合を深めている。★20

❷ 中央アメリカ諸国

1　ホンジュラス　アメリカ資本によるバナナ，コーヒーのプランテーションがさかんで，「バナナ帝国」とよばれてきた。グアテマラ，ニカラグア，コスタリカなどでも，バナナ，コーヒー，さとうきび，綿花などのプランテーションがさかん。

2　パナマ　太平洋と大西洋を結ぶ**パナマ運河**は，アメリカが管理してきたが，1999年にパナマに返還。**便宜置籍船が多い**。★21

(補説)　パナマ運河　スエズ運河(エジプト)を完成させたフランス人レセップスが，余勢をかって建設にとりかかったが，失敗。パナマのコロンビア連邦からの独立を支援したアメリカが，運河地帯を永久的に租借したうえで，建設にかかり，1914年に開通した。スエズ運河とともに，世界の航路交通に大きな影響を与えた。1960年代になって，運河地帯に対するパナマの主権回復の要求が高まり，1977年の新条約によって，1999年12月31日正午からパナマに返還された。現在のパナマ運河は水門式(閘門式)運河(水位を人工的に調節する水門のある運河)で，大型船の航行を可能にすることがむずかしい。そこで，新たにより大型の閘門の建設がすすめられている。なお，スエズ運河は水平式運河で，拡幅が容易であった。

❸ カリブ海諸国

1　キューバ　1959年の革命後，大農場(コロノ)を国営農場とした。★22 社会主義国として，アメリカと対立してきたが，旧ソ連の崩壊後は援助が途絶えて経済は悪化。ニッケルや砂糖(さとうきびの栽培)の輸出にたよる，典型的なモノカルチャー経済の国。

2　その他の国々　**ジャマイカ**はボーキサイト，**トリニダード・ト**★23 **バゴ**は石油，天然ガスを産出。イスパニョーラ島の**ハイチ**と**ドミニカ共和国**のほか，小さな島国が多い。★24

(補説)　黒人国家ハイチ　ハイチの国民は，95％が黒人である。フランスの植民地であったため，現在も公用語はフランス語。1804年，世界で最初の黒人国家として独立。なお，アフリカ最初の黒人国家は，アメリカの解放奴隷が建国したリベリア(→p.334)で，1847年に独立した。

★19 アメリカなど外国企業の進出に対し，税制上，その他の優遇措置をとる地域および制度(輸出加工区→p.181)。NAFTA発効後，保護制度は廃止。

★20 アメリカ，カナダ，メキシコ3国は北米自由貿易協定(NAFTA)を結び，相互の関税を大幅に引き下げ，自由市場を形成している。(→p.296)

★21 商船保有量は世界第1位である。(便宜置籍船→p.188)

水門式運河

★22 ブラジルのコーヒーファゼンダの契約農民(コロノ)や，アルジェリアに入植したフランス人入植者(コロン)と区別する。

★23 ブルーマウンテンコーヒーの産地としても有名。

★24 ドミニカ共和国とは別に，小アンティル諸島にドミニカ国がある。

テスト直前要点チェック

① アメリカ西部の長大な新期造山帯の山脈は？
② カリブ海からメキシコ湾岸をおそう熱帯低気圧は，何か。
③ アメリカの先住民は，どんな民族か。
④ スペイン語圏からアメリカに流入した人々は？
⑤ アメリカの巨大企業の多くは（　）企業である。
⑥ 地下水を利用して，円形に灌漑を行う農法は，何か。
⑦ ニューイングランド地方の中心都市は，どこか。
⑧ アメリカ北東部に連なる巨大な都市域を，何というか。
⑨ ミシガン湖の南岸にあるアメリカ第3の都市は，どこか。
⑩ エリー湖の近くにある自動車工業都市は，どこか。
⑪ 1970年代から工業化のすすんだ南部地域を，何というか。
⑫ 太平洋岸にあるアメリカ第2の大都市は，どこか。
⑬ サンノゼを中心とするハイテク産業の集積地は？
⑭ カナダの先住民は，インディアンと何か。
⑮ カナダで，フランス系の住民が多いのは，何州か。
⑯ カナダには，（　）の資本が多く進出している。
⑰ アマゾン川流域には，（　）とよばれる熱帯林が広い。
⑱ ラテンアメリカでポルトガルの植民地であった国はどこか。
⑲ 白人とインディオの混血を，何というか。
⑳ アルゼンチンの大地主の大牧場を，何というか。
㉑ ブラジルの大地主のコーヒーなどの農場を，何というか。
㉒ パラナ川にかかる世界最大級の水力発電用のダムは？
㉓ 計画都市として建設されたブラジルの首都は，どこか。
㉔ ブラジルで，もっとも豊富な鉱産資源は，何か。
㉕ アルゼンチンで，農牧業がさかんなのは，どんな地域か。
㉖ ベネズエラで石油の産出が多い湖の名前は？
㉗ ブラジル，アルゼンチンと並んで工業化のすすんだ国は？
㉘ 中央アメリカ諸国でおもに生産される商品作物は，何か。
㉙ 砂糖の輸出が多いモノカルチャーの社会主義国はどこか。

答

① ロッキー山脈
② ハリケーン
③ インディアン
④ ヒスパニック
⑤ 多国籍
⑥ センターピボット農法
⑦ ボストン
⑧ メガロポリス
⑨ シカゴ
⑩ デトロイト
⑪ サンベルト
⑫ ロサンゼルス
⑬ シリコンヴァレー
⑭ イヌイット
⑮ ケベック州
⑯ アメリカ
⑰ セルバ
⑱ ブラジル
⑲ メスチーソ
⑳ エスタンシア
㉑ ファゼンダ
㉒ イタイプダム
㉓ ブラジリア
㉔ 鉄鉱石
㉕ パンパ
㉖ マラカイボ湖
㉗ メキシコ
㉘ バナナ，コーヒー
㉙ キューバ

16章　南北アメリカ

17章 オセアニアと両極

この章のポイント&コーチ

1 オセアニア ▷p.379

◆ **自然と住民**
オセアニアの区分 オーストラリア大陸と，太平洋の島々。太平洋の島々は，メラネシア，ミクロネシア，ポリネシアに区分される。
自然と社会 オーストラリア大陸は乾燥帯が広い。18世紀以来，ヨーロッパ人が進出し，その影響が大きい。

◆ **オーストラリア**
歴史と社会 先住民**アボリジニー**は，イギリス系白人の移民に圧迫されて，減少。白豪(はくごう)主義政策により，白人以外の移民を規制してきたが，現在は改められ，アジア系の移民が増加→多民族国家で多文化社会。
地形と気候 中央部のグレートアーテジアン盆地は，鑽井(さんせい)(掘り抜き井戸(ほ)(ぬ))が多く，牧羊が発達。乾燥気候がもっとも広く，周辺に熱帯や温帯の気候区。
資源と産業
　農牧業…牧羊がさかん。多角化により，肉類(牛肉)，穀物，綿花の生産も増加。
　鉱工業…**石炭**，**鉄鉱石**，金，ボーキサイトなどの資源が豊富
　　　　　→中国，日本などアジアへの輸出が多い。
　貿易…かつてはイギリスが最大の相手国→今は中国，日本などが主要相手国。

◆ **ニュージーランド**
歴史と社会 先住民**マオリ族**は，イギリス系白人の移民と同化，共生。
資源と産業 先進的な農業国で，牧羊，酪農(らくのう)，肉牛飼育がさかん。

◆ **太平洋諸国**
歴史と社会 ヨーロッパ人の進出で植民地になっていた。核実験場にされた島もあるが，現在は非核化をすすめている。
資源と産業 自給的農作物の栽培と近海の水産業のほかは，一次産品の輸出による経済。観光地として有名な島国もある。

2 両極地方 ▷p.386

北極 北極海やグリーンランドなどの地域。極北の民族**イヌイット**。アメリカ，ヨーロッパ諸国やロシアが向かい合う地域にあたる。
南極 南極大陸は氷雪気候。南極条約で，領土権の凍結などを決めている。

1 オセアニア

1 自然と住民

1 オセアニアの区分

オセアニアは，オーストラリア大陸と太平洋の島々をあわせた地域をさす。★1 太平洋の島々は，3つの地域に区分する。

❶ **オーストラリア大陸** 六大陸中，もっとも小さい大陸。
❷ **太平洋の島々** 人種や文化の特徴で区分される。
 ① **メラネシア** 「黒い島々」の意味。おもに経度180度以西で赤道以南の地域。環太平洋造山帯に属し，火山島が多い。
 ② **ミクロネシア** 「小さい島々」の意味。おもに経度180度以西で赤道以北の地域。サンゴ礁の島が多い。
 ③ **ポリネシア** 「多くの島々」の意味。おもに経度180度以東の地域。ハワイやニュージーランドも含む。

★1 オーストラリア大陸をしめるオーストラリアと，ニュージーランドの2か国は，先進国となっている。その他は，発展途上国。

2 自然と社会

❶ **地　形** オーストラリア大陸の東部は古期造山帯の山脈があるが，大半は安定陸塊である。★2 ニュージーランドは，環太平洋造山帯の島で，3000m級の山脈がそびえ，火山や地震も多く，氷河もみられる。太平洋上の島々は，火山島や，サンゴ礁などからなる。

❷ **気　候** オーストラリア大陸は乾燥帯が広く，周辺に温帯やサバナ気候の地域もみられる。太平洋上の島々は，熱帯の海洋性気候が多い。

★2 かつて南半球に存在したゴンドワナランド(→p.52)の一部である。観光地として有名なウルル(エアーズロック)，カタ・ジュタ(オルガ山)は，侵食から取り残された残丘である(→p.59)。

▶オセアニアの国々
東経135度と140度線は日本を通る。東経141度線はインドネシアとパプアニューギニアの国境。南緯23.4度の南回帰線はオーストラリア大陸の中央部を通る。南緯40度線は，バス海峡とクック海峡。

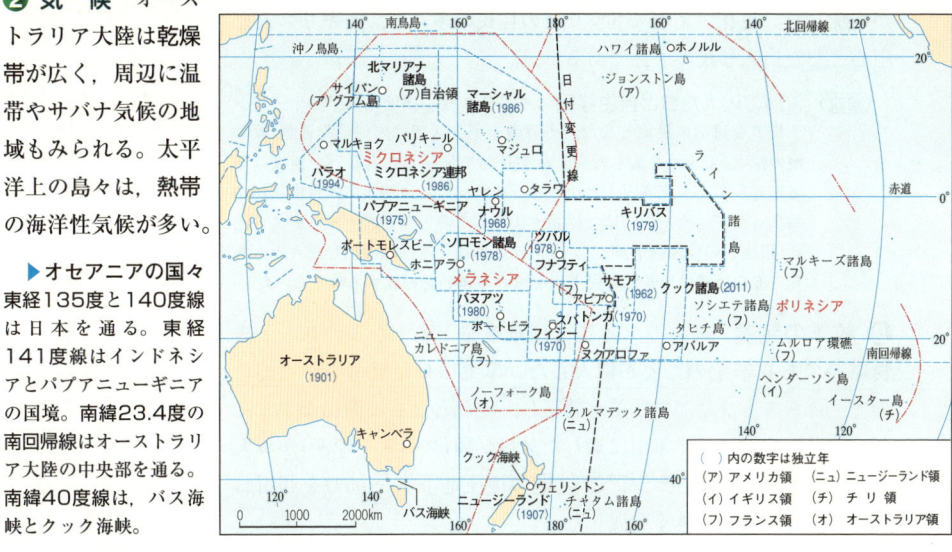

( )内の数字は独立年
(ア)アメリカ領　(ニュ)ニュージーランド領
(イ)イギリス領　(チ)チリ領
(フ)フランス領　(オ)オーストラリア領

❸ **社 会** イギリスやフランスの植民地であった関係で，英語，フランス語を公用語とする国が多い。キリスト教が支配的。太平洋の島々では，タロいも，ヤムいもなどの伝統的な食用自給作物の栽培と，近海の水産業，観光産業がおもな産業。

★3 タロいもは日本のさといもに，ヤムいもは日本のやまいもに似ている（→p.123）。

2 オーストラリア

1 歴史と社会

❶ **オーストラリアの先住民** オーストラリア大陸には，**アボリジニー**とよばれる採集，狩猟民族が住んでいた。現在アボリジニーの人口は少なく，めぐまれない環境でくらす人もいる。

> 補説　アボリジニー　アボリジニー（アボリジニ，アボリジニーズ）は，オーストラリア大陸の先住民。1967年にようやく人口調査が行われたが，長く差別されてきた。18世紀末にはおよそ30万人を数えたといわれるが，虐殺によって現実的に，また強制的な同化政策によって統計的にも減少し（1930年代に5万人），現在はおよそ50万人といわれる。
> 　タスマニア島の先住民は，狩猟を生業としていた。1803年，イギリスの植民地となった後，虐殺や，イギリス人の持ちこんだ病気に免疫がなかったために，人口は急減した。強制収容所に入れられた人々は，1876年に絶滅してしまった。現在，少数のタスマニア＝アボリジニーが残り，民族復権運動も行われている。（→p.270）

❷ **白人の移住** 18世紀にイギリス人クックが南東海岸を「発見」し（→p.12），イギリス植民地となった。以後，入植や産業が進展するとともに不足しがちな労働力を補うため，白人の囚人や自由移民が増加した。現在，オーストラリアの住民の多くは，イギリス人を中心とした白人移民の子孫である。

> 補説　流刑の囚人たちと自由移民　イギリスは，18世紀後半にオーストラリアを流刑植民地とした。当時のイギリスでは囲い込み運動（牧羊地の拡大）で土地を失った者，産業革命で失業した者など，極貧にあえぐ者が多く，流刑囚人となる者も多かった。1829年には自由移民が始まったが，その中には，1830～40年ごろの労働者のチャーチスト運動（諸権利の要求闘争）や，アイルランド独立運動に参加した人々もあり，彼らは植民地統治の民主化を求める運動を形成する核となった。

❸ **牧羊の発達** イギリス本国で産業革命がすすむにつれ，毛織物原料である**羊毛**の需要が増大した。羊毛は長距離輸送が可能なので，オーストラリアで牧羊が発達し，それとともに開拓がすすんだ。羊は，乾燥に強く羊毛に適したメリノ種（スペイン原産）が導入され，**グレートアーテジアン盆地**（大鑽井盆地）の**被圧地下水**（→p.71）を利用したことで，牧羊が大きく発展した。

★1 オーストラリアは日本の真南の南半球に位置する。東京付近を通る東経140度線がオーストラリアのグレートアーテジアン盆地（大鑽井盆地）やアデレードの近くを通る。
　経度がほぼ同じなので，日本とオーストラリアの間の時差は，1時間以内（→p.15）。

★2 1770年イギリスの探検家クックが，シドニーに上陸した。シドニーあたりはイギリスのウェールズ地方に似ていたので，オーストラリアは最初ニューサウスウェールズとよばれた。現在のニューサウスウェールズ州にその名が残っている。
　なお，イギリス人移民の最初は1788年で，1000人ほどであったという。当時，アボリジニーは，30万人ほどいたとみられている。

★3 被圧地下水をくみ上げる深い井戸は，掘り抜き井戸とよばれる。以前は自噴する井戸が多かったが，現在はポンプを使用。一般に，塩分濃度が高い。

1　オセアニア

> **補説　スクオッター**　占有者，スコーター。1830年代に，オーストラリアでは牧羊ブームがおこり，非合法の占有者が，西部の内陸草原を占拠していった。1836年と1847年の土地制度改革で，スクオッターの土地所有は合法化され，広大な牧場が形成され，企業的牧羊業の大牧場主となっていった。なお，スクオッターと同様に，北部から牧羊や牧牛を広めた者を，オーバーランダーという。

❹ 植民地からの独立
19世紀末のゴールドラッシュ以来，人口がふえ続けた。★4　1901年，オーストラリア連邦が組織され，イギリス連邦内の自治領となり，1931年に独立した。農畜産物や鉱産物などの一次産品の供給地として発展し，今日では，社会保障制度のよく整った先進資本主義国の1つである。

> **補説　オーストラリアとカナダ**　両国には，類似した点が多い。
> ① ともに，新大陸のイギリス植民地として，食料や原料資源などの一次産品を本国に供給した。多くの白人が移住して開発をすすめ，先住民は片すみに追いやられた。現在の住民は，大部分が白人移民の子孫で，その生活水準は，西ヨーロッパ諸国と同じくらい高い。
> ② ともに，イギリス連邦に属する独立国で，資本主義が高度に発達している。重要な原料資源を産出し，広大な国土には，なお将来の開発が期待される地域が広がっている。当初はイギリスとの結びつきもあったが，現在では，アメリカをはじめ，日本，中国など各国の企業が進出していることも共通している。

❺ 白豪主義政策
オーストラリア（豪州）では，白人以外の有色人種の移民が規制されてきた。この人種差別政策を，**白豪主義政策**という。しかし，第二次世界大戦後，労働力の不足による産業開発の遅れがめだつようになったこと，イギリスのEC（現在のEU）加盟（1973年）によって★5，アジア，太平洋諸国との結びつきを強めようとしたこと，国内に広い消費市場を形成して産業や経済の発展をはかろうとしたことなどで，白豪主義政策は1970年代までに廃止された。

❻ 多文化社会
現在のオーストラリアは，アジアや南ヨーロッパなどからの移民もふえ，多民族国家で**多文化社会**になっている。民族文化の独自性を尊重する多文化主義（マルチカルチュラリズム）の社会は，アメリカと同様に「サラダボウル」と称される（→p.364）。

❼ 都市
オーストラリアは人口密度が低い（2人/km²）ため，以前から都市人口率が高かった。最大の都市**シドニー**をはじめ，メルボルン，ブリスベン，パースなどの大都市がある。首都の**キャンベラ**★6は，1927年に誕生した計画都市。

★4　鉱山経営者は，白人より低賃金で働く中国人を多く雇用したので，中国人の移民がふえた。白人労働者は，雇用確保のため中国人移民の制限を主張した。これが白豪主義政策のもとになった。

★5　イギリスのEC（現在のEU）加盟以後は，イギリスとの貿易が減って，日本やアメリカとの貿易がふえた。また，近年はアジア諸国との結びつきも強まり，現在は中国が最大の貿易相手国。

> **Q**　現在，オーストラリアでは，白人以外の移民もふえているのですか。
>
> **A**　現在のオーストラリアは，「アジアに開かれた国」といわれ，アジア系移民の数が増加している。こうしたアジア系住民は，ほとんどが都市部に集中していて，日系資本や華僑資本も進出しているよ。こうしたアジア人の進出に対し，イギリス系白人からは，感情的な反発も生まれ，国政選挙でアジア系移民論争がおこったりしているくらいだ。

★6　シドニーとメルボルンが首都を争ったため，ほぼ両者の中間に建設された。

17章　オセアニアと両極

17章 オセアニアと両極

> **ポイント**
> オーストラリア…イギリス人の開拓移民が建国
> 先住民アボリジニーは圧迫されて，減少した
> かつての白豪（はくごう）主義政策から現在は多文化社会

▼オーストラリア
　の関連事項
農牧業→p.132
石炭→p.150
鉄鉱石→p.155
工業→p.163

2 地形と気候

❶ **地　形**　東部には，古期造山帯に属するグレートディヴァイディング山脈（大分水嶺山脈（だいぶんすいれい））があり，西部には広大な高原状の砂漠がある。中央部には，マリー川，ダーリング川の流れる低地やグレートアーテジアン盆地（大鑚井盆地（だいさんせい））が広がっている。

❷ **気　候**　乾燥帯がもっとも広い面積をしめる。北部は熱帯のサバナ気候。南部は温帯で，地中海性気候，[★7]西岸海洋性気候，[★8]温暖湿潤（しつじゅん）気候などがみられる。

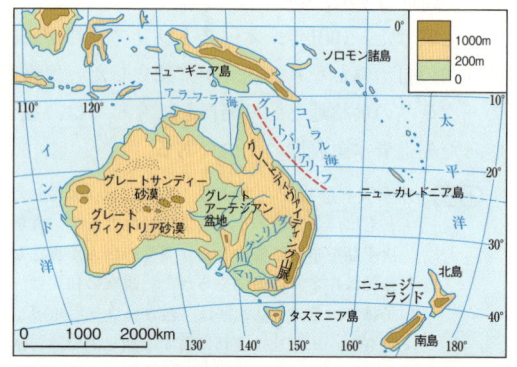

▲オーストラリアの地形　北東部の海岸には，グレートバリアリーフ（大堡礁（だいしょう）→p.64）とよばれる大規模なサンゴ礁（堡礁）がみられ，観光地として有名。その近くのゴールドコーストとよばれる海岸とともに，オーストラリア観光のメッカとなっている。

3 資源と産業

❶ **農牧業**　大規模な牧羊や，粗放（そほう）的な小麦栽培にみられるように，機械化のすすんだ企業的農牧業であることが特徴。しかし，農牧業が国民生産にしめる割合は，低下している。

① **牧羊**　世界最大の羊毛の生産国。飼育されるのは，乾燥に強く羊毛に適したメリノ種（スペイン原産）が多い。グレートアーテジアン盆地など，年降水量250〜500mmの地域でさかん。

② **食料生産**[★9]　経営の多角化で，食料生産が増加。
　- 小麦…年降水量500〜750mmの地域。
　- 牧牛…日本向けの肉牛の肥育場（ひいく）（フィードロット）もふえた。
　- 酪農（らくのう）…降水量の多い沿岸地域で，乳牛の飼育と乳製品の生産。

③ **灌漑農業（かんがい）**　オーストラリア南東部（グレートディヴァイディング山脈の東側）を流れる豊富な融雪水（ゆうせつ）を，トンネルやダムによって内陸部のマリー川流域に導くスノーウィーマウンテンズ計画が実施され，マリー川流域に小麦栽培の灌漑農地が拡大した。しかし，地表への塩分集積がすすみ，塩類化した土地も拡大。

❷ **鉱工業**　オーストラリアは，第二次世界大戦後に外国資本の導

[★7] 地中海性気候は，夏に著しく乾燥（いちじる）し，冬に雨が降る気候。オーストラリアは南半球にあるので，6〜8月が冬で雨が多く，11〜2月が夏で乾燥することに注意する。

[★8] オーストラリアでは，メルボルンなどの南東部やタスマニア島で西岸海洋性気候がみられる。ニュージーランドも西岸海洋性気候。

[★9] マリーダーリング盆地では，混合農業のほか，ぶどう，柑橘（かんきつ）類，灌漑による稲作もさかん。

入による工業化を進め，鉱工業がめざましく発展した。とくに1960年代から，石炭(東部で産出→p.150)，鉄鉱石(西部の台地で産出→p.155)，ウラン鉱，ボーキサイト(→アルミニウム)など鉱産資源の産出と輸出が増大した。

❸ **アジアとの関係** イギリスの植民地だったこともあり，かつてはイギリスとの関係が深かった。現在は，距離的にも近い中国，日本，韓国などアジア各国との関係が深まっている。アジアからオーストラリアへの移民も増加している。

❹ **日本との関係** オーストラリアの鉄鉱石や石炭は，日本やアメリカの資本，技術で開発され，日本へ大量に輸出。肉類，飼料，小麦，羊毛などの農畜産物や，魚介類も，日本がおもな輸出先。一方，オーストラリアは，自動車，機械類などを日本から多く輸入していて，両国の結びつきはひじょうに強い。[*10]

また，観光に関しても結びつきが強い。ゴールドコーストなどのリゾート地は，日本企業によって開発されたものもあり，多くの日本人が訪れたり，定年後に移住したりする。逆に，北海道や長野など，スキー目的で日本を訪れるオーストラリア人も，2000年ごろより増加している。

ポイント	
オーストラリア…豊かな資源を日本へ輸出	
農水産物…肉類，魚介類，飼料など	
鉱産資源…石炭，鉄鉱石，液化天然ガスなど	

(1960年)	(2009年)
羊　毛……40%	石　炭……27%
肉　類……9	鉄鉱石……15
小　麦……8	金(非貨幣用)…8
原皮類……3	機械類……4
鉄　鋼……3	液化天然ガス…4
	原　油……4
	肉　類……3

▲オーストラリアの輸出品
(「世界国勢図会」による)

▼オーストラリアの輸出相手国

(1960年)	(2009年)
イギリス…26%	中　国……22%
日　本……14	日　本……19
アメリカ…8	韓　国……8
フランス…6	インド……7

★10 日本とオーストラリアとの間には，青少年が，働きながら相手国に長期滞在のできるワーキングホリデーという制度がある。こうした文化面での交流も広がりつつある。

▼オーストラリアの鉱産資源

[地図：オーストラリアの鉱産資源分布図。凡例：▲鉄鉱石，♯石油，A天然ガス，▲ボーキサイト，○金，U ウラン，■石炭，N ニッケル，●鉛・亜鉛，■鉄鋼業，―おもなパイプライン。主な地名：ゴヴ，ウェイパ，ヤンピーサウンド，ポートヘッドランド，ダンピア，マウントホエールバック，マウントアイザ，モウラ，ブリスベン，カルグーリー，パース，ダーリング レンジ，アデレード，ニューカッスル，シドニー，ポートケンブラ，メルボルン]

▼オーストラリアと日本の貿易(2010年)

オーストラリアの輸出		オーストラリアの輸入	
石　炭	34.7%	自動車	49.4%
鉄鉱石	19.0	機械類	20.2
液化天然ガス	17.8	(建設鉱山用機械)	(3.7)
肉　類	4.0	石油製品	7.7
アルミニウム	3.2	タイヤ・チューブ	3.3
銅　鉱	2.7	鉄　鋼	3.3
原　油	2.4	自動車部品	2.8
ウッドチップ	2.2	二輪自動車	1.5
液化石油ガス	1.9	紙類・同製品	1.1
チーズ	0.8	金属製品	0.9
合計…3兆9482億円		合計…1兆3919億円	

輸出のウッドチップはパルプ原料の木材。輸入の機械類は一般機械と電気機械の合計。(「日本国勢図会」による)

3 ニュージーランド

1 歴史と社会

❶ 歴史と住民 ニュージーランドの先住民は，ポリネシア系の**マオリ族**で，農耕文化をもっていた。18世紀から，イギリス系白人の移住がふえ，多数派となった。マオリ族の人口は減少し，白人との融和がすすんだ。1907年にイギリス連邦の自治領となり，1947年に独立した。

❷ 社会 国民の生活水準は高い。先進資本主義国の中では，トップクラスの福祉国家。なお，人口は都市に集中している。最大の都市は，北島の旧首都オークランド。

2 資源と産業

❶ 農牧業 ニュージーランドは，世界屈指の先進農業国といわれ，経営規模が大きく，農民1人あたりの所得も世界有数である。また，輸出にしめる農畜産物の割合が高い。

北島では，羊・肉牛の放牧や酪農が行われる。南島では，南北に連なる**サザンアルプス山脈**を境に，西側では偏西風の影響を受け，降水量が多く，森林地帯になっている。一方，東側は乾燥するので，草原で**羊**の放牧や穀物栽培が行われる。

> **補説** **ニュージーランドの牧羊** ニュージーランドで牧羊がさかんになったのは，オーストラリアと同じく，イギリスの毛織物工業による需要が大きかったためである。ただ，オーストラリアでは毛用種のメリノ種が中心になったのに対し，ニュージーランドでは，毛用と肉用の兼用種であるコリデール種や，肉用種のロムニー種などが中心。温和な西岸海洋性気候にめぐまれているため，草地の大部分を改良草地にしていて，野草牧草地は少ない。

❷ 貿易の特色 農畜産物を輸出し，石油や工業製品を輸入するという貿易構造になっている。イギリスのEC（現在のEU）加盟（1973年）後は，日本や中国などアジアとの，またオーストラリアとの関係を深めている。

> **ポイント**
> **ニュージーランド…イギリス系白人の多い国**
> 先進的な農業国
> 肉類や羊毛など，農畜産物の輸出が多い

★1 オーストラリアと同様，ヨーロッパ人としてはクック（イギリス人）が初めてニュージーランドに達した（1769年）。（→p.11）

★2 肉類，羊毛，バター，ミルク，原皮類野菜・果実などの輸出が多い。なお，肉類の輸出がふえたのは，1882年に冷凍船が就航してからである。

★3 南島東岸のクライストチャーチを中心とするカンタベリー平野は，ニュージーランドの穀倉で，商業的混合農業が発達。

▲ニュージーランドの自然と都市

★4 紙・パルプ，乳製品，アルミ精錬などのほかは，国際競争力が低く，工業製品の輸入が多い。

4 太平洋諸国

1 歴史と社会

❶ 歴史
18～19世紀にかけてすべての島々がヨーロッパの植民地となった。1960～70年代に民族意識が高まり独立国がふえ、1990年代にはアメリカによるミクロネシアの信託統治も終了した。しかし、この間、先進国の核実験場にされた島や、そのために強制移住をさせられた人々もいる。

> 補説　**核開発と太平洋の島々**　アメリカは、現在のマーシャル諸島のビキニ環礁、エニウェトク環礁や、ジョンストン島などを、大気中の核実験場にし、核兵器を開発してきた。イギリスとアメリカは現在のキリバスのキリティマティ（クリスマス）島、フランスはフランス領ポリネシアのムルロア環礁やファンガタウファ環礁で核実験を行ってきた。このため、オセアニア諸国の国際会議である南太平洋フォーラム（SPF）（2000年から太平洋諸島フォーラムに改称）は、1985年、南太平洋非核地帯設置条約（ラロトンガ条約）を採択し、この地域における核実験や核廃棄物の海洋投棄を禁止した。

❷ 社会
英語を公用語にしている国が多い。キリスト教徒が多いのも、ヨーロッパ支配の結果である。なお、フィジーでは、さとうきび農園の労働者の子孫であるインド系住民（ヒンドゥー教徒）と、先住のフィジー人とが、しばしば対立している。

2 資源と産業

❶ 一次産品の輸出
パプアニューギニアは金や原油、ニューカレドニアはニッケル、ナウルはりん鉱石、フィジーは石油製品や砂糖、ソロモン諸島は木材をそれぞれ輸出する。ココやし（→p.314）を栽培し、油脂原料のコプラを輸出する国が多い。

❷ 観光産業
グアム、フィジー諸島、ニューカレドニア、タヒチ島、イースター島などは、観光地として有名。

> 補説　**ハワイ諸島**　ハワイ島のマウナロア山、マウナケア山はアスピーテ（楯状火山）（→p.57）の火山で、標高はそれぞれ4170mと4205m。ここは太平洋プレートの中心で、変動帯ではなく、スポット的にマグマがふき出した火山である。このあたりの海底は深さが5000mほどあるので、ハワイ島は、大洋底からは約10000m近い巨大な火山である。

> 補説　**キリバスと日付変更線**　キリバス（1979年に独立）の国土は、180度の経線の両側にまたがる。そこで、国内の日付は、180度線の西側（首都タラワのある側）に統一している。タラワはグリニッジ標準時に対して＋12時間で、その東側に＋13時間と＋14時間の標準時が設けられている。このため、キリバス領内を通る日付変更線は、その国境線にそって、東側にふくらませて表記する。（→p.15）

★1 第二次世界大戦後、国際連合のもとで特別に統治された地域を信託統治領という。ミクロネシアの島々は、アメリカの信託統治領とされてきた。これまで、マーシャル諸島とミクロネシア連邦が独立し、北マリアナ諸島はアメリカの自治領となった。カロリン諸島に属するパラオが最後の信託統治領であったが、1994年に独立した。

★2 フランスの植民地。フランス語ではヌーベルカレドニ。

★3 海鳥の糞が化学的に変化したグアノを産出。りん酸肥料となるりん鉱石の一種。キリバスのバナバ（オーシャン）島のグアノは掘り尽くされた。

★4 アメリカ領で、アメリカ軍の戦略拠点ともなっている。

★5 フランス領ポリネシアにある島。ゴーガンの絵画で有名。

★6 ポリネシアの最東端にある。チリ領。モアイとよばれる巨石人像が残っている。

★7 このような場所をホットスポットという。（→p.53）

2 両極地方

1 北極

❶ **北極の地域** ふつう，北緯66度34分以北の北極圏の地域をさす。ほとんどが寒帯の気候で，北極海は，夏でも凍結。

❷ **住民** グリーンランドなどに**イヌイット**(→p.389)。その他，**サーミ**やネネツ人(サモイエド)，エヴェンキ人(ツングース系)などの極北の民族がいる。サーミは，スカンディナヴィア半島北部のラップランドや，ロシアのコラ半島に住み，トナカイの遊牧を行う。フィン語系である。

> 補説　グリーンランド　世界最大の島で，ほとんどが氷河と雪におおわれるが，南西部には夏に雪がとけるツンドラ気候の地域があり，住民の多くが集中している。政治的にはデンマークの自治領で，1979年に自治政府が発足した。住民はイヌイットおよび，イヌイットとデンマーク人の混血が多い。漁業とその加工業がもっとも重要な産業。EC域内にとどまっていると，加盟国の漁船が自由に操業することになるので，1985年にECを離脱した。民族主義の高まりで，地名などは，イヌクティトゥット語とデンマーク語を併記することになっている。

★1 グリーンランド内陸は氷雪気候，その他はツンドラ気候。

★2 シベリア北部一帯に居住。

▼サーミとトナカイ（フィンランド）

❸ **産業と社会** グリーンランドなどに軍事基地。ノルウェー領のスヴァールバル諸島で石炭，アラスカ北部で石油を産出。近年，地球温暖化の影響で北極海やグリーンランドの氷が解け，航路開拓や海底の鉱産資源開発が進もうとしている。

2 南極

❶ **南極の地域** 南極大陸と周辺の南極海(南氷洋)の地域。ほぼ南緯66度34分以南の南極圏の地域をさす。

❷ **南極大陸** 1500〜2500mの厚さの大陸氷河(氷床)におおわれ，内陸では厚さが4000mをこえる。西半球は新期造山帯で石油が，東半球は安定陸塊で，金，鉄鉱石，モリブデンなどが豊富。

❸ **領土権** 7か国が南極大陸での領土権を主張しているが，南極条約によって凍結されている。

> 補説　南極条約　南極を各国の平和利用に解放する条約。南緯60度以南の大陸と公海の非軍事化，科学的調査研究の自由および国際協力，領土権の凍結，核実験の禁止などを決め，1961年に発効。この南極条約が期限切れになった1991年，38か国が参加して，その継続と，鉱物資源の50年間開発禁止が合意された。

★1 かつて母船式捕鯨船団が出漁したが，現在は，国際捕鯨条約によって商業捕鯨が全面禁止になっている。また，豊富なオキアミが，たん白質源の食料として注目されている。

★2 南極氷床(→p.65)という。その氷が全部とけると，海面は数十m上昇するといわれる。

バージョンUP 欧州,米国,豪州
…追加・新用語

青いバナナ

イギリスのロンドン周辺からドイツのルール地方を通り,イタリアのジェノヴァ周辺までの地域は,工業が発達しており,バナナ型なのでこのようによぶ。青はEUの旗の色でもあるので,ヨーロッパのイメージと考えられる。

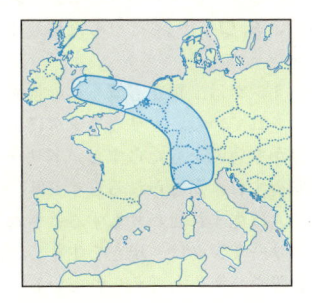

第3のイタリア

イタリア中北部を中心とする地域で,伝統工業から発展した工業が立地。ヴェネツィア,フィレンツェ,ヴィチェンツァ,プラト,モデナなどで,アパレル,皮革,宝飾,家具などの中小企業が集積している。

従来,イタリアは,重化学工業が発達したミラノ,トリノ,ジェノヴァを中心とする北部と,農業が中心の南部(南北格差是正で新しい工業都市が立地)の2つの地域でとらえることが多かったので,「第3」とよばれる。

この中北部の地域には,古くからの職人によるアパレル,皮革,宝飾,家具などの中小企業による伝統工業が発達している。製品は手工業的に生産されるものが多いが,業者同士の結びつきが強い。大企業主導の従来型の産業構造とは違って,自営業者が綿密なネットワークによって生産活動を行っている点に大きな特徴がある。

ヨーロッパのサンベルト

ヨーロッパ南部で新しい工業が発達してきた地域。アメリカのサンベルト(→p.163)にならった言い方。

スペイン北東部のカタルーニャ地方から南フランスにかけての地中海沿岸地域では,電子機器や航空機産業が発達しており,ヨーロッパのサンベルトとよばれている。

シェンゲン協定

ヨーロッパ各国において出入国を自由にする協定。1985年,ルクセンブルクのシェンゲンで調印された協定による。EU加盟の一部の国と,EU非加盟のノルウェー,アイスランドなどの国々が実施している。

▼シェンゲン協定の実施国

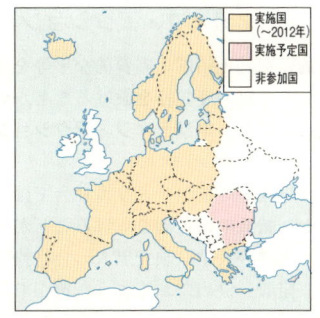

この協定を結んだ国の間の国境では,出入国審査が廃止されている。域外からの旅行者も,最初に入国した国での審査のみで,域内を自由に移動できる。

エラスムス計画

1987年に開始された,EU加盟国間の大学生の交流協力計画(ERASMUS:The EuRopean community Action Scheme for the Mobility of University Students)。人材の育成が目的で,域内の他の研究機関(大学)に留学しても単位を修得できる。EUでは,1995年から教育関係の政策を統合してソクラテス計画とし,エラスムス計画はその一部となった。

アメリカの単独行動主義

世界最強の軍事力を持つアメリカが,国連や世界の国々の意見をあまり顧みず,独自に行動

する考え。国際協調主義と対比した言い方。

とくに、アメリカのブッシュ大統領（第43代，2001～09年）は、2001年9月11日、イスラム過激派による同時多発テロが発生すると、世界的なテロとの戦いを発表。そして、アフガニスタン攻撃によってタリバン政権を倒し、2003年にはイラクをテロ国家と決めつけてイラク戦争を始めた。こうした軍事行動には、同調する国もあったが、国連を軽視するものとして、国際社会やヨーロッパ諸国の中には強い反発を示す国もあった。

また、地球温暖化を防ごうとする京都議定書から離脱し、先進国の協調に背を向けている政策も、国際社会から批判されている。

アファーマティブ・アクション

積極的差別是正措置。実質的な平等を確保するために、一定の優先枠を設けるなど、数値目標を定めること。ポジティブ・アクションともいう。

白人の男性が優位のアメリカ社会では、黒人や女性が、結果的に差別をうけることが多い。そこで、大学の入学試験で黒人の合格枠をあらかじめ一定数、決めておくような例がある。就職においても、女性を一定の割合、採用するようにする例もある。

こうして、実質的な平等を確保しようとするのである。しかし、一方では、行きすぎた差別解消策であるという批判もある。

ウェットバック

アメリカに入ってくるメキシコからの不法入国者。アメリカは移民を受け入れているが、制限もある。しかし、メキシコの人から見れば賃金が高いので、密入国はあとを絶たない。メキシコとアメリカの国境であるリオグランデ川をわたって来て、背中（バック）が濡れているのは、不法入国者と分かる。しかし、こうしたヒスパニックは、低賃金なので、アメリカの農園や工場の経営者からは重宝されている。

ドリーミング

オーストラリアの先住民アボリジニーが、自らの生命を説明する宗教的思想。太古の昔に生じた天地創世の神話からはじまり、時間を超越して現代にも夢などを通じて理解されるとする考え方や文化。

自分たちの周りの自然や動植物は、すべて自分たちの生命と生活の流れに結びついていると考えられている。生命の源となる精霊は自然や動植物に宿っているとして、それをトーテムとして信仰の対象としている。精霊が宿り、やがて死んでまた生まれ変わる場所は、聖地として大切にされる。ヨーロッパ人がエアーズロックとよんでいる「ウルル」もそうした聖地の一つである。

ドリーミングは、現在も続くこの世界の維持の営みとされている。ドリーミングによって、大地は豊かな恵みをもたらすし、ドリーミングの法を無視すれば罰せられるし、ドリーミングによって人は生まれ変わりもするとされる。こうしてドリーミングは、現在を生きている人々に直接影響を与えると考えられている。

メイトシップ

オーストラリアの社会規範で、イギリス流の階級社会への反発から生まれた社会的平等意識。これは上下関係をさけた仲間意識にも発展する。イギリスの流刑植民地、そしてイギリス王室の支配下で形成された下層白人社会の中から生まれ、オーストラリア文化の背景となる国民性となっている。

現在、国民的な人気のあるラグビーは、このメイトシップと結びついて、オーストラリアの国民性を形成している。

フライングドクター

オーストラリアで飛行機を使って医療活動を行う医師。広い地域に点在する農家や小さな町の住民のために制度化されている。病人が発生すると、軽飛行機で駆けつける。

ドイツでは、国内のどこにでも、要請から15分以内に医師が到着できるドクターヘリの制度がある。日本でも2001年から、ドクターヘリが導入されている。

テスト直前要点チェック

答

① オーストラリア大陸の広さは、六大陸中、第何位か。 … ① 第6位
② オーストラリア大陸の先住民は、何という民族か。 … ② アボリジニー
③ オーストラリアに移住したヨーロッパ人はどの国が中心か。 … ③ イギリス
④ 白人だけのオーストラリアをつくろうとした政策は、何か。 … ④ 白豪主義政策
⑤ オーストラリアでもっとも広い面積のある気候区は、何か。 … ⑤ 砂漠気候
⑥ オーストラリア南西端から南部の気候区は、何か。 … ⑥ 地中海性気候
⑦ オーストラリアには、毛用の（　）種の羊が多い。 … ⑦ メリノ
⑧ 不透水層を掘り抜いて被圧地下水をくみ上げる井戸は？ … ⑧ 鑽井（掘り抜き井戸）
⑨ オーストラリアの石炭、鉄鉱石がおもに輸出される国は？ … ⑨ 日本
⑩ ニュージーランドの先住民は、何という民族か。 … ⑩ マオリ族
⑪ ニュージーランドの牧羊は、東部と西部のどちらに多いか。 … ⑪ 東部
⑫ オセアニアの島国で、金の産出の多い国は、どこか。 … ⑫ パプアニューギニア
⑬ オセアニアの島で、ニッケルの産出が多いのは、どこか。 … ⑬ ニューカレドニア島
⑭ カナダなどの北極海沿岸に住む極北の民族は、何というか。 … ⑭ イヌイット
⑮ 南極大陸の領土権の凍結などを決めた条約は、何というか。 … ⑮ 南極条約

17章 オセアニアと両極

テーマゼミ　イヌイット

● **イヌイット**は、アラスカからカナダ、グリーンランドあたりに住む極北の民族で、約2万年前に、アジアから移動したといわれる。カナダインディアンは「生肉を食べる人」という意味で、エスキモーとよんだ。イヌイットは、イヌクティトゥット語で「人間」の意味。

● 伝統的な生活では、冬、犬ぞりで**アザラシ、カリブー**（野生のトナカイ）、**セイウチ**の狩猟を行い、夏は、アザラシの毛皮でつくった**カヤック**という小舟で、**さけ・ます**などをとる。また、カリブーの遊牧を行う地域もある。毛皮でつくった**アノラック**という防寒衣を着て、カリブー、セイウチなどの生肉を主食とする。流木や鯨の骨で骨組をつくり、草や土をかぶせた半地下式の住居に住む。夏の狩猟のときは毛皮でつくったテントでくらし、ハドソン湾沿岸などでは、冬は氷のブロックを積み重ねて**イグルー**（→p.277）という住居をつくった。

● 最近、アラスカなどでは、イヌイットの生活も近代化がすすんでいる。暖房つきの木造家屋、プレハブ家屋に定住し、小麦粉や野菜などの食事が広まっている。毛皮でつくった小舟のカヤックはモーターボートになり、犬ぞりはスノーモービル（雪上車）に変わりつつある。ガソリンや暖房用の石油製品を買うことが必要になり、毛皮や肉、手工芸品を売ったり、観光産業や水産加工工場などで働く人もいる。

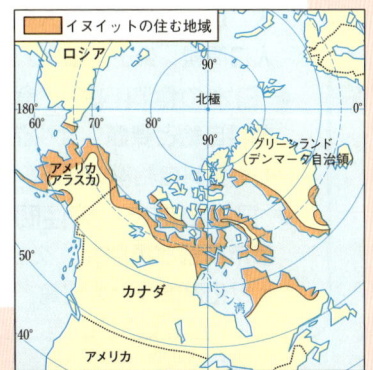

イヌイットの住む地域

18章 日本の特色と課題

この章のポイント＆コーチ

1 国土と自然，開発と環境 ▷p.391

◆ 日本の自然環境
地　形　高くけわしい山地。平地はせまい。フォッサマグナと中央構造線。
気　候　季節風（モンスーン）の影響。多い降水量。地域によって多様。
災　害　きわめて自然災害が多い。地震，火山噴火，洪水，土砂災害，津波など。人的要因による自然災害も。→防災対策の必要性。

◆ 日本の地域開発と環境
開発と弊害　総合開発計画→公害などの環境問題，過疎・過密。

2 資源，産業，貿易 ▷p.397

◆ 日本の資源と産業
農牧業　小規模。多い副業的農家。米以外の食料自給率は低い。
水産業　漁獲量は減少。養殖や栽培漁業が期待される。
資　源　エネルギー資源，鉱産資源，森林資源とも，大きく輸入に依存。
工　業　太平洋ベルトに工業地域が集中。産業の空洞化などの問題。

◆ 日本の貿易
特色と課題　原材料を輸入し工業製品を輸出する加工貿易。中国などアジアとの貿易が拡大。機械類の輸入増。貿易摩擦や貿易自由化交渉などの課題。

3 その他の諸問題 ▷p.408

◆ 日本の人口問題
人　口　1億2千万人を超える。人口密度は高い。人口分布は不均衡。
人口問題　少子高齢化。過疎・過密。外国人労働者の受け入れ。

◆ 日本の食料自給と食料問題
食料自給と課題　食生活の変化（日本型の和食→欧米型）。大量に食料輸入→著しい食料自給率の低下。食の安全性の問題が注目される。

◆ 日本の都市，居住問題
都市問題と再開発　交通難，住宅難，スプロール現象，公害，ゴミ処理，ドーナツ化現象などの問題。都市の再開発で活性化の動き。

1 国土と自然，開発と環境

1 日本の位置と領域

1 位　置

❶ **ユーラシア大陸の東沖**　日本列島は大陸の東沖に位置するため，東岸気候となり，西岸より気温の年較差が大きい。[★1] しかし，島国のため，海洋により，やや和らげられている。

❷ **弧状列島**　日本付近は大きく4つのプレート(→p.53)が接する変動帯となっており，地震や火山が多い。[★2] 太平洋プレートとフィリピン海プレートは，北アメリカプレートとユーラシアプレートの下にもぐりこむ形となり，弧状の島の列(**弧状列島＝島弧**)，深い海溝といった地形が形成されている。

また，大小約7000の島々が，3000kmにわたって南北に位置するため，気候の差が大きい。

補説　**島弧－海溝系の地形**　日本付近には，千島・カムチャツカ弧―千島・カムチャツカ海溝，東北日本弧―日本海溝，伊豆小笠原弧―伊豆小笠原海溝，西南日本弧―南海トラフ，琉球弧―南西諸島海溝の5つの島弧―海溝系がみられる。トラフは，側面の傾斜が海溝ほど急でない溝状の凹地。

★1　北緯40度線は，秋田県の男鹿半島付近を通るが，ユーラシア大陸西岸では地中海を通る。(→p.340)

★2　火山は，溶岩の流出，火砕流，火山灰，噴火による異常気象などの災害をもたらす。しかし，温泉や景観による観光資源，地熱発電などの恩恵ももたらす面もある。

なお火砕流とは，高温の火山砕屑物(軽石など)とガスが混合した噴流。

▼日本列島の位置とまわりの国々

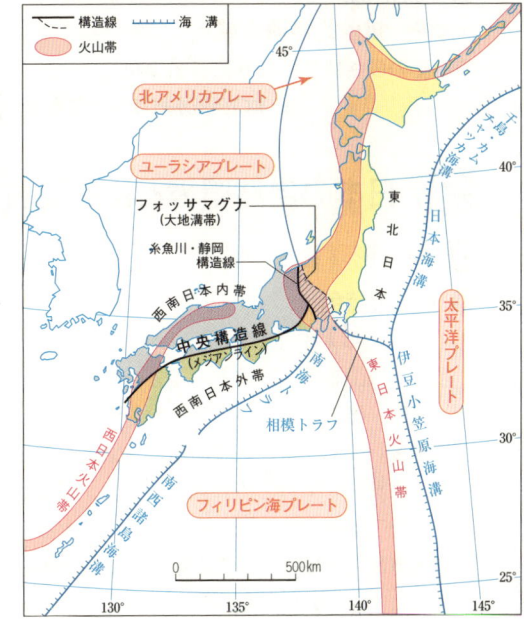

▼日本の地体構造

❸ 日本の端

1. 東端　東京都小笠原諸島の**南鳥島**(153°59′E, 24°17′N)。
2. 西端　沖縄県の**与那国島**(122°56′E, 24°26′N)。
3. 南端　東京都の**沖ノ鳥島**[★3](136°04′E, 20°25′N)。
4. 北端[★4]　北方領土(千島列島)の**択捉島**(148°45′E, 45°33′N)。

2 領域

❶ **領土面積**　日本の国土の総面積は，北方領土を含み，約38万km²。地球の全陸地の400分の1にあたる。

❷ **領土問題**

1. **北方領土**　北海道の北東方にある千島列島の南部をしめる**国後島**，**択捉島**，**歯舞群島**，**色丹島**の4島。第二次世界大戦後，ソ連(現在はロシア)が占領。日本は，固有の領土として，返還を要求している。
2. **尖閣諸島**　沖縄島の西方にある無人島。日本と中国，台湾が領土権を主張している。
3. **竹島**　日本海南西部の小島。日本と韓国が領土権を主張。韓国名は独島。

❸ **領海**　領海は12海里まで。

❹ **経済水域**　沿岸から200海里(約370km)までを，**排他的経済水域**として設定している。その広さは世界第6位。(→p.286)

▶日本の経済水域(200海里水域)

★3 沖ノ鳥島は「北露岩」と「東露岩」が畳3枚分と1枚分の面積だけの島。建設省(現在は国土交通省)は，約40万km²もの経済水域を守るため，島がくずれないようブロックで工事した(1989年)。

★4 北海道本島の北端は，宗谷岬(45°31′N)。

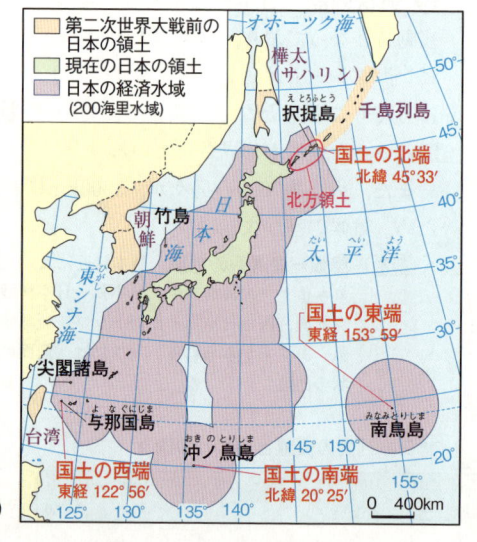

2 日本の自然環境と自然災害

1 地形

❶ **地形の特色**

1. **山地**　環太平洋造山帯(→p.54)にあたるため，**けわしい山地が多く，火山も多い**。国土の4分の3をしめている。
2. **河川**　国土が細長いうえ，山地が海岸にまでせまっているところが多いので，川は一般に**短く，急流**をつくっている。流出率，河況係数(→p.71)はともに高く，暴れ川が多い。
3. **平地**　平野や盆地は規模が小さく，大部分が，海岸や川にそって各地にちらばっている。扇状地や三角州などの沖積平野は，生産力に富み，人口が集中している。

「日本統計年鑑」2012年版による

山地	山　地	61.0%
	丘陵地	11.8%
平地	台　地	11.0%
	低　地	13.8%
内　水　域		2.4%
計		377 955km²

▲日本の山地と平地

1 国土と自然，開発と環境

4 **海岸** 一般に複雑で変化に富む。リアス海岸も発達。
❷ **地体構造** 日本列島は，フォッサマグナ(大地溝帯)とよばれる地溝(現在は新しい地層でうまっている)によって，東北日本と西南日本とに分かれる。さらに，西南日本は，中央構造線(メジアンライン)によって内帯と外帯とに分かれる。
1 **フォッサマグナ(大地溝帯)** 西縁は，糸魚川・静岡構造線で，糸魚川から姫川-木崎湖-諏訪湖-釜無川-富士川-静岡に至る断層線が明瞭。東縁は，富士山などの火山活動のため不鮮明であるが，柏崎・千葉構造線などがあげられる。
2 **中央構造線(メジアンライン)** 諏訪湖から，三峰川(天竜川支流)-豊川-(伊勢湾)-櫛田川-紀ノ川-吉野川-松山をへて，九州に至る断層帯。九州では，臼杵・八代線または大分・伊万里線となる。
3 **断層によって区分される各地域**
　┌ 東北日本…………山地と平地が平行して走る。
　│ 西南日本┌ 内帯…一般に高原状の山地で，地溝や地塁が多い。
　└　　　　└ 外帯…高くけわしい山地が多い。谷も深い。

2 気候

❶ 気温と降水量
1 **気温** 季節風(モンスーン)の影響で，夏は高温多湿，冬は緯度のわりに低温となり，年較差が大きい(東岸気候)。
2 **降水量** 夏は，太平洋方面から南東季節風がふき，主として梅雨や台風により，太平洋側に降水量が多い。冬は，日本海上で水蒸気をふくんだ北西季節風が，日本海側に多量の雪を降らせる。全体的にも，降水量は多い。

❷ 多様な気候
日本は，地形が複雑で，南北方向に細長く位置しているため，気候の地域差が大きい。例えば，梅雨は，沖縄では5～6月，九州，四国，本州では6～7月で，北へ行くほど降水量は少なくなり，北海道ではほとんどみられない。また，季節変化も，きわめて多様である。

❸ 気候のとらえ方
1 **気候要素による区分** ケッペンによる南北の区分と，太平洋側と日本海側の気候の著しい対照との組み合わせから区分する。
2 **気団による気候のとらえ方** 日本の周辺には4つの気団があり，これらが出現したり，退いたりして，日本の気候が形成されるとする。

★1 第三紀の後半(約2500万年前)に出現した地溝。明治初期に日本に来ていた地質調査技師ナウマンが命名。フォッサ＝割れ目，マグナ＝大きい。

★2 構造線とは，地殻の構造を左右するほど大規模な断層線のこと。

★3 木崎湖あたりは飛騨山脈との境をなし，釜無川は赤石山脈との境をなし，ともに高さ3000mにもおよぶ断層崖がみられる。フォッサマグナの深さは6000mをこえるので，合計9000mをこえる高低差がある。

★4 新潟県直江津(上越市)から，神奈川県国府津(小田原市)または平塚市に至るラインもある。

★5 フォッサマグナの糸魚川・静岡構造線と中央構造線とは，諏訪湖の東で交わる。

★6 四季の変化の中には，春の嵐，梅雨，台風，秋の長雨(秋霖)などがある。

★7 ケッペンの区分によれば，北海道が亜寒帯湿潤気候(Df)，その他の地域が温暖湿潤気候(Cfa)となる。

★8 世界には，4つの大きな気団があり，その間の3つの境界部分とで，世界を7つの気候区に区分する(アリソフによる区分)。

18章 日本の特色と課題

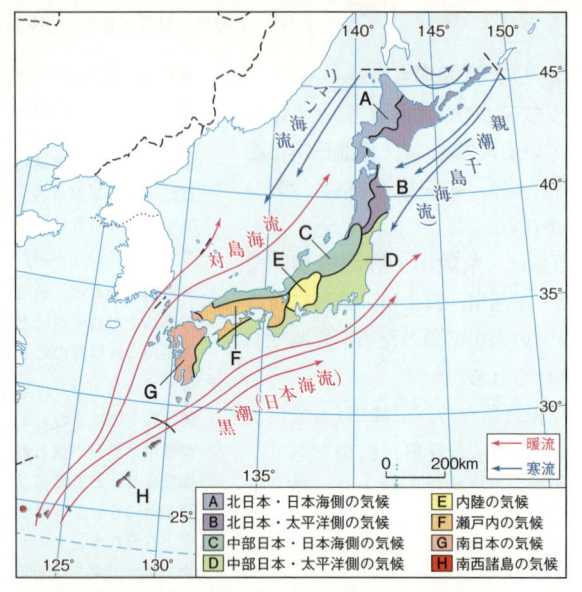

◀気候要素による日本の気候区分
（松本淳・井上知栄による）

下のA～Hは、地図中の記号と対応。

- A：冬は非常に寒く夏も涼しい。梅雨が不明瞭。冬に雪が多い。
- B：Aと同様だが、冬の雪は少ない。
- C：冬は寒く夏は暑い。梅雨と秋雨が明瞭で、冬に雪が多い。
- D：Cと同様だが、冬の雪は少ない。
- E：冬は寒い。年間を通じて降水量が少なく乾燥する。
- F：冬はやや寒く夏は暑い。年間を通じて降水量が少ない。
- G：冬はやや寒く夏は暑い。梅雨が非常に明瞭で、冬の雪は少ない。
- H：年中温暖で、梅雨や台風の影響が大きい。

地図凡例：
- A 北日本・日本海側の気候
- B 北日本・太平洋側の気候
- C 中部日本・日本海側の気候
- D 中部日本・太平洋側の気候
- E 内陸の気候
- F 瀬戸内の気候
- G 南日本の気候
- H 南西諸島の気候

補説　気団による気候のとらえ方
気温や湿度などの性質がほぼ一様な、広域にわたる大気のかたまりを気団という。1つの気団のもとでは、一定の天候が現れるので、気団の種類とその移動によって、気候を総合的に把握し、気候区分を行うことができる。日本の周辺にはシベリア気団、揚子江気団、オホーツク海気団、小笠原気団の4つがある。

▶日本の最高気温…2007年8月に多治見（岐阜県）と熊谷（埼玉県）で40.9℃。

▶日本の最低気温…気象庁公認記録では−41.5℃（1931年1月、北海道美深町）。

	気団	気団の性質	日本の気候
冬	シベリア気団	寒冷、乾燥	冬の北西季節風。シベリアから吹き出すときは乾燥しているが、日本海を通過するときに多湿となり、日本海側に大量の積雪をもたらす。太平洋側は乾燥したからっ風が吹き、好天が続く。
春・初夏・秋	揚子江気団	温暖、乾燥	春と秋に、移動性高気圧として日本に来る。好天となる。（温帯低気圧と交互にあらわれる）（揚子江は、中国の長江のこと）
	オホーツク海気団	冷涼、湿潤	梅雨期や秋に、冷涼な北東風（やませ）として日本に来る。小笠原気団との間に、梅雨前線を形成する。
夏	小笠原気団	高温、湿潤	梅雨期～夏に太平洋からはり出し、高温多湿な南東季節風を吹きつける。好天でむしあつい。

▲▼日本列島周辺の4つの気団と季節

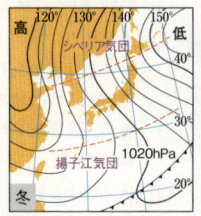

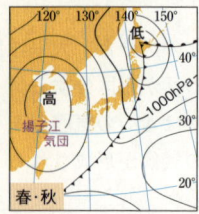

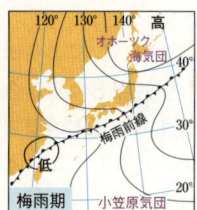

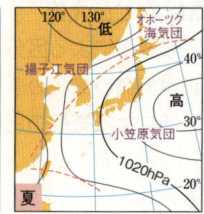

3 自然災害と防災

❶ さまざまな自然災害 日本は世界の中でも，きわめて自然災害の多い国である。それは，地形的な要因(下の①～③)，気候的な要因(下の④，⑤)によるものが大きい。また，日本に限らず，現代社会では人的要因による自然災害(人災)も多い(下の⑥，⑦)。

①不安定な変動帯に位置→**地震**(→山くずれや地すべり，津波など)や**火山**の噴火(→火山灰の降灰や火砕流，土石流など)。
②急峻な山地，短い河川，軟弱な地盤→土砂災害や洪水など。
③複雑な海岸線→**高潮**★9や**津波**の被害。
④梅雨や台風などの集中豪雨→**洪水**や高潮など。
⑤天候不順，異常気象→冷害，干ばつ，大雪，雪崩など。
⑥都市開発…建物の密集，道路の舗装，軟弱な地盤の開発など★10→**ヒートアイランド現象**や**ゲリラ豪雨**★11，**液状化現象**★12など。
⑦農村の衰退…耕作地や山林の荒廃→土砂災害の発生。

❷ 防災対策 技術面では，高精度の気象観測と警報システムの整備などがあげられる。また，インフラの整備による対策では，治水・砂防ダムや堤防，防潮堤，幅広道路，免震・耐震構造の建物，防災公園，地下放水路などの整備が重要である。

自治体レベルでは，避難所の設置や**ハザードマップ**(→p.26)の作成，個人レベルでは，住宅の耐震化や避難ルートの確認，防災用品・非常食の常備などの対策が必要となる。

★9 台風や強い低気圧で，海面が上昇すること。

★10 後背湿地など，昔は災害の被害を受けやすいため敬遠された土地が開発された。

★11 短時間に狭い範囲で集中的に降る雨。

★12 地震などの影響で軟弱な砂層が液体のようになり，建物の沈下や砂の噴出などをひき起こす現象。(→p.95)

3 日本の地域開発と環境

1 さまざまな開発計画

❶ 特定地域の総合開発 第二次世界大戦後，経済の復興と治山治水を重点に計画された。全国22か所の特定地域を指定したが，十分な成果はなかった。

❷ 全国総合開発計画(全総) 太平洋ベルトへの工業の過集積から，地方の拠点開発がすすめられた。

1 **新産業都市** 地方の工業開発を目的に15か所が指定された。その結果，岡山県南(倉敷市水島地域)など，一部の条件のよかったところでは，工業化がすすんだ。

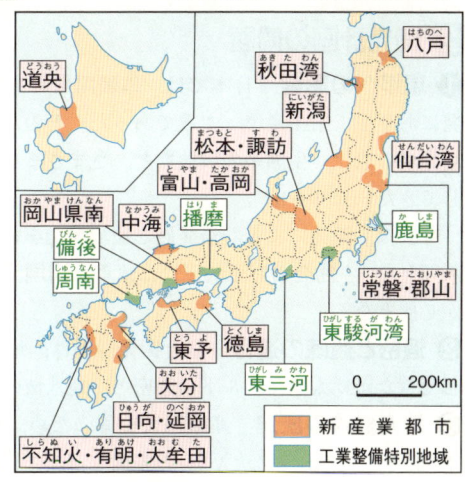

▼新産業都市と工業整備特別地域

道央／八戸／秋田湾／新潟／松本・諏訪／富山・高岡／仙台湾／岡山県南／中海／播磨／鹿島／備後／周南／東予／徳島／常磐・郡山／東駿河湾／大分／東三河／日向・延岡／不知火・有明・大牟田

■ 新産業都市
■ 工業整備特別地域

② **工業整備特別地域** 四大工業地帯の周辺で，重化学工業をすすめる地域として6か所が指定された。
③ **拠点開発の終了** 新産業都市，工業整備特別地域は，2001年3月末に歴史的な役割が終わったとして廃止された。

❸ **その後の全国総合開発計画(全総)**
① **新全総** 全国的な交通，通信網を整備し，苫小牧東部(北海道)★1，むつ小川原★2(青森県)，志布志湾★3(鹿児島県)などで，大規模プロジェクトを計画した。しかし，その後の石油危機(→p.152)などの影響で，これらの工業基地の開発は挫折し，環境破壊，過密と過疎，地価高騰，巨額の借金などの問題が残った。
② **三全総** 定住圏構想などの地方振興をもりこんだ。
③ **四全総** 多極分散型国土と交流ネットワークをうたった。しかし，東京への一極集中は著しくすすんだ。
④ **五全総** 国土軸を設定し，多軸型国土構造への転換，地域連携による国土づくりをうたう。

❹ **新しい地域計画へ** 2005年に国土総合開発法が国土形成計画法となり，開発中心の全総は終了した。国土形成計画法のもと，2009年に全国計画とともに，東北，九州などのブロックごとに広域地方計画が策定され，これまでのような開発中心ではなく，景観整備や環境保全なども重視される内容となっている。

1950年	国土総合開発法(→特定地域開発計画)
	北海道開発法
1956年	首都圏整備法
1962年	全国総合開発計画(全総)
	低開発地域工業開発促進法(1961)
	新産業都市建設促進法(1962)
1963年	近畿圏整備法
1966年	中部圏開発整備法
1969年	新全国総合開発計画(新全総)
1972年	工業再配置促進法
1974年	国土利用計画法
1977年	第三次全国総合開発計画(三全総)
1987年	第四次全国総合開発計画(四全総)
1998年	第五次全国総合開発計画(五全総)

★1 苫小牧市東部に建設された掘り込み式人工港から，隣接する厚真町と，安平町にまたがる地域。

★2 青森県東部の，小川原湖周辺から，むつ市に至る地域。太平洋，陸奥湾に面する。

★3 宮崎県から鹿児島県にかけて志布志湾沿岸の地域。

② 開発計画の問題

❶ **環境への影響** 日本では，地域開発の中心が重化学工業の開発にあり，工業生産第一主義であった。そのため，公害の発生や生活環境の悪化，生態系の破壊など，さまざまな環境問題をひき起こしてきた(→p.104～107)。

今後は，開発による経済発展と環境保全をいかに両立させるかが課題となる。開発の意思決定には慎重な**環境アセスメント**(→p.114)が必要となる。

❷ **過密と過疎の進行** 総合開発計画は，地域格差の是正を目指してきたが，太平洋ベルトの過密と，他地域の過疎が進行した。

❸ **地方財政の圧迫** 産業基盤整備のため，地方自治体は社会資本(インフラストラクチャー)の整備など，先行投資を強いられる。★4

▼開発の関連事項
日本のリゾート開発
→p.205

★4 工場誘致のため，用地の造成，用水の確保(河川の改修)，道路や港湾の整備などに多くの税金が投入されると，財政は圧迫される。

2 資源，産業，貿易

1 日本の農牧業や水産業の動向

1 農牧業

❶ 特色と問題点

1. **農地改革**[★1] 第二次世界大戦後，大部分の農民が，小作農から，自分の土地を所有する自作農となった。

2. **農家の特徴** 全体的には農家の経営耕地面積はせまい。多くの労働力や資本を投下し土地生産性は高いが，労働生産性は低い。農業収入を主とする**主業農家**が少なく，農業外収入に大きく依存する**副業的農家**が多い。耕地面積や農家数はともに減少傾向で，耕作放棄地の増加，農家の高齢化，後継者不足が深刻である。

3. **稲作中心からの変化** かつては，政府が米の買い入れと価格を保障した（食糧管理制度）ので，米作は安定し，日本の農業の中心となった。しかし，消費量の減退から生産過剰となり，1969年からは**生産調整**（作付制限＝減反）が行われている。1994年からは，それまでの食糧管理制度が廃止されて，米の自由な販売が認められた（→p.411）。価格は市場で決められるようになり，下落が続いている。1995年からは，米の輸入も始められた（→p.398）ので，国内の農業における米作の地位は急速に下がっている。

4. **自給率の低下** 日本は，他の先進国とくらべて，食料の自給率が極端に低い。近年は，野菜，果物，肉類，牛乳や乳製品の自給率が大きく低下した。

[★1] 1945年，第一次農地改革の指令。翌年，第二次農地改革が実施された。

▼耕地100haあたり農業従事者数

中　国	404人
インド	157人
日　本	33人
ブラジル	17人
フランス	3人
アメリカ	2人

（「日本国勢図会」による）（2008年）

▼日本の農家

以前の分類は，専業農家（農業だけで生活），兼業農家（農業以外の収入あり。農業収入が50％以上→第一種兼業農家。50％未満→第二種兼業農家）。1995年からは，販売農家と自給的農家（おもに自給用に生産）にわけ，販売農家を主業農家（農業収入が50％以上，65歳未満の者がいる），準主業農家（農業収入が50％未満，65歳未満の者がいる），副業的農家（65歳未満の者がいない）に区分。

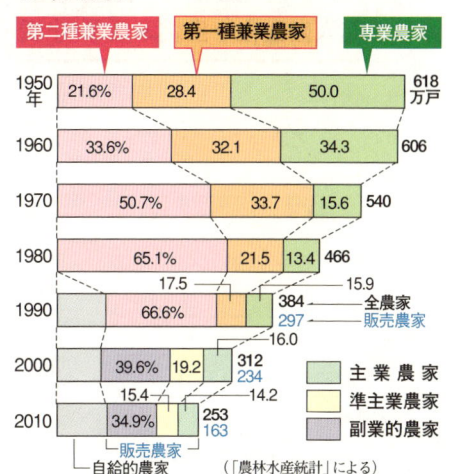

▲各国の食料自給率（2007年。日本は2009年）
[単位：％]（「食料需給表」による）

	日　本	アメリカ	イギリス	フランス
小　麦	11	171	99	157
野菜類	83	92	39	73
肉　類	58	108	65	100
牛乳や乳製品	71	99	82	115

日本の農家の構成変化（第二種兼業農家／第一種兼業農家／専業農家）

年	第二種兼業農家	第一種兼業農家	専業農家	計（万戸）
1950	21.6%	28.4	50.0	618
1960	33.6%	32.1	34.3	606
1970	50.7%	33.7	15.6	540
1980	65.1%	21.5	13.4	466

1990年以降（販売農家の内訳：主業農家／準主業農家／副業的農家）

年				全農家	販売農家
1990	17.5	66.6%	15.9	384	297
2000	39.6%	19.2	16.0	312	234
2010	34.9%	15.4	14.2	253	163

自給的農家（「農林水産統計」による）

❷ おもな農畜産物の生産

①**米** 生産過剰から，作付制限，他の作物への転作などの政策がすすめられている。政府の保障がなくなり，農家は，市場で高く売れる米，味のよい米，安全な米をつくるようになった。★2 かつての二毛作は減り，全国的に単作(一毛作)になっている。

(補説) いろいろな作付方法 ①二期作…年に同じ作物を2回つくる。②単作(一毛作)…年に1回，1種類の作物だけを栽培する。③二毛作…年に2種類の作物をつくる。中心的な作物を表作，他を裏作という。米と，小麦や菜種の二毛作が典型的。④多毛作…年に多種類の作物をつくる。都市周辺の園芸農業では，野菜の多毛作が行われている。

②**小麦** 第二次世界大戦前は自給用に，二毛作の裏作として全国で栽培されていたが，戦後は輸入小麦におされ，栽培が激減し，自給率は低下した。

③**大豆** 小麦と同様輸入品におされ，国内生産は激減した。

④**畜産** 戦後急速にのび，日本人の食生活を転換させてきた。しかし，国内での飼料作物の生産は少ないので，とうもろこしや濃厚飼料を大量に輸入している。また，牛肉などの輸入自由化★4で，競争が激しくなっている。

⑤**野菜や果物** 戦後ののびが著しい。最近は，輸入自由化★4による安価な外国産品の輸入が問題になっている。

❸ 農産物の輸出
日本の農産物は，高価でも高品質で安全であり，ブランドとしてアジア各国などに輸出されている。

> **ポイント**
> 日本の農業…零細，労働集約的，多い副業的農家
> 稲作→生産過剰で，**生産調整**(減反)
> 輸入自由化→**自給率低下**(小麦・大豆など)

★2 外国産の安価な農産物に対抗するため，米に限らず，味のよいもの，安全なものを指向する傾向が強まっている。

★3 可消化栄養分量の多い穀類，油かす類，ぬか類などの飼料を濃厚飼料という。青刈とうもろこしや牧草などを粗飼料という。

★4 1991年から牛肉，オレンジが自由化された。米は，自由化するかわりに，1995年から最低輸入量(ミニマムアクセス)(→p.144)をうけ入れた。1999年からは関税化された(関税さえ払えば，輸入は自由)。今後，関税の引き下げが予想されている。

▼地域別の農業産出額の割合

北陸，東北は米の割合が高い。北海道と九州は，畜産の割合が高い。関東・東山の野菜は近郊農業，四国は輸送園芸が多い。なお，東山は山梨，長野の2県。東海は愛知，岐阜，三重，静岡の4県。北陸は新潟，富山，石川，福井の4県。

北海道 9946億円
| 10.7% | 20.4 | 畜産 51.7 | 17.2 |

東北 1兆2526億円
| 30.4% | 18.6 | 31.6 | 19.4 |

北陸 4100億円
| 米 57.5% | 15.0 | 17.1 | 10.4 |

関東・東山 1兆9221億円
| 16.4% | 野菜 39.7 | 24.8 | 19.1 |

東海 7223億円
| 12.2% | 30.7 | 26.2 | その他 30.9 |

近畿 4423億円
| 24.9% | 26.9 | 19.9 | 28.6 |

中国 4120億円
| 27.1% | 19.4 | 35.9 | 17.6 |

四国 3942億円
| 13.0% | 33.6 | 23.5 | 29.9 |

九州・沖縄 1兆7050億円
| 10.2% | 25.5 | 39.4 | 24.8 |

(2010年)(「日本国勢図会」による)
(「その他」は麦類などの他の耕種，養蚕，加工農産物など)

2 水産業

❶ 漁業の種類と動向

1. **沿岸漁業** 小さな漁船で、日帰りのできる範囲内で魚をとる。零細漁家が多い。海水の汚濁(赤潮など)や、埋立地の増加、乱獲などで、漁場がせばまっているのが深刻な問題。
2. **沖合漁業** 沿岸から1日～数日間の範囲の沖合で操業する。中小漁業会社や漁家による。1990年代に漁獲量が減少した。
3. **遠洋漁業** 大部分は、大会社による大規模な漁業で、世界各地へ出かけた。1970年代以後、石油危機(→p.152)による燃料の高騰や、ほとんどの国が200海里漁業専管水域を設定したため、漁獲量は減少。そのぶん、輸入が増加している。

❷ とる漁業から育てる漁業へ
水産養殖は、沿岸の水産資源の減少にともなって、重視されてきた。とるだけの漁業から、育ててからとる漁業への転換として注目される。

1. **養殖** 自然に育った稚魚などをとってきて、大きくなるまで人の手で育てる漁業。広島湾のかき、瀬戸内海各地のはまち、くるまえび、浜名湖周辺のうなぎ、三重県志摩半島沿岸の真珠、東北、北海道各地のこんぶ、わかめ、ほたて貝などが有名。
2. **栽培漁業** 卵をふ化させて、ある程度まで育てた後で、海に放流する。人工ふ化や放流、ふ化技術などの開発は、おもに国や県の栽培漁業センターが行っている。瀬戸内海のくるまえび、たいなど、北海道のさけ・ますが有名。

❸ 日本の水産業の課題
日本の200海里水域内の水産資源の保護が重要。公害や乱獲を防ぎ、沿岸、沖合の漁場を整備すること、育てる漁業の技術開発、水産資源の有効利用などをすすめる。

★5 海水の汚濁によってプランクトンが異常発生して、海が赤くなる。魚介類は死んでしまう。

★6 世界各地の遠洋へ出かけたといっても、外国の沿岸、沖合で操業するのがほとんど。

★7 日本は、世界一の水産物輸入国。輸入する水産物は、えび、まぐろ、さけ・ます、かに、いか、たこなど、多種類におよぶ。

★8 日本に限らず、世界的に水産物の需要が増加しているため、世界規模での取り組みが重要。

★9 日本近海で多くとれたいわしやさばは、大半が家畜の飼料や、養殖魚のえさとして使われてきた。養殖はまちの体重を1kgふやすのに、いわしが8～9kg必要といわれている。

◀ **漁業の種類別の漁獲量**
1970年代、石油危機や、世界の国々が200海里水域を設定した結果、遠洋漁業の漁獲量は減少。沖合漁業は、すけとうだら、さば、いわしなどの漁獲量の変動がひじょうに大きく、90年代には激減した。なお、遠洋漁業は、北洋の母船式さけ・ます漁業や母船式かに漁業、東シナ海での底引網漁業(トロール漁業)などの種類があった。

2 日本の資源や鉱工業の動向

1 エネルギー資源

❶ **輸入に依存** 石炭，石油，天然ガスとも，ほぼ100%輸入に依存。発電量は世界のトップクラスであるが，火主水従(→p.153)のタイプで，火力発電の燃料は輸入した石油や天然ガスが中心。原子力発電の割合がふえているが，原料のウランは輸入。

★1 現在，北海道の釧路炭田を残すのみとなった。

❷ **エネルギーをめぐる問題**
1. **資源の安定確保** 石油，ウランなどは，今後，世界的な資源枯渇の運命にある。輸入の確保，利用法の検討が必要。
2. **原子力の安全性** 地震や火山噴火などの多い変動帯に位置する日本では，原子力発電における廃棄物処理の困難さ，放射能漏れなどの事故発生の危険性など，安全性の面で問題点が多い。
3. **新しい資源の開発** 次世代のエネルギー資源の開発は，重要なテーマ。現在，地熱，太陽光，風力，バイオマスなど**再生可能エネルギー**の技術開発がすすめられている。

▼日本の発電量のうちわけ
2010年度の日本の総発電量は，1兆1569億kWh。

年度	水力	火力	原子力
1950	81.7%	18.3%	…
1960	50.6	49.4	…
1970	22.3	76.4	1.3%
1980	15.9	69.8	14.3
1990	11.2	65.2	23.6
2000	8.9	61.3	29.5
2010	7.8	66.7	24.9

(「電気事業便覧」による)

2 鉱産資源

わが国は，地質が複雑で鉱床が小さいため，鉱産資源の種類は多いが，生産量はひじょうに少ない。このため日本は「鉱物の標本室」といわれている。

外国の安価な鉱石の輸入が増大し，国内鉱山は，多くが閉山に追いこまれた。国内自給が可能なのは，石灰岩と硫黄ぐらいである。

▼日本が輸入しているおもな原料，燃料

	2011年
綿花	116
鉄鉱石	128 399
銅鉱	4 387
アルミニウム	2 815
大豆	2 831
パルプ	1 912
石炭	175 239
原油*	208 872
液化ガス	78 531

[*は千kl，その他は千t]
(「貿易統計」による)

★2 セメントの原料として重要。製鉄の過程でも使われる。

★3 硫黄は，原油の精製の過程で得られるので，鉱物としての採取は行われていない。

3 森林資源

❶ **林業地域**
1. **森林帯** 温帯林が中心で，北海道や中央高地に亜寒帯林。温帯林のうち，暖地のものを暖帯林といい，シイ，カシ，クス，ツバキなどの常緑広葉樹(照葉樹)が中心。南西諸島には，ソテツ，ヘゴなどの亜熱帯林がある。
2. **森林所有** 森林の約30%が国有林で，北海道，東北に多い。また，森林の約半分が私有林で，紀伊山地ではとくに私有林の割合が大きい。そのほかに公有林がある。

★4 津軽ヒバ，秋田スギ，木曽ヒノキは，三大美林(天然林)といわれる。また，天竜スギ，吉野スギ，尾鷲ヒノキを，人工林の三大美林という。

★5 苫小牧，旭川，釧路などに，パルプ・製紙工業が発達。

★6 地方公共団体などが所有。私有林と合わせて民有林という。

❷ 森林資源の需給

1. **林業生産の停滞** 最近は，①安い外材の輸入，②戦後に植林した若木の比率が高いこと，③林道の建設がおくれていること，などで生産が停滞している。もともと，地形がけわしいこと，私有林の森林所有が零細なこと，労働者の高齢化などの問題もある。
2. **木材の需給** 安価な外材を輸入。世界有数の木材輸入国。

▼日本の木材輸入先

カナダ	25.8%
アメリカ	15.0
ロシア	12.5
中　国	7.7
スウェーデン	6.8

合計…3471億円

(2011年)
(「貿易統計」による)

4 工業の発達

❶ **工業の発達** 政府の厚い保護のもとに，日清戦争，日露戦争，第一次世界大戦を経て，産業革命を達成し，重化学工業も育った。第二次世界大戦で壊滅状態になったが，朝鮮戦争を契機に復興し，1960年代からは，政府の**高度経済成長**政策によって，重化学工業が飛躍的に発展し，世界有数の工業国となった。

❷ **日本の工業の特色**
　①**大企業と中小企業の格差**　政府の政策は，大企業中心。労働生産性や資金が劣り，下請になっている中小企業が多い。
　②**臨海地域に集中する工場**　鉱産資源にめぐまれないので，はじめから多くの原料資源を海外に依存。このため，とくに太平洋側の臨海地域に工業地域が形成された。
　③**海外市場の強い影響**　加工貿易のため，海外市場の影響をうけやすい。アラブ諸国の石油戦略→**石油危機**★7など。

5 工業地域

❶ **おもな工業地域**　京浜，中京，阪神，北九州の四大工業地帯を中心に発展してきたが，現在では，**太平洋ベルト**の中でも，中京，阪神，京浜の三大工業地帯が核となっている。

❷ **三大工業地帯**
1. **京浜工業地帯**　わが国有数の出荷額。近年地位が低下。
　①地域　東京，川崎，横浜が中心。北関東工業地域，千葉方面の京葉工業地域，茨城県の鹿島臨海工業地域へと拡大。
　②特色　近年，研究開発（R＆D）機能の集中と，海外移転による生産工場の減少（空洞化）が平行して進行している。都心部に印刷業が立地。先端産業をリード。
2. **阪神工業地帯**　戦後，地位が低下。★9
　①地域　大阪，神戸が中心。北は京都，大津，南は和歌山，西は加古川，姫路（播磨工業地域）へと拡大。
　②特色　重化学工業や，食料品，雑貨の製造。**中小工場が多い**。

★7 1973年，OAPEC（オアペック）による生産削減の決定，OPEC（オペック）による価格の大幅引き上げで，日本の諸物価は高騰し，産業や国民生活は大きな影響をうけた。(→p.152)

★8 砂丘を掘って，Y字型の巨大な掘り込み式人工港を建設，大規模な石油化学コンビナートや製鉄所が立地。鹿嶋市と神栖市にまたがる。

★9 1930年代までは日本最大の出荷額をほこった。

③ **中京工業地帯** 自動車工業をはじめとする機械工業がさかんで，現在，わが国第一の出荷額がある。
① 地域　名古屋が中心。
② 特色　自動車，毛織物，陶磁器の生産に特色。★10

❸ **その他の工業地域**

① **北九州工業地帯** 北九州（市）の鉄鋼業をはじめ，ガラス，セメントなどの素材生産が多い。かつて四大工業地帯の1つとされたが，現在は地位が低下している。★11

補説　北九州工業地帯の地位が低下したわけ　北九州工業地帯では，筑豊炭田の石炭，中国からの輸入鉄鉱石による鉄鋼業が中心であったが，筑豊炭田はほとんどすべての炭鉱が閉山においこまれ，中国との貿易も戦後は長くとだえた。そのうえ，工業用地，工業用水の不足や，背後に大きな市場をもたず，素材生産が中心であった点もあって，地位が低下した。

② **新しい工業地域**　倉敷（水島地区）などの工業都市が点在する**瀬戸内**工業地域をはじめ，**東海**，**北陸**，**北関東**，**京葉**工業地域が発展。しかし，これらの新しい工業地域は，従来の資源多消費型の重化学工業が中心であった。そのため，1970年代の二度の石油危機（→p.152）を経て，日本経済が，高度成長から安定成長へと移るとともに，新しい動きが生じてきた。
　　資源多消費型から，知識集約型の産業への転換，エネルギー源の多様化，省エネルギー（省エネ）などの方向である。★12

	おもな都市（工業の種類）
京浜	東京（機械，印刷），横浜（電機，石油化学，機械），川崎（石油化学，電機，鉄鋼，IC），横須賀（自動車），川口（鋳物），さいたま（薬品），八王子（IC，電機）
阪神	大阪（鉄鋼，化学，機械），尼崎（鉄鋼，化学），神戸（酒造，ゴム，造船），堺（鉄鋼，化学），姫路（鉄鋼，化学，電機），加古川（鉄鋼，機械），守口，門真（電機）
中京	名古屋（自動車，鉄鋼，機械），一宮（毛織物），豊田，田原，鈴鹿（自動車），刈谷（自動車部品），瀬戸，多治見（陶磁器），各務原（航空機），四日市（石油化学）

▲三大工業地帯のおもな工業都市

★10 高性能の陶磁器であるファインセラミックスの生産もさかん。

★11 四大工業地帯は第二次世界大戦前に形成された。

★12 鹿児島市喜入や北海道苫小牧などに，石油備蓄基地が建設された。

工業地帯	立地条件	おもな工業都市と工業の種類
瀬戸内	水運，阪神と北九州の中間	石油化学…倉敷（水島地区），周南　繊維…倉敷，岡山，今治 鉄鋼業……倉敷（水島地区），福山　セメント…宇部，山陽小野田 機械工業…広島で自動車，呉などで船
東海	豊富な工業用水と電力	富士（製紙），富士宮（フィルム），静岡（金属，機械，アルミ），浜松（楽器，オートバイ），沼津，三島（機械，化学）
北陸	豊富な電力と工業用水	福井県，石川県（繊維），小松（機械），富山（化学），高岡（アルミ），新潟（製油）。伝統的な絹織物，金属製品，薬品，陶磁器，漆器などの生産もさかん
北関東	京浜に近い	伝統的な繊維工業から，機械工業への変化。桐生，太田，高崎，前橋，秩父
京葉	京浜に近い	千葉，君津（鉄鋼），市原（石油化学）

▲新しい工業地域と工業都市

2 資源，産業，貿易

生産額の割合（「工業統計表」による）（2010年）

全国計 290兆803億円

- 中京 16.6%
- 阪神 10.4
- 京浜 8.9
- 瀬戸内 10.1
- 北関東 10.0
- 東海 5.5
- 京葉 4.3
- 北九州 2.8
- その他

三大工業地帯

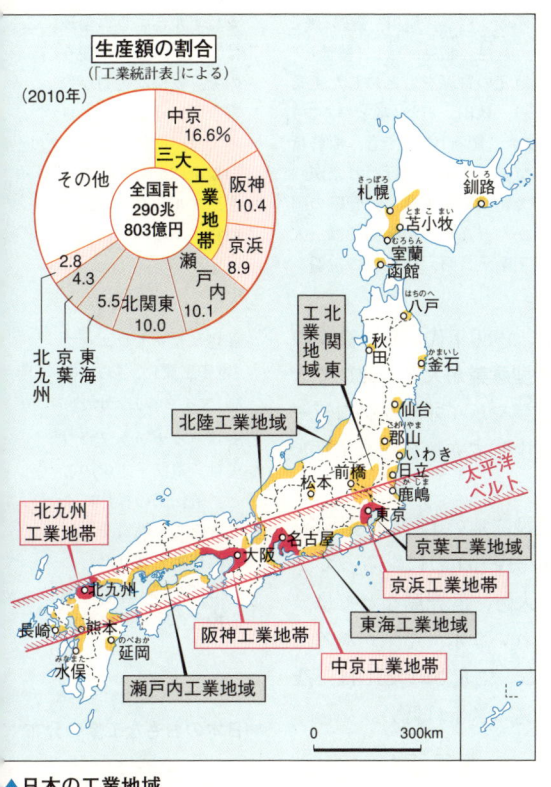

▲日本の工業地域

かつての四大工業地帯の出荷額の割合（「工業統計表」による）

- 京浜 8.9%
- 阪神 10.4%
- 中京 16.6%
- 北九州 2.8%

- かつては高い割合をしめていた
- 1999年に1位と2位が入れかわった
- 1987年に2位と3位が入れかわった
- 地位が低下

日本の工業地域の出荷額とその内わけ（2010年）

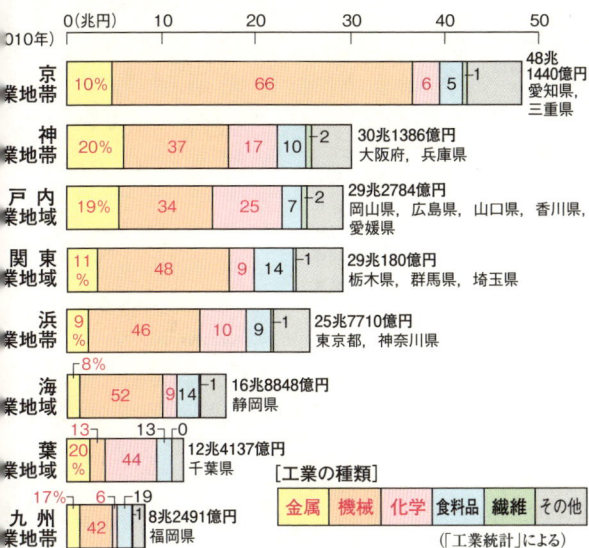

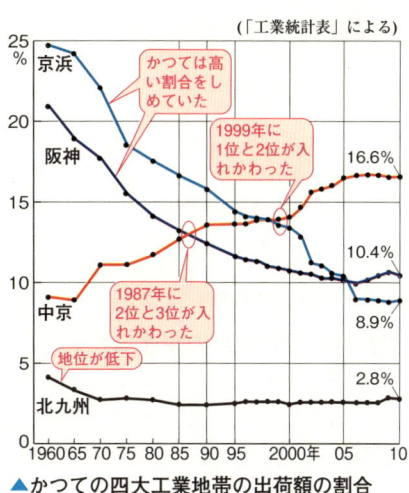

地域	金属	機械	化学	食料品	繊維	その他	出荷額	主な県
中京工業地帯	10%	66	6	5	1		48兆1440億円	愛知県，三重県
阪神工業地帯	20%	37	17	10	2		30兆1386億円	大阪府，兵庫県
瀬戸内工業地域	19%	34	25	7	2		29兆2784億円	岡山県，広島県，山口県，香川県，愛媛県
北関東工業地域	11%	48	9	14	1		29兆180億円	栃木県，群馬県，埼玉県
京浜工業地帯	9%	46	10	9	1		25兆7710億円	東京都，神奈川県
東海工業地域	8%	52	9	14	1		16兆8848億円	静岡県
京葉工業地域	20%	13	44	13	0		12兆4137億円	千葉県
北九州工業地帯	17%	42	6	19	1		8兆2491億円	福岡県

[工業の種類]：金属／機械／化学／食料品／繊維／その他（「工業統計」による）

日本の工業地域の工業の特色

工業の内わけから，各工業地域の特色がわかる。内容は左下のグラフと同じ。

出荷額の多い順（数字は%）（2010年）（「工業統計表」による）

地域	金属	機械	化学	食料品	繊維	その他
中京	10	66	6	5	1	

機械工業（自動車）がとくにさかん。毛織物や陶磁器に特色がある。

| 阪神 | 20 | 37 | 17 | 10 | 2 | |

金属工業や化学工業の割合がやや大きい。繊維工業も他地域より多い。

| 瀬戸内 | 19 | 34 | 25 | 7 | 2 | |

重化学，とくに化学工業の割合が大きい。繊維工業も他地域より多い。

| 北関東 | 11 | 48 | 9 | 14 | 1 | |

部品を組み立てる型の機械工業がとくにさかん。食料品工業も大きい。

| 京浜 | 9 | 46 | 19 | 10 | 1 | |

機械工業がさかんで，繊維工業の割合は少ない。印刷業に特色。

| 東海 | 8 | 52 | 9 | 14 | 1 | |

自動車など機械工業と，地元の原料を使った食料品工業に特色。

| 京葉 | 20 | 13 | 44 | 13 | 0 | |

化学工業がとくにめだつ。石油化学と鉄鋼業が中心。

| 北九州 | 17 | 42 | 6 | 19 | 1 | |

金属工業の割合は低下してきた。食料品工業の割合がめだつ。

凡例：金属／機械／化学／食料品／繊維／その他

補説　**その他のおもな工業都市**　北海道の苫小牧，白老，旭川，釧路（紙・パルプ），室蘭（鉄鋼），千歳（IC），芽室，美幌，北見，帯広（精糖），札幌（食品），函館（水産加工）などでは，地元の資源をもとにした工業が発達。東北地方の八戸（肥料，セメント），秋田，石巻（紙・パルプ），郡山（化学繊維），いわき（セメント，ガラス，肥料）などでも，原料指向の工業がさかん。電力の豊富な喜多方でアルミ精錬が行われたが，現在は転換。★12 茨城県の日立，ひたちなかで電気機械工業，長野県の岡谷，諏訪，下諏訪では精密機械工業がさかん。九州の中南部では，大牟田，久留米，延岡，水俣，八代の化学工業，長崎，佐世保の造船，大分の鉄鋼業などがある。

❹ **ハイテク産業の発達**　日本の工業は，1980年代から，高度の先端技術（ハイテク）をもとにした知識集約型産業が大きく伸びてきた。こうしたマイクロエレクトロニクス産業★13やバイオテクノロジー産業★14では，従来の装置産業が臨海地域に集中して立地したのに対し，臨空港型立地をとる例もある。

1　**シリコンアイランド**　九州は，臨空港型立地のIC（集積回路）工場がふえ，アメリカのシリコンヴァレー（→p.162）にならって**シリコンアイランド**とよばれる。熊本，大分，鹿児島などでは，工業用地，用水や労働力にめぐまれ，きれいな水，空気があるため，空港の近くにIC工場が立地している。生産されたICは，空輸するが，小型，軽量で高価なため，輸送コストは低い。

★12 アルミニウム精錬は，大量の電力を使うので，安価な電力が豊富な所に立地する。日本では，海外の精錬との競争にたちうちできず，アルミニウム地金の輸入が増加した。

★13 エレクトロニクス（電子工業）でさらに微細（マイクロ）な分野。

★14 バイオテクノロジーは，遺伝子工学のこと。遺伝子の操作により，新しい性質をもった農作物を作りだしたりしている（遺伝子組み換え作物）（→p.144）。

▼日本のおもな工業の分布

2 資源，産業，貿易

② シリコンロード　東北地方も，自然的な条件は九州地方と同じで，1980年代から，空港や東北自動車道の整備とともにIC工場がふえた。九州地方にならって，**シリコンロード**ともよばれる。

6 工業の諸問題

❶ 海外移転による空洞化（くうどうか）　日本の多くの企業が，1980年代からアジア諸国に工場を移し，**多国籍企業化**（たこくせき）した（→p.169, 179）。企業内で国際分業がすすめられ，工場の海外移転がふえている。企業内の国際分業とは，具体的には，本社は東京や大阪に，研究所や開発工場は大都市圏に，主力製品の工場は九州や東北，先進国や新興国に，標準化製品の量産工場は労働力の安価なアジア諸国に，という具合である。その結果，国内工場の閉鎖（へいさ）や失業など，**産業の空洞化**の問題が深刻になっている。

❷ 過集積（かしゅうせき）と地方分散
1 過集積　工業地域では，地価の暴騰（ぼうとう），工業用水の不足，住宅，交通問題のほか，公害も激化。公共の費用が過大となっている。
2 工業の地方分散　1960年代に**新産業都市**★15や**工業整備特別地域**★17を指定したが，地方分散の効果は小さかった。（→p.395～396）

❸ 公害　工業地域では，生産，輸送の集中にともない，**大気汚染**，**水質汚濁**（おだく），**土壌汚染**や地下水のくみあげすぎによる**地盤沈下**（じばんちんか）などの産業公害が発生。（→p.105）

❹ 資源問題　大量の原料資源を輸入し，加工する型（**重厚長大型**（じゅうこうちょうだい））の工業から，省資源，省エネルギーによる**付加価値**（ふか）★18の高い（**軽薄短小型**（けいはくたんしょう））工業製品をつくるタイプ，知識集約型の工業への転換が，いっそう必要となっている。

❺ 貿易摩擦（まさつ）　工業製品の輸出がふえると，相手国の産業との競合から，貿易摩擦の問題がおこる。自動車の場合は，相手国に工場を移すよう求められ，国内での生産が減少している。

❻ 新たな取り組み　**ベンチャービジネス**（→p.172）による経済の活性化や，国際競争力のある**コンテンツ産業**★19の推進など。

Q「四大工業地帯」と「新しい工業地域」の場合，「工業地帯」と「工業地域」は，別のものとして区別して使っているのですか。

A よく出る疑問だが，結論的にいえば，まったくいっしょだね。ただし習慣として，日本の四大工業地帯（京浜，阪神，中京，北九州）については「工業地帯」という点には注意しよう。「地帯」のほうが，「地域」より規模が大きい，ということもないね。北九州工業地帯より，瀬戸内工業地域のほうが，出荷額が多いからね。だが，それ故に，最近では北九州工業地域ということもあるよ。

★15 首都圏では，サイエンスパークやリサーチパークといった地域に，製品の研究や開発（R&D, research and development）の機能が集中。

★16 地方の工業開発を目的に，15か所が指定された。略して**新産都市**（しんさんとし）という。

★17 四大工業地帯の周辺で，重化学工業を中心とした開発をすすめる地域として，6か所が指定された。

★18 生産額から原材料費，燃料費などを差し引いたもので，製造加工によって生み出された新しい価値をいう。

★19 音声や文字，映像を用いて創作される，映画や音楽，アニメーション，ゲームソフトなどを制作する産業。

ポイント
高度経済成長期…**重化学工業**が発達
石油危機後…**高付加価値製品**（産業構造の転換）
工場の海外移転などで，**多国籍化，空洞化**

3 日本の貿易の特色

1 貿易の変化

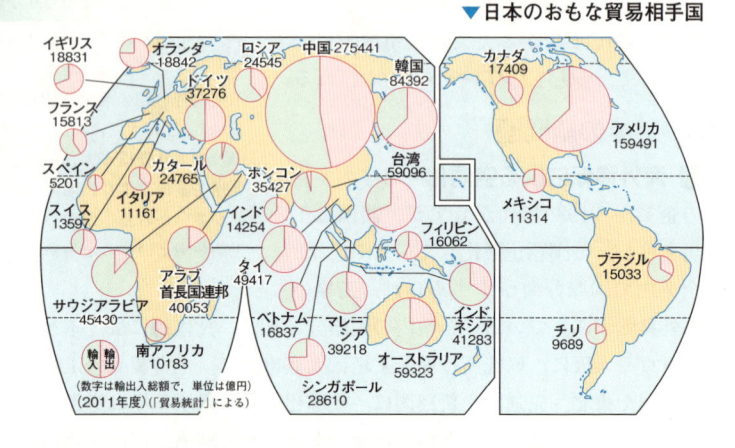

❶ 戦前の貿易

繊維原料や，機械類などの生産財を輸入し，綿織物などの軽工業製品を輸出する加工貿易。輸出品は，労働集約的な商品が中心であった。

▼日本のおもな貿易相手国

（数字は輸出入総額で，単位は億円）
（2011年度）（「貿易統計」による）

イギリス 18831／オランダ 18842／ロシア 24545／中国 275441／韓国 84392／カナダ 17409／アメリカ 159491／ドイツ 37276／フランス 15813／スペイン 5201／カタール 24765／イタリア 11161／スイス 13597／ホンコン 35427／台湾 59096／メキシコ 11314／インド 14254／フィリピン 16062／ブラジル 15033／タイ 49417／サウジアラビア 45380／アラブ首長国連邦 40053／ベトナム 16837／マレーシア 39218／インドネシア 41283／チリ 9689／南アフリカ 10183／シンガポール 28610／オーストラリア 59323

❷ 戦後の貿易

1950年代後半以後，日本の貿易構造は大きく変化した。原料や燃料を大量に輸入して，自動車，鉄鋼などの重化学工業製品を大量に輸出するようになり（＝**加工貿易**），世界貿易にしめる割合も増加した。

貿易相手国としては，アメリカやアジア諸国が中心。戦後とだえていた中国との貿易も，1972年の国交回復後，増加していった。

❸ 現在

工業製品の貿易では，知識集約的な製品（先端技術産業の製品）の輸出がふえ，アジアNIEsや中国などから，労働集約的な製品（家電など機械類，衣類，雑貨など）の輸入がふえている。

★1 高度の技術で生産される，ビデオカメラや，半導体素子，集積回路（IC），コンピューターなど。

▼日本の輸出入品と輸出入相手国

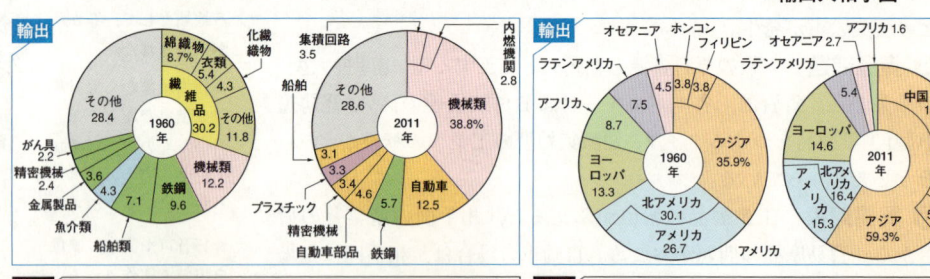

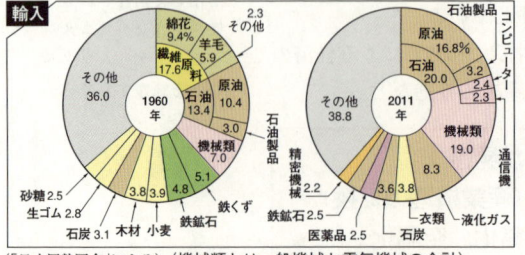

（「日本国勢図会」による）（機械類とは一般機械と電気機械の合計）

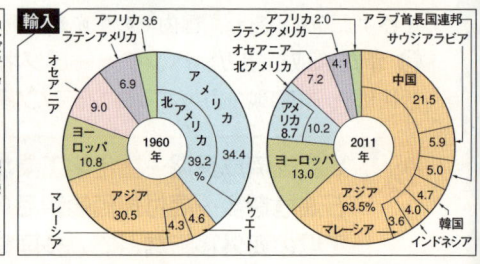

❹ **貿易相手国** 輸出入ともに北アメリカ，ヨーロッパからアジアへの比重が高まった。とくに近年では，アジアNIEsや中国などから工業製品や半製品の輸入が急増し，アジア諸国との貿易が，上位を占めるようになっている。

> [補説] **日本は加工貿易国でなくなった？** 日本をはじめ西ヨーロッパ諸国の貿易構成からは，加工貿易の実態が読みとりにくくなっている。これら先進国の輸入する工業製品が，鉄鋼など比較的低付加価値の素材類のほか，自動車や半導体といったひじょうに高付加価値の製品もふえてきたため，原材料や燃料など，一次産品の金額が相対的に後退したためである。ただし，日本の一次産品輸入額は今でも増加しており，加工貿易は，日本の工業の一角をしめている。

2 貿易をめぐる諸問題

❶ **資源の海外依存** 国内資源に乏しいため，工業原料は，ほとんど輸入にたよっている。また，日本人の生活は，衣食住の全般にわたって，世界の諸資源によって支えられている。近年，食料の輸入がふえている。

| 日本の食料の輸入 | 魚介類，肉類，野菜，果実，小麦，大豆などのほか，飼料のとうもろこし，大麦などを大量に輸入。 |

❷ **貿易摩擦** 安定した市場をもたない日本の重化学工業製品は，アメリカやヨーロッパ諸国に大量に輸出され，その国の産業と競合し，経済上の摩擦をひきおこしている。[★2]

| アメリカとの貿易摩擦 | 日本の繊維製品，鉄鋼，カラーテレビ(以上1960年代)，自動車(1970年代)，半導体(1980年代～)の輸出で対立。 |

❸ **輸入の問題** アメリカとの貿易摩擦を機に，日本はアメリカの農産物に対する輸入自由化を迫られた。また，中国など新興工業国からの工業製品の輸入が増大しており，国内の製造業の衰退し産業の空洞化が加速することが懸念されている。

❹ **貿易自由化交渉** いくつかの国家，地域連合間での**自由貿易協定(FTA)**や**経済連携協定(EPA)**の締結あるいはその交渉が行われている(→p.195)。しかし，国内農業の保護などの問題があり，アメリカやEU，韓国などに比べて遅れをとっている。[★3]

★2 軽工業製品は，工業化のすすんだ発展途上国と競合する。

★3 FTAやEPAでは，原則すべての貿易品の関税が撤廃されるため，安い農産物の輸入で国内農業が衰退すると心配されている。一方で，経済界からは，協定の締結が遅れることで，関税が撤廃されず，他国の工業製品との競争が不利になり，国内製造業が衰退するとして，協定の締結促進を求める声が大きい。

18章 日本の特色と課題

ポイント 日本の貿易…基本的には，**加工貿易**
- 戦前…繊維原料を輸入して，繊維製品を輸出
- 戦後…石油や鉄鉱石などを輸入して，自動車，鉄鋼などを輸出
- 最近…**機械類**の輸入が増加。貿易摩擦や貿易自由化交渉などの問題

3 その他の諸問題

1 日本の人口と人口問題

1 人口と人口構成

❶ **人口の増加** 明治以後，産業革命をへて，日本の人口は急増した。現在，1億2千万人をこえ，世界第10位(→p.211)。

❷ **将来人口** 第二次世界大戦後，出生率も死亡率も低下し，自然増加率は小さくなり，**少産少死の漸増，停滞型**になっている。そして，西暦2000年代には，人口がふえも減りもしない**静止人口**から，人口減少の状態となっている。[★1]

3 人口の分布

① **人口密度** 約38万km²のせまい国土のなかで，1km²あたり300人をこえ，世界でも有数の高密度国(→p.211)。

② **地域差** 東海道メガロポリス(→p.243)に人口が集中して，**過密**になっている。反対に，人口密度が低く，人口の減少に悩む**過疎**の地域も広がっている。人口分布の地域差はきわめて大きい。

4 人口構成

① **年齢別人口構成** 戦前から戦後しばらくは，典型的なピラミッド型(多産多死型)であったが，現在は，釣鐘型からつぼ型へ変化している。出生率の低下にともない，年少人口が減少し，老年人口が増加している。[★2]

② **産業別人口構成** 近代工業の発達にともない，とくに戦後，第一次産業人口が減少し，第二次，第三次産業人口が増加した。

▼**日本の人口増加**

1880年	3665万人
1900年	4385万人
1920年	5547万人
1940年	7193万人
1960年	9342万人
1980年	1億1706万人
1990年	1億2361万人
2000年	1億2693万人
2010年	1億2806万人
2011年	1億2780万人

★1 日本の人口は2005, 2009, 2011年に前年の人口を下回った。今後は急速に減少し，2040年代には1億人を下回ると推計されている。

★2 日本の合計特殊出生率(→p.218)は，2005年で1.26, 2011年で1.39。

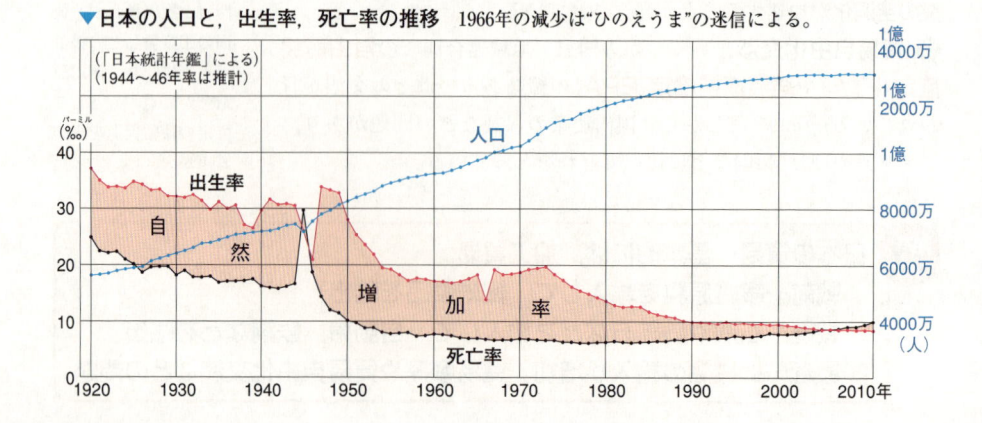

▼**日本の人口と，出生率，死亡率の推移** 1966年の減少は"ひのえうま"の迷信による。

> **ポイント**
> 日本の人口…世界有数。今後，**人口減少へ**
> 　年齢別人口…釣鐘型から**つぼ型**へ
> 　産業別人口…第二次，第三次産業が中心

2 さまざまな人口問題

❶ **少子高齢化**　第二次世界大戦後のベビーブームの後，出生率が急激に低下し，1970年代後半以降は合計特殊出生率が2.1を下回っている。一方で，平均寿命が伸びており，1995年には高齢社会に突入し，1997年には老年人口が年少人口を上回った。高齢化は，農村部に限らず，都市部でも急速に進行している。

少子高齢化によって，生産年齢人口の減少による労働力不足，年金などの社会保障の負担問題がおこる。少子化対策としては，育児休業制度の利用促進や経済的補助などがはかられているが，雇用不安や待機児童などの問題が解決されていない。

❷ **過密と過疎**　人口分布の不均衡で，社会問題が発生。
1 **過密**　都市に人口が集中しすぎて，住宅不足，土地の値上がり，交通の混雑，騒音や大気汚染などの公害，公園，学校やゴミ処理場など社会資本の不足がめだつ状態。
2 **過疎**　人口が流出して，病院，学校やバスなどの社会施設や公共交通機関がなくなり，伝統的な地域社会が衰退，消滅していく状態。廃村や**限界集落**がみられる。

❸ **外国人労働者**　1991年より日系外国人の国内労働が認められた。高い賃金格差のため外国人労働者は年々増加しているが，受け入れには様々な法規制がある。国別では中国人が，業種では製造業が最も多い。一方で，**不法就労者が多数存在**する。人口減少社会の中で，今後外国人労働者をどう受け入れるのかが問われている。

★3 日本では，2.1を下回ると人口が減少するとされる。

★4 老年人口比率が，7％以上→高齢化社会，14％以上→高齢社会，21％以上→超高齢社会と分類される。日本では2007年から超高齢社会に突入。

★5 高度経済成長期に大都市圏に大量に流入した若者が，現在高齢者となっているため。

★6 老人1人を扶養する生産年齢人口は，1955年に11.5人，1985年に6.7人，1995年に4.8人，2010年に2.8人となった。

★7 保育所への入所を希望しているが，空きがないため入所できない児童。

★8 65歳以上の住民が半数を超え，社会生活の維持が困難になった集落。

◀**日本の人口ピラミッド**　1950年のピラミッド型から，釣鐘型をへて，つぼ型に変化している。第二次世界大戦後のベビーブーム（1947～49年）と，その子供の世代の第二次ベビーブーム（1971～74年）における人口の多さがめだつ。

18章　日本の特色と課題

2 日本の食料需給と食料問題

1 日本の食料需給

❶ 日本人の食事

① **日本型食生活** 米を主食として畜産物，水産物，野菜，果実などの多様な副食を摂取する。和食(→p.278)。供給熱量にしめるたんぱく質，脂質，炭水化物の栄養バランスが適正。[*1]

② **食生活の変化** 戦後の日本人の食生活は，穀物消費量(とくに米)が減少し，油脂類や畜産物の消費がふえた。輸入畜産物の急増や食生活の多様化などにより，欧米型の食事や，脂質の多い食事をとる機会がふえた。その結果，たんぱく質，脂質，炭水化物の栄養バランスは崩れてきている。

補説 食習慣の変化 高度成長期には加工食品の需要が増大して，食品産業が急成長し，外食産業の規模が拡大した。「飽食の時代」といわれる現在では，多様化，高級化，個性化がいっそう進んでいる。最近は，健康，安全性への志向が高まり，自然農法や有機栽培，無農薬栽培が注目されている。一方で，生活スタイルの変化や女性の社会進出により，調理や食事を家庭外に依存する状況の「食の外部化」がみられる。食のサービス化，簡便化ともいわれ，「中食」(惣菜や弁当などを買い，持ち帰って食べる)や，「外食」の購入頻度が高まっている。また，時間不足から食事をとらない「欠食」，家族が異なった時間に食事をとる「孤食」，家族が同じ食卓についても各人が異なった食事をとる「個食」など，食習慣の変化がみられる。

❷ **食料品の輸入** 日本は世界各国から食料品を輸入し，輸入総額の約8％をしめる。なかでも，魚介類は食料品輸入額の中で最大(2007〜2011年の平均)である。最近，食料品の中で輸入がふえているのは野菜である。[*2]

★1 たんぱく質(P)，脂質(F)，炭水化物(C)の栄養素別の熱量比をPFC比率という。

▼日本の食料品の輸入

食料品の種類	％
魚介類	23.1
肉類	18.2
穀物	15.1
たばこ	8.3
野菜	6.7
果実	6.4
飼料	5.6
飲料	4.1
コーヒー，ココア，茶	3.0
酪農品	2.0
計…5兆8542億円	

(2011年)
(「貿易統計」による)

★2 食料品の中でも，野菜の輸入量は，中国が圧倒的に多い。

▼日本が輸入するおもな食料

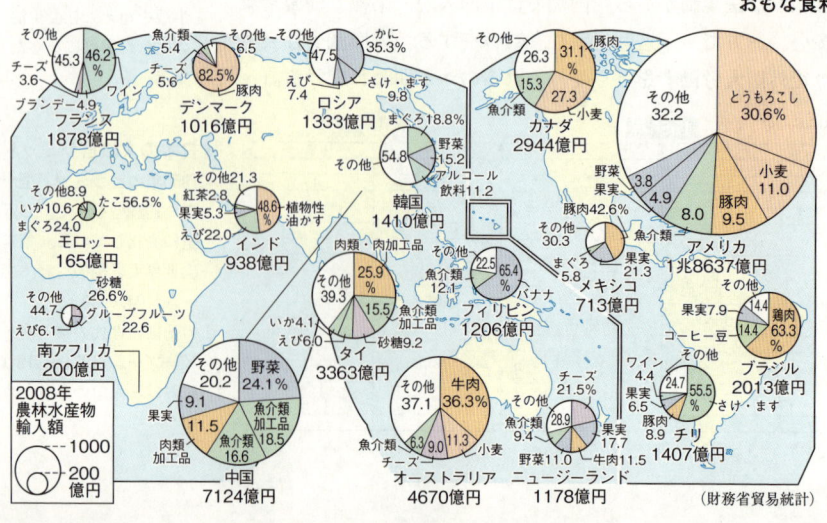

3 その他の諸問題　411

❸ 食料自給率の低下

第二次世界大戦後，先進国間で貿易の自由化が活発になった。日本は，工業製品の輸出がふえるにつれて，農産物の輸入自由化を余儀なくされ，食料の自給率は，しだいに低下した。

❹ 農産物の市場開放

1980年代，農産物の市場開放の圧力が強まり，1991年，牛肉，オレンジの輸入が自由化された。1995年からは，毎年，必ず一定量の米を輸入することになった。[*3] その後，中国などからの農産物の輸入が増大し，価格下落によって，農家は打撃をうけている。

年度	米	小麦	大豆	野菜	果実	肉類	鶏卵	牛乳・乳製品	魚介類	供給熱量
1960	102	39	28	100	100	93	101	89	108	79
1970	106	9	4	99	84	89	97	89	102	60
75	110	4	4	99	84	76	97	81	99	54
1980	100	10	4	97	81	80	98	82	97	53
85	107	14	5	95	77	81	98	85	93	53
1990	100	15	5	91	63	70	98	78	79	48
95	103	7	2	85	49	57	96	72	57	43
2000	95	11	5	82	44	52	95	68	53	40
05	95	14	5	79	41	54	94	68	50	40
10	97	9	6	81	38	56	96	67	54	39

▲ 日本の食料自給率
（単位：％）
（「食料需給表」による）

2 日本の食料問題

❶ 米をめぐる問題

[1] **食糧管理法**　1942年，主食の配給維持のために制定された。戦後も生産回復まで一定の役割をはたしたが，米の輸入の部分開放などによって，食糧管理制度と減反政策への批判が，生産者，消費者の双方から出た。

[2] **新食糧法**　1995年，それまでの食糧管理法を廃止し，米の流通や生産を原則的に自由とする新食糧法が制定された。おもな内容は，米の流通の基本を，政府米から民間の自主流通米に転換させることや，政府の役割を輸入と備蓄などに限ること。

[3] **米の関税化**　1999年，通常の貿易品と同様に関税をかけることで輸入を認めた。輸入米は，国内産の米に影響を与えないように大部分は主食用以外で流通するように管理されている。

❷ 安全性の問題

1990年代以降，食中毒事件，BSEなどの家畜感染症問題[*5]（→p.414），**遺伝子組み換え作物**（→p.144）の流通，残留農薬問題，産地偽装表示など，国産および輸入食品においてさまざまな問題が表面化した。

食の安全を確保する取り組みとして，2001年には生鮮食料品の原産地表示[*6]や遺伝子組み換え食品の表示など食品表示が強化された。また，牛肉や米などで**トレーサビリティ**[*7]が義務化されている。

❸ 食料輸入の環境問題

食料の大量輸入は，食料自給率低下の問題以外にも，遠い生産地から輸送するという環境負荷の問題がある（→p.145）。対策として，**地産地消**[*8]の取り組みが挙げられる。

[*3] GATTの貿易自由化交渉（1986年に始まったウルグアイ＝ラウンド→p.182）で，1993年に合意が成立。日本は米の関税化を拒否した代償として，ミニマムアクセス（最低輸入量）を義務付けられた。国内の米があまる中で，米の輸入がはじまった。

[*4] 正式名称は「主要食糧の需給および価格の安定に関する法律」。

[*5] 口蹄疫や鳥インフルエンザの問題も発生（→p.414）。

[*6] 1961年の農業基本法にかわって，食料自給率の計画や安全性などをもりこんだ食糧・農業・農村基本法が，1999年に制定された。

[*7] 商品の生産から流通，販売までの履歴情報を管理すること。

[*8] 地元で生産された農産物を地元で消費すること。

18章　日本の特色と課題

3 日本の都市，居住問題

1 いろいろな都市，居住問題

❶ **交通問題** 都心と郊外の住宅地の距離が長くなり，通勤時間が長くなる。自動車交通の激増に対して，交通体系の整理や道路整備が遅れ，慢性的な交通渋滞が発生する。

❷ **居住問題** 三大都市圏などに人口が集中し，住宅不足と地価高騰をひきおこした。市街地は都心から周辺部，郊外へと拡大し，**スプロール化**(→p.245)がすすんだ。1980年代の後半には，土地の転売や地上げ★1が行われ，地価が急騰した。また，一戸あたりの居住面積がせまいなど，水準が低くなっているのも問題である。

❸ **大気汚染などの公害** 工場の煙や自動車の排気ガスが原因で，大気汚染がすすみ，光化学スモッグが発生したり，ぜんそくなどの公害病となる。騒音や振動によって，生活の平穏が失われたり，体の調子をこわすことも出てくる。

❹ **日照や通風の侵害** 高層の建物が増加し，日あたりが悪くなったり，風が通らなくなる。

❺ **ゴミの問題** 大量消費や，産業廃棄物の増加で，処理能力をこえるゴミが発生。ゴミ処理を担当する自治体の負担は大きい。

❻ **都市中心部の問題** 大都市では，都心部の人口減少がすすんだ(**ドーナツ化現象**)。地方都市では，モータリゼーションにとり残された旧市街地や駅前商店街の衰退もみられる。

2 都市の再開発

❶ **都市域の整備** 都市とその周辺を，**市街化区域**と，市街化を抑制する**市街化調整区域**とに区分して，それぞれの整備をすすめることになっている。

❷ **広域都市計画** 東京を中心とする首都圏，大阪を中心とする近畿圏について，首都圏整備計画★2，近畿圏整備計画★3が立案された。しかし，都市問題を根本的に解決することには，なっていない。

❸ **防災や環境への配慮** 地震や火災などへの対応にとりくみ，災害に強いライフライン(電気，ガス，水道，電話など)が整備されつつある。また，1993年，**エコシティ**(環境共生都市)★4づくりが提唱され，環境に配慮した都市整備もみられる。

> **補説** **人口移動パターン** 地方から大都市に移動した人が，再び故郷に帰ることをUターン，故郷まで帰らず途中の地方都市にもどることをJターン，都会育ちの人が地方に移住することをIターンという。

★1 都心部の老朽化した賃貸住宅など，細分化された土地の権利関係を整理して，開発しやすい形にまとめること。賃貸住宅の住民が，泣く泣く追い出されることがある。

★2 関東地方の1都6県と山梨県において，都心から25km以内は工場を制限し，既成市街地の地域分化を促進して拡大を抑制すること，50km圏は計画的な都市化を行い緑地帯を保存すること，50～100km圏の開発をすすめること，などがおもな内容。

★3 近畿地方の2府4県と福井県，三重県において，都市や農村の整備，文化財の保護などを行うとしている。

★4 生態系(エコシステム)(→p.99)との均衡が保たれた街。緑の確保，資源のリサイクル，エネルギーの節約，自然エネルギーの有効利用，透水性舗装の整備，下水処理水の再利用，親水空間(水辺の公園など)の設置などを組み合わせて，よりくらしやすい都市づくりをめざす。船橋市，横浜市，大阪市，北九州市などがモデル都市に指定された。

バージョンUP　日本　…追加・新用語

東海，東南海，南海地震

東海地震は，駿河湾周辺を震源に，近い将来発生する可能性が高いマグニチュード8級の巨大地震。東海地方の広い範囲が震度7〜6弱の揺れに襲われ，大津波も押し寄せ，最大1万人が犠牲になると想定されている。

東南海地震は遠州灘から紀伊半島まで，南海地震は紀伊半島から四国沖の範囲で発生するものを指す。駿河湾から四国沖にかけての海底で，フィリピン海プレートが日本列島の下に沈みこむでおきる。政府は最悪の場合，津波などで死者約2万1千人，建物全壊64万5千棟と想定している。

なお，東海地震，東南海地震，南海地震は，100〜150年周期で繰り返し発生していることが知られており，将来確実に起きる地震として対策が練られている。また，3つの地震が連動して発生することも予想されており，連動型地震の場合，東日本大震災をはるかに上回る規模の被害が想定されている。

東シナ海ガス田問題

南西諸島と中国大陸の間にある東シナ海の大陸棚には，ガス田が存在する。石油や天然ガスの埋蔵が指摘され，資源開発に注目が集まる。

しかし，東シナ海では，日本と中国が排他的経済水域(EEZ)の境界の設定をめぐり，対立している。中国は，南西諸島のすぐ西方の沖縄トラフまでを排他的経済水域の境界線と定めているが，中国が2003年に開発に乗り出した「春暁(日本名・白樺)」ガス田は，日本が定める排他的経済水域の境界線である日中中間線まで数キロと近く，日本政府は日本の資源が吸い取られると反発している。

メタンハイドレート

生物の死骸が分解して発生したメタンガスが低温，高圧の状態で固まったもので，形状から「燃える氷」ともよばれる。日本近海には国内の天然ガス消費量の100年分にも相当する約7兆4000億m³が埋蔵されている。硫黄，窒素酸化物の排出が少ないクリーンエネルギーとして期待されていて，経済産業省では，2016年度以降の商業実用化を目指している。

都市鉱山

携帯電話などの家電製品などには，貴金属やレアメタル(希少金属)(→p.157)などが使われており，これらの有用な物質を再生可能な資源と見なして，それが廃棄されて集まる場所である都市を1つの鉱山とみなそうとする概念。

貴金属やレアメタルなどは，近年価格が高騰しており，天然資源に乏しく，先端産業を基幹産業とする日本にとっては，重要なリサイクル資源として見直されている。今後は，リサイクル体制の整備や採算性の向上が課題となる。

コージェネレーション

日常生活から発生する廃熱を有効なエネルギー資源にしようという取り組み。「Co(共同の)Generation(発生)」という由来で，1つのエネルギーから複数のエネルギー(電気・熱など)を取り出すシステムである。例えば，都市ガスを用いて発電し，その際に発生する廃熱を冷暖房や給湯・蒸気などに利用する。最近では，燃料電池や都市ガスを利用した家庭用のコージェネレーションもみられる。

産業別人口

産業別人口構成は，地域性を見ることができる指標である。第一次産業の人口比率は，東北や四国，九州地方などで高い。第二次産業は，自動車関連産業が集積している愛知県三河地方の比率が高いことが特徴である。また，食器産業の燕(新潟県)，精密機械工業の多い岡谷(長野県)など，歴史のある工業都市でも高い。

第三次産業はもともと大都市で多かったが，この30年間で大都市の近隣県も比率を高めてきた。その結果，地方では比率が低くなっているが，観光や米軍基地経済がさかんな沖縄や，北

海道では例外的に高い。都市では，旅館やホテルの就業者が多く居住する熱海，別府などの温泉保養地などで比率が高い。

口蹄疫，BSE，鳥インフルエンザ

これらの家畜感染症は，感染拡大を防ぐため，集団で殺処分を行わなければならず，風評被害もあいまって，畜産農家や食料品産業に多大の損害をもたらすことが多い。

・口蹄疫

豚や牛，羊などが感染するウイルス性伝染病。感染した家畜の肉を食べても人体に影響はなく，家畜の致死率も低いが，他の家畜への感染拡大を防ぐため，罹患した家畜は発見されしだい殺処分される。

日本では2010年4月，宮崎県で感染が確認され，殺処分された牛や豚などは計約28万9千頭にのぼった。宮崎県では，感染拡大を止めるために，発生農場から半径10km以内にある全農場の家畜にワクチンを打ち処分した。同年8月宮崎県の東国原知事(当時)は終息宣言をした。一連の騒動で，日本からの食肉の輸出の大半が止まった。

・牛海綿状脳症(BSE)

牛の脳が萎縮してスポンジ状(海綿状)になる感染性の中枢神経疾患。1986年にイギリスで初めて確認された。狂牛病ともよばれ，運動に支障をきたした。人間の脳がスポンジ状になって死に至る変異型クロイツフェルト・ヤコブ病は，BSEに感染した牛を食べることによって発症するとされる。

日本でのBSE感染事例は，2001年に初めて確認され，2012年現在36例が報告されている。現在では，牛の全頭検査の実施と個体管理・履歴追跡体制(トレーサビリティ)を確立し，牛肉の安全性が確保されている。

・鳥インフルエンザ

鳥類が感染するインフルエンザで，肉や卵を食べて人が感染した例は報告されていないが，ウイルスによっては鳥と接触した際にまれに人にうつることがあり，感染すると高確率で死にいたる。

世界では，特に2005年に東アジア，東南アジアで猛威をふるった。日本では2004年以降，家畜の鶏などの集団感染がたびたび発生しているが，迅速な初期対応を徹底することで，比較的小規模で終息している事例が多い。

農業法人と集落営農

農業法人とは，「法人形態」によって農業を営む法人の総称である。2010年現在1万1829社があり，近年増加傾向にある。既存農家が大規模化を進めるため法人を立ち上げる場合や，建設業や食品関連産業などの企業が農業参入のため設立する場合が多い。

また，集落営農とは，農村の集落を単位として，生産行程の全部又は一部について共同で取り組む組織のこと。農地の合理的利用や機械・施設の共同利用，共同作業を行って，生産コストを下げる。農業法人化する集落も見られる。2010年現在約1万3000組織あり，これも近年増加傾向である。

これらの，形態による農業経営は，農家の減少や高齢化，零細経営など，日本の農業が構造的に抱える問題への打開策として注目されている。

構造改革特区

市町村や都道府県などの地方公共団体が，地域の特性に応じた政策を進めるため，地域を限定して，取り組みの妨げとなっている国の規制について特例を設け，地域活性化を実現する制度。正式には，「構造改革特別区域」。小泉内閣の時に規制緩和策としてうちだされ，2003年に構造改革特別区域法が施行された。

分野としては，教育，物流，国際交流，農業，街づくり，環境，福祉，医療などが挙げられる。2012年現在の累計認定件数は全国で1,171にのぼる。そのうち826件が，成功事例として全国展開されている。

スマートシティ

電力の時間帯別消費や再生可能エネルギーの有効な利用，地域の交通システムや住民のライフスタイルの見直しなどを複合的に組み合わせた都市の概念。関西文化学術研究都市など，国内でもいくつかの地域で計画が進んでいる。

テスト直前要点チェック

	問	答
①	日本付近の海洋プレートは，太平洋プレートと何か。	❶ フィリピン海プレート
②	日本の南端となっている東京都の島は，何島か。	❷ 沖ノ鳥島
③	北方領土は，（　），国後島，歯舞群島，色丹島。	❸ 択捉島
④	日本列島を東西に分ける大地溝帯の別名は，何か。	❹ フォッサマグナ
⑤	北海道の気候は，何帯に属するか。	❺ 亜寒帯（冷帯）
⑥	日本の梅雨は，小笠原気団と何気団の間に形成されるか。	❻ オホーツク海気団
⑦	日本海側と太平洋側で，冬の降水量の多いのは，どちらか。	❼ 日本海側
⑧	短時間に狭い範囲で集中的に降る雨を，何というか。	❽ ゲリラ豪雨
⑨	販売農家で65歳未満の者がいない農家を，何というか。	❾ 副業的農家
⑩	米の産出額の割合が最も高いのは，（　）地方である。	❿ 北陸
⑪	日本の漁業種類別の漁業量で最大なのは，何漁業か。	⓫ 沖合漁業
⑫	広島湾，松島湾で養殖がさかんな水産物は，何か。	⓬ かき
⑬	浜名湖周辺で多く養殖されている水産物は，何か。	⓭ うなぎ
⑭	日本で最も発電量が多いのは，（　）発電である。	⓮ 火力
⑮	日本国内でほぼ自給できる鉱産資源は，何か。	⓯ 石灰岩，硫黄
⑯	中京工業地帯で自動車工業がさかんな都市は，どこか。	⓰ 豊田市
⑰	1930年代まで日本最大の工業地帯だったのは，どこか。	⓱ 阪神工業地帯
⑱	北九州，室蘭で共通してさかんな工業の業種は，何か。	⓲ 鉄鋼業
⑲	岡谷，諏訪でさかんな工業の業種は，何か。	⓳ 精密機械工業
⑳	九州ではICの工場が増え，（　）と呼ばれる。	⓴ シリコンアイランド
㉑	IC工場は，（　）型として立地する傾向がある。	㉑ 臨空港港（臨空）
㉒	工場の海外移転で，国内生産が減少する問題は，何か。	㉒ 産業の空洞化
㉓	現在日本の最大の貿易相手国は，どこか。	㉓ 中国
㉔	工業製品の輸出増で相手国との間で発生した問題は，何か。	㉔ 貿易摩擦
㉕	高齢化率が7～14%の社会を，何というか。	㉕ 高齢社会
㉖	社会生活の維持が困難になった集落を，何というか。	㉖ 限界集落
㉗	日本がもっとも輸入している食料品は，何か。	㉗ 魚介類
㉘	食料品などの履歴情報を管理することを，何というか。	㉘ トレーサビリティ
㉙	人と環境が調和した都市，環境共生都市を何というか。	㉙ エコシティ

18章 日本の特色と課題

さくいん

＊このさくいんでは，図表中の重要な用語も載せている。用語の表記については，チはティ，ツはトゥ，バはヴァ，ビはヴィ，ベはヴェ，ボはヴォも参照のこと。

A～Z

Af	79
AFTA（アフタ）	295
AL	296
ALADI（アラディ）	296
Am	79
AMeDAS（アメダス）	25
APEC（エイペック）	295,297
ARF	295
ASEAN（アセアン）	295,312
──自由貿易地域	295
──地域フォーラム	295
ASEM（アセム）	295
AU	296
Aw	79
BEE政策	335
BRICs（ブリックス）	167,320
BRICS（ブリックス）	167
BS	80
BSE	414
BW	80
CAN	297
CAP（キャップ）	292
CATV	192
CBD	236
Cfa	81
Cfb	82
CIS	295,355
COMECON（コメコン）	290
COP（コップ）	114
CRH	186
Cs	81
CVA	100
Cw	81
DAC（ダック）	290
Df	83
Dw	83
EAPC	294
EC［鉄道］	186
EC［ヨーロッパ共同体］	291
ECB	342
ECO	327
ECSC	291
ECU（エキュ）	293
EEA	291
EEC	291
EEZ	286
EF	86
EFTA（エフタ）	291,294
EMS	172
EPA	182,195,407
ERASMUS（エラスムス）	387
ESCAP（エスキャップ）	299
ET	83
EU	292,342
EU理事会	292
EURATOM（ユーラトム）	291
Euro（ユーロ）	293
FAO	299
FTA	182,195,407
GATT（ガット）	182
GCC	296
GDP	30,179
GIS	26
GMT	13
Google Earth（グーグル アース）	24
GPS	25
G8	290
G20サミット	290
H［気候］	86
IAEA	299
IBRD	182,299
IC	404
IC工場	404
ICE	186
ICT	193
IDA	300
IFC	300
ILO	299
IMF	182,299
IMO	299
IPCC	117
IT	193
ITU	299
Iターン	412
JICA（ジャイカ）	300
Jターン	412
KTX	186
LCC	195
LDC	168
LLDC	168
LNG	153
LNG専用船	188
LPG	153
LRT	186
MANDARA（マンダラ）	27
MERCOSUR（メルコスール）	297
MIGA	300
MVA	100
NAFTA（ナフタ）	296
NATO（ナトー）	289,294
NEET（ニート）	206
NGO	300
NIEs（ニーズ）	167,169
OAPEC（オアペック）	152
OAS	296
OAU	296
ODA	300
OECD	290,294
OEEC	290
OPEC（オペック）	151,297
OSCE	294
OT図	17
pH	109
PKF	298
PKO	298
PLO	274
POS（ポス）システム	194
PPPの原則	113
R&D	170,405
SAARC（サーク）	296
SCO	297
SELA（セラ）	296
SICA	296
SNS	193
TGV	186
TOマップ	17
TVA	100
UK	345
UN	298
UNCTAD（アンクタッド）	290,299
UNDP	299
UNEP（ユネップ）	113,299
UNESCO（ユネスコ）	207,299
UN-HABITAT（ハビタット）	299
UNHCR	213,299
UNICEF（ユニセフ）	299
UPU	299
USA	362
UTM図法	35
U字谷	58,65
Uターン	412
V字谷	58
WASP（ワスプ）	363
WEU	294
WFP	299
WHO	299
WIPO	299
WTO［世界貿易機関］	182,299
WTO［ワルシャワ条約機構］	290
WWW	193

あ

アイスランド	351
アイセル湖	347
アイゼンヒュッテンシュタット	160
アイヌ	270,278
アイヌ語	270
アイルランド	347
アイルランド人	268
アイントホーフェン	160,233
アウトウォッシュプレーン	66
アウトストラーダ	187
アウトストラーダ＝デル・ソーレ	187
アウトソーシング	172
アウトドアスポーツ	203
アウトドアライフ	203
アウトバーン	187
亜鉛	156
青いバナナ	387
アオザイ	257
青島	63
青森	230
赤石山脈	55
赤城颪	75
明石	14
アカシア	79,89
赤潮	399
アカデムゴロドク	235,251
阿賀野川	105
阿寒湖	57
亜寒帯	82
亜寒帯気候	82
亜寒帯湿潤気候	83
亜寒帯低圧帯	68
亜寒帯冬季少雨気候	83
亜寒帯林	89,139
秋田スギ	400
秋吉台	66
秋芳洞	66
悪質商法	200
悪臭	105
アクラ	330
アグリビジネス	138
アグロフォレストリー	116
アクロン	162,235
アコソンボダム	102
アコンカグア山	91
安積疏水	226
アサハン川	101
旭川	404
アサンソル	318
アジア	304
──の集約的農業	124
──の地域開発	101
アジア＝アフリカ会議	290
アジア開発銀行	300
アジア系人種	262
アジア式稲作農業	124
アジア式畑作農業	124
アジア太平洋経済協力会議	295,297
アジア太平洋経済社会委員会	299
アジア通貨危機	308
アジアNIEs（ニーズ）	167
アジアハイウェイ	187
アジア＝ヨーロッパ会議	295
アシェンダ	372
アジェンダ21	114
足尾鉱毒事件	104
足尾銅山	104
アシガバット	359
芦ノ湖	57
アスタナ	324,359
アースデイ	115
アステカ文明	370
アスピーテ	57
アスワンダム	124
アスワンハイダム	102
アセアン	295,312
アゼルバイジャン	327,359
アタカマ砂漠	75,370
アタチュルクダム	327
熱海	235
アチェ州	315
アッサム地方	75,310
アッラー	265
アディスアベバ	330
アテネ	231,342,344
アデレード	383
アデン	327
アドベ	261
アトラス山脈	54
アトランタ	162,368
アトール	64
アナトリア高原	327
アナログ地図	24
アナワク高原	370
アニミズム	264
亜熱帯高圧帯	68
アノラック	256
アパラチア山脈	362
アパラチア炭田	150
アパラチア油田	151
アパルトヘイト	271,335
アパレル産業	170
アーバンツーリズム	206
アビジャン	333
アファーマティブ・アクション	388
アフガニスタン	269,323
アフガニスタン攻撃	388
アブジャ	251,332
アフタ	295
アブハジア	269
油やし	133,134,314

さくいん（あ～う）

アフリカ	328
——の地域開発	102
——の角	269
——の年	329
アフリカ＝アジア語族	263
アフリカ系人種	262
アフリカ大地溝帯	58,328
アフリカ大陸	50
アフリカ統一機構	296
アフリカーナ	271
アフリカプレート	53
アフリカ連合	296
アフロ＝アメリカン	270,364
アペニン山脈	340
アボリジニー	271,380
尼崎	402
アマゾン横断道路	102
アマゾン川	102
アマゾン縦断道路	102
天橋立	63
アムステルダム	347
アムダリア川	101
アムネスティ＝インターナショナル	300
アムノック川	287
アムール川	354
アムール州	356
アムール＝ヤクーツク鉄道	357
アメダス	25
アーメダーバード	166,235,318
アメニティ	248
アメリカ合衆国	362
——の工業	162
——の鉱業	151
——の州	367
——の総合開発	100
——の農牧業	131
アメリカン＝メガロポリス	242
アモイ	165
アラスカ	368
アラスカ山脈	362
アラディ	296
アラビア語	263,274
アラビア半島	322
アラビアプレート	53
アラビア湾	324
アラブ首長国連邦	327
アラブ人	323,329
アラブ石油輸出国機構	152
アラブ民族	274
アラブ連盟	296
アラムコ	326
アラル海	29
有明海	225
アリストテレス	11
アリソフ	76
アリューシャン列島	54
アルザス地方	343
アルジェ	330
アルジェリア	332
アルゼンチン	374
アルタイ山脈	304
アルデンヌ高原	347
アルパカ	91,123
アルバータ州	369
アルバータ油田	152
アルバニア	353
アルハンゲリスク	235
アルプ	129
アルプス山脈	340
アルプス＝ヒマラヤ造山帯	54
アルミナ	87,157
アルミニウム	157
アルメニア	327,359
アルメニア正教	327
アレクサンドリア	231,330
アンカラ	327
アンガラランド	52
アンカレジ	235,368
アンクタッド	290,299
アングロサクソン	363
アンケート調査	44
アンゴラ	298,330
アンコールワット	87
アンシャン	165,306
アンシャン鉄山	155
安全保障理事会	298
アンチョビ	140
アンティポデス諸島	50
安定陸塊	51
アンデス横断鉄道	186
アンデス共同体	297
アンデス山脈	91,370
アントウェルペン	160
アンドラ	285,350
安中	222
アンナン語	263
安保理	298

い

イエス	264
イェーテボリ	160
イエメン	298,323,327
イェリヴァレ	156
硫黄	400
硫黄酸化物	109
いか	399
囲郭村	227
囲郭都市	229
イガルカ	235
イギリス	345
——の工業	159
——の国旗	345
イギリス病	346
イギリス連邦	345
イグルー	277
池袋	237
生駒山地	55
諫早湾	63
石狩川	60
石造り	261
石巻	235,404
移出人口	212
一身田	232
伊豆	235
伊豆小笠原海溝	391
イースター島	385
イスタンブール	327
イスパニョーラ島	376
イズミル	327
出雲平野	228
イスラマバード	235,251
イスラーム	265
イスラーム過激派	323
イスラム教	265,274
イスラム原理主義	323
イスラム復興運動	323
イスラム文化圏	284,322
イスラム法	323
伊勢	232
緯線	13
イ族	272
イタイイタイ病	105
イタビラ鉄山	102
イタビラ鉄山	155
イタリア	348
イタリア語	263
一次エネルギー	149
一次産品	183,289
一次資料	44
一宮	235,402
市場町	232
市原	402
1万分の1地形図	33,36
一毛作	398
五日市	232
1国2制度	307
一般図	33
遺伝子汚染	145
遺伝子組み換え作物	144
緯度	13
糸魚川・静岡構造線	393
移動式農牧業	123
移動性高気圧	394
イドリーシーの世界地図	18
移入人口	212
イヌイット	389
稲	125
伊能忠敬	18
揖斐川	222
衣服	256
イブン＝バットゥータ	11
イベリア高原	349
イベリア半島	349
移牧	129
イボ族	332
今井	232
いも類	258
祖谷	225
イラク	269,327
イラク戦争	327,388
イラン	325
イラン＝イラク戦争	288
イラン革命	325
イリノイ州	367
イルクーツク	164,230,357
いわき	404
磐田原	61
岩手山	57,226
インカ文明	370
印刷	213,318
イングランド	345
インゴルシュタット	160
インスブルック	205
インセルベルグ	59
インダス川	310
インターネット	193
——の利用	45
インチョン	167,189
インディアン	270,363
インディアン＝インディオ諸語	264
インディオ	273,370
インディカ種	144
インティファーダ	277
インテルサット	191
インド	275,317
——の工業	166,318
——のシリコンヴァレー	318
——の人口問題	216
インドシナ半島	310
インドネシア	315
インドネシア語	263
インド半島	52
インド文化圏	284
インド洋	51
インド洋大津波	94
インド洋中央海嶺	53
インド＝ヨーロッパ語族	263,275
インナーシティ	245
印旛沼	71
インペリアルヴァレー	100
インペリアルダム	100
インフォーマルセクター	247
インフラストラクチャー	245

う

ヴァイシャ	321
ヴァージニア州	367
ヴァスコ＝ダ＝ガマ	11
ヴァラナシ	235,265
ヴァルナ	321
ヴァンクーヴァー	369
ウイグル族	272
ヴィスワ川	340
ヴィチェンツァ	387
ウィニペグ	131,369
ウィリーウィリー	79
ウィルソン	266
ヴィルヌーヴェル	250
ウィーン	231,348
ヴィンケル図法	23
ウィーン条約	110
ウェイパ	156
ウェゲナー	53
ウェットバック	388
ヴェネツィア	387
ウェーバー	158
——の工業立地論	158
ウェランド運河	188
ウェリンガーデンシティ	249
ウェリントン	384
ウェールズ	345
ヴェルホヤンスク	83
ヴォイヴォディナ自治州	352
ヴォストーク基地	83
ウォーターフロント	250
ウォル牧場	236,367
ヴォルガ・ウラル油田	152
ヴォルガ川	100
ヴォルガ＝ドン運河	100
ヴォルタ川	102
ヴォルフスブルク	160,233
雨温図	77
雨季	79
浮稲	90,312
ウクライナ	359
牛	123
ウジミナス製鉄所	373
ウズベキスタン	327,359
内モンゴル自治区	272
宇宙空間	286
宇宙船地球号	113
うなぎ	140
ウパーレ	66
ウーハン	165,307
宇部	402
馬	123
海風	75
海のシルクロード	310
梅田	236
裏作	398
ウラジオストク	164,235,357
ウラル＝アルタイ語族	263
ウラル山脈	354
ウラン炭田	150
ウラン	156,324
雨緑林	89
ウルグアイ	374
ウルグアイ＝ラウンド	182
ウルサン	167,308
ウルドゥー語	263
ウルムチ	307
ウルル	59,379
運搬作用	55

え

エアーズロック	59,379
エアバス	344
永久凍土	93
英語	263
永世中立国	285
衛星都市	234
衛星放送	191
エイペック	297
エヴェレスト山	55
エヴェンキ人	386
エウル	237
エカテリンブルク	164
液化石油ガス	153
液化天然ガス	153
液状化現象	95,395
エキュメノポリス	240
エクアドル	298,375
エクスクラーフェン	285
エクメーネ	210
エーゲ海	62
エケルト図法	20
エコシステム	99
エコシティ	412
エコタウン事業	116
エコツーリズム	206
エコラベル	115
エジプト	331
エスカー	65
エスキモー	389
エスタンシア	372
エスチュアリ	62
エステート	134,314
エストニア	358
エスニシティ	276
エスニック・グループ	276
エスニック・ジョーク	276
エスノセントリズム	276
エゾマツ	83
エチオピア	329,330
エッジシティ	253
エッセン	159
エディンバラ	345
エドモントン	369
択捉島	392
エニセイ川	136,354
エネルギー革命	148
エネルギー問題	171
江の島	63
えび	399
エフタ	291
エーヤワディー川	316
エラスムス計画	387
エラトステネス	11
——の世界地図	17
エリア・マーケティング	26
エリー運河	188
エリトリア	329
エルグ	67
エルサレム	235,265
エルツ山脈	287
エルニーニョ現象	68,70
エルベ川	188,340
エレクトロニクス	162
エレクトロニクスハイウェイ	163
エレクトロニクスベルト	163
エレバン	359
エレベーター	138
塩害	143
沿海（縁海）	51
遠隔即時通信体系	192
遠隔探査	25
沿岸漁業	399
円環式キブツ	228
沿岸州	63
円グラフ	44
園芸農業	129
塩湖	67,71
遠郊農業	129
円弧状三角州	60
円錐火山	57
円錐図法	19
塩性土壌	88
円柱	228
円高	180
塩田	141
円筒図法	19
エンドモレーン	65
円安	180
遠洋漁業	399

お

オアシス	67
オアシス農業	124
オイミャコン	83
オイルサンド	173
オイルシェール	173
オイルショック	152
オイルマネー	324
扇形モデル	237
黄金海岸	334
黄色人種	262
黄色土	87
黄土	88
黄土高原	305
青梅	222,230
大分	404
大潟村	226
大川端リバーシティ21	250
大阪	402
大阪圏	240
太田	402
大手前	236
大手町	236
大麦	127
大牟田	404
小笠原気団	394
小笠原諸島	207
岡集落	223
オガデン	288
岡谷	404
小川原湖	63
沖合漁業	399
沖ノ鳥島	392
オーク	82,89
億兆戸	137
屋上緑化	245
回帰線	13
オークランド	384
オークリッジ	162
オケアノス	17
オーストラリア	380
——の農牧業	132
オーストラリア大陸	50
オーストラロイド	262
オーストリア	348
オーストロアジア語族	263
オーストロネシア語族	263
オスロ	342
尾瀬	207
オセアニア	379
オゾン層	110
オゾンホール	108,110
オタワ	369
小田原	230
落合集落	222
オックスフォード	235
オーデル川	188
鬼の洗濯板	63
尾根	38
尾根線	38
オハイオ州	367
オビ川	136,354
帯グラフ	44
帯広	404
オフシェアリング	172
オペック	297
オホーツク海	392
オホーツク海気団	394
溺れ谷	62
オマーン	298,323
オムスク	164,356
表作	398
親潮	394
オランダ	347
——の園芸農業	129
オランダ語	263
オリエンタリズム	276
オリジナルカロリー	145
オリノコ川	375
オリーブ	81,127
オリヤー語	317
オルガ山	59,379
折れ線グラフ	44
オレンジ	127
嵐	75
尾鷲	75
尾鷲ヒノキ	400
温室効果	110
温泉型リゾート	203
温帯	80
温帯夏雨気候	81
温帯混合林	89
温帯草原	89
温帯林	89,139
温暖夏季少雨気候	81
温暖湿潤気候	81
温暖冬季少雨気候	81
隠田集落	225
隠田百姓村	225
オンラインシステム	192

か

ガイアナ	288,375
海淵	67
改革・開放政策	165
海岸砂丘	42
海岸山地	362
海岸段丘	61
海岸の地形	62
海岸平野	42,61
階級区分図	34
海溝	53,67
外港	229
外国人観光客	203
外国人労働者	409
海山	67
海上交通	187
外食	410
海食崖	63
海食台	63
海食洞	63
海食棚	63
改新	33
改正都市計画法	252
塊村	227
街村	227
外帯	393
開拓者精神	363
開拓前線	363
開拓村	225
海底火山	67
海底通信ケーブル	191
海底の地形	67
外的営力	54
快適環境	248
垣内集落	224
開発援助委員会	290
外部支配	172
買いまわり品	200
海面更正	73
海面養殖	140
開閉店	57
海洋型リゾート	203
海洋国境	287
海洋性気候	73
海洋プレート	53
外来河川	67,124
海里	286
戒律	265
海流	69
外輪山	57
海嶺	53,67
カイロ	60
カイロワン炭田	149
ガウチョ	372
カウンターアーバナイゼーション	252
過栄養湖	71
カエデ	89
カオシュン	166
カカオ	133,333,334
科学衛星	25
科学的風化作用	55
各務原	402
河岸段丘	61
かき	140
華僑	213,272
河況係数	71
カーギル社	138
画一化	200,256,261
学園都市	234,251
隔海度	73
学術都市	234
核燃料サイクル	173
格安航空会社	195
かけがえのない地球(Only One Earth)	113
下降気流	68
火口原	57
火口原湖	57
火口湖	57
過耕作	112
加工貿易	183,406
加古川	402
河谷	58
火砕流	391
カザフスタン	327,359
カサブランカ	330
火山	56
火山岩尖	57
火山堰止湖	57
火山帯	54
カシ	81,89
鹿嶋	404
鹿島臨海工業地域	401
カシミール3D	27
カシミール地方	288,319
カシミール紛争	269
火主水従	153
過剰人口	212
カシワ	82,89
華人	272
カースト	275
ガストアルバイター	344

さくいん（か～き）

カスピ海	322,354
カスプ状三角州	60
霞ヶ浦	71
霞が関	236
霞堤	72
化石エネルギー	171
河跡湖	60
河川国境	287
河川水	71
過疎	409
仮想水	145
家族計画	216
カタ・ジュタ	59,379
片品川	61
カタール	327
華中	306
月山	57
カッシーニ一族	18
褐色森林土	87
活断層	94
カッパーベルト	156
カーディフ	159,345
家電リサイクル法	116
カード社会	200
門真	402
カドミウム	105
カトリック	264
カトリーナ[ハリケーン]	95
ガーナ	333
カナダ	268,369
カナダ楯状地	52
カーナック	235
カナート	93
カーナビゲーションシステム	26
金谷	230
カナリア海流	70
華南	307
かに	399
ガーネット種	130
カーバ神殿	265
カフカス山脈	354
カフカス地方	327
過放牧	112
華北	306
華北平原	305
釜石	158
鎌倉	235
釜無川	72
過密	245,409
カムチャツカ半島	354
ガヤ	265
カヤオ	229
可容人口論	212
カラガンダ炭田	150
カラクーム運河	101
カラコルム山脈	54
カラジャス鉄山	113,155
カラチ	244
からっ風	75
カラード	271
ガラパゴス諸島	375
カラハリ砂漠	328
ガラビア	256
樺太	392
カリブー	260
カリフォルニア海流	70
カリフォルニア州	367
カリフォルニア油田	151
カリブ海諸国	376
カリブプレート	53
カリマンタン島	50
刈谷	402
火力発電	153
夏緑林	89
カール	65
軽井沢	230
カルカッタ	318
カルグーリー	229,235
カルスト地形	66
カルスト地方	353
カルデラ	57
カルデラ火山	57
カルデラ湖	57
カルトグラム	34
カルパティア山脈	340
カルロヴィヴァリ	235
カレー	258
涸川	67
カレーズ	93
涸谷	67
カレドニア造山帯	52
カレンフェルト	66
ガロンヌ川	188
川口	402
川崎	402
ガワール油田	152
カンアルチン（坎児井）	93
岩塩	141
灌漑	124
乾季	79
柑橘類	81
環境アセスメント	114
環境影響調査	114
環境開発サミット	114
環境可能論	12,99
環境基本法	106
環境共生都市	412
環境決定論	99
環境省	106
環境税	110
環境庁	106
環境と開発に関する世界委員会	114
環境と開発に関するリオ宣言	114
環境保全	113
環境ホルモン	107
環境マイスター	117
環境問題	108
寒極	83
観光産業	202
環濠集落	224
観光地図	33
官公庁区	236
観光都市	234
韓国	308
——の工業	167
関西文化学術研究都市	251
カンザスシティ	131,162,368
ガンジス川	275,310
環礁	64
緩衝国	285,312
完新世	54
関税及び貿易に関する一般協定	182
岩石海岸	61
岩石圏	53
岩石砂漠	67
岩石堰止湖	57
乾燥アジア	322
乾燥限界	120,210
乾燥限界値	78
乾燥じゃがいも	258
乾燥草原	89
乾燥帯	80
乾燥地形	67
乾燥農法	210
乾燥パンパ	81,131
環村	228
刈田	404
寒帯	83
寒帯前線	68
寒帯土壌	88
環太平洋造山帯	54
カントリーエレベーター	130,138
環日本海経済圏構想	297,358
カンヌ	204
間氷期	65
カンポ	370
カンボジア	316
漢民族	272,305
寒流	69
寒冷限界	120

き

ギアナ高地	370
ギアナ地方	375
キエフ	164,359
気温	73
——の逓減率（減率）	73
飢餓	142
聞き取り調査	44
企業城下町	172,233
企業的農牧業	130
貴金属	157
気候	76
気候因子	73
気候記号の基準	78
気候区分	76
気候変動に関する政府間パネル	117
気候変動枠組条約	114
気候要素	73
キシニョフ	359
気象衛星	25
希少金属	157
基図	33
汽水湖	64
季節風	74,90,310
木曽川	60,222
木曽ヒノキ	400
北アイルランド	345
北アイルランド問題	268
北アジア	304
北アフリカ	328
北アメリカ大陸	50
北アメリカプレート	53,391
北回帰線	13
北関東工業地域	401
北キプロス	277
北九州工業地域	405
北九州工業地帯	402
北島	384
北赤道海流	70
北大西洋海流	82
北大西洋航路	188
北大西洋条約機構	289,294
北太平洋海流	70
北太平洋航路	188
北朝鮮	309
北ドイツ平原	66,340
北日本・太平洋側の気候	394
北日本・日本海側の気候	394
北バルト海運河	188
北マリアナ諸島	385
北ヨーロッパ	350
気団	394
キト	375
希土類元素	173
ギニア海流	70
ギニア湾	332
機能地域	284
キブツ	228,325
キブル	257
キプロス問題	269
喜望峰	11
君津	402
ギャオ	351
逆断層	94
逆都市化	252
キャッサバ	123,260
キャップ	292
キャンベラ	235,251,381
牛海綿状脳症	414
牛角湖	60
旧河道	42
旧教	264
旧グリニッジ天文台	13
臼状火山	57
丘上都市	231
牛肉	260
旧約聖書	265
キューバ	376
行基図	18
共通農業政策	292
京都議定書	114
喬木	79
共和国	285
峡湾	62
漁獲量	141
挙family離村	213
漁業	140
漁業専管水域	141,286
極限界	210
極高圧帯	68
局地風	74
極東風	68
極東ロシア	357
極偏東風	68,73
極夜	13,73,350
居住問題	245
裾礁	64
魚醤	260
漁場	140
漁村	228
巨帯都市	242
巨大都市	231
曲降盆地	61
拒否権	298
魚粉	140
距離の測定	37
居留地	270
ギリシャ	349
キリスト教	264
キリスト教的世界観	11
キリバス	15,379,385
キリマンジャロ山	328
桐生	235
キリル文字	264
キール運河	188
キルギス	327,359
キルクーク油田	152
キルト	257
キルナ鉄山	156
キルビメーター	37
キーレン	229
金	156
銀	156
近畿圏	412
近畿圏整備計画	412
緊急輸入制限	144
キングストン	235
近郊圏	236

き

近郊農業	129	
近郊農村	236	
銀座	236	
キンシャサ	330	
近代地理学	12	
キンバリー	235	

く

グアテマラ	376	
グアム	379,385	
クアラルンプール	313	
グアンタナモ	288	
クインズランド州	150	
クウェート	327	
クウェート侵攻	327	
草津川	60	
クシャトリア	321	
グジャラーティー語	317	
九十九里浜	223	
九十九里平野	61	
釧路	235,404	
釧路湿原	207	
クス	81,89	
クスコ	375	
クズネック炭田	150	
グダンスク	161	
クック	11,380	
クック海峡	379	
クック諸島	379	
屈斜路湖	57	
グード図法	19	
国後島	392	
国立	235	
熊谷	394	
クメール語	263	
クライストチャーチ	384	
クライモグラフ	76	
クラクフ	353	
倉敷	402	
グラスゴー	159	
グラスノスチ	355	
クラスノヤルスク	164	
グランチャコ	370	
グランドクーリーダム	100	
グランドバンク	141	
グランドモレーン	65	
栗色土	88	
クリヴォイログ鉄山	155	
クリーヴランド	162	
クリオーリョ	371	
クリスタラー	234	
グリニッジ標準時	13	
グリムズビー	235	
クリーンエネルギー	148	
グリーンツーリズム	202,206	
グリンデルヴァルト	205	
グリーンピース	115	
グリーンベルト	249	
グリーンランド	50,386	
グリーンランド氷床	65	
クルアーン	265	
グルジア	327,359	
クルスク鉄山	155	
クルド人	322	
クルド人独立運動	268	
グルノーブル	160	
久留米	404	
呉	235,402	
クレジットカード	201	
グレートアーテジアン盆地	132,382	
グレートヴィクトリア砂漠	382	
グレートサンディー砂漠	382	
グレートソルト湖	71	
グレートディヴァイディング山脈	382	
グレートバリアリーフ	64,382	
グレートフィッシャーバンク	141	
グレートブリテン及び北アイルランド連合王国	345	
グレートプレーンズ	362	
グレートベースン	362	
クレーフェルト	159	
クロアチア	352	
クロアチア人	352	
黒い森	109	
黒潮	394	
グロスター	235	
クロトーネ	160,348	
グローバリゼーション	169,201	
グローバル化	169,201	
グローバルスタンダード	365	
黒パン	127	
クロム	156	
軍産複合体	201,365	
軍事衛星	25	
軍事都市	234	
君主国	285	
クンルン山脈	304	

け

計画経済	163	
景観図	35	
計曲線	37	
軽金属	157	
経済開発区	165	
経済技術開発区	165	
経済協力開発機構	290,294	
経済協力機構	327	
経済社会理事会	298	
経済相互援助会議	290	
経済特区	165	
経済連携協定	182,195,407	
形式地域	283	
傾斜	38	
——の測定	38	
傾斜流	70	
経常移転収支	180	
経常収支	180	
経線	13	
携帯電話	191	
経度	13	
傾動地塊	55	
系統地理	283	
軽薄短小型	405	
京浜工業地帯	401	
京葉工業地域	401	
ゲジラ灌漑計画	102	
ケスタ	59	
ケソン	309	
穴居	88	
月桂樹	81	
欠食	410	
結節地域	284	
ゲットー	246	
ケッペン	76	
——の気候区分	76	
ケニア	334	
ケニア山	334	
ケバ	35,37	
ケープタウン	330,335	
ケブラチョ	139	
ケーブルテレビ	192	
ケベック州	263,268	
ケベック問題	269	
ゲーリー	162	
ゲリラ豪雨	395	
ゲル	124,261	
ケルト系	347	
ゲルマン語派	263	
ゲルマン民族	341	
ケルン	231	
限界集落	409	
研究開発	170	
兼業農家	397	
言語	263	
圏谷	65	
検索エンジン	45	
原始宗教	264	
原始的定着農業	123	
原子力エネルギー	171	
原子力発電	154	
建設リサイクル法	116	
減反	397	
原地形	56	
現地調査	44	
ケンテ	257	
玄武岩	56	
ケンブリッジ	235	
原料指向型工業	157	

こ

ゴア	231	
コイ＝サン語族	263	
コイサン人	329	
コインバトール	318	
ゴウ	156	
豪亜地中海	51	
高圧帯	68	
広域計画	248	
広域市町村計画	412	
高緯度低圧帯	68	
交易都市	234	
コヴェントリー	159	
黄河	101,304	
公海	286	
紅海	51	
公害	104	
郊外核	253	
郊外市街地	236	
公害対策基本法	106	
公害病	105	
公害輸出	106	
光化学スモッグ	105	
高級化現象	252	
工業	159	
——の立地	157	
鉱業	148	
工業衛星都市	234	
工業化途上国	170	
工業整備特別地域	396,405	
工業都市	231,234	
鉱業都市	234	
工業立地論	158	
高距限界	120,210	
航空交通	189	
合計特殊出生率	218	
高原大陸	328	
高原都市	229	
高山気候	86	
高山都市	229	
高山病	370	
向斜部	55	
工場機械工業	168	
工場制手工業	168	
更新世	54	
香辛料	260	
硬水	71	
洪水	395	
降水量	75	
合成ゴム	314	
公正取引	195	
公正貿易	195	
洪積世	54	
鉱石専用船	188	
洪積台地	61	
構造改革特区	414	
構造湖	58	
構造谷	58	
構造平野	59	
高速道路	187	
豪族屋敷村	224	
郷鎮企業	166	
交通	185	
交通指向型工業	157	
交通都市	234	
口蹄疫	414	
高度経済成長	401	
高度限界	210	
高度情報社会	192	
後背湿地	42,60	
後発発展途上国	168,289	
甲府	230	
鉱物の標本室	400	
神戸	402	
合弁企業	165	
硬木	139	
公民権法	364	
高野	232	
公有林	400	
公用語	263	
硬葉樹	81	
こうりゃん	137	
高齢化社会	218,409	
高齢社会	218,409	
コーカサス地方	327	
コーカソイド	262	
五家荘	225	
五箇山	225	
古期造山帯	52	
国営農場	135	
国際稲研究所	126	
国際運河	188	
国際海峡	188	
国際海事機関	299	
国際開発協会	300	
国際河川	188	
国際協力	300	
国際協力機構	300	
国際緊急援助隊	300	
国際金融公社	300	
国際原子力機関	299	
国際司法裁判所	298	
国際収支	180	
国際人口開発会議	219	
国際赤十字社	300	
国際石油資本	151	
国際通貨基金	182,299	
国際鉄道	186	
国際電気通信連合	299	
国際とうもろこし＝小麦改良センター	195	
国際ハブ港湾	195	
国際復興開発銀行	182,299	
国際分業	170,178	
国際捕鯨条約	386	
国際横メルカトル図法	35	
国際連合	298	
国際労働機関	299	
黒色人種	262	
黒人	270	
コークス	149	
国勢調査	43	
黒檀	139	
谷底平野	60	

黒土	87,135
国土基本図	33,36
国土形成計画法	396
国土地理院	18,33,35
国土地理情報	24
国内総生産	30,179
国民国家	266
穀物	258
穀物商社	138
穀物専用船	188
穀物メジャー	138
国有林	400
小倉	241
国連開発計画	299
国連海洋法条約	141,286
国連環境開発会議	114
国連環境計画	113,299
国連旗	21
国連教育科学文化機関	207,299
国連砂漠化防止会議	113
国連児童基金	299
国連食糧農業機関	299
国連総会	298
国連大学	299
国連難民高等弁務官事務所	213,299
国連人間環境会議	113
国連人間居住会議	113
国連人間居住計画	299
国連平和維持活動	298
国連平和維持軍	298
国連貿易開発会議	290,299
国連水会議	113
コケ類	86
ココスプレート	53
ココム	184
ココやし	314
コージェネレーション	413
コージェネレーションシステム	154
五色沼	57
児島湾	226
こしょう	260
湖沼国境	287
湖沼水	71
弧状列島	391
個食	410
孤食	410
コスタデルソル	204
コスタリカ	376
古生代	54
五全総	396
コソボ	352
五大湖	362
古代バビロニアの地図	17
コーチン	318
国家	266,285
黒海	354
国家群	289
国境	287
ゴットマン	242
コッド岬	63
コットンベルト	128,134
コートジボワール	333
コートダジュール	204
琴似	225
琴平	232
コナベーション	241
コニーデ	57
コバルト	156
コーヒー	133,134,353
ゴビ砂漠	305
コプト派	264
コブラ	314

コペンハーゲン	342
5万分の1地形図	33,36
小麦	130,258
——の生産	125
——の貿易	125
小麦カレンダー	130
コムソモリスクナアムーレ	357
米	258
——の生産	125
——の貿易	125
コメコン	290
コモ湖	65
コモロ	298
コーラン	265
コリアン	278
孤立国	121
孤立荘宅	228
コリデール種	129
コルカタ	166,244,318
コルクがし	349
コルディエラ山系	362
ゴールドコースト	203,382
コルホーズ	135,356
コロノ	134
コロプレスマップ	34
コロラド川	100
コロラド高原	58
コロラド州	367
コロン	332
コロン[パナマ]	230
コロンビア	375
コロンビア河谷開発公社	100
コロンビア川	100
コロンブス	11
コワンシーチョワン族自治区	272
コワンチョウ	165,307
コワントン(広東)省	272
コングロマリット	179,365
金剛山地	55
混合農業	127
混交林	81
混合林	81
コンゴ盆地	328
コンゴ民主共和国	330
根釧台地	226
コンチョンクイ(空中鬼)	109
コンテナ船	188
コンテンツ産業	405
ゴンドワナ大陸	51
ゴンドワナランド	51,52
コンバインクルー	366
コンパクトシティ	253
コンビナート	163,356
コンビニエンスストア	199
コンプレックス	163,356
コーンベルト	121,128
コンベンションシティ	253
コンベンションセンター	253

さ

再開発	248
サイクロン	79,319
サイザル麻	335
再生可能エネルギー	173
砕屑丘	57
最低輸入義務量	144
サイード	276
再都市化	252
在日韓国・朝鮮人	278,309
栽培漁業	399
栽培限界	120
栽培条件	120
サイバー攻撃	195

サイバージャヤ	172
サイバーテロ	195
サイパン	379
最貧国	169,289
財務大臣・中央銀行総裁会議	
サウジアラビア	152,326
堺	232,402
境港	235
魚	260
サガルマータ	55
砂丘	67
サーク	296
ザグレブ	342
ザグロス山脈	54
さけ・ます	399
サザンアルプス山脈	384
サザンカ	81
砂嘴	63
砂州	63
サスカチュワン州	369
サスティナビリティ	116
佐世保	404
刷新	316
札幌	404
さとうきび	133,333
サドバリ	163
里山	117
サトレジ川	101
サハ共和国	93,356
砂漠	67
——の分布	80
砂漠化	29,111
砂漠化対処条約	112
砂漠気候	80
砂漠国境	287
砂漠土	88
サバナ	80,89
サバナ気候	80
サハラ以南のアフリカ	328,332
サハラ砂漠	111,328
サハリン	392
サービス業	215
サービス収支	180
サブプライムローン	364
サヘル	29,111
サボテン	89
サマータイム	14
サマルカンド	164
サーミ	386
サミット	290
ザミンダール制	317
サモア	379
サラエボ	342
サリー	257
ザール炭田	150
ザールブリュッケン	160
サロマ湖	63
サロン	256
サンアンドレアス断層	53
酸栄養湖	71
3海里	141,286
山岳・高原型リゾート	203
三角江	62
山岳国境	287
三角州	60
三角点	37,41
山岳氷床	65
三角貿易	184
残丘	59
産業革命	168
産業関連社会資本	245
産業構造の高度化	215
産業の空洞化	180,405

産業の情報化	194
産業廃棄物(産廃)	107
産業別人口	413
産業別人口構成	215
サンクトペテルブルク	164,356
サンゴ礁	64
サンゴ礁海岸	64
サンシヤ(三峡)ダム	101,103
鑽井	71
酸性雨	109
酸性霧	109
三全総	396
山村	228
散村	228
サンソン図法	19
三大工業地帯	401
三大穀物	258
三大洋	51
三大陸周遊記	11
サンティアゴ	375
三富新田	225
サンノゼ	162,368
サンパウロ	244
サンパウロ州	134
ザンビア	330
散布図	44
サンフランシスコ	162,368
ザンベジ川	102
サンベルト	158,163,368
三圏式農業	126
三本木原	226
サンマリノ	231,350
サンメンシヤ(三門峡)ダム	101
山陽小野田	402
三陸海岸	62
サンレモ	204

し

シアトル	162,368
シーア派	265
シーアン	229
シイ	81,89
椎葉	225
シエスタ	81
ジェット気流	69
シエナ	231
ジェノヴァ	160
ジェノサイド	277
シェファーヴィル鉄山	155
シェフィールド	159
シエラネヴァダ山脈	362
シェールガス	173
シェンゲン協定	293,387
シェンチェン	165,307
ジェントリフィケーション	252
シェンヤン	165,306
潮境	141
汐留シオサイト	250
シオニズム	274
ジオパーク	207
潮目	141
市街化区域	412
市街化調整区域	412
シカゴ	138,162,368
志賀島	63
時間距離	185
自然的農家	397
自給的農業	125
自給的農牧業	123
シク教	266
資源カルテル	289,297
資源ナショナリズム	154,297
資源メジャー	154
四国山地	55

さくいん（し）

子午線	13
色丹島	392
支笏湖	57
時差	13,14
シザル麻	335
支持価格	142
市場開放	411
市場経済	163
市場指向型工業	157
地震	94
自然遺産	207
自然エネルギー	173
自然改造	100
自然環境	99
自然増加	212
自然増加率	212
自然堤防	42,60
自然の国境	287
シセン鉄山	155
持続可能性	116
持続可能な開発	114
紫檀	139
自治管区	355
自治区	305
自治都市	231
自治領	285
実質地域	283
湿潤アジア	322
湿潤大陸性気候	82
湿潤パンパ	81,131
実測図	33
ジッダ	326
実用衛星	25
シティ	236,345
自転	13
自動気象観測システム	25
自動車	185
自動車工場	404
自動車交通	187
自動車専用船	188
自動車リサイクル法	116
シトカ	235
シドニー	381
寺内町	232
シナ＝チベット語族	263
シニジュ	230
地主制度	315
地熱エネルギー	148
地熱発電所	148
地盤沈下	105
渋川	222
ジブシー	277
ジブチ	298
渋谷	237
ジブラルタル	288
ジブラルタル海峡	188
自噴井	71
シベリア	91,356
シベリア気団	394
シベリア卓状地	52
シベリア鉄道	356
死亡率	212
資本収支	180
資本集約型工業	169
資本主義	163
資本主義国家群	289
島田	230
志摩半島	62
事務局[国連]	299
シムラ	230
ジャイカ	300
ジャイプル	318
シャカ	265
社会環境	99
社会資本	245
社会主義	163
社会主義国家群	289
社会主義市場経済	163
社会増加	212
社会保障制度	219
じゃがいも	258
斜軸投影	19
シャッター街	252
ジャーティ	321
シャトルアラブ川	288
ジャポニカ種	144
ジャマイカ	376
シャーマニズム	264
ジャムシェドプル	166,318
シャモニー	205
シャリーア	323
シャールロア	347
ジャワ人	315
ジャワ島	315
ジャングル	79
シャントン半島	59
シャンハイ	165,307
上海協力機構	297
シャンパーニュ地方	343
首位都市	244
シュヴァルツヴァルト	109
住居	261
宗教	264
宗都市	234
就業率	215
褶曲	55
褶曲山地	55
重厚長大型	405
自由式農業	121
集水域	38
集積回路	404
集積の不利益	158
集積の利益	158
収束	68
集村	227
終堆石	65
住宅衛星都市	234
住宅街	237
集団安全保障体制	234
集団化	289
集団化	135
集団の農牧業	135
集団農場	135
自由地下水	72
自由都市	231
周南	402
自由貿易協定	182,195,407
集約的稲作農業	124
集約的農業	125
集約的畑作農業	124
集落営農	414
重量減損原料	157
秋霖	393
私有林	400
主業農家	397
主曲線	37
縮尺	16
縮尺が大きい	33
――が小さい	33
宿場町	232
主権	285
手工業	168
主題図	33
シュチェチン	161
出生率	212
シュツットガルト	160
首都	231
ジュート	319
首都圏	412
首都圏整備計画	412
シュードラ	321
ジュネーヴ	160,348
首府都市	231
主要国首脳会議	290
ジュロン地区	167,315
春化処理	120
ジュンガル盆地	305
循環型社会	116
循環型社会形成推進基本法	116
準主業農家	397
準平原	56,59
荘園集落	224
城郭都市	229
城下町	232
蒸気機関車	185
蒸気船	185
商業的農業	125
商業都市	231,234
商圏	236,284
証券投資	180
商圏分析	26
礁湖	64
城塞都市	229
上座部仏教	265
少産少死型	212
少子高齢化	409
小縮尺	33
鐘状火山	57
上昇気流	68
少数民族	268
沼沢地村	222
上置国境	30,287
鍾乳石	66
鍾乳洞	66
常任理事国	298
消費行動	199
消費生活	199
消費都市	234
商品作物	333
障壁国境	287
情報格差	192
情報技術	193
情報サービス産業	194
情報社会	192
条坊制	232
情報通信技術	193
情報通信業	194
静脈産業	117
縄文海進	65,223
縄文時代	223
縄文杉	207
醤油	260
照葉樹	81
条里集落	224,226
条里制	224
昭和新山	57
食事	258
食品リサイクル法	116
食品ロス	145
植物帯	88,89
植民地	168
植民地分割	329
植民都市	231
食物禁忌	260,265
食料・農業・農村基本法	144
食糧管理制度	397
食糧管理法	411
食料危機	142
食料自給率	142,411
食料不足	142
食料問題	142
ジョージア州	367
ジョージバンク	141
しょっつる	260
ショッピングセンター	199,201
所得収支	180
ジョホール州	315
ションリー油田	153
白老	404
シラカバ	89
白神山地	207
白川郷	225
シリア	323,327
シリコンアイランド	404
シリコンアレー	163
シリコンヴァレー	162
シリコングレン	159
シリコンフォレスト	163
シリコンプレーン	163
シリコンマウンテン	163
シリコンロード	405
自留地	135
資料調査	45
シルダリヤ川	29
知床	207
白い革命	321
シロッコ	74
シロンスク炭田	150
シロンスク地方	161
人為の国境	287
シンガポール	314
新幹線	190
新期造山帯	54
新教	264
新宮	235
シングブーム鉄山	155
信玄堤	72
人口	210
人口移動	213
人口移動パターン	412
人口衛星	25
人口革命	212
新興工業経済地域群	167
新興工業地域・地域	167,169
人口支持力	211
人口増加	212
人口増加率	212
人口転換	212
人口爆発	211
人口ピラミッド	214,217
人口分布	210
人口密度	211
人口問題	216
人口抑制策	217
人口論	212
新国際経済秩序	291
人災	395
新産業都市	395,405
心射図法	20
真珠	140
人種	262
新自由主義	346
人種隔離政策	271,335
新宿	237
人種差別	270
新首都	251
人種島	262
人種のるつぼ	364
侵食	55
侵食谷	58
侵食作用	55
侵食平野	59
新食糧法	411
侵食輪廻説	56
ジーンズ	257

さくいん（し〜そ）　423

新生代	54	ステップ気候	80	成層火山	57	石油	151
新全国総合開発計画	396	スデーティ山脈	287	青蔵鉄道	320	石油化学コンビナート	404
信託統治理事会	299	ストーク	159	生態系	99	石油危機	152
信託統治領	286	ストックホルム	342	成帯土壌	87	石油ショック	152
薪炭材	140	ストラスブール	160	正断層	94	石油輸出国機構	151,297
シンチヤンウイグル自治区	272	ストラボン	11	製鉄所	404	世銀グループ	300
シンチュー	167,307	ストリートチルドレン	247	西電東送	320	セグリゲーション	271
神通川	105	砂嵐	74	西南日本	393	石灰岩	400
新田	225	砂砂漠	67	西南日本外帯	393	接続水域	286
新田集落	225	砂浜海岸	63	西南日本内帯	393	絶対距離	185
神道	264	スノーウィーマウンテンズ計画	102,382	青年海外協力隊	300	絶対分布図	33
振動	105			西部[中国]	307	瀬戸	402
新都心	251	スノーベルト	162	西風東流	70	瀬戸内工業地域	402
新農村運動	308	スーパーマーケット	199	政府開発援助	300	瀬戸内の気候	394
シンハラ人	319	スパルタ	231	西部大開発	307,320	セーヌ川	188
新マース川	347	スパローズポイント	162	生物種の絶滅	113	狭まる境界	53
人民公社	137	図幅	35	生物の多様性保全条約	114	セーフガード	144
新約聖書	265	スプロール現象	245	正方位	16	セマウル運動	308
針葉樹林	89	スペイン	349	正方位図法	20	セム語派	263
新酪農村	226	スペイン語	263	精密機械工業	348	セラ	296
森林	89,400	スペリオル湖	367	勢力圏	236	セラード	102
——の役割	140	スホベイ	74	世界遺産条約	115,206	セルバ	79,370
——の利用	140	スマートシティ	414	世界観の変遷	11	セルビア	352
森林国有	287	スマトラ島	50	世界銀行	182,299	セルビア語	263
		スマトラ島沖地震	94	世界自然遺産	207	セルビア人	352
す		住み分け	237,246	世界食糧計画	299	セルビア正教	264
水害	72	スモーキーマウンテン	248	世界人口会議	219	セルビア=モンテネグロ	352
水牛	185	スラブ語派	263	世界知的所有権機関	299	ゼロ・エミッション	116
水産業	140	スラブ民族	341	世界都市	240	セロデパスコ	156
水産都市	234	スラム	246	世界の衣服	256	扇央	60
水質汚濁	105	スラムクリアランス	253	——のエネルギー問題	171	尖閣諸島	288,392
水主火従	153	3 R	116	——の環境問題	108	先カンブリア代	54
水準点	37,41	スリジャヤワルダナプラコッテ	251	——の気候	76	専業農家	397
スイス	267,348			——の気候区分	84	先行谷	58
水制	42	スリナム	375	——の記述	11	先行国境	287
吹送流	69	スリランカ	319	——の漁獲量	141	全国総合開発計画(全総)	395
垂直的分業	170,178	——の民族対立	269	——の公害	104	先住権	270
垂直貿易	183	ずれる境界	53	——の工業	159	先住民（先住民族）	270
水半球	50	スロバキア	353	——の鉱業	148	扇状地	41,60
水平的分業	170,178	スロベニア	352	——の工場	165,168	線状噴火	53
水平貿易	183	スロベニア人	352	——の交通	185	先進工業国	168
水力発電	154	諏訪	404	——の住居	261	先進国	168,284
水路式発電	154	諏訪湖	393	——の食事	258	先進国型[貿易]	183
スヴァールバル諸島	210,350	スワトウ	165	——の食料問題	142	ぜんそく	105
スウェーデン	350	スワヒリ語	334	——の人口	210	浅堆	67
——の人口問題	219	スンナ派	265	——の人口問題	216	蘚苔類	86,89
スウォン	167			——の水産業	140	扇端	60
数値地図	24	**せ**		——の成長センター	321	センターピボット農法	366
数理的国境	287			——の多雨地域	75	先端技術産業	158
スエズ	230	製塩	141	——の炭田	149	全地球測位システム	25
スエズ運河	188	正角	16	——の地域開発	99,103	扇頂	60
スオミ	350	正角図法	21	——の地形	50	セントジョンズ	235
スカイライン	245	生活関連社会資本	245	——の通信	191	セントラルヴァレー	100
スカンディナヴィア山脈	340	西岸海洋性気候	82	——の鉄山	155	セントルイス	162,368
スカンディナヴィア半島	340	西岸気候	82	——の都市	229	セントローレンス海路	100
杉原千畝	358	西気東輸	320	——の農牧業	122	セントローレンス川	362
スクオッター	247,381	正距	16	——の貿易	181	船場	236
図形表現図	34	正教会	264	——の屋根	304	尖峰	65
スケール	35	清教徒	213	——の油田	152		
スコッター	247	正距円錐図法	23	——の林業	139	**そ**	
スコットランド	345	正距方位図法	21	世界標準	365		
スコール	79	西経	13	世界文化遺産	207	ゾイデル海	347
寿司	260	西経141度	287	世界貿易機関	182,299	騒音	105
すず	156	生産過剰	142	世界保健機関	299	総会[国連]	298
鈴鹿	402	生産責任制	137	渇湖	63	象牙海岸	334
鈴鹿山脈	55	生産調整	397	積算温度	120	総合開発	99
スーセントメリー運河	188	生産都市	234	石炭	66	総合工業地域	163
スーダン	269	生産年齢人口	214	赤色土	87	総合収支	180
スーダンニグロ	262,329	生産費[工業立地論]	158	石炭	149	総合都市	234
スーダン=バンツー語族	263	正軸投影	19	石柱	66	総合保養地域整備法	205
スーチョワン盆地	305	政治都市	234	赤道	13	造山運動	55
スーツケース=ファーマー	366	正射図法	20	赤道低圧帯	68	相対分布図	34
スティーヴンソン	185	聖書	265	赤道反流	70	相対量	34
ステップ	80,89	正積	16	堰止湖	65	壮年期[侵食輪廻説]	56
		正積図法	19			造陸運動	55

さくいん（そ〜ち）

ソウル	167
測位衛星	25
促成栽培	129
ソグネフィヨルド	62,64
租借地	286
疎村	227
育てる漁業	399
ゾーニング	252
ソビエト社会主義共和国連邦	355
ソフィア	342
ソフホーズ	135,356
粗放的農業	125
ソーホー地区	252
ソマリア	30,329
疎林	79
ゾーリンゲン	159
ソルトレークシティ	235
ソ連	355
ソロモン諸島	379,285
村落	222
——の形態	227

た

タイ	125,312
第一次産業	215
第一種兼業農家	397
大インド砂漠	80
大英帝国	345
大英博物館	345
ターイエ鉄山	155
大円	22
ダイオキシン	107
タイガ	83,89,92
タイガ気候	82
大カラジャス計画	102,113
大韓民国	308
大気汚染	105
待機児童	409
大気の大循環	68
大規模小売店舗法	199
大規模小売店舗立地法	252
対共産圏輸出統制委員会	184
大圏	22
大圏航路	22
大圏コース	22
大航海時代	11
対向集落	230
大国型[貿易]	183
第五次全国総合開発計画	396
第三紀	54
第三次産業	199,215
第三次全国総合開発計画	396
第三次中東戦争	331
大鑽井盆地	132,382
第三世界	289
第3のイタリア	160,387
大縮尺	33
大正池	57
台状火山	57
大乗仏教	265
大シンアンリン山脈	305
大豆	128
大西洋	51
大西洋岸平野	230
大西洋中央海嶺	53
大西洋北西漁場	141
大西洋北東漁場	141
堆積作用	55
対蹠点	50
堆積平野	60
代替フロン	110
大地形	51
大地溝帯	393

大土地所有制	142
第二次産業	215
第二種兼業農家	397
大日本沿海輿地全図	18
大農経営	130
台風	79,393
大分水嶺山脈	382
タイペイ	307
太平洋	51
太平洋諸国フォーラム	385
太平洋プレート	53,391
太平洋北西部漁場	141
太平洋北東部漁場	141
大堡礁	64,382
ダイムラー	185
ダイヤモンド	156
太陽エネルギー	148
太陽光	148
太陽光発電所	171
大洋底	67
太陽道路	187
太陽熱	148
第四次中東戦争	331
第四紀	54
第四次全国総合開発計画	396
大陸移動説	53
大陸横断鉄道	186
大陸斜面	67
大陸性気候	73
大陸性混合林気候	82
大陸性針葉樹林気候	82
大陸棚	67,141,286
大陸棚条約	286
大陸氷河	65
大陸プレート	53
大理石	109
大量消費	200
大ロンドン計画	249
台湾	167,307
——のシリコンヴァレー	307
タインサイド＝コナーベーション	241
ダヴァオ	315
多雨地域	75
ター（大）運河	188
タウンシップ制	226
多円錐図法	23
舵角	22
多核モデル	237
高崎	235
高潮	395
高床式住居	90,93
ダカール	330
タガログ語	263,264
滝線	230
滝線都市	230
卓状地	52,59
宅配サービス	200
宅配便	200
タクラマカン砂漠	111,305
竹島	288,392
多元主義	266
たこ	399
蛇行	60
多国間投資保証機関	300
多国籍企業	179
タコス	258
田沢湖	57
多産少死型	212
多産多死型	212
タジキスタン	327,359
タシケント	164,229,359
多治見	394,402
駄獣交通	185

多収量品種	311
ダージリン	230
ダストストーム	74
タスマニア島	382
タタ財閥	318
ダーチャ	356
ターチン	165
ターチン油田	153
ダッカ	244
ダック	290
脱工業化社会	173
竜巻	74
竪穴住居	223
楯状火山	57
盾状火山	57
楯状地	52,59
多島海	62
多度津	235
タートン炭田	149
田中正造	104
棚田	90
谷	38
——の地形	58
谷風	75
谷口集落	222
谷線	38
田原	402
ターバン	256
タピオカ	123,260
タヒチ島	385
タブー	260,265
ダブリン	342
多文化主義	266,276
多摩	235
多摩川	60
ダマスカス	233
ターミナルモレーン	65
タミル語	275,317
タミル人	319
多民族国家	266
ダム式発電	154
多面体図法	23,35
多毛作	398
多目的ダム	100
ダモダル川	101
ダモダル炭田	150
ダラス	162
ダーラン	190
タラント	160,348
ターリエン	165,306
タリム盆地	305
タリン	359
ダーリング川	132,382
ダルエスサラーム	330
ダルフール地方	269,329
ダルフール紛争	277
ダルマチア式海岸	62
ダルマチア地方	62
タロいも	123,260
単一耕作	133,311
単一国家	285
単一民族国家	266
タンカー	188
単核型	241
タンガニーカ湖	58
タングステン	156
ダンケルク	160
段丘	35
段丘崖	61
段丘面	61
段彩地図	34
単作	398
タンザニア	330
タンザン鉄道	331

単式火山	57
断食月	265
淡水化事業	326
淡水湖	71
単節国	285
断層	55,94
断層崖	55
断層角盆地	55,61
断層湖	58
断層山地	55
断層盆地	61
単族国	266,285
炭素税	110
暖帯林	89
炭田	149
単独行動主義	387
タントン	230
タンピコ油田	152
ダンピング	182
担夫交通	185
断面図	39
暖流	69

ち

地域	283
地域開発	99,103
地域格差	193
地域区分	284
地域経済委員会	299
地域生産複合体	163,356
地域調査	43
地域分化	236
地衣類	86,89
チェコ	353
チェコスロバキア	352
チェサピーク湾	140
チェチェン共和国	268
チェラプンジ	310
チェルノーゼム	87,135
チェルノブイリ原子力発電所	107
チェンナイ	166
チェンマイ	312
地塊山地	55
地殻運動	54
地殻変動	54
地下水	71
地球	13,50
地球円盤説	11
地球温暖化	28,110
地球温暖化防止京都会議	114
地球観測衛星	25
地球儀	16
地球体説	11
地球サミット	114
チーク	139
筑豊炭田	402
地形	50
地形図	35
地形断面図	39
地溝盆地	55,61
地産地消	411
地誌	283
知識産業	173
知識集約型工業	166
地質時代	54
地質図	33
千島・カムチャツカ海溝	391
千島海流	394
千島列島	392
地上波	191
チーズ	129,260
地図化	28
地図記号	40

さくいん（ち～と）

地図投影法	16, 19	中部日本・太平洋側の気候	394	ツンドラ	83, 89	東海工業地域	402
地図の分類	33	中部日本・日本海側の気候	394	ツンドラ気候	83	東海地震	413
地勢図	33, 36	中部油田	151	ツンドラ土	87	東海道メガロポリス	243
地籍図	33	中米統合機構	296			等角航路	22
チチカカ湖	375	宙水	72	**て**		等角コース	22
秩父	222	チュー川	305			唐辛子	260
地中海	51	チュキカマタ銅山	156	低圧帯	68	東岸気候	82
地中海・インド洋航路	188	チュチェ（主体）思想	309	ティグリス川	67, 124	東京	402
地中海式農業	127	チュニジア	298, 323	梯尺	35	道教	264
地中海性灌木林	89	チュニス	330	ディスカウントストア	199	東京圏	240
地中海性気候	81	チューニョ	258	泥炭土	88	東京湾臨海副都心	250
窒素酸化物	109	チューネン	121	ディナルアルプス山脈	353	峠	38
千歳	235, 404	──の農業立地論	121	低落差発電	154	東経	13
千葉	402	チューハイ	165, 307	デイリーバス	206	東経25度	287
チベット高原	305	チュメニ油田	152	ティロル地方	348	東経135度	14
チベット自治区	272	チューリヒ	348	テヴェレ川	60	東経141度	287
チベット族	272	チュルク語	263	デカン高原	88, 310	統計地図	33
チベット仏教	265	チューレ	235	テキサス州	367	島弧	391
チベット問題	269	鳥かん	35	適地適作	130, 366	等高線	37
地方図	33	鳥かん図	37	デジタル地図	24	等高線耕作	143
地方風	74	長距離越境大気汚染防止条約		デジタル＝デバイド	192	等高段彩図	37
チマ	257		109	デジタル放送	192	杜氏	213
茶	133, 333	長江	304	豊島	107	投資収支	180
チャイナタウン	272	超高齢社会	409	テチス海	51	等時帯	13, 15
チャオプラヤ川	90, 312	銚子	235	鉄鋼業	158	同時多発テロ	323, 388
チャット	193	鳥趾状三角州	60	鉄鉱石	155	等質地域	284
チャド	330	潮汐発電所	148	鉄山	155	同質地域	284
チャド湖	328	朝鮮語	263	鉄道交通	185	ドゥシャンベ	359
チャドル	257, 265	朝鮮戦争	308	デトロイト	162, 368	塔状火山	57
チャパティ	258	朝鮮半島	304	テネシー河谷開発公社	99	凍上現象	95
チャンアン（長安）	229	朝鮮民主主義人民共和国	309	テネシー川	100	同心円モデル	237
チャンギ	189	調味料	260	デービス	56	等値線図	34
チャンチヤコウ	229	潮流	70	テヘラン	233	東南アジア	310
チャンチュン	165	潮力	148	テーマパーク	204	東南アジア諸国連合	295, 312
中緯度高圧帯	68	直接投資	170, 180	テムズ川	62	東南海地震	413
中栄養湖	71	チョゴリ	257	デュースブルク	159	トウヒ	81
中央アジア	322	直下型地震	94	デュッセルドルフ	159	東部13州	363
中央アメリカ	375	直轄市	306	寺百姓村	224	東方見聞録	11
中央火口丘	57	直轄植民地	286	テラローシャ	88	東北［中国］	306
中央構造線	393	直交路型	233	テラロッサ	88, 127	東北地方太平洋沖地震	94
中央シベリア高原	354	チョモランマ	55	デリー	235, 244, 318	東北日本	393
中央炭田	150	チョワン族	272	テルグ語	275, 317	動脈産業	117
中央平原	362	チョンチン	307	デルタ	60	とうもろこし	258
中央ヨーロッパ	351	チョントゥー	307	デルタプラン	101	──の生産	128
中華人民共和国	304	チョンリマ運動	309	田園都市構想	249	洞爺湖	57
中華民国	307	チリ	375	典照七公害	105	トゥールーズ	160
中関村	172	地理情報システム	26	電子基準点	25	道路地図	33
中京工業地帯	402	地理情報の地図化	28	電子工業	162	トゥーロン	235
中国	304	地塁山地	55	電子商取引	193	特殊機能	234
──の工業	165	沈水海岸	62	電子タグ	195	特殊図	33
──の人口問題	217	チンタオ	165	電子メール	193	読図	38
──の農牧業	137	テンシャン山脈	304	テンシャン山脈	304	特定地域	395
──の民族	272	チンリン山脈	137, 305	天井川	41, 60	特定フロン	110
中国語	263			電信機	191	トクド（独島）	288, 392
中縮尺	33	**つ**		テンチン	165, 306	独立	285
柱状グラフ	44			天然ガス	153	独立国家共同体	295, 355
中食	410	通学圏	236	天然ゴム	133, 314, 333	都市	229
中心業務地区	236	通勤圏	236	天王寺	237	──の機能	234
中進国	168	通信	191	点描図	34	──の構造	236
中心市街地活性化法	252	通信衛星	25, 191	デンマーク	351	都市化	241
中心商店街	236	ツェルマット	205	天理	235	都市型［人口ピラミッド］	214
中心地機能	234	津軽海峡	188	天竜川	61	都市型リゾート	203
中心地理論	234	津軽ヒバ	400	天竜スギ	400	都市計画	248
中枢管理機能	236	つくば	235	電力	153	都市圏	236
中性海岸	64	つくばエクスプレス	251	電力指向型工業	157	都市鉱山	413
中生代	54	筑波研究学園都市	251	電話	191	都市国家	231
沖積作用	60	対馬海流	394			都市災害	245
沖積世	54	ツチ族	329	**と**		都市人口率	215, 241
沖積平野	60	ツバメ	81, 89			都市地域	236
中禅寺湖	57	ツバル	379	ドイツ	344	都市問題	245
中東	274, 322	つぼ型	214	──の工業	159	土砂災害	395
中東戦争	274	妻籠	232	──の人口問題	218	土壌汚染	105
中東和平交渉	274	梅雨	393	ドイツ語	263	土壌侵食	143
中部アメリカ	375	釣鐘型	214	ドイモイ	316	土壌帯	86
		ツーリズム	206	銅	156		
		ツングース炭田	150	統一地域	284		

都心 236
都心回帰 252
渡津集落 222
都心商店街 236
鳥栖 235
トスカネリの世界地図 18
土地改革 142
土地生産性 125
土地利用図 33,36
ドッガーバンク 141
十津川郷 225
ドックランズ 250
ドットマップ 34
トーテミズム 264
渡頭集落 222
トドマツ 83
ドナウ川 188,340
トナカイ 93,123,386
ドーナツ化現象 245,412
砺波平野 228
ドニエストル川 359
ドニエプル工業地域 164
ドネツ炭田 150
ドバイ 327
戸畑 241
ドーハ＝ラウンド 195
飛地国 285
トビリシ 359
苫小牧 404
トマン川 309,358
ドミニカ共和国 376
豊田 233,402
豊中 235
ドラヴィダ語族 264,275
ドラケンスバーグ山脈 335
ドラムリン 66
トランシルヴァニア山脈 353
トランスアマゾニアンハイウェイ 102
トランスアラスカパイプライン 190
トランスアラビアンパイプライン 190
トランスヴァール炭田 150
トランスフォーム断層 53
鳥居前町 232
鳥インフルエンザ 414
トリニダード・トバゴ 376
ドリーネ 66
トリノ 160,233
トリポリ 330
ドリーミング 388
とる漁業 399
トルクメニスタン 327,359
トルコ 327
トルコ民族 274
ドルジバパイプライン 190
トルティーヤ 258
ドルトムント 159
ドルトムント＝エムス運河 188
トルネード 74
奴隷海岸 334
奴隷貿易 213,329
トレーサビリティ 411
ドレスデン 160
トレミー 11
——の世界地図 17
トレミー図法 23
トレモリーノス 204
トロイデ 57
土楼 320
トロント 369
トンガ 379
ドン川 100
トンキロ 186
富田林 232
屯田兵村 225
トンペイ平原 305
トンボロ 63
問屋街 236

な

ナイアガラ滝 59
ナイジェリア 332
内水面養殖 140
ナイセ川 287
内帯 393
内的営力 54
内陸河川 67
内陸湖 71
内陸水路交通 188
内陸炭田 151
内陸の気候 394
内陸油田 151
ナイル川 60,67,328
ナイロビ 330,334
ナウル 379,385
長久保赤水 18
長崎 404
中継貿易 167,184,314
長野 232
長良川 222
凪 75
名古屋 402
ナゴルノ・カラバフ自治州 268
ナショナルトラスト 115
ナスカプレート 53
なつめやし 124,314
ナトー 289
ナフタ 296
ナホトカ 164,357
ナポリ 160,231
鉛 156
ナミビア 330
ナミブ砂漠 75,328
ナミュール 160
納屋集落 223
ナラ 82,89
奈良盆地 61
成田 232
成田国際空港 189
ナルヴィク 156
ナルマダ川 101
ナン 258
南緯 13
南海地震 413
南海トラフ 391
南極 386
南極海流 70
南極圏 13,386
南極条約 386
南極大陸 50,288
南極氷床 65
南極プレート 53
ナンシー 160
ナンシャー(南沙)諸島 288
軟水 71
南水北調 320
南西諸島海溝 391
南西諸島の気候 394
南船北馬 306
南伝仏教 265
ナント 160
南東ヨーロッパ 351
南南問題 168
南米南部共同市場 297
軟木 139
南北戦争 363
南北問題 30,291
難民 213

に

新潟県中越沖地震 94
新潟水俣病 105
ニカラグア 376
二期作 398
肉類 260
二国間条約 289
二国語主義 268
西アジア 322
西インド諸島 11
二次エネルギー 149
ニジェール 330
ニジェール川 332
西サハラ 288
西シベリア低地 354
20か国・地域首脳会合 290
西ドイツ 344
ニジニータギル鉄山 155
ニジニーノヴゴロド 164
西日本火山帯 391
西ヨーロッパ 342
西ヨーロッパ同盟 294
ニース 204
日較差 73
日系人 371
ニッケル 156
ニッチ市場 172
日中戦争 305
ニート 206
200海里水域 141
二圃式農業 126
日本海溝 391
日本海流 394
日本語 263
日本人 278
日本人拉致事件 309
日本の気候 393
——の気候区分 394
——の公害 104
——の工業 401
——の工業地域 403
——の交通 190
——の資源 400
——の食料問題 410
——の人口 408
——の人口問題 409
——の水産業 399
——の村落 223
——の地域開発 395
——の地形 392
——の地体構造 391
——の都市 232
——の都市問題 412
——の農牧業 397
——の標準時 14
——の貿易 406
——の領域 392
日本橋 236
2万5千分の1地形図 33,36
二毛作 398
ニューイングランド 162
乳製品 128,260
ニューオーリンズ 95,368
ニューカッスル 159
ニューカレドニア 385
ニューギニア島 50
ニューサウスウェールズ州 380
ニュージーランド 384
ニュータウン 249,251
ニューディール政策 99
ニューデリー 235,317
ニューファンドランド島 362
ニューヨーク 162,367
ニューヨーク州 367
ニューヨークステート＝バージ運河 188
ニュルンベルク 160
ニョクマム 260
ニレ 82,89
鶏 127
任意図法 19
人キロ 186
人間環境宣言 113
ニンシヤホイ族自治区 272

ぬ

ヌーシャテル 160
ヌナブト準州 369
沼田 222

ね

ネイティブ＝アメリカン 270,273
ネグロイド 262
熱帯 79
熱帯雨林 89
熱帯雨林気候 79
熱帯季節林 89
熱帯収束帯 68
熱帯草原 89
熱帯低気圧 79
熱帯モンスーン気候 79
熱帯林 89,139
——の破壊 112
ネーデルラント 347
ネネツ人 386
ネパール 310,317
ネーピードー 251
年較差 73
年少人口 214
年長フリーター 206
粘土 87
燃料電池 190
年齢別人口構成 214
年齢別労働力率 215

の

ノヴォシビルスク 164,357
農業関連産業 138
農業協同組合 351
農業法人 414
農業立地論 121
濃厚飼料 398
農村 228
農村型[人口ピラミッド] 214
農地改革 397
農牧業 122
——の立地条件 120
野島断層 94
能代 235
ノックスヴィル 162
野付半島 63
延岡 233,404
のり 140
ノルウェー 350

は

梅雨前線 394
バイオエタノール 145
バイオテクノロジー産業 404
バイオマス 148
バイカル＝アムール鉄道 357
バイカル湖 136,357
ハイサーグラフ 76
背斜部 55,151

さくいん（は〜ふ）

排他的経済水域	286
ハイチ	376
ハイデ	340
ハイテク産業	158
ハイデラバード	318
ハイデルベルク	235
ハイナン島	165
パイプライン	189
ハイブリッド車	117
ハイベルト	335
パイロットファーム	226
パオ	124
パオシャン製鉄所	307
パオトウ	165,229,306
パオパブ	79
博多	232
パーカーダム	100
バカンス	202
バギオ	235
パキスタン	319
ハーグ	298
バクー	359
パークアンドランド	187
白豪主義	270,381
白色人種	262
バクー油田	152
バークレー	235
爆裂火口	57
函館	230,404
ハザードマップ	26
ハシメサウド油田	152,332
パシュトゥー語	263
パシュトゥン人	323
波食棚	63
バース	383
バス海峡	379
バスク語	264
バスク人	268
バスク独立運動	268
パスタ	258
バスラ	83
バーゼル	160
バーゼル条約	106
バター	260
パタゴニア	370
バーター貿易	184
八王子	222
バチカン	235,265
バチカン市国	350
八戸	235,404
八幡平	57
バーチャルウォーター	145
八郎潟	63,226
ハッカ（客家）	320
白海	100
廿日市	232
ハック	123
バックマーシュ	60
八丁原	148
発展途上国	168
発展途上国型[貿易]	183
発表会	44
バッファロー	162
バッフィン島	50,362
バーデンバーデン	235
パトカイ山脈	287
ハドソン湾	362
バナジウム	156
バナナ	133
パナマ	188,376
パナマ運河	188,286,376
パナマシティ	230
馬乳酒	260
バヌアツ	379

パノーニ計画	348
パハダ	67
ハーバード大学	368
ハバロフスク	164,357
バビロン	229
パプア人	315
パプアニューギニア	379,385
ハブ＝アンド＝スポーク構造	189
ハブ空港	189
歯舞群島	392
ハマ	67
浜松	402
パーミル	212
パミール高原	304
バーミンガム	159
バーミンガム運河	188
バーミンガム	162,368
パーム核油	314
ハム語派	263
パム鉄道	357
パーム油	134,314
パラオ	379,385
パラグアイ	374
ハラッパー	229
ばら積貨物船	188
パラナ川	102
パラナ州	134
バラモン	321
ハラール	260
パリ	160,250,344
バリアリーフ	64
ハリケーン	79
バリスカン造山帯	52
バリ島	315
パリ盆地	59,128,343
播磨工業地域	401
バルカン半島	340,351
バルクキャリア	188
春小麦	130
バルセロナ	349
バルチ語	317
ハルツーム	330
バルト海	51
バルト系	358
バルト3国	358
バルト楯状地	52
バルトロメウ＝ディアス	11
バルパライソ	229,375
バルハン砂丘	67
ハルビン	165
ハルマッタン	74
パレスチナ解放機構	274
パレスチナ自治政府	275
パレスチナ問題	269
ハーレム	246
ハワイ	368
ハワイ諸島	385
ハワード	249
パン	258
パンアメリカンハイウェイ	187
バンカ島	156
ハンガーマップ	30
ハンガリー	353
バンガロール	166,318
ハンガンの奇跡	308
バンク	67,141
バングラデシュ	319
ハングル	308
パンゲア	51
バンコク	244,312
万国郵便連合	299
ハンザ同盟	231

パンジャビー語	317
パンジャブ地方	319
輓獣交通	185
阪神・淡路大震災	94
阪神工業地帯	401
ハンター炭田	149
パンツーニグロ	262,329
反都市化	252
パンドン	230,290
飯能	222,230
パンパ	131,370
販売時点情報管理システム	194
販売農家	397
ハンブルク	160,231
ハンボク（韓服）	321
パンムンジョム（板門店）	308
ハンメル図法	20
ハンメルフェスト	350
氾濫原	42,60
万里の長城	287

ひ

被圧地下水	72
ビアフラ共和国	332
比叡山	75
比較生産説	178
東アジア	304
東アジア文化圏	284
東オーストラリア海流	70
東グリーンランド海流	70
東シナ海ガス田問題	413
東太平洋海嶺	53
東ティモール	288,316
東ティモール分離独立運動	269
東ドイツ	344
東日本火山帯	391
東日本大震災	94
東ヨーロッパ平原	340,354
干潟	63
光ファイバーケーブル	191
ビキニ環礁	385
ピグミー	262
非公式部門	247
ビシュケク	359
非常任理事国	298
避暑地	230
ビスケー湾	140
ヒスパニック	364
ヒースロー空港	189
非政府組織	300
日田	235
ピタゴラス	11
飛驒山脈	55
日立	233,404
日立銅山の煙害問題	104
ビーチリゾート	203
日付変更線	15
羊	123
ピッツバーグ	162,368
非鉄金属	157
ヒートアイランド現象	29
非同盟諸国会議	290
ピードモント台地	230
一人っ子政策	217
日向集落	223
檜枝岐	225
日干しれんが	261
ヒマラヤ山脈	304,310
ひまわり	25,135
姫路	402
白夜	13,73,350
ヒューストン	162,368
ビュート	59
ヒューロン湖	367

氷河	65
氷河湖	65
氷河時代	65
氷河地形	65
氷期	65
標高点	37
兵庫県南部地震	94
標準時	13
標準都市	234
氷床	65
氷食谷	58,65
氷食作用	65
氷食地形	65
氷食平野	340
氷帽	65
氷雪気候	86
氷堆石	65
ひょうたん型	214
氷礫土平野	66
比良山地	55
ピラミッド型	214
ビリニュス	359
ビルバオ	349
ビルバラ地区	155
ピレネー山脈	340
広がる境界	53
広島	402
広島湾	140
琵琶湖	58
琵琶湖富栄養化防止条例	107
貧栄養湖	71
ビンガム銅山	156
品種改良	120
ヒンディー語	275,317
ヒンドゥー教	265,275

ふ

ファインセラミックス	402
ファヴェーラ	247
ファウンドリ	172
ファクシミリ	191
ファーストフード	200
ファゼンダ	372
ファブレス企業	172
ファミリーレストラン	200
フィジー	379,385
ブイ族	272
フィッシュミール	140
フィードロット	131
フィヨルド	62
フィラデルフィア	368
フィリピン	269,315
フィリピン海プレート	53,391
フィールドノート	44
フィールドワーク	44
フィレンツェ	387
フィンカ	372
フィン語	263
フィン人	262
フィンランド	350
フーヴァーダム	100
風化作用	55
風車	82
風土病	328
風力エネルギー	148
風力発電所	171
フェアトレード	178,195,331
富栄養湖	71
フエゴ島	287
フェノサルマチア	52
ブエノスアイレス	374
プエルトリコ	285
フェーン	74
フェーン現象	74

語	頁	語	頁	語	頁	語	頁
フォガラ	93	フラマン語	267	ペキン語	272,305	放射直交路型	233
フォークランド海流	70	プラヤ	67	ベーコン	260	放送衛星	25,191
フォークランド諸島	288	プランクトン	141	ベジオニーテ	57	ポカシ	35,37
フォス	160	フランクフルト	160	ベースマップ	33	ポー川	348
フォッサマグナ	58,393	フランス	343	ペチョラ炭田	150	母岩	86
フォード	185	——の工業	160	別子銅山の煙害問題	104	ボーキサイト	156
フォートワース	162	——の農業	343	ベッドタウン	249	北緯	13
付加価値	405	フランス語	263	別府	235	北緯22度	287
不可触民	321	フランス領ギアナ	286,375	ペディメント	67	北緯37度	158
ブカレスト	342	プランテーション	133	ベトナム	316	北緯38度線	308
福井	235	プラント輸出	300	ペトロライン	190	北緯49度	287
複核型	241	フリーウェイ	187	ベナレス	265	北西大西洋漁場	141
複節型	397	ブリザード	74	ベナン	313	北西太平洋漁場	141
副業的農家	397	ブリスベン	383	ベニン山脈	340	北伝仏教	265
複合企業	365	フリーター	206	ヘネケン麻	335	北東大西洋漁場	141
複式火山	57	フリータウン	330	ベネズエラ	375	北東太平洋漁場	141
福祉国家	219	ブリトン島	156	ベネルクス3国	347	北米自由貿易協定	296
福島第一原子力発電所事故	107	プリペイドカード	200	ベネルクス3国関税同盟	291	北陸工業地域	402
複節国	285	フリマントル	229	ベビーブーム	409	母語	263
複族国	266,285	ブリヤート	93	ヘブライ語	274	保護国	285
副都心	237	ブリヤート共和国	93	ヘブロン	287	保護主義	184
福山	402	ブリュッセル	347	ベラルーシ	359	ボゴタ	375
伏流	60	ブルガリア	353	ベリーズ	288	保護貿易	181,293
富士	402	ブルガン油田	152	ベーリング海	51	母材	87
ブーシカ	256	ブルサーマル	173	ベル	191	星型[人口ピラミッド]	214
富士五湖	57	ブルゼニュ	161	ペルー	375	堡礁	64
富士山	57	ブルターニュ地方	343	ペルー海流	70	補助曲線	37,41
富士山型	214	プルトニウム	173	ベルギー	267,347	ポスターセッション	44
藤前干潟	207	ブルドーベイ油田	151	——の言語紛争	268	ポスト京都議定書	117
フーシュン炭田	149	フルトン	185	ベルゲン	235,350	ポストハーベスト	144
腐植	86	ブルネイ	316	ペルシア語	263,323	ボストン	162,368
フスタ	81	ブルームフォンテーン	335	ペルシア人	323	ボスニア・ヘルツェゴビナ	352
付属海	51	プレンジ	269	ペルシア民族	274	ボスニア湾	350
双子都市	230	ブレアソール炭田	149	ペルシア湾	151,324	ポタラ宮殿	307
豚肉	260	プレート	53	ヘルシンキ	342	ボーダーレス化	169,193
ブダペスト	230,353	プレートテクトニクス	53	ベルト	80	ホーチミン	316
ブータン	310,317	プレトリア	335	ベルファスト	345	北海油田	153,346
フーチエン(福建)省	272	ブレトン=ウッズ体制	182	ベルリン	160,344	北極	386
仏教	265	ブレーメン	231	ベルリンの壁	344	北極海	51
ブッシュ	388	プレーリー	362	ベレン	342	北極圏	13,386
フツ族	329	プレーリー土	87	ペレストロイカ	355	ポツダム	235
ブッダガヤ	265	プロエシュティ	161	ベロオリゾンテ	233	ホットスポット	53
物理的風化作用	55	プロエシュティ油田	153	ベロニーテ	57	北方領土	288,392
ぶどう	127	ブログ	193	ベンガル語	275,317	ポーツマス	235
風土記	283	フロストベルト	162	便宜図法	19	ボツワナ	330
フードマイレージ	145	ブロック化	293	便宜置籍船	334	ボーデン湖	287
プトレマイオス	11	ブロック経済	181	変形地図	34	ポートアイランド	250
——の世界地図	17	プロテスタント	264	ベンゲラ海流	70	ポートエレベーター	130,138
ブートン[空港]	189	フロリダ州	367	ベンゲラ鉄道	331	ポートサイド	230
ブータン新区	307	フロリダ半島	362	偏向樹	73	ポトシ	375
ブナ	82,89,207	フローン	76	編集図	33	ポドゾル	87,95
ブナ気候	82	フロンガス	110	ペンシルヴェニア州	367	ポートハーコート	330
不法就労者	409	フロンティア	363	偏西風	68,73,82	ポートヘッドランド	383
不法占拠地区	247	フロンティア=スピリッツ	363	ベンチャーキャピタル	172	ボハン	167,308
ブミプトラ政策	272,313	文化遺産	207	ベンチャービジネス	172	ホマーテ	57
麓集落	225	文化国境	287	変動帯	56	ホームページ	193
冬小麦	130	文教地区	237			ホームレス	246
プライメートシティ	244	文献調査	45	**ほ**		ホモロサイン図法	19
フライングドクター	388	分水嶺	38	ホイ(回)族	272	保養産業	202
ブラーシュ	12	フンボルト	12	ホイットルセイ	122	保養都市	234
ブラジリア	235,251	フンボルト海流	70	方位	21	ボラ	74
ブラジル	373			方位角	21	ポーランド	353
——の地域開発	102	**へ**		貿易	181	ポーランド語	263
ブラジル海流	70	平安京	232	貿易依存度	184	ポリエ	66
ブラジル高原	88	平射図法	20	貿易収支	180	ポリス	231
ブラチスラバ	342,353	米州機構	296	貿易都市	231	掘り抜き井戸	71
ブラーツク	164	平城京	232	貿易風	68,73	ポリネシア	379
ブラック・エコノミック・エンパワーメント政策	335	ヘイハイズ(黒孩子)	217	貿易摩擦	184,407	ボリビア	375
ブラックアフリカ	329	平面図法	19	ボウエン地区	150	補流	70
ブラックウォーター炭田	149	平野の地形	58	方眼法	38	ボルダー	129,347
ブラッドフォード	159	ヘイロンチヤン(黒竜江)	354	棒グラフ	44	ボルティモア	368
プラト	387	ベオグラード	342,353	防災	395	ボルドー	160
プラニメーター	38	ヘカタイオスの世界地図	17	防災地図	26	ポルト	350
プラハ	161,342,353	ペキン	165,306	放射環状路型	233	ポルトガル	349

さくいん（ほ～や） 429

ポルトガル語	263	マラリア	328	南スーダン	329	米良荘	225
ポルトラノ海図	17	マリー川	132,382	南赤道海流	70	メリノ種	132,349
ボルネオ島	50	マリーダーリング盆地	382	南大西洋航路	188	メルカトル図法	22
ホワイ川	101,137,305	マール	57	南太平洋核地帯設置条約	385	メルカトルの世界地図	18
ホワイトハイランド	328	マルコ＝ポーロ	11	南太平洋フォーラム	385	メルコスール	297
ホーン	65	マルサス	212	南鳥島	392	メルボルン	381,383
ホンコン	165,286,307	マルセイユ	160	南日本の気候	394	綿花	133,318,333
本州	50	マルタ	350	南ヨーロッパ	348	綿工業	158
ホンジュラス	376	丸太造り	261	ミニマムアクセス	144	面積の測定	38
本初子午線	13	マルチカルチュラリズム		ミネアポリス	131,162		
盆地	61		266,276	ミネット鉱	155	**も**	
ポンチョ	257	マルティン＝ベハイムの地球		美保松原	63	盲流	321
ボンヌ図法	20	儀	18	ミャオ族	272	木炭	149
ボンベイ	318	マルヌ＝ライン運河	188	宮若	404	沐浴	275
		丸の内	236	ミャンマー	316	モザイク国家	352
ま		マルビナス諸島	374	ミュンヘン	160	モザンビーク	330
マイアミ	203	マルムベリェト鉄山	156	名田百姓村	225	モザンビーク海流	70
マイクロエレクトロニクス産		マレー語	263,313	ミラー図法	23	門司	241
業	404	マレーシア	313	ミラノ	160	モスク	265
埋積谷	58	マレー半島	310	ミルウォーキー	162	モスクワ	164,356
埋蔵量	149	マンガン	156	民営化	346	モーターウェイ	187
マイノリティ	276	マングローブ	112	民工潮	320	モータリゼーション	199
米原	235	万元戸	137	ミンスク	359	モデナ	387
マイン川	188	満州国	306	民族	262	モナコ	204,350
マイン＝ドナウ運河	188	満州族	272	民族意識	262	モナドノック	59
マウナケア山	57	慢性ヒ素中毒症	105	民族国家	266	モノカルチャー	133,311
マウナロア山	57	マンチェスター	159	民族自決主義	266	モノカルチャー経済	311
マウントアイザ	383	マンデラ	271	民族宗教	264	模範的酪農王国	351
マウントトムプライス鉄山	155	マントウ	258	民族浄化	277	モヘンジョダロ	229
マウントトムホエールバック		マントル	53	民族島	262	モミ	81,83
鉄山	155	マントル対流	53	民族のサラダボウル		最寄り品	200
マオリ族	384	マンハイム	160		364	守口	402
マカオ	286,307	マンハ砂丘	67	民族紛争	268	モーリタニア	298,330
牧ノ原	61,226	マンハッタン	367	民族問題	268	モルガン	365
マキラドーラ	376			ミンダナオ島	315	モールス	191
幕張新都心	250	**み**				モルディブ	310
マクマホン＝ライン	288	三面	225	**む**		モルドバ	359
まぐろ	399	三方原	61,226	無形遺産	207	モルモン教	266
マケドニア	352	三日月湖	60	無公害エネルギー	148	モルワイデ図法	19
マケドニア人	352	ミクロネシア	352	武蔵野	61	モレーン	65
マサチューセッツ工科大学	368	ミクロネシア連邦	379,385	ムスリム	352	もろこし	318
マサチューセッツ州	367	三沢	235	むつ小川原	396	モロッコ	298,323
マサン	167,308	ミシガン湖	367	無店舗販売	199	モンゴル	304
マーシャル諸島	379,385	ミシシッピ川	60,362	ムハンマド	265	モンゴル高原	304
マジャール人	262	三島	230,232	ムブティ	262	モンゴル族	272
マーシャル＝プラン	290	水島地区	402	ムラート	273	モンゴロイド	262
摩周湖	57	水循環	72	ムルロア環礁	385	室戸岬	61
マース川	188	ミストラル	74	室蘭	404	モンスーン	74,90,310
マスコミュニケーション	191	水無川	41	ムンバイ	166,244,318	モンスーンアジア	90,322
マーストリヒト条約	292	水の枯渇	143			門前町	232
マスメディア	191	水の分布	70	**め**		モンテネグロ	352
マゼラン	11,15	水屋	222	メイトシップ	388	モンテネグロ人	352
マダガスカル	330	ミズーリ河谷開発公社	100	迷路型	233	モンテビデオ	374
マダガスカル島	50	味噌	260	メガロポリス	242	モントリオール	369
まちづくり三法	252	ミッテルラント運河	188	メキシコシティ	244,247,375	モントリオール議定書	110
マチュピチュ	370	ミッドランド	159	メキシコ湾	362	モンロビア	334
松島湾	140	密度流	69	メキシコ湾岸油田	151		
マッターホルン山	65	ミード湖	100	メキシコ湾流	70	**や**	
まとめ買い	201	緑の革命	126,311	メコン川	101,316	焼津	235
マドリード	342	ミドルズブラ	159	メサ	59	野外調査	44
マナオス	374	ミナス油田	153	メサビ鉄山	156	ヤギ	123
マニオク	123,260	港町	232	メジアンライン	393	焼畑農業	123
マニトバ州	369	水俣病	105	メジャー	151	焼きれんが	261
マニュファクチュア	168	南アジア	310,317	メス	160	ヤク	123
マニラ	231	――の農業	319	メスチーソ	273	屋久島	207
マハナディ川	101	南アジア地域協力連合	296	メセタ	127,349	ヤクート	93
マホガニー	139	南アフリカ共和国	335	メタンハイドレート	413	屋敷林	228
マホメット	265	南アメリカ大陸	50	メッカ	235,265,326	やし類	314
マヤ文明	370	南アメリカプレート	53	メッシュマップ	34	八ヶ岳	226
マラウイ湖	58	南オセチア	269	メディア＝リテラシー	192	八代海	105
マラカイボ湖	375	南オセチア紛争	269	メディナ	235,265	谷津干潟	207
マラカイボ油田	152	南回帰線	13	メトロポリス	231,242	八幡	241
マラッカ海峡	188,314	南キプロス	277	メトロポリタンエリア	236	山風	75
マラーティー語	317	南島	384	メラネシア	379	やませ	75,394
						山の地形	55

さくいん（や～ろ）

ヤムいも	123,260	横ずれ断層	94	ラテン文字	264	領海	286
ヤムスクロ	251,333	横浜	402	ラトソル	87,95	領空	286
弥生時代	223	横浜みなとみらい21	250	ラトビア	358	領土	286
ヤールー川	287	吉野スギ	400	ラニーニャ現象	95	領土問題	288
ヤルタ	235	余剰人口	241	ラパス	92,210,375	リヨン	160
ヤンブー	324,326	四日市	402	ラプラタ川	374	リール	160
		四日市ぜんそく	105	ラブラドル海流	70	林業	139
ゆ		与那国島	392	ラブラドル高原	362	林隙村	227
ユイメン	165	ヨハネスバーグ	156,330	ラマ教	265	輪栽式混合農業	126
遊園地	204	予備調査	43	ラマダーン	265	輪作	126
有機栽培	144	寄居	222	ラムサール条約	114,207	林産都市	234
有機水銀	105	ヨルダン	298,323,327	ラロトンガ条約	385	林地村	227
有機農業	144	ヨルバ族	332	ラワン	139		
有給休暇制度	202	ヨーロッパ	340	ランカシャー	159	**る**	
有刺灌木林	89	――の工業	159	ランカシャー炭田	150	ルアーヴル	160
湧昇流	70	――のサンベルト	387	ラングドック＝ルシヨン	204	累積債務	167
湧水帯	60	――の地域開発	101	ランチョウ	165	ルオヤン（洛陽）	229
遊水池	72	――の農牧業	126	ランチョス	371	ルクセンブルク	347
有畜農業	127	――の民族	341	ランドサット	25	ルソン島	315
遊牧	123	ヨーロッパ安保協力機構	294	ランベルト正角円錐図法	22	ルックイースト	321
ユカタン半島	370	ヨーロッパ委員会	292	ランベルト正積円錐図法	20	ルートマップ	43
ユーゴスラビア	352	ヨーロッパ議会	292	ランベルト正積方位図法	21,50	ループ	236
――の解体	268	ヨーロッパ共同体	291			ルブアルハリ砂漠	111
湯沢町	205	ヨーロッパ経済共同体	291	**り**		ルーマニア	353
輸出加工区	166,181	ヨーロッパ経済協力機構	290	リアス	349	ルーマニア語	263
輸出指向型工業	166	ヨーロッパ経済地域	291	リアス海岸	62	ルーマニア正教	353
輸出自由地域	166	ヨーロッパ系人種	262	リヴァプール	159	ルール工業地域	159,344
輸送費［工業立地論］	158	ヨーロッパ原子力共同体	291	リヴィエラ	204	ルール＝コナーベーション	241
ユダヤ教	265,274	ヨーロッパ裁判所	292	リウチヤシヤ（劉家峡）ダム	101	ルール炭田	150
ユダヤ人	274,364	ヨーロッパ自由貿易連合	291	リエージュ	160	ルール地方	159
ユダヤ民族	274	ヨーロッパ石炭鉄鋼共同体	291	リオグランデ川	287,370	ルレオ	156
油田	152	ヨーロッパ大西洋協力評議会		リガ	359	ルワンダ	269,329
ユニオン＝パシフィック鉄道			294	リカードの比較生産費説	178	ルンビニー	265
	186	ヨーロッパ中央銀行	293,342	陸風	75		
ユニセフ	299	ヨーロッパ文化圏	284	陸繋砂州	63	**れ**	
ユニバーサル横メルカトル図		ヨーロッパメガロポリス	243	陸繋島	63	レアアース	173
法	35	ヨーロッパ理事会	292	陸地測量部	18,35	レアメタル	157
輸入自由化	411	ヨーロッパ連合	292,342	陸島	50	レイキャビク	342
輸入代替型工業	166	ヨーロッパロシア	356	陸半球	50	冷戦	289
ユネスコ	299	弱い乾季のある熱帯雨林気候		リサイクル	115	冷帯	82
ユネップ	299		79	リサイクルエネルギー	116,173	冷帯湿潤気候	83
ユビキタス社会	195	四全総	396	リサイクル社会	116	冷帯冬季少雨気候	83
ユーフラテス川	67,124	四大公害裁判	105	リサイクル法	116	冷凍船	129
ユーラシア大陸	50			リサーチトライアングル	163	レイヤー	26
ユーラシアプレート	53,391	**ら**		リーズ	159	礫砂漠	67
ユーラトム	291	ライデン	235	離水海岸	63	レグ	67
ユーロ	293,342	ライト＝レール＝トランジッ		リスボン	342	レグール土	88,310
ユーロシティ	186	ト	186	リスフスェア	53	レス	88,341
ユーロポート	347	ライプツィヒ	160	リゾート	203	レセップス	376
ユンコイ高原	305	ライフパス	206	リゾート法	205	列村	228
		ライフライン	95	立憲君主国	285	レッチワース	235,249
よ		ライ麦	127	リッター	12	レナ川	136,354
溶岩円頂丘	57	ライン川	159,188,340	リトアニア	358	レナ炭田	150
溶岩台地	57	ラオス	316	リニアモーターカー	190	レバノン	298,323,327
容器包装リサイクル法	116	ラクダ	123	リビア	298,323	レフォルマ油田	152
用材	140	酪農	128	リヒテンシュタイン	350	レマン湖	65,287
要塞都市	231	ラグーン	63,64	リプロダクティブ＝ヘルス	219	レモン	127
溶食	66	ラゴス	244,330	リプロダクティブ＝ライツ	219	連合都市	241
養殖業	140,399	ラサ	265,307	リベリア	188,334	連接都市	241
溶食盆地	66	ラージャスターニー語	317	リマ	375	連村	228
揚水式発電	154	ラスヴェガス	235	リマン海流	394	連邦国家	285,363
用水指向型工業	157	ラスタヌーラ	324,326	リモートセンシング	25		
揚子江気団	394	ラソン	309	リヤオトン半島	59,306	**ろ**	
溶脱	95	ラッツェル	12	リヤド	326	ロアール川	188
羊蹄山	57	ラティフンディオ	371	リャノ	370	労働時間	202
洋島	50	ラ＝デファンス	237	リャマ	91,123	労働集約型工業	169
幼年期［侵食輪廻説］	56	ラテライト	87	隆起三角州	61	労働集約的農業	125
養老山地	55	ラテラルモレーン	65	隆起準平原	56	労働生産性	125
余暇活動	202	ラテンアメリカ	273,370	隆起扇状地	61	労働費［工業立地論］	158
ヨークシャー	159	――の農牧業	134	流出率	71	労働力指向型工業	157
抑制栽培	129	ラテンアメリカ経済機構	296	流水客土	144	老年期［侵食輪廻説］	56
ヨーグルト	260	ラテンアメリカ統合連合	296	流線図	34	老年人口	214
横軸投影	19	ラテン語派	263	リューベク	231	六大陸	50
横須賀	235,402	ラテン民族	273,341	領域	286	ローコストキャリア	195

さくいん（ろ～わ）

ロサンゼルス	162,368	六甲山地	55	ローレンシア	52	和食	278
ロシア	354	ロッテルダム	160,347	ロングハウス	277	ワシントンD.C.	235,251,367
──の工業	163	露天掘り	113	ロンドン	13,159,249	ワシントン州	367
──の鉱業	152	ロードプライシング	187,253			ワシントン条約	115
──の農牧業	136	ローヌ川	188			ワスプ	363
──の民族問題	357	ローヌ＝ライン運河	188	淮河	101	ワッハーブ派	326
ロシア革命	355	ロフォーテン諸島	350	ワイキキ	203	渡良瀬川	104
ロシア語	263	ロマ	277	ワイラケイ	148	和服	257,278
ロシア正教	264	ローマ	342	ワイン	127	ワルシャワ	342
ロシア卓状地	52	ローマクラブ	114	若狭湾	62	ワルシャワ条約機構	290,294
ローズヴェルト	99	ロマンシュ語	267	若松	241	われら共有の未来	114
路村	227	ロムニー種	129	和歌山	404	ワロン語	267
ロッキー山脈	362	路面電車	186	ワーキングホリデー	383	湾岸協力会議	296
ロッキー炭田	150	ローラシア大陸	51	ワジ	67	湾岸戦争	327
ロックフェラー	365	ローヌ	160	和室	278	ワンストップ・ショッピング	206
六甲颪	75	ローヌ地方	343	輪中	222		

わ

《監修者紹介》

● **内田忠賢**(うちだ・ただよし) 1959年(昭和34年)生まれ。三重県立四日市南高校卒業，京都大学文学部卒業，京都大学大学院文学研究科修了。京都大学助手，高知大学助教授，お茶の水女子大学助教授を経て，現在，奈良女子大学教授。

▶専門は，文化・歴史地理学，日本民俗学。おもな編著書として，『風景の事典』(古今書院)，『よさこいYOSAKOI学リーディングス』(開成出版)，『都市民俗生活誌(全3巻)』(明石書店)，『都市の生活(日本の民俗10)』(吉川弘文館)，『都市民俗 基本論文集(全4巻)』(岩田書院)，『都市民俗生活誌文献目録』(岩田書院)など，翻訳書として，『風景の図像学』(共監訳，地人書房)がある。

■ 執筆
　足利亮太郎(第1編)　　新田正昭(第2編)　　中井啓之(第3編)

■ デザイン
　福永重孝

■ 図版作成
　千手　　田中雅信　　デザインスタジオエキス

■ 写真
　PANA通信

シグマベスト
理解しやすい地理B

本書の内容を無断で複写(コピー)・複製・転載することは，著作者および出版社の権利の侵害となり，著作権法違反となりますので，転載等を希望される場合は前もって小社あて許諾を求めてください。

Ⓒ新田正昭　2013　Printed in Japan

監修者　内田忠賢
発行者　益井英博
印刷所　図書印刷株式会社
発行所　株式会社 **文英堂**

〒601-8121　京都市南区上鳥羽大物町28
〒162-0832　東京都新宿区岩戸町17
(代表)03-3269-4231

● 落丁・乱丁はおとりかえします。